Diccionario de Escritores Hispanoamericanos

Del siglo XVI al siglo XX

Aarón Alboukrek
Literato egresado de la Universidad Nacional Autónoma de México

Esther Herrera
Lingüista egresada de El Colegio de México y de la Universidad de París VII

Diccionario de Escritores Hispanoamericanos

Del siglo XVI al siglo XX

Aarón Alboukrek
Literato egresado de la Universidad Nacional Autónoma de México

Esther Herrera
Lingüista egresada de El Colegio de México y de la Universidad de París VII

Av. Diagonal 407 Bis-10 08008 Barcelona | *Dinamarca 81 México 06600, D. F.* | *21 Rue du Montparnasse 75298 París Cedex 06* | *Valentín Gómez 3530 1191 Buenos Aires*

DICCIONARIO DE ESCRITORES HISPANOAMERICANOS

TERCERA EDICIÓN

ISBN 970-22-0442-9

Impreso en México — Printed in Mexico

Introducción

¿Dónde termina cada letra del abecedario en un diccionario de escritores? La respuesta debe ser compartida entre el editor y el autor; sin que se pierdan de vista los objetivos que ambos han establecido, el primero está obligado a determinar una extensión y el segundo a no traspasarla. La identidad de una obra integra y excluye; se forja en un compromiso por la presencia y también por la ausencia; para ser, tuvo que asumir su deuda. La vida fluye y las letras se multiplican; si "la belleza no es privilegio de unos cuantos hombres ilustres", como dijo Borges, entonces creemos que las letras del abecedario de un diccionario de escritores como éste, terminaría sólo ahí donde el tiempo se detuviese. La vitalidad de la literatura hispanoamericana se refleja no sólo en sus obras magistrales, sino también en la existencia de numerosos escritores contemporáneos de gran valía, cuyos nombres llenarían algunos tomos. Mencionar siquiera uno de ellos, sería como poner el primer eslabón de una cadena de injustificadas omisiones, y quizás nos llevaría a pensar en un diccionario de la ausencia. Ante esos nombres, muchos de los cuales figuran en antologías y diversos diccionarios nacionales, y aun ante aquellos cuyas grandezas han sido ocultadas por las trampas del tiempo, expresamos nuestra deuda.

Nos hemos propuesto como objetivo reunir a las figuras más representativas de la literatura hispanoamericana desde el siglo XVI, en el que los cronistas señalan un punto de partida, hasta nuestro siglo, convertido en un auténtico manantial de creatividad en el ámbito literario. Los autores que figuran en la presente obra ofrecen un amplio panorama del devenir de los principales movimientos literarios del Continente y están concertados de acuerdo al reconocimiento nacional, continental o mundial que han obtenido.

Por su conceptualización, el Diccionario de Escritores Hispanoamericanos constituye un instrumento de apoyo a la enseñanza y representa a la vez un acervo cultural. Deseamos que estas páginas sean útiles al maestro en el desarrollo de su asiduo quehacer pedagógico, y lleven al alumno a conocer y reconocer a los autores más representativos de la literatura hispanoamericana. Nos dirigimos también al lector curioso esperando despertar en él interés y goce por la literatura.

Nos hemos acercado a la literatura hispanoamericana considerándola como un mosaico de pueblos unificados por una misma lengua; en este sentido, las obras de los autores representan la expresión de una identidad cultural que va más allá de los límites geográficos. No obstante, hemos incluido algunos escritores brasileños que por su trascendencia e identificación con la realidad cultural de América Latina forman parte del caudal de nuestra literatura.

El lector encontrará a ciertos promotores culturales cuya presencia estaría, en apariencia, poco justificada; no haberlos incluido habría implicado desconocer su participación e importancia en el desarrollo de la actividad literaria. Por su labor, sus nombres no pertenecen a un país determinado, sino a todo el Continente.

Rescatar y revalorar a ciertos escritores no ha sido una tarea fácil; para ello, nos hemos apoyado en la opinión de críticos actuales cuyo trabajo ha sido invaluable y ha guiado nuestra selección.

Al consultar el diccionario, el lector podrá ubicar al escritor dentro de su contexto literario y conocer la trascendencia de su obra; encontrará sus principales datos biográficos que incluyen noticias sobre su formación literaria e intelectual, su participación en la cultura y, en ciertos casos, aspectos interesantes de su personalidad. Se señalan y comentan las obras más importantes del autor, con lo cual hemos intentado transmitir lo fundamental de sus valores estéticos. Se han puntualizado algunos de los rasgos característicos de cada estilo y, en ocasiones, se sugieren temas de estudio. Se incluye además una cita de cada autor como muestra de su pensamiento; por su variedad temática y estilística, las citas ofrecen en conjunto un espacio recreativo y también de reflexión. Al final de cada artículo, se encuentra la obra representativa; está dividida por géneros y las fechas de publicación corresponden en general, salvo especificaciones, a las primeras ediciones; cuando no se obtuvo el dato se marca **sf**. En el caso de las obras teatrales, cuando no se conoce su fecha de publicación, se indican las fechas de estreno.

La obra representativa pretende ser una posibilidad de lectura guiada, pues se señalan las principales obras y, a menudo, partes específicas de ellas. Cuando un autor posee una producción abundante y continuada a lo largo de muchos años, se ha incluido al menos un título correspondiente a cada periodo o etapa. En relación con los autores contemporáneos, hemos actualizado en lo posible las bibliografías.

Por último, el diccionario incluye dos índices que ofrecen la posibilidad de que el lector elabore relaciones interesantes entre los autores, sus obras y épocas. El primero es un índice cronológico que agrupa a los escritores por siglo e incorpora, entre otros datos, el principal género que cada uno de ellos ha cultivado. Cuando un autor se encuentra entre dos siglos, hemos optado por situarlo en aquel donde desarrolló la mayor parte de su actividad literaria. El segundo índice organiza las citas por tema; en cada tema los autores han sido, a su vez, organizados en orden creciente por siglo.

Al lector le corresponde ahora juzgar el valor de la obra que tiene en sus manos.

Los autores

Abreviaturas

ms	=	manuscrito
sf	=	sin fecha
a.	=	antes de
d.	=	después de

Especificaciones

REVISTA DE AVANCE. Los nombres que aparecen de esta manera corresponden a periódicos o revistas.

Cuando un texto aparece en cursivas y entre comillas, indica que pertenece al autor de la entrada. Si sólo aparece en cursivas, indica que pertenece a otro autor.

Los poemas, cuentos o ensayos que están contenidos en libros, sean o no del mismo autor, se presentan entre comillas y en cursivas; en la OBRA REPRESENTATIVA esta distinción se conservó con el uso de paréntesis.

En las citas, los corchetes se utilizan cuando se ha omitido parte del pensamiento del autor, así como cuando se ha agregado algo para facilitar su comprensión.

A

ABAD, Diego José (1727-1779). Humanista mexicano perteneciente al grupo de jesuitas que produjeron su obra en el destierro. Nació en una opulenta hacienda de Jiquilpan, en Michoacán. Sus primeros estudios estuvieron a cargo de maestros particulares. Fue un *alumno* brillante en el Colegio Jesuita de San Ildefonso, institución fundada en 1583 que fomentó los estudios de las humanidades clásicas. En 1741 ingresó a la Compañía de Jesús, en el Convento de Tepotzotlán. Dedicó gran parte de su vida a la enseñanza. Tuvo a su cargo la cátedra de filosofía, derecho y teología en San Ildefonso. En su práctica docente combatió la orientación filosófica heredada de la escolástica. Fue designado Rector del Colegio de San Javier en Querétaro, donde cultivó el estudio de la medicina y las matemáticas. Realizaba la traducción de algunas de las *Églogas* de Virgilio cuando lo sorprendió la expulsión de los jesuitas, decretada por el Rey Carlos III (1767). Emigró a Italia; residió en Ferrara donde continuó su labor literaria. En Querétaro había iniciado la escritura de *Heroica de Deo, Deoque Homine Carmina*, extenso poema latino en el que descansa su fama literaria. Publicada en Cesena (1780) la versión definitiva incluye 43 cantos. Gracias al franciscano Diego de Bringas, la obra fue traducida al español en 1783. Dios es la fuente de inspiración de los hexámetros latinos del padre Abad. Los primeros 21 cantos son una Suma Teológica; la segunda parte constituye una Cristiada o vida de Cristo. Abad también fue autor de un compendio de álgebra y otro sobre geografía hidráulica que no llegó a publicar. Tradujo al latín el famoso soneto *"No me mueve mi Dios para quererte..."*, con gran apego al original. El jesuita mexicano murió en Bolonia. Poeta de marcada sensibilidad, su espíritu alcanzó regiones elevadas de contemplación religiosa; la concisión sentenciosa y la sobriedad caracterizan su estilo. Introdujo algunos neologismos requeridos por el tema.

"...con mayor perfección se tratarán las cosas divinas, cuanto más el poeta se [apegue] a los divinos libros, de tal arte que más bien [use] de palabras y versos divinos que de suyos propios".

OBRA REPRESENTATIVA: **Poesía.** *Poema heroico de Dios y Dios hombre* (1783).

ACEVEDO DÍAZ, Eduardo (1851-1921). Destacado escritor que inició la novela histórica en Uruguay, militante y periodista. Figura de transición del Romanticismo al Realismo, Acevedo Díaz sentó las bases de la novelística uruguaya; como testigo y actor de una agitada época su original prosa es forjadora del sentimiento de nacionalidad. Provenía de una familia de tradición militar por parte de su madre. De marcada tendencia liberal, abandonó la carrera de derecho para luchar al lado de los revolucionarios, encabezados por Timoteo Aparicio, en contra del dictador Lorenzo Latorre (1870-1872). Participó en el Ateneo, en torno al que se agrupó toda una generación de jóvenes preocupados por esclarecer el sentido que tiene el pasado en la proyección del futuro de los pueblos. Poco satisfecho con las discusio nes teóricas, Acevedo Díaz imprimió a su vida el sello de la acción directa: luchó con las armas, fue perseguido, encarcelado y vivió en el exilio gran parte de su vida. En 1872 al firmarse la paz de abril inició su tenaz participación en el periodismo político. Fue fundador de LA REPÚBLICA, de LA REVISTA URUGUAYA y colaboró en LA DEMOCRACIA, diario del Partido Nacional. En 1875 a consecuencia de su activa labor fue obligado a exiliarse en Argentina. El destierro no aquietó su pluma; desde ahí siguió combatiendo a los gobiernos militares de su país. Desde 1904 hasta su muerte, vivió en el exilio a causa de su oposición al caudillismo, representado por Aparicio Saravia. Su actividad periodística también estuvo encaminada hacia temas literarios; en 1895 apareció en las páginas de EL NACIONAL de Montevideo, el artículo *"La novela histórica"* en el que expuso la necesidad de que el novelista se nutra y busque en los datos de la historia las raíces que permitan conocer la fisonomía y la evolución de los pueblos. Inició su vasto proyecto literario con *Ismael,* novela magistral que abarca el periodo de gestación de la Guerra de Independencia, la batalla de Las Piedras y llega hasta 1811, año de la expulsión de los frailes patriotas de Montevideo. *Nativa,* su segunda novela, toma como eje principal la dominación brasileña y la creación de la Provincia Cisplatina del imperio lusitano. En *Grito de gloria,* Acevedo Díaz transporta al lector a las Cruzadas Libertadoras de los Treinta y Tres Orientales que culminan con la batalla gaucha de Sarandí (1825). El último libro que compone esta tetralogía es *Lanza y sable*. Fue escrito en el exilio; la trama se refiere a las primeras guerras civiles y los orígenes de la división del país entre Blancos y Colorados. De entre sus novelas cortas, *Brenda* apareció como folletín en LA NACIÓN de Buenos Aires (1886); *Soledad,* con el sello del Romanticismo y bajo la influencia de Chateaubriand, narra el amor de Pablo Luna, gaucho trovador, y Soledad en el que la naturaleza idílica sirve de escenario. En la novelística de Acevedo Díaz, el romanticismo, presente en la exaltación heroica, está combinado con la observación realista. El drama de Ismael, gaucho mestizo, al igual que en sus demás héroes, está integrado en el telón de la lucha histórica colectiva; los personajes femeninos son centrales; tienen temple, sensualidad e inocencia. El escritor captó el acontecer humano de los hombres que emprenden la conquista de una nación.

"Se entiende mejor la historia en la novela, que en la novela de la historia".

OBRA REPRESENTATIVA: **Ensayo.** *Épocas militares de los países del Plata* (1911) // *El mito de la Plata* (1916) // *Crónicas, discursos y conferencias* (1935). **Novela.** *Ismael* (1888) // *Nativa* (1890) // *Grito de gloria* (1893) // *Lanza y sable* (1914). **Relato.** *Brenda* (1886) // *El combate de la tapera* (1892) // *Soledad* (1894) // *Minés* (1907).

ACOSTA, José de (1539-1600). Cronista español, nació en Medina del Campo. Desde muy temprana edad ingresó a la orden de los jesuitas. De su estancia en América, la mayor parte transcurrió en el Perú. Llegó a Lima en 1572 y dos años más tarde fundó la cátedra de teología moral. Se destacó por su activa participación en la orden de los Hijos de Loyola. En 1575 fue nombrado Rector del Colegio de San Pablo y en 1576 Provincial de su orden. Su espíritu independiente lo convierte en una figura cuya interpretación de las reglas generales de conducta y las normas de su orden es muy personal. En 1578, sin licencia del virrey Toledo, decidió reunir dos congregaciones provinciales y fundar un colegio en Arequipa. Frustrada su empresa por el virrey, quien ordenó demoler los cimientos ya levantados del colegio, el padre Acosta estableció cursos de retórica, arte y teología en el Colegio de San Pablo de Lima, atrayendo a los alumnos de la recién fundada Universidad de San Marcos. La mano del virrey Toledo intervino nuevamente y dictó una provisión en la que prohibía a los estudiantes tomar lecciones en los monasterios. Si bien el rey había concedido a los jesuitas el derecho de dictar clases en horas distintas de las de la Universidad, Toledo no acató esas disposiciones y mantuvo al padre Acosta al margen de cualquier liderazgo. Participó activamente en el Concilio Provincial Limeño de 1582, en el cual se le encomendó la tarea de publicar, junto con otros religiosos, textos en lenguas indígenas, destinados al adoctrinamiento de los indios. En 1584 se publicó *La doctrina cristiana y catecismos,* obra de gran interés, pues no sólo es la primera publicación trilingüe del mundo (español, quechua y aimará), sino el primer libro publicado en el Perú. En 1585, Acosta salió del Perú y pasó tres años en México, donde estudió la naturaleza y la historia. Regresó a España en 1587 y posteriormente se trasladó a Roma (1589) donde intervino en las luchas internas que por esas fechas amenazaban la unidad de su orden. En Valladolid pasó sus últimos días dedicado a la enseñanza y la predicación. Fue Rector del Colegio de jesuitas de Salamanca hasta su muerte. De sus años como predicador, reunió sus mejores sermones en tres tomos y los publicó en latín entre 1595 y 1599. En su obra *Descargos* se dejan oír las notas autobiográficas; texto dirigido al Sumo Pontífice Romano, en el cual refuta las imputaciones de sus enemigos, en la época de las luchas internas de la congregación. El padre Acosta tiene un lugar en la historia literaria, en particular por su *Historia natural y moral de las Indias* (1590), crónica que empezó a escribir en Perú y terminó en España. La componen siete partes o libros; en los cuatro primeros Acosta se refiere a la geografía física, geología, mineralogía y metalurgia, flora y fauna americanas; discute y sugiere que los orígenes de los indios americanos están en las inmigraciones por el Estrecho de Bering. Los libros restantes tratan de la historia moral, es decir la religión, gobierno, arte, técnica e historia de los indígenas del Perú y del México prehispánicos. La crónica representa el primer intento importante que busca relacionar, en una unidad estructurada, la cultura mexicana y la peruana. La traducción de la *Historia* a varios idiomas dio a la pluma del padre Acosta gran difusión. De 1596 data la traducción al italiano; de 1598 son las traducciones francesa, holandesa y alemana; en 1602 se publicó en latín y en 1604 en inglés. Es uno de los precursores en el estudio de la flora y fauna americanas; anuncia a Cobo y Humboldt, entre otros; fue ampliamente retomado y citado por el Inca Garcilaso de la Vega. Sus textos traslucen una prosa sencilla y expresiva que transmite las impresiones de lo americano.

"Dejarme he de ir por el hilo de la razón, aunque sea delgado, hasta que del todo se me desaparezca de los ojos".

OBRA REPRESENTATIVA: *De Natura Novi Orbis* (1589) // *Historia natural y moral de las Indias* (1590) // *Elogios de varones ilustres de la Compañía de Jesús en el Perú* (1593) // *Descargos del P. José de Acosta al Sumo Pontífice Romano* (1593) // (*Reglas del buen gobierno dirigidas al virrey don Francisco de Toledo. De la justicia comunicativa y distributiva,* en *Obras,* 1954).

ACOSTA, Óscar (1933-). Escritor y periodista hondureño; cultivó la poesía y el ensayo, sus cuentos ayudaron a consolidar ese género en la literatura nacional. Nació en Tegucigalpa. Inclinado hacia el periodismo, dirigió el departamento editorial de la Universidad Nacional Autónoma de Honduras, las revistas HONDURAS LITERARIA y EXTRA, fue subdirector y jefe de redacción del periódico EL DÍA. Ha sido presidente de la Asociación de Prensa y del PEN Club de Honduras (1970). Se inició en las letras con *Responso al cuerpo presente de José Trinidad Reyes*, libro de versos publicado en Lima en 1955. Como poeta, Acosta posa su mirada en los detalles mínimos de la vida cotidiana; aborda temas de carácter intimista como el amor, la soledad y la esperanza. Su sensibilidad poética fue reconocida en 1960 con el Premio Rubén Darío; ese mismo año recibió el primer premio en el concurso de ensayo promovido por la Universidad de su país. Ha sido además merecedor del Premio Nacional de Literatura (1979) y ha recibido el premio de los Juegos Florales Centroamericanos de Quetzaltenango, celebrados anualmente en Guatemala. Junto con Roberto Sosa publicó la *Antología de la nueva poesía hondureña* (1967) y la *Antología del cuento hondureño* (1968). El libro de cuentos *El arca,* apareció en Lima en 1956. Representa una forma acabada del género por su manejo de personajes y situaciones. En él se encuentra "*El regresivo*", cuento breve que invita a la imaginación a romper los hilos secuenciales en la vida de un hombre para emprender un recorrido a la inversa que lo lleva al balbuceo. En sus versos hay apego a la rima; las imágenes están bañadas de luz, poseen el carácter de una poesía escrita para ser dicha al oído. En los cuentos utiliza la frase sencilla, desnuda y evocadora.

"*...la vida no sólo puede realizarse en forma progresiva, sino alternándola, naciendo en la muerte y pereciendo en lo que nosotros llamamos origen sin dejar de ser en suma la misma existencia*".

OBRA REPRESENTATIVA: **Ensayo.** *Heliodoro Valle, vida y obra* (1964). **Cuento.** *El arca* (1956). **Poesía.** *Responso al cuerpo presente de José Trinidad Reyes* (1955) // *Poesía menor* (1957) // *Tiempo detenido* (1962) // *Poesía* (1965) // *Antología elogio a Tegucigalpa* (1978).

ACUÑA, Manuel (1849-1873). Poeta mexicano que, a pesar de su breve vida y escasa producción, trascendió en las letras de su país como una figura representativa del Romanticismo. Autor de viso genial, algunas de las composiciones de su desigual obra han tenido una extraordinaria difusión; aún hoy día resuenan en la memoria de muchos mexicanos, adolescentes y adultos, los versos de su "*Nocturno a Rosario*". Corta es su biografía; a los veinticuatro años de edad el poeta, al parecer por un fracaso amoroso, optó por quitarse la vida. Oriundo de Saltillo, Coahuila, realizó los primeros estudios en su ciudad natal; a los dieciséis años de edad pasó a México e ingresó en el Colegio de San Ildefonso, donde siguió cursos de latinidad, filosofía, matemáticas y francés. En 1868 inició la carrera de Medicina, experiencia que influyó en sus creencias y creaciones. Inquieto, colaboró en EL RENACIMIENTO, EL FEDERALISTA y otras publicaciones periódicas; formó parte del Liceo Hidalgo y participó, junto con otros escritores jóvenes de la escuela de Altamirano, en la fundación de la Sociedad Literaria Netzahualcóyotl que perseguía la difusión y defensa de la literatura nacional. En 1874 aparecieron sus poesías en edición póstuma. En la singular personalidad poética de Acuña, confluyen la fría sobriedad del materialista escéptico y la desbordante y desesperada pasión del enamorado melancólico y soñador. Materialista y sentimental, logró crear una poesía de penetrante lirismo que invita a la reflexión filosófica. Escéptico y tierno, su pluma juvenil trazó armonías en torno al destino del hombre, la inmortalidad, la duda religiosa, la creencia en la ciencia y el amor. Entre sus composiciones más famosas están, además del "*Nocturno a Rosario*", "*Ante un cadáver*" y "*Hojas secas*". Acuña fue un poeta obsesionado por la muerte y la trascendencia. Espronceda, Larra, Núñez de Arce, Campoamor, Victor Hugo y Byron, entre otros, constituyeron sus modelos. Dejó un drama intitulado *El pasado*, estrenado en 1872; recibió de sociedades literarias cuatro coronas de laurel como símbolo de su éxito; las ofreció a su gran amor Rosario de la Peña. Altamirano le atribuyó otro drama del cual no se tienen más noticias: *Donde las dan las toman*. Existe la recopilación de sus poesías, cartas, teatro y artículos. Tuvo como amigo y confidente al fecundo poeta Juan de Dios Peza. El poeta falleció en México sin haber ofrecido todo lo que su talento prometía; empero, realizó una obra perdurable de genuino y significativo valor para el romanticismo mexicano y las letras hispanoamericanas. Su estilo llega a ser desaliñado y poco pulido. Las imágenes tienen fuerza y profundidad; expresan una amplia gama de sentimientos. En su teatro hay vehemencia romántica; lo patético y conmovedor se unen en un manejo suelto de personajes y trama.

"[ante un cadáver] *Pero, no... tu misión no está acabada, / que ni es nada el punto en que nacemos / ni el punto en que morimos es la nada...*"

OBRA REPRESENTATIVA: **Poesía.** (*Nocturno a Rosario* // *Ante un cadáver* // *Hojas secas*, en *Versos*, 1874, edición póstuma) // *Poesías de Manuel Acuña* (1941, edición póstuma) // *Historia de un pensamiento* (1941, edición póstuma) // *Obras: Poesía, teatro, artículos y cartas* (1949, edición póstuma). **Teatro.** *El pasado* (1872).

AGUIRRE, Juan Bautista (1725-1786). Jesuita y poeta ecuatoriano, muestra vigorosa y magistral de la permanencia barroca en Hispanoamérica, renovador de la enseñanza de la filosofía en su país. Natural de la Villa de Daule, provincia de Guayas, Aguirre se trasladó a Quito desde niño; ahí realizó sus primeros estudios, en el Colegio Seminario de San Luis. Inclinado por la vida religiosa, ingresó a los quince años en la Compañía de Jesús (1740) en la cual llegó a desempeñar cargos de importancia. En 1758 se ordenó sacerdote e inició una brillante labor en la enseñanza; en los claustros de la Universidad de San Gregorio Magno ejerció una marcada influencia entre sus discípulos. Se alejó de la doctrina aristotélica y estableció las bases de una reforma con orientación cartesiana. Hombre de gran espíritu, Aguirre agregó a sus conocimientos el estudio de la medicina. Fue uno de los primeros que puso en práctica el método fundado en el experimento. Ocupó el cargo de prefecto de la Congregación de San Javier y a partir de 1765 fue nombrado consultor del Provincial de Quito. La fama de Aguirre traspasó el ámbito de la cátedra universitaria; el lirismo de su pluma le dio renombre en la oratoria. La célebre oración fúnebre a Juan Nieto Polo de Águila, obispo de Quito, publicada en 1760, se considera el primer libro impreso del Ecuador. Al igual que los religiosos de su congregación, Aguirre abandonó América en 1767, cuando se ejecutó la orden de expulsión de los jesuitas. Viajó rumbo a Italia; se embarcó en Guatemala junto con otros 77 religiosos. Pasó por Panamá, La Habana y en 1768 llegó a Cádiz y de ahí a Faenza y Rávena, donde permaneció un tiempo como superior del convento de esa ciudad. Antes de fijar su residencia en Roma, fue nombrado Rector del Colegio de Ferrara. Su vida en el destierro estuvo marcada por una gran actividad. Tanto en Ferrara como en Roma se distinguió y llegó a ser autoridad en temas filosóficos y morales; recibió el reconocimiento que merecen los hombres sabios. Fue nombrado teólogo consultor de monseñor Gregorio Barnaba Chiaramonti, el futuro papa Pío VII. Vivió en Roma cinco años. Cayó enfermo y se trasladó a un castillo cercano a Tívoli. La importancia de Aguirre reside en su obra poética; escrita en Quito, pertenece a los años de juventud que en el poeta estuvieron impregnados de fecunda imaginación creadora. Cultivó una gran variedad métrica: sonetos, liras, décimas, romances y silvas, entre otras. Encontró en el amor, la filosofía y la teología el manantial de su inspiración poética. Con el elogio que hizo a Guayaquil y la sátira a Quito, demostró habilidad para la vena cómica. Aunque las huellas de Calderón, Quevedo, Rioja y Polo de Medina son visibles, sus versos emanan frescura y originalidad. De sus enseñanzas en el Colegio de Tívoli, dejó un *Tratado polémico dogmático*, escrito en latín y constituido por tres tomos: *De lógica, De physica* y *De metaphysica*. Es posible que aun hoy día se encuentre en Italia inédito. Se ha supuesto que a su destierro, dejó en Guayaquil el manuscrito de su obra poética. Se creyó perdida mucho tiempo. Juan María Gutiérrez poseyó una copia de la que proviene la edición de Gonzalo Zaldumbide intitulada *Poesías y obras oratorias*. Aguirre murió cerca de Tívoli y fue enterrado en la iglesia de su orden. Su obra es una prueba del barroco que brilló con intensidad en América hasta épocas tardías. En Aguirre, la fantasía lírica, el gusto por la paradoja y las imágenes crean una realidad espléndida en colores, armoniosamente unida a los perfumes y los sonidos. La alegoría recorre sus versos; abundan los contrastes, el hipérbaton y las elipsis.

"...aprendemos la ardua ciencia de ser mucho con sólo el estudio de ser nada".

OBRA REPRESENTATIVA: **Poesía.** *Poesías y obras oratorias* (1943). **Prosa.** *Tratado polémico dogmático* (sf).

AGUIRRE, Nataniel (1843-1888). Figura de relieve en las letras bolivianas, diplomático, político, dramaturgo y novelista considerado como el creador de la novela romántica en ese país. Nació en Cochabamba; su padre, Miguel María Aguirre, había tomado parte, hacia 1810, en la revolución cochabambina, que más tarde le sirvió de tema a su obra principal. Tenía veintiún años cuando obtuvo el título de Abogado en Sucre. Hombre de tendencia liberal, Aguirre participó en la vida política de su país; fue un firme opositor de la tiranía de Melgarejo. Adquirió renombre de orador en la reunión constituyente de 1871, a la que asistió como diputado. Después de la muerte del presidente Morales, tomó parte en el Consejo de Estado, organizado en 1872. Su sentido patriótico lo llevó a participar activamente en la famosa convención de 1880, asamblea donde se reunieron los bolivianos más ilustres de la época. Ocupó también los cargos de Ministro de Hacienda, de Guerra y de Relaciones Exteriores. En su producción literaria predomina el sentido histórico. Una de sus obras dramáticas, *Represalias de héroes*, escrita y publicada en 1869, se inspira en la figura del mexicano Nicolás Bravo. De su narrativa, la novela que le asegura la permanencia en las letras nacionales es *Juan de la Rosa* (1885), obra de cuño romántico que recrea, a través de los ojos del personaje Juanito, los episodios de la revolución de Cochabamba. Considerada como la primera novela nacional, la obra ha sido un éxito editorial. La trama de los sucesos históricos se anuda con las hazañas de un pueblo. Aguirre escribió también algunas narraciones dentro del género llamado tradiciones. Una de ellas, *"La bellísima Floriana"*, está considerada como una de las mejores en la literatura boliviana. Apareció póstumamente en *Obras*, volumen publicado en París en 1911. Su muerte prematura impidió la realización de la segunda parte de *Juan de la Rosa*. Murió en Montevideo cuando se dirigía a Brasil para tomar posesión de sus funciones de Ministro. Por su estilo, Aguirre se reveló como un maestro de la sencillez; las descripciones son emotivas, evocadoras y en ocasiones penetran en la psicología de los personajes.

"Si yo creyera que la naturaleza toma parte en las sangrientas luchas de los hombres, diría que ella anunciaba así la bandera de la república, que al fin debía flamear después de muchos años, gracias a ese y mil otros sacrificios, que parecían insensatos".

OBRA REPRESENTATIVA: **Novela.** *Juan de la Rosa* (1885). **Teatro.** *Visionarios y mártires* (1865) // *Represalias de héroes* (1869). **Tradiciones.** (*La bellísima Floriana* // *La Quintañona*, en *Obras*, 1911).

AGUSTINI, Delmira (1886-1914). Singular poetisa uruguaya en cuya poesía resuena por primera vez el erotismo con voz ardiente y fastuosa. Mujer de compleja y extraña personalidad, su semblanza se entrelaza con su producción poética dando lugar a innumerables estudios biográficos, basados en particular en la correspondencia íntima. Lo que ha llamado la atención es el desfase entre su vida y el contenido de su poesía, cargado de erotismo, en el cual la pasión de la carne encierra un grito desesperado del espíritu en su búsqueda de trascendencia. Nació en Montevideo, en el seno de una familia burguesa; su madre, la argentina María Murtfeldt Triaca se casó con el uruguayo Santiago Agustini. Vigilada por el celo de su madre, la poetisa careció de formación escolar. Su educación estuvo a cargo de profesores particulares con quienes aprendió francés, piano y pintura. En la persona de Delmira Agustini coexistieron de manera dramática la señorita hogareña, sumisa y recatada, a quien los padres llamaban "La

Nena", con la mujer de carnalidad desbordante y la poeta que emprendió un vuelo liberando los sueños a regiones vedadas por la realidad circundante. Como resultado del ascendiente de la madre, se ha señalado el infantilismo que se refleja en sus cartas y en el cuidado y atención que ponía en la muñeca de ojos azules y vestida de raso, sentada en la sala, en su rincón favorito como ella lo llamaba. Entre los hombres que marcaron su vida se encuentra Enrique Job Reyes, con quien se casó en 1913 y Manuel Ugarte, escritor argentino a quien la unió una amistad literaria, muy pronto transformada en amor pasional por parte de Delmira, pasión que fluía silenciosa durante las visitas oficiales, bajo el ojo atento de la madre. Como era común para una señorita acomodada, la poetisa solía pasar los veranos en la quinta de Sayago en compañía de su familia. Formada de manera autodidacta, absorbió la influencia modernista de Rubén Darío y Amado Nervo; leyó a Pierre Loti, Daudet, Baudelaire y Samain, entre otros. Antes de dar a conocer su talento poético había publicado en LA ALBORADA (1903) algunas traducciones de poesía francesa y siluetas de mujeres escritoras de la época. En 1912 cuando Rubén Darío estuvo en Montevideo, Delmira inició una amistad que continuó de manera epistolar. Las cartas al célebre nicaragüense representan documentos invaluables que develan su trágica vida íntima. Saludado por la crítica, el primer poemario, *El libro blanco* (1907) causó asombro por su calidad estética; en él subyace la fuerza avasalladora que brotó de su pluma en los versos de *Cálices vacíos* (1913), obra que mereció un encomiástico prólogo de Rubén Darío: *De todas las mujeres que hoy escriben en verso, ninguna ha impresionado mi ánimo como Delmira Agustini, por su alma sin velos y su corazón en flor*. En esta obra Delmira anunció *Los astros del abismo*, publicada póstumamente con el título de *El rosario de Eros* (1924). El mismo año que vio la luz *Los cálices vacíos*, Delmira contrajo matrimonio con Enrique Job Reyes, hombre con menos cultura que ella y de escasa sensibilidad; después de dos cortos meses sobrevino la separación y la poetisa regresó a la casa familiar. El hecho inexplicable fue que, mientras duraba el proceso de divorcio, Delmira tenía entrevistas secretas con su ex-marido en el pequeño departamento que éste rentaba. La separación marcó el inicio del trágico desenlace; en una de esas citas clandestinas Enrique Job Reyes le dio muerte de dos tiros en la cabeza y luego se suicidó. El hecho llegó hasta las páginas de los diarios. En medio de la tragedia se reveló la brutalidad de dos mundos irreconciliables con un gesto que evoca vivamente la realidad de los personajes flaubertianos: en la libreta de su meticuloso padre se encontró anotado el día seis de julio de 1914 lo siguiente: *Día fatal de 'La Nena'*. Se ha visto en su poesía un canto vital, una ofrenda al dios Eros como fuente primordial de vida, como impulso renovador y como medio de trascender a lo heroico y sobrehumano. Corta e infausta fue la vida de esta mujer enigmática que pasó a la posteridad como figura de primer plano de la poesía femenina. En su obra poética hay una búsqueda que tiende hacia formas más acabadas; el leve aliento de los versos iniciales cobró vigor, intensidad e intimidad.

"[Eros] *Piedad para las vidas / que no duran a fuego tus bonanzas / ni riegan o desgajan tus tormentas; / piedad para los cuerpos revestidos / del armiño solemne de la Calma, / y las frentes en luz que sobrellevan / grandes lirios marmóreos de pureza, / pesados y glaciales como témpanos; / piedad para las manos enguantadas / de hielo, que no arrancan / los frutos deleitosos de la Carne / ni las flores fantásticas del Alma;..."*

OBRA REPRESENTATIVA: **Poesía.** *El libro blanco* (1907) // *Cantos de la mañana* (1910) // *Los cálices vacíos* (1913) // *El rosario de Eros* (1924, edición póstuma).

ALEGRE, Francisco Javier (1729-1788). Sumo humanista mexicano, historiador de la orden jesuita cuya obra dio fama a las letras de su país. De padres criollos, Alegre nació en Veracruz; desde pequeño manifestó una gran capacidad para el estudio y una extraordinaria memoria. Recibió las primeras lecciones de latín en la casa paterna. Su padre supo orientar esa disposición al estudio y hacia 1741 lo envió a Puebla, al Seminario de San Ignacio, donde estudió filosofía. Luego de algunos años, se trasladó a México y emprendió el estudio de derecho canónico y civil. En 1747 entró a la Compañía de Jesús; tres meses más tarde mereció que lo nombraran prefecto de novicios por su inclinación religiosa y sus dotes para el estudio. Su estancia en la Compañía fue muy fructífera para su formación; estudió de manera autodidacta el griego, hebreo, italiano —lengua que posteriormente, en el destierro, le sería de gran utilidad— y el náhuatl que manejó con soltura. Dedicó largos años al estudio de los clásicos latinos, Virgilio y Cicerón, entre otros; poseyó una sólida cultura literaria proveniente de autores españoles y franceses. La tenacidad en el estudio quebrantó la salud de Alegre; fue enviado a Veracruz y tras su restablecimiento regresó a México. Se ordenó sacerdote, para lo cual presentó una réplica sobresaliente sobre Sagradas Escrituras que le atrajo merecidos elogios. Sus superiores, inquietos por la frágil salud de Alegre, lo enviaron al Colegio de La Habana como maestro de retórica y filosofía. La actitud tenaz hacia el conocimiento caracterizó la vida del erudito jesuita. En La Habana, reanudó el estudio del griego e incorporó a su gran caudal el inglés y las matemáticas. Alegre participó activamente en los proyectos de su orden; al terminar el magisterio en La Habana, pasó a Yucatán a la Escuela de Cánones y Derecho Pontificio donde impartió la cátedra de derecho canónico y se destacó por su intervención en la organización y vida académica de la escuela recién fundada. Fue llamado a México para escribir la historia de la Compañía de Jesús; se trasladó a San Ildefonso, seminario fundado por los religiosos de su orden desde 1583, que acogió a otras figuras célebres como Clavijero. Realizaba su importante empresa cuando, en 1767, lo sorprendió la expulsión. Viajó a Italia y se instaló en Bolonia. La variada obra de Alegre incluye poesía, prosa y traducción. Su producción está marcada por el exilio. En México escribió *Alexandrios*, poema épico latino de su juventud, editado posteriormente en Italia, en el que trata el tema de la conquista de Tiro por Alejandro Magno; tradujo la *"Batracomiomaquia"* de Homero y vertió magistralmente del francés los tres primeros cantos de *Arte poética* de Boileau. Estas dos obras, inéditas hasta 1889, aparecieron en *Opúsculos inéditos latinos y castellanos* gracias a la labor y empeño del erudito J. García Icazbalceta. También tradujo al español las *Sátiras* de Horacio y vertió al latín la *Ilíada* de Homero. La versátil pluma de Alegre reflejó su amplio conocimiento en diversos campos. Fue autor de un *Tratado de gnomónica*, es decir, de la ciencia que habla de cómo hacer relojes solares. En el destierro escribió sus dos más grandes obras: *Historia de la Compañía de Jesús en Nueva España* y *Las instituciones teológicas*. En México había dejado la *Historia* y los documentos que utilizó en su redacción; en Bolonia, sirviéndose de su prodigiosa memoria redactó un compendio intitulado *Memorias para la historia de la provincia que tuvo la Compañía de Jesús en Nueva España*, impreso en México en 1940-1941. *Las instituciones*, considerada como su obra máxima y escrita durante los últimos dieciocho años de su vida, es el fruto del escritor maduro. Está inspirada en la doctrina de Santo Tomás y San Agustín; al referirse al tema de la esclavitud la considera arbitraria e injusta. Para Alegre, la naturaleza social del hombre es la base del principio de la autoridad. Por ello, se le ha considerado como la figura que germinó el sentimiento de independencia. Alegre murió cerca de Bolonia a los cincuenta y ocho años. Supo cultivar un estilo armonioso y claro; en las traducciones mantuvo admirablemente el vigor y el valor de los textos originales.

"...aún entre los bárbaros, es común que prevalezca la razón de estado a las obligaciones más indispensables de conciencia y de religión".

OBRA REPRESENTATIVA: **Prosa.** *Las instituciones teológicas* (1790) // *Historia de la Compañía de Jesús en Nueva España* (1841-1843, edición póstuma) // *Memorias para la historia de la provincia que tuvo la Compañía de Jesús en Nueva España* (1940-1941, edición póstuma).

ALEGRÍA, Ciro (1909-1967). Escritor peruano y militante político, su nombre ha pasado a las letras hispanoamericanas como uno de los autores representativos de la novela revolucionaria. Oriundo de Huamachuco, en el Departamento de La Libertad, la vida de Ciro Alegría estuvo guiada por el afán de reivindicación social de los indios. Miembro de la Alianza Popular Revolucionaria Americana, conocida como la APRA, tomó parte en las actividades revolucionarias de dicho partido. En 1932 fue aprehendido y sentenciado a diez años de prisión; tras un año de encarcelamiento en Lima, consiguió su libertad y viajó a Santiago de Chile donde vivió cerca de una década; residió después en Puerto Rico, Cuba y los Estados Unidos de Norteamérica. Tres de sus mayores novelas vieron la luz en Chile durante su exilio. *La serpiente de oro* (1935) es una novela en la que Ciro Alegría, a través de leyendas y cuadros de costumbres, ofrece una imagen del indio construida con los atributos de la dignidad y la fortaleza espiritual. En su segunda novela, *Los perros hambrientos* (1938), el tema también es indianista; recoge una serie de historias independientes que se nutren de la vida del campesino de la sierra peruana durante una gran sequía. *El mundo es ancho y ajeno* (1941), considerada como su mejor novela, llevó el nombre de Ciro Alegría fuera del ámbito nacional; fue ganadora del Premio Latinoamericano celebrado en los Estados Unidos de Norteamérica bajo los auspicios de la Unión Panamericana y la casa editora Farrar and Rinehart el año de 1941. En la trama de la novela, la comunidad peruana de Rumi encarna la lucha de los indios oprimidos que al ser despojados de sus tierras emigran, pero siempre deben enfrentar nuevas injusticias. La narración es pródiga en personajes cuya acción, por momentos épica, se desarrolla en un fondo lleno de folklore y costumbrismo. Nacida de su contacto directo con los peones indios del norte peruano, la novela tiene un tono de protesta social. Se ha señalado la influencia de Thomas Mann, en particular de su novela *La montaña mágica*, en la técnica narrativa del novelista peruano. A este magistral título siguieron cuatro más, tres de ellos publicados póstumamente. Ciro Alegría pasó los últimos años de su vida en su tierra natal: murió en Lima a los sesenta y ocho años de edad. Dejó una prosa realista impregnada de lirismo. Con su obra ayudó a que la novela indianista tuviera un nuevo impulso.

"¡La justicia no es limosna!"

OBRA REPRESENTATIVA: **Novela.** *La serpiente de oro* (1935) // *Los perros hambrientos* (1938) // *El mundo es ancho y ajeno* (1941) // *Duelo de caballeros* (1963) // *La ofrenda de piedra* (1969, edición póstuma) // *Lázaro* (1973, edición póstuma) // *Mucha suerte con harto palo* (1976, edición póstuma).

ALENCAR, José de (1829-1879). Célebre pluma de las letras brasileñas, autor prolífero que incursionó en la novela y el teatro; su obra se considera como uno de los robustos pilares del regionalismo en ese país. De familia pudiente, Alencar nació en Mecejana, en la provincia de Ceará. Su padre, el diputado José Martiniano de Alencar, era un hombre liberal cuya participación política había ayudado a Don Pedro a subir al trono en 1840. Vivió con su familia en la corte, donde recibió la primera educación. Cursó la carrera de derecho en San Pablo y en Olinda (1845-1850). Aunque ejerció la profesión algún tiempo, su vocación por las letras lo hizo abandonarla. Se inició en el periodismo como cronista del CORREIO MERCANTIL (1854), después fue redactor del DIARIO DE RÍO DE JANEIRO, donde publicó, con el pseudónimo de "Ig", un manojo de artículos de crítica literaria. A la par de su labor periodística y literaria, participó en la vida política. Al morir su padre (1860) fue elegido diputado provincial por Ceará. Se caracterizó por su adhesión a la causa conservadora. Tuvo a su cargo el Ministerio de Justicia en el gabinete conservador (1868-1870). Su obra literaria posee unidad y coherencia. A la manera de las sumas, el genio narrativo de Alencar logró abarcar su pasado y su presente, el campo y la ciudad. En *Iracema, lenda do Ceará* (1865) el novelista recreó leyendas, mitos y tradiciones que perfilan la tierra conquistada. *O guarani*, novela nativista que vio la luz en las páginas del DIARIO DE RÍO DE JANEIRO (1857) está ubicada en el periodo colonial; contiene el germen de una nación propia; bulle en ella el deseo de un pueblo por continuar las tradiciones lejos del dominio portugués. Aficionado a las lecturas de los franceses e ingleses, encontró en Chateaubriand y en Walter Scott un modelo a seguir. *O gaúcho* (1870), uno de sus mejores textos, despliega el mito del buen salvaje, encarnado en héroes nacionales. Los personajes se vuelcan hacia la naturaleza identificándose hasta lograr una unión. En el teatro destacó en el drama y la comedia. El Teatro Gimnasio Dramático de Río de Janeiro fue un escenario propicio a sus representaciones, no sin que la censura suspendiera algunas de ellas. El año de su muerte, Alencar viajó a Europa para curarse la tuberculosis que desde la juventud minaba su salud. Murió en Río de Janeiro. La tradición que inauguró con sus temas rurales fue continuada por autores como el novelista Afraino Peixoto. Ágil en el arte de narrar, Alencar aprovechó el valor del adjetivo justo; su prosa contiene bellos paisajes; los héroes, tanto en el escenario selvático como en la Corte, aparecen bien delineados; los retratos femeninos tienen finos relieves.

"Allí donde no se propaga con rapidez la luz de la civilización, capaz de cambiar el color local, se encuentra todavía en su pureza original, sin mezcla, ese vivir simple de nuestros padres, tradiciones, costumbres y lenguaje".

OBRA REPRESENTATIVA: **Ensayo.** *Como e por que sou romancista* (1893, edición póstuma). **Novela.** *Cinco minutos* (1856) // *O guarani* (1857) // *As minas de prata* (1862-1865) // *Lucíola, perfil de mulher* (1862) // *Diva, perfil de mulher* (1864) // *Iracema, lenda do Ceará* (1865) // *O gaúcho* (1870) // *A pata de gazela* (1870) // *Sonhos d'Ouro* (1872) // *Til* (1872) // *Alfarrábios* (1873) // *A guerra dos mascates* (1873) // *Ubirajara* (1874) // *Senhora* (1875) // *O sertanejo* (1875) // *Encarnaçãa* (1877). **Teatro.** *A noite de São João* (1857) // *O credito, demônio familiar, verso e reverso* (1857) // *As asas de un anjo e mãe* (1869) // *O Jesuíta* (1875).

ALTAMIRANO, Ignacio Manuel (1834-1893). Escritor mexicano, periodista, político y diplomático. Fecundo hombre de letras, trabajó intensamente por una literatura de valor artístico que expresara la identidad de su nación y sirviera como medio de enseñanza. Figura literaria de relieve en su tiempo, la obra de Altamirano lo sitúa como precursor de la novela moderna mexicana. Natural de Tixtla, en el actual estado de Guerrero, nació en el seno de una familia modesta de origen indígena. Gracias al otorgamiento de una beca destinada a escolares indígenas, ingresó en 1849 al Instituto Literario de Toluca. Ahí aprendió, entre otras lenguas, el español, pues hablaba náhuatl. Tuvo como maestro a Ignacio Ramírez, "El Nigromante", quien dejó una importante huella en Altamirano. Por su dedicación, llegó a ser bibliotecario del Instituto. Posteriormente, viajó a la ciudad de México y cursó la carrera de Leyes en la Academia de Letrán. Desde joven manifestó interés por la vida política de su país; en busca de una nueva organización nacional, basada en la concordia, acogió la causa liberal y participó activamente en la revolución de Ayutla, en la Guerra de Reforma y contra la intervención francesa. A partir de 1867, una vez derrotado Maximiliano, emprendió una ardua labor por el desarrollo de la cultura mexicana, acorde con su ideario político. Altamirano consagró sus esfuerzos a la literatura, la enseñanza y al servicio público. Incursionó en la poesía, la novela, el cuadro de costumbres, la crítica e historia literarias, el periodismo y temas científicos. Como creador, teórico e historiador literario buscó, al igual que otros escritores hispanoamericanos, las bases de una narrativa independiente de expresión nacional. Señaló además la importancia del conocimiento de lo español, de lo hispanoamericano y de las literaturas en lenguas extranjeras; se preocupó por los sentidos estético y didáctico de la producción literaria; intentó conjugar los principios de la doctrina liberal y la religión; contribuyó a sistematizar desde una perspectiva histórica, a partir de la Independencia, la literatura mexicana y luchó por la unificación de los escritores liberales y conservadores de su país. En torno a su labor crítica, histórica y de conciliación, su mayor logro se vio reflejado en las publicaciones de una serie de artículos llamada REVISTAS LITERARIAS (1868) y en la revista EL RENACIMIENTO (1869). Gran difusor, colaboró en la fundación de numerosos periódicos, entre los que destacan EL FEDERALISTA (1871); LA TRIBUNA (1875); LA REPÚBLICA (1880), y participó en otros. Su amplio horizonte en la cultura lo llevó a frecuentar academias científicas de la época. De espíritu didáctico, Altamirano influyó y estimuló a la juventud mexicana a través de actividades en diferentes escuelas. En 1870 fue director del Liceo Hidalgo, donde estudiaron los más destacados hombres de letras de México. Su sentido de servicio lo condujo a ocupar diversos puestos públicos y diplomáticos; ejerció el cargo de Cónsul General de México en España y representó a México en varias reuniones de carácter internacional en Suiza e Italia. Altamirano murió en San Remo. La obra novelística de Altamirano revela un conocimiento de autores nacionales como Joaquín Fernández de Lizardi y de extranjeros como Victor Hugo, Balzac y Dickens. En ella, hay concisión y claridad; intención moral y pensamiento político. El estilo es depurado. Utiliza los cuadros de costumbres que sitúa históricamente. Se destacan elementos de paisaje que propician la creación de un ambiente nacional. La elaboración de personajes es escrupulosa y profundiza en los perfiles psicológicos, aunque la realización no siempre está plenamente lograda. Las tramas están bien hiladas. Altamirano buscó acercarse al pueblo y reproducir su lenguaje.

"La poesía y la novela mexicana deben ser vírgenes, vigorosas, originales, como lo son nuestro suelo, nuestras montañas, nuestra vegetación".

OBRA REPRESENTATIVA: **Cuento-novela.** *Las tres flores* (1867, inicialmente con el título de *La novia*) // *Clemencia* (1869) // *Julia* (1870, inicialmente con el título de *Una noche de julio*) // *La navidad en las montañas* (1871) // *Antonia* (1872) // *Beatriz* (1873) // *Cuentos de invierno* (1880) // *El zarco* (1901, edición póstuma) // *Atenea* (1935, edición póstuma). **Poesía.** *Rimas* (1871 y 1880).

ALVARADO TEZOZÓMOC, Hernando de (¿1520-1610?). Notable cronista indígena, figura distinguida en el escenario del México antiguo quien con tenaz empeño preservó y legó a la posteridad una obra admirable. Su biografía se ha visto envuelta en un halo de confusión y obscuridad. Si bien los estudiosos coinciden en afirmar que era de origen noble, las opiniones son inciertas. Se ha señalado que fue descendiente de los reyes de Azcapotzalco, también se ha dicho que Cuitláhuac, el emperador azteca, fue su padre y, por último, que fue nieto de Moctezuma II. Como lo demuestra Mario Mariscal, las pocas noticias que se tienen de su vida provienen directamente de las obras del autor. En la *Crónica mexicáyotl*, Tezozómoc dice haber sido hijo de doña Francisca de Moctezuma y Diego de Alvarado Huanitzin, dato que lo ubica en la línea de descendencia de Moctezuma II. Por el lado paterno descendía de Axayacatzin, uno de los reyes de México. El padre del cronista a su vez fue rey de Ecatepec (1520) y el virrey Antonio de Mendoza lo nombró gobernador de Tenochtitlan en 1539. De noble cuna, resulta lógico suponer que su educación estuvo acorde con su casta; del mismo modo, es posible imaginar que, además del náhuatl, poseyó un profundo dominio del español, ya que a finales del siglo XVI desempeñó el oficio de traductor en la Real Audiencia. Autor de dos crónicas, la *mexicana* y la *mexicáyotl*, escritas entre 1598 y 1609, la grandeza del cronista reside en haber sido el transmisor de la cultura de su propio pueblo. En la *Crónica mexicáyotl*, el relato se inicia con la llegada de los aztecas desde las tierras de Aztlán; narra la fundación de México; las guerras entre las distintas tribus; la llegada de los españoles y termina con la muerte de los últimos reyes (1578). En ella se encuentran fragmentos de indiscutible valor que surgen en medio del relato belicoso y de sacrificios humanos y cual verdaderos ecos de la voz mexica se instauran en la cultura: "*...cuando Huitzilopochtli vio y llamó [...] a Cuauhtlequetzqui [...] le dijo [...] 'id a ver el Tenochtli* (tuna dura) *en el que veréis se posa alegremente el águila [...] ahí estará nuestro poblado, México Tenochtitlan, el lugar en el que grita el águila, se despliega y come, el lugar en el que nada el pez, el lugar en el que es desgarrada la serpiente, México Tenochtitlan [...]*'". Originalmente escrita en náhuatl, lengua en la que el cronista alcanzó un dominio sobresaliente, la obra vio la luz hasta 1949, año en que el erudito Adrián León la tradujo. Para la *Crónica mexicana*, no menos importante que la anterior, el problema ha sido dilucidar si fue o no escrita en náhuatl. Llegó hasta nosotros en español; sin embargo, su estilo refleja los giros y la sintaxis de esa lengua. Esta característica ha llevado a pensar que fue escrita en náhuatl y traducida por otro autor contemporáneo al cronista, o bien fue escrita en español por el propio Tezozómoc. En la actualidad la crítica se inclina en favor de la primera hipótesis. Se trata de una obra magistral, el relato abunda en notas sobre las costumbres, instituciones y ceremonias, como la del *ollamaliztli* o juego de pelota. Contiene el relato del pueblo mexicano hasta la llegada de los españoles; ofrece una vasta información de la cultura y pasado indígenas. La primera edición estuvo a cargo del célebre historiador Manuel Orozco y Berra.

"*Cuando cayó la caña a medio patio, y la doncella Miahuaxihuitl la vio bajar del cielo al punto la tomó con la mano, maravillándose [...] mirando y admirando sus variados colores, cual nunca viera otra, [...] la rompió por el medio, y vio dentro de ella la mencionada piedra hermosísima y de muy bellas luces, la cual tomó [...] plantándosela en la boca [...] yéndosele al interior y tragándosela, y ya no pudo sacarla, con lo cual dio principio su embarazo y concepción de Moteuczoma Ilhuicaminatzin*".

OBRA REPRESENTATIVA: *Crónica mexicana* (1878) // *Crónica mexicáyotl* (1949).

ÁLVAREZ, José Sixto (1858-1903). Autor costumbrista de relieve en las letras argentinas, quien fijó en amena prosa escenas del mundo callejero y llevó a la literatura el habla de ladrones y maleantes con original pluma. Fue conocido con el afectuoso sobrenombre de "Fray Mocho", término que, junto con el de "Lunanco", utilizan los gauchos para referirse a los animales que caminan ladeados, como era el caso de Álvarez. Nació en Gualeguaychú, pueblo situado en la provincia de Entre Ríos. Cambió el nombre de José Ceferino por el de José Sixto. Su infancia transcurrió en Campos Floridos; estudió en su provincia natal. En 1870, a los doce años de edad, asistió a la escuela pública. Dos años más tarde fue enviado como interno al Colegio Nacional de Concepción del Uruguay. Pudo seguir su formación gracias a una beca en la Escuela Normal de Paraná, aunque no concluyó la carrera del magisterio. Iniciado en el periodismo desde la adolescencia, Fray Mocho desempeñó esa labor durante toda su vida. En Gualeguaychú escribió para los diarios locales EL DIABLO y LA AURORA; en Buenos Aires, donde se trasladó en 1879, fue reportero en EL NACIONAL, colaboró en LA PAMPA, LA PATRIA ARGENTINA, hasta que logró llegar a las páginas de LA NACIÓN, renombrado diario dirigido por Bartolomé Mitre. Se reunía con intelectuales y escritores en los animosos lugares del llamado "Buenos Aires alegre". Álvarez conoció de cerca el mundo de los ladrones, estafadores y delincuentes; en 1886 desempeñó el cargo de Comisario de Pesquisas en la policía. Este empleo constituyó una rica experiencia que nutrió el álbum de fotografías en prosa *Vida de los ladrones célebres y sus maneras de robar* (1887) y *Memorias de un vigilante* (1897) para las que utilizó el pseudónimo de "Fabio Carrizo". Fundó la revista ilustrada CARAS Y CARETAS (1898), una de las más difundidas en Argentina, en cuyas páginas semanales publicó una serie de cuentos y diálogos porteños; éstos aparecieron reunidos con el título de *Cuentos de Fray Mocho* en 1906 gracias al empeño de sus compañeros. Ya en las obras de juventud se perfilan los rasgos que lo distinguen. En *Esmeraldas* (1885) narra episodios con sabor picaresco y de tono subido. Las páginas del *Salero criollo*, editado póstumamente (1910), apuntan hacia los temas callejeros, las anécdotas y escenas captadas del ambiente rural y urbano que ejemplifican acontecimientos del momento. La trascendencia de Álvarez descansa en *Viaje al país de los matreros (cinematógrafo criollo)*, aparecido en 1897 y reeditado en 1919 como *Tierra de matreros.* En el marco de las tierras fangosas del río Paraná, gauchos que han dejado el caballo por la canoa, cazadores de garzas y prófugos de la ley forman el universo de los distintos relatos. No menos importante es el *Mundo lunfardo* (1897), obra de particular interés por ofrecer al lector un retrato fiel del mundo en el que se desenvuelve el pícaro porteño; en ella se incorpora a la literatura el lunfardo o lenguaje de ladrones y malhechores. Álvarez murió víctima de la tuberculosis; hasta su muerte escribió en CARAS Y CARETAS, desaparecida en 1939. Con estilo ameno, burlón y a veces satírico expone el transcurrir de la vida de manera instantánea; presenta la ciudad con sus tranvías y kinetoscopios en las calles transitadas por vagos; introduce los galicismos y anglicismos utilizados por las clases altas y capta con peculiar precisión el habla de los distintos estratos sociales.

"Cada cual se agarra con las uñas que tiene".

OBRA REPRESENTATIVA: **Relato.** *Esmeraldas. Cuentos mundanos* (1885) // *Memorias de un vigilante* (1897) // *Un viaje al país de los matreros. Cinematógrafo criollo* (1897) // *En el mar austral. Croquis fueguinas* (1898) // *Cuentos de Fray Mocho* (1906) // *Salero criollo* (1920).

AMADO, Jorge (1912-2001). Figura destacada de la literatura brasileña del siglo XX; novelista fecundo, periodista y político; su obra, iniciada a la sombra de los modelos del realismo socialista, evolucionó hacia lo pintoresco, lo regional y lo sensual en su aspecto jocoso. Hijo de un comerciante establecido en la zona del cacao, Jorge Amado de Farías nació en Bahía. Hizo los primeros estudios en Ilhéus; cursó la secundaria en colegios jesuitas de Salvador y de Río de Janeiro. En Bahía se unió al grupo de la Academia de Rebeldes que, si bien tuvo una corta vida, reunió a poetas, historiadores y estudiosos del folklore de su tiempo. En 1930 se trasladó a Río de Janeiro e inició la carrera de derecho; un año más tarde entró en contacto con militantes de izquierda. En esa época leyó a autores de la literatura rusa y del realismo estadounidense, entre ellos a Michel Gold y a Steinbeck, y viajó también por América Latina. Por su participación política al lado del grupo de oposición al Estado Nuevo, fue encarcelado en 1942. Al quedar en libertad se trasladó a Bahía y siguió haciendo literatura de propaganda. Fue electo diputado por el Partido Comunista Brasileño (1946); a su disolución se exilió. Viajó por Europa y Asia (1948-1952). A su regreso dirigió el semanario PARA TODOS e incrementó su producción en pro de la causa social. *O mundo da paz* (1951) y *Os subterrâneos da liberdade* (1952) son novelas de abierta tendencia socialista. En su obra se han señalado varias fases. *Cacau* (1933) y *Suor* (1934) corresponden a la primera etapa que lo ubica dentro de la novela proletaria. En ellas hay un acercamiento a la vida de la bahía, las zonas rurales y la ciudad. El tono de panfleto se encuentra en *Jubiabá* (1935), novela de las luchas sociales perteneciente al realismo socialista. Después vinieron las pinturas de la región del cacao que detallan, con fuerza épica, las luchas entre latifundistas y exportadores. A esta fase corresponden: *Mar morto* (1936), *Terras do sem-fim* (1942) y *Capitães de areia* (1937). En la última fase, el brasileño renunció a la literatura ideológica para escribir crónicas de costumbres provincianas, en las que su prosa se torna sensual, romántica y picante. *Dona Flor e seus dois maridos* (1967) y *Gabriela, cravo e canela* (1958), traducidas al español como *Doña Flor y sus dos maridos* (1969) y *Gabriela, clavo y canela* (1969), respectivamente, son las dos novelas que mejor caracterizan esta fase de su pluma. Hacia 1979, el autor se encontraba en El Salvador y formaba parte de la Academia Brasileña de Letras. La mayor parte de su obra ha sido vertida al español. Su prosa comunica al lector una gama de sensaciones y sentimientos. La trama se aviva con ingenio; el lenguaje fluye como el relato contado, hay regionalismos, localismos y giros del habla popular.

"Que cada cual cuide de su entierro; el imposible no existe".

OBRA REPRESENTATIVA: **Novela.** *O pais do carnaval* (1931) // *Cacau* (1933) // *Suor* (1934) // *Jubiabá* (1935) // *Mar morto* (1936) // *Capitães de areia* (1937) // *Vida de Luis Carlos Prestes: O cabalheiro da esperança* (1942) // *Terras do sem-fim* (1942) // *São Jorge dos Ilhéus* (1944) // *Seara vermelha* (1946) // *O mundo da paz* (1951) // *Os subterrâneos da liberdade* (1952, 3 Vols) // *Gabriela, cravo e canela* (1958) // *Velhos marinheiros* (1961) // *Os pastores da noite* (1964) // *Dona Flor e seus dois maridos* (1967) // *Tenda dos milagres* (1970) // *Tereza*

Batista, cansada de guerra (1972) // *Farda fardão, camisola de dormir: fabula para acender uma esperança* (1979). // *O menino grapiúna* (1981) // *Tocaia grande: a face obscura* (1984) // *O sumico da Santa* (1988) // *Navegação de cabotagem* (1992) // *A descoberta da América pelos turcos* (1992) // *O milagre dos pássaros* (1997). **Teatro.** *O amor do soldado* (1947).

ANDRADE de MORAIS, Mario Raúl, véase ANDRADE, Mario.

ANDRADE, Mario (1893-1945). Nombre con el que se conoce a Mario Raúl Andrade de Morais, figura de primer plano del Modernismo brasileño. Cuentista, poeta y novelista; estudioso del folklore y de la música de su país, encontró en las raíces de la tierra nativa el carácter nacional de la creación literaria. Atrajo hacia él a toda una generación deseosa de liberar las formas literarias de los cánones del pasado. Oriundo de San Pablo, Andrade mostró una marcada tendencia para la música. Después de cursar los estudios secundarios en el Ginasio Nossa Senhora de Carmo, se graduó en el Conservatorio Dramático y Musical de San Pablo, donde posteriormente impartió el curso de historia de la música. Desempeñó distintos cargos y promovió eventos culturales de trascendencia para las letras. Dirigió el Departamento de Cultura de la Municipalidad de San Pablo (1934-1937); a partir de 1940 se integró al grupo de funcionarios del Servicio de Patrimonio Histórico y Artístico Nacional. Organizó el I Congreso de la Lengua Nacional Cantada. Su actuación fue señalada durante la Semana de Arte Moderno, evento celebrado en San Pablo en 1922, que transformó el espíritu de la época proponiendo la autonomía artística y literaria. Estimuló la creación de KLAXON, ESTÉTICA y TERRA ROXA E OUTRAS TERRAS, principales revistas del movimiento modernista. Heredero del futurismo italiano y conocedor a fondo del Cubismo y el Surrealismo, en 1922 publicó *Paulicéia desvairada,* de cuyo "Prólogo interesantísimo" emana el inconsciente como venero genuino y transparente de la creación poética. La poesía de Mario Andrade señaló un nuevo camino por el que transitaron numerosos poetas. Camino este poblado de originales melodías y sensitivas armonías. La vena folklórica de su poesía está explorada en *Clã do jabuti* (1930) y *Remate de males* (1927), poemarios escritos entre 1923 y 1930. Preocupado por las raíces de su pueblo, el brasileño es autor de innumerables estudios sobre la música que develan el origen del arte primitivo. Una de sus obras más celebradas es *Macunaíma* (1928), rapsodia que traspasa la dimensión local pues, como lo han señalado los estudiosos, el nombre de Macunaíma no sólo es una realidad brasileña, sino que también existe en las regiones de Venezuela. Los temas mitológicos y las costumbres primitivas forman un caudal estético atravesado por la mirada freudiana. La selva amazónica sirve de escenario a las primeras aventuras del héroe Macunaíma, personaje nacido en una tribu del Mato Grosso. Después de su primera infancia sale de la selva y se dirige a San Pablo, en búsqueda del talismán robado. Las luchas se inician dando lugar a toda una serie de metamorfosis: la madre-india se convierte en cerro; el hijo del héroe deviene planta, la ciudad de San Pablo se petrifica y adquiere la forma de sabandija, etc. Con imaginación desbordante la pluma de Andrade amalgama leyendas, mitos, costumbres de la ciudad y la selva para crear una obra trascendental. Fue un autor versátil que también escribió reveladores ensayos de crítica literaria. Murió en San Pablo dejando una estela luminosa en el horizonte literario. Su innovadora pluma imprimió al habla coloquial un carácter estético; creó neologismos e introdujo el verso y la rima libre. Dejó fluir el inconsciente en bellas y audaces polifonías; gustó de la elisión, las rupturas sintácticas y la parataxis.

"...el lirismo, nacido del subconsciente y plasmado en un pensamiento claro o confuso, crea frases que son versos enteros, sin el prejuicio de medir tantas sílabas con una acentuación determinada".

OBRA REPRESENTATIVA: **Crónica.** *Os filhos de Candinha* (1943). **Cuento.** *Primeiro andar* (1926) // *Belazarte* (1934) // *Contos novos* (1947). **Ensayo.** *Compêndio de história da música* (1929) // *Música, doce música* (1933) // *O aleijandinho e Alvares de Azevedo* (1935) // *A música e a cançao populares no Brasil* (1936) // *Ñamoros com a medicina* (1939) // *Música do Brasil* (1941) // *Pequena história da música* (1942) // *O movimiento modernista* (1942) // *O baile das quatro artes* (1943) // *Aspectos da literatura brasileira* (1943) // *Cartas de Mario Andrade a Manuel Bandeira* (1958) // *Danças dramáticas do Brasil* (1959, 3 Vols). **Novela.** *Amar, verbo intransitivo* (1927) // *Macunaíma, o héoi sem nenhum caráter* (1928). **Poesía.** *Há uma gota de sangue em cada poema* (1917) // *Paulicéia desvairada* (1922) // *Clã do jabuti* (1927) // *Remate de males* (1930) // *Poesias completas* (1955).

ARBOLEDA, Julio (1817-1861). Poeta, soldado y orador colombiano. Ilustre figura de los inicios de la República, Arboleda nació en la hacienda familiar de Timbiquí. Contaba con trece años de edad cuando en 1828 viajó con su padre a Europa; pasó diez años en el Viejo Continente durante los cuales recibió una enseñanza científica y humanística. En Londres estudió el bachillerato en artes y ciencias. De regreso a Popayán en 1838, prosiguió los estudios y obtuvo el título de Doctor en Jurisprudencia. Tomó parte en las luchas políticas y las distintas guerras civiles hasta su muerte. Se destacó como orador ante el Parlamento. En 1855, año en que el vicepresidente Mallarino asumió el cargo de Presidente de la República, dirigió un célebre discurso, cuya claridad y concisión lo hicieron perdurar entre los jóvenes de la generación posterior. Sus conocimientos de latín, francés e inglés, lenguas que dominó con soltura, le permitieron un acercamiento directo a las obras de Byron y de los románticos franceses, cuyas influencias se vieron reflejadas en su obra de mayor aliento: *Gonzalo de Oyón*, extenso poema épico de tema indígena, inspirado en la conquista española de la provincia de Popayán. La función didáctica del poema reside en la exaltación de las virtudes cristianas, encarnadas en la hija del cacique, la india Pubenza. De la obra sólo se conocen catorce cantos que gracias a Miguel Antonio Caro llegaron hasta nosotros. El manuscrito original fue destruido por sus enemigos políticos en Colombia. Joven aún, Arboleda murió asesinado en la montaña de Berruecos, víctima de una emboscada. Su inspiración lírica alcanzó notas brillantes; los héroes y heroínas están trazados con mano firme; es descriptivo y, aunque en ocasiones se pierde en divagaciones filosóficas, la naturaleza adquiere en sus versos un vivo color.

"...no descansa quien dolor no siente".

OBRA REPRESENTATIVA: **Poesía.** (*Gonzalo de Oyón*, en *Poesías de Julio Arboleda*, 1883).

ARCINIEGAS, Ismael Enrique (1865-1937). Poeta de relieve en las letras colombianas. Natural de Curití, Santander, Arciniegas dedicó su vida a las letras, el periodismo y la traducción de poetas antiguos. En 1905 fue el fundador y por muchos años el director de EL NUEVO TIEMPO, importante diario colombiano que perfiló el camino de la literatura y la política. Tanto en América como en Europa tuvo cargos diplomáticos; fue Encargado de Negocios y Ministro Plenipotenciario en París (1919). Si bien Arciniegas desarrolló su producción poética cuando las nuevas formas del Modernismo se extendían en América, en opinión de algunos críticos el colombiano fue siempre un poeta romántico; otros en cambio han visto la influencia de Bécquer sólo en sus primeros versos, señalando una progresión hacia formas parnasianas. Entre sus traducciones han merecido el elogio los textos de las *Odas* de Horacio y los *Trofeos* de Heredia. En versos de ritmos cadenciosos, las imágenes y el vocabulario transmiten su temperamento sosegado.

"¡No hay muerte! ¡Todo es vida!... El sol que ahora, / Por entre nubes de encendida grana / Va llegando al ocaso, ya es aurora / Para otros mundos, en región lejana".

OBRA REPRESENTATIVA: **Poesía.** *Poesías* (1897) // *Cien poesías* (1911) // *Antología poética* (1932).

ARÉVALO MARTÍNEZ, Rafael (1884-1975). Escritor guatemalteco; uno de los mayores exponentes del Post-Modernismo, su obra preludia la novela psicológica hispanoamericana del siglo XX. Arévalo Martínez es un caso para el que no existe una biografía. La escueta información que se tiene proviene del propio autor y ha sido recogida por Torres-Rioseco en su libro *Novelistas*: *"En cuanto a datos biográficos sólo le puedo decir que nací en 1884, que casé en 1911, que tengo siete hijos, un cuerpo endeble hasta lo inverosímil (peso 94 libras), una neurastenia crónica desde los 14 años. Y nada más"*. Su producción literaria, en cambio, ha sido fecundamente estudiada y en los últimos años ha atraído las miradas de la crítica. Aunque cultivó la poesía y la novela, Arévalo Martínez ha adquirido una resonada fama como cuentista. Es el autor del conocido cuento *"El hombre que parecía un caballo"* (1915), en cuyo personaje, un hombre-equino de temperamento egoísta y carácter amoral, se ha visto la caricatura del poeta colombiano Barba Jacob. Narración psicozoológica en la que el guatemalteco mostró su maestría para crear ambientes muy similares a los que se respiran en las páginas de Franz Kafka. Con igual originalidad y dominio de las técnicas narrativas escribió *"El trovador colombiano"* (1915), donde el linde que separa lo animal de lo humano parece esfumarse, dejando que el personaje, esta vez representado por un perro, se manifieste en su más pura animalidad. Dos venas fundamentales recorren su obra novelística: la autobiográfica y la social-política-filosófica. Dentro de la primera se encuentran: *Una vida* (1914), *Manuel Aldano* (1914) y *Las noches en el Palacio de la Nunciatura* (1927). Estos tres títulos marcan una lograda progresión que va de los recuerdos de la edad infantil, narrados en primera persona, a la asunción de su condición de artista mal dotado para vivir en una sociedad en la que impera la mezquindad y los anhelos económicos. En esos primeros años se descubre ante el personaje el artista inadaptado, hipersensible y enfermizo que en la búsqueda de su madurez acaba aceptando su incapacidad. La segunda vena la integran tres novelas: *La oficina de paz de Orolandia* (1925), subtitulada *Novela del imperialismo yanqui*, es una novela que muestra el influjo de los Estados Unidos de Norteamérica en los países centroamericanos, simbolizados por la región imaginaria de Orolandia. La sensibilidad creadora y la imaginación desbordante de Arévalo Martínez se plasmaron en sus dos novelas utópicas: *El mundo de los maharachías* (1939) en el que habitan criaturas espiritualmente superiores a los hombres, cuyas largas y hermosas colas son órganos altamente sensitivos, y *Viaje a Ipanda* (1939), que se relaciona con la anterior, pues parece sacada del maravilloso relato de los maharachías. Las influencias más señaladas son las de Darwin, Moro, Swift y Nietzche. Lejos de la narrativa tradicional, el autor guatemalteco transformó la narrativa tradicional convirtiéndola en vida interior y análisis psicológico-filosófico. Renovación ésta que rebasa los límites nacionales y adquiere importancia en el Continente Americano.

"...buscad la unidad y todo otro conocimiento se os dará por añadidura".

OBRA REPRESENTATIVA: **Cuento.** *El hombre que parecía un caballo* (1915) // *El señor Monitot* (1922) // *La signatura de la esfinge* (1933) // *Crátilo y otros cuentos* (1968) // *Cuatro contactos con lo sobrenatural y otros relatos* (1971). **Novela.** *Una vida* (1914) // *Manuel Aldano, la lucha por la vida* (1914) // *La oficina de paz de Orolandia: Novela del imperialismo yanqui* (1925) // *Las noches en el Palacio de la Nunciatura* (1927) // *El mundo de los maharachías* (1938) // *Viaje a Ipanda* (1939) // *Hondura o una vida bajo la dictadura* (1947) // *El embajador de Torlandia* (1960). **Poesía.** *Maya* (1911) // *Los atormentados* (1914) // *Las rosas de Engaddi* (1918) // *Llama y el Rubén poseído por el Deus* (1934) // *Por un caminito así* (1947). **Ensayo.** *Influencia de España en la formación de la nacionalidad centroamericana* (1943) // *Nietzche el Conquistador, la doctrina que engendró la Segunda Guerra Mundial* (1943) // *La concepción del cosmos* (1950). **Teatro.** *Los duques de Endor* (1940) // *El hijo pródigo* (1956).

ARGUEDAS, Alcides (1879-1946). Vigorosa pluma de las letras bolivianas; novelista, periodista, diplomático y político en cuya obra vive y palpita el drama del indio. Autor de *Raza de bronce*, una de las mejores novelas de Hispanoamérica, Arguedas trascendió el ámbito nacional grabando su nombre en la literatura continental. Oriundo de La Paz, fue bachiller en el Colegio Nacional Ayacucho. Contaba con diecinueve años en 1898 cuando tomó parte en la revolución federal; a la manera de un corresponsal de guerra escribió varios artículos que aparecieron en el diario EL COMERCIO. En la Universidad Mayor de San Andrés recibió el título de Abogado (1902) y un año más tarde viajó a Europa. Vivió en el extranjero doce años; a su regreso en 1915 dirigió LOS DEBATES y emprendió una intensa actividad diplomática. Fue diputado por La Paz ante el Congreso (1916) y Ministro de Agricultura; desempeñó el cargo de Cónsul en París, Colombia y Venezuela. En la producción literaria de Arguedas se descubre la necesidad que como escritor tuvo de forjarse un estilo propio. Su primera novela, *Pisagua* (1903), escrita en la época de estudiante, se teje con un tema heredado del Romanticismo: un amor malogrado que sirve de fondo a los episodios históricos del derrocamiento de Melgarejo y la guerra de 1879. Este aliento romántico de la primera época se apagó en *Wata-Wara* (1904), novela indígena de ambiente aimará que publicó en Barcelona y que reaparece en su máxima obra: *Raza de bronce* (1919). Editada en varios lugares de América y Europa, la novela deja oír el grito del indio ahogado en sangre por criollos y mestizos en un ambiente de feudalismo colonial. Con penetrante prosa, Arguedas narra escenas de un realismo que rebasa cualquier mesura. No hay en ella un personaje principal, la comunidad indígena en su totalidad protagoniza el drama de muerte, violación y abusos de los terratenientes. Al describir la realidad, el autor incorporó ceremonias cristianas y paganas, aventuras, cuadros de costumbres y vivos paisajes que tornan su prosa en poesía. La personalidad literaria de Arguedas se proyectó también como panfletario. A la manera del colombiano Vargas Vila, escribió *Pueblo enfermo* (1909) para denunciar los males sociales que para él se originan en la psicología de los pueblos, los vicios políticos y la historia. Tanto por su estilo como por los temas, Arguedas tiene hoy día varios continuadores. Murió en Buenos Aires. Dejó una prosa impetuosa cuyas descripciones poseen un toque maestro; utilizó la tercera persona en el relato; trazó personajes con hondura psicológica y plasmó su sensibilidad para captar el drama social.

"El río es peor que la peste y que cualquier otra de las calamidades. La peste viene, calienta, se va, llevándose algunos. Otros nuevos los reemplazan, y se vuelve a recomenzar la lucha. El río ataca la tierra, la carcome y la derrumba. Una vez caída, se convierte en playa, y la playa es estéril como vientre de momia".

OBRA REPRESENTATIVA: **Novela.** *Pisagua* (1903) // *Wata-Wara* (1904) // *Vida criolla* (1905) // *Raza de bronce* (1919). **Prosa.** *Pueblo enfermo* (1909) // *Historia general de Bolivia* (1922).

ARGUEDAS, José María (1911-1969). Célebre cuentista y novelista peruano, considerado como una de las figuras más trascendentales de la novela realista de tema indígena en Hispanoamérica. Apenas a sus tres años de edad, Arguedas quedó huérfano de madre; algunos años más tarde su padre se volvió a casar y el futuro novelista se fugó de su casa, debido a las dificultades afectivas con su hermanastro. Vivió con los indios de Utek, cuya vida llegó a conocer profundamente; el hecho de hablar quechua le ayudó a ser aceptado y protegido. El español lo aprendió después y las dos lenguas le sirvieron en su producción narrativa. En los años 30, su defensa por los derechos del indio le valió cerca de un año de presidio en una cárcel limeña; esta experiencia la relató en su novela de corte autobiográfico *El sexto,* que apareció en 1961, algunos años antes de su muerte. No sin dificultades alternó la creación literaria con la carrera de antropología que siguió en la Universidad de San Marcos en Lima, cuyo título obtuvo en 1948. Gracias a sus conocimientos de la cultura andina, trabajó en la Sección

Folklórica del Ministerio de Educación y luego estuvo al frente de la Dirección del Instituto de Estudios Etnológicos del Museo Nacional de Historia. Fue merecedor al Premio de la Novela Iberoamericana de la Fundación William Faulkner por la novela que le dio celebridad continental: *Los ríos profundos* (1958). La narrativa de Arguedas gira en torno al mundo andino; su singularidad reside en dos aspectos fundamentales que han sido señalados con interés por la crítica: la visión del mundo indígena proyectada desde su interior y la influencia de las imágenes de origen quechua en su escritura. En *Los ríos profundos*, que posee elementos autobiográficos, logró relacionar lo psicológico con lo social y profundizó en el alma sufriente del indio. Recreó con singular magia las tradiciones folklóricas, liberándolas del tratamiento usual del costumbrismo. Sin ser una novela de tesis, se transparenta la conciencia del autor en torno a la injusticia de la que el indio es víctima. Arguedas se quitó la vida a los cincuenta y ocho años de edad. Destacan en su estilo la objetividad y la frase justa. Hay quienes relacionan su arte con el barroco de Miguel Ángel Asturias y Alejo Carpentier. Las cosas que describe vibran como seres.

"Los hombres del Perú, desde su origen, han compuesto música, oyéndola, viéndola cruzar el espacio, bajo las montañas y las nubes, que en ninguna otra región del mundo son tan extremadas".

OBRA REPRESENTATIVA: **Cuento.** *Agua. Los escoleros. Warma Kuyay* (1935) // *Amor mundo y otros relatos* (1967) // *El forastero y otros cuentos* (1972). **Novela.** *Yawar fiesta* (1941) // *Los ríos profundos* (1958) // *El sexto* (1961) // *Todas las sangres* (1964) // *El zorro de arriba y el zorro de abajo* (1972). **Poesía**. *Canto quechua* (1938) // *Runa Yupay* (1939).

ARGÜELLO MORA, Manuel (1834-1902). Fecundo escritor costarricense, su obra sembró el germen de la novela en ese país ensanchando así el cauce de las letras nacionales. Nació en San José. A temprana edad quedó huérfano; su tío Juan Rafael Mora, entonces Presidente de Costa Rica, se hizo cargo de su educación. Realizó estudios de leyes en la Universidad de Santo Tomás de su país y en la de Guatemala, donde se recibió de Abogado. A su regreso ocupó la Secretaría de Fomento, impartió cátedra en la Universidad y escribió para algunos diarios locales. A la caída de Mora hizo un recorrido por Europa. A petición de su tío regresó con el fin de participar en el desembarco de Punta Arenas (1860), trágico suceso que culminó con la muerte de don Juan. Desterrado, retomó el camino hacia Europa. Cuando volvió emprendió la publicación de sus obras. De los tres pequeños tomos que constituyen su valiosa aportación a las letras costarricenses se destaca *Costa Rica pintoresca* (1899). Incluye una serie de leyendas tradicionales y de relatos históricos. Entre ellos, el mejor logrado es *"Elisa Delmar"*, en cuyas páginas se entrelazan motivos de ficción con los episodios del desembarco de Punta Arenas. En 1963 se publicó casi toda su obra con el título de *Obras literarias e históricas*. Si bien por su extensión sus relatos no son propiamente novelas, en ellos se adivina el deseo del autor por convertir la escritura en una actividad creadora. Murió en San José. El escenario, los temas y los personajes de Argüello son costarricenses; la prosa fluye clara y transparente.

"Sólo las grandes pasiones producen grandes resultados".

OBRA REPRESENTATIVA: **Narrativa.** (*Elisa Delmar*, en *Costa Rica pintoresca*, 1899) // *La bella herediana* (1900) // *El amor a un leproso* (1900) // *Un drama en el presidio de San Lucas* (1900) // *Un hombre honrado* (1900) // *Las dos gemelas del Mojón* (1900).

ARLT, Roberto (1900-1942). Novelista, cuentista, dramaturgo y periodista argentino revalorado por la crítica contemporánea. Las recientes lecturas de sus textos lo revelan como una vigorosa figura precursora de la novela urbana, cuya obra descubre a través de personajes atormentados, el dolor, la angustia y el drama del hombre en las grandes ciudades. Originario de Buenos Aires, Roberto Godofredo Christophersen Arlt, nació en el seno de una familia de escasos recursos. Tuvo una desventurada infancia; creció en el barrio de Flores entre carencias materiales, azotes y humillaciones de su padre, el alemán Carlos Arlt. Expulsado de la escuela, sólo cursó hasta el tercer grado de primaria; luego estuvo en la Escuela de Mecánicos de la Armada donde su suerte no fue mejor. Abandonó el hogar a los dieciséis años; a esa edad ya había trabajado en una librería, había sido aprendiz de hojalatero, pintor, mecánico, vulcanizador y había desempeñado oficios menores en el puerto. Se dirigió a Córdoba, ahí se casó a los veinte años y con la dote de su esposa emprendió un negocio que fracasó. A su regreso a Buenos Aires inició la carrera periodística, labor que realizó durante toda su vida. Primero escribió crónicas para ÚLTIMA HORA, luego epístolas en la revista DON GOYO, hasta que en 1927 empezó a colaborar para CRÍTICA y posteriormente para EL MUNDO, entre otras publicaciones periódicas. Nombrado corresponsal de EL MUNDO, viajó a España y a África del Norte en 1935; con el mismo cargo estuvo en Chile en 1941. Al morir su esposa en 1940, se casó con una joven de origen irlandés. Fue un personaje extravagante; su formación provino de sus recorridos por las calles de Buenos Aires, en medio del barullo de los cafés y sus amigos quienes eran, según sus propias palabras, *"rufianes, maleantes y falsificadores"*. Logró una cultura heterogénea con distintas lecturas: Baudelaire, Novalis, Samain, Gorki y José Ingenieros; sus libros de cabecera fueron las obras de Bernal Díaz del Castillo, Pío Baroja y Dostoievski. Solía asistir a las reuniones del grupo literario Boedo. Sus inclinaciones políticas eran las de un anarquista que lanzó frases coléricas contra los sistemas sociales. Hacia 1932 su decepción por la democracia y su aversión al fascismo lo llevaron a simpatizar con la izquierda argentina; ese año, aunque no se adhirió al Partido Comunista, empezó a escribir para BANDERA ROJA. En su tiempo, la obra de Arlt no tuvo una buena acogida; fue ignorada por la crítica esteticista, representada por el círculo literario Florida, y rechazada por los izquierdistas quienes le reprocharon su desdén hacia las reivindicaciones sociales. La crítica posterior sólo vio en él al escritor que no dominaba la lengua, que tenía errores de escritura y fallas en las técnicas narrativas. En la actualidad, se ha puesto de manifiesto el genio narrativo de Arlt, quien más allá de las incorrecciones del lenguaje supo develar los móviles que llevan al hombre urbano a la locura, la traición y al suicidio. En su primera novela *El juguete rabioso*, obra que fue corregida por Güiraldes antes de ser publicada en 1927, desarrolla el tema de la traición de Silvio, un joven proletario que denuncia a sus compañeros de un robo, por el simple gusto de quedar bien con la clase burguesa a la que en el fondo odia. A pesar de tener una estructura picaresca, la obra no lleva consigo un carácter didáctico, ni moralizante. Expone el conflicto sin pretender buscar soluciones sociales. En *Los siete locos* (1929) y *Los lanzallamas* (1931), dos de sus mejores textos, se ha establecido un paralelismo con *Los poseídos* de Dostoievski. Es la historia de un ser atormentado por la culpa y humillado hasta el suicidio. Algunas de sus crónicas periodísticas aparecieron publicadas en vida del autor bajo el título de *Aguafuertes porteñas* (1933) y *Aguafuertes españolas* (1936). Se trata de breves bosquejos que captan, con lenguaje mordaz y directo, relieves de la vida cotidiana. Hacia 1932 Arlt volcó en el teatro su pasión por las letras. Sus obras dramáticas reflejan los mismos temas que su novelística. En su época, el Teatro del Pueblo sirvió de escenario para que desfilaran personajes urbanos, esas almas degradadas, fracasadas e insatisfechas que pueblan las urbes. La muerte sorprendió a Arlt en Buenos Aires, poco después de haber obtenido la patente para fabricar medias y haber fundado, para ello, la Sociedad Arna. Murió de un ataque cardíaco; su cuerpo fue cremado según sus deseos. Su estilo, logrado a golpe de letra, incorpora el lunfardo y el habla de los distintos medios sociales; la frase está desprovista de cualquier adorno, es breve, aguda, tiene el don de penetrar en el fondo del personaje, en ocasiones con punzante humorismo.

"Se dice de mí que escribo mal. Es posible. De cualquier manera, no tendría dificultad en citar a numerosa gente que escribe bien y a quienes únicamente leen correctos miembros de su familia".

Obra representativa: **Crónica.** *Aguafuertes porteñas* (1933) // *Aguafuertes españolas* (1936) // *Nuevas aguafuertes porteñas* (1960) // *El idioma de los argentinos* (1969) // *Las muchachas de Buenos Aires* (1969) // *Pícaros sin historia* (1969) // *Entre crotos y sabihondos* (1969). **Cuento.** *El jorobadito* (1933) // *El criador de gorilas* (1963) // *Un viaje terrible* (1968). **Novela.** *El juguete rabioso* (1927) // *Los siete locos* (1929) // *Los lanzallamas* (1931) // *El amor brujo* (1932) // *Novelas completas y cuentos* (1963). **Teatro.** *Trescientos millones* (1932) // *Escenas de un grotesco* (1934) // *Saverio el cruel* (1936) // *Fabricante de fantasmas* (1936) // *La isla desierta* (1937) // *África* (1938) // *Separación feroz* (1938) // *La fiesta de hierro* (1940) // *Prueba de amor* (1947) // *El desierto entra a la ciudad* (1953) // *Teatro completo* (1968, Tomos I y II).

ARREOLA, Juan José (1918-2001). Célebre escritor mexicano. Considerado junto con Rulfo como uno de los escritores más destacados de la literatura del 40, Arreola ha abierto camino en el universo de la narrativa contemporánea nacional e hispanoamericana. El valor estético y humano de su obra lo ha convertido en un clásico del relato corto que ha trascendido las fronteras geográficas. Su aportación artística se ha entretejido con un auténtico interés por la cultura y por encauzar nuevos valores. Al igual que Agustín Yáñez y Juan Rulfo, Arreola nació en el estado de Jalisco. Autodidacta genial, ha adquirido una vasta y poco común cultura literaria y se ha desempeñado en un sinfín de oficios; en la ciudad de México, estudió teatro con Xavier Villaurrutia y Rodolfo Usigli. En 1945 viajó becado a París y estableció contacto con Louis Jouvet y Jean Louis Barrault. El Colegio de México le otorgó una beca para terminar y publicar *Varia invención* (1949), su primer libro. En 1950 obtuvo otra beca, la de la Fundación Rockefeller, para proseguir con sus trabajos literarios. Ha sido profesor de enseñanza secundaria en su pueblo natal y ha ejercido la cátedra universitaria. Dirigió la Casa del Lago de la Universidad Nacional Autónoma de México; en 1954 recibió el Premio del Instituto Nacional de Bellas Artes (INBA), en 1963 fue merecedor del Premio Xavier Villaurrutia y en 1992 se le otorgó el Premio Juan Rulfo. Conversador *sui generis* cuya palabra metafórica fluye como un río de nítidos destellos, ha realizado con éxito distintos programas de televisión caracterizados por monólogos que incitan a pensar, y que convierten al televidente en un actor invisible de un diálogo entre ondas. Si bien se ha dicho que Arreola es un escritor para escritores, debido al intelectualismo estético que su obra propone, su participación en el medio masivo de la televisión lo ha acercado a miles de conciudadanos y su pensamiento se ha proyectado en la conciencia popular. Arreola ha participado en la vida periodística de su país; con Antonio Alatorre y Rivas Sáinz editó, respectivamente, las revistas PAN y EOS. Fundó también la revista MESTER y ha participado en diversas publicaciones periódicas. Entre sus muchas colaboraciones culturales ha dirigido talleres literarios. La narrativa de Arreola goza de valor poético; en sus cuentos, apólogos, relatos novelescos y poemas en prosa, hay un afán por recrear realidades sin límite y una voluntad por trascender a lo universal. En sus narraciones la invención parece convertirse en esencia de la realidad; la creatividad artística surge en la relación con lo fantástico, lo paradójico y el ingenioso juego intelectual, vertidos en un lenguaje rico en símbolos y matizado por un humorismo refinado. De la realidad que proyecta en una mágica invención surge una enseñanza. Entre sus obras más celebradas están *Confabulario* (1952) y *La feria* (1963), relato a la manera de una crónica en el que evoca, con especial sentir y variedad de formas y estilos, la vida provinciana; en el trasfondo del pueblo de *La feria* se simbolizan algunas acciones positivas y negativas de la condición humana. La obra del mexicano conjuga la tradición oral de la cultura popular y la riqueza de la literatura universal; se dejan oír en ella los ecos de Papini, Schowb, Góngora, Cervantes, Kafka y Claudel entre otros muchos. El autor vive actualmente en la ciudad de México. Su lenguaje es depurado; la imagen impresionista es sutil; su estilo combina la fuerza de la síntesis y el sentido de la unidad artística.

"Cada vez que el hombre y la mujer tratan de reconstruir el Arquetipo, componen un ser monstruoso: la pareja".

OBRA REPRESENTATIVA: **Cuento-fábula-relato.** *Varia invención* (1949) // *Confabulario* (1952) // *Bestiario* (1959) // *Confabulario total* (1962) // *Palindroma* (1971) // *Confabulario personal* (1980) // *Confabulaciones* (1990) // *Obras* (1995). **Narrativa.** *Juan José Arreola de bolsillo* (1990) // *Arreola* (1997). **Novela.** *La feria* (1963). **Teatro.** *La hora de todos* (1954). **Ensayo.** *La palabra educación* (1973) // *Y ahora la mujer...* (1975) // *Ramón López Velarde: el poeta, el revolucionario* (1998).

ASBAJE, Juana de, véase CRUZ, Sor Juana Inés de la.

ASCASUBI, Hilario (1807-1875). Poeta popular argentino y soldado. Continuador de la tradición de la poesía gauchesca, desarrolló la vena satírica en sus poemas y los convirtió en un medio de expresión y lucha políticas. Consolidó al gaucho como tema poético y prefiguró una narrativa gauchesca de carácter folletinesco. Con Ascasubi la poesía gauchesca cobró un valor literario en sí misma. En la posta cordobesa de Fraile Muerto, hoy la ciudad de Belle Ville, nació Hilario Ascasubi. Dícese que el futuro poeta hizo su aparición en el mundo en una carreta durante un viaje entre Córdoba y Buenos Aires. Hay quienes han visto en esto una predestinación de su espíritu andariego y de su canto al gaucho y a la pampa. Se suele afirmar que a los doce años de edad se fugó en un barco hacia los Estados Unidos de Norteamérica, que luego fue capturado por los portugueses y dirigido a Lisboa, donde apresaron al joven poeta; lográndose fugar, Ascasubi viajó a Francia e Inglaterra y posteriormente regresó a Argentina vía Chile. Otra versión, basada en la opinión de Rafael Hernández, quien conoció al poeta, y en el relato *"Prosa entre el impretero y yo"* de Ascasubi, sugiere que el poeta, a los catorce años de edad, fue embarcado como tambor en una goleta dispuesta para el corso a raíz de una leva; el resto de la historia es la misma. En 1824, ya en Argentina, dirigió una imprenta en Salta y publicó una revista en la que aparecieron algunos de sus versos patrióticos. Se interesó por la vida política de su país y luchó contra Rosas, quien lo apresó y mantuvo prisionero por cerca de dos años (1830-1832); en la cárcel compuso poemas gauchescos. Se fugó y se refugió en Montevideo, donde realizó una interesante labor periodística con la publicación de EL GAUCHO EN CAMPAÑA (1839) y EL GAUCHO JACINTO CIELO (1843); compuso romances conocidos como "diálogos" en los que un gaucho llamado Paulino Lucero, combatiente en el ejército, lanzaba imprecaciones contra el tirano Rosas. Sus primeras composiciones hicieron eco a las de Bartolomé Hidalgo, en cuanto a su exaltación patriótica y la denuncia de las injusticias sociales. Después del gobierno de Rosas, volvió a su patria y lanzó el periódico ANICETO EL GALLO —pseudónimo que utilizó— (1853-1859), en el que a través de sus hojas de poesía gauchesca se opuso a Urquiza. Con el gobierno de Bartolomé Mitre, se retiró del ejército y viajó a Francia; en ese país, conoció a personalidades como Musset y terminó su obra más importante que había comenzado a escribir alrededor de 1851: *Santos Vega o los mellizos de la Flor,* vasto poema constituido por más de 13 000 versos, cuyos temas y aventuras, narrados en forma novelesca, evocan el mundo gaucho entre 1778 y 1808. Se ha señalado que en realidad el periodo que describe va de 1840 a 1860. A diferencia de sus numerosas composiciones de intención política, Ascasubi ofreció en *Santos Vega* un panorama global de la vida gaucha en la pampa; sus evocaciones, cargadas de nostalgia, poseen grandes expectativas para el gaucho, en contraposición al destino trágico de ese tipo social que expresará después José Hernández. *Santos Vega* tiene, además, un gran valor histórico y documental. El poema fue publicado en París en 1872 junto con sus demás composiciones. Cerca de 30 000 versos conforman la obra del periodista payador; los reunió en tres volúmenes cuyos títulos recibieron el nombre de los periódicos en que fueron publicados. El valor literario de sus trovas lo convirtió en uno de los grandes exponentes de la tradición gauchesca. En 1873 regresó a Buenos Aires y murió poco tiempo después. Su obra combina el verso con la prosa gacetillera; en su estilo se puede encontrar la violencia de lenguaje, lo cómico-satírico, el humor picante, la descripción detallada de tipos y costumbres, el sentimiento profundo hacia la naturaleza y la evocación nostálgica entre otros elementos. Se destaca en especial la fuerza del juego recitativo entre payadores.

"Allí pues, los dos paisanos / por primera vez se vieron; / y ansí que se conocieron, / después de darse las manos, / uno al otro se ofrecieron. / El más viejo se llamaba / Santos Vega, el payador, / gaucho el más concertador, / que en ese tiempo privaba / de escrebido y de letor..."

OBRA REPRESENTATIVA: **Poesía-prosa.** *Obras completas* (1872): *Santos Vega o los mellizos de la Flor. Rasgos dramáticos de la vida del gaucho en las campañas y praderas de la República Argentina 1778 a 1808*, Vol 1 // *Aniceto el Gallo. Gacetero prosista y gauchi-poeta argentino. Extracto del periódico de este título publicado en Buenos Aires el año de 1854. Y otras poesías inéditas*, Vol 2 // *Paulino Lucero o los gauchos del Río de la Plata contando y combatiendo contra los tiranos de las Repúblicas Argentinas y Oriental del Uruguay (1839 a 1851)*, Vol 3.

ASTURIAS, Miguel Ángel (1899-1974). Eminente escritor guatemalteco, abogado, antropólogo, historiador, traductor, periodista y diplomático. Figura esencial de la narrativa hispanoamericana contemporánea, fue merecedor del Premio Nobel de Literatura en 1967. La personalidad literaria de Asturias encierra la existencia de un ser dual que se proyecta en su formación, europea y americana; en su concepción estética que funde dos vertientes novelísticas: el realismo social y el realismo mágico; en su conciencia de lo nacional, expresada en la comparación de la cultura precolombina y la de su tiempo, y también en su intuición artística que poetiza, con hondura lírica, las atrocidades humanas. Ese carácter dual se extiende aún más cuando, al estudiar su obra, se le divide en dos épocas y se escribe sobre dos Asturias. Oriundo de la ciudad de Guatemala, nació en el seno de una familia de medianos recursos. Durante su infancia y adolescencia estuvo cerca del indio y su realidad social. Siguió los estudios secundarios en el Instituto Central de Varones y posteriormente estudió la carrera de leyes en la Universidad de San Carlos Borromeo. En 1923 obtuvo el grado de Doctor en Leyes y ese mismo año tuvo que salir rumbo a Europa debido a su oposición contra el gobierno de Estrada Cabrera. En Francia, país donde residió, descubrió el vanguardismo literario y estudió antropología en La Sorbona bajo la dirección del eminente profesor Georges Raynaud, quien realizó la segunda traducción al francés del *Popol Vuh* (1925) y en la cual Asturias colaboró. Sin embargo, la aportación cultural de Asturias en torno al *Popol Vuh* fue haberlo traducido del quiché al español con la colaboración del mexicano José María González de Mendoza. La obra vio la luz en 1927 bajo el título de *Los dioses, los héroes y los hombres de Guatemala antigua, o el libro del Consejo Popol Vuh de los Indios quiché*. Es un hecho singular que esta contribución no haya sido lo suficientemente comentada de acuerdo al valor que supone, más aún cuando hay consenso en el sentido de que esta versión posee fidelidad al original y gran valor artístico. De regreso en Guatemala (1933), escribió abundante poesía y participó en la fundación de la Universidad Popular de Guatemala. Con el gobierno de Arbenz, ingresó al servicio diplomático en 1944 y representó a su país en México, El Salvador, Argentina y Francia. Después del gobierno de Arbenz, volvió al exilio y, a la par de un intenso trabajo literario, viajó por diversos países de Europa y el Cercano Oriente. Aunque su obra abarca diferentes géneros literarios, Asturias descolló en el relato y la novela. Dentro de su amplia producción narrativa, tres libros le han concedido su lugar en las letras universales: *Leyendas de Guatemala, El señor Presidente* y *Hombres de maíz*. El primero lo escribió durante su residencia en Francia y fue publicado en Madrid en 1930. En forma poética y siguiendo las pautas del quiché, describió la naturaleza de Guatemala y recreó un mundo mágico-mítico utilizando textos indígenas, como lo hizo Alejo Carpentier. Este libro, traducido al francés y prologado por Paul Valéry, abrió el venero luminoso de su creatividad. *El señor Presidente*, para muchos su obra maestra, fue escrito entre 1925 y 1932 y publicado en México en 1946. Traducida a diversas lenguas y merecedora de distintos premios, la novela describe y denuncia con halo pesadillesco las miserias y los horrores de una dictadura cuyo escenario puede ser cualquier ciudad centroamericana. El señor Presidente encarna la imagen abstracta del dictador cuya presencia se proyecta y domina a lo largo de toda la historia, a pesar de sus vagas apariciones que se reducen a un total de seis. La atmósfera está impregnada del miedo y sus efectos. En la vena realista de esta denuncia sociopolítica, el dictador y otros personajes son susceptibles de elevarse a la condición de seres míticos y de adquirir, por tanto, una significación simbólica. En la novela se fusionaron la conciencia social y estética del autor. Se han señalado como influencias a Rafael Arévalo Martínez, Valle Inclán y Joseph Conrad, entre otras. En *Hombres de maíz*, publicada en Buenos Aires en 1949, Asturias desarrolla su misma estética, pero la denuncia política disminuye en fuerza y la relación con los mitos quichés y mayas se acentúa. La dualidad se establece en la realidad social a partir de una mitología: los hombres han nacido del maíz y éste debe sembrarse para comer; empero, algunos lo siembran para enriquecerse. Se desata entonces el conflicto entre lo sagrado y lo profano, entre el indio y el blanco que asumen la imagen de la víctima y del explotador respectivamente. La realidad de los sentidos y de la imaginación se entrecruzan. La crítica ha señalado que en las novelas posteriores a *Hombres de maíz* —especialmente en la trilogía sobre la explotación bananera que la conforman *Viento fuerte* (1950), *El papa verde* (1954) y *Los ojos de los enterrados* (1960)— la fusión del realismo social y del mágico se desvanece para insistir en la conflictiva social. El autor murió a los setenta y tres años de edad. Su estilo es barroco; utiliza, entre otros recursos, las eufonías, aliteraciones y onomatopeyas. La descripción de los personajes asume un carácter expresionista y los estados de conciencia se yuxtaponen y superponen.

"En la producción literaria [...] el azar juega un papel importante".

Obra representativa: **Ensayo.** *Latinoamérica y otros ensayos* (1968) // *América, fábula de fábulas y otros ensayos* (1972) // *París 1924-1933. Periodismo y creación literaria* (1988, edición póstuma). **Novela.** *El señor Presidente* (1946) // *Hombres de Maíz* (1949) // *Viento fuerte* (1950) // *El papa verde* (1954) // *Los ojos de los enterrados* (1960) // *El alhajadito* (1961) // *Mulata de tal* (1963) // *Viernes de dolores* (1972). **Poesía.** *Poesía. Sien de alondra* (1948) // *Ejercicios poéticos en forma de soneto sobre temas de Horacio* (1952) // *Clarivigilia primaveral* (1965). **Relato.** *Leyendas de Guatemala* (1930) // *Week-end en Guatemala* (1956) // *El espejo de Lida Sal* (1967). **Teatro.** *Soluna* (1957) // *La audiencia de los confines* (1957) // *Chantaje* (1964) // *Dique seco* (1964) // *El rey de la altanería* (1964).

AZAÑA y LLANO, Josefa de (1696-1748). Monja peruana de la orden capuchina, autora de una de las pocas pastorelas que se conocen. Nació en Abancay; era muy joven cuando se trasladó con sus padres a Lima, de donde provenían. En 1720 ingresó a la orden de franciscanas descalzas concepcionistas. Al tomar el hábito adoptó el nombre de Sor Juana María. Vivió en el convento hasta 1748, año en que fue nombrada abadesa; fue designada para fundar un convento en Cajamarca, lugar donde murió. En su mayor parte inédita, la obra de Sor Josefa se compone de poesías de tema religioso, entre ellas algunas loas, y de cinco coloquios, de los cuales, gracias al estudioso Ramón Vargas Ugarte, se conoce el *Coloquio a la Natividad del Señor*. Se trata de una pastorela en nueve escenas en la que alternan la Virgen María, San José, el Ángel y los pastores que asisten al nacimiento del Niño Jesús. En la pieza aún hay destellos del Barroco; los diálogos, salpicados de regionalismos, son ágiles y en ocasiones ingenuos.

"¡Ay, que acabo de oír cantar / una música tan linda, / que me parece una guinda / acabada de chupar!"

Obra representativa: (*Coloquio de la Natividad del Señor*, en *De nuestro antiguo teatro*, 1943).

AZUELA, Mariano (1873-1952). Escritor mexicano, crítico literario, militante político y médico. Distinguido novelista cuya obra representa el inicio y la realización lograda de la "Novela de la Revolución" en su país. Impulsor de la cultura, su trabajo literario fijó en la perdurable esencia del arte las expresiones de la condición humana de su pueblo, en una época de profundas transformaciones. Nació en Lagos de Moreno, Jalisco. Realizó los estudios de médico cirujano en Guadalajara, la capital del estado. Desde joven manifestó su vocación para las letras; en 1896, aún siendo estudiante, le fueron publicadas *Impresiones de un estudiante* que giran en torno a la enfermedad en la atmósfera de un hospital. En ese relato, empleó el pseudónimo de "Beleño". En 1903, recibió en Lagos un diploma por su narración *De mi tierra*, otro escrito juvenil. Azuela se interesó por la vida política de su nación. En 1911 se incorporó a las tropas revolucionarias; tuvo el cargo de Jefe Político de Lagos al triunfo de Madero, y más tarde fue Director de Educación Pública en la capital de Jalisco. En 1914 se unió a la facción villista bajo el mando del general Julián Medina; participó como médico militar. Con la derrota de Villa, Azuela se vio en la necesidad de expatriarse y llegó a El Paso, Texas, en 1915. En ese mismo año publicó, en el periódico EL PASO DEL NORTE, *Los de abajo*, una de sus novelas de mayor mérito, pero cuya importancia sólo le fue reconocida una década después. Su labor novelística había comenzado años antes de la publicación de *Los de abajo*; entre 1907 y 1912 contaba ya con cinco novelas de valor en las que se manifiesta una firme tendencia naturalista. Al cabo de un año de exilio, Azuela regresó a la ciudad de México y dedicó su vida por entero a la actividad literaria y a la cultura. Prolífero y creativo, en el curso de medio siglo produjo 23 novelas de extensión diversa, de las cuales dos fueron publicadas póstumamente: *La Maldición* (1955) y *Esa Sangre* (1956). Escribió biografías como *Pedro Moreno, el insurgente* (1933-34), *Precursores* (1935) y *Madero (biografía novelada)* (sf); cuentos y relatos. Dictó conferencias y realizó ensayos; en la compilación de sus obras completas se registran también apuntes y notas que contienen las páginas más antiguas que se conocen del escritor. En la novelística de Azuela hay la intención del naturalista en diagnosticar el aspecto humano envuelto en un proceso revolucionario. Testigo y actor de una época, analizó los designios y el destino de un pueblo cuya formación conoció y desplegó de particular manera. La descripción y recreación del proceso de reconstrucción nacional en sus novelas, reflejan dos facetas importantes: una marcada por la esperanza, otra por la decepción. Autor polémico, el "abajo" y el "arriba" en que los hombres se encuentran tiene para él un carácter relativo en función de los tiempos que cambian. La historia es como un claroscuro que refleja el doloroso vaivén de las acciones y sentimientos humanos. En un amplio sentido se ha dicho que el personaje central de sus novelas es el pueblo. En algunas obras, los hechos históricos son narrados, con intención objetiva, por personajes cuya vida personal ha sido afectada por el accidentado curso de la historia; otros representan la conciencia crítica que elabora el juicio basado en tesis como la del poder de la herencia y la ley del más fuerte. Sus experiencias como médico fueron fuente de recreación literaria y desarrolló técnicas estilísticas no tradicionales como la libre asociación de ideas en *La Malhora* (1923). *Los de abajo* fue puesta en escena en 1929 en el Teatro Hidalgo y llevada a la cinematografía en 1940; ha tenido numerosas ediciones y se ha traducido al inglés, francés, alemán, japonés, yugoslavo, portugués, checoslovaco, ruso y probablemente al yidish. Después de 1924, otros autores se interesaron por el tema y apareció el auge de la "Novela de la Revolución". Entre los cultivadores de esta clase de novela están, además de Azuela, Martín Luis Guzmán, José Vasconcelos y Agustín Yáñez, entre otros. En 1952, Azuela fue miembro del Seminario de Cultura Mexicana y de El Colegio Nacional. Fue distinguido en repetidas ocasiones y mereció el Premio Nacional de Literatura (1942). Agudo observador de las costumbres y caracteres, ahonda con agilidad y dinamismo narrativos en la psicología colectiva del pueblo. Ofrece un testimonio literario y humano, crítico y profundo.

"No hay felicidad que supere a la de darle una poquita de felicidad a los demás".

OBRA REPRESENTATIVA: **Biografía.** *Pedro Moreno, el insurgente* (1933-1934) // *Precursores* (1935) // *Madero (biografía novelada)* (sf). **Ensayo.** *Cien* años de la novela mexicana (1947). **Novela.** *María Luisa* (1907) // *Los fracasados* (1908) // *Mala yerba* (1909) // *Andrés Pérez, maderista* (1911) // *Sin amor* (1912) // *Los de abajo* (1915) // *Los caciques* (1917) // *Las moscas* (1918) // *Domitilo quiere ser diputado* (1918) // *Las tribulaciones de una familia decente* (1919) // *La Malhora* (1923) // *El desquite* (1925) // *La luciérnaga* (1932) // *El camarada Pantoja* (1937) // *San Gabriel de Valdivias* (1938) // *Regina Landa* (1939) // *Avanzada* (1940) // *Nueva burguesía* (1941) // *La marchanta* (1944) // *La mujer domada* (1946) // *Sendas perdidas* (1949) // *La maldición* (1955, edición póstuma) // *Esa sangre* (1956, edición póstuma). **Relato.** *Impresiones de un estudiante* (1896) // *De cómo al fin lloró Juan Pablo* (1918) // *El jurado* (1945).

B

BALBOA TROYA, Silvestre de (1563-d. 1624). Poeta cubano, autor de la primera manifestación literaria en ese país. Nació en Las Palmas de Gran Canaria. Antes de trasladarse a Cuba, es muy probable que haya realizado algunos estudios en su lugar de origen. En 1604 residía en Bayamo, posteriormente pasó a Puerto Príncipe (1608) ciudad en la que fue escribano del Cabildo y donde vivió el resto de su vida. Hacia 1608 escribió *Espejo de paciencia*, poema épico-histórico que tiene por tema el secuestro del Obispo de Cuba, Fray Juan de las Cabezas y Altamirano, por parte del pirata francés Gilberto Girón, hecho ocurrido en 1604 cerca de Bayamo. El autor dividió su poema en dos cantos; el primero comprende 70 octavas reales en las que narra cómo fue hecho prisionero el obispo y cómo obtuvo su libertad mediante un cuantioso rescate. En el segundo los vecinos de Bayamo organizan la heroica venganza; en el encuentro que se produce, un negro esclavo da muerte al pirata cuya cabeza se conduce a Bayamo como trofeo. Se trata de una obra sencilla en la que por momentos el poeta manifiesta poca destreza y aliento en sus versos. Tiene importancia por el despliegue del sentimiento criollo y nacional que Balboa hace en sus versos. Se ha visto como un balbuceo de la poesía nacional en el que está presente el acento cubano. En Balboa hay influencia de los autores que escribieron sobre algún tema americano, entre ellos Juan de Castellanos y Ercilla. La copia del manuscrito que se conservó fue la que hizo en 1837 el escritor José Antonio Echeverría; se publicó en el siglo XIX. En su estilo hay sencillez, claridad y fluidez.

"Y tú, claro Bayamo peregrino, / ostenta este blasón que te engrandece; / y a este etiope de memoria dino / dale la libertad, pues la merece".

OBRA REPRESENTATIVA: *(Espejo de paciencia*, en *Bibliografía cubana de los siglos XVII y XVIII*, 1927).

BALBUENA, Bernardo de (¿1561-1627). Notable hombre de letras, célebre poeta, figura representativa en la transición de los moldes renacentistas a las profusas y recargadas formas barrocas. Llegó a México a muy temprana edad; su padre se encontraba en España por motivos de litigio, cuando el poeta nació en Valdepeña. Cuando su padre regresó de la Península, se instaló en Guadalajara. De holgada posición económica, Balbuena recibió una esmerada educación. Permaneció en Guadalajara hasta 1580, donde realizó sus primeros estudios; ese año se trasladó a la ciudad de México e ingresó en la Universidad, donde obtuvo el título de Licenciado en Teología. A los veinticuatro años se ordenó sacerdote; inició su carrera eclesiástica como capellán en la Audiencia de Guadalajara (1586-1593). La aspiración por elevar su situación lo llevó a viajar a España (1606-1610). En la Península, obtuvo el grado de Doctor en Teología, en la Universidad de Sigüenza (1607) y publicó su novela pastoril *El siglo de oro en las selvas de Erifile* (1608), dos de sus propósitos más preciados. En su dedicatoria figuraba el nombre del conde Lemos, hecho que no pasó inadvertido al defensor de las letras y presidente del Consejo de Indias, Pedro Fernández de Castro. De regreso a América, fue nombrado abad de Jamaica (1608-1623) y posteriormente Obispo de Santo Domingo, cargo que desempeñó hasta su muerte. Sus restos fueron sepultados en la Catedral de San Juan de Puerto Rico. De la producción literaria de Balbuena sólo quedaron tres obras; en vida del autor cuatro se perdieron cuando, en 1625, los piratas holandeses atacaron, saquearon e incendiaron la isla. La poesía de Balbuena es colorida; en ella se escuchan los ecos de Ovidio y Virgilio. Poeta que canta al mundo sensible, sus inagotables recursos poéticos, preñados de interpolaciones de los sentidos, crean una sinfonía sinestésica armoniosa: "*...el olor por el alma se reparte: / éste deleita, aquélla da frescura; / mas bien mirada es toda de tal arte, / que no hay olor sin parte de belleza / ni beldad que en su olor no tenga parte*". En el fondo de su poesía, las normas clásicas se amalgaman con un vigoroso sentido barroco. El tema hispano inspiró los nueve cantos de su *Grandeza mexicana*, escrita en tercetos endecasílabos; la obra se acompañó por el *Compendio apologético en alabanza de la poesía*, texto que para algunos representa un verdadero tratado de poética, en el que enunció los elementos que estarán presentes después en la poesía hispanoamericana.

"La poesía ha de ser imitación de la verdad, pero no la verdad misma".

OBRA REPRESENTATIVA: **Novela.** *El siglo de oro en las selvas de Erifile* (1608, escrita en verso y prosa). **Poesía**. *Grandeza mexicana* (1604) // *Bernardo o victoria de Roncesvalles* (1624).

BARRIOS, Eduardo (1884-1963). Figura representativa de la narrativa chilena; cuentista y novelista cuya obra indagó el alma humana develando las pasiones más íntimas. Se tienen noticias de su penosa y aventurera vida por las páginas autobiográficas contenidas en *Y la vida sigue* (1925). Nació en Valparaíso, provenía de padre chileno y madre peruana. Cuando murió el padre, en 1889, la viuda decidió regresar al Perú al lado de sus padres; ahí cursó los estudios de humanidades y vivió hasta los quince años; en 1899 volvió a Chile y pasó a vivir con sus abuelos paternos quienes lo presionaron a que siguiera la carrera militar. Poco duró esa experiencia; pronto entró en contradicción con el ambiente soldadesco y abandonó la milicia. Al quedar sin apoyo familiar, Barrios inició una vida de vagabundeo, aventura y penalidades. Se dedicó entonces a los trabajos más disímiles. Cuenta que fue expedicionario en las gomeras de las montañas peruanas; se ocupó también de buscar minas en Collahuasi; llevó libros en las salitreras; en Buenos Aires y Montevideo vendió estufas económicas; estuvo con saltimbanquis y cómicos e incluso trabajó en un circo como ayudante de un atleta. Al volver a Santiago, gracias a la ayuda de uno de sus maestros de la Escuela Militar, Barrios se ganó la vida con un modesto empleo burocrático en la Universidad de Chile y como taquígrafo en la Cámara de Diputados. Hacia 1925, bajo el gobierno de Carlos Ibáñez del Campo, fue nombrado director de la Biblioteca Nacional y Ministro de Educación (1927), cargos que ocupó en dos ocasiones. Cuando cayó el gobierno de Ibáñez, Barrios abandonó las obligaciones oficiales y se refugió en la vida del campo. Colaboró en distintos diarios, entre los que se encuentran EL MERCURIO, EL AVERIGUA-

DOR y LA NACIÓN. Aunque cultivó el teatro, el lugar que Barrios ocupa en las letras chilenas e hispanoamericanas se debe a sus novelas y cuentos. Entre sus mejores novelas se encuentra: *Un perdido*, obra en dos tomos que ha conocido el éxito editorial desde su aparición en 1917. Su interés literario no reside tanto en el aspecto autobiográfico como en la maestría con que Barrios penetra y analiza la psicología de Lucho Bernales y el ambiente de la clase media. A esta novela siguió *El hermano asno* (1922), obra saludada y acogida por la crítica. Gabriela Mistral elogió en ella la prosa depurada y poética que: *En la frase, breve siempre, se recoge el paisaje o un estado de alma íntegra y ardientemente*. Escrita en presente y en primera persona, plantea a manera de diario, la lucha desde el interior del personaje —un franciscano llamado Fray Lázaro—, lucha espiritual por vencer las seducciones. Otro de sus mejores logros lo constituye su última obra: *Los hombres del hombre* (1950), sugerente título para una novela de carácter filosófico en la que Barrios construye un agudo diálogo entre los distintos personajes que viven en el protagonista. Sus mejores cuentos se encuentran en la colección *Del natural* (1907) y *Páginas de un pobre diablo* (1923). Hacia el final de su vida Barrios recibió el Premio Nacional de Literatura. Dejó una obra extensa, rica en temas y ambientes; buscó siempre la sencillez y la brevedad de la frase, penetró en los recodos del alma humana, dándole a su pluma un valor universal.

"Yo creo en la inspiración de los autores. Hay en ella la misma nobleza, los mismos accidentes fisiológicos que en los éxtasis de las religiones. De repente, una luz ciega la mirada y paraliza el gesto".

OBRA REPRESENTATIVA: **Cuento.** *Del natural* (1907) // *Páginas de un pobre diablo* (1923) // *Y la vida sigue* (1925) // *Tamarugal* (1944). **Novela.** *El niño que enloqueció de amor* (1915) // *Un perdido* (1917) // *Hermano Asno* (1922) // *Gran señor y rajadiablos* (1948) // *Los hombres del hombre* (1950). **Teatro.** *Los que niegan la vida* (1913) // *Por el decoro* (1913) // *Vivir* (1916).

BATRES MONTÚFAR, José (1809-1844). Célebre figura de la lírica guatemalteca, considerado como el poeta nacional del siglo XIX. Nació en la ciudad de San Salvador; miembro de una familia pudiente, recibió una esmerada educación que incluyó el estudio del francés. Siguió la carrera de las armas; en 1824 entró a la Escuela de Cadetes donde obtuvo el grado de Oficial de Artillería. Tomó parte en las campañas de 1827 y 1828 en contra de El Salvador. Estuvo preso en ese país durante casi un año. Recobró su libertad en 1829 y regresó a Guatemala. Se trasladó con su familia a Antigua y prosiguió los estudios de ingeniero cuyo título obtuvo en 1835. Un año más tarde, el gobierno lo llamó a trabajar en el proyecto del Canal de Nicaragua. Batres fue hombre de una inteligencia notoria; cuentan sus biógrafos que era aficionado al juego de ajedrez y solía jugarlo sin ver el tablero. Su vida se vio sacudida en 1837 con la muerte de su hermano Juan, quien lo acompañó en la expedición oficial a la zona del río San Juan, en Nicaragua, y de la cual Batres volvió solo en 1838 abatido de salud y de ánimo. Ese triste episodio inspiró los versos del poema *"San Juan"* en los que el poeta se rebela ante la pérdida. A su regreso fue corregidor de Amatitlán y posteriormente estuvo en el Congreso como diputado por San Marcos. Batres fue un asiduo lector de Byron; poseyó un profundo conocimiento de la historia de su país y en sus obras reflejó el amor que tuvo por la patria. En *Tradiciones de Guatemala* (1845), que agrupa tres cuentos en verso de tono picante y fino humor, mostró las dotes que como narrador tenía para conservar la intriga en el lector y presentar el desenlace. En los últimos años de su vida lo invadió el escepticismo y la decepción; murió a los treinta y cinco años. Las octavas reales de su poesía están repletas de imágenes en movimiento: su imaginación poética dio vida a las cosas inanimadas.

"...cuán alto honor alcanza el que ha podido suavizar de la muerte la violencia".

OBRA REPRESENTATIVA: (*Las falsas apariencias // Don Pablo // El reloj*, en *Tradiciones de Guatemala*, 1845).

BELEÑO, Joaquín (1922-1988). Novelista y periodista panameño; ha sido considerado como uno de los mejores narradores de la realidad social y política de ese país. Nació en la ciudad de Panamá. Fue alumno del Instituto Nacional; recibió el título de Licenciado en Administración Pública y Comercio en la Universidad de su país. De su actividad periodística dio muestras en el diario LA HORA, donde tuvo a su cargo la columna "Temas Áridos". Los temas de sus novelas tienen como escenario la zona del canal: la vida istmeña, las luchas sindicales, la miseria, el desamparo y las injusticias que viven los trabajadores bajo la intervención estadounidense son algunos de los tópicos que trata con magistral realismo. Su labor literaria ha sido reconocida en tres ocasiones con el Primer Premio Ricardo Miró: en 1950 cuando escribió *Luna verde*; en 1959 con *Gamboa Road Gang o Los forzados de Gamboa* y en 1970 cuando apareció *Flor de banana*. *Luna verde*, publicada en 1951, fue ganadora además del Primer Premio 15 de Septiembre para las Artes, Ciencias y Letras de Guatemala (1950); traducida a varias lenguas, la novela posee un carácter autobiográfico; denuncia la discriminación racial, el resentimiento y las consecuencias sociales de la presencia extranjera en territorio panameño. En *Gamboa Road Gang*, Beleño se acerca a la vida del presidio durante la condena de un panameño acusado de la supuesta violación de una mujer blanca. Su producción literaria, alejada de la prédica social, muestra una observación aguda de la realidad. En el estilo del panameño se distinguen los contrastes entre las máquinas y el hombre, la pobreza extrema y la engañosa abundancia de la ciudad, y los sueños de grandeza de los hombres faltos de conciencia y la realidad contundente. Es prolífero en el uso de enumeraciones y metáforas; incorpora el inglés que hablan los hijos de jamaiquinos, el léxico y los giros del habla popular.

"Miseria, chisme, enfermedades, sexo, ropas de mil colores. Eso es un barrio proletario".

OBRA REPRESENTATIVA: **Novela.** *Luna verde* (1951) // *Gamboa Road Gang o Los forzados de Gamboa* (1960) // *Curundú* (1963) // *Flor de banana* (1970).

BELLO, Andrés (1781-1865). Escritor venezolano, filósofo, jurista, médico, filólogo y diplomático. Considerado por algunos como el padre intelectual de Latinoamérica, su profunda inquietud humanística lo llevó a incursionar en diversos campos del conocimiento y a producir una obra creativa de gran extensión y alcance. Polígrafo, su obra está compuesta de temas literarios, filológicos, filosóficos, jurídicos, históricos y científicos. La compilación de sus obras ha llegado a ocupar más de 19 volúmenes. Maestro auténtico de generaciones, Bello mostró desde su infancia curiosidad intelectual y vocación literaria. En los años de su sólida formación, leyó con interés a los escritores españoles del Siglo de Oro y su maestro, Fray Cristóbal de Quesada, lo introdujo al estudio de los clásicos latinos. En la Universidad de Caracas estudió filosofía, jurisprudencia y medicina. Aprendió en forma autodidacta el griego, el francés y el inglés. Desde su nacimiento hasta 1810 permaneció en Venezuela y durante este periodo ocupó diversos cargos político-administrativos; tales cargos significaron el comienzo de una ardua labor que continuó durante toda su vida en beneficio de varios países de América Latina. En 1799 conoció a Alexander von Humboldt, parte de cuya obra tradujo y comentó. El acercamiento de Bello a una concepción científica de la naturaleza tuvo resonancia en su poesía posterior. Fue amigo y maestro de Simón Bolívar. En 1810, viajó a Londres para cumplir con una misión diplomática de la junta revolucionaria de Venezuela. Permaneció en Londres diecinueve años, periodo de dificultades pero también de fertilidad intelectual. En la capital inglesa fue miembro de las legaciones venezolana, chilena y colombiana; ejerció la docencia privada y el periodismo. Junto con Juan García del Río publicó las revistas BIBLIOTECA AMERICANA (1823) y REPERTORIO AMERICANO (1826-1827), cuyos contenidos abarcaban temas de literatura, arte, gramática, educación, política, historia y ciencias naturales, entre otros. Poeta neoclásico, expresó la originalidad americana y la convirtió en un tema literario que fue ampliamente recreado por románticos y realistas. *Alocución a la poesía* (1823) y *A la agricultura de la zona tórrida* (1826) son dos silvas neoclásicas de trascendencia para la literatura que fueron, en su origen, proyectadas como parte de un ambicioso poema épico que Bello pensó titular *América,* pero que nunca realizó. Estos poemas fueron muy conocidos en el siglo XIX hispanoamericano. Tradujo a Plauto, Byron, Victor Hugo, Delille y Boiardo. En Londres, conoció a Blanco White, Puigblanch, José Joaquín de Mora, James Mill y Lord Holland, entre otros. Fue amigo de José Joaquín de Olmedo y de José Fernández Madrid. En su *Filosofía del entendimiento* (1881) se reconoce la influencia de autores como Hume, Hamilton y Berkeley. Bello fue también lector de Rousseau. En 1829 regresó a América y se instaló en Chile. En este país desempeñó diversos e importantes cargos públicos. Contribuyó en la fundación de la Universidad de Chile (1843) y fue su primer Rector. Fue el principal autor del *Código civil* de Chile (1855), el cual fue adoptado en Colombia y Ecuador; en su elaboración trabajó durante veinticinco años. En 1847 publicó su *Gramática de la lengua castellana destinada al uso de los americanos.* En ella, trató de establecer las reglas que el español de América y el de la Península tenían en común. Luchó por acrecentar y mejorar el estudio de las ciencias naturales y por la estima de los médicos. Como crítico literario publicó en EL ARAUCANO (1830-1853) diversos artículos, entre los que se destacan cuatro sobre el *Juicio crítico de los principales poetas españoles de la última era.* Sus conocimientos del francés y del inglés lo llevaron a ser un gran difusor de las ideas de su tiempo. Fue uno de los primeros escritores latinoamericanos que tuvieron contacto con el Romanticismo. En 1842 Bello se vio envuelto en una polémica propiciada por Sarmiento y sus seguidores, quienes lo consideraron como "ultraconservador". Aunque su participación directa en esta polémica fue escasa, ya que sólo publicó un artículo en el MERCURIO, Bello dejó clara su posición respecto al Neoclasicismo en 1843, en su discurso inaugural de la Universidad de Chile. Hombre crítico, supo moderar y valorar lo viejo y lo nuevo. Murió en Santiago de Chile. En su obra se advierte la influencia de los clásicos latinos como Horacio y Virgilio; entremezcla sus recursos poéticos con valores de la estética prosaica, didáctica y científica de su época. Su verso, elocuente, describe la riqueza de la naturaleza americana y la dignifica; regresa a la naturaleza y plasma los ideales de libertad e independencia. La fuerza de las ideas de la Ilustración lo motivan a enaltecer valores, a hacer poético el ideal de la unidad política de América.

"Divina Poesía / tú de la soledad habitadora, / a consultar tus cantos enseñada / con el silencio de la selva umbría, / tú a quien la verde gruta fue morada, / y el eco de los montes compañía; / tiempo es que dejes ya la culta Europa, / que tu nativa rustiquez desama, / y dirijas el vuelo adonde te abre / el mundo de Colón su grande escena".

OBRA REPRESENTATIVA: **Ensayo.** *Principios del derecho de gentes* (1832) // *Principios de ortología y métrica de la lengua castellana* (1835) // *Análisis ideológico de los tiempos de la conjugación castellana* (1841) // *Gramática de la lengua castellana destinada al uso de los americanos* (1847) // *Código civil de la República de Chile* (1855) // *Filosofía del entendimiento* (1881, edición póstuma). **Fábula.** *Las ovejas* (1861). **Poesía.** *El Anauco* (1800) // *Mis deseos* (1800?) // *A la vacuna* (1804) // *A la victoria de Bailén* (1808) // *A un samán* (1808?) // *Égloga: Oda imitada de la Horacio o Navis, referent* (1806-1808) // *A un artista* (1806-1808) // *A la muerte de I.S.O. Francisco Ibarra, Arzobispo de Caracas* (1806) // *Dios me tenga en gloria* (1819) // *Alocución a la poesía* (1823) // *A la agricultura de la zona tórrida* (1826) // *Epístola escrita de Londres a París por un americano a otro* (1827) // *El incendio de la Compañía* (1841) // *Los fantasmas* (1842-1844) // *A Olimpo* (1842-1844) // *La oración por todos* (1842-1844) // *Moisés salvado de las aguas* (1842-1844) // *Los duendes* (1842-1844) // *La moda* (1846) // *Diálogo entre la amable Isidora y un poeta del siglo pasado* (1846) // *A Peñalolén* (1848) // *El cóndor y el poeta* (1849) // *El tabaco* (1849). **Teatro.** *Venezuela consolada* (1805).

BENAVENTE, Fray Toribio de (¿ -1568). Misionero y cronista español, infatigable defensor de los indios. Nació en Benavente, Zamora, en fecha desconocida, probablemente a finales del siglo XV. Perteneció al grupo de los primeros misioneros a quienes se confió la evangelización de América. Llegó a México en 1524, junto con otros doce franciscanos. El propio fraile adoptó el nombre de "Motolinía", que en náhuatl significa *pobre*. La crítica señala que los indígenas, sorprendidos por la humildad y discreción de los frailes, repitieron ese vocablo y que fue el primero que Benavente aprendió de esa lengua. Su tarea de evangelización se extendió hasta las tierras de Guatemala y Nicaragua. En 1530 fundó la ciudad de Puebla de los Ángeles. Desempeñó el cargo de Provincial de su orden de 1530 a 1551. Desde que pisó tierras americanas, hasta su muerte, vivió con los indios; se entregó con fervor al estudio de su lengua y su pasado e intercedió por ellos contra las arbitrariedades de la autoridad española. Si bien protegió a los indios, entre él y Las Casas existieron opiniones y puntos de partida distintos respecto a la evangelización. El ataque a Las Casas está contenido en su *Carta al emperador Carlos V*, en la cual insistió ante el rey en que la fe debía difundirse a toda costa, incluso recurriendo al apoyo de los conquistadores. Su crónica principal es la *Historia de los indios de la Nueva España*; al igual que Sahagún, la escribió en náhuatl y en español; en ella consignó las tradiciones que recogió al lado de los indios. El manuscrito quedó inédito largo tiempo, hasta que en 1858, el gran erudito mexicano Joaquín García Icazbalceta lo publicó. En sus páginas Motolinía habla del esplendor de la cultura indígena, el medio físico y la labor de evangelización de los frailes; describe paisajes mexicanos con gran maestría.

"Diré lo que vi, supe y pasó en los pueblos que moré y anduve".

OBRA REPRESENTATIVA: *Carta al emperador Carlos V* (1555) // *Historia de los indios de la Nueva España* (1858) // *Memoriales* (1903).

BENEDETTI, Mario (1920-). Célebre escritor uruguayo; poeta, cuentista, novelista, crítico literario, comediógrafo y periodista. Considerada como una de las expresiones más sobresalientes de la literatura uruguaya e hispanoamericana del siglo XX, la obra de Benedetti representa la expresión artística de una búsqueda por revelar el interior de la vida citadina uruguaya. Ha sido uno de los autores más leídos en su país y con su labor ha impulsado el desarrollo cultural uruguayo. Por el valor artístico y humano de su obra ha logrado nombradía internacional. Nació en Paso de los Toros, un pueblo del Departamento de Tacuarembó. En 1928 pasó con su familia a Montevideo; aunque la situación económica familiar llegó a ser verdaderamente precaria, su padre lo inscribió en el Colegio Alemán, donde realizó sus primeros estudios (1928-1934). Desde temprana edad manifestó interés por la literatura, y pronto comenzó a escribir versos y cuentos bajo el influjo de la lectura de Alejandro Dumas. A la par de su labor literaria ha realizado diversas labores como la de taquígrafo, tenedor de libros y contador. Hacia 1938 se trasladó a Buenos Aires y durante algunos años residió en esa ciudad. En 1957 recorrió Europa y en 1963 visitó Estocolmo y Copenhague. En 1971 participó en la fundación del Movimiento Independiente "26 de Marzo" en el Uruguay. En 1973, tras el golpe militar ocurrido en su país, se exilió en Argentina, en Perú y en Cuba. Benedetti participó en el Encuentro de Escritores Latinoamericanos en Chile (1962) y en el Encuentro Internacional de Escritores en Bucarest (1964). Ha sido Director del Departamento de Literatura Hispánica de la Facultad de Humanidades y Ciencias de la Universidad de la República (1971). Entre sus diversas actividades culturales ha dictado conferencias en universidades norteamericanas y trabajado en la institución cubana Casa de las Américas. Su labor periodística ha sido intensa; en Montevideo fue director de la revista MARGINALIA (1948) de vida efímera; participó en la organización de la revista NÚMERO (1949-1954) y dirigió en varias ocasiones el semanario MARCHA (1954-1960). Ha sido merecedor de distintos premios, como el Premio de Poesía Reina Sofía de 1999, y rechazó la beca Guggenheim. Su extensa obra abarca la poesía, el cuento, la novela, el teatro, el ensayo, la crónica periodística y la entrevista. Aunque, en general, ha sobresalido en todos los géneros, se le considera sobre todo como narrador. De entre su producción narrativa destacan los cuentos de *Montevideanos* (1959) y sus novelas: *Quién de nosotros* (1953); *La tregua* (1960) —su obra más famosa—; *Gracias por el fuego* (1965) y *El cumpleaños de Juan Ángel* (1971), novela en verso. Con sus poemas ha elaborado distintas antologías personales que llevan todas el título común de *Inventario* (1965; 1967; 1970; 1974). En la obra de Benedetti, los personajes y sus ambientes constituyen la materia artística. Con extraordinaria sencillez y una aguda observación que produce a la vez dolor y ternura, su pluma penetra en el interior dinámico de sus personajes, seres comunes que en la aparente simplicidad de lo cotidiano viven en una encrucijada citadina. Describió con maestría el sentimentalismo burgués y la vida del burócrata quien, sumido en una inquietante tranquilidad, sufre la derrota. De sus narraciones surge una tensión entre la naturaleza humana y la convención social. Entre los autores que leyó figuran: Maupassant, Chejov, Faulkner, Hemingway, Joyce, Proust, Virginia Woolf e Italo Svevo, entre otros muchos. El tono conversacional, la caracterización psicológica de los personajes, la habilidad para delinear ambientes y una fina ironía, constituyen algunos de sus vastos recursos narrativos.

"Un presupuesto es la ambición máxima de una oficina pública".

OBRA REPRESENTATIVA: **Ensayo.** *Peripecia y novela* (1948) // *Marcel Proust y otros ensayos* (1951) // *El país de la cola de paja* (1960) // *Literatura uruguaya del siglo XX* (1963) // *El escritor latinoamericano y la revolución posible* (1974) // *La realidad y la palabra* (1991) // *Perplejidades de fin de siglo* (1993) // *Poetas de cercanías* (1994) // *45 años de escritos críticos, 1948-1993* (1994). **Narrativa.** *Esta mañana y otros cuentos* (1949) // *El último viaje y otros cuentos* (1951) // *Quién de nosotros* (1953) // *Montevideanos* (1959) // *La tregua* (1960) // *Gracias por el fuego* (1965) // *Cuentos completos* (1970) // *El cumpleaños de Juan Ángel* (1971) // *La casa y el ladrillo* (1977) // *Cotidianas* (1979) // *La borra del café* (1993) // *Cuentos completos* (1994) // *Andamios* (1997) // *Buzón de tiempo* (1999). **Poesía.** *La víspera indeleble* (1945) // *Sólo mientras tanto* (1956) // *Poemas de la oficina* (1956) // *Inventario* (1965; 1967; 1970; 1974) // *A dos voces* (1994) // *El olvido está lleno de memoria* (1995) // *Rincón de haikús* (1999). **Teatro.** *El reportaje* (1958) // *Ida y vuelta* (1958) // *Pedro y el capitán* (1979). **Otros.** *Mejor es meneallo* (1961) // *Los poetas comunicantes* (1971).

BERMÚDEZ de la TORRE, Pedro José (1661-1746). Poeta peruano ligado al grupo de escritores cuya obra se produjo al amparo de las *Academias* del virreinato peruano. Hijo de una familia adinerada, Bermúdez estudió en el Colegio de San Martín; recibió el título de Doctor en Derecho Canónico y Civil en la Universidad de San Marcos de la cual fue Rector. Entre los distintos cargos que ocupó se encuentra el de Alguacil Mayor de la Real Audiencia de Lima. Su fortuna se vio acrecentada al casarse con María Bartolina de Castilla, dama limeña de abolengo (1680). Quedó viudo siete años más tarde y contrajo segundas nupcias con Leonor Hernández de Olmedo, moza de no menor alcurnia con la que tuvo numerosos hijos. Fue miembro de la Academia Palatina (1709-1710) fundada por el Marqués Castell-dos-Ríus, Virrey del Perú y destacado mecenas; en torno a ella, se reunían famosos literatos de la época en las tertulias literarias organizadas por el Marqués. Autor de obras de circunstancias, Bermúdez compuso en 1709 dos loas, actualmente perdidas, que se estrenaron en el Palacio Virreinal como parte de los festejos de la Academia y en ocasión del cumpleaños del Marqués. Entre su producción dramática se encuentra la comedia hagiográfica *El apóstol del Perú San Francisco Solana*, obra que hasta ahora se presume inédita. Se conoce de Bermúdez un poema en cuatro cantos: *Telémaco en la isla de Calipso*, en el que se destaca particularmente la influencia de Fenelon. Bermúdez cultivó las letras hasta el final de su larga vida, murió en Lima a los ochenta y cinco años de edad. En sus versos se reconoce una gran soltura y una tendencia a las formas barrocas de la época.

"Nunca el sol, de las nubes, tan hermoso, / rompiendo los celajes, amanece, / quando en mar de tinieblas proceloso, / baxel de luz, las sombras desvanece".

OBRA REPRESENTATIVA: **Poesía.** *Telémaco en la isla de Calipso* (1728).

BETANZOS, Juan de (1510-1576). Cronista español que figura entre los primeros quechuistas. Los datos sobre su vida son escasos y obscuros. Se dice que nació en Galicia, pero no se sabe cuándo llegó a las Indias. Los estudiosos deducen que llegó al Perú en 1531, como compañero de Pizarro. Se hizo célebre por los escándalos en que se vio envuelto. Se casó con una princesa inca, una de las hijas de Huayna Cápac a quien antes Francisco Pizarro había tomado como concubina. Posteriormente una de sus hijas, María de Betanzos, causó gran indignación en el ámbito religioso y fue tachada de liviana al haber abandonado, por amor, su vocación religiosa. Vinculado directamente a los incas y su lengua, fue intermediario entre los virreyes y los incas de Vilcabamba. Fue encomendero de Caquiquixana y contrajo segundas nupcias con Catalina Velazco. Se afirma que murió en el Cuzco. Sus profundos conocimientos del quechua le permitieron escribir un libro de doctrina cristiana, que después sirvió a los jesuitas para la elaboración del primer libro peruano, *La doctrina cristiana y catecismos*, publicado en 1584 con motivo del Concilio Provincial Limeño de 1582. Se tienen noticias de que escribió dos vocabularios, aunque se duda que hayan sido publicados. Por orden del Virrey Antonio de Mendoza escribió la *Suma y narración de los Incas*. Si bien la narración de Betanzos no es florida, en ella consigna datos muy valiosos sobre las ceremonias incas, los meses del año y un buen número de tradiciones que han permitido conocer el pasado indígena.

"...era una costumbre entre estos señores, que cuando [...] el que tal borla le ponía al otro, juntamente con ponérsela, le había de nombrar el nombre, el cual había de tener allí adelante. Y así Viracocha Inca, como le pusiese la borla en la cabeza le dijo: Yo te nombro, para que de hoy más te nombren los tuyos y las demás naciones que te

fueran sujetas, Pachacútec Yupanqui Cápac".

OBRA REPRESENTATIVA: *Suma y narración de los Incas* (1880).

BIOY CASARES, Adolfo (1914-1999). Destacado cuentista, novelista y ensayista argentino que cultivó con maestría la literatura fantástica. Realizó importantes obras de creación y crítica en colaboración con Jorge Luis Borges y Silvina Ocampo. Su obra representa la búsqueda permanente de una realización estética capaz de desentrañar lo enigmático, lo posible y lo inagotable de la condición humana. De proyección internacional, algunas de sus obras han sido traducidas a diversas lenguas como el francés y el italiano. Nació en Buenos Aires; sus años infantiles transcurrieron en la ciudad y el campo. Realizó su primera formación en el Colegio Libre, donde descubrió su gusto por las matemáticas. Niño imaginativo y talentoso, el mundo, la vida cotidiana y los libros encerraban para él algo maravilloso y secretos qué descubrir. Desde muy temprana edad comenzó a leer y a manifestar vocación y don para la literatura. A los catorce años de edad escribió un cuento fantástico de corte policial: *Vanidad*; a los quince, ya había publicado su primer libro: *Prólogo* (1929). A pesar de que cursó algunos años de las carreras de derecho y de filosofía y letras, no terminó los estudios universitarios. La obra en colaboración con Borges la inició antes de 1935; fundaron la editorial Destiempo y la revista del mismo nombre de la que sólo aparecieron tres números; en ella, colaboraron personalidades como Pedro Henríquez Ureña, Alfonso Reyes y Jules Supervielle. Realizaron juntos recopilaciones, prólogos, traducciones y cuentos como *Seis problemas para don Isidro Parodi* (1941) que son una parodia al género policial y de un extraordinario ingenio; existen las obras completas en colaboración. Junto con Borges estuvo al frente de la colección "El séptimo círculo" de la editorial EMECE. Bioy Casares y Silvina Ocampo, su esposa —quien participó también en algunos de los trabajos con Borges como la *Antología de la literatura fantástica* (1940)— escribieron la novela policial: *Los que aman, odian* (1946). A lo largo de su trayectoria literaria, utilizó varios pseudónimos: "Martín Sacastrú"; "T. M. Chang"; "El falso Swedemborg"; "H. Garro"; "H. Bustos Domecq"; "B. Suárez Lynch" y "B. Lynch Davis", algunos de los cuales encubren a Borges. Participó en diversas publicaciones periódicas como la revista SUR y el periódico LA NACIÓN. Adquirió una vasta cultura literaria, científica y filosófica; entre sus autores predilectos se encuentran: Proust, Kipling, Conrad, Eça de Queiroz, Johnson, Gibon, Kafka y Borges. En la figura de Bioy Casares confluyen el creador, el teórico y el crítico que observa y analiza no sólo las obras de los demás, sino también la propia. Su exigencia en la creación literaria lo hizo desconocer sus obras anteriores a 1940, año en que publicó la novela *La invención de Morel*, su obra más celebrada, ganadora del Premio Municipal de 1941 y de la que Borges dijo que era "perfecta". *"No conozco la angustia del papel en blanco"* expresó alguna vez el argentino, para quien la literatura era sinónimo de vida. Artista intelectual, concibió la creación literaria como una forma de construir otras realidades que descubren los infinitos sentidos del mundo y la vida; las infinitas posibilidades que un destino tiene para realizarse. En la estética de Bioy

Casares la literatura, como el universo, está regida por leyes propias; la expresión literaria es una forma de comunicación natural y un modo de conocer en el que intervienen lo cotidiano, lo imaginario y lo metafísico. La capacidad del hombre al asombro constituye uno de los resortes de su actividad creadora. Su obra relaciona tres aspectos fundamentales: el intelectual, el sentimental y el irónico. Espejos, islas, sueños, llevan al lector a otras dimensiones donde lo absurdo llega a ser verosímil. Su libro *Guirnalda con amores* (1959) (cuentos y fragmentos), ofrece interesantes pautas para comprender su obra. En el estilo sobresale la claridad, la precisión y un particular y fino humor. Concedió un valor fundamental al rigor del argumento. En 1990 fue galardonado con el Premio Cervantes de Literatura.

"...es infundada cualquier desesperanza de encontrar sorpresas o cosas nuevas: en verdad el mundo es inagotable".

OBRA REPRESENTATIVA: **Cuento.** *La trama celeste* (1948) // *Historia prodigiosa* (1956) // *Guirnalda con amores* (1959). // *El lado de la sombra* (1962), // *El gran serafín* (1967) // *El héroe de las mujeres* (1978) // *Historias desaforadas* (1983) // *Una muñeca rusa* (1991). **Ensayo.** *Diccionario del argentino exquisito* (1990). **Novela.** *La invención de Morel* (1940) // *Plan de evasión* (1945) // *El sueño de los héroes* (1954) // *Diario de la guerra del cerdo* (1969) // *Dormir al sol* (1973) // *La aventura de un fotógrafo en La Plata* (1986) // *Un campeón desparejo* (1993) // *De un mundo a otro* (1997). En colaboración con J. L. Borges: *Seis problemas para don Isidro Parodi* (1941) // *Los mejores cuentos policiales* (1943 y 1956) // *Dos fantasías memorables* (1946) // *Un modelo para la muerte* (1946) // *Cuentos breves y extraordinarios* (1955) // *Poesía gauchesca* (1955) // *Crónicas de Bustos Domecq* (1967). En colaboración con Silvina Ocampo: *Los que aman, odian* (1946). En colaboración con J. L. Borges y Silvina Ocampo: *Antología de la literatura fantástica* (1940) // *Antología poética argentina* (1941). **Relato.** *De la forma del mundo y otros relatos* (1995). **Miscelánea.** *Descanso de caminantes* (2001, edición póstuma).

BLANCO FOMBONA, Rufino (1874-1944). Escritor prolífero y político venezolano; novelista que dejó la huella de su pensamiento liberal en una prosa penetrante. Nació en Caracas, en el seno de una familia de renombre; su padre fue senador de Venezuela y por el lado materno, su abuelo, Evaristo Fombona, fundó la Academia de la Lengua. A los dieciséis años ingresó a la Escuela Militar de Venezuela, donde sólo estudió un año. En 1892 tomó parte como voluntario en el levantamiento contra el presidente Andueza. Inició la carrera diplomática en 1892 cuando fue designado Cónsul en Filadelfia. Durante su estancia en Estados Unidos de Norteamérica inició una formación sistemática de manera autodidacta. A su regreso a Venezuela (1895), manifestó su oposición al gobierno de Andrade; hombre decidido y violento como era, a raíz de un enfrentamiento con un edecán presidencial, a quien le disparó, Fombona fue encarcelado. En 1899 abandonó el país y viajó de nuevo a Estados Unidos de Norteamérica; recorrió las Antillas y residió algún tiempo en la República Dominicana. Al volver a su patria desempeñó el cargo de Secretario General del Gobierno del Estado de Zulia (1900). Muy pronto entró en pugna con el presidente de dicho Estado quien, al ordenar que lo apresáran, provocó un enfrentamiento en el que murió un coronel; Fombona quedó en libertad al probarse la legítima defensa. Un año más tarde fue nombrado Cónsul de Venezuela en Amsterdam (1901-1904). En 1905 fue designado Gobernador del Territorio Federal Amazonas, región apartada en los confines de Brasil, Colombia y Venezuela. En el asalto de la Gobernación por parte de los caciques, murieron algunos rebeldes y Fombona fue llevado a la cárcel de Ciudad Bolívar y posteriormente a la de Caracas. Estuvo en prisión hasta 1907, año en que emprendió un nuevo viaje a Europa; recorrió Francia, Alemania, Bélgica y Holanda. Férreo enemigo del gobierno de Juan Vicente Gómez (1908-1935), Fombona estuvo nuevamente encarcelado durante los primeros años de su dictadura. En 1910 salió de Venezuela desterrado rumbo a Europa. En 1914 fijó su residencia en España; allí desarrolló una labor editorial invaluable con la fundación de la Editorial América, destinada a difundir las obras de los autores hispanoamericanos de mayor renombre. Al morir el dictador Gómez, Fombona regresó a Venezuela para ser nombrado Gobernador del Estado de Miranda (1936). Se inició en las letras con *Pequeña ópera lírica* (1904), poemario de inspiración modernista. El tono suave y melancólico de los versos que contiene dio un vuelco para convertirse en la enérgica protesta que emana de *Cantos de la prisión y del destierro* publicado en Madrid (1911), en cuyos versos, escritos en el destierro, expresó el odio ante las injusticias vividas. Se ha dicho que el renombre de Fombona se debe a sus novelas y cuentos, aunque para otros, su valor reside en los trabajos de crítica literaria; ésta corresponde, en general, a los autores hispanoamericanos y está contenida en los prólogos que dedicó al peruano González Prada en su libro *Pájinas libres* (1915), al argentino Sarmiento en la última edición del *Facundo* (1915) y en el *Ensayo sobre modernismo en América* (1929), donde señala la poca preocupación que existía por forjar una literatura autóctona, que dejara de ser copia de la europea. Entre la prosa de Fombona se encuentran los *Cuentos americanos,* obra publicada en París en 1920 con el subtítulo de *Dramas mínimos.* Contiene una serie de cuentos breves que giran en torno a la infelicidad del hombre. En la cárcel escribió la novela *El hombre de hierro,* publicada en Madrid en 1907 y durante el exilio compuso *El hombre de oro* que apareció también en Madrid en 1915. Gran parte de su obra ha sido traducida a varias lenguas, entre ellas el francés, inglés y ruso. Fombona murió en Buenos Aires, en el desempeño de su labor diplomática. Sus novelas están sobrecargadas de caricaturas mordaces; la pasión y agresividad de su pluma, guiadas por un propósito satírico, opacaron en él las virtudes que como novelista dejó entrever en las singulares descripciones de algunas de sus páginas, en los logros que tuvo para dibujar los rasgos de ciertos personajes y la viveza de los diálogos.

"La Vida se burla de la Bondad y la arrastra por los suelos".

OBRA REPRESENTATIVA: **Cuento.** *Cuentos americanos: Dramas mínimos* (1920). **Ensayo.** *Grandes escritores de América* (1917) // *Ensayo sobre el modernismo en América* (1929). **Novela.** *El hombre de hierro* (1907) // *El hombre de oro* (1915) // *La mitra en la mano* (1927) // *El secreto de la felicidad* (1935). **Poesía.** *Pequeña ópera lírica* (1904) //

Cantos de la prisión y del destierro (1911).

BLEST GANA, Alberto (1830-1920). Escritor chileno, científico y diplomático. Llegado a considerar como el creador de la novela chilena y uno de los novelistas de mayor relieve en las letras hispanoamericanas del siglo XIX, su obra ha constituido un acervo que preserva la memoria histórica de la evolución e identidad de su nación, y una fuente inagotable de estudio. A través de su producción, Blest Gana abrió camino a la tradición del realismo literario hispanoamericano e influyó en los novelistas de su país. Oriundo de Santiago, fue hijo de una familia numerosa en la que hubo otros escritores como su hermano Guillermo, importante poeta lírico. Su madre perteneció a la aristocracia chilena y su padre, de origen irlandés, fue médico y fundador en 1833 de la Escuela de Medicina. Comenzó su formación en el Instituto Nacional de Santiago donde cursó algunas materias de humanidades. Entre sus primeras lecturas se cuentan obras de Walter Scott y Dickens. Posteriormente, siguió la carrera de ingeniería militar en Chile y Francia, país en el que residió por vez primera de 1847 a 1851. Durante esos años, leyó a los escritores del realismo francés cuya influencia, en especial la de Balzac, determinó su quehacer literario como novelista, apartándose de la lírica romántica en la que había iniciado su carrera como joven escritor. Juró ser novelista y realizar una obra trascendental. En este periodo, presenció la Revolución de 1848 de la cual narró algunos incidentes callejeros en su novela *Los desposados* (1855). En 1851, año de su regreso a Chile, comenzó a trabajar como profesor en la Escuela Militar. Dos años más tarde inició su actividad periodística con la publicación de artículos de costumbres y la primera de sus dieciocho novelas, *Una escena social*, en la revista EL MUSEO. En 1855 se separó del ambiente militar y consagró su vida a las letras y a la diplomacia. Participó en la REVISTA DE SANTIAGO (1855); EL CORREO LITERARIO (1858); la REVISTA DEL PACÍFICO (1859-60); LA SEMANA (1859-60), importante publicación fundada por Justo y Domingo Arteaga Alemparte; LA VOZ DE CHILE (1862-63) y en EL INDEPENDIENTE (1864). Junto con sus numerosos artículos, cuyo modelo principal fue Mesonero Romanos, algunas de sus novelas salieron a la luz en estas publicaciones. De 1853 a 1864, Blest Gana escribió y publicó catorce novelas de diferente extensión, entre las que se destacan: *La aritmética en el amor* (1860); *Martín Rivas* (1862) y *El ideal de un calavera* (1863). *La aritmética* fue premiada con el primer lugar en el concurso sobre novela que la Universidad de Chile convocó en 1860. Se ha considerado que esta novela marcó el inicio del realismo literario una década antes que en España con Galdós, quien publicó *La fontana de oro* en 1870. *Martín Rivas* se publicó el mismo año en que apareció *Los miserables* de Victor Hugo; en dichas obras existen relaciones de interés para su estudio. Escribió también una obra teatral y dos ensayos sobre la literatura chilena que aparecieron en distintas publicaciones periódicas. En 1860 fue miembro de la Facultad de Humanidades y expuso sus ideas acerca de la novela chilena. A la par de su labor literaria, tuvo algunos cargos públicos de 1864 a 1866. De 1897 a 1912, Blest Gana produjo otras cuatro novelas de gran valor: *Durante la reconquista* (1897), concebida muchos años antes; *Los trasplan-*

tados (1904); *El loco Estero* (1909) y *Gladys Fairfield* (1912). A excepción del relato *De Nueva York al Niágara* publicado en 1867, los años que corrieron entre 1866 y 1897 los consagró fundamentalmente a la actividad diplomática iniciada en Washington y continuada en Europa con diversos cargos. Residió en París desde 1869 hasta su muerte. A pesar de su jubilación como diplomático en 1887 por razones de salud, continuó realizando hasta avanzada edad comisiones importantes para el gobierno chileno. Durante ese largo periodo, cuidó de nuevas ediciones de obras anteriores y en 1897 reanudó su labor literaria y produjo así las obras de su madurez. En el transcurso de tres décadas, Blest Gana se relacionó con prominentes hombres de la época y vivió importantes sucesos de la historia de Francia. Algunos estudiosos han interpretado los periodos de producción de Blest Gana como etapas de un desarrollo; otros han visto una uniformidad estética permanente. Escritor y teórico, su producción novelística armonizó con los principios que la sustentaron. De carácter esencialmente costumbrista, sus novelas plasman escenas de la vida cotidiana, costumbres y tipos autóctonos de la sociedad chilena, con base en la observación de la realidad. De las escenas se desarrollan acciones narrativas diversas de las que se pueden desprender juicios morales. En ocasiones, la materia histórica se entremezcla sin transformar la esencia de su costumbrismo. Su repertorio incluyó una sola novela que clasificó como histórica, *Durante la reconquista,* a la que le imprimió el sentido costumbrista y se diferenció conceptualmente de las obras de Walter Scott. Las novelas de Blest Gana están penetradas del espíritu realista que imitó de los franceses, así como de una clara conciencia de lo nacional y de lo hispanoamericano. *El ideal de un calavera* fue traducida al francés y *Martín Rivas,* al inglés. Blest Gana fue enterrado en el cementerio de Père Lachaise, en París. En su obra novelística aparecen, entre otros, los temas del amor y del dinero. Los personajes novelescos son abundantes y bien caracterizados a partir de su medio social respectivo; las intrigas están bien logradas y se maneja el suspenso. Se destacan su capacidad de observación y su intuición de la psicología humana. Se han señalado las incorrecciones y descuidos de su estilo y la aparición frecuente de galicismos.

"El secreto de mi constancia está en que escribo no por el culto a la gloria[...]sino por necesidad del alma..."

OBRA REPRESENTATIVA: **Ensayo.** *De los trabajos literarios en Chile* (1858) // *Literatura chilena* (1861). **Novela.** *Una escena social* (1853) // *Engaños y desengaños* (1855) // *Los desposados* (1855) // *El primer amor* (1858) // *La fascinación* (1858) // *Juan de Aria* (1859) // *Un drama en el campo* (1859) // *La aritmética en el amor* (1860) // *El pago de las deudas* (1861) // *Martín Rivas* (1862) // *El ideal de un calavera* (1863) // *La venganza* (1864) // *La flor de la higuera* (1864) // *Mariluán* (1864) // *Durante la reconquista* (1897) // *Los trasplantados* (1904) // *El loco Estero* (1909) // *Gladys Fairfieid* (1912). **Relato.** *De Nueva York al Niágara* (1867). **Teatro.** *El jefe de la familia* (1858).

BOCANEGRA, Matías de (1612-1668). Humanista, poeta y dramaturgo nacido en tierras mexicanas. Autor de la primera pieza de teatro barroco en Hispanoamérica, Bocanegra recibió una sólida formación al lado de los jesuitas; estudió en el Colegio de San Pedro y San Pablo de Puebla, su ciudad natal, y se ordenó sacerdote. Su erudición y arte en la oratoria le dieron reconocimiento, fama y autoridad. Es autor de una obra variada; algunas de sus composiciones se dieron a conocer con motivo de algún evento importante de la época. En 1640 compuso la *Comedia de San Francisco de Borja*, pieza en tres actos que se ha considerado como el punto de partida del teatro barroco. Su carácter hagiográfico no impide que el autor introduzca elementos ficticios con naturalidad e imaginación. Comparte características con el teatro de Calderón, cuyas obras circulaban en América y representaron la fuente primaria de su inspiración. Bocanegra escribió también la famosa *Canción a la vista de un desengaño*, probablemente inspirada en los versos de la *Canción real de una mudanza*, obra del español Antonio Mira de Amescua. El poeta mexicano despliega en el poema el sentimiento de un religioso que agobiado por el encierro de la vida monástica desea la libertad del jilguero. Termina con la muerte de la ave en las garras de un neblí. El poema se acerca a la forma de la fábula, pues el hecho remite a su moraleja. Se le atribuyó la comedia *Sufrir para merecer*, pieza que por su estilo y su tono parece ser de alguno de los imitadores que tuvo. Para las letras mexicanas, Bocanegra representa la influencia del culteranismo en el que se aprecian las oposiciones conceptuales y una abundancia de recursos.

"...y tiene la comedia entre otras leyes / que hablen lacayos con los reyes".

OBRA REPRESENTATIVA: **Poesía.** *Viaje del marqués de Villena por mar y tierra a México, en verso castellano* (1640) // *Canción a la vista de un desengaño* (1641). **Teatro.** *Teatro jerárquico de la luz, pira cristiano política del gobierno, erigida por la M.N. y M.N.L. ciudad de México a la entrada de su virrey, el conde de Salvatierra* (1642) // (*Comedia de San Francisco de Borja,* en *Tres piezas teatrales del Virreinato*, 1976).

BOLÍVAR, Simón (1783-1830). Estadista venezolano, diplomático y escritor. Recorrer el perfil biográfico del más grande libertador latinoamericano es una empresa harto laboriosa. El jefe supremo de la revolución de Independencia, abrió las puertas de la autodeterminación de seis naciones hispanoamericanas: Venezuela, Colombia, Ecuador, Panamá, Perú y Bolivia de la que fue fundador. Hijo de una rica familia criolla, hizo sus primeros estudios en Caracas, su ciudad natal, y tuvo como maestros a Andrés Bello y Simón Rodríguez. Muy joven perdió a sus padres. En España continuó sus estudios y viajó por Europa y los Estados Unidos de Norteamérica. En sus viajes estableció relación con importantes personalidades y se empapó de las ideas de las corrientes liberales y revolucionarias; el pensamiento de Rousseau lo influyó de gran manera, y fue testigo de importantes acontecimientos históricos. Publicó en Angostura EL CORREO DE ORINOCO, periódico semanal, y otros muchos a lo largo de sus recorridos por los territorios del continente hispanoamericano. Tuvo un gran sentido de la función educadora e hizo llegar a América educadores europeos. Hizo construir escuelas, caminos y hospitales. Difundió las ideas de libertad e independencia. Como escritor, sus cartas, proclamas y discursos, compilados en diversas ediciones, revelan no sólo su personalidad, sino también el hecho de que una parte importante de sus escritos se han llegado a considerar como parte de las primeras obras de una literatura independiente y original. Mucho se ha escrito sobre Bolívar, sobre su vida y obra, hasta hacerlo más que autor un verdadero tema literario. Juan Montalvo escribió de él: *Llamábase Bolívar ese americano el cual sabiendo el fin para lo que había nacido, sintió convertirse en vida inmensa y firme la desesperación que lo marcaba: dar libertad aun a quienes renegasen de ella.* Y Olmedo lo sublimó así: *Tal el héroe brillaba / por las primeras filas discurriendo. / Se oye su voz, su acero resplandece, / do más la pugna y el peligro crece. / Nada le puede resistir... y es fama / —¡Oh portento inaudito!— / que el bello nombre de Colombia escrito / sobre su frente, en torno despedía / rayos de luz tan viva y refulgente / que, deslumbrado el español, desmaya / tiembla, pierde la voz, el movimiento, / sólo para la fuga tiene aliento.* Bolívar se acercó a la literatura, de forma más directa, en las dos cartas críticas que envió a Olmedo en torno al poema *La victoria de Junín*, de este último. La obra escrita de Bolívar posee un lenguaje vigoroso; en sus cartas se manifiestan su cultura, sinceridad e ingenio. Sus escritos reflejan una gran pasión, en ocasiones romántica. La pluma de Bolívar es clara y penetrante.

"Yo deseo más que otro alguno ver formar en América la más grande nación del mundo, menos por su extensión y riquezas que por su libertad y gloria".

OBRA REPRESENTATIVA: *Carta de Jamaica* (1815) // *Discurso de Angostura* (1819) // *Mi delirio sobre el Chimborazo* (1824).

BOMBAL, María Luisa (1910-1983). Renombrada narradora chilena, su obra ayudó a sofocar los rescoldos del criollismo, inaugurando así en ese país una novelística madura dentro de los cauces de la tendencia surrealista. Nació en Viña del Mar; a los doce años (1922), después de la muerte de su padre (1919), viajó con su madre a París donde asistió primero a la escuela de Nôtre Dame de l'Assomption y posteriormente a La Sorbona; ahí coronó los estudios de literatura francesa con una brillante tesis sobre la obra de Prosper Merimée. Además de la lectura, una de sus pasiones fue el teatro. Estudió con el famoso director Duland, quien incluso la llegó a dirigir en algunas de las piezas representadas en el taller. Cuando regresó a Santiago en 1931, Bombal poseía vastos conocimientos de pintura, música y literatura vanguardista. Atraída por el grupo de la revista SUR, se trasladó a Argentina, donde vivió de 1933 a 1940. Participó en algunos experimentos teatrales con Marta Brunet; conoció a Pablo Neruda quien por ese entonces era Cónsul de Chile en Buenos Aires. Bombal apareció en las letras repentinamente; escribió dos novelas breves que por su calidad poética la hicieron merecedora de varios premios: *La última niebla* (1935) y *La amortajada* (1938), ambas publicadas durante su estancia en Buenos Aires. La primera mereció la halagadora crítica de Amado Alonso, quien destacó el novedoso estilo impresionista de su pluma; la segunda recibió el Premio de Novela del Municipio de Santiago en 1942. Sus cuentos, aún en espera de una recopilación, vieron la luz en distintas publicaciones periódicas, entre ellas la revista SUR, que en 1939 publicó *"El árbol"* y *"Las islas nuevas"*; estos cuentos fueron incluidos en la edición chilena de 1941 de *La última niebla*. En 1940 Bombal se encontraba en Santiago; en su país participó activamente en la reorganización del Club PEN; viajó después a los Estados Unidos de Norteamérica donde fijó su residencia. Aunque breve, su producción participa de una peculiar visión poética. André Gide, Julian Green y en particular Virginia Woolf moldearon su inspiración literaria; creó un mundo etéreo en el cual los personajes femeninos viven los recuerdos y las fantasías con vital intensidad, desvaneciendo los límites entre lo real y lo imaginario. Hacia el final de su vida, Bombal recibió el Premio de la Academia Chilena de la Lengua (1977). Murió en Chile. Noveló desde el interior las sensaciones; tejió la trama con los hilos del deseo, los sueños y los recuerdos creando un clima de irrealidad vivida.

"Puede que la verdadera felicidad esté en la convicción de que se ha perdido irremediablemente la felicidad. Entonces empezamos a movernos por la vida sin esperanzas ni miedos, capaces de gozar por fin todos los pequeños goces, que son los más perdurables".

OBRA REPRESENTATIVA: **Cuento.** *Las islas nuevas* (1939) // *El árbol* (1939) // *Mar, cielo y tierra* (1940) // *Trenzas* (1940) // *La historia de María Griselda* (1946) // *La maja y el ruiseñor* (1960). **Novela.** *La última niebla* (1935) // *La amortajada* (1938).

BONILLA NAAR, Alfonso (1916-1978). Célebre médico, poeta y narrador colombiano, famoso por su quehacer científico y literario. Nació en Cartagena; su padre era de origen payanés y su madre provenía de judíos holandeses. En su personalidad confluyen el escritor y el médico. Graduado en la Universidad Nacional de Bogotá (1941) con una brillante tesis, dedicó su vida a las investigaciones contra el cáncer. En el terreno de la ciencia logró prestigio nacional e internacional con sus trabajos sobre medicina; escribió obras de cirugía; realizó injertos arteriales e incluso llegó a hacer un transplante de cabeza en un perro. Fue uno de los fundadores del Colegio de Cirujanos de Colombia, así como de la Sociedad Colombiana de Higiene. Hizo escuela colocándose en primer plano como profesor en la Universidad de su país. A esta intensa actividad profesional, Bonilla agregó una infatigable y fecunda labor literaria. Su obra más comentada es *La pezuña del diablo*. Se trata de un conjunto de relatos que conforman una novela; los temas, tomados de la vida cotidiana y en algunos casos de las actividades médicas, tienen el mérito de provocar en el lector el suspenso, la duda y el estremecimiento. Premio Hispanoamericano de Novela en el Cincuentenario de Los Juegos Florales de Quezaltenango, Guatemala, en 1965, mereció el comentario halagador de Miguel Ángel Asturias, quien señaló la maestría y la fidelidad del escritor colombiano para tratar el tema de la superstición y el demonio en la época de la Inquisición. Su producción literaria en prosa y en verso ha sido recopilada en 1981 por la Biblioteca Banco Popular bajo los títulos de *Narrativa* y *Poesía* respectivamente. Queda aún inédita la novela *Un relato enhebra la noche*. Su vida tuvo un final paradójico: murió de cáncer a los sesenta y dos años. En el estilo de Bonilla la sencillez predomina; lejos de ser artificiosa, la frase surge clara y pulcra.

"Prefiero mil veces a un hombre francamente orgulloso y no aquel hipócritamente modesto".

OBRA REPRESENTATIVA: **Cuento.** *Cuentos impresionantes* (1959). **Novela.**

Viaje sin pasajero (1965) // *La pezuña del diablo* (1965). **Poesía.** *Poesía* (1981, edición póstuma).

BORGES, Jorge Luis (1899-1985). Célebre cuentista, poeta, ensayista, catedrático, traductor y periodista argentino, considerado como uno de los más grandes escritores en lengua castellana y maestro de generaciones. Figura señera en la literatura hispanoamericana, la riqueza y originalidad genial de su obra lo colocan más allá de cualquier clasificación genérica. Aunque Borges no cultivó la novela, se ha señalado su importancia en el desarrollo del arte narrativo hispanoamericano del siglo XX. Ubicado en la dimensión de la literatura fantástica, su nombre ha llegado a constituirse en un verdadero adjetivo conceptual, de tal suerte que se dice: "al estilo borgeano" y otras fórmulas semejantes. Traducido a más de 20 lenguas, ha sido enormemente leído y estudiado en América, Europa y Oriente. La cantidad de tesis universitarias que se han dedicado a su obra en todo el mundo supera el millar. La comprensión de la literatura hispanoamericana del siglo XX implica necesariamente la lectura de su obra, cuya influencia ha cruzado los océanos. Creador de una cosmovisión, y de un lenguaje literario para expresarla, en sus letras laberínticas transita la invención como realidad literaria y como realidad no sólo del argentino, sino también del ser humano en general, de su mundo y universo. Nació en Buenos Aires; estudió en su ciudad natal y también en Suiza, país que llegó a considerar una de sus patrias. Obtuvo el título de Bachiller por el Colegio de Ginebra y posteriormente recorrió Europa. Hacia 1919 fijó su residencia en Madrid; se incorporó al movimiento ultraísta español y publicó por esos años su primer poema: *"Canción del mar"* en la revista GRECIA de esa ciudad. Además del Ultraísmo, el joven Borges se interesó por las demás corrientes vanguardistas. Hacia 1921, regresó a su país y difundió los valores literarios del Ultraísmo; escribió para las revistas NOSOTROS, SUR y SÍNTESIS, así como para el diario LA PRENSA. Además de su colaboración en estas publicaciones, fundó otras revistas de orientación vanguardista que influyeron en la creación poética de entonces, tales fueron: PRISMA, PROA y MARTÍN FIERRO. En torno a él se juntaron escritores como Eduardo González Lanuza, Norah Lange y Ricardo Güiraldes, entre otros. Alternó sus actividades literarias con un empleo en el Municipio; después de Perón, dirigió la Biblioteca Nacional y ejerció la cátedra de literatura inglesa en la Universidad de Buenos Aires, literatura que dominaba a la perfección. Fue merecedor de honores, reconocimientos académicos e importantes premios nacionales e internacionales como el Premio Nacional de Literatura en 1957, el Premio Cervantes 1979 y el Premio Ollin Yoliztli 1981. Dictó numerosas conferencias en distintas partes del mundo y se presentó junto con destacados escritores hispanoamericanos en emisiones para la televisión mexicana. Hacia 1955 fue quedándose ciego y llegó a dictar sus escritos. Políglota y de una cultura enciclopédica, se interesó por la literatura universal, por la metafísica occidental desde los griegos hasta el positivismo de Russell, y por la teología, no sólo cristiana, sino también hebrea e hindú cuyas fuentes consultó en ocasiones de manera indirecta; entre ellas se destacan la Biblia, el *Talmud*, el *Zohar*, el *Alcorán*, el *Buddhacarita* y el *Upanishads*. Más que sus poemas, admirables y transidos de la misma temática, han sido sus cuentos y ensayos o "inquisiciones", en términos borgeanos, los que lo han consagrado. Se ha destacado la proyección del ensayo en el cuento y viceversa. El mismo autor ofrece elementos importantes para la lectura y estudio de su obra. En el universo borgeano, la metafísica y la teología son expresiones de carácter literario que encierran un valor estético y maravilloso como la literatura de ficción. Para el argentino *"las invenciones de la filosofía no son menos fantásticas que las del arte"*. Sus ficciones están bañadas de metafísica y teología, como éstas lo están de la imaginación que las engrandece. No la vida sino el lenguaje contextualiza la literatura; ésta cristaliza las aspiraciones del conocimiento por desentrañar los secretos de la vida. El hombre, incapaz de entender con su razón y lógica la realidad creada por un ser divino y a su vez ininteligible, crea su propia realidad, su propio orden para explicarse aquello vedado, aquella realidad que ordenada o caótica resulta incomprensible. El nuevo orden termina por ser una irrealidad, por ello Borges dice que *"la irrealidad es condición del arte"*. Las explicaciones de los hombres —como las ficciones de Borges— poseen un carácter relativo y simbólico, de tal suerte que algo puede tener varios valores como sucede en los sueños, que *"tienen su álgebra singular y secreta"*, y en cuyo ambiguo territorio una cosa puede ser muchas. Así, el mundo —la realidad— es como el fruto de un sueño. El sueño parte de la realidad incomprensible que es más poderosa que la que se construye para entenderla; en el camino el hombre se introduce en laberintos y su historia se convierte en un juego de ajedrez. Borges penetró en los problemas del tiempo y la eternidad, el orden y el caos, la realidad y la irrealidad y en los laberintos existenciales de la vida. El lector de Borges juega un papel fundamental; tiene que descifrar los símbolos y, a menudo, cae en paradojas y otros juegos de ficción del genial escritor. De su extensa producción narrativa sobresalen entre otros: *La Historia universal de la infamia* (1935); *Ficciones* (1944); *El aleph* (1949) y *El libro de arena* (1975). Además de su preocupación por los problemas metafísicos, sus ensayos abordan la crítica literaria: *El idioma de los argentinos* (1928); *Evaristo Carriego* (1930), análisis de un poeta del arrabal; *El Martín Fierro* (1953), realizado en colaboración con Margarita Guerrero y *Leopoldo Lugones* (1955), preparado con Betina Edelberg, representan algunos de sus mejores trabajos. En torno a los aspectos filosóficos destacan: *Inquisiciones* (1925); *Historia de la eternidad* (1936); *Nueva refutación del tiempo* (1948) y *Otras inquisiciones* (1952). Su dimensión como poeta puede ser estudiada por periodos; aunque a lo largo de su vida hay momentos más prolíficos que otros, desde 1923 con *Fervor de Buenos Aires* hasta 1985 con *Los conjurados* vibraron sus cuerdas. En ellas, unió lo porteño con lo nacional y abordó el tema del campo argentino. En sus últimos versos hay *"muchos sueños"* y son *"dones de la noche o, más precisamente, del alba, no ficciones deliberadas"*. Realizó diversas obras en colaboración con Bioy Casares y otros escritores. Existe la recopilación de sus obras completas. Borges no disfrazó la realidad para recrearla sino que recreó los espejos que disfrazan esa realidad. Murió a los ochenta y seis años. Como poeta combinó en algunas composiciones los giros porteños de la lengua con expresiones cultas de carácter barroco; conjugó el rigor y el sentimiento profundo y luminoso. Consideró la metáfora como elemento esencial de la poesía y gustó del soneto. Como ensayista su personal estilo seduce y atrapa; se desliza con perspicacia y agudeza; ejerce un singular poder de persuasión y a la vez propicia la polémica. Sus relatos desbordan imaginación y fino humorismo; expresan sentimientos profundos en torno a la soledad y la angustia; la unidad estructural goza de armonía.

"Al cabo de los años he observado que la belleza, como la felicidad, es frecuente. No pasa un día en que no estemos, un instante, en el paraíso. No hay poeta, por mediocre que sea, que no haya escrito el mejor verso de la literatura, pero también los más desdichados. La belleza no es privilegio de unos cuantos nombres ilustres".

OBRA REPRESENTATIVA: **Conferencias.** *Borges oral* (1980) // *Siete noches* (1980). **Ensayo.** *Inquisiciones* (1925) // *El tamaño de mi esperanza* (1926) // *El idioma de los argentinos* (1928) // *Evaristo Carriego* (1930) // *Historia de la eternidad* (1936) // *Nueva refutación del tiempo* (1948) // *Antiguas literaturas germánicas* (1951) // *Otras inquisiciones* (1952) // *El Martín Fierro* (1953) // *Leopoldo Lugones* (1955) // *Manual de zoología fantástica* (1957) // *Introducción a la literatura inglesa* (1965) // *Introducción a la literatura norteamericana* (1967). **Cuento.** *Historia universal de la infamia* (1935) // *Ficciones* (1944) // *El aleph* (1949) // *El informe de Brodie* (1970) // *El libro de arena* (1975). **Poesía.** *Fervor de Buenos Aires* (1923) // *Luna de enfrente* (1925) // *Cuaderno de San Martín* (1929) // *Para las seis cuerdas* (1965) // *Obra poética 1923-1967* (1967) // *El otro, el mismo* (1969) // *Elogio de la sombra* (1969) // *El oro de los tigres* (1972) // *La rosa profunda* (1975) // *La moneda de hierro* (1975) // *Los conjurados* (1985). **Poesía-prosa.** *El hacedor* (1960). En colaboración con Bioy Casares: *Seis problemas para don Isidro Parodi* (1941) // *Los mejores cuentos policiales* (1943 y 1956) // *Dos fantasías memorables* (1946) // *Un modelo para la muerte* (1946) // *Cuentos breves y extraordinarios* (1955) // *Poesía gauchesca* (1955) // *Crónicas de Bustos Domecq* (1967). En colaboración con Bioy Casares y Silvina Ocampo: *Antología de la literatura fantástica* (1940).

BORJA PÉREZ, Arturo (1892-1912). Poeta de relieve en las letras ecuatorianas, pertenece al grupo que introdujo la innovación métrica en ese país. Miembro de una familia acomodada cuyo padre fue el célebre jurista Felipe Borja, el poeta nació en Quito. En su adolescencia sufrió un accidente en los ojos; fue enviado a París para curarse y proseguir sus estudios. En esa capital aprendió el francés, lo que le permitió leer a los simbolistas franceses que se convirtieron en modelos a seguir. Sus autores preferidos fueron Baudelaire, Mallarmé y Rimbaud, entre otros. Regresó al Ecuador con ideas renovadoras cuya realización se vio aplastada por el ambiente materialista de una sociedad aburguesada y renuente al cambio. La incomprensión que halló con el medio zanjó un abismo; provocó en él una crisis interna que desencadenó su trágico destino. Apartado del mundo, ensimismado en una soledad interrumpida sólo por las reuniones con los otros jóvenes modernistas, Borja se arrancó la vida a los veinte años. Su producción, publicada póstumamente incluye cerca de veinte composiciones; en ellas se han distinguido tres etapas: en sus versos juveniles hay sonetos, rondeles y madrigales que expresan la vida en un fluir vigoroso, alegre e incluso optimista; en un segundo momento sus poemas se impregnan de dolor y de tristeza, preludian la desesperación que inundó la tercera etapa. A esta última corresponden, entre otros, "*En el blanco cementerio*", "*Por el camino de las quimeras*" y "*Para mí tu recuerdo*", poemas cuyas imágenes refuerzan los agónicos sentimientos, la miseria de la vida y el dolor de la juventud perdida. Borja conjugó, en un estilo nuevo, ritmos, colores y movimiento.

"Ya cumplí lo que tu ley ordena: / hasta lo que no tengo, lo doy..."

OBRA REPRESENTATIVA: (*Idilio estival* (sf) // *En el blanco cementerio* (sf) // *Por el camino de las quimeras* (sf) // *Para mí tu recuerdo* (sf), en *La flauta de ónix* (sf).

BOTI E., Regino (1878-1958). Célebre poeta y ensayista cubano; firme presencia de la herencia modernista. Boti pasó la mayor parte de su vida en Guantánamo, su ciudad natal; ahí cursó las primeras letras. Al cumplir diecisiete años en 1895, su padre, hombre acomodado de origen catalán, le costeó un viaje a Barcelona para que prosiguiera los estudios. Al terminar la carrera de leyes regresó a su país. En Guantánamo, además de ejercer la profesión, ocupó la cátedra de gramática y de literatura en el Instituto de Segunda Enseñanza. La pluma versátil de Boti incursionó en la prosa, el ensayo y la poesía. En su ciudad de origen publicó *Prosas emotivas* (1910), *Rumbo a Jauco* (1910) y *Guillermón* (1912). En Boti se ha reconocido al poeta preocupado por los problemas de la métrica. El primer poemario, *Arabescos mentales*, editado en Barcelona (1913) contiene una espléndida introducción intitulada "*La Avellaneda como metrificadora*", en el que ofrece valiosas opiniones críticas sobre la poetisa cubana. Dentro de esta línea crítica se destaca también el esclarecedor estudio, *Martí en Darío* (1925), importante contribución a la crítica literaria. Gracias al esfuerzo y dedicación de Boti salieron a la luz algunas de las obras dispersas de Rubén Darío, entre ellas "*Hipsipilas*" y "*El árbol del rey David*". En su poesía se ha determinado una evolución que va de ciertas formas románticas —notorias en particular en el primer libro—, pasa por la presencia de relieves plásticos, formas preferidas por los poetas parnasianos, y culmina en el Vanguardismo, como sucede en el último poemario *Kindergarten* (1930) en el que se acerca a la llamada poesía pura. Las letras cubanas tienen en Boti el mejor intento de renovación poética. Murió en Guantánamo. Su culto por la forma lo llevó a alcanzar logros significativos. Cultivó una gran variedad métrica; del Modernismo heredó la libertad de cesura en el alejandrino, utilizó además el verso libre y el asonántico.

"Mientras otros gritan / yo enmudezco, yo corto, yo tallo; / hago arte en silencio".

OBRA REPRESENTATIVA: **Ensayo.** (*La Avellaneda como metrificadora,* en *Arabescos mentales,* 1913) // *Martí en Darío* (1925) // *La nueva poesía en Cuba* (1927) // *Tres temas sobre la nueva poesía* (1928). **Poesía.** *Arabescos mentales* (1913) // *El mar y la montaña* (1921) // *La torre del silencio* (1926) // *Kodak-Ensueño* (1929) // *Kindergarten* (1930). **Prosa.** *Rumbo a Jauco* (1910) // *Prosas emotivas* (1910) // *Guillermón* (1912).

BRAMÓN, Francisco (¿- d.1654). Poeta barroco, bachiller y presbítero mexicano, figura de marcado interés para el estudio literario por las características de su obra. Desafortunadamente, los datos para trazar su perfil biográfico son casi nulos. Entre los escasos elementos autobiográficos que se deducen de su obra, se encuentra el de su nacimiento en México. La otra noticia que se tiene es de 1654, año en que desempeñó el cargo de conciliario de la Real y Pontificia Universidad de México. Se señalan los años de 1620 a 1654 como el periodo de actividad del poeta. Bramón publicó en 1620 *Los sirgueros de la Virgen sin original pecado* en la que adaptó la técnica de la novela pastoril a un tema religioso; hecho este que le permitió imprimir su obra pues desde 1531, por decreto real, se había prohibido la circulación de novelas en América, ley acatada en particular por las imprentas de la Colonia. El propósito de su narración es enaltecer la figura de la Virgen; los sirgueros (o jilgueros) son los pastores que cantan y la veneran. Está escrita en prosa y verso según los moldes de la novela pastoril renacentista. Hay en ella amplias descripciones de arcos, inscripciones, emblemas y actividades religiosas; en los pasajes versificados utiliza sonetos, redondillas y romances. Calificada de rara por autores de la celebridad del mexicano Agustín Yáñez, los *Sirgueros* ha atraído la atención por la pieza teatral que se encuentra intercalada en el texto: *"Auto del triunfo de la Virgen y gozo mexicano"*. En ella merecen destacarse la sencillez y maestría en la versificación, la naturalidad en los diálogos y la armonía de los cuatro movimientos que conforman la acción. Tiene por objeto la exaltación de la Virgen; los personajes alegóricos son seres con individualidad: el Pecado aparece como atracador de caminos. Se ha dicho que se trata de una obra autobiográfica en la cual Anfriso, el autor del *Auto* en el relato, es el nombre cifrado del autor: Francisco/Anfriso. Esto ha permitido afirmar que *Los sirgueros* es una obra cuyo personaje, además de poeta y estudiante, es el autor de la misma. También se ha indicado que en el empleo de la convención de los nombres reside la originalidad de Bramón, en la medida en que el plano literario y el real tienden a sobreponerse sin que por ello se confundan. En el relato, el paisaje mexicano sirve de escenario; se aprecia una rica descripción de instrumentos prehispánicos y la influencia del teatro de González de Eslava, así como de la dramática indígena que se encuentra al final con el Tocotín o baile llamado *Mitote o Netetilztle* por los antiguos mexicanos.

"Virgen, vos la primera letra / sois del humano alfabeto, / siendo vuestro eterno Hijo / Alfa y Omega del cielo".

OBRA REPRESENTATIVA: *Los sirgueros de la Virgen* (1620 y 1944, edición y prólogo de Agustín Yáñez, México).

BRANNÓN VEGA, Carmen, véase LARS, Claudia.

BRENES MESEN, Roberto (1874-1947). Pensador, filólogo, poeta y crítico costarricense; destacada personalidad de las letras nacionales que encabezó la renovación lírica de principios del siglo XX y pugnó por la tendencia espiritualista en el campo filosófico. Oriundo de San José, cursó los estudios de maestro en el Liceo Costa Rica. En 1897 viajó a Chile como becario; emprendió los estudios filosóficos en el Instituto Pedagógico. A su regreso se dedicó a la enseñanza. Ávido lector de los clásicos latinos, franceses y españoles, Brenes llegó a poseer una vasta cultura de manera autodidacta, a la que agregó el estudio del latín, griego, sánscrito, inglés y alemán. Colaboró en las páginas de la PRENSA LIBRE, PATRIA, EL PAÍS y REPERTORIO AMERICANO, en el cual publicó algunos ensayos literarios. Desempeñó varios cargos públicos, entre los que cabe destacar el de Secretario de Instrucción Pública (1913) y el de Embajador de su país en Washington (1914). Permaneció en los Estados Unidos de Norteamérica alrededor de 25 años. Al término de sus funciones diplomáticas fue profesor en la Universidad de Syracuse en Nueva York y posteriormente en la Universidad Northwestern de Chicago. Una vez jubilado en ese país, regresó a Costa Rica en 1939. Si bien en los inicios de su planteamiento filosófico se adivinan rasgos positivistas, el pensamiento de Brenes conoció un cambio en el que la intuición y no la razón guía el conocimiento. Esta evolución se inició en 1908, fecha de su adscripción a la Sociedad Teosófica. En *El misticismo como instrumento de investigación de la verdad* (1921) se encuentra expuesto su rechazo al empirismo como método de conocimiento. Esta tesis promovió una encendida polémica con Carlos Gagini, defensor del positivismo. Hombre de variados horizontes, Brenes contribuyó al estudio y difusión del español con la *Gramática histórica y lógica de la lengua castellana* (1905), obra comentada por Rufino J. Cuervo y Julio Cejador, filólogos de señalado renombre. Durante su estancia en Estados Unidos de Norteamérica, escribió, en colaboración con Joseph S. Gallart, *Spanish Grammar Review* y *Spanish Composition*. Como poeta ocupa un lugar de honor dentro de la lírica costarricense. Con el libro *En el silencio* (1907) Brenes señaló una nueva ruta; exploró la veta intuitiva con notable dominio. Sus versos, más que describir tienen el poder de evocar y sugerir. Hacia el final de su vida dictó algunas conferencias en Guatemala, El Salvador y Estados Unidos de Norteamérica. Murió en San José. Su renovación poética se centró en la forma. El lirismo inicial evolucionó hacia la poesía de carácter conceptual; adoptó una gama variada de metros y estrofas, entre ellos el verso libre, enriqueciendo el caudal de imágenes con audaces metáforas.

"El consejo del mundo no vale lo que el ejemplo de un hombre".

OBRA REPRESENTATIVA: **Poesía.** *En el silencio* (1907) // *Hacia nuevos umbrales* (1913) // *Voces del Angelus* (1916) // *Pastores y jacintos* (1917) // *Los dioses vuelven* (1928) // *En busca del Grial* (1935) // *Poemas de amor y de muerte* (1943). **Prosa.** *La metafísica de la materia* (1917) // *El misticismo como instrumento de investigación de la verdad* (1921) // *Dante, filosofía, poesía* (1945). **Otros.** *Gramática histórica y lógica de la lengua castellana* (1905).

BRULL y CABALLERO, Mariano (1891-1956). Traductor y poeta cubano que enarboló con firmeza el estandarte vanguardista; con las llamadas *jitanjáforas* renovó el universo poético. Oriundo de Camagüey, alternó su vida en La Habana con largas estadías en el extranjero. En su país formó parte del importante Grupo Minorista, constituido en 1923, en torno al cual se reunían músicos, pintores, poetas y escritores cuyo papel fue decisivo en la vida política de Cuba. Desempeñó cargos diplomáticos en España y en Francia. En París presenció e intervino en el debate sobre poesía pura que hacia 1926 inició Henri Bremond. Atraído por la literatura francesa, tradujo *El cementerio marino* y *La joven Parca* del renombrado poeta Paul Valéry, conservando la belleza original de las imágenes. El año de 1916 publicó en Madrid su primer libro de poemas: *La casa del silencio*, obra de juventud en la que resplandece la influencia del mexicano Enrique González Martínez y del español Juan Ramón Jiménez. Prologada en su momento por el dominicano Pedro Henríquez Ureña, fue considerada como un afortunado intento de poesía confidencial en la que Brull indaga un mundo personal e íntimo. Después de esta búsqueda por las sendas interiores, el poeta se entregó a la fantasía lírica del juego verbal. *Poemas en menguante*, publicada en París (1928), lo consagró como poeta vanguardista. En *"Verdehalago"* hace su aparición la *jitanjáfora*, nombre que el reconocido escritor mexicano Alfonso Reyes llevó a la fama y definió como la poesía que se construye con palabras carentes de significado, elegidas por sus efectos sonoros. Esta composición de Brull inauguró el *letrismo* que irrumpió en la poesía francesa hacia finales de la Segunda Guerra Mundial. Brull se sintió atraído por los temas de la rosa, el mar, el tiempo y la lluvia y buscó el silencio de la estrofa. Su estilo se distingue por la dislocación del sentido de las palabras, la creación de vocablos y la libertad en las metáforas.

"Filiflama alabe cundre / ala alalúnea alífera / alvéola jitanjáfora / liris salumba salífera".

OBRA REPRESENTATIVA: **Poesía.** *La casa del silencio* (1916) // (*Verdehalago*, en *Poemas en menguante*, 1928) // *Canto redondo* (1934) // *Solo de rosa* (1941) // *Tiempo en pena* (1950) // *Nada más que...* (1954).

BRYCE ECHENIQUE, Alfredo (1935-). Novelista y cuentista peruano; uno de los escritores más celebrados de los años 60 en cuya obra se teje, con visión devastadora, el lienzo de la burguesía decadente. Nació en Huancayo, Lima, en el seno de una familia perteneciente a la más antigua oligarquía peruana. Sus estudios primarios y secundarios transcurrieron en colegios privados de habla inglesa. Estudió derecho y recibió el título de Doctor en Letras en la Universidad peruana de San Marcos. En 1964 se trasladó a Europa; viajó por Italia, Grecia, Alemania y hacia 1968 se estableció en Francia, donde realizó estudios de doctorado e impartió clases en la Universidad de Nanterre, La Sorbona y en la Universidad de Vincennes. Se dio a conocer con el *Huerto cerrado*, manojo de cuentos premiado en el Concurso Casa de las Américas (1968) que contiene *"Con Jimmy en Paracas"*, texto publicado anteriormente en la revista limeña AMARU. Además de ofrecer un fino retrato de la figura paterna, el cuento penetra en las relaciones alienantes que dominan en ciertos jóvenes de la clase adinerada. En él también se perfila el escritor dueño de los recursos narrativos de *Un mundo para Julius* (1970), novela galardonada con el Premio Nacional de Literatura de Perú (1970) y el Premio a la Mejor Novela Extranjera de Francia en 1974. Se trata de una novela magistral en cuyas páginas el autor recrea, a través de los ojos de Julius, el mundo de la alta burguesía limeña, un mundo de oropel, frivolidad y lujo que permanece inalterable y despreocupado frente al hambre, la pobreza y el subdesarrollo. Sin destacar las injusticias sociales, Echenique logra, con su discreta ironía, traspasar el oropel para mostrar ese mundo al desnudo sometiéndolo a una crítica demoledora. Entre los autores que han influido en su escritura se señala a Marcel Proust por la ambientación, las situaciones y los trazos psicológicos de los personajes. Su obra, además del francés, ha sido traducida al italiano, portugués, rumano, e inglés, entre otras lenguas. Actualmente sigue viviendo en Francia. Su estilo se caracteriza por la frase depurada; recurre a fragmentos de canciones o versos, ya en inglés ya en español, que aparecen intercalados en el discurso narrativo. Es frecuente el uso del discurso indirecto y de la imagen justa.

"...lo que logró es convertirme en un gran admirador suyo porque había hecho un género, un estilo de vida de aquello que a mí tanto me gustaba".

OBRA REPRESENTATIVA: **Crónica.** *A vuelo de buen cubero* (1977) // *Permiso para vivir* (1993) // *Crónicas personales* (1988) // *Atrancas y barrancas* (1996). **Cuento.** (*Con Jimmy en Paracas*, en *Huerto cerrado*, 1968) // *La felicidad, ja ja* (1974) // *Todos los cuentos* (1981) // *Magdalena peruana* (1987) // *Cuentos completos* (1995) // *Guía triste de París* (1999). **Novela.** *Un mundo para Julius* (1970) // *Tantas veces Pedro* (1977) // *La vida exagerada de Martín Romaña* (1981) // *El hombre que hablaba de Octavia de Cádiz* (1985) // *La última mudanza de Felipe Carrillo* (1988) // *Dos señoras conversan, un sapo en el desierto, los grandes hombres son así y también asá* (1990) // *Antología personal* (1995) // *No me esperen en abril* (1995) // *Reo de nocturnidad* (1997) // *La amigdalitis de Tarzán* (1999).

C

CABRAL, Manuel del (1907-1999). Figura que se destaca en el escenario de las letras dominicanas; su obra, en particular la poesía negra, ha dado a la lírica de ese país un profundo acento antillano. Nació en Santiago de los Caballeros; al igual que Incháustegui Cabral y Mieses Burgos, entre otros, del Cabral formó parte de La Cueva, importante grupo literario de proyección nacional. Residió en Colombia, Chile, Argentina y España. En esos países estableció una fructífera relación con intelectuales y publicó algunas de sus obras. En Buenos Aires apareció *Antología clave* (1957), libro en el que hizo una reordenación de sus poemas escritos entre 1930 y 1954. Contiene una serie de cartas líricas en las que el poeta, después de navegar por las aguas del recuerdo, ofrece vivencias de la infancia cargadas de inocencia. Su producción en verso es extensa; además de *Compadre Mon* (1943), uno de sus mejores libros, durante la dictadura de Trujillo (1930-1961) vio la luz *Trópico negro* (1942) que lo coloca al lado de las grandes personalidades de la poesía negra como el cubano Nicolás Guillén y el puertorriqueño Palés Matos. A más del tono de protesta contra las injusticias que vivían los haitianos emigrados a la República Dominicana, los versos están bañados de sol, impregnados de ron, de vudú y de ritmo sensual que emana de las caderas de las negras. El negro de del Cabral alcanza una dimensión mítica, fuera de todo espacio y tiempo. En sus composiciones posteriores abordó el tema del amor desde varias perspectivas. Aunque su estilo cambia según la temática, es recurrente la imagen justa, cristalina y evocadora. Obtuvo en 1992 el Premio Nacional de Literatura de su país.

"Hoy, con la hilacha blanca de tu sonrisa de niño / le vas cosiendo al hombre las roturas del alma".

OBRA REPRESENTATIVA: **Novela.** *El presidente negro* (1973). **Poesía.** *Pilón* (1931) // *Color de agua* (1932) // *Doce poemas negros* (1935) // *Biografía de un silencio* (1940) // *Trópico negro* (1942) // *Compadre Mon* (1943) // *Sangre mayor* (1945) // *De este lado del mar* (1949) // *Antología tierra* (1949) // *Los huéspedes secretos* (1951) // *Sexo y alma* (1956) // *Dos cantos continentales y unos temas eternos* (1956) // *La antología clave, 1930-1956* (1957) // *Pedrada planetaria* (1958) // *La isla ofendida* (1965) // *Sexo no solitario* (1970). **Prosa-poesía.** *Chinchina busca el tiempo* (1945) // *30 parábolas* (1956).

CABRERA INFANTE, Guillermo (1929-). Novelista cubano, cuentista, periodista, diplomático, crítico y guionista de cine. De nombradía internacional, ha sido considerado como una de las figuras más sobresalientes de la narrativa hispanoamericana del siglo XX. Nació en Gibara, provincia de Oriente, en el seno de una familia humilde. Estudió periodismo y en 1954 comenzó a colaborar como crítico de cine en la revista semanal CARTELES, de la que llegó a ser director en 1957; firmaba sus críticas con el pseudónimo de "G. Caín". Fundó la Cinemateca de Cuba (1951-1956); a partir de la Revolución, participó en la dirección del Instituto del Cine y dirigió el suplemento LUNES DE REVOLUCIÓN hasta 1961. En 1962 fue enviado a Bruselas para desempeñar el cargo de agregado cultural; tres años después, como exiliado político, se trasladó a Londres donde estableció su residencia. Parte de su producción ha sido vertida a diversas lenguas. Su obra más celebrada, la novela *Tres tristes tigres* (1965) —cuyo título es un trabalenguas— obtuvo el Premio Biblioteca Breve de la editorial Seix Barral en 1964. Dentro de la tradición literaria cubana del siglo XX, *Tres tristes tigres* señala una concepción estética renovada que otorga a la palabra la dimensión espaciotemporal de la acción narrativa. *"El libro está en cubano [...] en los diferentes dialectos del español que se hablan en Cuba y la escritura no es más que un intento de atrapar la voz humana al vuelo, como aquel que dice [...] algunas páginas se deben oír mejor que se leen, y no sería mala idea leerlas en voz alta"*, advierte el autor antes de que la novela dé inicio. A través de esas distintas formas del habla coloquial cubana, Cabrera Infante plasmó, con inimitable maestría, la vida nocturna de la Cuba en tiempos de Batista; las voces que conversan parodian una sociedad degradada en vías de desaparecer y transformarse. A los personajes de la farándula, cuyas voces vibran con gran fuerza musical, se suma la presencia de un grupo de intelectuales. La novela posee una compleja estructura; es un libro que contiene varios libros a la vez. Aunque se le ha analizado más desde el punto de vista del lenguaje, se pueden realizar en ella distintas lecturas, como la filosófica. La novela cristaliza la idea de la multiplicidad de sentidos de la obra literaria; representa, como *Rayuela* de Julio Cortázar, una obra de infinitas posibilidades. Eliot, Joyce, Jarry, Raymond Roussel, Alfred Hitchcock, Capablanca y Borges, entre otros, se han señalado como modelos que influyeron en la original obra narrativa del cubano. En *Tres tristes tigres* se advierte la influencia del arte cinematográfico, como puede observarse en la presentación de los personajes, de súbito contextualizados en su situación dramática. Entre los numerosos elementos que conforman su arte narrativo hay parodias de literatos como Lezama Lima, Guillén y Carpentier; dicharachos, juegos de palabras y un singular humor que llega a ser una fuerza vital ante la degradación. El lenguaje es natural y el ingenio avasallador. Se le otorgó en 1997 el Premio Cervantes de Literatura.

"...para probar mi suerte en el juego [...] saco de algún bolsillo que más parece un laberinto una moneda que no tiene un minotauro grabado porque es un real cubano y no un níquel americano y lo echo en la cerradura de la suerte y tiro de la palanca que es el brazo único de la diosa fortuna y pongo la otra mano en la cornucopia para contener la futura avalancha de la plata. Las ruedas giran y sale primero una naranjita, luego un limoncito y más tarde unas fresas. La máquina hace un ruido premonitorio, se detiene por fin y se queda en un silencio que mi presencia hacía eterno..."

OBRA REPRESENTATIVA: **Cuento-relato.** *Así en la paz como en la guerra* (1960) // *Vista del amanecer en el trópico* (1974) // *Todo está hecho de espejos* (1999). **Ensayo.** *Un oficio del siglo XX* (1960) // *O* (1975) // *Exorcismos de esti(**l**)o* (1976) // *Arcadia todas las noches* (1978) // *Holy smoke* (escrito en inglés, 1984) // *Mea Cuba* (1993) // *Cine o sardina*(1997) // *Vidas para leerlas* (1998) // *Puro humo* (versión en español de *Holy smoke*, 2001). **Novela.** *Tres tristes tigres* (1965) // *La Habana para un Infante difunto* (1980) // *Delito por bailar chachachá* (1995) // *Ella cantaba boleros* (1996).

CABRERA y QUINTERO, Cayetano (¿ - 1778?). Poeta y dramaturgo mexicano, presbítero, traductor y defensor incansable del culto guadalupano. Autor poco estudiado cuya obra, en parte inédita, sigue la tradición barroca de ese país. La fecha de su nacimiento, aún ignorada, se ubica en los últimos años del siglo XVII y los primeros del XVIII. Inició sus estudios de seminarista en el Colegio de San Pablo. En la Real y Pontificia Universidad de México obtuvo el grado de Bachiller en Artes (1720) y tres años más tarde en Teología. Formó parte de la Academia de San Felipe Neri. Entre 1721 y 1726 desarrolló una intensa participación en las actividades de la Universidad. En 1747 tuvo a su cargo la tarea de expurgar y revisar los libros de la Inquisición. Los profundos conocimientos que alcanzó del griego, hebreo y náhuatl le permitieron escribir gramáticas de dichas lenguas. Su nombre figuró en los certámenes poéticos de su tiempo, entre los cuales llegó a ganar los primeros lugares. Cabrera murió en el convento de los betlemitas de la ciudad de México. En su vasta y variada producción se encuentran sainetes y fin de fiestas; obras laudatorias y de circunstancias, escritas para celebraciones oficiales de la época. También es autor de "*El índice poético de la admirable vida del glorioso patriarca San Francisco de Asís*", poema inspirado en la vida del Santo y que ha merecido el elogio de los críticos. Cabrera expresó su ferviente devoción a la Virgen de Guadalupe; emprendió una investigación prolongada que lo llevó a la elaboración completa de las apariciones, la historia de la Basílica y los milagros, todo ello contenido en el *Escudo de armas*. En el *Patronato disputado* expone las razones que hacen de la Virgen la patrona de la ciudad. El *Escudo de armas*, publicado en 1746, provocó el descontento del virrey, quien mandó que se recogieran y quemaran los ejemplares en razón de los ataques que lanzó a los indios, los médicos y a varias personalidades. Fue traductor de Horacio y Juvenal; entre sus obras dramáticas se encuentra *El Iris de Salamanca*, pieza escrita antes de 1755 y cuya presentación en el Coliseo de la ciudad de México tuvo gran éxito. En los tres actos que la componen narra la vida del santo patrono de Salamanca, siguiendo los modelos del teatro español, en particular a Calderón. Cabrera dio muestras de dominio y soltura en la versificación; en los romances, redondillas y silvas, su pluma fluye sin tropiezos. Su obra constituye una apreciable fuente que proporciona datos de interés para la historia y noticias sobre el desarrollo de la lengua.

"*Donde la virtud domina, / Entendimiento no falta*".

OBRA REPRESENTATIVA: **Poesía.** (*El índice poético de la admirable vida del glorioso patriarca San Francisco de Asís*, en *Cien mejores poesías líricas mexicanas*, 1961). **Teatro.** *Escudo de armas* (1746) // (*El Iris de Salamanca*, en *Obra dramática*, edición y notas de Claudia Parodi, 1976) // *Vida maravillosa* (1766).

CÁCERES LARA, Víctor (1915-). Cuentista, periodista y diplomático hondureño que representa con vigor la tendencia criollista en ese país. Oriundo de Gracias, en Lempira, Cáceres se ganó en un tiempo la vida como profesor de enseñanza primaria; ejerció el periodismo en LA NOTICIA y EL DÍA, diarios en los que utilizó el pseudónimo de "Manuel Trejo". Ha sido miembro de la Academia Hondureña de la Lengua y de la Academia Hondureña de la Historia. Durante algunos años ha sido Embajador de su país en Venezuela. En sus inicios cultivó la poesía; su fama como narrador se debe a dos volúmenes: *Humus* (1952) y *Tierra ardiente* (1970). Ambos contienen cuentos breves cuyos temas se inspiran en la vida del campesino hondureño y la de los trabajadores de la ciudad. En *"Paludismo"*, Cáceres narra con admirable precisión la desilusión y el fracaso de una pareja que abandona su lugar de origen y viaja a la Costa Norte, en busca de una vida mejor. Su estilo, en general, denuncia un gusto por las imágenes sinestésicas; el relato adquiere fuerza mediante la conjunción de elementos como luz y sombra, vida y muerte.

"Ella [...] no sentía ni un hilo de fuerza en sus músculos, ni una emanación tibia dentro de sus venas vacías. Un frío torturante iba subiéndole por las carnes enflaquecidas, ascendía por su cintura otrora flexible y delicada como los mimbres silvestres y se apoderaba de su corazón que entonces parecía enroscarse de tristeza, estallando en una plegaria muda, temblorosa de emoción reconcentrada".

OBRA REPRESENTATIVA: **Cuento.** *Humus* (1952) // (*Paludismo*, en *Tierra ardiente*, 1969). **Ensayo.** *Efemérides nacionales* (1973) // *Lempira, defensor de la autonomía nacional* (1983). **Poesía.** *Arcilla* (1941) // *Romances de la alegría y de la pena* (1943).

CALANCHA, Fray Antonio de la (1584-1654). Célebre cronista boliviano, su obra recrea las costumbres y paisajes del Alto Perú; revela las injusticias del Virreinato y cuenta las penalidades del indio en el trabajo minero. Nació en Chuquisaca. En 1598 entró a la orden de los agustinos; después de profesar en su lugar de origen se trasladó a Lima. Conocedor a fondo de las lenguas indígenas, Fray Antonio tuvo fama como predicador. Su vasta cultura humanística y teológica lo llevó a desempeñar cargos importantes en su orden. Fue nombrado Rector del Colegio de San Ildefonso y Cronista Oficial de la orden. Escribió la *Crónica moralizadora de la orden de San Agustín en el Perú*, obra rica en descripciones de Bolivia y el Alto Perú, en cuyas páginas se extiende la grandiosidad del paisaje americano. Su valor reside en la aguda observación del fraile para captar la realidad indígena, las costumbres y tradiciones y el afán de lucro de los conquistadores frente a las riquezas mineras. La obra quedó inconclusa debido a la muerte del cronista. El primer volumen se publicó en Barcelona (1638); años más tarde fue proseguida por otro agustino, Bernardo Torres, quien escribió el segundo tomo. A excepción de los pasajes rebuscados, debido a la influencia culterana, la prosa de Fray Antonio fluye con facilidad. Las descripciones de bellas estampas virreinales reflejan la calidad estética de su pluma. La existencia de giros en la lengua de la época la convierten en un documento de estudio lingüístico.

"Deje de ir un año [la] Flota de Indias y es en todo valle de lágrimas Europa..."

OBRA REPRESENTATIVA: *Crónica moralizadora de la orden de San Agustín en el Perú* (1638).

CALDERÓN, Fernando (1809-1845). Renombrado dramaturgo perteneciente al grupo de los primeros románticos mexicanos. Pasó sus primeros años y recibió la formación humanista en Guadalajara, su ciudad natal. Provenía de una familia zacatecana de abolengo; en 1829 se graduó de Licenciado en Leyes. Durante algunos años vivió en Zacatecas. En política se distinguió por su abierta oposición al gobierno del tirano Santa Anna; al lado de los liberales luchó con las armas en la batalla de Guadalupe (1835) en la que resultó herido. Desterrado y perseguido, se trasladó a la ciudad de México (1837); ahí ingresó y fue miembro asiduo de la Academia de Letrán, institución fundada en 1836 por Manuel Lacunza y Guillermo Prieto, entre otros distinguidos escritores de la época. Cultivó la amistad del poeta cubano José María Heredia y Heredia y del mexicano Rodríguez Galván. De regreso a Zacatecas, gracias al apoyo de José María Tornel, quien era Ministro de Guerra, Calderón participó en la vida política; desempeñó el cargo de secretario del Tribunal Supremo y el de diputado del Congreso local. Su actividad literaria, iniciada en la adolescencia, se intensificó durante su estancia en México. Entusiasta lector de los autores románticos europeos, Calderón tradujo al español algunas de las *Meditaciones* de Lamartine (1840) en quien encontró un modelo a seguir, especialmente en sus composiciones poéticas. También asimiló la influencia de Espronceda, en cuya "*Canción del pirata*" se inspiró para el poema "*El soldado de la libertad*". Su producción dramática se inició con el drama "*Reinaldo y Elina*", pieza estrenada en Guadalajara en 1827; después escribió "*Zadig*", "*Zeila o la esclava indiana*" e "*Ifigenia*", entre otras más, y todas ellas representadas en teatros de Zacatecas y Guadalajara. La fama de Calderón descansa en tres dramas y una comedia: "*El torneo*", drama caballeresco con el que, en la capital, el teatro de Nuevo México abrió sus puertas en 1841; "*Hernán o la vuelta del cruzado*" es una de sus obras más celebradas; en ella se remontó a la Edad Media, recurso este típico de evasión romántica en Hispanoamérica; el mismo año en que Calderón la compuso (1842) Mármol también abordó el mismo tema en *El cruzado*. Retomó el tema histórico en su pieza "*Ana Bolena*", personaje inglés del siglo XVI. Empero, "*A ninguna de las tres*" es el texto que le dio a su obra un mayor alcance. Con esta comedia anticipó el género costumbrista. A través de los personajes, Calderón satirizó el afrancesamiento, criticó las deficiencias en la educación de la mujer y los excesos del romanticismo. Tanto su poesía como su teatro tuvieron una primera edición en 1846; la segunda edición con prólogo del poeta José Joaquín Pesado apareció en 1849. El poeta murió en Aguascalientes a los treinta y seis años, breve existencia de una luz prometedora para el costumbrismo mexicano. Su estilo es impetuoso, ágil y elegante, aunque en ocasiones contiene rasgos de prosaísmo y lugares comunes.

"*...Yo no quiero / una vergonzosa paz: / busco en medio de la guerra / la muerte o la libertad*".

OBRA REPRESENTATIVA: **Poesía.** (*A una rosa marchita // Los recuerdos // La vuelta del desterrado // El soldado de la libertad // El sueño del tirano*, en *Obras completas*, 1849). **Teatro.** (*Reinaldo y Elina // Zadig // Armandina // El torneo // Ana Bolena // Hernán o la vuelta del cruzado*, en *Obras completas*, 1849).

CAMBACÉRÈS, Eugenio (1843-1888). Novelista y político argentino considerado como el introductor del Naturalismo en Hispanoamérica. De ascendencia francesa por parte de su padre e inglesa por el lado materno, Cambacérès nació en el seno de una de las familias bonaerenses más pudientes de la época. Fue alumno del Colegio Nacional de Buenos Aires, donde terminó los estudios secundarios; pasó después a la Facultad de Derecho y, graduado de abogado en 1869, desempeñó la profesión durante algunos años. De ideas liberales y temperamento apasionado, se destacó en la política por sus audaces participaciones. Electo diputado ante el Parlamento (1870), en la Convención Constituyente (1871) desató una encendida controversia con su discurso en favor de la libertad de sufragio y la separación de la Iglesia y el Estado; acrecentó su fama en 1874 con la revelación pública que hizo de los fraudes electorales de su propio partido, denuncia que precipitó la revolución mitrista. Abandonó las actividades políticas en 1876; renunció al cargo de diputado ante el Congreso de la Nación. Tuvo tiempo para adquirir una sólida cultura y cultivar una vida mundana; se mantenía al tanto de sus propiedades en el campo; asistía a los teatros y frecuentaba el ambiente refinado del Club Progreso. Realizó varios viajes a Europa; en Francia tuvo un conocimiento directo de la novelística de Zola, de quien fue uno de los seguidores más entusiastas que tuvo Sudamérica. Su producción novelística se compone de cuatro novelas que en conjunto presentan sin ambages la sórdida condición humana. La primera de ellas, intitulada *Potpourri: silbidos de un vago*, apareció en París (1881) de manera anónima. Aunque el tema se centra en la historia del adulterio entre una pareja, sus páginas sondean algunos de los ambientes porteños: las elecciones, la educación, la vida del campo y los emigrantes. El carácter incisivo, burlón y mordaz de su narración produjo la indignación de la crítica que consideró la obra como el resultado de sus decepciones políticas. El libro se convirtió así en un texto prohibido, hecho que provocó las numerosas ediciones que tuvo. La segunda novela, *Música sentimental*, se publicó también de manera anónima en París (1881). En ella, el autor pasa del tono cínico y punzante al relato frío y objetivo del envilecimiento paulatino de Pablo, joven argentino de familia acomodada que despilfarra el dinero en los placeres de la vida nocturna parisina. Con vigorosa mano naturalista la historia progresa hacia las escenas de amor, celos, hastío sexual y muerte. Considerada como su mejor novela, *Sin rumbo*, publicada en París en 1885, representó un momento decisivo en su trayectoria novelística; con ella, la crítica de su tiempo reorientó sus juicios borrando las impresiones de las dos primeras obras. En ella llevó el realismo a su punto más crudo. Andrés, el protagonista, cuyo comportamiento obedece a un determinismo, está delineado con una profundidad social y psicológica insuperable. Bajo el influjo del pesimismo alemán, su desintegración moral lo conduce al suicidio en una escena que ha sido considerada como la más sangrienta y repugnante de la literatura hispanoamericana. Su última novela, *En la sangre* (1887), apareció por entregas en las páginas del periódico local SUD AMÉRICA. Es la historia de un hijo de inmigrantes italianos, quien lleva una vida de sórdidos manejos monetarios y al final de la novela resulta tan avariento y mezquino como su padre. Cambacérès es uno de los novelistas más representativos de las técnicas naturalistas. Perteneció al grupo llamado "Los Ochentistas", generación que marcó nuevos rumbos en el panorama narrativo. Murió en París a los cuarenta y cinco años. En su estilo se aprecia una evolución que va del relato en primera persona, presente en las dos primeras novelas, hacia el punto de vista del narrador imparcial, logrado en su madurez estilística. La lengua de los personajes es rica en modismos criollos; abundan también las frases en italiano y en francés.

"...la exhibición sencilla de las lacras que corrompen el organismo social es el reactivo más enérgico que contra ellos puede emplearse".

OBRA REPRESENTATIVA: **Novela.** *Pot-pourri: silbidos de un vago* (1881) // *Música sentimental* (1884) // *Sin rumbo* (1885) // *En la sangre* (1886).

CAMPO, Ángel de (1868-1908). Escritor mexicano, periodista y maestro. Por su obra narrativa se le ha llegado a considerar como uno de los precursores del realismo moderno en su país. Fue conocido por los pseudónimos de "Micrós" y "Tick Tack". Nació en la ciudad de México e inició la carrera de medicina que pronto interrumpió. Dedicó su vida a la enseñanza y al periodismo; enseñó en la Escuela Nacional Preparatoria y trabajó por más de dos décadas en la Secretaría de Hacienda. Colaboró intensamente en numerosas publicaciones periódicas como el LICEO MEXICANO (1885-1892); EL NACIONAL (1890-1892) que difundió por entregas su novela corta más famosa, *La Rumba* (1890-1891); la revista AZUL (1894-1896); EL MUNDO ILUSTRADO (1896-1906) y EL IMPARCIAL (1900-1908) donde escribió una serie llamada "Semanas Alegres" y apareció la única parte que se conoce de su novela, *La sombra de Medrano* (1906). Cuadros de costumbres, novelas, crónicas, poesía y numerosos cuentos forman la vasta obra periodística-literaria de Micrós que fue reunida en tres volúmenes: *Ocios y apuntes* (1890); *Cosas vistas* (1894) y *Cartones* (1897). Dentro de la línea costumbrista de Fernández de Lizardi, la obra narrativa de Micrós se aboca a la realidad citadina de su tiempo. Con carácter realista y sentimental describió escenas, costumbres y tipos; se preocupó por la vida fatal de los humildes y desamparados y de las injusticias sociales de que eran objeto. Recreó experiencias de la infancia y transpuso en animales sentimientos humanos en torno a la libertad, el abandono, etc. A la fiel descripción realista y la romántica emoción dramática, se suma, en algunas de sus obras, la perspectiva naturalista. El narrador fue víctima del tifo y murió en la ciudad de México. El estilo de Micrós reúne con fascinación el humor, la ironía y la ternura; profundiza en la psicología de sus personajes.

"...el primer peldaño de muchas caídas es la arranquera..."

OBRA REPRESENTATIVA: *Ocios y apuntes* (1890) // *Cosas vistas* (1894) // *Cartones* (1897).

CAMPO, Estanislao del (1834-1880). Popular, singular y destacado poeta argentino, su celebridad se debe a *Fausto*, la mayor obra de carácter humorístico en la tradición gauchesca. Oriundo de Buenos Aires, nació en el seno de una familia adinerada; se ha dicho que tuvo un bisabuelo virrey de La Plata. Su educación apenas superó la instrucción primaria; se dedicó a los negocios y participó en la vida política de su país después de la caída de Rosas. Ocupó diversos cargos públicos y obtuvo representación en el Congreso durante los gobiernos de Mitre y Sarmiento. Se puede considerar que Estanislao del Campo perteneció a una generación que buscaba una nueva organización, dirigida por los ideales liberales de los proscritos. Terminadas las luchas antirrosistas, el poeta frisaba la mayoría de edad. Discípulo de Ascasubi, poeta nacido veintisiete años antes, la poesía de del Campo siguió en un principio las pautas cómica-satírica-política de su maestro. Sin embargo, fue el *Santos Vega* de Ascasubi —descripción global del gaucho y su mundo, transida de sentimientos, evocaciones, nuevas valoraciones y expectativas— la obra que abrió el camino al *Fausto* (1866), poema que siguió su propio derrotero. Del Campo compuso su poema inspirado en una representación teatral del *Fausto* de Gounod, a la que asistió en el famoso Teatro Colón. La recreación del drama teatral consiste en un diálogo entre dos gauchos, Anastasio el Pollo —pseudónimo que utilizó el poeta— y Laguna, cuyo escenario es la pampa. El Pollo le cuenta a Laguna, en estilo gauchesco, la obra teatral y sus impresiones; la historia muestra cómo el gaucho transforma la magia de la ficción teatral en una realidad. La expresión humorística que surge de la parodia sirve para resaltar con ternura las reacciones de Pollo y Laguna. A través de esas impresiones, el gaucho expresa su propio ser; la ficción se convierte en un relato de amor y crimen en el que participan elementos sobrenaturales que son verosímiles para él. El relato incluye extraordinarias descripciones y comentarios que sirven de entreactos; del Campo aprovechó los recursos de la poesía romántica. El *Fausto* está compuesto por décimas, redondillas y algunas cuartetas. El paso del tema culto en el *Fausto* a una realidad gaucha fue logrado a través del estilo. En 1870 el poema fue reeditado junto con las demás composiciones de del Campo; José Mármol escribió un prefacio a la obra. En el estilo del *Fausto*, la gracia y la sencillez son notables y proporcionan gran fuerza al relato. Hay descripciones de gran encanto, precisión y en ocasiones de una admirable extrañeza.

"No sé que da el mirar / cuando barrosa y bramando / sierras de agua viene alzando / embravecida la mar".

OBRA REPRESENTATIVA: **Poesía.** *Fausto* (1866-1870).

CARDENAL, Ernesto (1925-). Poeta y sacerdote nicaragüense; representa en Hispanoamérica al humanista interesado por los problemas sociales de su tiempo. Nació en la ciudad de Granada; se educó en el ambiente jesuita del Colegio Centroamérica. Después de concluir el bachillerato (1943) se trasladó a México; en esa ciudad estudió filosofía y letras en la Universidad Nacional Autónoma de México. Ha sido un viajero incansable. Tras una breve estancia en Nicaragua (1947) viajó a Nueva York para proseguir los estudios de doctorado en literatura inglesa; dos años más tarde recibió una beca a España. A su regreso (1950), fundó la editorial El Hilo Azul e inició la traducción de poesía norteamericana, junto con el poeta José Coronel Urtecho, pariente suyo. Antes de tomar las órdenes sacerdotales en Nicaragua (1965) estuvo en el monasterio Our Lady of Gethsemani de Kentucky (1957-1959); en el monasterio benedictino de Santa María de la Resurrección, en Cuernavaca, México (1960-1961) y en el Seminario de Cristo Sacerdote, en Antioquía, Colombia, donde cursó los estudios de teología. Su deseo de llevar a la práctica su doctrina religiosa se materializó con la fundación de la comunidad de Nuestra Señora de Solentiname; proyecto que posteriormente fue prohibido por el gobierno de Somoza. Hizo algunos viajes a Cuba como jurado de poesía del Premio Casa de las Américas (1970 y 1978); recorrió Costa Rica, Perú, Chile, Venezuela y Puerto Rico. Por su participación en la lucha contra Somoza, fue perseguido y desterrado. Las influencias de su obra provienen de Ezra Pound, Archibald Mac Leish y en particular de Thomas Merton. Hay en ella dos vetas fundamentales: la denuncia social y la vena mística, proveniente de la Biblia. Los poemas de *Salmos* (1964), cargados de religiosidad, combinan el cristianismo y el comunismo para plantear con voz de profeta, lo que Cardenal llama *"el reino de Dios"* en la tierra. *Epigramas* (1961) contiene poemas de tema amoroso y social escritos entre 1952 y 1956 que develan la situación del hombre bajo los sistemas dictatoriales. Cardenal ha sido merecedor del Premio Rubén Darío (1965) y del Premio de la Paz de los Libreros Alemanes (1980). En sus versos logra verdaderas armonías musicales; establece un auténtico diálogo con el lector que trasciende el simple verso-panfleto y se convierte en objeto artístico.

"Sólo amamos o somos al morir / El gran acto final de dar todo el ser".

OBRA REPRESENTATIVA: **Cuento.** *Apalka* (1992). **Poesía.** *La ciudad deshabitada* (1946) // *Hora O* (1960) // *Getsemaní* (1960) // *Epigramas* (1961) // *Poemas* (1961) // *Salmos* (1964) // *Oración por Marilyn Monroe y otros poemas* (1965) // *El estrecho dudoso* (1965) // *Homenaje a los indios americanos* (1970) // *Canto nacional* (1973) // *Cántico cósmico* (1991) // *Los ovnis de oro* (1992) // *Antología de Ernesto Cardenal* (1994). **Prosa.** *Vida en el amor* (1970) // *En Cuba* (1971) // *Cristianismo y revolución* (1974) // *La santidad en la revolución* (1976) // *El Evangelio en Solentiname* (1977).

CARDONA, Rafael (1892-1973). Figura representativa del Modernismo costarricense, autor que sobresalió en el ensayo y cultivó la poesía con singular inspiración. Miembro de una familia de escritores, entre ellos el novelista Genaro Cardona, su padre, y su sobrino Alfredo, también poeta y ensayista, Rafael Cardona nació en San José. Desde pequeño se interesó por la lectura mostrando una gran capacidad de asimilación. Cursó sus estudios en el Liceo de Costa Rica. Se ganó la vida como periodista, actividad en la que destacó por la versatilidad de su pluma. Escribió para distintos diarios de Costa Rica y de México, ciudad a la que se trasladó hacia 1938. En su país formó parte del grupo literario Del Morazán, al que también perteneció el periodista Joaquín Vargas Coto, uno de sus amigos entrañables. Como poeta, Cardona hizo su aparición en las letras con *"Poema de las piedras preciosas"*, ganador del primer lugar en los Juegos Florales de 1914. Esta composición, incluida en su primer libro, *Oro de las montañas* (1916), ofrece un mundo poblado de símbolos modernistas, mostrado a través de imágenes cristalinas. En esta primera etapa, la preocupación del poeta se centró en la forma; su obra evolucionó hacia el tema del hombre y su destino, adquiriendo un carácter conceptual visible en *"Macbeth"* y *"Estirpe"*, en cuyos versos hay reminiscencias clásicas, variedad métrica y exuberancia en el léxico. Como ensayista manifestó grandes dotes. En *El sentido trágico del Quijote* (1928), abordó problemas de interés en relación al hombre y la cultura destacando el valor que tiene la emoción sobre la inteligencia. A excepción del verso libre, Cardona dominó una riqueza de metros y estrofas. El autor murió a los ochenta y un años de edad. Sus versos se caracterizan por la frecuente eliminación del verbo, la presencia del artículo y el paso del tiempo pretérito al presente.

"Nos comemos a Don Quijote como nos comemos a Jesucristo, como nos comeremos siempre a los profetas, desgarrando a dentelladas su médula redentora. Sólo la miel de sus entrañas puede edificarnos".

OBRA REPRESENTATIVA: **Poesía.** (*Poema de las piedras preciosas*, en *Oro de las montañas,* 1916) // *Los medallones de la conquista* (1951) // (*Macbeth,* en *Loanza de una cultura*, 1951) // *Estirpe* (1951). **Prosa.** *El sentido trágico del Quijote* (1928).

CARO, José Eusebio (1817-1853). Escritor colombiano, poeta, tratadista, periodista y soldado. Iniciador del Romanticismo en Colombia y precursor del Modernismo en las letras hispanoamericanas, los ecos de su obra influyeron en la sensibilidad de Darío, Silva y otros notables literatos. Su sólida educación fue forjada primero dentro del ambiente familiar, en el cual su padre tuvo una fuerte influencia. Una tía lo inició en la primera enseñanza; su abuelo paterno le hizo conocer la lengua y lo introdujo en la literatura española de la Edad Media y del Siglo de Oro, y con su padre aprendió latín, francés e inglés. En este periodo descubrió a Byron. Quedó huérfano de padre muy pronto (1830) pero tuvo un apoyo importante en su emprendedora madre. Estudió en el Colegio de Don José María Triana; ahí obtuvo el diploma de primeros estudios y profundizó en el conocimiento del francés. Luego, en 1837, obtuvo el grado de Bachiller en Derecho en el Colegio de San Bartolomé en Bogotá. Desde muy temprana edad manifestó una extraordinaria memoria y dotes en la composición poética. Escribió sonetos como "Higinio" a los once años. Su corta vida de sólo treinta y seis años no le impidió adquirir una vasta cultura y una sólida formación humanista. En su obra se reflejan las ideas de diversas corrientes de pensamiento de su época. Fue lector de Voltaire y de los enciclopedistas; de Balmes y otros de vertiente católica y de Comte y el positivismo. De juicio claro y crítico, desarrolló una intensa actividad periodística desde 1836 con la fundación de LA ESTRELLA NACIONAL y con diversas colaboraciones en EL AMIGO DEL PUEBLO (1837), EL GRANADINO (1840-1842) y otros periódicos. Publicó un abundante número de artículos sobre política en los que criticaba, entre otros temas, las políticas socioeconómicas de Locke, Tracy y Bentham. Por su combate contra la tiranía y la defensa de las libertades, fue desterrado en 1850 a los Estados Unidos de Norteamérica, un año después de que José Hilario López asumió el poder. Estuvo en Baltimore, Filadelfia, Nueva York y Brooklyn. Para sobrevivir y ayudar desde el exilio a su esposa e hijos, se dedicó a dar clases de español. Atormentado, hizo más de un intento de regresar a su patria, pero sin éxito. Fatalmente murió tres años después de su destierro en Santa Marta, víctima de la fiebre amarilla. Murió sin poder ver a su esposa e hijos –uno de los cuales, Miguel Antonio (1843-1909), llegó a ser presidente de su patria– y sin realizar el anhelo de ver publicada su obra poética. Caro murió cuando Martí nacía; una luz se apagaba cuando otra emergía y, sin embargo, las dos traspasaron el umbral del recuerdo. La obra poética de Caro descansa sobre cuatro temas fundamentales: el amor, la religión, la patria y la soledad. De gran lirismo personal, su romanticismo no desecha la influencia neoclásica e incorpora, además, nuevos recursos métricos. Con riqueza literaria y espontaneidad, Caro desarrolla los aspectos de sus profundas preocupaciones filosóficas: el misterio del alma humana, la muerte y lo trascendental y la fugacidad de la vida, entre otros.

"*¡Oh Libertad, tres veces santo nombre, / del alma la más bella aspiración!*"

OBRA REPRESENTATIVA: *Diario* (1842) // *Epistolario* (1853). **Poesía.** *Poesías* (1857, edición póstuma). **Prosa-poesía.** *Obras escogidas en prosa y verso, publicadas e inéditas* (1873, edición póstuma). **Tratados.** *Filosofía del cristianismo* (sf) // *Tratado sobre métrica y versificación* (sf).

CARPENTIER, Alejo (1904-1980). Escritor cubano, diplomático y musicólogo. Notable figura de las letras, su pluma trazó la senda de la narrativa hispanoamericana. De obra prolífera, destacó en diversos géneros literarios: novela, relato, ensayo. Nació en La Habana, fue hijo de padre francés y de madre rusa, desde temprana edad mostró su vocación para la creación literaria. Estudió música con su madre. En la Universidad de La Habana, inició la carrera de arquitectura (1921); pero pronto la abandonó. Participó en la famosa Protesta de los Trece (1923) dirigida por Rubén Martínez Villena; ese mismo año figuró entre los fundadores del Grupo Minorista. Fue también miembro fundador de la REVISTA DE AVANCE (1927-1930), órgano de la literatura vanguardista en Cuba. Durante su estancia en México (1926), con motivo de un congreso de escritores, viajó por el país y entabló amistad con el pintor Diego Rivera. Por su participación activa en la vida política de los años veinte fue encarcelado (1927). En la cárcel escribió la primera versión de *¡Ecue-Yamba-O!*, novela que se editó años más tarde en Madrid (1934). Al salir de prisión, organizó conciertos de "música nueva" en los que se dieron a conocer, en Cuba, obras de Stravinsky, Poulenc y Eric Satie, entre otros. Gracias a la ayuda de Robert Desnos, Carpentier salió de Cuba y se instaló en París; ahí conoció a Louis Aragon, Tristan Tzara, Paul Éluard, Pablo Picasso y André Breton, el "Papa Negro", quien lo invitó a participar en el movimiento surrealista francés. Viajó a Madrid (1934) e hizo amistad con Federico García Lorca y Pedro Salinas. Representó a Cuba en el II Congreso por la Defensa de la Cultura (1937) celebrado en Madrid y Valencia. Dos años más tarde (1939) regresó a Cuba, donde desempeñó cargos oficiales relacionados con la vida cultural. En compañía de Louis Jouvet visitó Haití en 1944. Realizó investigaciones musicológicas por encargo del Fondo de Cultura Económica de México, en particular en Santiago de Cuba, que permitieron revalorizar al olvidado Esteban Salas y a Manuel Saumells. Con el triunfo de la Revolución Cubana (1959) regresó a su país, donde ocupó el cargo de vicepresidente del Consejo Nacional de la Cultura. Fue nombrado Ministro Consejero para Asuntos Culturales de la Embajada de Cuba en París (1968). Participó en numerosos congresos y eventos internacionales. Conocedor de la cultura gala, tradujo al francés el poema de Pablo Picasso *"El entierro del Conde de Orgaz"*. Sus novelas se han traducido a más de 20 lenguas, en las que se incluye el japonés (*Concierto Barroco*) y el vietnamita (*El recurso del método*). Recibió la distinción de Doctor *Honoris Causa* en Lengua y Literatura Hispánicas de la Universidad de La Habana y recibió los premios internacionales Cino de Duca y el Premio Alfonso Reyes 1975 y el Premio Cervantes 1977. En el prólogo de su obra *El Reino de este mundo* (1949) Carpentier acuña el término de "lo real-maravilloso" para referirse a su propia novelística. Su escritura es un logrado intento por capturar, dar forma y desplegar la realidad americana; logra penetrar en la magia y el mito que, a manera de hilos, entretejen la realidad objetiva.

"...lo difícil que es volver a ser hombre cuando se ha dejado de ser hombre".

OBRA REPRESENTATIVA: **Ensayo.** *La música en Cuba* (1946) // *Tristán e Isolda en tierra firme (reflexiones al margen de una representación wagneriana)* (1949) // *Tientos y diferencias* (1964) // *La ciudad de las columnas* (1970) // *La novela latinoamericana en vísperas de un nuevo siglo y otros ensayos* (1981). **Novela.** *¡Ecue-Yamba-O!* (1934) // *El reino de este mundo* (1949) // *Los pasos perdidos* (1953) // *El acoso* (1956) // *El siglo de las luces* (1962) // *El recurso del método* (1974) // *Concierto barroco* (1974) // *La consagración de la primavera* (1978). **Poesía.** (*Liturgia*, en REVISTA DE AVANCE, La Habana, 1927). **Relato.** *Viaje a la semilla* (1944) // *La guerra del tiempo* (1958) // *El camino de Santiago* (1967) // *El derecho de asilo* (1972) // *El arpa y la sombra* (1979). **Testimonio**. *Crónicas* (1972, 2 Vols).

CARPIO, Manuel (1791-1860). Escritor mexicano, médico y catedrático. Destacado poeta de filiación clásica en los albores del romanticismo mexicano. Figura de gran popularidad en su época, nació en Cosamaloapan, Veracruz. En el Seminario Conciliar de Puebla realizó estudios de latinidad, filosofía y teología; en la Universidad de México estudió la carrera de Medicina y obtuvo el título en 1832. Desde muy joven manifestó vocación para el estudio; conjugó su actividad profesional con el cultivo de las ciencias y el ejercicio literario. Fue miembro de la Academia de Letrán, fundada en 1836, y tuvo algunos cargos políticos representando al partido conservador. Ávido lector, se interesó por los clásicos griegos y latinos, la religión y la historia antigua. Sus primeros poemas aparecieron publicados cuando tenía más de cuarenta años de edad; José Joaquín Pesado recopiló y prologó la producción de su contemporáneo, que salió a la luz en 1849 bajo el título de *Poesías*. Su obra está formada principalmente por composiciones de carácter sagrado, histórico y descriptivo. Manifestó un especial interés por el Oriente que reflejó en las descripciones de Nínive, Babilonia y otras civilizaciones antiguas. La Biblia representó para el poeta una de las fuentes más ricas de su inspiración. Gustó también de describir el paisaje mexicano por el que sintió peculiar atracción. De los poemas inspirados en episodios bíblicos sobresalen *"La cena de Baltasar"* y *"La pitonisa de Endor"*; de los esencialmente religiosos, *"La Anunciación"* y *"La Virgen al pie de la Cruz"*; de los históricos *"Napoleón en el Mar Rojo"* y de los descriptivos, *"México"* y *"El Popocatépetl"*. Hay consenso en el sentido de que su poesía, aunque de corte clásico, está impregnada de la sensibilidad y colorido románticos. El poeta falleció en México y le fue esculpido un busto por estudiantes de la escuela de San Carlos, bajo la dirección del escultor Vilar. Se han señalado la claridad en el estilo del poeta, así como una asombrosa facultad para la descripción. Se le reconocen ciertos defectos como el de ser prosaico y monótono en ocasiones.

"El magnífico Dios de las naciones / al repartir el mundo su tesoro, / tenga México, dijo, plata y oro, / y en ti vertió sus opulentos dones".

OBRA REPRESENTATIVA: **Aforismo.** *Aforismos y pronósticos de Hipócrates* (1823). **Poesía.** *Poesías* (1849).

CARRASQUILLA, Tomás (1858-1940). Escritor colombiano que ha sido revalorado por la crítica contemporánea. Nació en Santo Domingo, en la región antioqueña. Su padre fue ingeniero de minas, por lo que la familia se trasladó al pueblo de Concepción donde Carrasquilla cursó las primeras letras. En 1873 fue enviado a Medellín para continuar los estudios en la Universidad de Antioquía. Se caracterizó por un limitado desempeño en el estudio y poca tolerancia a la disciplina; cultivó en cambio la lectura apasionada de todo cuanto tenía a su alcance. Ausente en él la vocación militar, cuando estalló la guerra civil en 1876, puso fin a sus estudios y volvió a Santo Domingo. Desempeñó algunos cargos menores en el juzgado municipal e intensificó sus lecturas. En 1914, con motivo de su modesto cargo en el Ministerio de Obras Públicas, abandonó la quietud en la que vivía y viajó a Bogotá. A partir de 1919 residió en Medellín; se dedicó a la vida bohemia y de tertulias literarias, hasta que los trastornos circulatorios le provocaron una parálisis en las piernas. A esta desventura, que lo llevó a un aislamiento forzoso, sobrevino otra mayor: en 1934, debido a las cataratas, Carrasquilla perdió la vista. La obra del escritor colombiano es abundante. Escribió numerosos cuentos y cuatro novelas de gran extensión. Para algunos de sus cuentos retomó leyendas y tradiciones conocidas en Antioquía, tal es el caso de *"El alma sola"* (1898) texto que se nutre de la creencia de las ánimas en pena. En *"El prefacio de Francisco Vera"* (1898) y *"En la diestra de Dios Padre"* (1897), Carrasquilla teje narraciones arraigadas en el sentimiento popular religioso. Su prosa consigue desvanecer la frontera de lo real y lo fantástico. Inspirado en el tema de la infancia escribió *"Simón el mago"* (1890) en el que aborda el problema de los malos tratos y las injusticias que sufren los niños. Enmarcada dentro del realismo costumbrista, su obra novelística fue publicada entre 1896 y 1935, años en que esa tendencia parecía rezagada frente al auge del Modernismo. Los ambientes y personajes reflejan el color local antioqueño; están tomados del campo, de las minas y de las aldeas colombianas. Cuando escribió *Frutos de mi tierra* (1896) se propuso demostrar que Antioquía todavía tenía *"materia novelable"*. En *La marquesa de Yolombó* (1928) narró el pasado de una ciudad antioqueña; la acción se inicia en el siglo XVIII y llega hasta la época en que, pasadas las guerras de Independencia, América está constituida en repúblicas. La obra de mayor aliento fue *Hace tiempo: memorias de Eloy Gamboa*. Está formada por una trilogía: *Por aguas y pedrejones*, *Por cumbres y cañadas*, ambas publicadas en 1935, y *Del campo a la ciudad* que apareció en 1936. Es la evocación de sus experiencias pasadas, el recuerdo de los ambientes que conoció. Texto concebido en los últimos años de su vida, Carrasquilla tuvo que dictarla debido a la ceguera que le impidió escribir. Murió en Medellín, no sin antes haber recibido de Colombia el reconocimiento a su dedicación con la Cruz de Boyacá en 1935 y el premio José María Vergara y Vergara en 1936. Exenta de orientación moral, su prosa no ofrece una tesis, ni presenta un tono de protesta; sólo expone y deja al lector la creativa labor de extraer las conclusiones de los paralelismos que establece. Dejó una prosa que trasciende lo anecdótico; en ella vive una gama de tipos humanos con un lenguaje en el que se amalgaman formas del viejo castellano con giros del habla popular antioqueña. Las recientes lecturas de su obra han borrado la imagen del escritor lento que tenía; en su narrativa sólo se veía el color local y las páginas abrumadoras. Hoy día se le considera como uno de los precursores de la modernidad que bien puede aparecer junto a las figuras de Galdós, Valle Inclán y Pérez de Ayala.

"...si es patriota el que defiende su suelo, el que lo engrandece, lo es asimismo el que lo da a conocer".

OBRA REPRESENTATIVA: **Cuento.** (*Simón el mago* (1890) // *En la diestra de Dios Padre* (1897) // *El alma sola* (1898) // *El rifle* (1915) // *Palonegro* (1919) // *El prefacio de Francisco Vera* (sf), en *Obras completas* (1952)). **Novela.** *Frutos de mi tierra* (1896) // *Grandeza* (1910) // *La marquesa de Yolombó* (1928) // *Hace tiempo: Memorias de Eloy Gamboa* (1935-1936).

CARRIÓ de la VANDERA, Alonso (¿1715-1783). Escritor y comerciante asturiano, funcionario español de correos en Hispanoamérica; personaje que se sitúa en un lugar especial en las letras del siglo XVIII y cuya obra planteó, desde su aparición, innumerables interrogantes para la crítica. No hay consenso respecto a la fecha de su nacimiento, se ubica entre los años de 1714 y 1716. Nació en Gijón y nada se sabe de su vida hasta que se trasladó a América. Hacia los veinte años de edad llegó a la Nueva España donde vivió diez años, de los cuales cinco pasó en la capital y los otros en los estados de Sonora y Durango. Dedicado al comercio, Carrió conoció el México virreinal desde Veracruz hasta Chihuahua. Es posible que debido a su actividad se haya trasladado al Perú (1746). En 1748 emprendió un largo viaje por mar hasta Chile, en cuyo trayecto estuvo en Valparaíso y Santiago. Un año más tarde visitó Buenos Aires y recorrió la pampa. Establecido en Lima desde 1746, se casó con Petronila Matute y Melgarejo (1750), hija de una distinguida familia limeña. El trato frecuente que tuvo con la corte virreinal lo convirtió en uno de los hombres de confianza del Virrey D. Manuel Amat. Fue nombrado corregidor de la provincia de Chilques y Masques (región situada en las inmediaciones del Cuzco). La intensa vida de Carrió se enlazó con los sucesos históricos de su tiempo. Hacia 1762 y 1763, años de enconadas luchas entre España e Inglaterra, formó parte del regimiento destinado a hacer frente a cualquier invasión inglesa. En 1767, fecha en la que Carlos III expulsó a los jesuitas de América, tuvo a su cargo, por orden del virrey, la repatriáción a España de los 181 religiosos que se embarcaron en el puerto de Callao. A bordo del navío de guerra español *El Peruano* pasó por Valparaíso y llegó a Cádiz. Se dirigió a la Corona española para solicitar reconocimiento a sus servicios. Luego de algunos fracasos en sus peticiones, logró que se le concediera, en 1771, el cargo de visitador de las rutas entre Lima y Buenos Aires, con la comisión especial de inspeccionar las postas situadas entre esos dos lugares y reestructurar el sistema de correos. Durante su viaje de regreso a América, redactó un *Diario náutico*, texto sin importancia literaria. Llegó a Buenos Aires en 1771 y ese mismo año inició un viaje a Lima que duró 19 meses, en los cuales recorrió 946 leguas. La descripción, observaciones y medidas que tomó durante ese largo itinerario son material del *Lazarillo de ciegos caminantes*, obra única en su género en la cual el autor anotó lo visto en el recorrido que inició en Buenos Aires, continuó por la ciudad de Salta, de ahí a Potosí y el Cuzco para llegar finalmente a su destino. De su obra, considerada importante tanto por su valor histórico como literario, emerge una infinidad de temas. En apariencia, es un informe más o menos preciso del viaje; sin embargo, el recorrido se va llenando de anécdotas, consejos para los viajeros, muleros, buhoneros, arrieros, en fin, para todos aquellos que transitaban por esos lugares. También hay descripciones de lugares, costumbres y tipos humanos como la que hace Carrió del gaucho a quien llama *gauderio*, primera en el tiempo de ese importante personaje de la literatura posterior. Lector de los grandes de la literatura grecolatina y castellana, Carrió intercala citas de Virgilio, Ovidio y Tácito. Hay muestras de su lectura del *Telémaco* de Fenelon y el *Quijote*, de Quevedo, Gracián y Feijóo. Obra polémica, el *Lazarillo* ha dado lugar a muchas páginas aclaratorias por parte de los estudiosos. La primera dificultad fue descubrir el lugar de su publicación. La obra apareció en Lima entre 1775 y 1776 con un pie de imprenta de Gijón y con una fecha anterior: 1773. Dado que en ese año aún no había imprenta en dicho lugar, se supuso que el libro había sido publicado en Madrid. Actualmente se sabe que el autor la imprimió clandestinamente en Lima y que anticipó la fecha. El otro misterio que con entusiasmo ha dilucidado la crítica es el de la paternidad del *Lazarillo*. En la portada figura como autor Calixto Bustamante Carlos Inca alias "Concolorcorvo" (con color de cuervo); por mucho tiempo se creyó que éste había sido el creador. Bustamante fue un personaje real en la vida de Carrió; fue el amanuense que durante el viaje se unió en Córdoba y acompañó a Carrió hasta Potosí. Ahora se sabe que Concolorcorvo no fue sino un pseudónimo. La obra también ha provocado polémicas, replanteadas una y otra vez, respecto a su estatus dentro de los géneros literarios. Ha sido considerada como una protonovela en la que se apunta de manera señalada el género literario que culminará con el *Periquillo Sarniento* de Lizardi. Se ha señalado que el ocultamiento de Carrió bajo el pseudónimo de Concolorcorvo y la publicación clandestina de su obra, estuvieron originados en las ásperas desavenencias que tuvo con José Antonio de Pando, el administrador de correos del Perú, con quien no pudo coincidir ni en carácter, ni en opiniones. En el rudo pleito que iniciaron, Carrió imprimió contra Pando y sus partidarios un virulento *Manifiesto*;

aquél promovió un juicio y consiguió que el texto fuera quemado y que Carrió fuera encarcelado. El escándalo se hizo público; en consideración a su notable desempeño Carrió recobró la libertad (1778) y fue jubilado. Después de este dramático suceso, vino la muerte de su esposa en 1781 y la salud del escritor decayó. El célebre conocedor de rutas murió en Lima; fue enterrado en la iglesia de San Francisco. Aunque fue una obra circunstancial, el *Lazarillo* rebasó las fronteras del tiempo; en nuestros días sigue siendo objeto de estudio. El libro contiene abundantes datos, desde los económicos hasta los étnico-sociales: nacimientos, muertes, salarios, transporte y costos. El relato se enriquece con refranes aquí y allá, localismos y juegos de palabras, elementos estos que mantienen el interés de la lectura.

"*...lo que no fue en su año, no es en su daño*".

OBRA REPRESENTATIVA: *El Lazarillo de ciegos caminantes* (1773).

CARVAJAL, Fray Gaspar de (¿1500-1574?). Cronista español, iniciador de las utopías americanas del siglo XVI, célebre tripulante de inusitados viajes. Nació en Trujillo de Extremadura, en el seno de una familia de abolengo. No hay consenso acerca de su fecha de nacimiento y muerte. En su ciudad natal ingresó a la orden de Santo Domingo. Se embarcó hacia las Indias y junto con otros frailes de su orden llegó a Lima en 1538. De intensa actividad dentro de su orden, Carvajal desempeñó el cargo de predicador general en el Convento de Huamanga (1553) y fue Subprior del Convento de Lima en 1554. De 1557 a 1561 desempeñó el cargo de provincial de la orden de San Juan Bautista del Perú. Formó parte de los cuatro Definidores de la orden en 1565, cargo que se le renovó en 1569. Murió en Lima y fue el primer fraile enterrado en el Convento de Santo Domingo. La gloria de Carvajal reside en la crónica que dejó del insólito viaje al Amazonas. De 1538 a 1541 fue capellán en la expedición de Gonzalo Pizarro en busca de la Tierra de la Canela. Estaba entre los que hicieron poco caso de la encomienda de Pizarro y se adentraron en la profundidad de la selva. Francisco de Orellana encabezó la expedición y el fraile hizo las veces de cronista. En ese viaje inaudito Carvajal perdió un ojo. Junto con Orellana y los sobrevivientes, llegó a la isla Cubagua el año de 1542; antes de regresar al Perú pasó un tiempo en la isla Margarita. De la crónica de Carvajal existen dos versiones sobre el descubrimiento del Amazonas. La primera es la que Oviedo incluyó en su crónica, el segundo manuscrito lo publicó Medina en 1894. Dada la existencia de dos manuscritos, la crítica propone una hipótesis plausible: supone que durante la expedición, Fray Gaspar anotó en su diario las fechas y acontecimientos más notables agregando juicios y algunos comentarios; con estos datos redactó la primera versión, que a través de Orellana llegó a manos de Oviedo. Posteriormente, en Lima y sin prisa, escribió la segunda versión. Al parecer, ambas versiones difieren sólo en detalles; en lo esencial son idénticas. Es la única narración que se conoce del descubrimiento del Amazonas; el valor literario que posee es innegable; el relato del viaje por esas desconocidas aguas sembró el germen de las utopías sobre El Dorado amazónico. La pluma del cronista plasma las impresiones de la expedición a lo largo de las pobladas riveras de las que a desbandadas salen flechas y canoas belicosas; vastas riveras desde las que se escuchan danzas intrincadas cuyas notas se atropellan. En medio del paisaje americano, Fray Gaspar materializa el mito de las amazonas al dar vida a esas mujeres que viven sin hombre y hacen la guerra a pueblos vecinos.

"*Esas mujeres* [las amazonas] *son muy blancas y altas y tienen muy largo el cabello y atrenzado revuelto a la cabeza y son muy membrudas y andan desnudas [...] con sus arcos y flechas en las manos, haciendo tanta guerra como diez indios...*"

Obra representativa: *Relación del descubrimiento del famoso Río Grande de las Amazonas* (1894).

CASAL, Julián del (1863-1893). Escritor cubano y periodista; poeta en cuya obra se reconoce el paso del Romanticismo al Modernismo. Originario de La Habana, fue hijo de una cubana de ascendencia española e irlandesa y de un inmigrante vizcaíno que poseía, en copropiedad, dos ingenios azucareros. Cuando tenía cinco años de edad sobrevino la muerte de su madre; esta pérdida, que desencadenó el abatimiento moral y económico de la familia, se ha señalado como el origen de la melancolía del poeta. Al lado de los jesuitas estudió el bachillerato, en el Real Colegio de Belén (1873-1879). En 1880 inició la carrera de derecho en la Universidad de La Habana; pronto abandonó los estudios (1882) para seguir desempeñando el modesto puesto de escribiente que tenía en la Intendencia General de Hacienda. En 1888 perdió el empleo a raíz de un artículo que escribió en La Habana Elegante en contra del Capitán General de la Isla. Ese mismo año vendió los pocos bienes que tenía y viajó a España. De regreso en La Habana en 1889, el poeta se dedicó a las letras y a la bohemia. Propenso al aislamiento, se afirma que, para evitar el trato con la masa se encerraba en su cuarto que, si bien modesto, estaba adornado con infinidad de objetos japoneses y porcelanas chinas. Inició su vida literaria en las páginas de La Habana Elegante, revista en la que desde 1885 publicó poemas y una serie de bocetos costumbristas. El periodismo representó su principal fuente de ingresos; en El Fígaro aparecieron diversos artículos, cuentos, poemas y algunas traducciones (1886). Bajo el pseudónimo de "Hernani" escribió algunas crónicas para el suplemento literario del periódico La Discusión. Casal estuvo en contacto epistolar con renombrados escritores latinoamericanos como Luis G. Urbina y Rubén Darío, a quien conoció en 1892 cuando el poeta nicaragüense llegó a La Habana de paso hacia España. Sostuvo correspondencia con escritores franceses, entre otros Verlaine y Joris Karl Huysmans, quienes le mandaban revistas y libros de los poetas más destacados. Leyó con pasión a Baudelaire, Rimbaud, Verlaine, Théophile Gautier, Leconte de Lisle, Mallarmé y Flaubert, entre otros. Su obra poética apareció en tres colecciones. *Hojas al viento*, poemario en el que si bien Casal permanece cerca de los románticos Bécquer, Núñez de Arce y Zorrilla, muestra sugerentes rasgos de su innovadora pluma. Sus versos están inspirados por el sentimiento de soledad y la melancolía amorosa. En el segundo libro, intitulado *Nieve*, Casal es el poeta netamente parnasiano que despliega sus afinidades con Leconte de Lisle y Heredia "El francés". En esta obra recreó para la literatura cuadros del famoso pintor Gustave Moreau y alcanzó notas magistrales en las poesías de temas mitológicos: Saulo, Prometeo y algunos personajes de la historia son evocados en su trágico destino. El libro fue comentado por Verlaine, quien señaló al cubano los riesgos de permanecer en la tendencia parnasiana. *Bustos y rimas*, publicado póstumamente, es la obra en la que Casal alcanzó la plenitud creadora. Es el texto más acabado del poeta que encontró en el Arte el único refugio del hastío de vivir. Logró expresar su profunda individualidad con ritmos innovadores. El pesimismo, la muerte y el nihilismo se dan cita en sus melancólicos versos. Desolación y muerte recorren vida y obra de Casal; murió minado por la tuberculosis. A su muerte recibió merecidos honores de la prensa habanera. Al igual que el grupo de iniciadores del Modernismo, renovó la métrica. Utilizó el eneasílabo, el terceto monorrimo y el encabalgamiento, dando melodías hasta entonces desconocidas.

"Nunca a mi corazón tanto enamora / el rostro virginal de una pastora, / como un rostro de regia pecadora".

OBRA REPRESENTATIVA: **Poesía.** *Hojas al viento* (1890) // *Nieve* (1892) // *Bustos y rimas* (1893, edición póstuma).

CASAS, Fray Bartolomé de las (1474-1566). Cronista y clérigo sevillano de obra polémica y fecunda; tenaz defensor de los indios. Sus primeros años transcurrieron en la Península; estudió Derecho Canónico y se graduó en la Universidad de Salamanca. Muy joven, Fray Bartolomé tuvo noticias de América; su padre había sido compañero de Colón en su tercer viaje y había vivido en la isla La Española durante siete años. Cuando su padre regresó a Sevilla le transmitió a Bartolomé sus vivencias en tierras americanas. El fraile Bartolomé llegó a América en 1502, con la gran expedición de Nicolás de Ovando; vivió en Santo Domingo, México, Guatemala y Cuba. Defensor inquebrantable de la evangelización pacífica de los indios y de la supresión de las encomiendas, en 1514 renunció a la repartición de indios a la cual tenía derecho. En 1519 ingresó a la orden de los dominicos. Se opuso a la conquista por las armas; puso en práctica su teoría acerca de lo que debían ser la conquista y colonización. En 1537 llegó a una de las zonas aún no sometidas por los españoles, la llamada Vera Paz, en el norte de Guatemala, y junto con otros frailes emprendió la conversión de los indios de manera pacífica y les enseñó oficios manuales. En 1540 escribió su memorial, *Los dieciséis remedios,* dirigido al rey, en el que defendió la libertad de los indios. Logró cambios substanciales concretizados en las Leyes Nuevas de 1542-1543. En México, sobresalió en su actividad eclesiástica y fue nombrado Obispo de Chiapas (1547-1550). Luchador incansable, el padre Las Casas sostuvo en Valladolid (1550-1551) una contienda encarnizada con Ginés de Sepúlveda, su enemigo implacable, para quien la barbarie de los indios legitimaba la conquista violenta y la esclavitud. Acompañó su encuentro polémico con tratados y apologías, entre las que destaca su *Apología latina contra Sepúlveda*. Las Casas murió en Madrid y fue un cronista prolífero hasta sus últimos días; en su vejez terminó de escribir dos de sus crónicas más importantes: hacia 1550 la *Apologética historia sumaria* y, hacia 1561, la *Historia de las Indias*. Las dos obras han tenido ediciones en México; la primera fue editada en 1967 por Edmundo O'Gorman, y la segunda se publicó gracias al empeño del erudito

José María Vigil en 1877. Su obra fue traducida a varias lenguas y ampliamente divulgada por los enemigos del poderío español de los siglos XVI y XVII; de ahí que se le considere como el iniciador de la *leyenda negra* contra España. Su prosa se distingue por un estilo versátil; es minuciosa y pintoresca en sus descripciones, tanto del mundo físico como de las costumbres indígenas; hacia lo americano es apologética, impetuosa y emocionada.

"Había mujeres que tenían el oficio de endechaderas [...] Éstas lloran por todos y cuentan las perfecciones y virtudes del difunto y el bien que hizo al pueblo, la falta que por su muerte al bien público y a su casa y deudos hace, llorando y cantando a la cual responde otro gran número de gente, también llorando, al propio de lo que las endechaderas refieren y cantan [...] estando el cuerpo del difunto puesto en una plaza o patio antes de sepultado".

OBRA REPRESENTATIVA: *Los dieciséis remedios* (1540) // *La brevísima relación de la destrucción de las Indias* (1552) // *La historia de las Indias* (1877) // *Apologética historia sumaria* (1967) // *De unico vocationis modo* (sf) // *Apología latina contra Sepúlveda* (sf) // *Treinta proposiciones muy jurídicas* (sf) // *Tratado comprobatorio del Imperio Soberano* (sf).

CASTELLANOS, Juan de (¿1522-1607). Cronista español, autor del poema más extenso sobre la Conquista escrito en lengua española. En su larga y agitada vida, Castellanos fue soldado, pescador de perlas, buscador de oro y sacerdote. Nació en Alanís. Sus primeros estudios estuvieron a cargo del párroco Miguel de Heredia, al lado de quien aprendió gramática, poesía y oratoria en Sevilla. Recorrer la intrincada trayectoria de este aventurero sevillano en América no ha sido un problema menor para la crítica. Se ignora la fecha en que se embarcó hacia las Indias; en 1539 ya estaba en Puerto Rico y en 1541 se encontraba en Nueva Cádiz (isla de Cubagua) donde presenció el maremoto que después evocó en su famoso poema. Los años de 1540 y 1541 los pasó en la isla de Cubagua. Participó en la expedición en tierra firme de Venezuela en 1543. Su intrépido espíritu lo llevó a la paradisiaca isla Margarita donde, atraído por la pesca de perlas, permaneció de 1542 a 1544. Un año más tarde formó parte de las tropas de Jerónimo Lebrón quien, enfrentando al conquistador Jiménez de Quesada, quiso anexar el Nuevo Reino de Granada a Santa Marta. Bajo la misma tónica aventurera, Castellanos pasó al Cabo de Vela y en vano buscó oro. Después de innumerables viajes —cuyas fechas no son precisas— en búsqueda de lugares paradisiacos y tierras colmadas de riquezas fabulosas, el poeta dio un giro inesperado a su vida. Sin que se conozcan mayores detalles, en 1554 se ordenó sacerdote en Cartagena. Tres años después fue nombrado canónigo de la iglesia y tesorero interino de la misma. Cargo este que desempeñó sólo un año pues no esperó a que se le nombrara tesorero efectivo como lo había pedido e inició, por razones poco claras, un nuevo itinerario como párroco por Río de la Hacha y Santa Fe hasta 1562, año en que se trasladó a la ciudad de Tunja. En su inquieta trayectoria el poeta fue nombrado beneficiado de la iglesia de Tunja; fungió como juez eclesiástico (1575) en un pleito contra los agustinos y en 1588 el arzobispo Fray Luis Zapata de Cárdenas lo designó juez del tribunal especial para esclarecer los hechos milagrosos de la Virgen de Chiquinquira. Aún tuvo tiempo para sostener discusiones sobre cuestiones de versificación castellana con Jiménez de Quesada. Castellanos decidió por los metros de la escuela itálica. Su obra monumental, *Elegías de varones ilustres de Indias* está escrita en octava rima. Inicialmente en prosa y luego versificado, el colosal poema contiene cerca de 150 mil versos. Se inicia con el descubrimiento del Nuevo Mundo, las primeras conquistas de Cuba, Puerto Rico, Jamaica, Trinidad, Cubagua y la isla Margarita, particularmente evocada por el poeta en vivos y edénicos paisajes; recorre Venezuela, el Cabo de Vela, Cartagena, Popayán, Antioquía y el Chocó; incluye aventuras con el pirata Drake y termina con la historia del Nuevo Reino de Granada. El poema representa el fruto de más de treinta años de trabajo, iniciado quizás en 1570, cuando el poeta abandonó la vida andariega y se instaló en la iglesia de Tunja. Se han determinado tres tipos de fuentes históricas en las *Elegías*: los apuntes de Castellanos como testigo y actor de los hechos; las notas de historiadores contemporáneos como el jesuita Antón Medrano quien acompañó a Quesada en la expedición de 1569 y, por último, las obras de cronistas como Oviedo, López de Gómara y Pedro Cieza de León. Sin duda en la formación de Castellanos se encuentran las lecturas de Virgilio, Ovidio, Horacio y Jenofonte, así como de Juan de Mena y Ercilla, su gran maestro. Parte de su obra se publicó póstumamente. De las cuatro partes que componen las *Elegías* sólo la primera vio la luz en vida del autor (Madrid, 1689). La segunda y tercera permanecieron inéditas hasta 1847 y la cuarta apareció en 1921. Amén de las innumerables ediciones parciales, la primera edición completa estuvo a cargo del historiador venezolano Cariacciolo Parra. Castellanos murió en la apacible ciudad de Tunja. Imprimió a su poema el sello de pasión que caracterizó su vida; en su relato hay viveza, ingenio. Sus versos fluyen sin tropiezos; tiende al uso de indigenismos, refranes y locuciones en las que en ocasiones subyace una malicia encantadora, sin faltar las notas de un sensualismo exquisito, convirtiendo el poema en fuente de interés filológico, histórico y literario.

"Suma miseria es ser envidioso, / mas muy mayor el no ser envidiado".

OBRA REPRESENTATIVA: *Elegías de varones ilustres de Indias* (1930-1932, 2 Vols).

CASTELLANOS, Rosario (1925-1974). Destacada novelista y poetisa mexicana, filósofa, ensayista y diplomática. Cultivadora de la novela de tema indígena y de una poesía de expresión íntima, Rosario Castellanos representa uno de los perfiles literarios de gran trascendencia en la literatura contemporánea de su país y de Hispanoamérica. Escritora preocupada por los conflictos sociales de su tiempo, especialmente por los de la mujer, su vida y obra ofrecen el testimonio de un drama interior que invita a la reflexión profunda: la búsqueda de una mujer por lograr su identidad; la lucha de un ser que a través de la palabra hecha literatura albergó una esperanza en su humanidad. Nació en la ciudad de México, pero pasó su niñez y adolescencia en la provincia de Comitán, en el estado de Chiapas. Su padre fue un finquero con inquietudes intelectuales que perdió fuerza y poder con las reformas cardenistas; su madre, de cuna humilde y adaptada a las tradiciones provincianas, tuvo a Rosario después de tres intentos malogrados de maternidad. A Rosario siguió Mario Benjamín, que si bien no fue el primogénito de la familia tuvo aquel lugar en la mentalidad provinciana y tradicionalista de sus padres; pero se produjo una tragedia familiar cuando apenas a los ocho años de edad, Mario Benjamín enfermó de apendicitis y le sobrevino la muerte. Ese doloroso trance influyó poderosamente en la vida y obra de Rosario, tanto por los propios sentimientos que experimentó como por los efectos que sobre su relación familiar se produjeron. Al parecer, tuvo una nana cuya figura fue importante en el desarrollo emocional de Rosario. Desde pequeña manifestó interés por la lectura y la escritura que se convirtieron en una necesidad vital, y a través de la cual buscó la creación de un universo propio. Ya a los quince años de edad, publicaba versos en un periódico de Tuxtla Gutiérrez. En su juventud pasó a México y se recibió como Maestra en Filosofía en la Universidad Autónoma de México (1950), continuó sus estudios de postgrado en la Universidad de Madrid, en España. Realizó trabajos socioculturales para poblaciones indígenas en Chiapas, como colaboradora del Instituto de Ciencias y Artes (1952) y del Centro Coordinador del Instituto Indigenista de San Cristóbal de las Casas (1956-1957). De 1954 a 1955 fue becaria del Centro Mexicano de Escritores. Dirigió el área de Información y Prensa de la Universidad Nacional Autónoma de México; ejerció la cátedra en esa casa de estudios y en universidades norteamericanas. Participó en la vida periodística de su país colaborando con artículos en el diario EXCÉLSIOR y dentro del ejercicio diplomático desempeñó el cargo de Embajadora de su país en Israel. En 1958 contrajo nupcias y trece años más tarde se divorció; en 1961 concibió un hijo que llamó Gabriel, el cual representó un hecho significativo en su trayectoria vivencial. Dejó testimonio de su vida a través de entrevistas como la realizada por el ensayista Samuel Gordon, y de textos escritos como en el libro *Los narradores ante el público* (1966). En gran parte de su obra poética y narrativa transpone hechos, experiencias, sentimientos e ideas de su vida real. En el año de 1948, en el mes de septiembre, los días dos y veinte murieron respectivamente su madre y su padre; ese mismo año comenzó a publicar sus primeros libros de poesía: *Apuntes para una declaración de fe* y *Trayectoria del polvo*; a éstos siguió una vasta producción hasta 1971 que fue recopilada y publicada bajo el título de *Poesía no eres tú*, en 1972. Uno de los primeros libros que influyeron en la poetisa fue *Serenidad* de Amado Nervo. La temática de su poesía gira en torno al dolor, el pesimismo, la soledad, la muerte y el amor en conflicto; abordó también el tema de la soltería. En su trayectoria poética se percibe un proceso de desarrollo que va de formas profundamente intimistas hasta la intelectualización con matices de fina y en ocasiones de hiriente ironía. Entre su producción, dos poemas proyectan una luminosa alegría que contrasta con su sentimiento trágico de la vida: "*Misterios gozosos*" y "*Resplandor del ser*" (1953). En cuanto a su producción narrativa, escribió dos obras fundamentales en el desarrollo de la literatura de tema indígena: *Balún-Canán* (1957) y *Oficio de tinieblas* (1962), que abordan con sentido crítico los conflictos sociales presentados en forma de binomios como indio-blanco; oprimido-opresor; mujer-hombre. Tras la trama que relaciona los conceptos de clase, raza y sexo y la denuncia del racismo como una forma que degrada la condición humana del dominador, Rosario Castellanos descubre un mundo de magia y mito antiguos. La palabra va más allá de la antropología social; es poética, forma con singularidad a sus personajes y devela realidades invisibles. En la narrativa de su última época abordó el problema conyugal. Escribió también cuentos, ensayos y teatro. La escritora murió en Tel-Aviv en pleno ejercicio de sus funciones diplomáticas a causa de un accidente casero. En su poesía destaca, a más de la fuerza lírica, la elegancia y el uso de penetrantes metáforas. En algunas composiciones conjuga el tono festivo y la ironía. En su narrativa la palabra construye y deja oír las sugerencias del silencio.

"Porque una palabra es el sabor / que nuestra lengua tiene de lo eterno, / por eso hablo".

OBRA REPRESENTATIVA: **Cuento-novela.** *Balún-Canán* (1957) // *Ciudad real* (1960) // *Oficio de tinieblas* (1962). *Los convidados de agosto* (1964). **Ensayo.** *Juicios sumarios* (1966) // *Mujer que sabe latín* (1973) // *El mar y sus pescaditos* (1974) // *El uso de la palabra* (1974). **Poesía.** *Trayectoria del polvo* (1948) // *Apuntes para una declaración de fe* (1948) // *De la vigilia estéril* (1950) // *Dos poemas* (1950) // *Presentación en el templo* (1951) // *El rescate del mundo* (1952) // *Poemas* (1957) // *Salomé y Judith* (1959) // *Al pie de la letra* (1959) // *Lívida luz* (1960) // *Materia memorable* (1969) // *Poesía no eres tú* (1972). **Teatro.** *El eterno femenino* (1976, edición póstuma).

CASTILLO, Fray Francisco de (1716-1770). Fraile mercedario del Perú, autor dramático de corte satírico popular. Conocido como "El Ciego de la Merced", debido a que de niño padeció una enfermedad y casi perdió la vista, Fray Francisco nació en Lima. Hijo de padre español y madre limeña, el mestizo peruano se destacó desde temprana edad por su brillante memoria. Aún no había cumplido doce años cuando recitaba con soltura a los clásicos y dominaba el latín. Su deseo de ser novicio se vio cumplido en 1741, año en que recibió el hábito de hermano lego en la orden mercedaria; donó a la orden la imprenta que había heredado con el fin de que se le dispensara su deficiencia física. Dedicó su tiempo a oír las lecciones de teología, filosofía y literatura en los claustros del convento; su notable memoria le permitió retener no sólo las lecciones, sino todo cuanto pasaba en la ciudad. Aficionado a las fiestas y tertulias, alternó su vida entre el convento y la calle; logró plasmar en sus composiciones las características y costumbres de las clases populares. Su variada obra, en la que no faltan las notas laudatorias, está compuesta por coplas, romances y piezas teatrales. Escribió comedias histórico-legendarias, hagiográficas, mitológicas, algunas en la línea de Calderón como *Todo el ingenio lo allana* (ms de 1749); otras de predominante influencia culterana como *Mitrídates, rey del Ponto* (ms, sf). Dentro del estilo satírico propio del autor se destacan el *Entremés del viejo niño* (ms de 1749); el *Sainete* (ms de 1749); el *Fin de fiesta* (ms de 1749) para la comedia, escrita en 1749, *El redentor no nacido, mártir, confesor y virgen, San Ramón* (ms de 1749) y el *Entremés del Justicia y litigantes* (ms, sf). En este último, el fraile mercedario alcanzó su mejor caracterización de personajes. El toque original de comicidad la convierte en una pieza amena que se lee con gusto. Gracias al valioso trabajo de recopilación de Rubén Vargas Ugarte su producción literaria ha llegado hasta nosotros. Por el acento costumbrista popular de la sátira, Fray Francisco figuró en *Las tradiciones peruanas* de Ricardo Palma. Murió en Lima. Su habilidad en la versificación se expresa con frescura; en sus versos fluidos hay atinadas observaciones sobre el lenguaje de los personajes que con exactitud recreó a pesar de su ceguera.

"No es bien que se haga sorda la malicia / cuando a gritos se pide la justicia".

OBRA REPRESENTATIVA: **Teatro.** (*Entremés del Justicia y litigantes,* en *De nuestro antiguo teatro,* 1948) // (*Mitrídates, rey del Ponto // Entremés del niño viejo // Sainete // Fin de fiesta // El redentor no nacido, mártir, confesor y virgen, San Ramón // La conquista del Perú // Romances de tres tardes de toros,* en *Obras de Fr. Francisco del Castillo,* 1948).

CASTILLO, Madre, véase CASTILLO y GUEVARA, Francisca Josefa.

CASTILLO y GUEVARA, Francisca Josefa (1671-1742). Singular escritora colombiana, gran mística del siglo XVIII, mujer de excepcional vocación y dotes literarias. Nació en Tunja, ciudad de pocos habitantes cercana a Bogotá. Creció en un ambiente religioso, sencillo y apartado. Desde niña reveló un espíritu sensible y dado al aislamiento, la soledad y una propensión a las lágrimas. A los dieciocho años (1689) entró en el convento de las monjas clarisas, comunidad religiosa de escasos recursos materiales. En su prolongada vida conventual mostró una profunda religiosidad ascética y mística. Su obra sorprende por la falta de correspondencia entre la escasa instrucción que tuvo y la calidad de sus escritos. Su cultura provino de la Biblia y la rutina religiosa; de obras de los místicos españoles como Santa Teresa y San Juan de la Cruz, a quien siguió como modelo, y de algunas lecturas juveniles de comedias que la misma Sor Francisca juzgó posteriormente como *"la peste del alma"*; también aprendió latín. Impulsada por sus confesores, la monja clarisa escribió dos obras admirables: *Afectos espirituales* y *Vida*. La primera, expresa la progresión de su pluma pues fue iniciada cuando tenía veintitrés años de edad y terminada veinte años después; la segunda es una obra madura y de particular valor artístico. De carácter autobiográfico, su obra transmitió con transparencia los estados de su alma. Una palpitante vida interior y una sinceridad religiosa recorren la escritura de Sor Francisca quien vivió en el convento de Tunja hasta su muerte. El estilo, comparado con el de los místicos importantes del Siglo de Oro, es claro y preciso; las metáforas expresan una íntima devoción religiosa.

"El hombre es ignorancia y es olvido, es imagen de la sombra y del engaño".

OBRA REPRESENTATIVA: **Prosa.** *Vida* (1817) // *Afectos espirituales* (1843).

CASTRO, Alejandro (1914-). Cuentista y periodista hondureño; se ha destacado por su participación en los distintos medios de difusión de su país. Originario de Tegucigalpa, Castro continuó la actividad periodística iniciada por su padre. Comenzó como jefe de redacción y subdirector de EL CRONISTA; fue director de TEGUCIGAL-

PA, revista hondureña que promovió a los jóvenes escritores, dio a conocer los movimientos extranjeros y sirvió de tribuna a las opiniones nacionales. Dirigió además el semanario LA NACIÓN y los periódicos PRENSA LIBRE y EL NACIONAL. Su deseo de comunicar a los demás se manifestó también en la radio. Fundó la Agencia de Información y Publicidad (IP) y el noticiero Radio Tiempo. Fue merecedor del premio Paulino Valladares por la fundación de la Asociación de Prensa de Honduras. Ha tenido a su cargo la oficina de Relaciones Públicas del gobierno hondureño y ha servido como Consejero de Estado. Su obra, aunque breve, refleja una aguda observación del ambiente que rodea a los humildes. *El ángel de la balanza*, publicado en Tegucigalpa en 1956, contiene un manojo de cuentos inspirados en las alegrías y pesares de la gente sencilla. En su estilo, las frases se colorean con el habla popular sin faltar en ellas el toque poético.

"Desnudos, todos somos iguales".

OBRA REPRESENTATIVA: **Cuento.** *El ángel de la balanza* (1956).

CERVANTES de SALAZAR, Francisco (¿1514-1575). Notable erudito, humanista e historiador español. Nació en Toledo hacia 1514. Aprendió latín con el ilustre maestro toledano Alejo de Vanegas; estudió cánones en la Universidad de Salamanca. Fue secretario del cardenal García de Loayza, Presidente del Consejo de Indias, cargo que tuvo hasta después de 1544 y ocupó la cátedra de retórica (1550) en la Universidad de Osuma. Se cree que llegó a México en 1551 y dio clases particulares de gramática latina. Con la fundación de la Universidad de México (1553) Cervantes de Salazar inició su gran labor de humanista; empezó como profesor de retórica, luego fue Conciliador y más tarde (1567) Rector de esa institución. Al mismo tiempo que enseñaba, estudiaba artes y teología; se graduó de Licenciado y Maestro en Artes, Bachiller en Cánones y Bachiller, Licenciado y Doctor en Teología. En 1554 se ordenó sacerdote. Hacia 1556 obtuvo una canonjía en la Catedral, de la cual llegó a ser Deán. Antes de embarcarse a América, ya había escrito y publicado, en Alcalá de Henares, una serie de obras que le dieron fama de latinista. Bajo el título de *Obras que Francisco Cervantes de Salazar ha hecho, glosado y traduzido*, se incluyen: *Diálogo de la dignidad del hombre*, obra iniciada por Hernán Pérez de Oliva y terminada por Salazar; *Apólogo de la ociosidad y el trabajo*, de Luis Mexía y glosada por Salazar e *Introducción y camino de la sabiduría*, de Luis Vives, traducida al español por Salazar. Versado en cultura latina, Salazar continuó su obra en México; con el fin de renovar el latín y mejorar su enseñanza, publicó, en 1554, sus *Diálogos* que aparecieron como apéndice de los *Coloquios* de Luis Vives. Representan valiosos documentos para las letras mexicanas. En el primero de ellos, *"Academia mexicana"*, describe la organización de la Universidad de México en su fundación; en *"Civitas Mexicus interior"*, tres interlocutores comentan y recorren las calles de la ciudad y en el tercer diálogo, *"Mexicus exterior"*, los mismos interlocutores describen, en su recorrido, los alrededores de la ciudad. Los *Diálogos* se publicaron en latín y en 1875 fueron editados y traducidos por el célebre erudito mexicano Joaquín García Icazbalceta. Al morir, Cervantes de Salazar dejó inédita una *Crónica de la Nueva España*, obra en la que, inspirado en los textos de López de Gómara, de Cortés y en los trabajos de Motolinía, narra con soltura el descubrimiento y conquista de México; describe las costumbres, flora y fauna, destacando las peculiaridades de la vida prehispánica. El estudioso mexicano Francisco del Paso y Troncoso publicó parte de la crónica.

"...nunca enseñamos con tanto provecho, como cuando al instruir a los demás, aprendemos algo nosotros mismos".

OBRA REPRESENTATIVA: *Túmulo imperial* (1560) // *Diálogos* (1875) // *Crónica de la Nueva España* (1914).

CÉSPEDES, Augusto (1904-1997). Escritor boliviano, abogado, periodista y político cuya pluma realista narra la tragedia que vivió su país durante la guerra del Chaco. Originario de La Paz, Céspedes se caracterizó por un temperamento rebelde que, aunado a sus ideas en contra del imperialismo, orientó su vida hacia la militancia política. Puso al servicio de la causa social el conocimiento político que tenía como abogado. Se opuso a la oligarquía minera, representada por la Rosca. Su tendencia política encontró un vigoroso cauce en el Movimiento Nacionalista Revolucionario, del cual fue uno de los fundadores. Hombre de firme voluntad, participó como oficial de reserva en el sangriento enfrentamiento entre Bolivia y Paraguay, conocido como la guerra del Chaco (1932-1935). Desempeñó las funciones de diputado en varias ocasiones. Fue un periodista intransigente con la palabra. Dirigió LA NACIÓN de la Paz; en LA CALLE escribió encendidos artículos de protesta en los que no falta el matiz satírico. Fue un excelente escritor de antimemorias a la manera de Malraux. En *El dictador suicida* (1956) y *El presidente colgado* (1962) se conjugan la biografía, la historia, la novela, el ensayo político y la autobiografía. Ganador del Premio Nacional de Literatura en 1957, su obra mejor lograda es *Sangre de mestizos* (1936), serie de cuentos sobre la guerra del Chaco, en los que el autor se sumerge en la psicología del soldado boliviano para narrar, desde ese interior inmaterial, sus sinsabores espirituales. De ágil lectura, la obra mantiene vivo el interés del lector y logra adentrarlo en la tragedia nacional. Los cuentos de Céspedes están considerados como un hito que señala la tendencia vanguardista en las letras bolivianas. El tono combativo de Céspedes quedó plasmado en *Metal del diablo* (1946), novela que pinta la realidad vivida por los mineros de estaño. Su prosa impetuosa mostró en la figura del magnate el contraste entre la opulencia material y la mezquindad del espíritu. Contiene escenas costumbristas y bellas estampas del Altiplano. La producción literaria del boliviano tiene un lugar permanente en las letras nacionales. Su estilo es vigoroso, ágil y en ocasiones mordaz; el uso de neologismos y de juicios doctrinarios imprimen a la prosa fuerza expresiva.

"La economía puede producir la cultura o la incultura".

OBRA REPRESENTATIVA: **Cuento.** *Sangre de mestizos* (1936). **Ensayo.** *El dictador suicida* (1956) // *El presidente colgado* (1962). **Novela.** *Metal del diablo* (1946) // *Trópico enamorado* (1968) // *Las dos queridas del tirano* (1983) // *Salamanca o el metafísico del fracaso* (1973).

CHOCANO SANTOS, José (1875-1934). Máxima figura del modernismo peruano, poeta y político cuya biografía está fuertemente matizada por un carácter violento, arrogante y propenso a la aventura. Nació en Lima, en un ambiente poco alentador debido al alcoholismo de su padre. Fue un niño inconstante en el estudio, estuvo inscrito en varios colegios de su ciudad natal y estudió algunos años en la Universidad de San Marcos. Hacia los ocho años de edad presenció la derrota peruana en la guerra contra Chile (1879-1883). Esto, según parece, despertó su interés por la política. En 1895 fue encarcelado y condenado a muerte. Indultado por el dictador Cáceres, Chocano recobró su libertad; se trasladó a la selva amazónica con la idea de levantar una plantación de café. Tras el fracaso del proyecto, viajó por Ecuador y Panamá; en Colombia, entre 1900 y 1905, desarrolló una intensa actividad política combatiendo los proyectos de Estados Unidos de Norteamérica en esas tierras. En España, con motivo del viaje diplomático que realizó en 1906, conoció a Rubén Darío y a Amado Nervo, dos de las grandes figuras del Modernismo. Salió de España porque se vio envuelto en un fraude del que se cree que no era responsable. Su vida aventurera lo llevó a tierras guatemaltecas; ahí residió algunos años bajo la protección del dictador Manuel Estrada Cabrera. Durante su estancia en México, donde vivió un periodo revolucionario, fue secretario de Pancho Villa (1915-1918). Volvió a Guatemala en 1919; al año siguiente, al caer el dictador Cabrera, Chocano fue encarcelado nuevamente y condenado a muerte; salvó su vida gracias a la intervención de grandes personalidades, entre ellas el Rey de España. Se trasladó entonces al Perú, donde después de un triunfal recibimiento, se convirtió en un acalorado defensor del dictador Augusto B. Leguía, lo que le atrajo el título de poeta nacional y el alejamiento de sus amigos. En una disputa sobre política, Chocano mató a tiros a su oponente ideológico, Edwin Elmore, quien era un joven escritor (1925). Estuvo preso hasta 1927. En *El libro de mi proceso*, Chocano justificó este episodio considerando la violenta acción en defensa propia. Ese mismo año de 1927 se desterró a Chile. La fama del poeta peruano descansa en su abundante producción poética. El primer libro, *Iras santas* (1895), fue escrito durante su primer encarcelamiento; lo constituye un conjunto de poemas que fueron impresos en tinta roja para marcar el odio que sentía hacia la política arbitraria. En los poemas se percibe el tono de soberbia que caracterizó su vida política, mientras que en *La epopeya del Morro* (1899) persiste el sentimiento patriótico y el carácter oratorio. La obra que mejor lo caracteriza es *Alma América*; se publicó en España durante su viaje (1906); recibió el elogio de Darío, Unamuno y Rodó quienes la prologaron. En ella, el poeta canta a la naturaleza y a la historia de América. Revive para la poesía los motivos autóctonos. Autor de *"El sueño del caimán"*, poema en el que Chocano transforma a la princesa del Modernismo en un príncipe encantado y aprisionado por las escamas del animal. Su valor reside en extraer del contexto americano elementos que para el Modernismo eran comunes y provenían de la tradición literaria europea. A diferencia de sus compañeros de movimiento, Santos Chocano no se nutrió con las lecturas de autores franceses; en sus versos se respira el vigor del mexicano Díaz Mirón; hay reminiscencias de Espronceda, Quintana y Byron. La obra de Chocano, que en su momento fue gustada, ha perdido terreno en la actualidad. En sus últimos años vivió en la soledad y la pobreza; murió en un tranvía apuñalado por un hombre con quien había perdido su dinero en un proyecto descabellado para encontrar tesoros. En 1965 sus restos fueron llevados a Lima. Chocano quiso ser arrogante hasta después de su muerte; consiguió permanecer de pie al ser enterrado en esa forma según propia petición que hizo en uno de sus poemas. Dejó versos en los que se destacan sus virtudes parnasianas, la percepción escultórica del paisaje, la fuerza expresiva de las imágenes y la diversidad en la métrica. Sus versos están hechos para ser declamados.

"La poesía es el arte de pensar con imágenes".

OBRA REPRESENTATIVA: **Poesía.** *Iras santas* (1895) // *En la aldea: poesías americanas* (1895) // *La epopeya del Morro: poema americano* (1899) // *El derrumbe: poema americano* (1899) // *El canto del siglo: poema finisecular* (1901) // *El fin de Satán y otros poemas* (1901) // *Alma América* (1906) // *¡Fiat Lux!: poemas varios* (1908) // *Puerto Rico lírico y otros poemas* (1914?). **Prosa.** *El libro de mi proceso* (1927, Tomo I; 1928, II y III) // **Memorias.** *Las mil y una aventuras* (1940).

CIEZA de LEÓN, Pedro (¿1518-1560?). Cronista y soldado español. Sobre su vida se ignoran muchos datos; se sabe que nació en Sevilla, aunque no se ha determinado con exactitud el año. Se embarcó hacia las Indias en 1535; llegó a América en calidad de soldado. Residió en tierra firme más de veinte años; recorrió desde las costas atlánticas de Colombia y Panamá hasta el Alto Perú. Luchó en el norte colombiano al lado de Robledo; su estancia en tierras incas coincidió con las guerras civiles entre españoles. En 1552 viajó a Toledo y después de 1553 hay un silencio en su vida; se cree que pasó sus últimos días en Sevilla y que murió hacia 1560. Cieza decidió que su obra se publicara póstumamente; dejó un testamento en el que ordenó que los manuscritos se depositaran en un arca y bajo llave se quedaran por quince años. El deseo del cronista no fue cumplido por sus albaceas, provocando que uno de sus hermanos, Rodrigo, hiciera gestiones para rescatar los manuscritos. Escribió la *Crónica general del Perú*, obra extensa y magistral; consta de cinco partes o libros, cada una de ellas vio la luz en distintas épocas: la primera, *"Descripción del Perú"*, se publicó en vida del autor (1553); el manuscrito del segundo libro, *"El señorío de los Incas"*, inédito en la Biblioteca del Escorial, apareció en 1881 con motivo de la Cuarta Reunión del Consejo Internacional de Americanistas, celebrada en Madrid; en 1946, el diario MERCURIO PERUANO, editado en Lima, inició la publicación de la tercera parte, *"Descubrimiento y conquista del Perú"*; los libros cuarto y quinto, donde el cronista narra las guerras civiles, aparecieron en 1877 y 1878 respectivamente. La pluma de Cieza es espontánea, natural; describe con precisión la geografía, etnología y cultura de los lugares que recorrió, en particular del Perú; está impregnada de sorpresa frente a la naturaleza americana y su pasado indígena.

"Ya estas cosas han caído y sus ídolos están destruidos y en su lugar puesta la cruz para poner temor y espanto al demonio nuestro enemigo".

OBRA REPRESENTATIVA: *Crónica general del Perú* (1553-1946).

CLAVIJERO, Francisco Javier (1731-1787). Humanista mexicano, admirable historiador del México antiguo, jesuita empeñoso que favoreció la reforma de los estudios filosóficos. Nació en Veracruz en el seno de una familia de abolengo. Su padre, Blas Clavijero, de origen leonés, fue un hombre que poseyó una amplia cultura humanística; su madre, María Isabel Echegaray, originaria de Vasconia, provenía de una familia ilustre. El padre del historiador desempeñó varios cargos en la región Mixteca, tierras donde transcurrió su infancia en contacto con los indígenas, sus costumbres y sus lenguas. Esta experiencia temprana favoreció el amor y la comprensión que más tarde manifestó hacia los naturales y su historia. Las primeras lecciones de geografía, historia y francés las recibió de su padre; al lado de su madre aprendió música. Se desconoce la fecha en la que fue enviado a Puebla, donde estudió latín en el Colegio de San Jerónimo y posteriormente filosofía en el de San Ignacio. En alternancia con los estudios leyó a Quevedo, Cervantes, Feijóo y Sor Juana, lecturas que contribuyeron en su formación humanística. En 1748 entró en la Compañía de Jesús e impulsado por su deseo de saber emprendió, de manera autodidacta, el estudio del griego, alemán, hebreo, portugués, náhuatl y francés, lenguas en las que llegó a tener un buen dominio, además de aquellas que conoció durante su infancia. En México, prosiguió los estudios de teología en el Colegio de San Pedro y San Pablo; ahí conoció a José Rafael Campoy, uno de sus compañeros de estudio quien le mostró la espléndida colección de documentos históricos que años antes Sigüenza y Góngora había legado al Colegio. El descubrimiento atrajo el interés de Clavijero y con paciencia y esmero estudió los códices del vasto material. Las lecturas de Feijóo, Tosca, Descartes, Newton y Leibnitz, autores censurados por la Iglesia, influyeron de modo decisivo en la personalidad de Clavijero. Fue nombrado prefecto de estudios en el Seminario de San Ildefonso; desempeñó el puesto poco tiempo pues, en desacuerdo con el sistema de enseñanza, dirigió una carta a su superior exponiendo las modificaciones en el método que creía necesarias y pidiendo que se le relevara del cargo. Al ordenarse sacerdote solicitó lo enviaran al Colegio de San Gregorio donde se instruía a los indios en su propia lengua. Durante los cinco años que estuvo en San Gregorio mantuvo con los indígenas un trato amable y afectuoso. Publicó varios opúsculos tendientes a la renovación de la filosofía, obras que se consideran perdidas. Se trasladó al Colegio de San Javier, en Puebla, y continuó su tarea con los indios. Hacia 1764 viajó a Valladolid (hoy Morelia) donde enseñó filosofía; ahí pudo, finalmente, llevar a cabo las reformas en los estudios que tanto había deseado. Luego de su estancia en Morelia pasó a Guadalajara, y en 1766 fue nombrado prefecto de la Congregación Mariana. Su empresa fue suspendida en 1767, año en que por decreto del rey Carlos III fueron expulsados los jesuitas de América. Se embarcó hacia Italia; permaneció un tiempo en Ferrara, donde quiso establecer una academia de ciencias y artes que reuniera a los mexicanos en el destierro, pero no lo logró; viajó a Bolonia donde se estableció hasta el final de sus días. Clavijero escribió su obra mayor en el destierro. Aunque conoció enormes dificultades económicas, ya que en ocasiones no tenía ni papel, pudo consultar los códices mexicanos en las bibliotecas públicas y privadas de Ferrara, Módena, Florencia, Roma, Génova y Venecia. Con abundantes datos y alentado por el deseo de salvar la historia de su patria, inició la *Historia de México*, escrita originalmente en español y traducida al italiano por el propio autor. Su publicación en Cesena (1780-1781) tuvo una favorable acogida; del italiano muy pronto se tradujo al inglés (1787) y al alemán (1789). Es una obra original en la cual se propuso dilucidar las ideas falsas sobre el Nuevo Mundo que circulaban en Europa a partir de la obra del alemán De Paw. Hacia 1786 llegó a México el ejemplar con una dedicatoria a la Universidad que había mandado Clavijero. El manuscrito se consideró perdido durante casi 200 años y fue editado hasta 1945. La *Historia* tiene el gran mérito de ser el primer estudio sobre la Nueva España con sentido histórico. En los últimos años de su vida Clavijero escribió *Breve ragguaglio de la prodigiosa e renomata imagine della Madonna de Guadalupe del Messico*, que se publicó en Cesena en 1782; narra la aparición de la Virgen de Guadalupe en México. La obra de Clavijero contribuyó a conformar las bases históricas de México. Con carácter objetivo y crítico logró dar a conocer el pasado prehispánico. Su obra no es una curiosidad, sino el resultado de una vivencia.

"...he tenido siempre delante de los ojos aquellas dos santas leyes de la historia, no atreverse a decir mentira ni temer decir la verdad".

OBRA REPRESENTATIVA: *Historia de la antigua o Baja California* (1789) // *Historia de México* (1945).

COLLAZOS, Óscar (1942-). Importante escritor de las letras colombianas. Nació en la Bahía Solano Chocó; cultivó el cuento, la novela y el teatro. Se dio a conocer como cuentista en las páginas de EL ESPECTADOR y EL PAÍS. El cuento *"Las compensaciones"* lo hizo merecedor del Primer Premio Nacional, en el certamen de 1965 durante el V Festival Nacional de Arte. Este cuento le ha dado fama y le ha atraído el reconocimiento de la crítica, quien en su momento señaló la maestría con que Collazos recrea sentimientos íntimos de los personajes de la clase obrera. Fue conocido como dramaturgo con *¿Qué tal chicos?*, estrenada en 1965 durante el II Festival Nacional de Autores Colombianos. A este título siguió *Confesiones a un soldado cualquiera*, presentada en la Semana del Teatro en 1966. De sus novelas, *Los días de la paciencia* (1976) es una de sus mejores realizaciones de denuncia social. En ella presenta un agudo conflicto racial entrelazado con la problemática económica en la cual el dólar domina al blanco y éste a su vez somete al hombre de color. En la actualidad Collazos sigue escribiendo y conserva el tono de protesta social que caracteriza su obra. Lo novedoso de su prosa radica en el uso frecuente del tiempo futuro; con esta técnica, el discurso avanza y retrocede interrumpido por el tiempo presente de los diálogos. Los personajes, vistos desde el interior, son seres sumergidos en una realidad agobiante de la cual en ocasiones logran escapar, no sin estar seguros de que volverán a sentirse atrapados.

"Será una satisfacción íntima, como la de haberse lanzado a una pelea en donde el triunfo sería sólo contemplar la cólera del adversario gimiendo por el engaño".

OBRA REPRESENTATIVA: **Cuento.** *Las compensaciones* (1965) // *El verano también moja las espaldas* (1966) // *Adiós Europa, adiós* (2000). **Ensayo.**

Para un final de siglo (1991) // *Arte y cultura democrática* (1994). **Novela.** *Crónica del tiempo muerto* (1975) // *Los días de la paciencia* (1976) // *Morir con papá* (1997) // *La muerte de Érika* (1999). **Teatro.** *¿Qué tal chicos?* (1965) // *Confesiones a un soldado cualquiera* (1966) // *El encierro de Antonio* (sf) // *Cambio de manos* (sf).

CONCOLORCORVO, véase CARRIÓ de la VANDERA, Alonso.

CÓRDOVA, Fray Matías de (1768-1828). Notable fabulista guatemalteco; humanista, catedrático y periodista. Nació en Tapachula, antes territorio guatemalteco. Durante la infancia recibió de sus padres las primeras letras. En el seminario de la ciudad de Chiapas adquirió las bases del latín, lengua que cultivó toda su vida con la lectura de los clásicos. En 1782 se trasladó a Guatemala para tomar el hábito de la orden de Santo Domingo. Fue un alumno brillante en filosofía y teología. Su inquietud por el conocimiento lo llevó a las lecturas clandestinas de Rousseau, Condillac, Almeida y Sigaud, entre otros. Hacia 1800 regresó a Chiapas, donde tuvo a su cargo la cátedra de filosofía y teología. Junto con otros religiosos promovió la separación de los conventos de Chiapas de la dirección provincial de Guatemala; gestión que lo condujo a España (1803) donde tuvo éxito en su empresa. De regreso a Chiapas en 1810 creó la primera escuela primaria; ayudó en la fundación de la Universidad y fundó el periódico EL PARA RAYO en el que escribió con el pseudónimo de "El Especiero". Fraile tenaz en su empeño educativo, trasladó la primera imprenta a Chiapas. Se inspiró en la Sociedad Económica de Guatemala para crear la de Amigos en el mismo Chiapas. Imbuido en las lecturas del francés Jauffret, a quien leyó en su lengua original, los mitos griegos y *Las mil y una noches*, el fraile guatemalteco escribió la fábula *La tentativa del león y el éxito de su empresa*, bello poema que proclama la supremacía del hombre sabio, humilde y prudente sobre la bestia. No se sabe con exactitud el año de su publicación; los estudiosos estiman que pudo aparecer a finales del siglo XVIII. Esta suposición se basa en la lectura del texto que publicó García Goyena con la fábula en 1923. Fray Matías murió siendo Rector de la Universidad; sus restos descansan en Chiapas. Los endecasílabos de sus versos fluyen cristalinos y sonoros; las metáforas armonizan con el tema. Se aprecian aquí y allá máximas reveladoras de la condición humana.

"Qué gloria, tener un padre ilustre, qué confusión el no seguir sus huellas".

OBRA REPRESENTATIVA: **Fábula.** *La tentativa del león y el éxito de su empresa* (sf). **Prosa.** *Utilidades de que todos los indios y ladinos se vistan y calcen a la española, y medios de conseguirlo sin violencia, coacción ni mandato* (1798) // *Método fácil de enseñar a leer y escribir* (1824).

CÓRDOVA, Fray Pedro de (1482-1521?). Clérigo español, fundador de la orden de Santo Domingo en el Nuevo Mundo, iniciador del debate secular sobre la colonización española. Nació en Córdoba, Andalucía; estudió en la Universidad de Salamanca e ingresó en la orden de los dominicos. Tenía veintiocho años cuando, por iniciativa del fraile Domingo de Mendoza, se embarcó hacia América, junto con otros dos religiosos. Su viaje a las Indias estuvo animado por el deseo de establecer la orden en las tierras recién descubiertas. Llegó a La Española (hoy Santo Domingo y Haití) en calidad de vicario (1510). Su vida en tierras americanas transcurrió en la mayor austeridad; emprendió su actividad con la predicación a indios y españoles. Entre los religiosos que llegaron con él se encontraba Antonio de Montesinos, fraile de singular elocuencia quien fue designado para el memorable sermón del último domingo de adviento (1511). Hábil en el manejo de la lengua, Montesinos atacó con vehemencia a los españoles por los tratos inhumanos que daban a los indios. El padre Las Casas asegura que los sermones del dominico le provocaron el cambio que lo llevó a renunciar a su repartimiento de indios. El descontento de los españoles se generalizó y llegó hasta la corte española; los dos frailes fueron llamados a España para rendir cuentas. Las discusiones que sostuvieron con Fernando el Católico favorecieron la promulgación de las Leyes de Burgos (1512), destinadas a mitigar la situación que vivían los indios. De regreso a La Española, Fray Pedro prosiguió su adoctrinamiento pacífico. Fue autor de varios *Memoriales*, aunque sólo se conoce una *Doctrina cristiana*. Publicada en México (1544) por iniciativa de Fray Juan de Zumárraga, en ella se asienta que fue el primer libro impreso en el Nuevo Mundo, dato este tenido por verdadero durante mucho tiempo. No obstante, sin que se haya esclarecido esta cuestión, en la actualidad se tiene conocimiento de dos obras anteriores a 1544: el *Manual de adultos* de 1540 y *La escala espiritual* publicada en 1536, año de la introducción de la imprenta en México.

"[Los indios de las Antillas] *gentes tan mansas, tan obedientes tan buenas que [...] se pudiera fundar en ellos casi tan excelente iglesia como la primitiva*".

OBRA REPRESENTATIVA: *Doctrina cristiana para instrucción de los indios* (1544).

CORTÁZAR, Julio (1914-1984). Célebre cuentista y novelista argentino cuya obra lo coloca entre las máximas figuras del arte narrativo del siglo XX en Hispanoamérica. Escritor de fama mundial, ha sido uno de los novelistas latinoamericanos más leídos y estudiados. Ha ejercido influencia tanto en escritores de su país como del Continente. Considerada dentro de la literatura fantástica, su obra buscó una renovación del lenguaje literario y una nueva dimensión de las estructuras y contenidos novelescos. Preocupado por el destino y la libertad creadora del hombre, la fantasía de su narrativa tiene un alcance metafísico, social y político. Creador de un universo propio, su pluma se rebeló con creatividad contra los cánones de la lógica y la razón en un intento por afirmar la esencia del hombre: su búsqueda de ser. Su mundo representa un camino hacia el encuentro del hombre moderno consigo mismo al superar las diferencias y la angustia en la que lucha. Su obra proyecta tanto su condición de latinoamericano como su condición de hombre universal, pues incorporó no sólo aspectos de la cultura occidental, sino también de la oriental, como lo hizo el mexicano Octavio Paz. De padres argentinos, nació en Bruselas cuando su progenitor ejercía el cargo de Embajador en esa capital europea. Pasó su infancia en un suburbio de Buenos Aires y estudió la carrera de maestro normalista. Durante la primera época de Perón, en 1951, Cortázar se desterró a Europa y residió en París; en el exilio se encontró a sí mismo como latinoamericano. Además de su intensa labor literaria, realizó traducciones para la UNESCO y diversas casas editoriales. Cosmopolita y de vasta cultura, incursionó en diversas literaturas, en la música, las artes plásticas, el arte cinematográfico y las religiones orientales. Entre los escritores europeos de sus preferencias figuran Breton y otros surrealistas franceses, Lautréamont, Michaux, Alfred Jarry, de quien aprendió la utilidad del recurso humorístico y el acercamiento a la realidad por medio de las excepciones de sus leyes, y Joyce, entre otros; entre los escritores hispanoamericanos destacan Borges, Octavio Paz y Lezama Lima. En la música consideró el jazz *"como la única música universal del siglo, algo que acercaba a los hombres más y mejor que el esperanto, la UNESCO o las aerolíneas"*, música que forma parte esencial de su narrativa y que expresa la idea paradójica de fugacidad y permanencia. Viajero infatigable, visitó la India y se interesó por la religión tibetana, en la que encontró elementos que se amalgaman en su visión del tiempo, mito que oculta el hecho de la permanente incertidumbre que vive el hombre. En 1949, Cortázar publicó un poema dramático en prosa intitulado *Los reyes*, en el que recrea el mito del Minotauro desde una nueva perspectiva que preludia el tipo de sus personajes posteriores: antihéroes victimados por los juegos del tiempo y los cánones de la razón. A *Los reyes* siguieron los relatos de *Bestiario* (1951), y *Final de juego* (1956), que tuvo una edición aumentada en 1964; desde la perspectiva de su novela posterior *Rayuela* (1963), el autor los consideró como juegos literarios en los que se traslucen ya las constantes temáticas de sus principales obras: *Las armas secretas* (1959), *Los premios* (1960) y *Rayuela*, su novela más celebrada y discutida. Antes de *Las armas secretas*, Cortázar consideró sus obras como *"atisbos, dimensiones, ingresos a posibilidades que [lo] aterraban o [le] fascinaban, y que tenía que tratar de agotar mediante la escritura del cuento"*. A partir de su cuento *"El perseguidor"*, incluido en *Las armas secretas*, el argentino abordó *"un problema de tipo existencial, de tipo humano, que luego se amplificó en* ***Los premios*** *y sobre todo en* ***Rayuela****"*. En *Los premios* se ha destacado su descripción de las diversas clases sociales argentinas. A través de juegos de espejos, ausencia de lógica y de causas, laberintos que señalan búsquedas, luchas entre racionalismos absurdos e irracionalismos lúcidos, Cortázar disuelve la realidad y la proyecta en lo insólito y en el misterio como una forma de resolver la vivencia del ser en el tiempo. El orden y los valores se trastocan; se satiriza el *statu quo*; la realidad para ser aprehendida en su totalidad tiene que ser reinterpretada; la identidad se esconde en la duda y lo fantástico se hace cotidiano. La función del lector es fundamental en la obra de Cortázar; *Rayuela* propone varias lecturas, el autor sugiere varios caminos; se intenta romper con la lectura lineal y por lo tanto con la estructura lineal de la narrativa. Imaginación, abolición del sentido común, rechazo a lo convencional y a la falsa seguridad, visiones, sensaciones, mágica acción verbal y búsqueda de lo excepcional descubren a Cortázar como un auténtico talento artístico. El autor murió a los setenta años. En la relación de lo literario y lo existencial, el argentino desplegó vastos recursos narrativos, motivo de interés para su estudio. Su prosa posee aliento poético, concisión, exactitud y a la vez barroquismo. Sus tramas son novedosas y ágiles; utilizó términos extranjeros e inventó palabras; el habla urbana se entremezcla.

"En cierto modo el hombre se equivocó al inventar el tiempo, por eso bastaría realmente renunciar a la mortalidad [...] para saltar fuera del tiempo, desde luego en un plano que no sería el de la vida cotidiana".

OBRA REPRESENTATIVA: **Ensayo.** *Territorios* (1978) // *Obra crítica* (1994, edición póstuma). **Miscelánea.** *La vuelta al día en ochenta mundos* (1967) // *Último round* (1969). **Narrativa.** *Bestiario* (1951) // *Final de juego* (1956-1964) // *Las armas secretas* (1959) // *Los premios* (1960) // *Historias de cronopios y de famas* (1962) // *Rayuela* (1963) // *Todos los fuegos el fuego* (1966) // *62. Modelo para armar* (1968) // *Libro de Manuel* (1973) // *Octaedro* (1974) // *Silvalandia* (1975) // *Alguien que anda por ahí* (1977) // *Un tal Lucas* (1979) // *Queremos tanto a Glenda* (1981) // *Deshoras* (1983). **Poesía.** *Presencia* (1938) // *Pameos y meopas* (1971) // *Salvo el crepúsculo* (1984). **Teatro.** *Los reyes* (1949). En colaboración con Carol Dunlop *Los autonautas de la cosmopista* (1984).

CORTÉS, Hernán (1485-1547). Notable caudillo español, conquistador de la Nueva España, figura principal del enlace novohispano, iniciador de la literatura de México. Nació en Medellín, estudió humanidades en la Universidad de Salamanca. Desde muy joven, Cortés mostró un temperamento inquieto y una gran destreza en las armas. A los diecinueve años de edad se embarcó para las Indias (1504). Llegó a La Española (hoy Santo Domingo) y en 1511 partió, con Diego Velázquez, a conquistar Cuba. Comisionado en 1519, Cortés preparó su expedición y emprendió la conquista de México; zarpó hacia Yucatán y fundó Veracruz. Hábil en su empresa, Cortés supo aprovechar el descontento que existía entre las tribus sojuzgadas por la dominación azteca. En su ruta hacia Tenochtitlan, pasó por Tlaxcala y Cholula; ahí unió a los enemigos de Moctezuma y los sumó a sus filas. Logró reunir más de 200 mil indios aliados, sin contar la controvertida "Malinche". Llegó a México y, luego de un asedio de 75 días, tomó la gran Tenochtitlan (1521). Como conquistador, Cortés iba informando al rey lo sucedido en México. La secuencia y el escenario de los hechos de la conquista se despliegan a lo largo de los cinco informes oficiales, en forma de epístola, que Cortés mandó a Carlos V. La primera carta se perdió; fue sustituida por un informe con fecha del 10 de junio de 1519, mandado por el regente de la Villa Rica de la Vera Cruz. En ella se narra la llegada de los conquistadores a México, la fundación de Veracruz y se mencionan las joyas y piedras preciosas que encontraron. La segunda carta, con fecha del 30 de octubre de 1520, trata de la manera de entrar al país y de las hazañas principales; en ella, Cortés relata el patético episodio de la "Noche Triste". La tercera carta, fechada el 15 de mayo de 1522, narra la toma de Tenochtitlan después del prolongado sitio. En la cuarta carta, con fecha del 15 de octubre de 1526, relata la traición de Diego Velázquez, Gobernador de Cuba, así como posteriores descubrimientos y la organización del país. La última carta tiene fecha del 3 de septiembre de 1526; en ella, Cortés describe la expedición que con arrojo hizo a las Hibueras (hoy Honduras) para someter al reacio Cristóbal de

Olid, quien lo había traicionado. Después de la expedición a Honduras, Cortés viajó a España ante el emperador (1528) quien le dio el título de Marqués del Valle. Fue víctima de las acusaciones de sus enemigos en la corte: le imputaron haber ocultado parte del botín y haber envenenado a Catalina, su primera esposa, situación esta que influyó para que no lo nombraran virrey de la Nueva España. Después de probar su inocencia en los cargos que le hizo la Audiencia, regresó a México en 1530. Volvió a España en 1540 donde murió en la pobreza y la desilusión. La crónica de Cortés tiene un inapreciable valor literario e histórico; en su prosa sencilla y cautivadora, México es tema y escenario del encuentro de dos pueblos. En su tiempo, las cartas tuvieron una publicación sucesiva; constituyeron la fuente principal para cronistas como Gómara y Cervantes de Salazar; fueron traducidas a varias lenguas.

"...hay necesidad de que a nuevos acontecimientos haya nuevos pareceres y consejos".

OBRA REPRESENTATIVA: *Cartas de relación sobre el descubrimiento y conquista de la Nueva España* (1770).

CRESPO TORAL, Remigio (1860-1939). Prolífero escritor ecuatoriano, poeta, periodista y político. Nació en Cuenca; pasó su infancia en el ambiente campestre de la finca familiar, en el valle de Quinjeo. Después de haber aprendido las primeras letras bajo el cuidado de su madre, en 1872 inició su formación al lado de los jesuitas en el Colegio Seminario. De espíritu vivo y emprendedor, Crespo Toral cultivó las letras en alternancia con sus estudios. En 1881, junto con su amigo Honorato Vázquez, creó EL CORREO DEL AZUAY; su nombre figuró en varios concursos literarios; en 1883 el poema *"Últimos pensamientos de Bolívar"* lo hizo merecedor del primer lugar en el certamen poético organizado en Quito. Fue el fundador de EL PROGRESO (1884), la revista de mayor renombre en Cuenca. Coronó sus estudios de manera brillante, con la obtención del título de Doctor en Jurisprudencia en 1886. En la Universidad de Cuenca desempeñó el cargo de Rector durante tres periodos; fue varias veces senador y diputado en el Congreso en representación del Azuay. Poeta de cuño romántico, Crespo Toral manifestó su oposición al movimiento modernista con su artículo *"Los parnasianos en América"*, publicado en LA UNIÓN LITERARIA de Cuenca (1894). De su abundante producción, que incluye no sólo poesía sino una serie de cuentos, se destaca *La leyenda de Hernán*, poema narrativo que ubica al poeta entre los exponentes del romanticismo ecuatoriano. Dividida en cuatro partes, esta obra tiene una vigorosa fuerza. En medio de un paisaje bucólico, en el que se escuchan la voz de Virgilio y el murmullo de Fray Luis de León, Hernán, el héroe que da nombre al poema, vive el desgarrador drama de amor que le inspiró su prima Juana. Después de una separación, el enamorado regresa y enfrenta la realidad de ver casada a su amada; su destino doloroso lo lleva a huir embargado por el sentimiento de tristeza y desolación. El uso del hipérbaton, la yuxtaposición de las estructuras sintácticas y la acumulación de verbos, adjetivos e imágenes dan al poema el tono trágico de las obras románticas.

"No comprendí que la pasión rastrera / en silencio se aliaba a la perfidia. / Mi lealtad no supo que existiera / aquella sombra del amor, la envidia".

OBRA REPRESENTATIVA: **Cuento.** (*Fidelidad // Los pumas // El tonto Pedro // Dos almas gemelas*, en *Obras,* 1978, edición póstuma). **Poesía.** (*Los voluntarios de la Patria // Últimos pensamientos de Bolívar // América y España en lo porvenir // Leyenda de Hernán*, en *Obras,* 1978, edición póstuma).

CRUZ, Sor Juana Inés de la (1651-1695). Pluma insigne de las letras hispanoamericanas, poetisa mexicana cuya vida fue la reiteración permanente de una inteligencia que no pudo dejar de ser. Con capacidad creadora y maestría cultivó la poesía, el teatro, la prosa y llevó el Barroco a su más alta expresión; rebasó las fronteras del México virreinal y recibió el título de "Décima Musa". Nació Juana de Asbaje en una alquería de San Miguel de Nepantla, pueblo cercano a Amecameca, ubicado en la hermosa región rodeada por los volcanes Popocatépetl e Iztaccíhuatl. Fue hija natural de la unión de Isabel Ramírez de Santillana, criolla de ascendencia andaluza, y de Pedro Manuel de Asbaje y Vargas Machuca, militar español de origen vasco. Su infancia transcurrió en la hacienda de Panoayán, al lado de su abuelo materno. Desde temprana edad mostró la inteligencia poco común que tenía; a los tres años ya sabía leer y con gran curiosidad leyó los libros de la biblioteca familiar; a los ocho, escribió una loa a la eucaristía, obra que se considera perdida. Quiso colmar sus ansias de saber y con obstinación manifestó su deseo de ir a la Universidad, aunque para ello fuera necesario vestirse de hombre. Obligada por las circunstancias y los impedimentos que la época imponía a la mujer, Sor Juana tuvo que conformarse con tomar el arduo y difícil camino del autodidacta. Hacia los ocho años se trasladó a la ciudad de México; tomó lecciones de gramática con el bachiller Martín de Olivos; sólo bastaron unas 20 lecciones para que su precoz inteligencia aprendiera latín. Las noticias de su excepcional talento y belleza llegaron hasta la corte virreinal; en 1665 la joven Juana pasó a vivir al palacio como dama de honor de la virreina marquesa de Mancera. Durante su estancia en palacio demostró sus conocimientos cuando el marqués de Mancera reunió a 40 eruditos para que la interrogaran sobre diferentes materias. Este episodio le dio renombre y le atrajo la admiración de los personajes que concurrían a la corte. Sin embargo, ni la fastuosa vida, ni el ambiente la apartaron de su inclinación por los libros. En 1667 decidió entrar al Convento de San José de las Carmelitas Descalzas, con lo que hizo posible, como ella misma lo expresa, su deseo de "*...querer vivir sola, de no querer tener ocupación obligatoria que embarazase la libertad de mi estudio, ni rumor de comunidad que impidiese el sosegado silencio de mis libros*". Ejemplo este de una voluntad sostenida por su vocación intelectual. El rigor de la vida conventual debilitó su salud; después de tres meses dejó el convento. Su decisión era firme: dos años más tarde (1669) ingresó al Convento de San Jerónimo, donde permaneció hasta su muerte. Se desempeñó como archivista y contadora; en alternancia con sus deberes avanzó en sus estudios, su espíritu inquieto la llevó a la filosofía, la teología, la astronomía, las humanidades, la música y la pintura. Leyó a los clásicos de la literatura española: Calderón, Lope de Vega, Juan Ruiz de Alarcón, quienes dejaron una influencia en su obra, así como Góngora y San Juan de la Cruz, entre otros. En contacto con la vida secular, Sor Juana participó en los festejos y certámenes de su época. En dos ocasiones ganó el concurso de poesía del Triunfo parthénico (1682-1683); en 1689, con motivo del cumpleaños del conde de Gale, escribió *Amor es más laberinto,* comedia en tres actos de los cuales, el primero y el tercero son de ella, y el segundo de Juan de la Cueva. Tuvo amistad con las grandes personalidades del siglo XVII: la marquesa de Mancera y su esposo, quienes habían apadrinado su toma de hábito; la condesa de Paredes y el conde para quien escribió la comedia inspirada en Calderón, *Los empeños de una casa* (1683), con motivo del festejo civil a su entrada oficial a México. Fue amiga de prelados y escritores renombrados como el ilustre mexicano Sigüenza y Góngora. Esto le proporcionó fama; tuvo resonancia incluso en el medio eclesiástico, aunque no sin inquietud. En 1690 Sor Juana redactó la *Crisis del sermón del mandato,* carta en la que rebate con fundamentos la tesis teológica del sermón pronunciado por el jesuita portugués Antonio de Vieyra cuarenta años antes; el obispo de Puebla, Fernández de Santa Cruz, publicó el documento con el elogioso título de *Carta Athenagórica* y lo precedió de una carta firmada con el pseudónimo de "Sor Filotea de la Cruz", en la que recomendaba a Sor Juana empleara su ingenio en materias religiosas. En 1691 la Décima Musa escribió la *Respuesta a Sor Filotea,* uno de los más bellos escritos autobiográficos; es una carta sincera y valiente en la que Sor Juana revela con nitidez su más íntimo ser "*...desde que me rayó la primera luz de la razón fue tan vehemente y poderosa la inclinación a las letras que ni ajenas reprensiones (que he tenido muchas) ni propias reflexas [...] han bastado para que deje de seguir este natural impulso...*" Elocuente defensa de un espíritu que lucha por vivir en armonía con su impulso creador que no puede ser pospuesto. Su lucha simboliza la de la mujer por su pleno derecho a la vida cultural. Poseyó insuperables cualidades poéticas; su obra es tan vasta como variada; cultivó el soneto, la silva, la décima, la redondilla... En su obra aborda temas filosóficos y amorosos entre los que se encuentran los celos, la fidelidad y la ausencia. De su amplia producción se distingue el *Primero sueño,* extenso poema de 975 versos, escrito hacia 1690 a la manera de las *Soledades* de Góngora, única obra que según la autora, escribió por gusto; en ella, gracias al sueño el hombre se despoja de la materia y emprende una búsqueda del conocimiento del universo y todo lo creado. El recurso sistemático del hipérbaton, el uso de un léxico culto y la riqueza de imágenes y conceptos hacen del *Primero sueño* una nítida muestra del barroco. Para el teatro, además de sus comedias escribió tres autos sacramentales: *El cetro de José*, pieza en la que recrea el tema bíblico; *El mártir del Sacramento,* que relata la vida del rey godo San Hermenegildo y su edificante ejemplo cristiano, y el *Divino Narciso,* obra esta que sobresale por la maestría y singularidad con la que recreó uno de los mitos griegos. Narciso personifica a Cristo, su imagen está representada por la naturaleza humana; al igual que el personaje griego, Cristo ama su imagen reflejada en el agua. En esta pieza, sin renunciar a la influencia calderoniana, logra una notable originalidad. Su obra salió a la luz en vida y poco después de su muerte. Se publicó en España y apareció en tres tomos sucesivos: el primero de ellos, titulado *Inundación castálida,* cambió a *Poemas* y alcanzó nueve ediciones en la Península. El tomo segundo se conoció como *Segundo tomo* antes de cambiar a *Obras poéticas* y tuvo seis ediciones, y el tercer tomo, *Fama y obras póstumas,* se editó cinco veces. Las numerosas ediciones y los innumerables estudios y ediciones posteriores son prueba del renombre e importancia de su prodigiosa pluma. Tan es así que en 2001 surgió una discusión acerca de un texto infantil ("Loa satírica para las festividades de Corpus") atribuido a la monja, así como de la autenticidad de la llamada "Carta de Monterrey", descubierta en la década de los años 1980. En los últimos años de su vida Sor Juana vivió en el completo ascetismo y vendió su preciada biblioteca en beneficio de los pobres. Murió contagiada por la peste que azotó el convento. A su muerte, el obispo Fernández de Santa Cruz ofició en sus honores; Sigüenza y Góngora pronunció la oración fúnebre. Dejó a la posteridad una obra admirable en la que se adivina su pensamiento lógico y sistemático. Con agudeza supo captar los sentimientos y pasiones y transmitirlos en los versos más bellos en lengua española. Cargados de erudición y pasados por la razón, sus versos también supieron tornarse ingenuos, ágiles y cristalinos.

"De una mujer se convencen / todos los sabios de Egipto, / para prueba de que el sexo / no es esencia en lo entendido".

OBRA REPRESENTATIVA: **Poesía.** *Poemas* (1689) // *Obras poéticas* (1692) // *Fama y obras póstumas* (1700).

CUÉLLAR, José Tomás de (1830-1894). Escritor mexicano, periodista, político y diplomático. Continuador de la novela romántica iniciada en su país por Manuel Payno. Creador de una vasta obra costumbrista, pintó y recreó con singular destreza los tipos característicos, ambientes y costumbres de la sociedad mexicana de la segunda mitad del siglo XIX en tiempos de Juárez. Oriundo de la ciudad de México, se formó en los colegios de San Gregorio y San Ildefonso; posteriormente, ingresó en el Colegio Militar de Chapultepec; también estudió pintura en la Academia Nacional de San Carlos. Luchó contra la invasión norteamericana en 1847. Viajó a los Estados Unidos de Norteamérica como diplomático y permaneció en ese país durante diez años. Participó activamente en el periodismo; en 1869 fundó y dirigió, en provincia, el semanario LA ILUSTRACIÓN POTOSINA, mismo año en que apareció la revista EL RENACIMIENTO de Ignacio Manuel Altamirano; colaboró en EL SIGLO XIX, LA ILUSTRACIÓN MEXICANA y EL FEDERALISTA entre otras importantes publicaciones de carácter literario. Al igual que otros escritores de su época, utilizó el folletín para difundir parte de sus creaciones. Conocido con el pseudónimo de "Facundo", publicó una colección de novelas y bocetos del mismo género de índole costumbrista bajo el título de *La linterna mágica,* cuya edición definitiva (1889-1892) está organizada en 24 tomos y comprende: *Ensalada de pollos; Historia de Chucho el ninfo; Isolina la ex-figurante; Las jamonas; Las gentes que "son así"; Gabriel el cerrajero; Baile y cochino; Los mariditos; Los fuereños* y *La Noche Buena,* novelas escritas entre 1869 y 1890. Cuéllar cultivó el cuadro de costumbres dentro de la tradición iniciada por Fernández de Lizardi y recibió la influencia de Larra y Mesonero Romanos. Hay quienes incluyen a Balzac como parte de los modelos extranjeros en los que se basó. Al tendero, a la china, al lépero y a otros personajes de su galería costumbrista pretendió capturarlos en *"plena comedia humana"* y recrear, con trazo ligero, un ambiente mexicano. En sus relatos, concisos y amenos, satirizó las lacras sociales y caricaturizó, con vocación teatral, a la clase media mexicana. La intención satírico-moralizante, la descripción de caracteres y la narración de acontecimientos están exentas de profundidad, lo que para algunos constituye una de las principales virtudes de sus novelas. Por su sentido nacional, la obra de Cuéllar posee un valor documental para la cultura mexicana. Escribió también algunos dramas románticos como *Deberes y sacrificios*, lucha entre el amor y el deber, estrenada en 1855 en el Teatro Nacional. El novelista sufrió ceguera en los últimos años de su vida y murió en la ciudad de México. En el estilo de Cuéllar se ha señalado la fidelidad con la que elaboró sus estampas. La crítica moral es, en ocasiones, demasiado digresiva y cae en lugares comunes.

"...cuando el lector, a la luz de mi linterna, ría conmigo y encuentre el ridículo en los vicios y en las malas costumbres, o goce con los modelos de la virtud, habrá conquistado un nuevo prosélito de la moral y de la justicia".

OBRA REPRESENTATIVA: **Novela.** *El pecado del siglo* (1869) // *La linterna mágica* (1889-1892, 24 Tomos). **Teatro.** *Deberes y sacrificios* (1855).

CUESTA, Jorge (1903-1942). Escritor mexicano y químico. Destacado poeta y ensayista que formó parte de los Contemporáneos, prestigiado grupo de poetas cuyo nombre es el mismo de la revista que sus miembros crearon en 1928. Considerados como una auténtica generación, los Contemporáneos se preocuparon por el valor de la literatura y se caracterizaron por una sensibilidad afín, una formación intelectual rigurosa, un interés por el arte nuevo y una necesidad de participar en lo universal. Fueron herederos de la literatura modernista, de la filosofía y obra del Ateneo de la Juventud, de la obra de Ramón López Velarde, y participaron de las corrientes vanguardistas. Manifestaron especial predilección por la literatura de la NOUVELLE REVUE FRANÇAISE. En grado diferente penetraron en obras de autores españoles, norteamericanos, ingleses, italianos e hispanoamericanos. Entre algunos de los modelos más significativos están: Marcel Proust, Jean Cocteau, André Gide, Guillaume Apollinaire, T. S. Eliot y Juan Ramón Jiménez. Además de Cuesta, la generación estuvo formada principalmente por Bernardo Ortiz de Montellano, Carlos Pellicer, José Gorostiza, Enrique González Rojo, Jaime Torres Bodet, Xavier Villaurrutia, Gilberto Owen y Salvador Novo. Su obra individual y colectiva renovó la poesía mexicana. Pocos son los datos biográficos de Cuesta, cuya vida adquirió características de leyenda. Nació en Córdoba, Veracruz; su padre era descendiente de españoles y su madre de franceses. Realizó los primeros estudios en distintos colegios de su ciudad natal. Manifestó desde su juventud temprana interés por la literatura y las ciencias; de esa época datan la *Oda a la Independencia* (1921); el diálogo intitulado *Ofrecimiento* (1921) y el juguete cómico *El primer trofeo* (1921). Posteriormente pasó a la ciudad de México donde estudió la carrera de ciencias químicas; fue delegado de la Sociedad de Alumnos de su facultad y dirigió la revista del grupo. En 1924 colaboró con su primer trabajo literario en la revista ANTENA, dirigida por Francisco Monterde. Algunos consideran que a partir de esta fecha Cuesta comenzó a relacionarse con otros escritores; sin embargo, hay quienes proponen que ya había participado en reuniones literarias. En 1926 regresó a provincia donde ejerció su profesión, pero ese mismo año volvió a la capital. En 1927 conoció a la que más tarde fue su esposa, Guadalupe Marín, quien se habría de separar del pintor Diego Rivera; ese mismo año publicó la *Antología de la poesía mexicana moderna* que causó gran polémica. Al año siguiente viajó a Europa y residió en París por breve temporada; ahí estableció contacto con André Breton y otros surrealistas y con los mexicanos Carlos Pellicer, Samuel Ramos y Agustín Lazo. A partir de 1930 desarrolló una intensa labor literaria que lo colocó en la generación de los Contemporáneos y le dio prestigio sobre todo como ensayista. Entre 1932 y 1935 realizó lo mejor de su obra. Alternó la actividad literaria y la investigación en ciencias químicas; según ciertas fuentes, experimentaba para obtener fórmulas que lograran la eterna juventud y otras del estilo. Por la conjunción de esas dos actividades sus amigos lo llamaron "El Alquimista". Su poema más ambicioso "*Canto a un dios mineral*" refleja la amalgama de sus inquietudes literarias y científicas. En 1938 dirigió un laboratorio en una industria de azúcares y alcoholes. El poeta-ensayista fundó en 1932 la revista EXAMEN y colaboró en numerosas publicaciones periódicas, entre las que se encuentran: la REVISTA ULISES, antecedente importante de CONTEMPORÁNEOS; EL UNIVERSAL; CONTEMPORÁNEOS; VOZ NACIONAL; LETRAS DE MÉXICO y EL NACIONAL. Su producción literaria apareció en la prensa periodística y cultural. Su poesía tuvo dos recopilaciones póstumas: una prologada por Alí Chumacero y la otra por Elías Nandino y Rubén Salazar Mallén. En 1964 la Universidad Nacional Autónoma de México publicó, en cuatro volúmenes, todo lo que se conoce de su obra poética y ensayística. Dentro de los Contemporáneos, Cuesta ha sido considerado como el crítico de la generación y para algunos el más dotado. Tanto en sus poemas como en sus ensayos dominan la fuerza de la razón y la inteligencia. La estética de su escritura buscó la perfección formal de tal suerte que solía reescribir sus versos. La poesía de Cuesta está descarnada; se caracteriza por un juego barroco de ideas e imágenes que produce un efecto de ininteligibilidad. La ansiedad, el pesimismo y la idea de la muerte y la vejez están tras su obsesión del tiempo existencial. Hay en su canto una búsqueda del equilibrio entre fuerzas que se oponen. Sus composiciones poéticas dejan oír los ecos de Quevedo y Sor Juana, de Paul Valéry, Mallarmé y Jules Supervielle entre otros; privilegió el soneto frente a otras formas poéticas. El Cuesta ensayista recuerda las inquietudes del inmortal Montaigne; escribió ensayos sobre estética y asuntos políticos y sociales en los que destaca el rigor, la síntesis y una lucidez poco común. Atormentado y presa de crisis nerviosas, el poeta-ensayista se arrancó dramáticamente la vida en plena madurez; fue sepultado en la ciudad de México. En su poesía se destaca la libertad sintáctica y el uso de adjetivos poco usuales; en los ensayos, la asociación de ideas y la amenidad.

"Pasa por mí lo que no habré igualado / después que pasa y que ya no aparece / su ausencia sólo soy, que permanece".

OBRA REPRESENTATIVA: **Ensayo-poesía.** *Poemas y ensayos* (1964).

D

DALTON, Roque (1935-1975). Destacado poeta, novelista y periodista salvadoreño, su obra posee el tono combativo de los escritores pertenecientes a la segunda mitad del siglo XX. De padre estadounidense y madre salvadoreña, Roque Dalton nació en El Salvador. Su primera formación transcurrió en colegios de religiosos jesuitas. Fue alumno del Externado de San José; cursó el primer año de leyes en Chile; ahí entró en contacto con las ideas marxistas que lo llevaron a un cambio ideológico y a una crisis espiritual. Regresó a su país, continuó la carrera y se adhirió a los movimientos revolucionarios de El Salvador; no se recibió de abogado debido a los problemas políticos que tuvo en esa época. Fue perseguido, encarcelado y exiliado por sus ideas marxistas. Estuvo en México (1961) y en Cuba (1962). Con motivo del VI Festival Mundial de la Juventud viajó a Moscú como delegado de El Salvador (1957). Entre los autores que influyeron en su obra está César Vallejo, Pablo Neruda, Hemingway, Faulkner y la trilogía de franceses integrada por Henri Michaux, Saint John Perse y Jacques Prévert. Fue merecedor en tres ocasiones del Premio Centroamericano de Poesía (1956, 1958 y 1959). También recibió el Premio Casa de las Américas en 1969 con *Taberna y otros lugares*, poemario que contiene versos de enérgica protesta social. Hombre para quien la vida y la obra no son aspectos disociables, Roque Dalton encontró en la poesía *"el elemento perturbador del orden establecido"*. Su poesía sigue una evolución que se inicia con cantos al estilo de Neruda, avanza hacia la expresión de lo nacional y culmina en la poesía de ideas. Aunque es poco conocido como novelista, el salvadoreño escribió *Pobrecito poeta que era yo...* (1976) en la que dirigió un demoledor ataque a la sociedad de su tiempo. Mediante el uso de un lenguaje punzante, Roque Dalton se lanza a la crítica del sistema social que le tocó vivir muy de cerca. Murió en San Salvador trágicamente. Dejó una obra poética madura cuyo estilo introduce las formas de la narración y se torna en poesía de personajes; las imágenes avanzan en sucesión siguiendo la técnica cinematográfica. Su prosa incluye juegos de palabras; incorpora los giros populares, el lenguaje oral y abunda en elocuencia humorística.

"Poesía / Perdóname por haberte ayudado a comprender / que no estás hecha sólo de palabras".

Obra representativa: **Biografía.** *Miguel Mármol* (1972). **Ensayo.** *César Vallejo* (1963) // *¿Revolución en la revolución? y la crítica de derecha* (1970). **Narración.** *Las historias prohibidas de Pulgarcito* (1974). **Novela.** *Pobrecito poeta que era yo...* (1976). **Poesía**. *La ventana en el rostro* (1961) // *El turno del ofendido* (1963) // *Los testimonios* (1964) // *Taberna y otros lugares* (1969) // *Los pequeños infiernos* (1970) // *Poemas clandestinos* (1981).

DARÍO, Rubén (1867-1916). Escritor nicaragüense, periodista y diplomático. Líder y uno de los máximos realizadores del movimiento modernista, su obra en verso y prosa señaló una nueva era en las letras hispanoamericanas y dejó profunda huella en las españolas. La fuerza de su personalidad poética lo convirtió en un eje alrededor del cual se reunió una generación americana de brillantes jóvenes escritores. Creador de un auténtico mundo poético, transformó los moldes tradicionales de la lírica hispánica y abrió horizontes luminosos a generaciones. Con Darío, la lengua española cantó nuevas armonías que resonaron en América y Europa. Autor polémico, adjudicó el éxito de su novedad al hecho de haber aprendido a pensar en francés y a escribir en español. Para algunos la nueva estética del nicaragüense fue resultado de una síntesis genial de su asimilación profunda del espíritu francés, español y americano. Entre los escritores latinoamericanos que representaron un modelo para Darío se encuentran Díaz Mirón, Martí y Julián del Casal. Al igual que su perfil cosmopolita, los frutos de su sensibilidad artística trascendieron a lo universal. Imitado, seguido y mitificado, ha sido uno de los autores más estudiados en la historia de las letras hispanoamericanas. Originario de Metapa, hoy ciudad Darío, su crianza estuvo a cargo de una tía materna. Se le dio el nombre de Félix Rubén García Sarmiento; sin embargo, optó por el apellido Darío que ya existía entre sus antecesores. Su educación fue rudimentaria; en una escuela de jesuitas estudió un poco de latín, griego y literatura española. Fue su interés por la lectura el que lo llevó a adquirir una amplia cultura literaria. Precoz, manifestó desde niño una gran capacidad para la escritura; desde los once años de edad comenzó a componer versos y se le conoció como el "niño poeta". A partir de 1882, año en que se trasladó a El Salvador, Darío se convirtió en un viajero incansable; recorrió gran parte de Centro y Sudamérica, estuvo en los Estados Unidos de Norteamérica y en un buen número de países europeos. Residió en Chile, Argentina, España y Francia, países en los que apreciaron sus obras fundamentales. Desarrolló actividades periodísticas como la corresponsalía del diario bonaerense LA NACIÓN que obtuvo durante su estancia en Chile (1886-1889) y que sostuvo a lo largo de su vida; ejerció cargos diplomáticos como el de secretario de la delegación de su país para los festejos en España del Cuarto Centenario del Descubrimiento de América (1892) y el de Cónsul de Colombia en Argentina (1893), entre otros. Su extraordinaria capacidad para relacionarse lo llevó a conocer a numerosos intelectuales y escritores de diversa edad y nacionalidad, así como a participar en las famosas tertulias literarias francesas y españolas de su tiempo. Hombre de contrastes, vivió con lujo en ambientes aristocráticos y también conoció la pobreza extrema; se entregó a la bohemia y a los "paraísos artificiales" y en ocasiones al ascetismo. En su vida amorosa aparecen varias mujeres. Entre las personalidades que conoció figuran: en El Salvador, Francisco Gavidia; en Chile, Eduardo Poirier, Narciso Tondreau, Orrego Luco; en Argentina, Guido Spano, Paul Groussac, Calixto Oyuela, Ricardo Jaimes Freyre; en Cuba, Julián del Casal; en Nueva York, José Martí; en Francia, Verlaine, Charles Maurice, Jean Morèas, Amado Nervo, Justo Sierra, Manuel Ugarte, Rufino Blanco Fombona; en España, Marcelino Menéndez y Pelayo, Emilio Castelar, Salvador Rueda, Núñez de Arce, Emilia Pardo Bazán, Juan Valera, Azorín, los hermanos Machado, Alejandro Sawa, Valle-Inclán, Unamuno, Francisco Villaespesa y Juan Ramón Jiménez. Con Ricardo Jaimes Freyre fundó en Argentina la REVISTA DE AMÉRICA (1894), importante órgano de difusión del Modernismo. Los primeros versos de Darío fueron imitación de los modelos clásicos del Siglo de Oro Español, de los románticos españoles y franceses y de los neoclásicos latinoamericanos. La aparición de *Azul...* en 1888 señaló el principio del profundo cambio en la concepción estética del escritor y también en la de la literatura hispanoamericana. *Azul...* está compuesto por versos y cuentos en prosa. Los cuentos son de carácter maravilloso y revelan el encuentro de Darío con la literatura parnasiana y sus temas exóticos; en ellos evoca un mundo fantástico: faunos, gnomos, hadas, ninfas, cisnes, lagos de azur, parques versallescos, etc.; resuenan los ecos de Catulle Mendès, Leconte de Lisle y Armand Silvestre, entre otros. El cuento abandonó entonces la tradición realista. Los poemas, aunque menos novedosos, señalan una nueva sensibilidad, un nuevo sentido armónico que preludia una poesía ya no de ideas, sino de sensaciones: la "melodía interior" de Darío. En 1890 se publicó una segunda edición de *Azul...*, aumentada con versos más audaces. En 1896 aparecieron en Argentina otras dos obras fundamentales *Los raros* y *Prosas profanas*. El primero es un libro de semblanzas de escritores que muestra las preferencias literarias del autor en ese tiempo; entre las veinte semblanzas que conforman la obra no se encuentra la de ningún poeta español; algunas de las que aparecen son: la de Verlaine, Moréas, Leconte de Lisle, Lautréamont, José Martí, Ibsen y la del portugués Eugenio de Castro. A través de este libro, Darío dio a conocer en Latinoamérica el movimiento simbolista francés. Al parecer, su intención no fue proponer a esos autores como modelos, sino ofrecer un ejemplo de originalidad, valor en el que Darío sustentaba el nuevo movimiento modernista de América. Aunque fue enormemente imitado, su principio fue el de expresar lo propio. *Los raros* es un libro de crítica impresionista y, a la vez, una prosa novedosa en la que se conjugan la flexibilidad expresiva y el matiz poético. En *Prosas profanas y otros poemas*, Darío vio realizado su ideal de expresar la "melodía interior" de sus más profundos sentimientos y sueños; además de la originalidad, fue entonces la sinceridad su máximo principio. Este libro contiene algunos de sus poemas más famosos: *"Era un aire suave"*, *"El cisne"* y *"Sonatina"*, entre otros. Darío explicó que *"prosas"* significaba en el medioevo "himno" y "profanas", algo no sagrado. El libro despliega novedosas imágenes cargadas de exotismo e importantes recursos técnicos. Para algunos, la influencia de Verlaine y otros escritores cercanos a sus preferencias fue ideológica; para otros, esencialmente técnica. No obstante, *Prosas profanas* es una obra personalísima que constituyó una fuente inagotable de imitación e inspiración para otros escritores. Los poemas fueron precedidos de *"Palabras liminares"*, en las que el poeta manifestó su ideario estético, basado en los principios de la no imitación y del arte aristocrático. En 1901 aparecieron en París *España contemporánea* y *Peregrinaciones*, libros que recogen sus artículos periodísticos que habían sido publicados en el diario LA NACIÓN. En 1902, vio la luz *La caravana pasa*, libro en el que describió con encantadora prosa la ciudad de París. Una de las características esenciales de la prosa rubendariana es el valor poético que le imprimió. Su prosa periodística es vasta y sin embargo ha sido poco estudiada. En 1905 se publicó, en España, la que ha sido considerada como su obra maestra: *Cantos de vida y esperanza.* En este libro, aunque se conservan algunos temas modernistas como el de los países exóticos, el autor se adentró en sí mismo y, en un vuelco retrospectivo, hizo aflorar su profunda raíz latina e hispánica, rompiendo la torre de marfil en la que había decidido vivir. El paso del tiempo, el sufrimiento de la juventud que se fue, el dolor por los goces carnales que se pierden, el cansancio de la vida, el hombre y su destino hacia lo inevitable, así como una valoración del significado de la cultura española, y una preocupación social por los acontecimientos de su época, y la avanzada norteamericana en Hispanoamérica, pueden resumir el mundo temático del fundamental libro. Desde el punto de vista formal, *Cantos de vida y esperanza* posee una gran variedad métrica. En los últimos años de su vida, Darío buscó la serenidad; en Mallorca compuso versos de carácter religioso. En 1914, año en que se inició la Primera Guerra Mundial, salió de París hacia América con el fin de aliviar sus problemas económicos; al pasar por Nueva York cayó enfermo de pulmonía. En 1915, una vez restablecido, en la Universidad de Columbia leyó su poema *"Pax"* en contra de la guerra. Su salud ya estaba muy deteriorada y al siguiente año falleció en la patria que lo vio nacer.

"El arte no es un conjunto de reglas sino una armonía de caprichos".

OBRA REPRESENTATIVA: **Autobiografía.** *La vida de Rubén Darío escrita por él mismo* (1915). **Crónica.** *Tierras solares* (1904). **Poesía.** *Abrojos* (1887) // *Rimas* (1887) // *Canto épico a las glorias de Chile* (1887) // *Azul...* (1888, verso y prosa) // *Primeras notas* (1888) // *Prosas profanas y otros poemas* (1896 y 1901) // *Cantos de vida y esperanza* (1905) // *Canto errante* (1907) // *Canto a la Argentina y otros poemas* (1914) // *Poemas de otoño y otros poemas* (1916). **Prosa.** *España contemporánea* (1901) // *Peregrinaciones* (1901) // *La caravana pasa* (1902, 4 Vols).

DELGADO, Rafael (1853-1914). Novelista mexicano cuya obra constituye una muestra destacada de la novela romántico-realista en Hispanoamérica durante la segunda mitad del siglo XIX. Oriundo de Córdoba, Veracruz, se formó en colegios de Orizaba y México. Desde joven manifestó su vocación para la literatura y la enseñanza; impartió diversas cátedras en el Colegio Nacional de Orizaba (1875-1893) y en el Colegio Preparatorio de Jalapa a partir de 1901. Fue miembro de la Academia Mexicana de la Lengua (1892) y del Liceo Altamirano. Tuvo a su cargo la Dirección General de Educación Pública en el estado de Jalisco, por cerca de seis meses en el año de 1913. Aunque su importancia en las letras mexicanas se debe a sus novelas, la trayectoria literaria de Delgado abarca el género dramático, la poesía, la crítica y la preceptiva literaria. Compuso dos comedias que se estrenaron en 1878: *La caja de dulces*, obra en prosa que no se ha conservado, y *La taza de té*, proverbio en verso que es una paráfrasis de la obra *Tasse à thé* de A. Kaempfen; escribió el monólogo *Antes de la boda*, estrenado en 1885 y publicado luego en 1899; tradujo de Octavio Feuillet *El caso de conciencia* (1879) y, al parecer, fue autor de la pieza corta *La gardenia* (sf). Escribió poesía lírica, cuadros de costumbres y artículos de crítica literaria sobre Bécquer y Núñez de Arce, entre otros. Redactó lecciones de literatura y de geografía histórica. Considerado como un gran estilista, Delgado se interesó por el ambiente provinciano de México, sobre todo por la región veracruzana. El valor estético de su obra novelística reside fundamentalmente en la fidelidad de sus descripciones costumbristas y en la proyección de un particular sentimentalismo. Delgado conjugó los esquemas románticos y la interpretación realista. Entre los numerosos autores que leyó figuran Cervantes, José María Pereda, Fernán Caballero, Chateaubriand, Victor Hugo, Gautier, Balzac, los Goncourt, Foscolo, Payno, Florencio del Castillo y Fernando Orozco. Su producción novelística está constituida por *La calandria* (1890); *Angelina* (1893) que ha sido semejada en algunos aspectos a la novela *María* de Isaacs; *Los parientes ricos* (1901-1902) e *Historia vulgar* (1904). Su narrativa incluye *Cuentos y notas* (1902) basados en los elementos substanciales del cuadro de costumbres. Existen obras completas del autor. Su obra fue estudiada, entre otros, por el mexicano Mariano Azuela. El novelista murió en Orizaba. El estilo de Delgado se caracteriza por la riqueza de los recursos literarios que utiliza al describir; resulta interesante para su estudio la manera en que relaciona las situaciones sentimentales y los paisajes. La psicología de sus personajes es sencilla y su configuración está bien elaborada.

"...una novela es una obra artística: el objeto principal del arte es la belleza, y... ¡con eso le basta!"

OBRA REPRESENTATIVA: **Novela.** *La calandria* (1890) // *Angelina* (1893) // *Los parientes ricos* (1901-1902) // *Historia vulgar* (1904). **Teatro.** *La caja de dulces* (1878) // *La taza de té* (1878) // *El caso de conciencia* (1879) // *Antes de la boda* (1899) // *La gardenia* (sf).

DENIS, Amelia (1836-1911). Poetisa panameña de cuño romántico; su obra, enclavada en la vena social, ocupa un lugar preponderante en las letras de su país. En desventaja por su condición de mujer, Denis sólo tuvo acceso a la educación primaria; el año de su nacimiento coincidió con la apertura de la primera escuela elemental para niñas en el barrio de Santa Ana. La cultura que llegó a poseer la adquirió de manera autodidacta. Oriunda de la ciudad de Panamá, desde muy joven surgió en ella la inquietud literaria; antes de cumplir veinte años su nombre ya figuraba entre los jóvenes poetas panameños que se dieron a conocer en las páginas de LA FLORESTA ISTMEÑA. Contrajo matrimonio en dos ocasiones, por lo que residió la mayor parte de su vida fuera de Panamá. Durante su estancia en Guatemala, donde pasó más de veinte años, entró en contacto con poetas y escritores; escribió para EL BIEN PÚBLICO, en cuyas colaboraciones utilizó el pseudónimo de "Elena". Con su segundo matrimonio se trasladó a Nicaragua; ahí vivió el resto de su vida. En permanente combate con la sociedad de su tiempo, Amelia Denis escribió versos de profundo contenido social; impugnó la injusticia y la hipocresía. Antes de morir, visitó Panamá en 1906 y ante la realidad política que vivía ese país escribió los melancólicos versos de *Al cerro Ancón* en los que plantea un duelo con su tierra, que ya no era la misma. En la poesía de Amelia Denis los versos fluyen con decisión; el estilo vale por su sencillez, espontaneidad y soltura.

"Sin lucha y resistencia no hay victoria".

OBRA REPRESENTATIVA: **Poesía.** *Al cerro Ancón* (sf).

D'HALMAR, Augusto (1882-1950). Notable escritor y diplomático chileno; iniciador en su país de la novela contemporánea, su huella es visible en las letras nacionales. Augusto Geominne Thomson pasó a la historia de la literatura como Augusto D'Halmar. Algunos de sus biógrafos aseguran que nació en Santiago, otros señalan que fue oriundo de Valparaíso. De temperamento sensible y de una imaginación a flor de piel, D'Halmar se formó en humanidades en el Seminario Conciliar y luego pasó al Liceo Miguel Luis Amunátegui. Desde los años de juventud manifestó una vocación literaria que mantuvo y defendió a lo largo de su vida. Junto con Alfredo Melossi fundó LUZ Y SOMBRA, publicación periódica que al fusionarse con INSTANTÁNEAS en 1900, desempeñó un papel importante en las letras chilenas. Entre las lecturas que influyeron en su trayectoria se encuentran las de Daudet, Zola, Gide y Loti. Inspirado por el renombrado escritor ruso León Tolstoi y en colaboración con el pintor Julio Ortiz de Zárate y su cuñado, el escritor Fernando Santiván, D'Halmar realizó la fundación de una Colonia Tolstoyana, ubicada cerca de Santiago, en San Bernardo. Fue amigo de Federico Puga Borne, quien al ser nombrado Ministro de Relaciones Exteriores, lo llamó como secretario personal. En 1907, apoyado por Puga, lo designaron Cónsul de Chile en la India. Antes de establecerse en Calcuta, hizo un recorrido por Inglaterra, Francia, Suiza, Italia, Grecia, Turquía y Egipto. Al poco tiempo de volver a Chile en 1916 fue enviado a Europa en calidad de corresponsal del diario LA UNIÓN. Ausente por casi 30 años, D'Halmar regresó a su patria en 1934 para ocupar el cargo de director del Museo de Valparaíso. Antes de publicar su primera novela, había escrito en revistas semanales y en diarios algunas impresiones y cuentos. Se inició a principios de siglo, cuando al parecer las letras en ese país pedían una renovación que les sacudiera la carga neoclásica y romántica. En 1902 apareció *Juana Lucero*, novela de tendencia naturalista. La protagonista es una joven de la vida alegre que a la manera de *Santa,* del mexicano Federico Gamboa, luego de sufrir el primer desengaño amoroso se entrega a los placeres fáciles. Pronto abandonó esta inclinación naturalista y dejó que de su pluma brotara una prosa impregnada de fantasía, desbordante de elementos exóticos y recuerdos del Oriente que se tejen en tenues y delicadas imágenes. En *Nirvana* (1918) D'Halmar recorre los mares y las ciudades de Oriente. *Pasión y muerte del cura Deusto*, publicada en Madrid en 1924, es una de sus obras más importantes. La trama se desarrolla en un ambiente clerical y resulta singular la maestría con que el autor analiza la progresión de una pasión que un niño despierta en un cura. Hombre dedicado al quehacer literario hasta sus últimos días, D'Halmar colaboró de manera asidua en LA HORA y LA NACIÓN de Santiago; en esta última publicó *Recuerdos olvidados*, textos de carácter autobiográfico. En 1942 se le otorgó el Premio Nacional de Literatura. La fama a que fue merecedor lo convirtió en guía de una generación; hacia el final de su vida recopiló algunos de sus ensayos literarios en *Los 21;* dio conferencias en Santiago, Valparaíso y Concepción; murió siendo jefe de la

Biblioteca Nacional de Santiago. Dejó una prosa rica en sensaciones. Sus cuentos y novelas se sostienen en una estructura armónica; forjó nuevas metáforas que transmiten débiles relieves.

"Nada he visto sino el mundo, nada me ha sucedido sino la vida".

OBRA REPRESENTATIVA: **Cuento.** *La lámpara en el molino* (1906). **Novela.** *Juana Lucero* (1902) // *Nirvana* (1918) // *Pasión y muerte del cura Deusto* (1924) // *La sombra de humo en el espejo* (1924) // *Amor cara o cruz* (1935) // *A rodar tierras* (sf) // *Cristián y yo* (1946). **Prosa.** *Los 21* (1948).

DÍAZ COVARRUBIAS, Juan (1837-1859). Escritor mexicano, médico, periodista y militante político. Recordado en su patria como uno de los "mártires de Tacubaya", Díaz Covarrubias ha atraído la atención de los estudiosos en la actualidad. Novelista romántico, su producción ha sido considerada como precursora de la novela histórica en su país. Nació en Jalapa, Veracruz. Realizó estudios de filosofía y latinidad en el Colegio de Letrán, donde conoció y estableció amistad con Ignacio Manuel Altamirano y Manuel Mateos; posteriormente inició la carrera de medicina (1853). Al igual que su padre, fue liberal en política; perteneció a la juventud letrada de su época. Participó con artículos en el SIGLO XIX y EL MONITOR REPUBLICANO, entre otras publicaciones periódicas. Su variada producción comprende *Impresiones y sentimientos* (1857), libro que contiene principalmente artículos y cuentos; *Páginas del corazón* (1857), poemas que dedicó a José Zorrilla y tres novelas: *Gil Gómez, el insurgente o la hija del médico* (1858); *La clase media* (1858) y *El diablo en México* (1858). Escribió también un boceto de novela intitulado *La sensitiva* (1859). La obra del novelista, en su conjunto, está penetrada de una visión histórica que reúne los caracteres lírico, sentimental y costumbrista del romanticismo de la época. Armonizó episodios del caudal histórico e imaginación singular en un juego novelesco para hablar del amor y de la patria; expresó los desencantos del amor, ideas de igualdad social y protestó contra la aristocracia. En el ideal de recorrer la historia de México, desde la emancipación hasta la invasión norteamericana, a través de la novela —empresa frustrada por su muerte fatal— conjugó los valores estético y social. Su obra juvenil y desigual, posee un valor documental; canalizó la influencia de las literaturas inglesa y francesa del siglo XIX hacia el relato de genuino interés nacionalista. No llegó el novelista a madurar, pero abrió un camino y ofreció una esperanza que trascendió entre sus continuadores. El novelista mexicano Nicolás Pizarro hizo de Díaz Covarrubias un personaje de su novela social *La coqueta* (1861). Existen obras completas del autor. Murió fusilado a raíz de su participación como médico en el campamento liberal de Tacubaya, junto con su amigo Manuel Mateos, hermano del destacado escritor Juan A. Mateos. La estructura de sus novelas es transparente, combina con agilidad la narración, el cuadro costumbrista y el diario íntimo; se ha señalado su sensiblería romántica aunque menos exagerada que en otros autores.

"En la literatura sólo veo una hermana que me ha dado ese consuelo de la confidencia y de la expansión en horas muy aciagas de una vida consumida en la monotonía y el marasmo".

OBRA REPRESENTATIVA: **Cuento-ensayo.** *Impresiones y sentimientos* (1857).

Novela. *Gil Gómez, el insurgente o la hija del médico* (1858) // *La clase media* (1858) // *El diablo en México* (1858) // *La sensitiva* (1859). **Poesía.** *Páginas del corazón* (1857).

DÍAZ de GUZMÁN, Ruy (1554-1629). Cronista paraguayo que se distingue por haber sido el primer historiador del Río de la Plata. Originario de Asunción, en Guzmán converge sangre de jefes de los antiguos conquistadores; por el lado materno descendía del gobernador Domingo Martínez de Irala, cuya hija se casó con Alonso Riquelme de Guzmán, padre del cronista y sobrino del adelantado Álvar Núñez Cabeza de Vaca. Tanto su padre como su abuelo representaban facciones contrarias que durante mucho tiempo porfiaron por el dominio de la ciudad de Asunción. Conquistador a su vez, Guzmán se incorporó al ejército de Ruy Díaz Melgarejo (1570) para tomar parte en la lucha que tuvo como escenario las selvas de los Tupis del Alto Paraná, en la provincia de Guayrá. Después de diez años de combate, se trasladó a Córdoba de Tucumán, donde permaneció hasta 1584. A pesar de su trayectoria agitada, Guzmán no logró los reconocimientos a las distintas empresas que emprendió. Cuando regresó a su ciudad de origen, volvió a luchar en Guayrá durante quince años; pasó luego a Buenos Aires con la intención de que el gobernador le proporcionara los medios para viajar a España, pero ante la negativa de éste se vio obligado a regresar a Asunción; ahí permaneció de 1599 a 1604, año en que obtuvo un cargo de funcionario en Santiago. Debido a sus perseverantes deseos por desempeñar un papel importante, en 1614 le asignaron la conquista de los chiriguanos, ardua tarea, pues, hasta entonces, todas las incursiones españolas en esas tierras habían sido infructuosas. Su crónica escrita en 1612, lleva por título *Historia del descubrimiento, población y conquista del Río de la Plata*; se le conoce como *Argentina manuscrita*, para diferenciarla de la obra *Argentina publicada* debida a Barco Centenera. El material histórico que recoge se divide en tres partes; en ellas Guzmán trazó los hechos sucedidos a partir de la conquista del Río de la Plata hasta los acontecimientos contemporáneos al autor y en los cuales tomó parte, es decir, la fundación de Santa Fe (1573) y la llegada de Ortiz de Zárate. En el tercer libro, Guzmán promete una cuarta parte en la que deseaba tratar el gobierno de Gonzalo de Abreu en Tucumán, parte que muy probablemente nunca llegó a escribir. Después de 1619, tras cinco años de duros combates en la región de los chiriguanos, regresó a Asunción donde murió. La crónica se publicó hasta el siglo XIX. En el estilo se aprecia una gran habilidad en el manejo de la prosa; su tono es impersonal, aunque muy vivo en las descripciones.

"...El alma de la historia es la pureza y verdad".

OBRA REPRESENTATIVA: *Argentina manuscrita* (1836).

DÍAZ del CASTILLO, Bernal (1495-1582). Conquistador español, cronista de la Conquista de México. En su biografía existen muchas imprecisiones. Natural de Medina del Campo, se embarcó a América cuando debía tener diecinueve años (1514) en la expedición de Pedro de Arias de Ávila, el famoso "Pedrarias"; llegó a tierras americanas en calidad de soldado. Estuvo en Cuba tres años al lado de Diego Velázquez y Juan de Grijalva; fue capitán de Cortés en su empresa conquistadora de México; en 1517 estuvo en Yucatán con Hernández de Córdova. Viajó a España (1538) en busca del reconocimiento real y logró obtener un corregimiento en Guatemala (1540). El anhelo de mejorar su situación en América lo llevó de nuevo a España en 1550; al volver (1551) se afincó en Guatemala donde fue Regidor de la Villa del Espíritu Santo y donde murió. Sin ser un autor prolífero, Díaz del Castillo dejó un testimonio invaluable. Retirado en Guatemala, empezó a escribir a edad avanzada; denominó su crónica *Historia verdadera de la Conquista de la Nueva España*. Se trata del relato maduro del hombre que evoca los sucesos vividos al lado de Cortés. Bernal leyó la crónica de Gómara sobre la conquista y se propuso enmendar los errores y aclarar los hechos que, en su opinión, Gómara obscureció por su afán laudatorio hacia Hernán Cortés. Sin ser opuesto a la figura del conquistador, Bernal presenta la visión histórica del soldado en el encuentro de dos culturas, dos mundos; bajo su pluma, Cortés adquiere trazos más vivos y humanos. Su prosa es fluida, amena; seduce al lector, trasladándolo de lleno al escenario americano del siglo XVI. Con pluma maestra narra las glorias y las penalidades de los soldados españoles. La crónica de Bernal es, además, una fuente inapreciable para el estudio de la lengua española del siglo XVI.

"La verdad resiste a mi rudeza".

OBRA REPRESENTATIVA: *Historia verdadera de la Conquista de la Nueva España* (1632).

DÍAZ J., Héctor (1910-1952). Poeta dominicano de inspiración romántica, su obra enriqueció la lírica de ese país. Nació en la región henequenera y cafetalera de Azua; muy joven pasó a la capital y se dedicó al periodismo. En el inicio, su poesía reflejó la influencia de Bécquer; fue un lector asiduo de Vargas Vila, Manuel Acuña y Rubén Darío, quienes fueron sus modelos en la etapa madura. Entre los temas preferidos de Héctor J. Díaz se encuentra el de la muerte del amor, el amor-pasión y el de la angustia existencial del hombre en el mundo. El poeta murió en Nueva York, en plena flor de la vida. Cultivó el soneto con bellas y originales metáforas; las imágenes transmiten sentimientos que provienen de lo más íntimo de su sentir lírico.

"En mi interior unidos como un remordimiento, / tres fantasmas: el tiempo, mi recuerdo y mi vida, / son interrogaciones que ni un solo momento / dejan con su silencio mi conciencia dormida".

OBRA REPRESENTATIVA: **Poesía.** *Lirios negros* (1940) // *Flores y lágrimas* (1949).

DÍAZ LOYOLA, Carlos, véase ROKHA, Pablo de.

DÍAZ MIRÓN, Salvador (1853-1928). Poeta, periodista y político mexicano. Figura señera de las letras mexicanas, su obra ha sido considerada como precursora del Modernismo en Hispanoamérica y ha sido estimada como una de las expresiones poéticas más brillantes en lengua castellana. Ejerció importante influencia sobre Rubén Darío, Santos Chocano, Leopoldo Lugones y otros destacados escritores de América Latina. Hombre orgulloso y violento, Díaz Mirón nació en Veracruz, en una época de intensa agitación política marcada por la lucha entre liberales y conservadores. Realizó los primeros estudios en Veracruz y luego cursó humanidades en el Seminario de Jalapa. Viajó a Nueva York y aprendió inglés y francés. Desde la adolescencia manifestó un carácter impulsivo y desafiante a la autoridad que proyectó en el periodismo y la política, actividades que inició en 1874 y 1884 respectivamente. Dirigió los diarios EL ORDEN (1896) y EL IMPARCIAL (1913-1914); fue diputado al Congreso de la Unión en distintas ocasiones y destacó como orador elocuente y mordaz. Sus discursos fueron recogidos en 1954 bajo el título de *Prosa*. No fueron pocos los enfrentamientos personales que tuvo a lo largo de su vida, a consecuencia de los cuales su brazo izquierdo quedó inutilizado y fue encarcelado de 1892 a 1896 tras dar muerte a un adversario político. Al triunfo de la Revolución, pasó como exiliado a Santander y luego a Cuba; regresó a su país en 1920. Como catedrático dirigió los colegios preparatorios de Jalapa y Veracruz, y durante su exilio en Cuba enseñó en el Instituto Newton, donde tuvo como discípulo a Alejo Carpentier. Comúnmente se han señalado dos etapas en su producción poética que significan, a su vez, dos concepciones artísticas diferentes. La primera, en la que se reconoce al poeta popular y defensor de los oprimidos, está caracterizada por composiciones de inspiración romántica que dejan ver su influencia y admiración por Victor Hugo, Lord Byron y Gaspar Núñez de Arce. Entre los poemas más celebrados de esta etapa están *"A Gloria"*, *"Sursum"* y la *"Oda a Victor Hugo"*, escritos en 1884 y publicados dos años más tarde en *Poesías*, como parte de la serie "El parnaso mexicano". La segunda etapa poética se desarrolla después de su experiencia en prisión y está representada fundamentalmente por *Lascas* (1901) que reúne 40 composiciones. El poeta buscó la perfección formal y produjo un libro enigmático e inimitable en el que coexisten elementos clásicos grecolatinos y españoles, neoclásicos, románticos, naturalistas, parnasianos y simbolistas; esta conjunción lo convirtió en un modernista. La edición del libro tuvo un tiraje extraordinario para la época: 15 000 ejemplares. Díaz Mirón desdeñó su lírica anterior y declaró a *Lascas* como su único libro. El poeta murió en Veracruz y sus restos fueron trasladados a México, donde se le rindió póstumo homenaje; yacen en la Rotonda de los Hombres Ilustres. Algunos de los temas de su poesía son la justicia social, el amor, la muerte y los valores y fines de la poesía misma. Su estilo es vigoroso y autoafirmativo; conjugó con singularidad el sentido escultórico, pictórico y musical.

"Al chorro del estanque abrí la llave / pero a la pena y el furor no pude / ceñir palabra consecuente y grave. / Pretendo que la forma cede y mude / y ella en mi propio gusto se precave, / y en el encanto y en el brillo acude".

OBRA REPRESENTATIVA: **Discurso.** *Prosa* (1954, edición póstuma). **Poesía.** *Poesías* (1884) // *Lascas* (1901).

DÍAZ RODRÍGUEZ, Manuel (1871-1927). Médico y renombrado escritor venezolano quien manifestó una inquebrantable voluntad en favor de la libertad creadora. Censurada en su época, la obra novelística de Díaz Rodríguez ha sido revalorada por la crítica contemporánea que la sitúa en un lugar privilegiado dentro del Modernismo. Perteneciente a una familia de agricultores de origen canario, el novelista nació en una hacienda de Chacao; allí pasó los primeros años de una vida que se mantuvo en pugna con el ideario positivista, el medio burgués y limitante que en esos años tendía a asfixiar las capacidades creadoras. Cursó el bachillerato en el ambiente católico del Colegio Sucre. Realizó estudios de medicina en la Universidad Central de Venezuela. Después de recibir el título de médico, en 1892, realizó un viaje por Europa. En Viena estudió el postgrado de medicina; visitó Francia, aprendió varias lenguas, se dejó cautivar por Italia e intensificó sus lecturas: Proudhon, Renan, Emerson, Nietzsche e Ibsen entre otros, fueron los escritores que más leyó; conoció además las ideas psicológicas de William James y entró en contacto con las tendencias simbolistas que, en gran medida, contribuyeron a que Díaz Rodríguez se iniciara en el quehacer literario. Regresó a Venezuela por poco tiempo; en 1899, ya casado con Graciela Calcaño, emprendió de nuevo un viaje a Europa. Residió en París tres años, durante los cuales, alejado definitivamente de la medicina, vivió dedicado a la escritura. Poco tiempo después de su regreso a Venezuela (1901) murió su padre; Díaz Rodríguez quedó al frente de la administración de la hacienda de Chacao. En oposición con el gobierno de Cipriano Castro, decidió retirarse de la vida política y dedicado a las labores agrícolas permaneció en su hacienda hasta 1908, año en que Juan Vicente Gómez tomó el poder. Junto con otros intelectuales, entre ellos Rufino Blanco Fombona, fundó el diario EL PROGRESISTA. La agrupación tuvo una vida efímera, pues Fombona, escritor refractario a la nueva dictadura de Gómez, tomó un camino distinto. A partir de ese año, Díaz Rodríguez participó activamente en la política. Representó a su país en la IV Conferencia Panamericana celebrada en Buenos Aires en 1910; ocupó el cargo de Director de Educación Superior en el Ministerio de Instrucción Pública (1911); fue Ministro de Relaciones Exteriores en 1914 y de Fomento en 1916 y Ministro Plenipotenciario en Italia de 1919 a 1923. En 1924 fue homenajeado en la Academia de la Lengua y de la Historia. Su primera obra, *Sensaciones de viaje* (1895), fue premiada por la Academia de la Lengua. Escrita durante su primera estancia en Europa, fue editada por Garnier, en París. Suscitó vehementes opiniones en Venezuela: la reprobación provino de Gonzalo Picón Febres, historiador de la literatura quien le reprochó su falta de apego por los escenarios, costumbres y leyendas de su patria. A este título siguieron *Confidencias de la psiquis* (1897) y *De mis romerías* (1898), ambos textos ajenos a los temas criollos que le exigían sus detractores. Su primera novela, *Ídolos rotos* (1901), es la historia del desengaño del artista enfrentado a la mediocridad y mezquindad de los intereses burgueses. Los acontecimientos que vive Alberto Soria, personaje central, hilvanan el tema de la desilusión existencial frente a un medio incapacitado para entender la expresión artística. La obra provocó juicios encontrados; mientras que la pluma del célebre nicaragüense Rubén Darío ponderó la novedosa prosa, en su país fue leída como un insulto a la patria. Considerada como su mejor novela, *Sangre patricia* (1902) devela el mundo onírico que habita en el inconsciente; los personajes se deslizan entre paisajes espirituales y obsesiones que desvanecen el límite del sueño y la vigilia. En virtud de la abundancia de símbolos oníricos se ha tratado de esclarecer si conoció los postulados psicoanalíticos de Freud. Autor polémico, Díaz Rodríguez murió en Nueva York. Su obra invita a nuevas lecturas que, bajo otros parámetros, reiteren o descubran la trascendencia y el valor que tienen sus páginas para la novela hispanoamericana de nuestros días.

"De ver siempre el autor en uno de sus personajes, o de verlo siempre de protagonista en el decurso de su obra, habría de concedérsele un alma prodigiosa, infinita y proteica. Aparte de esto, que ya por sí solo sería una monstruosidad, los grandes creadores, los Shakespeare, los Balzac, los Zola, los Galdós, no tendrían por dónde cogérseles, como insignes monstruos, porque todos ellos han pintado con bastante crudeza de vida muchos monstruos verdaderos".

OBRA REPRESENTATIVA: **Cuento.** *Cuentos de color* (1899). **Narrativa.** *Sensaciones de viaje* (1895) // *Confidencias de psiquis* (1897) // *De mis romerías* (1898). **Novela.** *Ídolos rotos* (1901) // *Sangre patricia* (1902) // *Peregrina o el pozo encantado* (1922).

DOMÍNGUEZ ALBA, Bernardo, véase SINÁN, Rogelio.

DOMÍNGUEZ CAMARGO, Hernando (1606-1659). Jesuita y poeta colombiano, lírico de los tiempos coloniales cuya pluma dejó oír las sonoras cuerdas del Barroco en Hispanoamérica. Proveniente de una familia acomodada, Camargo nació en Santa Fe de Bogotá. Estudió en el Colegio Seminario de San Bartolomé y en 1621 ingresó a la Compañía de Jesús de la ciudad de Tunja. Como novicio fue destinado a la ciudad de Quito y posteriormente se trasladó a Cartagena; permaneció en esas bellas tierras de atmósfera tropical de 1631 a 1636, año en que sufrió una profunda crisis religiosa que lo llevó a abandonar la Orden. De regreso a su ciudad natal fue nombrado cura de San Miguel de Gachetá; de ahí pasó al curato de Paipa, Turquemé (1650), hasta que en 1657 fue designado a la iglesia de Tunja como beneficiado, título del que también gozó Juan de Castellanos. La obra de Camargo le dio fama póstuma; ésta reside en su ambicioso *Poema heroico de San Ignacio de Loyola*, texto inconcluso consagrado al santo fundador de la Compañía de Jesús. Comprende desde el nacimiento de San Ignacio hasta su viaje a Roma con la intención de fundar la Compañía. Está compuesto de 1 200 octavas y dividido en cinco libros. El jesuita Antonio de Bastida revisó y prologó el manuscrito. Con igual brío barroco, Camargo escribió *"A un salto por donde se despeña el arroyo de Chillo"* que apareció en *Ramillete de varias flores poéticas*, publicado en 1676 por Jacinto de Evia. En este romance, el paisaje ecuatoriano, sus fuentes y saltos fueron un preciado manantial de inspiración poética. En el *Ramillete* también se encuentra el romance *"A la muerte de Adonis"* y *"A la pasión de Cristo"*, junto con el poema *"Al agasajo con que Cartagena recibe a los que vienen de España"* y un texto en prosa. A su muerte en Tunja, el poeta legó sus libros y manuscritos al colegio de los jesuitas de esa ciudad. Dejó una de las obras más originales. En sus versos repercuten los ecos de Góngora; con maestría logró verter los moldes barrocos e imprimirles su sello personal.

"Los versos sin borrador, son todos borrones".

OBRA REPRESENTATIVA: *Poema heroico de San Ignacio de Loyola* (1666).

DONOSO, José (1924-1996). Destacado novelista chileno de nombradía internacional, catedrático y periodista. En la literatura chilena del siglo XX, su obra narrativa representa un nuevo camino estético frente al realismo regionalista. En sus novelas el autor ha expresado su relación con el mundo a través del tema de las clases sociales en su país. Oriundo de Santiago de Chile, nació en el seno de una familia distinguida; su padre fue médico y aficionado al juego; su madre, proveniente de una familia de vastos recursos, tenía ascendencia española e italiana. En la infancia de Donoso jugó un papel muy importante la sirviente Teresa Vergara quien, según el propio escritor, se hizo cargo de él. La casa donde creció siempre estuvo habitada por numerosos parientes, experiencia que le dejó profunda huella. Desde temprana edad manifestó un carácter rebelde; no sin problemas realizó sus primeros estudios en el colegio inglés Grange School, institución que llegó a odiar y a la que dejaba de asistir, ya fuera para ir a la Biblioteca Pública o para buscar *"amistades furtivas"* en ciertas zonas de la ciudad. Fue expulsado de esa y otras instituciones de mayor rigor disciplinario. El autor cuenta que en una ocasión, para no asistir a las clases del Grange School, fingió un dolor estomacal; su padre le diagnosticó apendicitis y fue operado. Con el tiempo, Donoso desarrolló una fuerte gastritis que terminó por convertirse en una úlcera sangrante. Fue en los libros que el Donoso adolescente encontró refugio y tranquilidad; ávido lector, no sólo leyó a clásicos como Verne y Dumas, sino también a escritores del momento como Aldous Huxley, Margaret Mitchell y Stefan Zweig, entre otros muchos. En 1943 abandonó los estudios y se dirigió a Magallanes; vivió durante un año en la pampa laborando como pastor. Luego viajó a Buenos Aires y trabajó en el puerto. A los veintitrés años concluyó su bachillerato e inició los estudios de lengua y literatura inglesa en el Instituto Pedagógico de la Universidad, en Santiago; en 1949 fue becado para proseguir sus estudios en la Universidad de Princeton en los Estados Unidos de Norteamérica, y en 1951 obtuvo el grado de *Bachelor in Arts*. Durante el periodo universitario en Princeton, Donoso escribió, en lengua inglesa, sus dos primeros cuentos: *"The blue woman"* (1950) y *"The poisoned pastry"*, que fueron publicados en una revista de esa universidad. Posteriormente, alternó una fructífera vida literaria con actividades culturales y de docencia en su país y el extranjero; residió en España de 1967 a 1981. En la esfera periodística fue redactor de la revista chilena ERCILLA y, en México, colaboró como crítico literario en la revista SIEMPRE. Estuvo presente en el Congreso de Intelectuales en la Universidad de Concepción en Chile (1962), al cual asistieron, entre otros, Neruda, Roa Bastos, José María Arguedas, Carpentier y Carlos Fuentes. Como catedrático, impartió cursos de literatura inglesa en la Universidad Católica y en la Kent School de Santiago; participó en el *Writers' Workshop* (Taller de Escritores) de la Universidad de Iowa (1963-1964); dictó conferencias en la Universidad de Princeton (1975) y enseñó en otras universidades norteamericanas. Fue merecedor en dos ocasiones de la Beca Guggenheim (1968 y 1973) y fue galardonado con el Premio Nacional de Literatura de su país en 1990; su obra ha sido traducida a diversas lenguas y ha recibido distintos premios literarios nacionales y extranjeros. Es miembro de la Academia Chilena de la Lengua. Su primer libro se intituló *Veraneo y otros cuentos* (1955); a éste le siguió su primera novela: *Coronación* que vio la luz en 1957. Para la publicación de ambos libros, el autor se vio en la necesidad de vender ejemplares en las calles, empresa apoyada por un grupo de amigos. *Coronación* obtuvo gran éxito; éste fue atribuido al hecho de haber retratado con extraordinaria fidelidad y destreza la decadencia de la clase alta chilena. No obstante, para Donoso representó el primer paso de una novelística que buscaba trascender el nivel realista, objetivo que alcanzó con el tiempo y que cristalizó en *El obsceno pájaro de la noche* (1970) y otras novelas posteriores. A diferencia de *Coronación, Este domingo* (1966) y *El lugar sin límites* (1967) escritas en general con técnicas tradicionales, en *El obsceno pájaro de la noche, Casa de campo* (1978) y *El jardín de al lado* (1981) utiliza el método de narrar una novela dentro de otra. Con gran fuerza psicológica y talento narrativo el autor buscó plasmar artísticamente su relación con el mundo; un mundo de descomposición social que él consideró históricamente extinto, pero en su interior obsesivamente vivo. Para Donoso, las clases que dibuja en sus novelas son *"imaginarias"*, pues él mismo consideró haber nacido en una *"posición social ambigua"* cuyos valores se desvanecían junto con el concepto de clase social. El hecho de haber descrito algo que para los demás acabó por desaparecer se lo atribuye a una realidad psicológica interior. Entre los muchos escritores que ha leído y admirado se encuentran: Carpentier, Carlos Fuentes, Henry James y William Faulkner. El estilo de su narrativa es depurado; el silencio es tan importante como lo dicho. Los temas son tratados con profundidad y hay una intención metafórica. Destacan su destreza para la descripción y su agudeza en la observación psicológica.

"Al escribir estilicé, sublimé, exageré, condené, defendí, idealicé".

OBRA REPRESENTATIVA: **Cuento.** *Veraneo y otros cuentos* (1955) // *El charleston* (1960). **Memorias.** *Historia personal del "boom"* (1972) // *Conjeturas sobre la memoria de mi tribu* (1996). **Novela.** *Coronación* (1958) // *Este domingo* (1966) // *El lugar sin límites* (1967) // *El obsceno pájaro de la noche* (1970) // *Tres novelitas burguesas* (1973) // *Casa de campo* (1978) // *La misteriosa desaparición de la marquesita de Loria* (1980) // *El jardín de al lado* (1981) // *La desesperanza* (1986) // *Taratuta* (1990) // *Donde van a morir los elefantes* (1995) // *Nueve novelas breves, 1972-1989* (1996) // *El mocho* (1997). **Relato.** *Cuatro para Delfina* (1982).

E

ECHEVERRÍA, Aquileo J. (1866-1909). Poeta de reconocido valor en las letras costarricenses. Su obra, de profundas raíces regionalistas, ha sido una de las más estudiadas y elogiadas. Nació en San José; interrumpió los estudios iniciados en el Instituto Nacional para unirse a la expedición militar que luchó contra las fuerzas de Barrios, presidente de Guatemala, quien intentó una violenta unión territorial en Centroamérica. Cuando Barrios murió en Chalchuapa, el poeta permaneció en Nicaragua en calidad de ayudante de campo del Presidente Cárdenas. Durante su estancia en ese país, conoció a Rubén Darío a quien lo unió una íntima amistad. De regreso a Costa Rica, se dedicó al periodismo; publicó algunos poemas, crónicas y cuentos en las páginas de LA REPÚBLICA, EL COMERCIO y COSTA RICA ILUSTRADA. Viajó a Washington en 1887 como agregado de la legación de su país. Hizo varios viajes por Centroamérica; en El Salvador colaboró con Darío en el diario LA UNIÓN; en Guatemala trabajó en el periodismo, además de tener un café que se convirtió en el punto de reunión de intelectuales, artistas y bohemios. En 1893 volvió a su patria y se instaló, casado con María Dolores Flores, en la finca de Pitahaya, situada en la región de Heredia. Ahí entró en contacto con el campesino costarricense, conocido como "concho", cuya vida y costumbres versificó en *Concherías* (1905), libro de originales versos en el que traduce con nitidez el sentimiento popular de la época. Las descripciones de los tipos humanos, los paisajes y los sucesos se entretejen con la naturaleza y el folklore dando a su obra el carácter nacional que la singulariza. También escribió *Romances* (1903), poemario de tono romántico que se nutre de sentimientos familiares y amorosos. Hacia el final de su vida, viajó a Europa para curarse de una enfermedad; murió en Barcelona. El valor de su obra reside en la maestría con que vertió en versos claros, directos y sencillos las escenas rurales. Versificó con habilidad refranes, recreó el habla del concho, utilizó el romance y el epigrama.

"La concha vive en el agua, / dentro de la concha la perla; / en el alma los amores / y en los amores las penas".

OBRA REPRESENTATIVA: **Poesía.** *Romances* (1903) // *Concherías* (1905).

ECHEVERRÍA, Esteban (1805-1851). Escritor argentino, ensayista y militante. Figura singular y directriz del romanticismo argentino, contribuyó de manera esencial en el desarrollo de la cultura y las letras de su país. Teórico literario y político, conjugó los valores de su arte literario y el ideario político liberal al que se ciñó con compromiso, en una época en que su patria vivió profundas transformaciones derivadas de la lucha por la independencia. De cuna modesta, nació en Buenos Aires y pasó una juventud disipada en los barrios populares. En 1825 dio un giro importante a su vida y viajó a Europa; residió en París por cinco años, periodo durante el cual realizó un esforzado trabajo. Se adentró en el estudio del romanticismo europeo, literario y filosófico. Byron, Goethe, Schiller, Chateaubriand, Lamartine, Lerminier, Leroux, Lamennais y Schegel, entre otros, dejaron importante huella en la formación de Echeverría. Deseoso de ser poeta, dedicó también su tiempo a la lectura de los clásicos de la literatura española con el fin de dominar la lengua y el arte de la versificación; encontró en Larra un modelo a seguir. Echeverría favoreció la poesía como género literario frente a la prosa; realizó una producción poética abundante e innovadora que tuvo difusión y que le dio reconocimiento. Contribuyó en temas de inspiración nacional como el de la pampa y sus indios y utilizó, entre otros recursos, palabras indígenas en el lenguaje poético. Muestra destacada de ello está en el exitoso poema *"La cautiva"* que publicó en su volumen de *Rimas* (1837). A pesar del reconocimiento que obtuvo como poeta, hay consenso en el sentido de que su mayor logro como hombre de letras lo alcanzó en su prosa, particularmente por el relato breve *El matadero* (1871), que abrió el camino a la tendencia realista y lo situó como precursor del cuento argentino y, para algunos, de la novela hispanoamericana. La literatura, como el arte en general, tuvo para Echeverría una importancia civilizadora; perseguía un objetivo social y poseía un carácter relativo. Así, consciente del valor de lo propio, conceptualizó la necesidad de producir, en un clima de libertad e imbuido por la acción hacia el progreso, una literatura de expresión nacional que supiera armonizar con lo valioso de modelos ajenos. En 1837, asistió, junto con gran parte de la intelectualidad de la época, al Salón Literario de Marcos Sastre en el que expuso sus ideas sobre la situación nacional del momento y esbozó algunos de sus criterios para renovarla. En ese mismo año, junto con Alberdi, Sarmiento, Mitre y otros, participó activamente en la creación de la Asociación de la Joven Generación Argentina, conocida posteriormente como Asociación de Mayo; redactó sus principios, resumidos en quince *Palabras simbólicas* que fueron desarrolladas después en su ensayo intitulado *Dogma socialista* (1846). Dicha asociación, cuyos ideales giraban en torno a la democracia y el progreso, tenía como fin luchar contra el régimen dictatorial de Rosas. A raíz de su actividad política, tuvo que exiliarse en diversos lugares hasta llegar a Montevideo, ciudad donde murió. De interés didáctico, en la obra literaria de Echeverría se destaca el tema de la oposición de la barbarie y de la civilización. Su poesía posee rasgos descriptivos; sencillez y libertad en la expresión emotiva y en la versificación. Su prosa es realista y está basada en el modelo del cuadro de costumbres, incorpora además elementos de tipo simbólico y la configuración de los personajes es detallada.

"El verdadero poeta idealiza. Idealizar es sustituir a la tosca e imperfecta realidad de la naturaleza, el vivo trasunto de la acabada y sublime realidad que nuestro espíritu alcanza".

OBRA REPRESENTATIVA: **Cuento.** *El matadero* (1871, publicado póstumamente). **Ensayo.** *Fondo y forma en las obras de imaginación* (sf) // *Dogma socialista* (1846). **Poesía.** *Los consuelos* (1834) // *Rimas* (1837) // *La guitarra* (1842) // *El ángel caído* (1846) // *Avellaneda* (1849).

EDWARDS BELLO, Joaquín (1887-1968). Destacado novelista chileno cuya obra penetró con agudeza en los bajos fondos, creando tipos humanos en los que confluye la perspectiva sociológica y psicológica. Nació en Valparaíso; provenía de una familia pudiente de banqueros y empresarios instalada en Coquimbo desde mediados del siglo XIX. Después de cursar los primeros estudios en su ciudad de origen, su familia lo envió al extranjero para que completara su educación. Viajó varias veces a Europa; visitó Francia, Inglaterra y vivió en Madrid. Ejerció la diplomacia algún tiempo; la abandonó para dedicarse al periodismo y a las letras. Su primer éxito fue *El roto* (1920), novela en la que describió de cerca la vida de los prostíbulos y del hampa de Santiago de Chile. En las novelas de esta primera época Edwards Bello expresó una marcada tendencia naturalista. Después recibió la influencia del Vanguardismo. Escribió crónica novelada de tono satírico y de crítica del pueblo chileno. *El chileno en Madrid* (1928) y *Criollos en París* (1933) son algunos de los sugestivos títulos con los que Bello intentó captar la personalidad del chileno cuando vive fuera de su patria. Uno de los temas de análisis del autor es el continuo proceso de reelaboración de sus temas literarios, visible en los distintos títulos que en ocasiones tiene una misma novela. *Valparaíso, la ciudad del viento* (1931), de carácter autobiográfico, se reeditó por tercera vez en 1946 como *En el viejo Almendral* y el subtítulo evocador de *Valparaíso, ciudad del viento*; en 1955, el autor decidió publicarla como *Valparaíso* y el subtítulo de *Fantasmas*. El autor murió a los ochenta y un años de edad. Su producción narrativa refleja una maravillosa habilidad; hay páginas llenas de color y de luz. Los descuidos que en ocasiones se le han señalado se opacan frente a la agilidad, el ingenio, la dosis de ironía y la soltura narrativa que atraen al lector desde las primeras páginas.

"¡Entretener, divertir! no puede darse una misión mejor sobre el triste mundo".

OBRA REPRESENTATIVA: **Novela.** *El inútil* (1910) // *El monstruo* (1912) // *La cuna de Esmeraldo* (1918) // *El roto* (1920) // *La muerte de Vanderbilt* (1922) // *El chileno en Madrid* (1928) // *Cap Polonio* (1929) // *Valparaíso, la ciudad del viento* (1931) // *Criollos en París* (1933) // *La chica del Crillón* (1935).

EGUREN, José María (1874-1942). Poeta, prosista y periodista peruano; figura señera del Simbolismo en ese país; su obra rebasó fronteras para adquirir valor continental. Oriundo de Lima, Eguren tuvo dos pasiones en su vida: la pintura y la poesía. Colaboró en distintas publicaciones de la época, entre ellas: LIMA ILUSTRADO (1899); CONTEMPORÁNEOS (1909); CULTURA (1915); CALÓNIDA (1916); VÓRTICE (1923); NOVECIENTOS (1924); FLECHAS (1924); MERCURIO PERUANO (1926); AMAUTA (1928-1930) y la NUEVA REVISTA PERUANA (1929). La importancia de su producción reside en haber marcado una ruptura con la poesía de tipo descriptivo y explicativo. Alimentada en la savia del Simbolismo, cuyos representantes son Baudelaire, Verlaine, Rimbaud y Mallarmé, su original obra se despliega en un continuo de imágenes provenientes del sueño en estado de vigilia en el que el lenguaje se adelgaza para dejar que asome el alma del poeta. En su tiempo, la aparición en revistas de sus primeros poemas, posteriormente reunidos en *Simbólicas* (1911), le atrajo el calificativo de obscuro y difícil. Hacia 1916, año de publicación de *La canción de las figuras*, el clima intelectual se había transformado; las críticas acertadas, como la de Carlos Mariátegui, habían revelado en Eguren al poeta dueño de un lenguaje poético nuevo. Su prosa, contenida en *Motivos estéticos* (1959) se hermana con su poesía por la delicada tesitura musical, modulada por voces sin tiempo ni espacio. Si bien en sus inicios no tuvo muchos lectores, los poetas que le siguieron vieron en él un modelo a seguir. Murió en Lima a los sesenta y ocho años. Su expresión poética enlaza conceptos disímiles, los paisajes se cubren con el velo de la ensoñación; sensaciones, colores, erotismo y musicalidad acompasan sus versos. Hay en ellos el uso de galicismos, arcaísmos, italianismos y quechuismos.

"...la primera noción creadora es estética... y un principio estético no debe tener final".

OBRA REPRESENTATIVA: **Poesía.** *Simbólicas* (1911) // *La canción de las figuras* (1916) // *(Sombra // Rondinelas,* en *Poesías,* 1929) // *Poesías completas* (1952). **Prosa.** *Motivos estéticos* (1959).

ELIZONDO, Salvador (1932-). Destacado novelista, cuentista, poeta y ensayista mexicano, cuya singular pluma ha contribuido al enriquecimiento de la narrativa hispanoamericana del siglo XX. Nació en la ciudad de México; realizó estudios de artes plásticas y literatura inglesa en diversas instituciones nacionales y extranjeras, entre las que figuran: la Escuela Nacional de Artes Plásticas en México; la Universidad de Ottawa en Canadá; la Universidad Italiana para Extranjeros en Perugia; la Sorbona en Francia; la Universidad de Cambridge en Inglaterra y la Universidad Nacional Autónoma de México. De 1963 a 1964 fue becario del Centro Mexicano de Escritores; es miembro de la Academia Mexicana de la Lengua y de El Colegio Nacional. Imparte cátedra de literatura en la Universidad Nacional Autónoma de México. Escritor de proyección internacional, sus obras han sido vertidas a varias lenguas. Ha colaborado en revistas nacionales y extranjeras como: la revista UNIVERSIDAD DE MÉXICO; FILMS AND FILMING y MÉXICO EN LA CULTURA, entre otras. En 1962 fundó y dirigió la revista literaria S. NOB. Su versátil obra abarca distintos géneros: poesía, cuento, relato, novela, ensayo y traducción de poesía, en especial, inglesa. Políglota y hombre de vasta cultura, se ha interesado por la literatura del siglo XX en diversas lenguas, por la civilización china y por el arte cinematográfico. Entre sus lecturas figuran Joyce, Conrad, Ezra Pound y Valéry, entre otros. En 1965 fue merecedor del Premio Xavier Villaurrutia por su novela: *Farabeuf o la crónica de un instante,* considerada como una pieza única de la narrativa hispanoamericana del siglo XX. *Farabeuf* está basada en un incidente histórico durante la Rebelión de los Boxers y gira en torno al desmembramiento de un ser humano. La novela describe una experiencia en la que se conjugan el horror, la violencia, el erotismo y la magia, provocando desconcierto. De compleja estructura, la novela asume características poéticas. El recurso de la repetición es un interesante tema para su estudio.

"La mariposa es un animal instantáneo inventado por los chinos".

OBRA REPRESENTATIVA: **Autobiografía.** *Salvador Elizondo* (1966). **Cuento y relato**. *Narda o el verano* (1966) // *El retrato de Zoe y otras mentiras* (1969) // *El grafógrafo* (1973) // *Camera lucida* (1983) // *Elsinore* (1988). **Ensayo.** (*Luchino Visconti* en Cuadernos de Cine Unam (1963) // *Cuaderno de escritura* (1969) // *Contextos* (1973) // *Teoría del infierno* (1992). **Novela.** *Farabeuf o la crónica de un instante*

(1965) // *El hipogeo secreto* (1968) // *Obras* (1994). **Poesía.** *Poemas* (1960). **Teatro.** *Miscast o ha llegado la señora marquesa* (1992). **Otros.** *Museo poético* (1974) // *Antología personal* (1974) // *Estanquillo* (1993).

ERCILLA y ZÚÑIGA, Alonso de (1533-1594). Célebre poeta español, iniciador de la épica en América. Hijo de una familia distinguida, nació en Madrid y aún era niño cuando entró a servir en la corte española, como paje del futuro monarca Felipe II. Con motivo de las segundas nupcias del príncipe Felipe con María Tudor, Ercilla se encontraba en Londres el año de 1554, cuando llegó la noticia de la rebelión de los araucanos y la muerte del gobernador Pedro de Valdivia en Chile. Entre la comitiva real se encontraba Jerónimo de Aldrete, quien había llegado del Perú; el futuro monarca lo nombró capitán de Chile con el encargo de poner término y pacificar la insurrección en esas tierras. Partió Ercilla con Aldrete hacia Chile el año de 1555; cuando habían cruzado el istmo de Panamá, Aldrete cayó enfermo y murió en la isla Toboga en 1556. Ercilla continuó su viaje solo hasta Lima; al llegar, el Virrey Hurtado de Mendoza le dio el cargo de Aldrete a su hijo García Hurtado de Mendoza; el poeta se unió a las huestes españolas y al lado de García combatió la sublevación araucana; participó con valor en los combates y contiendas. A consecuencia de la disputa que tuvo con Juan de Pineda, García lo condenó a muerte, considerando el enfrentamiento como una manifestación de rebeldía y desacato. La sentencia se revocó y, minutos antes de que Ercilla fuera ejecutado, se le conmutó la pena por el destierro. De regreso a España, a los veintinueve años, hizo varios viajes por Europa en misiones oficiales. Pasó sus últimos días en Madrid; a su muerte fue enterrado en el Convento de las Carmelitas de Ocaña. Ercilla nos dejó uno de los más bellos poemas épicos con tema americano. Escrito en octavas reales, *La Araucana* es el fruto de su genio de poeta, iluminado en el encuentro belicoso de dos pueblos. El poema consta de tres partes, cada una de ellas está dividida en cantos. Reflejo de la marcada influencia de los clásicos latinos, a la manera de Ariosto, hay estrofas introductorias en cada parte y cada canto. Ercilla narra con verdadera pluma estética la enconada guerra araucana; reconoce con elogios el valor y rudeza de los jefes indígenas y muestra el temple de poeta que tiene. La acción no pertenece a un solo personaje, el pueblo entero protagoniza la lucha por la posesión del Valle Araucano. El poema se publicó por partes. Cuando Ercilla regresó a España, llevaba la primera parte (quince cantos), que apareció en 1569; la segunda parte (catorce cantos) vio la luz en 1578 y la tercera (ocho cantos) se publicó en 1589. Según indica la crítica, Ercilla tuvo un continuador en España, Diego Santisteban y Osorio; éste añadió dos partes más a *La Araucana*. Se imprimieron en Salamanca en 1597, pero en las ediciones siguientes se suprimieron. En América uno de sus continuadores fue el chileno Pedro de Oña. Por el éxito que ha alcanzado en América se ha considerado a *La Araucana* como el poema nacional chileno.

"Chile, fértil y señalada / en la región antártica famosa, / de remotas naciones respetada / por fuerte, principal y poderosa; / la gente que produce es tan granada, / tan soberbia, gallarda y belicosa, / que no ha sido por rey

jamás regida / ni a extranjero dominio sometida".

OBRA REPRESENTATIVA: *La Araucana* (1597).

ESPINOZA y MEDRANO, Juan (¿1630-1688). Prosista y dramaturgo peruano, máxima figura de los comienzos del Barroco, notable orador religioso y defensor del gongorismo en su país. Espinoza y Medrano, llamado "El Lunarejo" por los lunares que tenía en su rostro indígena, nació en el pueblo de Calcauso, doctrina de Mollebamba, en la provincia de Aymares. El origen humilde de su familia –sus padres fueron indígenas labriegos– no obscureció su natural talento. Era muy joven cuando dejó la pequeña parroquia de Mollebamba donde era monaguillo y, gracias al sistema de becas instituido para hijos de indígenas, pasó al Cuzco e inició sus estudios en el Seminario de San Antonio Abad. De precoz inteligencia, aún era adolescente cuando ya dominaba el latín, griego, hebreo y quechua. Tuvo a su cargo la cátedra de artes y la de teología en el Seminario. Se doctoró en la Universidad de San Ignacio; en su carrera eclesiástica, entre otros títulos, llegó a ser canónigo de la catedral del Cuzco (1683) y, según parece, no fue nombrado arcediano debido a la discriminación de que fue objeto por su condición de indígena. Hombre de espíritu vivo, erudito y discutidor, Espinoza compuso en 1660 el *Apologético en favor de D. Luis de Góngora*, contribución hispanoamericana al vigoroso debate entre gongoristas y antigongoristas que se libró en España a la muerte del autor de las *Soledades* (1627). En su dedicatoria, Espinoza explica el retraso de su intervención en razón de la lejanía con la Metrópoli. Contra la crítica que Manuel de Faria y Souza, escritor portugués, dirigió a Góngora (1629), el célebre peruano exalta los valores del notable poeta cordobés. Su fama como orador trascendió las fronteras americanas; en 1695 salió a la luz *La novena maravilla*, obra publicada póstumamente en España, en la que se recogieron 30 sermones que pronunció en el Cuzco entre 1659 y 1685. Autor versátil, Espinoza ocupa un lugar importante en el teatro peruano. Se le ha atribuido el auto *El rapto de Proserpina y el sueño de Endimión*; sin embargo, *El hijo pródigo* y *Amar su propia muerte* son las dos piezas que sin discusión pertenecen a Espinoza. En *Amar su propia muerte*, comedia de tema bíblico escrita en su juventud, retoma los hechos narrados en el capítulo IV del *"Libro de los jueces"*; las escenas amorosas y de celos que entretejen la trama la convierten en una comedia de corte calderoniano; su variada métrica incluye romances, cuartetas, quintillas y décimas. Igualmente inspirada en un tema bíblico, *El hijo pródigo* es quizás la pieza que mejor caracteriza la personalidad de Espinoza. Sin menoscabo de sus propias raíces, logró una conjunción de los valores del mundo español con los de su cultura andina. La vida de Espinoza transcurrió en el Cuzco, donde murió antes de los sesenta años. La arquitectura barroca de su producción resalta en el estilo retorcido y trabajado, pulido y a la vez cargado de ornamento.

"No siempre es primero el que empieza".

OBRA REPRESENTATIVA: **Prosa.** *Apologético en favor de D. Luis de Góngora* (1662) // *La novena maravilla* (1695). **Teatro.** *(Amar su propia muerte // El hijo pródigo*, en *Teatro indoamericano colonial*, 1929).

F

FALLAS, Carlos Luis (1912-1966). Escritor de relieve en las letras costarricenses; figura que representa con vigor la literatura de carácter proletario. El origen humilde de su familia le impidió realizar estudios superiores; asistió a la escuela primaria y aprendió el oficio de zapatero. Desde la adolescencia conoció el trabajo rudo; era muy joven cuando entró como peón en las plantaciones bananeras de la *United Fruit Co.*, en la zona atlántica costarricense. Estuvo seis años en esa región soportando el rigor del clima, la dureza del trabajo y las frecuentes fiebres. Su preocupación por la situación de los obreros lo llevó a ser jefe de sindicato; estuvo en el Congreso en representación del Partido Vanguardia Popular y durante la revolución de 1948 encabezó las fuerzas del gobierno. Fallas fue un ávido lector de Tolstoi, Dostoievski, Gorki, Pérez Galdós y Eça de Queiroz. Su primera obra, *Mamita Yunai* (1941) ha sido la más leída; en ella desarrolló las crónicas que había publicado en el TRABAJO, órgano del partido comunista. Aunque el texto no tiene una continuidad temática entre sus partes, en él se destaca una gran fuerza descriptiva. Su prosa no intenta hacer propaganda, sólo denuncia, mostrando la realidad del hombre en las plantaciones, en las selvas de Talamanca, en las rancherías con indios y negros, en las ciudades y el campo de la Meseta Central. En una prosa sencilla que se asemeja al periodismo, logró transmitir momentos dramáticos del hombre. El habla de los personajes es la del "concho", la del indio y del negro.

"Cuando le pedí al viejo una mula para sacar el cuerpo mutilado, movió la cabeza e hizo un gesto que quería decir: '¿Para qué sacarlo? Lo mismo se pudre en el suampo allá afuera que aquí; sirviendo de abono a este bananal'".

OBRA REPRESENTATIVA: **Relato.** *Mamita Yunai* (1941) // *Gentes y gentecillas* (1947) // *Marcos Ramírez* (1952) // *Tres cuentos* (1967).

FALLÓN, Diego (1834-1905). Músico y poeta colombiano; hombre amable, simpático y con grandes dotes en el arte de conversar. Nació en Santa Ana; provenía de una familia cuyos padres, un ingeniero de minas irlandés y una española, habían llegado a ese país desde principios del siglo XIX. Aún era muy joven cuando se trasladó a Inglaterra; allí estudió y recibió el título de Ingeniero Civil. Al regresar a Colombia, Fallón no tuvo oportunidad de ejercer su profesión en razón del poco campo de aplicación que tenía en esa época. Se dedicó entonces a la cátedra de idiomas y de música. Sus biógrafos aseguran que sus amplios conocimientos en materia musical le permitieron inventar un sistema de notación a base de letras, que resultaba más claro para sus discípulos que el conocido con puntos sobre las líneas del pentagrama. Además de ser entusiasta lector de temas humanísticos y literarios fue un apasionado de las matemáticas y la pintura. El sentido armónico que tenía en la música lo llevó a rimar bellas estrofas, como en el *"Canto a la luna"*, poema que sobresale por el valor sentimental y descriptivo de sus versos. Su obra, de inspiración romántica, está influida por los poetas ingleses Wordsworth, Southey y Coleridge de quienes adoptó la preocupación por el ritmo, el sentimiento profundo hacia la naturaleza y la reflexión filosófica. El poeta murió en Bogotá, dejó una producción que, aunque escasa, deja traslucir un anhelo de originalidad y un cuidado en la forma; en evocadoras imágenes sobre los enigmas de la vida, sus versos invitan a la reflexión.

"¡El sol! que por centurias hiere en vano / Tu ramaje liviano, / Porque su rayo, a tu vaivén airoso, / Sobre tus hojas fascinado duerme, / ¡Que la hermosura inerme / Siempre el escollo fue del poderoso!"

OBRA REPRESENTATIVA: **Poesía.** *(A la luna // A la palma del desierto,* en *Antología de líricos colombianos,* 1936, Tomo I).

FERNÁNDEZ, Diego (s. XVI). Cronista español representativo de las guerras civiles peruanas. Pocas noticias se tienen de su vida. Originario de Palencia, fue conocido como "El Palentino", pseudónimo con que se distinguió, en particular, de otro Diego Fernández, encomendero del Cuzco. En América, fue uno de los conquistadores y soldados de España; al parecer llegó al Perú en 1545 y trabajó como escribano en Lima. Tomó parte en las luchas civiles de los españoles; en contra del insurrecto Hernández Girón, defendió la causa real en los años 1553-1554, bajo las órdenes del capitán y corregidor Alonso Alvarado. El virrey Marqués de Cañete lo nombró cronista y lo mandó a España para que escribiera una historia de los hechos ocurridos. En España el presidente del Consejo de Indias le pidió que ampliara el manuscrito incluyendo la rebelión de Gonzalo Pizarro. Una vez terminada la *Historia del Perú,* fue puesta a consideración de la censura. Sin embargo, antes de que fuera revisada por las instancias requeridas, ya había sido impresa, de acuerdo a la licencia que para ello se había dado en los años 1568 y 1569. Entre las sucesivas revisiones por las que pasó el manuscrito, tocó el turno al cronista Juan López de Velazco, quien en 1572 juzgó que la obra tenía necesidad *de mayor averiguación y examen de verdad.* Según opinó, en ella se ofendía la honra de personas importantes del Perú. Se ordenó la confiscación de los 1 500 ejemplares recién impresos, con lo que el libro, lejos de quedar en el olvido, se convirtió en una curiosidad. En los años de 1913-1914 el capitán Lucas de Torre volvió a editarlo en Madrid. El estilo del Palentino es sencillo, sin pretensiones, encadena los acontecimientos siguiendo una cronología; se basa en fuentes directas para narrar los hechos.

"De los enemigos los menos".

OBRA REPRESENTATIVA: *Historia del Perú* (1571).

FERNÁNDEZ de LIZARDI, José Joaquín (1776-1827). Escritor mexicano y periodista. Considerado como el primer novelista hispanoamericano, nació en la ciudad de México en un ambiente modesto. Hijo de un médico aficionado a la literatura, desde muy joven manifestó interés y aptitud talentosa para el periodismo, actividad que estuvo relacionada de manera esencial con su obra literaria. En épocas de censura utilizó la novelística como medio de expresión de sus ideas filosóficas, políticas y religiosas. Cursó la escuela elemental en Tepotzotlán y complementó su educación en la ciudad de México; siguió algunos cursos en el Real y Antiguo Colegio de San Ildefonso. En realidad autodidacta, el "Pensador Mexicano" fue autor de la primera novela hispanoamericana, precursor del género del cuadro costumbrista e iniciador de un periodismo de fuerza e inquietud en México. Se formó en las ideas y valores liberales del enciclopedismo francés. Fue defensor de nuevas ideas; expresó con agudeza sus opiniones y creía firmemente en la autodeterminación de las naciones. Consideró la razón y la libertad como valores centrales para el desarrollo de la sociedad y valorizó la importancia de la educación e instrucción. Fue encarcelado en varias ocasiones por exponer de manera abierta sus opiniones. Fue fundador del periódico EL PENSADOR MEXICANO (1812-1814) de igual nombre que el pseudónimo por el que fue tan conocido en su época. Consagró el periódico a la causa revolucionaria. Periodista inquieto y penetrante, publicó numerosas revistas periódicas entre las que destacan: ALACENA DE FRIOLERAS (1815-1816); LAS SOMBRAS DE HERÁCLITO Y DEMÓCRITO (1815); CAXONCITO DE LA ALACENA (1815); EL CONDUCTOR ELÉCTRICO (1820); EL AMIGO DE LA PAZ Y DE LA PATRIA (1822); EL HERMANO DEL PERICO (1823); EL PAYASO DE LOS PERIÓDICOS (1823); LAS CONVERSIONES DEL PAYO Y DEL SACRISTÁN (1824) y el CORREO SEMANARIO DE MÉXICO (1826-1827). Publicó además numerosos folletos, panfletos, calendarios con efemérides, pastorelas, versos y artículos de carácter satírico y popular. En las postrimerías de su vida fue director de la GACETA DEL GOBIERNO. Fernández de Lizardi satirizó la monarquía y el papado. En 1822 publicó el folleto *Defensa de los francmasones o sea observaciones críticas sobre la bula del señor Clemente XII y Benedicto XIV contra los francmasones* y fue arrestado y excomulgado. Su obra novelística, realizada entre 1816 y 1820, representa la búsqueda de una autenticidad. El autor del *Periquillo Sarniento*, la novela de la Independencia Mexicana, buscó la utopía y abrió brechas en la producción novelística latinoamericana. Hombre culto, escribió sobre la educación de la mujer, tema poco tratado en su época. Produjo obras de teatro y 40 fábulas (1817), a imitación de Samaniego e Iriarte, que reflejan su interés moralizante. Tradujo en citas a Horacio, Terencio y Juvenal, entre otros. Su obra refleja la lectura profunda de autores españoles como Cervantes y Quevedo, y franceses como Rousseau, Molière y Voltaire. Murió en la ciudad de México, víctima de la tuberculosis, sin medios de fortuna y paradójicamente en el olvido; duro final de un hombre que dejó luz en el destino de las letras. De vena realista e intención educadora, la obra novelística de Fernández de Lizardi amalgama las normas neoclásicas y los giros del lenguaje de arraigo popular mexicano. Intenta reproducir lo verídico; con gracia e ironía describe las costumbres y da perfil a los caracteres. En sus comentarios morales alude a las autoridades clásicas para fundamentarlos y darles valor universal. Describe y denuncia injusticias. La estructura picaresca de sus novelas es original en cuanto relaciona la degradación moral del héroe con las instituciones de la Colonia.

"Yo no soy teólogo, ni canonista ni cosa que valga. Harto ignorante soy, y sin libros ni amigos".

OBRA REPRESENTATIVA: **Fábula.** *Fábulas del Pensador* (1817). **Novela.** *El Periquillo Sarniento* (1816, 4 Vols; el último apareció póstumamente en 1830) // *La Quijotita y su prima* (1812, Vol 1; 1819, Vol 2; 1832, edición completa)

// *Don Catrín de la Fachenda* (1819; publicada póstumamente, 1832). **Poesía.** *Polaca que en honor de nuestro católico monarca, el Señor don Fernando Séptimo cantó J. F. de L.* (1808) // *Diálogos críticos sobre diferentes asuntos* (1811) // *La muralla de México en la protección de María Santísima Nuestra Señora* (sf) // *Ratos entretenidos o miscelánea útil y curiosa* (1819). **Teatro.** *Auto mariano para recordar la milagrosa aparición de Nuestra Madre y Señora de Guadalupe* (sf) // *El unipersonal de don Agustín de Iturbide emperador que fue de México* (1823) // *El negro sensible* (1825) // *La tragedia de P. Arenas* (1827). **Otros.** *Calendario histórico y político. Para el año bisiesto de 1824* // *Calendario histórico y pronóstico político. Para el año del Señor de 1825* // *Testamento y despedida del Pensador Mexicano* (1827).

FERNÁNDEZ de OVIEDO, Gonzalo (1478-1557). Cronista español, llamado por algunos "El Plinio Americano". Nació en Madrid en el seno de una familia asturiana. A los trece años entró como mozo de cámara del príncipe don Juan, el hijo malogrado de los Reyes Católicos. Esto le sirvió para recibir, junto con él, su primera formación. Presenció la guerra de Granada y la llegada de Colón a Barcelona ante los reyes, con motivo de su regreso del primer viaje a las Indias. A la muerte del príncipe Juan (1497), Oviedo pasó a Italia al Servicio del rey de Nápoles. Regresó a España en 1502 y en 1514 se embarcó hacia las Indias, en la misma expedición en que iba Bernal Díaz del Castillo. Llegó al Darién con el título de veedor de las fundiciones de oro en tierra firme. En su vida hizo varios viajes a España; desde su llegada a América hasta 1556 cruzó el Atlántico doce veces. En 1532 el rey lo nombró Cronista General de las Indias y en 1535 lo hizo alcalde de la fortaleza de Santo Domingo, cargo que desempeñó hasta después de 1541. En calidad de Cronista de Indias, Oviedo poseía cédulas reales para que los conquistadores y gobernadores le enviaran relación de todo lo que tenía interés y debía ser escrito. Sus crónicas se nutren, en particular, de las cartas de Hernán Cortés sobre los hechos, historia y costumbres de los pueblos conquistados. Su obra se despliega a lo largo de la narración de lo más notable en flora y fauna de las tierras recién descubiertas. La crítica que le hicieron en su tiempo, en especial el padre Las Casas, proviene de la ausencia total de comprensión hacia los indios de México; frente a ellos Oviedo mantiene una actitud de franca desconfianza y desprecio. Murió en Valladolid dejando inédita parte de su crónica principal: *Historia natural y general de las Indias*. La obra se compone de 50 libros, 19 forman la primera parte que se publicó en 1535 y las restantes quedaron en el silencio, en parte a causa de los alegatos y censuras del padre Las Casas. Al morir el cronista, el manuscrito quedó en manos del Inquisidor de Sevilla, Andrés Gasco. En 1563 por orden del rey se devolvió al Consejo de Indias y quedó inédito hasta que en 1851-1855 la Academia de la Historia de Madrid publicó la obra completa en cuatro tomos. En esta segunda parte se narran el descubrimiento, conquista y guerras civiles del Perú. En ella Oviedo se muestra como un narrador apasionado; recoge testimonios orales de los protagonistas de los hechos; enjuicia y desborda en comentarios mordaces en contra de Pizarro. Gracias a sus crónicas se conoció la expedición que encabezó Gonzalo Pizarro desde Quito y que fue proseguida por Francisco de Orellana, en la cual se descubrió el río Amazonas. Fue el primero que describió la flora y fauna del suelo americano. Su obra refleja un sentido enciclopédico del conocimiento. En una prosa amena y espontánea, Oviedo transmite todo género de detalles mostrando una honda admiración por la naturaleza americana; no sin razón Julio Cejador lo llamó "El Plinio Americano".

"Antes se me acabe la vida que la verdad".

OBRA REPRESENTATIVA: *Sumario de la natural historia de las Indias* (1526) // *Historia natural y general de las Indias* (1535) // *Catálogo real de Castilla* (escrito en 1532; el manuscrito inédito se encuentra en la Biblioteca de El Escorial) // *Memorial de la vida y acciones del Cardenal Francisco Jiménez de Cisneros* (el manuscrito se encuentra en la Universidad de Alcalá de Henares).

FERNÁNDEZ de PIEDRAHITA, Lucas (1624-1688). Mestizo y clérigo neogranadino, figura importante entre los primeros cronistas e historiadores colombianos. En Piedrahita confluyó el origen noble de la realeza inca y la hidalguía peninsular. Fue bisnieto, por el lado materno, de una princesa del Perú e hijo de un hidalgo y conquistador español. Oriundo de Santa Fe, el cronista recibió la formación de los jesuitas, en el Colegio Seminario de San Bartolomé; pasó a la Universidad dominicana de Santo Tomás y se ordenó sacerdote. Desempeñó el cargo de gobernador interino en la diócesis de Santa Fe. A raíz de las desavenencias con las autoridades civiles pasó a España (1656) donde permaneció seis años. Volvió a América en calidad de obispo y se instaló en Santa Marta. Víctima de los ataques de piratas, tan frecuentes en la época, Piedrahita fue prisionero del temerario Morgan, devastador de las colonias españolas (1669). Liberado de la piratería inglesa se instaló en la diócesis de Panamá. Motivado por el deseo de mejorar lo que otros habían escrito sobre la conquista de Colombia, inició su *Historia general de la conquista del Nuevo Reino de Granada*. Iniciada y adelantada en España, a lo largo de los doce libros, Piedrahita relata la historia de la civilización chibcha, sus costumbres y guerras; incluye la Conquista y Colonización. El relato se suspende con los hechos de 1563, es decir, con el gobierno de Venero de Leiva. Se desconoce la parte que el autor prometió escribir y que abarcaría hasta 1630; también es posible que nunca la haya escrito. La obra refleja una documentación minuciosa proveniente de la consulta de los archivos en la Península, la lectura de crónicas y manuscritos de su tiempo, como los de Jiménez de Quesada que hoy se consideran perdidos; realizó un trabajo escrupuloso y constante durante 10 años. Encontramos relatos magistrales de la vida indígena, expediciones belicosas para sujetar a los indios panches. Hay temple en su prosa cuando describe la naturaleza americana, una propensión a la sentencia introducida antes o después del relato de una acción. La *Historia* se imprimió el mismo año en que Piedrahita murió en Panamá. Existe una edición moderna de 1942. El amplio cuadro histórico que inspiró su prosa es visto y descrito con una marcada actitud de distanciamiento en la que está ausente la emotividad.

"Breve soplo es la humana felicidad".

Obra representativa: *Historia general de la conquista del Nuevo Reino de Granada* (1688).

FERNÁNDEZ de VALENZUELA, Fernando (1616-1677). Escritor colombiano de los inicios del Barroco, autor de *"Laurea crítica"*, considerada como la primera obra dramática en ese país. Su biografía, al igual que su producción literaria, se han ido dilucidando y enriqueciendo en los últimos años. Hijo de españoles, Fernández de Valenzuela nació en Santa Fe de Bogotá. Sobresalió en los estudios de latinidad que a los doce años terminó con los padres jesuitas en el Colegio de San Bartolomé. Recibió las órdenes sacerdotales menores e ingresó a la Academia Javeriana donde cursó los estudios de teología. En 1638 era Maestro en Artes y Doctor en Teología. Ese mismo año fue llamado a desempeñar la difícil comisión de trasladar a España el cuerpo del arzobispo Bernardino de Almansa. Después de cumplir tan delicada misión, atraído por los encantos de la vida madrileña, pasó un año de distracción y, según afirman sus biógrafos, de disipación y libertinaje. En 1640 su espíritu retomó el cauce religioso; entró al monasterio cartujo de Santa María de Paular de Segovia; al vestir el hábito de la orden adoptó el nombre de Bruno de Solís y Valenzuela. Dio a conocer sus dotes literarias desde muy temprana edad. Tenía trece años cuando escribió *"Laurea crítica"*, entremés de corte satírico-literario incluido en *Thesaurus linguae latinae*, en el que critica y ridiculiza a los partidarios del lenguaje culterano. Los personajes que desfilan ante un juez son examinados para poder obtener ciertos grados. El entremés representa la defensa de la estética renacentista, ya en agonía, frente al naciente gongorismo. El *Thesaurus* incluye, entre otras cosas, una presentación detallada de sintaxis, adagios, sentencias y una lista de sinónimos. Se le ha atribuido el drama *Vida de hidalgos* y la comedia *En Dios está la dicha*, textos cuyo autor aún no se conoce. En *El desierto prodigioso y prodigio del desierto*, aparecieron algunas composiciones suyas. El religioso cartujo desempeñó varios cargos de prior en distintos conventos; desde 1662 hasta su muerte vivió en el monasterio de Santa María de la Defensión en Jerez de la Frontera. Su producción, aunque escasa, constituye el enlace de dos momentos en las tendencias dramáticas. Es de gran valor en las polémicas del estilo gongorino que se libraron tanto en España como en América.

"¿Desis que buscaréys nuevos lenguages? / [...] ¿Y juráys de no hablar en castellano, / sino en místico...? / ¿Haréys pleyto omenaje de guardaros / de decir pan al pan y vino al vino, / sino rubio licor, cosida harina, / y de llamar también ultramarina / de lodo al breve lago?"

Obra representativa: **Teatro.** *(Laurea crítica,* en *Thesaurus linguae Latinae.* 1629).

FERNÁNDEZ MADRID, José (1789-1830). Escritor colombiano, dramaturgo, poeta, médico y político. Ejerció su profesión de médico en Cartagena, su ciudad natal. Formó parte de la Junta de Cartagena en 1810; participó en la Declaración de Independencia de la Provincia de Cartagena en 1811 y fue Procurador General. En Cartagena fundó el semanario El Argos, de contenido científico y político a través del cual defendió los ideales de la democracia y la independencia. Ilustre hombre de ciencia y defensor del clasicismo, conjugó las ciencias y las letras en el desarrollo de su creativa y fecunda obra. En su formación temprana tuvieron importante lugar los clásicos del Siglo de Oro español. Fue colaborador del SEMANARIO DE LA NUEVA GRANADA (1811-1816). Fue deportado a España por Morillo el "Pacificador" aunque no llegó a ese país; se quedó en Cuba y ahí residió aproximadamente nueve años. Su actividad continuó y reeditó EL ARGOS en colaboración con José Antonio Miralla, escritor argentino. Redactó varios estudios sobre las enfermedades comunes en Cuba y publicó poemas. En 1824, con las victorias de Bolívar en Junín y Ayacucho, viajó a Bogotá. Junto con Luis Vargas Tejeda fue el iniciador del teatro nacional en ese país. Su actividad política no cesó y viajó a París (1825) como agente personal de Bolívar y a Londres (1826) como Ministro Plenipotenciario ante el gobierno británico, cargo diplomático que desempeñó hasta su muerte. En Londres fue amigo de José Joaquín Olmedo y tuvo como secretario y consejero a Andrés Bello con el cual cultivó también una gran amistad. En 1829, Bello escribió en Chile un artículo sobre la poesía de Fernández Madrid. Estableció relación con ilustres literatos ingleses, así como con españoles y franceses emigrados. Aunque no era romántico, mostró gran solidaridad con los emigrados franceses del Romanticismo. Tradujo con fidelidad a Delille, Beranger y Delavigne. Leyó a Chateaubriand y realizó una versión de *Atala* en forma de tragedia (1822). Su extensa producción abarca dramas, poesías, memorias, estudios, traducciones, artículos políticos y discursos parlamentarios. Fue uno de los primeros escritores en producir una creación teatral de tema indigenista: *Guatimoc*, fábula basada en la vida del último emperador azteca. En su poesía se destacan la naturalidad y la elegancia; el tema hogareño con suavidad y meditación. Poeta intimista emuló a Bello, Olmedo y al cubano Heredia.

"*¡Pérdida irreparable, Parca fiera! / Si unir el hilo roto de sus días / El hilo roto de los míos yo pudiera, / Burlada quedarías; Mas tú, siempre inflexible, inexorable, / Confundir no querrías / Con la suya mi vida miserable*".

OBRA REPRESENTATIVA: **Poesía.** *Canción nacional* (1814) // *El diez de mayo* (1820) // *Poesías* (1822) // *Canción al padre de Colombia y libertador de Perú* (1825). **Teatro.** *Atala* (1822, tragedia en 3 actos) // *Guatimoc* (1827, tragedia en 5 actos).

FEUILLET, Tomás Martín (1832-1862). Poeta panameño representante del Romanticismo en ese país. Algunos de sus biógrafos dicen no saber el lugar de su nacimiento, otros afirman que nació en la Chorrera. También hay desacuerdo respecto a la fecha, que algunos señalan como 1834. En torno a su nacimiento se ha creado un misterio. Se ignora quiénes fueron sus padres; parece que al nacer fue llevado a Panamá y entregado a los esposos Martín Feuillet, de origen francés, quienes lo criaron como a un hijo. Cursó las primeras letras en Panamá; se trasladó a Bogotá en 1851 para continuar los estudios, pero se vio forzado a volver a causa de una enfermedad que lo atacó dejándolo lisiado de una pierna. Posteriormente viajó a Jamaica, deseoso de continuar su formación. No tuvo mejor suerte pues su madre adoptiva murió y Feuillet volvió a Panamá. Por sus poemas se sabe que vivió en Lambayeque, Perú, en 1860; ahí colaboró para el periódico EL SOL DE PIURA. De regreso a Panamá conoció al poeta y soldado colombiano Julio Arboleda, quien iba al frente de un grupo de soldados y se dirigía al Cauca con el fin de restablecer el gobierno legitimista; Feuillet acompañó a Arboleda como su secretario en esa fatal empresa en la que perdieron la vida los dos poetas. Su espíritu sensible se vio hondamente marcado por las adversidades. Su poesía se nutre de la melancolía, el pesimismo, la tristeza y la muerte. Se dio a conocer hacia 1850 en las páginas de EL PANAMEÑO y EL CENTINELA; en este último publicó *"Mi retrato"*, romance de interés biográfico. Su producción es breve, no rebasa los cien poemas que bajo el título de *Poesías* se publicaron póstumamente (1918). Como poeta creció a la sombra del Romanticismo; Bécquer fue una de sus influencias directas. Tiene algunos poemas que lo acercan a la poesía realista española de corte popular como *"¿Cuánto tiene?"*, poema dedicado a los hombres interesados en los bienes materiales. Poeta de corta vida, Feuillet murió asesinado por los indios pijaos en Piendamó, mientras hacía un canje de prisioneros. Utilizó en sus versos una variada gama de metros, en particular los endecasílabos esdrújulos y agudos combinados; les dio el toque personal, íntimo y de lamentación sin caer en lo pueril.

"En el siglo en que vivimos / de progreso, / y en que de nada servimos / si no tenemos un peso, / no hay labio que no repita, / ni oído en que no resuene, / esta frase favorita: / ¿cuánto tiene?"

OBRA REPRESENTATIVA: **Poesía.** *(Mi retrato // ¿Cuánto tiene?,* en *Poesías*, 1918, edición póstuma).

FLORES, Julio (1867-1923). Poeta colombiano cuyos versos fueron tan populares que aún viven en la memoria de muchos pueblos hispanoamericanos. Nació en Chiquinquirá (en Boyacá). Después de la escuela primaria, realizó estudios de humanidades en el Colegio de Nuestra Señora del Rosario, en Bogotá. Aunque careció de una formación superior, cultivó con esmero la lectura de los poetas románticos españoles y franceses. Llevó una vida bohemia y sufrió penurias económicas. Colaboró en numerosos periódicos bogotanos; escribió entre otros, en EL HERALDO y LA REVISTA GRIS; junto con otros poetas dirigió ORIENTE. Su soltura en el arte de declamar lo llevó a Centroamérica; dio recitales poéticos en Venezuela y México, donde recibió apoyo económico del entonces presidente Porfirio Díaz para viajar por España y Francia. Cuando regresó a su país, Flores se estableció en el pequeño pueblo de Isiacurí y en alternancia con las actividades literarias, se dedicó a las tareas agrícolas. Sus composiciones tuvieron resonancia y aceptación en todas las clases sociales; debieron su éxito a la maestría con la que Flores recogió e interpretó el sentimiento popular. Sus poesías giran en torno a la muerte, el amor y la madre como fuerza capaz de aliviar los sinsabores de la vida. El poeta colombiano pasó los últimos días rodeado de su familia, entregado a las meditaciones y recuerdos; fue coronado como poeta nacional en Isiacurí en 1923, pocos días antes de su muerte. En su personal estilo hay fantasía y vigor lírico; el léxico es sencillo; las imágenes concurren para armonizar la música sonora en la que vibran las cuerdas con tonos delicados y rítmicos.

"¿Pero tú piensas que el amor es frío?/ ¿Qué ha de asomar en ojos siempre yertos? / ¡Con tu anémico amor... anda, bien mío, / Anda al osario a enamorar a los muertos!"

OBRA REPRESENTATIVA: **Poesía.** (*Gotas de ajenjo // La gran tristeza // La lágrima del Diablo // Ojos // Idilio eterno*, en *Antología de líricos colombianos*, 1936, Tomo I).

FLORES, Manuel María (1840-1885). Figura de relieve en la poesía erótica del romanticismo mexicano. Son escasos los datos biográficos del poeta cuya apasionada vida, al parecer, no encontró la felicidad deseada. Nació en San Andrés Chalchicomula, en el estado de Puebla. Alrededor de 1857 se encontraba en la capital estudiando filosofía en el Colegio de San Juan de Letrán; ahí estableció relación con Ignacio Manuel Altamirano y otros jóvenes escritores. Mayor interés manifestó por la composición poética que por el estudio; en 1859 decidió abandonar el Colegio y entregar su espíritu pasional y bohemio a la poesía y al amor. Esto no fue, sin embargo, obstáculo para que lograra desarrollar una amplia y poco común cultura literaria; convertirse en catedrático de literatura e historia, y pertenecer a importantes sociedades culturales de su época. En política fue de ideas liberales y participó activamente en la guerra de Reforma; luchó contra la intervención francesa y fue perseguido y encarcelado en el castillo de Perote. Con el restablecimiento de la República, figuró en varias ocasiones como diputado al Congreso de la Unión. A lo largo de su vida, sufrió penas económicas y de salud. A la compleja personalidad del hombre se suma su originalidad como poeta. Flores dedicó su obra al amor y a la mujer; cantó armoniosamente y con maestría al deleite y la pasión sensual. Aunque de carácter predominantemente erótico, sus composiciones revelan también capacidad expresiva para la ternura, el recuerdo místico, la efusión patriótica y un particular humorismo. Entre sus poemas más celebrados se encuentran: "*A Rosario*"; "*A Clementina*"; "*A Carmen*"; "*Eva*"; "*Tu imagen*"; "*Bajo las palmas*" y "*Ven*"; su producción fue reunida en un volumen intitulado *Pasionarias* (1874) que incluye traducciones e imitaciones de Hugo, Byron, Shakespeare, Lamartine, Dante, Schiller, Lessing y Heine, entre otros. Dejó un diario, *Rosas caídas* (1853) que representa una fuente valiosa para el conocimiento de su vida y obra. En la historia amorosa de Flores intervino Rosario de la Peña, inspiración y desesperanza de su contemporáneo Manuel Acuña. El poeta gozó de gran popularidad en su época; fue víctima de la ceguera y falleció en la ciudad de México. La obra de Flores es imaginativa y sensible; refleja autenticidad vivencial, aunque poca variedad de sentimientos por la monotonía temática. El paisaje tropical juega un importante papel en sus composiciones. Las traducciones e imitaciones, aunque se presume que no todas fueron directas, poseen calidad literaria.

"Su casta desnudez iluminaba, / su labio sonreía, / su aliento perfumaba / y el mirar de sus ojos encendía / una inefable luz que se mezclaba / del albor al crepúsculo indeciso... / Eva era el alma en flor del paraíso".

OBRA REPRESENTATIVA: **Diario.** *Rosas caídas* (1853). **Poesía.** *Pasionarias* (1874).

FRAY MOCHO, véase ÁLVAREZ, José Sixto.

FUENTES, Carlos (1929-). Célebre novelista mexicano, cuentista, ensayista, dramaturgo, diplomático y catedrático. En el arte de la narrativa mexicana del siglo XX, la figura de Fuentes ha trazado caminos fértiles de perspectivas universales. Si bien se ha inscrito su obra en la tendencia del realismo simbólico, su original estilo supera las clasificaciones. Su mundo narrativo es la expresión de una búsqueda por capturar estéticamente los mecanismos profundos del pensar, sentir y actuar de su pueblo. Por su seria inquietud hacia el estudio y el acontecer socio-cultural, Fuentes ha sido reconocido internacionalmente como un escritor con plena conciencia del lugar que el artista ocupa en el mundo moderno. En él se conjugan un auténtico sentido crítico y una permanente experimentación artística. Estudiada y traducida a varias lenguas, su obra ha sido merecedora del premio Biblioteca Breve 1967, del Premio Rómulo Gallegos 1977, del Premio Internacional Alfonso Reyes 1979 y del Premio Cervantes de Literatura 1987. Oriundo de la ciudad de México, desde su niñez tuvo la oportunidad de viajar y permanecer en el extranjero debido a que su padre era diplomático. Esa experiencia le ayudó a desarrollar su don para las lenguas y a adquirir una visión crítica de su propio medio, elementos que han influido en su trayectoria literaria. Entre sus numerosas aportaciones periodísticas en México y el extranjero, fundó junto con Emmanuel Carballo la REVISTA MEXICANA DE LITERATURA (1955-1958). Además de haber ejercido cargos diplomáticos, ha sido profesor de literatura en diversas instituciones universitarias como la Universidad de Princeton en los Estados Unidos de Norteamérica. Novelista sólido y fecundo, considera que la literatura, como toda manifestación artística, se opone a la realidad y la transforma; en este proceso, la realidad se revela y afirma. Su obra transparenta preocupación y audaz crítica social; representa el encuentro y comprensión de las paradojas del México del pasado y del presente; simboliza una lucha por la desmitificación y constituye una proposición de fe en la razón del hombre. La narrativa de Fuentes está impregnada del valor y la tensión poéticos; ésta revela un lirismo lleno de vigor. La realidad que describe se ilumina en el símbolo y tras él se descubre el interior profundo de sus múltiples personajes que encarnan el universo de sus tiempos. Al igual que Yáñez y Rulfo, Fuentes emprendió una nueva literatura que dejaba atrás el tipo de regionalismo de los novelistas de la Revolución. Con su primera novela, *La región más transparente* (1958), mural de la vida urbana mexicana, aprovechó diversas técnicas literarias que recuerdan a Huxley, Dos Passos, James Joyce, Kafka y Faulkner, entre otros. A su aparición, la novela causó polémica. En *La muerte de Artemio Cruz* (1962), crea un poderoso carácter a través del cual se visualiza, en forma panorámica, la sociedad mexicana de su tiempo; hay tres planos narrativos: un "Yo", un "Tú" y un "Él" que refieren, respectivamente, al personaje Artemio Cruz, a un *alter ego* o conciencia que se dirige al personaje y a una conciencia de realidad objetiva. Por su técnica, esta novela se ha comparado con algunas de Alejo Carpentier, como *El acoso*. *Cambio de piel* (1967) ha sido analogada a *Rayuela* de Cortázar. Como ensayista, sus trabajos representan importantes reflexiones para comprender la vida de su país y la nueva novela hispanoamericana. También ha realizado guiones cinematográficos. Hoy día, Fuentes es un escritor mundialmente conocido. Su visión es caleidoscópica; utiliza con maestría el monólogo, el contrapunto, la asociación libre de ideas, el collage, las citas y las analogías entre otros recursos. Las imágenes fluyen con naturalidad; sobresale su aguda observación de la realidad que lo rodea y su experiencia en la vida.

"Dueños de la noche, porque en ella soñamos; dueños de la vida, porque sabemos que no hay sino un largo fracaso que se cumple en prepararla y gastarla para el fin..."

OBRA REPRESENTATIVA: **Cuento.** *Los días enmascarados* (1954) // *Cantar de ciegos* (1964) // *Agua quemada* (1981) // *El naranjo* (1992). **Ensayo.** *La nueva novela hispanoamericana* (1969) // *Casa con dos puertas* (1970) // *Tiempo mexicano* (1971) // *Cervantes o la crítica de la lectura* (1976) // *Valiente mundo nuevo* (1990) // *Tres discursos para dos aldeas* (1993) // *Geografía de la novela* (1993) // *Nuevo tiempo mexicano* (1994) // *Los compromisos con la nación* (1996). **Novela.** *La región más transparente* (1958) // *Las buenas conciencias* (1959) // *Aura* (1962) // *La muerte de Artemio Cruz* (1962) // *Zona sagrada* (1967) // *Cambio de piel* (1967) // *Cumpleaños* (1969) // *Terra nostra* (1977) // *La cabeza de la hidra* (1978) // *Una familia lejana* (1980) // *Gringo viejo* (1985) // *Cristóbal Nonato* (1987) // *Constancia y otras novelas para vírgenes* (1989) // *La campaña* (1990) // *Dos educaciones* (1991) // *Diana o la cazadora solitaria* (1994) // *La frontera de cristal* (1995) // *Los años con Laura Díaz* (1999) // *Instinto de Inez* (2001). **Teatro.** *Todos los gatos son pardos* (1970) // *El tuerto es rey* (1974) // *Ceremonias del alba* (1991).

G

GALVÁN, Manuel de Jesús (1834-1910). Novelista, político y periodista dominicano; sobresalió en el género de la novela histórica hispanoamericana. Nació en la ciudad de Santo Domingo. Fue un hombre liberal que se inició en la vida política en 1859 con el gobierno de Santana. De 1863 a 1865 fue secretario de gobierno; una vez restaurada la independencia nacional (1865) viajó a Puerto Rico para ejercer el cargo de regente de la Real Hacienda. Posteriormente se trasladó a Puerto Príncipe como cónsul español. Testigo de la revolución de 1873, Galván se adhirió al gobierno liberal de Ulises Francisco Espaillat, quien lo designó Ministro de Relaciones Exteriores (1876). Interesado por el destino de su país, Galván fue Presidente de la Suprema Corte de Justicia de 1883 a 1889, cargo durante el cual hizo los trámites legales para la localización y traducción de los códigos franceses. Con el gobierno de Heureaux fue nuevamente Ministro de Relaciones Exteriores (1893). A la par de su incansable carrera política, Galván dejó una abundante obra periodística —aún inédita— en las páginas del semanario EL OASIS y el diario EL ECO DE LA OPINIÓN. Formado en la escuela del Clasicismo, leyó a Jovellanos, Quintana, al lado de Walter Scott y Chateaubriand, quienes influyeron en su novela *Enriquillo* (1882) cuya primera parte se publicó en 1878. Documentada con el celo del historiador, en particular en los textos de Las Casas, la obra recrea la sociedad europea de Santo Domingo durante los años de 1502 a 1533. Narra la vida de un mestizo rebelde en quien nace el deseo de liberar al indio de la sujeción española. A pesar de que la historia se desarrolla siguiendo las pautas estilísticas del Clasicismo, abunda en temas románticos: el anhelo de libertad, el amor inalcanzable y la presencia de la naturaleza. Ha sido traducida al francés y al inglés; en su tiempo, el célebre cubano José Martí le dedicó un encomiástico prólogo a la tercera edición, publicada en Barcelona en 1909, cuando Galván se encontraba en España. Murió en Puerto Rico. En su estilo escasean los indigenismos y los regionalismos; su expresión literaria es clara, la frase busca el equilibrio.

"*...es preferible la muerte a la humillación del alma*".

OBRA REPRESENTATIVA: **Novela.** *Enriquillo* (1882).

GALLEGOS, Rómulo (1884-1969). Escritor y político venezolano, figura señera de la literatura de su país, su nombre trasciende las letras nacionales y se instala con robustez en la narrativa hispanoamericana. Originario de Caracas, creció en el seno de una familia modesta. Fue alumno del Colegio Sucre, donde cursó las primeras letras; después de recibir el título de Bachiller en Filosofía pasó a la universidad. Abandonó la carrera de leyes por los problemas económicos que lo agobiaban. Trabajó primero como jefe de la estación del ferrocarril central y después encauzó su vida hacia la docencia. En 1912 ocupó el cargo de director del Colegio Federal de Barcelona; pocos años después (1918) se trasladó a Caracas como director de la Escuela Normal de Caracas. En el Liceo Andrés Bello, además de ser director (1922), organizó la cátedra de filosofía. En política, Gallegos mantuvo siempre una posición liberal. Bajo la dictadura de Gómez fue elegido para desempeñar el puesto de senador en el Congreso; rechazó tal designación ante la corrupción de la política venezolana. Eligió España para su exilio voluntario. En el destierro publicó *Cantaclaro* (1934) y *Canaima* (1934), dos de sus novelas que expresan el recuerdo nostálgico de su patria. En 1936, un año después de la muerte de Gómez, regresó a Venezuela; a su llegada el general Eleazar López Contreras, entonces presidente, lo llamó a colaborar en su gobierno confiándole el cargo de Ministro de Educación. Su tenaz actitud en contra de la tiranía lo puso a la cabeza de las fuerzas democráticas. Tras el golpe militar de 1945, la Acción Democrática, apoyada en la aceptación popular de que gozaba Gallegos, lo proclamó Presidente de la República (1948). Traicionado por los militares, Gallegos tomó de nuevo el camino del exilio. Viajó por Estados Unidos de Norteamérica, vivió un tiempo en Cuba y en México. El gran novelista venezolano se inició en las letras hacia 1910, año en que su nombre aparece junto al de otros escritores del grupo Alborada y en la revista del mismo nombre. En la primera etapa de su producción cultivó el cuento y el drama; en 1919 fue director de ACTUALIDADES, revista en cuyas páginas publicó un cuento semanal. Esta mixtura de géneros de la fase inicial desembocó en una copiosa obra novelística que en su conjunto recorre las transformaciones sociales de la Venezuela de principios del siglo XX. La novela inaugural de su trayectoria fue *El último Solar* (1920), publicada más tarde en España con el título de *Reinaldo Solar* (1930). Es una novela que confronta el idealismo del artista con la violencia social; Reinaldo, el personaje central, es un intelectual que no logra hacer coincidir su sensibilidad con la realidad venezolana; después de verse envuelto en una revolución, muere decepcionado de sus ideales. *La trepadora* (1925) se centra en el tema del hombre desamparado y su lucha por vencer los obstáculos sociales que lo relegan. Considerada como el resultado de su madurez literaria, esta obra preparó el terreno para el recibimiento de su máxima creación: *Doña Bárbara* (1929), majestuoso cuadro naturalista, desbordante en su sentido americano, que consagró el nombre de Gallegos tanto en América como en la Península. Publicada en Barcelona en 1929, recibió el premio como la mejor novela del mes, por un jurado compuesto por críticos y escritores hispanos como Díez-Canedo, Pérez de Ayala y Ricardo Baeza, entre otros. Tuvo una favorable acogida por la crítica que la consideró como una epopeya de la llanura venezolana, de su indómita naturaleza y de las pasiones que subyacen en los hombres. Cada personaje se descifró como un símbolo; Doña Bárbara, mujer vengativa, cruel y opresiva, representó a la dictadura gomecista. Su estructura responde a los cánones de la novela clásica; obra de un profundo realismo social, ha sido adaptada para el teatro y el cine. La producción novelística de Gallegos comprende once títulos entre los que se destacan *Sobre la misma tierra* (1934), que ha sido considerada tan importante como *Doña Bárbara,* y *La brizna de paja en el viento* (1952), novela escrita durante su estancia en Cuba y publicada en La Habana; esta obra expone los problemas de la juventud universitaria en Cuba, señalando las consecuencias sociales para la Isla. Gallegos dejó un renombre universal que lo convierte en uno de los hitos significativos para la literatura de habla hispana. En su universo novelístico viven las leyendas y los mitos americanos; los personajes están elaborados con admirable maestría en una trama con relieves sociales. Gusta de los resúmenes, simetrías y contrastes que dan agilidad al relato.

"Ahí tienes la escuela [la sabana] *donde se forman los hombres y estos son los instrumentos. Arrea y que Dios te ayude".*

OBRA REPRESENTATIVA: **Cuento.** *Los aventureros* (1913) // *Cuentos venezolanos* (1949). **Novela.** *El último Solar* (1920) // *Los inmigrantes* (1922) // *La rebelión* (1922) // *La trepadora* (1925) // *Doña Bárbara* (1929) // *Cantaclaro* (1934) // *Canaima* (1934) // *Sobre la misma tierra* (1934) // *Pobre negro* (1937) // *El forastero* (1942) // *La brizna de paja en el viento* (1952).

GALLEGOS LARA, Joaquín (1911-1947). Novelista y cuentista de importancia en las letras ecuatorianas. Nació en Guayaquil y a pesar de ser inválido, se destacó por su actividad en favor de los trabajadores. Promovió varias organizaciones obreras, mostrando una actitud abierta de defensa de los intereses sindicalistas. Perteneció al grupo literario de Guayaquil, en torno al cual se reunían José de la Cuadra, Díez-Canseco, Aguilera Malta y Gil Gilbert. Fue un autodidacta asiduo de los clásicos griegos y latinos. En 1930, junto con Aguilera Malta y Gil Gilbert, Gallegos Lara publicó *Los que se van*, colección de cuentos que causaron asombro en los medios literarios. Obra de la que emana el espíritu proletario que reinaba hacia los años treinta, en ella se aborda el tema de los desprotegidos sociales —el cholo paupérrimo— cuya vida está sujeta a los abusos sociales. Además de esta obra colectiva, escribió el cuento *La última erranza*, publicado en México en 1947. Su única novela, *Las cruces sobre el agua* (1946) se inspira en los levantamientos obreros del Ecuador, en particular el de 1922. Su prosa realista se distingue por la sencillez; las oraciones son breves, los diálogos concisos.

"Er que juye vive..."

OBRA REPRESENTATIVA: **Cuento.** (*¡Era la mamá!*, en *Los que se van*, 1930) // *La última erranza* (1947). **Novela.** *Las cruces sobre el agua* (1946).

GAMBOA, Federico (1864-1939). Escritor mexicano, abogado y diplomático. Autor polémico, produjo una de las obras novelísticas más fecundas de su época; figura de transición del realismo romántico al regionalismo del siglo XX, su producción se ha llegado a considerar como un antecedente fundamental de la prosa modernista y de la llamada Novela de la Revolución Mexicana. Nació en la ciudad de México; cursó la carrera de jurisprudencia y consagró gran parte de su vida a la actividad diplomática, que inició alrededor de 1888 como Secretario de la Legación de México en Guatemala. Emprendedor y tenaz, llegó a ocupar importantes cargos como el de Ministro Plenipotenciario en Centro América; Encargado de Negocios en los Estados Unidos de Norteamérica y el de Secretario de Relaciones Exteriores en tiempos de Huerta. Llegó a presidir la Academia de la Lengua y fue catedrático de literatura y derecho internacional. Recibió diversas condecoraciones a lo largo de su vida. Su vocación literaria la desarrolló fructíferamente en alternancia con su desempeño diplomático. Cultivó la novela breve y de largo aliento, la narración autobiográfica y el teatro. Su enorme popularidad se finca en su obra novelística que ha sido objeto de numerosos estudios y en los cuales se han vertido encontradas opiniones. Siete obras constituyen su producción novelística (1892-1911) realizada en diferentes lugares donde cumplía con sus misiones diplomáticas. De entre ellas, se destaca *Santa* (1903), que narra la vida de una cortesana y expone las causas, el proceso y los efectos fatales de esa dramática vida. Gamboa se interesó por problemas de orden moral y social. Reprodujo, con minuciosidad en el detalle, ambientes y escenas de su época; creó una galería de personajes cuya humanidad palpita en un mundo de desintegración social. Denunció lacras sociales e interpretó conflictos de su contexto bajo una óptica naturalista. En su prédica moralizadora hay una intención edificante. Para algunos, el novelista recopió "clisés" del naturalismo francés y, en especial, de Zola; para otros, sus ideas responden a una auténtica conciencia social. Algunos ven imitación, otros profunda mexicanidad; pedante moralización; sincera intención reconstructiva. *Santa*, su novela más popular, ha sido una de las obras más reeditadas en la historia de las letras mexicanas; reproducida en el cine, el teatro y otros medios. El autor falleció en la ciudad de México. Hay agilidad en su estilo; vigor en las descripciones; soltura en la trama narrativa. Entre otros recursos literarios, recurrió a la metáfora.

"[Quise ser] el historiador de la gente que no tiene historia".

OBRA REPRESENTATIVA: **Novela.** *Del natural* (1889) // *Apariencias* (1892) // *Suprema ley* (1896) // *Metamorfosis* (1899) // *Santa* (1903) // *Reconquista* (1908) // *La llaga* (1912). **Memorias.** *Impresiones y recuerdos* (1896) // *Mi diario* (1892-1911, 5 Vols). **Teatro.** *Divertirse* (1894) // *La última campaña* (1894) // *La venganza de la gleba* (1904) // *A buena cuenta* (1914) // *Entre hermanos* (1928).

GARCÍA GOYENA, Rafael (1766-1823). Abogado y poeta ecuatoriano, ha sido considerado como uno de los más destacados fabulistas de su país y del Continente. Oriundo de Guayaquil, vivió en su tierra natal hasta los doce años; luego viajó a Guatemala en donde pasó el resto de su vida. Se casó clandestinamente a los dieciséis años de edad y continuó sus estudios hasta graduarse como Abogado, profesión que ejerció. Guatemala representó su segunda patria, por lo que algunos lo consideran guatemalteco. La pequeña pero excepcional obra, constituida por 33 fábulas, perteneció a una etapa transitoria de la Colonia a la República y se circunscribe dentro del periodo neoclasicista. Inspirado en la obra del fabulista francés La Fontaine, los personajes y el ambiente de sus fábulas pertenecen al escenario de la naturaleza americana y, en particular, a la guatemalteca. Los apólogos de García Goyena transmiten los sentimientos de sosiego y ternura en torno a la naturaleza y los animales. Alude en especial a la vanidad, el prejuicio y las costumbres. Algunas de sus fábulas se han tomado como modelo en el género y han aparecido en diferentes antologías de Guatemala y de otros países hispanoamericanos. Entre sus composiciones representativas están *"Los perros"*; *"El loro y el cerdo"* y *"La cocinera, las gallinas y las palomas"*. Algunas fábulas del poeta Bergaño y Villegas le fueron atribuidas a

García Goyena; la errónea interpretación del anagrama "Bañoger de Sagelliú", con el que aparecieron en LA GACETA, fue la causa de la confusión. También se le atribuyó una composición de L. Mendizábal: *"Los animales en cortes"*. Su obra cuenta, además, con una pequeña serie de letrillas satíricas y algunas composiciones de tema patrio que reflejan aspectos morales y políticos en Guatemala a principios de siglo, así como el nacimiento de nuevas ideas. Sin embargo, fueron sus fábulas las que lo colocaron en la historia de las letras hispanoamericanas. La mayor parte de los estudios sobre García Goyena han sido realizados en Guatemala. En su estilo se destacan la sencillez, la amenidad, el cariño por la flora y fauna americanas y un interés didáctico.

"No debe dudar ninguno / de mis cándidos lectores / que en la casa de un magnate / haya perros a montones".

OBRA REPRESENTATIVA: *Fábulas y poesías varias* (1836).

GARCÍA HUIDOBRO, Vicente, véase HUIDOBRO, Vicente.

GARCÍA MÁRQUEZ, Gabriel (1928-). Célebre cuentista y novelista colombiano, periodista y guionista de cine. Su obra ha sido merecedora del Premio Nobel de Literatura 1982. Para la historia de las letras colombianas, García Márquez señala una nueva orientación frente a la tradición lograda por *La Vorágine* de José Eustasio Rivera. Para la historia de las letras hispanoamericanas, su narrativa, inscrita en la tendencia del realismo mágico, se consolida como una de las máximas expresiones de la denominada nueva novela latinoamericana, cuya tierra ha sido también fertilizada por otras personalidades como Asturias, Carpentier, Borges, Rulfo, Fuentes, Cortázar y Vargas Llosa. Para la historia de la literatura universal del siglo XX, su obra ha alcanzado la inmortalidad, aun y cuando su pluma sigue enriqueciendo el universo del arte literario. Comparado a Cervantes, es hoy día uno de los escritores hispanoamericanos más leídos, traducidos, comentados y estudiados. Iluminadores estudios sobre su obra han realizado célebres escritores como Carlos Fuentes y Mario Vargas Llosa. El autor de *Cien años de soledad*, nació en Aracataca, en la provincia de Magdalena; hasta los ocho años de edad vivió con sus abuelos. Realizó sus primeros estudios en Barranquilla. Tiempo después pasó a Bogotá donde cursó la carrera de leyes y cuyo título obtuvo en 1947. Alternó sus estudios con la actividad literaria y periodística. Sus primeros cuentos aparecieron en revistas y periódicos, y junto con otros relatos fueron compilados en distintos libros. Como periodista fue redactor y reportero de EL ESPECTADOR de Bogotá y su corresponsal en Europa; realizó distintos reportajes, uno de los cuales fue vertido en libro y llevaba el extenso título de *Relato de un náufrago que estuvo diez días a la deriva en una balsa, sin comer ni beber, que fue proclamado héroe de la patria, besado por las reinas de la belleza y hecho rico por la publicidad, y luego aborrecido por el gobierno y olvidado para siempre* (1970). También ejerció el periodismo en Caracas, fue corresponsal de Prensa Latina en la ONU y ha colaborado en numerosas publicaciones periódicas a lo largo de su vida. Ha realizado viajes por Europa y América y residido en París, Roma, México y Barcelona. Ávido lector de cuentos y novelas, en García Márquez se han considerado diversas influencias en su producción narrativa, cuyo valor e intensidad varían de acuerdo a los estudiosos quienes las han señalado, sea con base en las palabras del colombiano o en sus propios análisis. Empero, estas influencias adquieren su valor como fuentes de riqueza en un mundo literario original y no como modelos a seguir. Partícipe de las inquietudes de renovación literaria de su momento, leyó a autores extranjeros como Faulkner, Joyce, Virginia Woolf, Conrad, Hemingway, Defoe, Camus, Thomas Mann y Unamuno, entre otros; y a escritores hispanoamericanos como Borges, Cortázar, Fuentes y Rulfo. Su interés por la cultura literaria y artística no se restringe al siglo XX; además de conocer la propia tradición de las letras nacionales, incursionó en autores como Sófocles, Rabelais, Cervantes y en obras de la picaresca española, en libros de caballerías, en los *romanzi* europeos, en *Las mil y una noches* y la Biblia. Compenetrado en el arte cinematográfico se ha interesado por obras de directores como Buñuel, Fellini y Bergman. En cuanto a la ubicación genérica de su narrativa, hay quienes la consideran como expresión del realismo mágico, otros del realismo maravilloso y también del realismo imaginario; realismos que, aunque comparten características comunes, el distinto valor conceptual de sus adjetivos ha originado, si no confusión, un uso en ocasiones indiscriminado de estos conceptos aplicados a su obra. No obstante, hay consenso al advertir que en su obra los valores tradicionalmente concedidos a lo real y lo irreal se confunden, de tal suerte que no hay posibilidad de entenderlos de manera contradictoria; lo real adquiere una dimensión imaginaria y lo irreal una dimensión realista. En la realidad literaria que García Márquez ha creado subyace una realidad geográfica e histórica, pero recreada entre hechos que son producto de la invención. Prodigiosos, maravillosos o imaginarios, según se les considere, tales hechos no siguen la relación causa-efecto; no se restringen a una lógica convencional de un relato que crea su verosimilitud en sus propias reglas sino que fluyen, unos y otros, como fluyen los acontecimientos de una crónica. En esta afluencia de hechos se conjugan los tiempos del Tiempo, y se produce un efecto de intemporalidad en el que se construyen o deshacen mitos y nacen y mueren generaciones cuyas vidas son sofocadas por la violencia, la muerte y la soledad repetida, como sucede en el siglo que abarca su novela *Cien años de soledad* (1967). La intemporalidad existe en un lugar vagamente delimitado aunque ricamente inventado; un lugar llamado Macondo que puede ser cualquier lugar del Continente, en el que las vidas adquieren una dimensión carnavalesca, como un hombre con cola de cerdo, y los mitos reactualizan el origen del mundo y los momentos de su evolución. Lo sobrenatural rige en lo cotidiano y lo cotidiano se desarrolla junto con la fantasía, aun cuando ésta sea absurda; la veracidad y la mentira se confunden. La configuración de la realidad a través de este tipo de hechos adquiere un auténtico aliento poético, a la manera de una epopeya. Se ha señalado que las narraciones de García Márquez se convierten en una suerte de fábulas que representan tal y como es la realidad latinoamericana: mágica, maravillosa o imaginaria. En los símbolos que llevan consigo los mitos y las representaciones vivenciales, se proyectan realidades aplastantes del hombre latinoamericano y sus formas de enfrentarlas, como cuando se celebra al muerto vivo en su novela *El otoño del patriarca* (1975). Los cuentos de García Márquez se han visto como preludios de sus obras mayores; como el germen en potencia de *Cien años de soledad,* que alcanzó un éxito editorial poco común, y de *El otoño del patriarca.* Algunos de sus cuentos han llegado a la pantalla cinematográfica, como *En este pueblo no hay ladrones,* en la que el colombiano intervino como actor, junto con Rulfo, Buñuel y Monsiváis, y *La increíble y triste historia de la Cándida Eréndira y de su abuela desalmada,* cuya protagonista principal fue la primera actriz Irene Papas. García Márquez ha sido merecedor de distintos premios literarios y de reconocimientos académicos. En sus narraciones los valores establecidos se cuestionan; la forma en que describe aquel mundo se realiza mediante un lenguaje llano e impetuoso que retoma los valores ya clásicos, ya populares del pensamiento mítico y del suceder histórico. Entre sus numerosos recursos destaca el del humorismo nacido en la exageración, el absurdo y lo imprevisible. En su obra en conjunto existe la intertextualidad de personajes y situaciones.

"Siempre he creído que el poder absoluto es la realización más alta y más compleja del ser humano, y que eso resume, al mismo tiempo, toda su grandeza y toda su miseria".

OBRA REPRESENTATIVA: **Cuento.** *Los funerales de la Mamá Grande* (1962) // *La increíble y triste historia de la Cándida Eréndira y de su abuela desalmada* (1972) // *El negro que hizo esperar a los ángeles* (1972) // *Ojos de perro azul* (1974) // *Todos los cuentos* (1975) // *Doce cuentos peregrinos* (1992). **Novela.** *La hojarasca* (1955) // *El coronel no tiene quien le escriba* (1961) // *La mala hora* (1962) // *Cien años de soledad* (1967) // *El otoño del patriarca* (1975) // *Crónica de una muerte anunciada* (1981) // *El amor en los tiempos del cólera* (1985) // *El general en su laberinto* (1989) // *Del amor y otros demonios* (1994). **Reportaje-relato.** *Relato de un náufrago* (1970) // *El olor de la guayaba* (1993). **Teatro.** *Diatriba de amor contra un hombre sentado* (1995). **Otros.** *La novela en América Latina* (diálogo con Mario Vargas Llosa, 1968) // *Notas de prensa, 1980-1984* (1993) // *Como se cuenta un cuento* (1995).

GARCÍA MONGE, Joaquín (1881-1958). Firme presencia de las letras costarricenses, figura destacada cuya obra marcó el inicio de la novela realista en ese país. Las noticias sobre su vida provienen del propio autor quien indica haber nacido en Desamparados, población situada al sur de San José, donde, al lado de su madre, pasó los años de infancia y adolescencia. Al concluir los estudios secundarios en el Liceo de Costa Rica, fue enviado a Chile; ahí terminó los estudios pedagógicos (1901-1904). Volvió a su patria y se dedicó a la enseñanza, actividad que alternó con los cargos públicos de director de la Escuela Normal y de secretario de Instrucción Pública. Con García Monge las letras nacionales iniciaron un fructífero diálogo con los países de habla hispana; labor que se cristalizó con la publicación de REPERTORIO AMERICANO, revista que nació en 1919 y terminó en 1958 con la muerte del autor. Tres figuras moldearon sus gustos literarios: José María Pereda, Zola y Tolstoi. Señalada como su mejor novela, *La mala sombra y otros sucesos* (1917) contiene cuadros de costumbres ejecutados con magistral pluma. Obra de madurez, en ella logró penetrar, con cabal dominio, en la psicología del campesino costarricense. En su personal estilo se aprecia una preferencia por la frase breve; la presencia de giros y el léxico propios del habla rural y una nueva manera de tratar los temas folklóricos.

"Yo no tengo biografía. Aún no he hecho nada que merezca recordarse".

OBRA REPRESENTATIVA: **Novela.** *El Moto* (1900) // *Las hijas del campo* (1900) // *Abnegación* (1902) // *Mala sombra y otros sucesos* (1917).

GARNIER, José Fabio (1884-1956). Autor costarricense, incursionó en la novela, la crítica literaria y el teatro dejando una visible huella en las letras nacionales. De padre francés y madre costarricense, nació en Esparta. Después de concluir sus primeros estudios en el Liceo de Costa Rica, viajó a Europa (1904). Se educó en Italia y en Francia. En Bolonia cursó la carrera de arquitecto y aunque a su regreso ejerció la profesión algunos años, pronto la abandonó para dedicarse a la enseñanza. Fue profesor en la Universidad y en varios colegios privados. A lo largo de su vida, Garnier llegó a poseer una vasta y variada biblioteca. Entre los géneros que cultivó, el teatro le dio resonada fama. *A la sombra del amor* (1915), drama en tres actos, ha sido la pieza más comentada. En ella se destacan el buen manejo de la trama y la sólida construcción; los personajes —una madre y su hija que luchan por el mismo hombre— tienen fuerza dramática y relieve humano. Gran parte de su producción dramática aún está inédita. Dejó también una fecunda e importante colección de ensayos y perfiles literarios en los que expresó valiosos juicios sobre temas y autores de genuina raíz nacional: Aquileo Echeverría forma parte de los estudios contenidos en *Perfume de belleza* (1909) y Brenes Mesén se encuentra en *Literatura patria* (1913). El autor murió a los sesenta y dos años de edad. En sus dramas entrelazó las pasiones humanas de manera poco convencional en relación a la moral burguesa; los personajes femeninos promueven la acción y se apoderan de ella; su teatro expresa una visión trágica y pesimista del mundo.

"Ha cambiado todo en el fantástico palacio de los cuentos azules en donde el capricho de los payasos coloca las inolvidables sorpresas de los milagros de Cenicienta [...] ahora veréis cómo [...] en el lírico sendero de rosales que lleva a la fuentecilla rumorosa del Pecado [...] el espíritu de lujuria, encarándose como una blasfemia, se apodera de cuantas reliquias deja allí abandonadas la virtud".

OBRA REPRESENTATIVA: **Ensayo.** *Perfume de belleza* (1909) // *La vida inútil* (1910) // *Literatura patria* (1913) // *Parábolas* (1916). **Novela.** *La primera sonrisa* (1904) // *La esclava* (1905) // *Nada* (1906). **Teatro.** *Teatro* (1912) // *A la sombra del amor* (1915) // *Con toda el alma* (1916) // *El talismán de Afrodita* (1916).

GARRO, Elena (1920-1998). Destacada novelista mexicana, cuentista, dramaturga, guionista de cine y periodista. Con una obra creativa y original, Elena Garro ha contribuido al desarrollo de la literatura nacional e hispanoamericana del siglo XX. Ha sobresalido en los diferentes géneros que abarca su producción. Con singular fuerza poética, su pluma ha penetrado en el reino de lo fantástico y del realismo mágico. En la narrativa, su primera novela, *Los recuerdos del porvenir*, señaló un nuevo derrotero en el camino emprendido por obras como *Al filo del agua* de Agustín Yáñez, *Pedro Páramo* de Juan Rulfo y *Balún Canán* de Rosario Castellanos. Su obra teatral ha tenido importante proyección internacional. Nació en la ciudad de Puebla. Estudió en la Facultad de Filosofía y Letras de la Universidad Nacional Autónoma de México; en el teatro de esa institución, dirigido entonces por Julio Bracho, realizó diversas coreografías. Se desempeñó también como periodista en México y los Estados Unidos de Norteamérica; ha colaborado en diversas publicaciones periódicas como la revista UNIVERSIDAD DE MÉXICO y LA PALABRA Y EL HOMBRE, entre otras. Ha viajado por Europa y el Lejano Oriente y ha residido en los Estados Unidos de Norteamérica y en Francia. En 1957 se representaron tres obras teatrales en un acto: *Andarse por las ramas, Los pilares de Doña Blanca* y *Un hogar sólido*; esta última pieza fue seleccionada en la *Antología de la literatura fantástica* (1965) realizada por Jorge Luis Borges, Bioy Casares y Silvina Ocampo. Las tres piezas fueron publicadas juntas en 1958 bajo el título de *Un hogar sólido y otras piezas en un acto*. Sus obras teatrales se han publicado y representado en distintos países de América Latina y Estados Unidos de Norteamérica; en Ginebra, vertidas al alemán, se representaron *La mudanza* (1959) y *El rey mago* (1960). De entre sus cuentos, algunos de los cuales han tenido traducción al alemán, inglés y sueco, sobresale la serie: *La semana de colores* (1964). Su novela *Los recuerdos del porvenir* apareció en 1963 y obtuvo el Premio Xavier Villaurrutia en ese mismo año; en 1981, obtuvo el Tercer Premio de Novela Juan Grijalbo con *Testimonios sobre Mariana*. En *Los recuerdos del porvenir*, cuyo paradójico título nació del nombre de una pulquería, se cuenta la vida de un pueblo sureño llamado Ixtepec; pero es el pueblo mismo quien cuenta esa vida y nos presenta a los habitantes que lo poblaron en otro tiempo. En ese pueblo de muertos revividos o de vidas fantasmales, cuya realidad navega entre el sueño y la vigilia, el tiempo acaba por suspenderse y la condición humana se revela en su más pura, auténtica y sobrecogedora certeza: la muerte que se anuncia, la lucha contra ella y el anhelo de felicidad. El pueblo lo sabe, lo ha sabido siempre, lo testifica; la novela es a la vez una crónica de la Guerra Cristera, cuya violencia revuelve los sentimientos y los valores, y un poema en prosa de mágico aliento en cuyas cuerdas vibran la nostalgia, la soledad y la muerte que se repite. "*Gritos sin bocas*"; "*enemigos invisibles*"; "*reflejo del silencio*"; "*pasadizos sin tiempo*"; "*imágenes reflejadas en otros mundos*"; "*lugar sin vientos, sin murmullos, sin ruido de hojas ni suspiros*"; "*viaje inmóvil de los árboles*" nos conducen a un mundo que, enraizado en la tradición popular, descifra lo fantástico de una realidad americana. Leer a Elena Garro es captar al hombre en una dimensión poética que envuelve de magia la eterna espera. En su obra narrativa se reconoce el genio latinoamericano. La escritora ha residido gran parte de su vida en París. Su teatro posee originalidad dramática, vitalidad y sensibilidad poética.

"Una generación sucede a la otra, y cada una repite los actos de la anterior. Sólo un instante antes de morir descubren que era posible soñar y dibujar el mundo a su manera, para luego despertar y empezar un dibujo diferente".

OBRA REPRESENTATIVA: **Cuento.** *La semana de colores* (1964) // *Andamos hu-*

yendo Lola (1980). **Discurso.** *Con Octavio Paz en el Frente de Escritores Antifascistas* (1992). **Ensayo.** *Revolucionarios mexicanos* (1997). **Guión cinematográfico.** *¿Qué pasa con los tlaxcaltecas?* (1964). **Memorias.** *Memoria de España* (1993). **Novela.** *Los recuerdos del porvenir* (1963) // *Testimonios sobre Mariana* (1981) // *La casa junto al río* (1982) // *Reencuentro de personajes* (1982) // *Inés* (1995). **Relato.** *Un traje rojo para un duelo* (1996) // *Busca mi esquela & Primer amor* (1996). **Teatro.** *Un hogar sólido y otras piezas en un acto* (1958) // *La mudanza* (1959) // *El rey mago* (1960) // *La señora en su balcón* (1960) // *El árbol* (1963) // *La dama boba* (1964) // *Felipe Ángeles* (1969).

GAVIDIA, Francisco (1863-1955). Singular figura de las letras salvadoreñas, en su personalidad confluyen el pensador, el catedrático, el periodista, el cuentista, el dramaturgo, el traductor, el crítico literario y el poeta innovador del Modernismo. Considerado como un pilar de la cultura salvadoreña, Gavidia expresó en su obra los ideales de democracia, de unión centroamericana y de superación social, económica y cultural de su país. Oriundo de la ciudad de San Miguel, el poeta encontró en Eloísa Guandique, su madre, un incentivo para el logro de sus ideas. Pasó la infancia en su ciudad de origen y en la hacienda de Cacahuatique. La vida en el campo le enseñó el valor de la sencillez de espíritu, el amor a la naturaleza y los valores indígenas. Muy joven pasó a San Salvador, donde desplegó una intensa labor en la enseñanza y el periodismo. Como profesor sembró su pensamiento en distintos niveles: desde la escuela primaria hasta la cátedra universitaria y la sala de conferencias. Encontró en la Revolución Francesa los ideales de justicia para su pueblo. Entre los diversos diarios y revistas que difundieron su pensamiento se encuentran: LA QUINCENA; LOS ANDES; DIARIO LATINO; DIARIO DEL SALVADOR; LA PALABRA; EL HERALDO y LA ASPIRACIÓN; en Guatemala colaboró para LA REPÚBLICA y LA PATRIA, entre otras publicaciones periódicas en cuyas páginas escribió sobre filosofía, historia, arte, crítica literaria, filología y sobre los valores indígenas. En 1890 tomó el camino del destierro como protesta contra el gobierno usurpador. Estuvo en Guatemala y en San José de Costa Rica. En su país desempeñó el cargo de supervisor general de Instrucción Pública, el de Ministro de Educación y por muchos años fue director de la Biblioteca Nacional. La sólida cultura que poseyó, producto de las lecturas de los clásicos latinos y griegos, poetas y filósofos de todos los tiempos, le permitió cultivar distintos géneros literarios. Su obra dramática impulsó el teatro nacional. *Ursino* (1887), *Júpiter* (1889) y *La princesa Cavek* (1931), son algunos títulos en los que la vida y la historia salvadoreña sirvieron de inspiración a su pluma. Vertió al español a Goethe y a Molière. Sus traducciones de Victor Hugo y de los parnasianos franceses sirvieron para que Rubén Darío, a quien lo unía una estrecha amistad desde 1882, se adentrara en la lectura de autores franceses. Como poeta, Gavidia adaptó el español al hexámetro griego e introdujo una nueva acentuación del alejandrino, verso este que sirvió de base al Modernismo. Cantó al amor, a la belleza, al heroísmo y exaltó los valores del mundo indígena. *Sóteer o Tierra de preseas* (1949) —considerado por el propio Gavidia como su mejor libro— es un extenso poema épico cuyo héroe, Sóteer, se opone a la tiranía y tras luchar por la libertad hace que el triunfo sea del pueblo. En este canto en favor de la democracia de los pueblos, la educación es el elemento que promueve el despertar de las conciencias. La labor de Gavidia fue reconocida. Hacia el final de su vida recibió el título de Director Honorario de la Biblioteca Nacional y una pensión vitalicia. Murió a los noventa y dos años. Dejó en su prosa la semilla de sus ideales, impulsó y perfiló lo nacional. Su obra poética sirvió de enseñanza y abrió horizontes a los movimientos nacientes. Renovó la métrica con el hexámetro griego y el neoalejandrino.

"Escucha pueblo. Cuando el mal aprieta / debe hablarte el poeta: / en su lengua está Dios, y en Dios no hay miedo".

OBRA REPRESENTATIVA: **Cuento.** *Cuentos y narraciones* (1931). **Ensayo.** *Historia de la introducción del verso alejandrino en el castellano* (1904) // (*Adaptación del hexámetro a la poesía castellana*, en *Obras*, 1913) // *Historia moderna de El Salvador* (1917 y 1918, 2 Vols). **Poesía.** *Versos* (1884) // *Pensamientos* (1906) // *Sóteer o Tierra de preseas* (1949). **Teatro.** *Ursino* (1887) // *Júpiter* (1889) // *Héspero* (1931) // (*Amor e interés* // *Lucía Lasso o los piratas* // *La princesa Cavek*, en *Obras*, 1931).

GIL GILBERT, Enrique (1912-1973). Cuentista y novelista ecuatoriano, su obra marcó una nueva etapa en las letras nacionales. Originario de Guayaquil, Gil Gilbert fue un hombre de ideas revolucionarias. Militó en el Partido Comunista del Ecuador por muchos años. Alternó esta actividad con la de profesor en la Universidad de Guayaquil y el Colegio Nacional Vicente Rocafuerte. Formó parte del Grupo Guayaquil, compuesto en su mayoría por escritores que eran militantes políticos: Pareja-Diez Canseco, José de la Cuadra, Gallegos Lara y Aguilera Malta, cinco integrantes unidos *"como un puño"* que produjeron obras en las que los desprotegidos sociales entraron a formar parte de las letras ecuatorianas. A los dieciocho años, Gil Gilbert publicó *"El malo"* —su primer cuento— en *Los que se van*, obra colectiva del grupo aparecida en 1930. Se trata de un texto de compleja construcción que muestra la psicología de un niño de ocho años en un momento dramático de su corta vida: la muerte de su hermano pequeño y la imposibilidad de probar que él no fue el autor de la tragedia. La realidad descrita se vuelve desgarradora por el peso que cobra la opinión pública. Con *Nuestro pan* (1942) creció su fama de narrador; la novela ganó el Segundo Premio del Primer Concurso de Novelas Latinoamericanas en 1941. En ella aborda con maestría la explotación de los arroceros en la costa ecuatoriana; sin recurrir a la prédica, la obra alcanza la dimensión de la lucha social. El autor se alejó de las letras y se dedicó a la política y al panfleto. En su prosa, el hombre se agita, lucha y se revela contra las injusticias; los diálogos recrean el habla regional y las descripciones están llenas de colorido.

"Cada hombre es como un árbol, como el curso de un río".

OBRA REPRESENTATIVA: **Cuento.** (*El malo*, en *Los que se van*, 1930) // *Retratos de Emmanuel* (1939). **Novela.** *Nuestro pan* (1942).

GODOY ALCAYAGA, Lucila, véase MISTRAL, Gabriela.

GÓMEZ de AVELLANEDA, Gertrudis (1814-1873). Figura señera de las letras cubanas; mujer de vida apasionada cuya fecundidad creadora rebasó las fronteras americanas. Nació en Camagüey, antiguamente llamada Puerto Príncipe; fue hija de un oficial español y de una dama distinguida del lugar. En su ciudad natal transcurrió la primera etapa de su peregrinante existencia. Al morir su padre, la madre volvió a casarse con un militar español. El carácter temperamental de Avellaneda dificultó las relaciones cordiales con su padrastro; fue una joven voluntariosa que antes de los nueve años manifestó su inclinación y talento para escribir versos. En 1836 abandonó por primera vez la isla para viajar con su familia hacia Europa. Antes de establecerse en Madrid, pasó algún tiempo en Burdeos, Coruña y vivió en Sevilla, donde conoció a Ignacio Cepeda y Alcalde (1839), hombre frío y calculador quien despertó en la escritora una gran pasión, malograda al paso del tiempo. En Madrid alcanzó un amplio reconocimiento literario; colaboró en publicaciones periódicas en distintos lugares de la Península: en Sevilla escribió para EL CISNE (1838); en Granada, para LA ALHAMBRA (1839) y en Cádiz, para LA AUREOLA (1839). Fue acogida en los liceos y cultivó la amistad de Espronceda, Zorrilla y Quintana, entre otros. Vivió un entusiasta amor con el poeta Gabriel García Tassara a quien conoció en 1844. La vida de Avellaneda estuvo marcada por las constantes pérdidas. De su episodio borrascoso con Tassara nació una niña que murió siete meses después (1845). Un año más tarde contrajo matrimonio con Pedro Sabater quien sentía por la cubana un amor profundo; tres meses después, la poetisa sufrió su muerte. Esta pérdida la llevó a recluirse por un tiempo en el convento de Nuestra Señora de Loreto, en Burdeos. Durante ese retiro escribió dos *"Elegías"* y parte del *Devocionario poético.* En 1847 puso fin a su encierro y volvió a Madrid para emprender una intensa actividad literaria; entre 1846 y 1858 se estrenaron con éxito unas trece de sus obras dramáticas. Entre ellas se encuentran tres dramas que no se imprimieron y que actualmente se consideran perdidos: *Hortensia* (1850), *Los puntapiés* (1851) y *La sonámbula* (1854). Después de un breve reencuentro con Cepeda, en 1847 sucedió la ruptura definitiva, aunque mantuvieron relaciones epistolares hasta 1854, año en que se casó Cepeda. Contrajo segundas nupcias con el coronel Domingo Verdugo (1855); después de un viaje que realizaron por distintos lugares de Francia y España, en 1859 Verdugo fue comisionado a Cuba con un cargo oficial. De regreso a su tierra natal, Avellaneda recibió un homenaje en el que fue coronada por la poetisa Luisa Pérez de Zambrana, en el teatro Tacón de La Habana (1860). Dirigió la revista ÁLBUM CUBANO DE LO BUENO Y DE LO BELLO (1860); recorrió, en compañía de su esposo, varias ciudades, entre ellas Puerto Príncipe. En 1863 Verdugo murió en Pinar del Río; la autora emprendió entonces un viaje a Estados Unidos de Norteamérica, Londres, París y en 1864 se encontraba de regreso en Madrid. Sin ser autobiográfica, en la poesía de Avellaneda se filtran finos sentimientos personales e íntimos. En *"Amor y orgullo"* expone las mudanzas de su lucha interna frente al orgullo de Cepeda; *"A él"* nos revela la ruptura definitiva de ese malogrado amor. Además del amoroso, Avellaneda cultivó también los temas religiosos; en las *"Elegías"*que compuso en el convento palpita el fervor devoto.

El *Devocionario poético,* cuyo texto se perdió en la imprenta, fue terminado en 1847; la autora lo reconstruyó hasta 1867 y apareció con el título de *Manual del cristiano. Nuevo y completo devocionario en prosa y verso.* Contiene, entre otras, *"Miserere"*, *"Te Deum"* y *"La Cruz"*, poema este último que alcanzó fama por su tono declamatorio. En el teatro, Avellaneda ha sido considerada como una de las figuras descollantes. Escribió cerca de veinte piezas que incluyen los temas más variados. Se inició en 1840 con *Leoncilla en Sevilla,* drama de corte romántico en el que Avellaneda resuelve con habilidad el enredo amoroso y las confusiones creadas por los parentescos ocultos de los personajes. Inspirada en el teatro de Lope de Vega, estrenó en 1852 *La hija de las flores o todos están locos,* comedia en verso dedicada a José Zorrilla, que muy pronto se tradujo al inglés, francés y portugués. Entre los dramas sobresale *Baltasar;* su valor reside en la profundidad que bajo su pluma adquiere el personaje bíblico. La pieza atrajo la atención del escritor mexicano Ignacio Manuel Altamirano, en cuyo estudio, intitulado *Ensayo crítico sobre Baltasar* publicado en México (1868), señaló las influencias del *Sardanápalo* de Byron (1821). Sin embargo, otros críticos, entre ellos Max Henríquez Ureña y Menéndez Pelayo, consideran los puntos de coincidencia como el resultado de la poética romántica. A diferencia de Byron, cuyo héroe es voluptuoso, elegante y trágico, Avellaneda personificó el tedio romántico que a lo largo de la pieza nulifica al personaje y le impide actuar. De prolífera obra, la célebre autora cubana también demostró maestría en el género narrativo. La novela *Sab* apareció en 1841, diez años antes de que se publicara *La cabaña del tío Tom* (1851-1852) de la norteamericana Harriet Beecher Stowe, en la que se trata también el tema de la esclavitud. A pesar de su carácter antiesclavista, se ha señalado que *Sab* no es una obra de propaganda. Las costumbres y el paisaje cubano son descritos con maestría. La acción se desarrolla en Camagüey; tiene influencias de Walter Scott y Victor Hugo. También escribió *Guatimozín* (1846), novela de antecedentes románticos en la que, basada en los textos de Cortés y Bernal Díaz del Castillo, narra violentos episodios de la historia de México. La descripción del México antiguo abunda en detalles; el relato se torna vibrante para exaltar el heroísmo de los príncipes aztecas. Su versátil pluma también incursionó en los relatos de las tradiciones de distintos países; los denominó "Leyendas". Sobresale *El cacique de Turmequé,* escrito durante su segunda estancia en Cuba. Está inspirado en una historia de *El Carnero* de Juan Rodríguez Freile. Avellaneda fue una escritora activa hasta su muerte. A su regreso a España, se dedicó a revisar la edición de su *Obra literaria* (1869-1871). La escritora murió en Madrid. En la poesía, su estilo se personalizó con una variedad de metros; entre sus innovaciones métricas está el verso de trece sílabas, en periodos de cuatro y nueve. En bellas imágenes evoca el recuerdo de su patria; también dejó versos teñidos de dilatado erotismo. En el teatro es singular el dominio de efectos dramáticos. El tema de la libertad está presente en sus novelas; hay viveza en las descripciones y la prosa es aguda y penetrante.

"¡No hay en el mundo cadenas / que rindan la voluntad!"

OBRA REPRESENTATIVA: **Novela.** *Sab* (1841) // *Dos mujeres* (1842-1843) // *Guatimozín* (1846) // *Dolores, páginas de una crónica familiar* (1851) // *El artista barquero o Los cuatro cinco de junio* (1861). **Poesía.** *Al partir* (1836) // *A la poesía* (1836) // *Al destino* (1844) // (*Miserere* // *Te Deum* // *La Cruz*) // *A la Ascensión*, en *Devocionario poético* (1867). **Teatro.** *Leoncilla en Sevilla* (1840) // *Munio Alfonso* (1844) // *El príncipe de Viana* (1844) // *Egelona* (1845) // *Saúl* (1846) // *Recaredo* (1851) // *La hija de las flores o todos están locos* (1852) // *El donativo del diablo* (1852) // *La verdad vence apariencias* (1852) // *Tres amores* (1858) // *Baltasar* (1858). **Tradiciones.** *La montaña maldita* (1851) // *La dama de Amboto* (1860) // *El cacique de Turmequé* (1860) // *La aura blanca* (1861).

GÓMEZ SUÁREZ de FIGUEROA, véase VEGA, Garcilaso de la, "El Inca".

GONZÁLEZ, Juan Vicente (1811-1866). Escritor, político y periodista venezolano, considerado como la primer figura en la literatura nacional del siglo XIX. Su biografía corre paralela al periodo de conmoción que vivió Venezuela desde su independencia (1810) hasta los años de organización definitiva, pasando por los días de gran turbulencia. De su familia poco se sabe. Nació en Caracas; realizó los primeros estudios como interno en el convento de los padres Neristas, donde sobresalió por su prodigiosa memoria en teología, sagrados cánones, latín y griego. Culminó sus estudios en 1830, año en que se graduó de Licenciado en Filosofía. Abandonó la vocación religiosa que lo guió durante la infancia; en 1836 se casó con Josefa Rodil, unión de la que tuvo varios hijos. Combativo periodista, González fue un hombre que sirvió primero a la causa liberal; en 1840 fundó EL VENEZOLANO junto con Antonio Leocadio Guzmán, quien más tarde fue su enemigo acérrimo. Pronto se alejó de ese grupo orientando sus opiniones y su lucha en favor de los conservadores; así fundó el DIARIO DE LA TARDE (1846) y EL NACIONAL (1863). Combatió a los partidarios de Guzmán desde las páginas de EL HERALDO (1859). Durante el levantamiento de 1846, desempeñaba el cargo de Jefe Político del Cantón de Caracas. Ese puesto le permitió apresar a Guzmán, quien acusado de conspirador permanecía escondido. A partir de 1848 inició sus actividades en la enseñanza; con la ayuda de su esposa, fundó el colegio El Salvador del Mundo, en el que encaminó los estudios hacia el humanismo, como lo demuestran algunas crónicas de la época. Contrario a la política de Páez, que en un tiempo había sido su amigo, González fue encarcelado (1862) en las bóvedas de La Guaira. Poseyó una sólida cultura; ávido lector como era de los autores románticos, sus compañeros solían llamarlo el "Tragalibros". Leyó a Chateaubriand, Michelet, Lamartine, Byron y Victor Hugo; además del griego y el latín, sabía inglés y francés. Su obra tiene reminiscencias claras de la prosa poética del siglo XVIII. Se inspiró en el abate Jean-Jacques Barthélemy para las *Mesenianas* (1834) donde con tono de queja despliega su sentimiento elegíaco. El texto de mayor aliento, en el que convergen sus dotes de escritor y su vigorosa personalidad, es sin duda la *Biografía de José Félix Rivas* (1946). Más que una biografía, es un repertorio de cuadros y personajes que giran en torno al caudillo; por el interés de las descripciones, las pinturas y los retratos, ha sido comparada con el *Facundo* de Sarmiento por autores como Blanco Fombona. Es la historia de los primeros años de independencia, vista a través del sentir y del pensar venezolano. Aunque tiene influencias del Romanticismo, su prosa ofrece cuadros anclados en la realidad nacional. Hacia el final de su vida González fundó la prestigiada REVISTA LITERARIA (1864). Murió en Caracas; sus restos quedaron en el cementerio de Los Hijos de Dios, sitio actualmente urbanizado. Por las características de su obra, sentó las bases para una literatura autóctona que dejara de ser imitación de la extranjera.

"Hilad la seda de vuestro seno, libad vuestra propia miel, cantad vuestras canciones, porque tenéis un árbol, un panal y un nido".

OBRA REPRESENTATIVA: **Prosa.** *Mesenianas* (1834) // *Biografía de José Félix Rivas* (1946).

GONZÁLEZ de ESLAVA, Fernán (¿1534-1601). Dramaturgo destacado y notable poeta lírico. No se ha precisado aún el lugar de su nacimiento, hay divergencia entre los estudiosos que se han dedicado a elaborar su biografía. García Icazbalceta supone un origen andaluz; Amado Alonso ubica su nacimiento en Navarra o León. En 1558 llegó a México, donde floreció su actividad en las letras; en esa ciudad estudió y hacia 1579 se ordenó sacerdote. Por sus ocupaciones, tanto clericales como literarias, Eslava se relacionó con las clases superiores del México virreinal, quienes en definitiva juzgaron y sancionaron su obra. En 1574, año en que, con motivo de la consagración del obispo Moya de Contreras, se presentó una pieza en la que aparecieron intercalados unos entremeses de intención satírica, Eslava, acusado de haber sido el autor, fue perseguido víctima de la censura del virrey Martín Enríquez. El obispo Moya, amigo del poeta, lo protegió y defendió en el proceso y persecución. Años más tarde de haber vivido este agitado suceso, el Cabildo le otorgó un premio de 1 200 pesos por su comedia para la festividad de Corpus de 1588. De su obra poética se conocen algunos sonetos y una glosa incluidos en la compilación anónima *Flores de baria poesía* (1577). En la pluma de Eslava se advierte un manejo excepcional de las estrofas tradicionales de la poesía española: redondillas, quintillas, romances... Sin embargo, la gloria de Eslava descansa en su producción dramática. De intención alegórica, su teatro tiene el mérito de haber innovado, si no en la forma, sí en el contenido. Su valor reside en el peculiar acercamiento a la realidad y el modo de reflejarla. Escritos en su mayor parte en verso, los *Coloquios* retoman personajes y acontecimientos de la época: hombres y mujeres del pueblo, alguaciles, escribanos, epidemias recientes, la llegada de un virrey o prelado son los motivos que alimentan la acción; mezclados con los tipos alegóricos y dotados de un significado religioso, todos ellos trascienden la temporalidad en una magistral transformación. Sin faltar los momentos de comicidad, en el habla de los personajes se observan giros coloquiales específicamente mexicanos; de las formas castizas emergen las muestras de las primeras modificaciones que sufrió el español en México. Su obra vio la luz póstumamente, gracias al agustino Francisco Vello de Bustamante, quien se preocupó por reunirla y publicarla en México. Manierista en su estilo, Eslava es una firme presencia en las letras de finales del siglo XVI.

"En la edad es por demás, / Que es fuerza el ir adelante, / Sin poder volver atrás".

OBRA REPRESENTATIVA: **Poesía y Teatro.** *Coloquios espirituales y sacramentales y canciones divinas* (1610).

GONZÁLEZ MARTÍNEZ, Enrique (1871-1952). Poeta mexicano, médico, periodista, crítico y diplomático. Considerado como el último gran poeta del movimiento modernista mexicano, legó una obra de trascendental relieve para las letras de su país y de Hispanoamérica. Espíritu abierto a la sabiduría, dos virtudes caracterizan su dinámica autobiografía lírica: la serenidad y la sinceridad. Su obra literaria significó un gran estímulo a la juventud de su época y aún hoy día sus huellas permanecen luminosas. Natural de Guadalajara, Jalisco, estudió en la preparatoria, el Seminario Conciliar y el Liceo de Varones de su ciudad natal, en forma simultánea. Siguió la carrera de medicina cuyo título obtuvo en 1893; en Sinaloa y otras provincias alternó el ejercicio de su profesión con la actividad literaria y periodística. Ya en edad madura y con reconocimiento, pasó a la ciudad de México (1911) donde se integró a la vida cultural. Fue miembro de la Academia Mexicana de la Lengua y presidió en 1912 el Ateneo de la Juventud (1909-1914), grupo de destacados escritores y pensadores que reaccionó contra la doctrina positivista oficial y que buscó, animado por un espíritu filosófico y crítico, una reorientación de los valores intelectuales hacia el pleno desarrollo de la personalidad del individuo; entre sus miembros más importantes figuraron: Antonio Caso, Pedro Henríquez Ureña, José Vasconcelos, Alfonso Reyes, Julio Torri, Jesús T. Acevedo, Alfonso Cravioto, Ricardo Gómez Robelo y, como González Martínez, otro poeta de la generación anterior, Luis G. Urbina. Desempeñó el cargo de Subsecretario de Instrucción Pública y Bellas Artes (1913) y fundó, junto con Efrén Rebolledo y López Velarde, la revista PEGASO. A la par de su intenso trabajo poético, ejerció la cátedra de literatura en la Preparatoria Nacional y otras instituciones. Se interesó por las relaciones internacionales y de 1920 a 1931 ejerció funciones diplomáticas en Chile, Argentina, España y Portugal. A su regreso a México, participó en la fundación de El Colegio Nacional y del Seminario de Cultura Mexicana. Fue distinguido con el Premio de Literatura Manuel Ávila Camacho en 1944, año en que fue publicada su obra poética completa. González Martínez fue un lírico original que supo aprovechar los recursos de distintas tendencias poéticas para expresar y depurar su propia visión estética. En sus primeras obras, *Preludios* (1903) y *Lirismos* (1907), el poeta compartió los ideales modernistas de su época, que se sustentaron en los modelos propuestos por los parnasianos franceses. Sin embargo, buscó su propio ideal poético y ensayó nuevos caminos en los que la meditación y la sabiduría animaron su espíritu creativo; *Silenter* (1909), *Los senderos ocultos* (1911), *La muerte del cisne* (1915) y otras obras representan esa búsqueda. En su famoso soneto *"Tuércele el cuello al cisne de engañoso plumaje"*, contenido en *Los senderos ocultos*, la imagen del búho que opone a la del cisne ha representado, para algunos, el símbolo de su poesía y a la vez una reacción contra Rubén Darío; hay quienes han visto en ello más su posición frente al Modernismo que una crítica al poeta nicaragüense. En la poesía de González Martínez, el dolor, el amor, la muerte, la eternidad, el tiempo y la actitud que se toma ante la vida, entre otros temas, son expresión de un sentido profundo de la vida que armoniza con el optimismo, la melancolía, la serenidad y el silencio. En 1944 y 1951, aparecieron respectivamente sus dos libros autobiográficos: *El hombre del búho* y *La apacible locura*, importantes documentos para conocer su vida y obra. También realizó numerosos prólogos y traducciones del inglés y francés. El insigne poeta recibió en vida honores y distinciones; murió en la ciudad de México y sus restos fueron sepultados en la Rotonda de los Hombres Ilustres. Su poesía está llena de exquisitas imágenes y de fuerza lírica.

"Busca en todas las cosas un alma y un sentido / oculto; no te ciñas a la apariencia vana".

OBRA REPRESENTATIVA: **Discurso.** *Algunos aspectos de la lírica mexicana* (1932). **Memorias.** *El hombre del búho* (1944) // *La apacible locura* (1951). **Poesía.** *Preludios* (1903) // *Lirismos* (1907) // *Silenter* (1909) // *Los senderos ocultos* (1911) // *La muerte del cisne* (1915) // *Jardines de Francia* (1915) // *El libro de la fuerza de la bondad y del ensueño* (1917) // *Parábolas y otros poemas* (1918) // *La palabra del viento* (1921) // *El romero alucinado* (1925) // *Las señales furtivas* (1925) // *Poemas truncos* (1935) // *Ausencia y canto* (1937) // *El diluvio de fuego* (1938) // *Bajo el signo mortal* (1943) // *Babel* (1949) // *El nuevo Narciso* (1952).

GONZÁLEZ PRADA, Manuel (1844-1918). Poeta y ensayista peruano cuya variedad métrica preludia el Modernismo. Figura que se yergue en la historia por su espíritu crítico y anticlerical, expresado en una de las prosas más punzantes y cáusticas de la lengua española. Fue partidario del indio y del trabajador; buscó la libertad atacando el orden establecido desde la tribuna del liberalismo positivista hasta la del anarquismo. Originario de Lima, provenía de una familia aristocrática enclavada en las tradiciones. Cuando se manifestaron pequeños brotes de liberalismo con el general Ramón Castilla, su padre, conservador extremo, llevó a la familia a Chile en exilio voluntario. En Valparaíso transcurrió su educación primaria, fue alumno del Colegio Inglés donde inició una sólida formación que completó con el estudio del inglés, francés y alemán. En 1857 los padres regresaron a Lima y el joven Manuel, destinado al sacerdocio por su madre, continuó los estudios en el Seminario de Santo Toribio. Muy pronto dio las primeras muestras de rebeldía. Abatido por el clima religioso, tres años más tarde escapó del seminario y se inscribió en el colegio laico de San Carlos. Al terminar ese ciclo escolar, su madre se opuso a que viajara a Bélgica para estudiar ingeniería. Prada se resignó a seguir los estudios de abogacía en la Universidad de San Marcos. Reconociendo su falta de vocación renunció a los estudios para dedicarse a la escritura. Hacia esa época Prada ya había dado a conocer algunos de sus poemas y diversos artículos sobre crítica literaria que, bajo los pseudónimos de "Roque Roca" y "Genaro Latino", aparecieron en las páginas de EL NACIONAL. También por esos años surgió en Prada el interés por las clases desprotegidas del Perú; emprendió un recorrido a caballo por la sierra central del país en cuya travesía conoció de cerca la situación de injusticia que imperaba entre los indios peruanos. Durante casi ocho años, Prada vivió alejado de la vida citadina, aislado en una de las haciendas familiares de la provincia de Cañete; alternó las tareas del campo con la lectura de libros y revistas extranjeras: leyó a Victor Hugo, Quevedo, Ménard y a Omar Khayam; escribió baladas de tema incaico y algunos escritos de franco anticlericalismo. Al estallar la guerra con Chile, (1879-1883) participó con las armas cerca de Chorrillos; tras la derrota, decidió permanecer en su casa durante los tres años que duró la ocupación. En 1884 el ejército chileno abandonó el territorio peruano; ese año Prada salió de su segundo retiro y junto con otros jóvenes poetas formó el Círculo Literario. Tuvo una estrepitosa resonancia en los medios periodísticos con sus discursos de crítica política; algunos de ellos, como el que pronunció en 1888, fueron prohibidos por el gobierno. En 1891, Prada convirtió el Círculo Literario en el Partido Unión Nacional cuyo objetivo era reunir opiniones radicales. Acompañado de su esposa, una joven francesa a quien se había unido en 1887, emprendió en 1891 un viaje por Europa que prolongó hasta 1898. Durante esos siete años, la mayor parte del tiempo residió en París. Asistió a los cursos de Renan; escuchó las lecciones de filosofía positivista del célebre Louis Ménard y se acercó al pensamiento anarquista con las lecturas de Pierre Joseph Proudhon, Miguel Bakunin y Pedro Kropotkin. Prada publicó durante su estancia en Francia *Pájinas libres* (1894), texto en el que, a petición de sus amigos peruanos, recogió sus combativos discursos. La obra fue conocida en el Perú y muy pronto se desató contra ella una ola de censura: el clero la condenó; los conservadores laicos lanzaron los ataques más violentos y en Arequipa fue quemada su efigie en plena plaza pública. A su regreso al Perú, constató la disgregación que había sufrido la Unión Nacional, volvió entonces los ojos hacia los obreros y se propuso una activa labor en la prensa peruana. Fundó el diario GERMINAL para levantar la voz en contra del clero y del gobierno; en 1899 tras la clausura de su periódico, fundó EL INDEPENDIENTE. Desilusionado por la alianza de la Unión Nacional con el Partido Liberal, Prada renunció a él en 1902. En las páginas del periódico LOS PARIAS, inició una tenaz campaña indigenista. Uno de sus mejores ensayos sobre el tema es *"Nuestros indios"*, en el que con vigorosa mano denuncia las arbitrariedades sufridas por los indios, asegurando que su situación era la misma que en la época del virreinato. Gran parte de su obra fue publicada póstumamente por su hijo Alfredo. Prolífero tanto en prosa como en verso, sus composiciones poéticas comprenden nueve volúmenes. En 1869 y 1900 escribió *Minúsculas* (1901), el primer poemario; *Exóticas* (1911); *Presbiterianas*, publicado en 1909 de manera anónima en LOS PARIAS, que recoge poemas de tono anticlerical y *Exóticas* (1911), que contiene un valioso prólogo en el que expuso una original teoría de la versificación. La poesía escrita entre 1866 y 1918 vio la luz después de su muerte. *Baladas peruanas* (1935) ofrece un novedoso contenido por el tratamiento original del tema indígena. Captado en su realidad, el indio aparece inmerso en la historia y el escenario peruano. En *Libertarias* (1938) aparecieron reunidos los poemas de tema social y político; *Adoración* (1947) y *Trozos de vida* (1933) contienen la expresión de su vida sentimental, amorosa e íntima. Innovador en la prosa como en la poesía, Prada cultivó formas novedosas como el rondel, el triolet, la villanela y el pantum franceses; de los ingleses adoptó y adaptó la métrica de la espencerina, además de los estornelos y respettos italianos y los cuartetos persas. En su obra en prosa *Ortometría* (1977) representa la cristalización de las preocupaciones métricas. Este texto, junto con *Minúsculas* y *Exóticas*, anunció las voces del Modernismo. Hombre renovador, Prada conoció una fase anarquista en los últimos años de su vida. Entre 1904 y 1909, en Los Parias publicó una serie de ensayos, ya con pseudónimo, ya de manera anónima, que divulgan el pensamiento de los grandes anarquistas. Se encuentran reunidos en *Anarquía*, publicado por su hijo en 1936. La muerte lo sorprendió cuando era Director de la Biblioteca Nacional, cargo que dejó vacante Ricardo Palma. El vigoroso estilo de Prada se caracteriza por un afán de sencillez, transparencia y concisión; el símil, la metáfora y la comparación se armonizan en un juego, creando imágenes de gran plasticidad; recurre con frecuencia a la frase sentenciosa para enfatizar su pensamiento. Hace uso abundante de neologismos, indigenismos y diminutivos. Las innovaciones métricas, sumadas al carácter impugnador de la prosa, hacen de Prada uno de los escritores más destacados de su época.

"La lectura debe proporcionar el goce d' entender, no el suplicio de adivinar"

Obra representativa: **Ensayo.** *Nota informativa acerca de la Biblioteca Nacional* (1912) // *Horas de lucha* (1924) // *Bajo el oprobio* (1933) // *Anarquía* (1936) // *Pájinas libres* (1946) // *Ortometría, apuntes para una rítmica* (1977). **Poesía.** *Minúsculas* (1901) // *Presbiterianas* (1909) // *Exóticas* (1911) // *Trozos de vida* (1933) // *Baladas peruanas* (1935) // *Grafitos* (1937) // *Libertarias* (1938) // *Adoración* (1947) // *Poemas desconocidos* (1973) // *Letrillas* (1975).

GONZÁLEZ ZELEDÓN, Manuel (1864-1936). Figura destacada de las letras costarricenses, su obra marcó el inicio de la literatura costumbrista en ese país. González Zeledón, mejor conocido con el pseudónimo de "Magón", nació en San José. En el Instituto Nacional, su educación estuvo a cargo del renombrado maestro Valeriano Fernández Ferraz. Tomó parte activa en la vida política de su país; durante más de 30 años vivió en los Estados Unidos de Norteamérica (1902-1936). Ahí desempeñó varios cargos diplomáticos, entre ellos el de Cónsul en Nueva York (1910-1914) y el de Embajador en Washington (1932-1936). Al estallar la Primera Guerra Mundial fue miembro del Cuerpo Auxiliar del Departamento de Estado para Asuntos Latinoamericanos. En Costa Rica combatió con firmeza la política del gobierno de Yglesias; en las páginas de El País, diario que fundó en 1901, expresó sus ideas liberales. Escribió su primer cuento *"Nochebuena"* en 1885, que apareció publicado en La Patria, periódico dirigido por su primo, el poeta Aquileo Echeverría. De carácter autobiográfico, en él evoca juegos de la infancia y vivencias pasadas. El mayor logro literario lo alcanzó con *"La propia"*, cuento publicado por primera vez en el tomo de *Juegos florales* (1910), nombre del concurso al que fue enviado en 1909. El escenario costarricense sirve de marco a las desventuras amorosas de un cafetalero o *gamonal* quien, después de abandonar a su esposa para seguir a una joven que a su vez lo abandona, termina en la cárcel. Con claras influencias de Maupassant, la obra de Magón ha sido estudiada por la crítica tanto de Costa Rica como de los Estados Unidos de Norteamérica. Murió en San José. Su valor reside en la rica gama de descripciones: San José, la vida cotidiana, los ambientes cafetaleros y las fiestas forman un mosaico de vistosos colores en el que palpita el sentido de lo popular. La prosa es amena, posee el tono del relato contado, sin faltar en ella la chispa de humor, ni el uso de dialectalismos.

"...al güey viejo le gusta el cojollo tierno".

OBRA REPRESENTATIVA: **Cuento.** *La propia* (1910) // *(El clis de Sol // Un día de mercado en la plaza principal // Un almuerzo campestre // Mi primer empleo*, en *Obras*, 1947).

GOROSTIZA, José (1901-1973). Poeta y diplomático mexicano. Aunque breve, su obra ha sido considerada como una de las expresiones más significativas de la poesía del siglo XX en lengua española. Formó parte de los Contemporáneos, prestigiado grupo de poetas que recibió el mismo nombre de la revista que sus miembros crearon en 1928. Considerados como una auténtica generación, los Contemporáneos se preocuparon por el valor de la literatura y se caracterizaron por una sensibilidad afín, una formación intelectual rigurosa, un interés por el arte nuevo y una necesidad de participar en lo universal. Además de Gorostiza, la generación estuvo formada principalmente por Bernardo Ortiz de Montellano, Carlos Pellicer, Enrique González Rojo, Jaime Torres Bodet, Xavier Villaurrutia, Jorge Cuesta, Gilberto Owen y Salvador Novo. Fueron herederos de la literatura modernista, de la filosofía y obra del Ateneo de la Juventud, de la obra de Ramón López Velarde y participaron de las corrientes vanguardistas. Manifestaron especial predilección por la literatura de la NOUVELLE REVUE FRANÇAISE. En grado diferente penetraron en obras de autores españoles, norteamericanos, ingleses, italianos e hispanoamericanos. Entre algunos de los modelos más significativos están: Marcel Proust, Jean Cocteau, André Gide, Guillaume Apollinaire, T. S. Eliot y Juan Ramón Jiménez. Su obra individual y colectiva renovó la poesía mexicana. Gorostiza nació en Villahermosa, en el estado de Tabasco. Realizó estudios en letras y desarrolló una intensa trayectoria diplomática en distintos países de Europa y América. Ejerció varios cargos públicos como el de Secretario de Relaciones Exteriores (1964). Al igual que otros Contemporáneos fue catedrático universitario. Fue miembro de la Academia Mexicana de la Lengua y fue galardonado en 1968 con el Premio Nacional de Literatura. Su obra poética está compuesta por *Canciones para cantar en las barcas* (1925), *Muerte sin fin* (1939) y una serie pequeña de poemas bajo el título de *Del poema frustrado*, publicada en *Poesía* (1964), que reúne la totalidad de su producción. Objeto de numerosos estudios, *Muerte sin fin* ha sido considerada como la obra maestra del poeta. Por la extensión y el arte con que construye un profundo pensamiento filosófico, el poema ha sido asociado con el *Primero sueño* de Sor Juana y con las *Soledades* de Góngora. El poeta busca en sus versos transparentes el misterio que encierra la dinámica de la vida: la desintegración de las formas o la muerte sin fin. El drama, como en el *Cementerio marino* de Valéry, surge del brillo de la inteligencia. El poeta murió en la ciudad de México. Su poesía busca la pureza; en ella hay sobriedad, gran imaginación y musicalidad.

"...muerte sin fin de una obstinada muerte, / sueño de garza anochecido a plomo / que cambia sí de pie, mas no de sueño, / que cambia sí la imagen, / mas no la doncellez de su osadía. / ¡Oh inteligencia, soledad en llamas! / que lo consume todo hasta el silencio..."

OBRA REPRESENTATIVA: **Poesía.** *Canciones para cantar en las barcas* (1925) // *Muerte sin fin* (1939) // (*Del poema frustrado*, en *Poesía,* 1964).

GOROSTIZA, Manuel Eduardo (1789-1851). Escritor mexicano, militar, político y diplomático. Dramaturgo neoclásico, su obra es significativa es una época en que la escasa producción teatral era más de imitación que de originalidad. Oriundo de Veracruz, fue hijo del brigadier español Pedro de Gorostiza, Gobernador de Veracruz, y de María del Rosario Cepeda, Regidora Honoraria de Cádiz. Quedó huérfano de padre en 1794 y su madre decidió entonces regresar a España con Manuel Eduardo y sus otros dos hijos. En España siguió la carrera eclesiástica y después la militar. En 1808 fue capitán de granaderos; luchó por España contra los invasores franceses y fue herido de gravedad, pero por su valentía en combate obtuvo el grado de coronel. No obstante, su necesidad de escribir lo hizo abandonar el ejército en 1814. Escribió artículos y discursos; participó como orador en el café La Fontana de Oro al lado de liberales como el Duque de Rivas. Fue desterrado por Fernando VII en 1821 y recorrió así, junto con su familia, algunas capitales europeas. Residió por algún tiempo en Londres donde siguió escribiendo. En 1824 decidió obtener de nuevo su nacionalidad mexicana y prestó sus servicios en Holanda como agente del gobierno de México. Un año después fue nombrado Cónsul General en Bélgica y en 1826 regresó a Holanda como encargado de negocios. En 1830 tuvo el cargo de Ministro Plenipotenciario en varios países de Europa y estuvo en las cortes de París y Berlín como enviado extraordinario. Casi toda su obra original la escribió en Europa entre 1818 y 1833; fue en este último año cuando regresó a México y permaneció ahí hasta su muerte. De gran voluntad didáctica, Gorostiza emprendió diversas tareas en apoyo a la educación y al arte; realizó obras humanitarias y su carrera política continuó como encargado de las Secretarías de Hacienda y Relaciones. Visitó los Estados Unidos de Norteamérica en 1838 con fines diplomáticos. De gran creatividad, escribió diversas obras de teatro originales; realizó versiones de obras de autores europeos y refundió otras como *Bien vengas mal, si vienes solo* de Calderón de la Barca y *Lo que son mujeres* de Rojas. Algunas de sus obras fueron traducidas al francés e *Indulgencia para todos* (1818) se representó en teatros de Berlín y Viena. Hombre culto, tradujo a Lessing y adaptó la obra del mismo autor *Emilia Galotti*. Su obra dramática se inscribe tanto en la corriente neoclásica como en la romántica. Una buena parte de su teatro está en verso con una gama amplia de metros. Su estilo, dentro de la línea de Leandro Fernández de Moratín, revela gran talento en la estructuración de personajes, tanto en sus perfiles como en sus diálogos ingeniosos y ágiles. Su teatro delínea caracteres y costumbres con precisión y persigue la enseñanza de tipo moral.

"...dos que se adoran, muy pronto deliran".

OBRA REPRESENTATIVA: **Teatro.** *Indulgencia para todos* (1818) // *Don Dieguito* (1820) // *Tal para cual o las mujeres y los hombres* (1820) // *Virtud y patriotismo o el 1º de enero de 1820* (1821) // *Una noche de alarma en Madrid* (1821) // *El amigo íntimo* (1825) // *Contigo pan y cebolla* (1833) // *Las costumbres de antaño o la pesadilla* (1833) // *Don Bonifacio* (sf).

GUILLÉN, Nicolás (1902-1989). Célebre poeta cubano, periodista y conferencista. Dentro del arte poético del siglo XX, la figura de Guillén se revela como la máxima expresión de la poesía negra en su país. Frente a la literatura europea de la *négritude*, Guillén superó la expresión pintoresca de la vida negra y la elevó a un canto de profundos sentimientos de identidad nacional. Por el valor estetico y humano, su obra ha alcanzado proyección internacional. Nació en Camagüey; desde su adolescencia escribió versos; sus primeras composiciones estuvieron influidas por el vanguardismo de los años 20, y aparecieron en la revista CASTALIA. En La Habana inició la carrera de Leyes pero no concluyó los estudios; alternó la actividad literaria con la periodística. En la década de los 30 se unió al Partido Comunista de su País. Conoció la vida del exilio; residió en México, España y viajó por distintos países de Sudamérica. Fue merecedor de distintos reconocimientos nacionales e internacionales. Guillén llamó a su poesía "mulata" y representa la expresión de un auténtico sentimiento afrocubano, que encuentra en la mezcla de la cultura negra y blanca, es decir, de lo africano y español, las raíces cubanas. La sentida y orgullosa exaltación de mitos y creencias africanos en sus versos constituyó, para las letras de su país, una poesía nueva y propia en cuyas musicales cuerdas resuena la vitalidad del negro cubano. A través de sus versos, se afirma una cultura ensombrecida, cuyo pasado estuvo regido en la esclavitud. A diferencia del puertorriqueño Palés Matos, que dio al negro antillano una dimensión mítica, el hombre poético de Guillén es el negro de Cuba que vive sus angustias sociales. Aunque se inició literariamente en las corrientes modernistas y postmodernistas, fue en *Motivos de son* (1931) donde aparecen las primeras voces de su canto afrocubano; poemas que vibran al ritmo del son y que preludian *Sóngoro cosongo* (1931), obra de mayor consistencia técnica y profundización en el tema negroide. Muchos de los versos de este libro fueron incluidos en los repertorios de declamadores del continente americano y europeo, con lo cual Guillén adquirió fama internacional. *Sóngoro cosongo* recibió la influencia del libro *Poeta en Nueva York* de García Lorca, a quien conoció en La Habana en 1930. Poco a poco y conservando algunos de los elementos característicos de su poesía, Guillén orientó su producción hacia temas de índole política. *West Indies Ltd.* (1934) señala un paso en esa dirección; es un conjunto de poemas en los que se resalta la conciencia de la herencia colonialista y la defensa del cubano ante los intereses de los Estados Unidos de Norteamérica. El poema más celebrado de este libro es "*Sensemayá*", que inspiró la obra sinfónica del mexicano Silvestre Revueltas. En otro de sus libros, *Cantos para soldados y sones para turistas* (1937), manifiesta su compromiso social con el negro cubano; en sus versos se combinan diferentes formas tradicionales con metáforas singulares y el ritmo del son. Este libro deja ver la influencia del poeta Langston Hughes. Al igual que Neruda, se interesó por la lucha del pueblo español durante la Guerra Civil (1936-1939) y compuso: *España. Poema en cuatro angustias y una esperanza* (1937). Otros libros posteriores recogen sus inquietudes sociales y políticas, y muestran un esfuerzo por trascender a lo universal. También escribió versos para los niños: *Por el mar de las Antillas anda un barco de papel* (1977). Guillén influyó en Marcelino Arozareno, único poeta negro en Cuba que compuso poesía de tipo afrocubano. Muchos de los versos de Guillén se han convertido en canciones populares, como: "*Canción de cuna para despertar a un negrito*", poema que apareció en su libro *La paloma de vuelo popular* (1958). Murió en La Habana a los ochenta y siete años. En la poesía de Guillén la espontaneidad del negro vibra en un lenguaje sencillo; sus versos poseen gran sentido musical.

"*¡Yambambó, yambambé! / Repica el congo solongo, / repica el negro bien negro, / congo solongo del Songo / baila yambó sobre un pie*".

OBRA REPRESENTATIVA: **Crónica.** *Claudio José Domingo Brindis de Salas, el rey de las octavas* (1935) // *Estampas de Dino Don* (1944) // *Prosa de prisa* (1962). **Poesía.** *Motivos de son* (1930) // *Sóngoro cosongo* (1931) // *West Indies Ltd.* (1934) // *España. Poema en cuatro angustias y una esperanza* (1937) // *Cantos para soldados y sones para turistas* (1937) // *El son entero* (1947) // *La paloma de vuelo popular* (1958) // *Elegías* (1958) // *¿Puedes?* (1959) // *Tengo* (1964) // *Poemas de amor* (1964) // *Antología mayor* (1964) // *El gran zoo* (1967) // *La rueda dentada* (1972) // *Diario que a diario* (1972) // *Por el mar de las Antillas anda un barco de papel* (1977).

GUIMARÃES ROSA, João (1908-1967). Escritor, médico y diplomático; máxima figura de la narrativa brasileña del siglo XX, su nombre alcanzó fama internacional al lado de Julio Cortázar, Rulfo, Vargas Llosa y otras ¿ andes personalidades de las letras hispanoamericanas. Alimentada en la savia de las viejas tradiciones, en las que conviven lo sagrado y lo demoniaco, su obra diluye los límites entre la poesía y la prosa; logra convertir el lenguaje en el centro de la preocupación estética y en fuerza vital del proceso creativo. Miembro de una familia de comerciantes, nació en Minas Gerais, donde cursó las primeras letras. Su infancia transcurrió en el campo; desde pequeño manifestó una peculiar capacidad para el dominio de las lenguas. Después de la escuela secundaria siguió la carrera de medicina; ejerció la profesión en zonas rurales como Itaúna y Barbacena. De manera autodidacta aprendió alemán y ruso. Ejerció la diplomacia a partir de 1934: fue Cónsul-Adjunto en Hamburgo; Secretario de la embajada de su país en Bogotá y Consejero Diplomático en París. A su regreso a Brasil ocupó el cargo de Ministro (1958). Lejos del ambiente literario, ya por el ejercicio de su profesión, ya por los cargos diplomáticos que tuvo, Rosa alcanzó la gloria con *Grande sertão: veredas* (1956), cuya versión al español se intitula *Gran sertón: veredas* (1967). A su aparición, la novela asombró a los críticos por su magistral factura, el tema y su lenguaje exuberante. Se ha visto como una de las mejores propuestas que anulan la innecesaria división entre prosa-poesía y real-irreal. Entre las distintas aproximaciones, se ha buscado en ella la estructura del cuento popular que le subyace. A través de los monólogos de Riobaldo, personaje del sertón en cuyo lenguaje se funde el portugués con las lenguas indígenas y africanas, se revela el mito anclado en las antiguas tradiciones que en el medioevo dieron lugar a gestas caballerescas. La lucha del héroe con el mundo se resuelve mediante su vínculo con la totalidad que envuelve lo natural y lo cultural. La novela tuvo una adaptación al cine en 1965. Además del español, ha sido traducida al inglés, alemán e italiano. Aunque hay ecos de Faulkner y Joyce, es innegable que en el brasileño esas influencias representan sólo puntos de partida de una escritura original. Entre sus cuentos, cabe destacar el libro *Primeiras estórias* (1962) donde recreó lo mágico, lo carente de lógica y el juego. Los personajes —niños, locos y hombres rústicos— se desenvuelven en un mundo en el cual es posible abstraerse de la realidad creada para habitar otra realidad creada a su vez por la palabra. Desarrollada en la dimensión mito-poética, la obra de Rosa señala un momento esencial de la literatura brasileña. Murió en Río de Janeiro, víctima de un infarto, tres días después de haber sido admitido en la Academia Brasileña de Letras. Dejó inédito el libro de poemas *Magma*. Incorporó a su narrativa los recursos de la creación poética, como son las aliteraciones, rimas internas, elipsis, rupturas sintácticas, metáforas y metonimias; inventó nuevos vocablos, utilizó arcaísmos al lado de neologismos y transpuso al registro del arte el habla del sertón.

"Un buey negro un buey pintado, / cada cual con su color. / Cada corazón un modo / de demostrar el amor".

OBRA REPRESENTATIVA: **Cuento.** *Sagarana* (1946) // *Primeiras estórias* (1962) // *Tutaméia: terceiras estórias* (1967) // *Estas estórias* (1969). **Novela.** *Corpo de baile* (1956) // *Grande sertão: veredas* (1956).

GÜIRALDES, Ricardo (1886-1927). Célebre poeta, cuentista y novelista argentino en cuya obra se aprecia la búsqueda de un lenguaje literario capaz de expresar y objetivar los valores esenciales de su país. Güiraldes encontró en el campo argentino la veta de sus contenidos narrativos y en el Impresionismo, el Expresionismo y la retórica ultraísta las formas estilísticas con las que recreó esa realidad. A la narrativa de inspiración regionalista la cubrió de un valor poético perdurable. Alcanzó consagración internacional con su famosa novela *Don Segundo Sombra*, en la que consiguió elevar literariamente al gaucho y revelar el alma colectiva de la Argentina criolla. Natural de Buenos Aires, nació en el seno de una familia rural acaudalada. En su niñez, en la Estancia La Porteña, conoció de cerca la vida gaucha. En Buenos Aires inició los estudios de arquitectura y derecho pero no los concluyó. Viajó a París, ciudad a la que regresó en varias ocasiones, y recorrió Europa y algunos países orientales como la India y el Japón. En sus viajes conoció y entabló amistad con diversos escritores europeos, particularmente con Valéry Larbaud. Pero fue París la ciudad que lo hechizó; ahí experimentó la vida bohemia y entró en contacto con la literatura europea y las últimas corrientes vanguardistas, experiencia que representó parte substancial de su formación literaria. En el ámbito periodístico participó en la fundación de la revista argentina PROA al lado de Borges. Inició su carrera literaria en la poesía con

El cencerro de cristal (1915), de corte postmodernista y en el cual se advierte su gusto por la poesía francesa simbolista y, particularmente, por la de Jules Laforgue. Publicó otros poemarios en los que se dejan ver atisbos de Creacionismo. Aunque Güiraldes descolló en la novela, siempre fue un poeta en la prosa, pues combinó, con singular don esteticista, la narración con el lirismo. El mismo año de la publicación de su primer poemario salió a la luz *Cuentos de muerte y de sangre*, preludios que resuenan la estética de sus obras mayores: el vaciado de una realidad propia que se ama profundamente —la tierra nativa y sus temas tradicionales— en moldes europeos de la literatura de postguerra. Su narrativa es prosa poemática que deja oír los ecos de Baudelaire, Flaubert, Aloyius Bertrand y Villiers de L'Isle-Adam, entre otros. Progresivamente y más depuradas fueron apareciendo las novelas: *Raucho* (1917), de corte autobiográfico; *Rosaura* (1922), historia sentimental, y luego sus dos obras maestras: *Xaimaca* (1923), viaje de amor desde Buenos Aires a Jamaica, y *Don Segundo Sombra* (1926), cuyo éxito eclipsó a la anterior. En esta novela la historia está escrita en forma de memorias y la estructura es algo compleja; se presenta la imagen idealizada de un gaucho, pues "*es más una idea que un hombre*" que encierra los valores de libertad, valentía, nobleza y dignidad. Güiraldes configuró la imagen del gaucho fuera de un contexto social y lo sublimó: es su esencia la soledad y es su andar vagabundo por el camino la forma de conquistar y dar sentido a la vida; es el símbolo de la pampa y por ello un símbolo americano. Las estampas de la vida gaucha y del paisaje argentino que se van elaborando a lo largo de la novela están impregnadas de un poderoso vigor lírico. Poco después de recibir el Premio Nacional de Literatura, Güiraldes viajó a París, donde murió; había pedido a su esposa ser enterrado en su hacienda pampera. Las descripciones del argentino son diáfanas; sus metáforas, originales. Conjugó un lenguaje literario elaborado con el habla regional.

"...las ideas, tanto como los hechos, se van mezclando en una irrealidad que desfila burdamente por delante de una atención mediocre. A lo último no queda capacidad vital sino para atender a lo que uno se propone sin desmayo: seguir siempre. Y se vive nada más que por eso y para eso, porque todo ha desaparecido en el hombre fuera de su propósito inquebrantable. Y al fin se vence siempre [...] cuando ya a uno la misma victoria le es indiferente. Y el cuerpo cae en el descanso, porque la voluntad se separa de él".

OBRA REPRESENTATIVA: **Cuento.** *Cuentos de muerte y sangre* (1915). **Novela.** *Raucho* (1917) // *Rosaura* (1922) // *Xaimaca* (1923) // *Don Segundo Sombra* (1926). **Poesía.** *El cencerro de cristal* (1915) // *Poemas místicos* (1928) // *Poemas solitarios* (prosa poética, 1928). **Relato.** *Seis relatos* (1957, edición póstuma).

GUTIÉRREZ GONZÁLEZ, Gregorio (1826-1872). Poeta colombiano de notable inspiración lírica. Nació en la Ceja del Tambo, pequeño poblado al oriente de Antioquía. Conoció la estrechez económica a lo largo de toda su vida. En Bogotá cursó los estudios de derecho; volvió a Antioquía y muy joven aún se casó con Julia Isaza quien inspiró sus poesías de carácter amatorio. Entre los temas que trató, se destacan el amor y la naturaleza; exaltó el trabajo de las gentes sencillas del campo. La escasez de medios materiales, ya como motivo de burla, ya para quejarse del destino, es también un tema en sus composiciones. Sus primeros versos participan de la tendencia romántica, traslucen influencias de los españoles Zorrilla, Espronceda y del francés Victor Hugo, de quien era asiduo lector. En 1866 apareció *Memoria sobre el cultivo del maíz en Antioquía*, extenso poema con el que Gutiérrez González alcanzó un lugar de honor dentro de la literatura, al mismo tiempo que lo apartó, por su originalidad, de su generación. El tema es regional, describe la labor de los peones iniciada desde el desbroce y la quema del terreno, hasta la cosecha y el momento en que convertido en *arepa* el maíz llega a la mesa de los labradores. El poema atrajo la atención del escritor ruso Boris de Tannenber quien elogió en él la calidad poética. La riqueza de indigenismos y dialectalismos en su lenguaje ha sido considerada como un defecto, aunque para otros representa uno de sus méritos. En imágenes sencillas, cargadas de hondo lirismo, traspone la emoción ante las virtudes de la vida rústica. Los versos combinan la sencillez y la sobriedad para transmitir la sensación de las actividades cotidianas del humilde trabajador y sus labores del campo.

"Lanza la choza cual penacho blanco / la vara de humo que se eleva recta; / es que antes que el sol y que las aves / se levantó, al fogón, la cocinera. / Ya tiene preparado el desayuno / cuando el peón más listo se despierta; / chocolate de harina en coco negro / recibe cada cual con media arepa".

OBRA REPRESENTATIVA: **Poesía.** *A Julia* (sf) // *Aures* (sf) // *Memoria sobre el cultivo del maíz en Antioquía* (1866).

GUTIÉRREZ NÁJERA, Manuel (1859-1895). Poeta, periodista, cronista y cuentista mexicano cuya obra literaria contribuyó a la formación de la poesía y la prosa modernista en su país y en Hispanoamérica. Aunque su vida fue breve, dejó una extensa obra renovadora que aún hoy día es fuente de numerosos estudios. Tuvo el mérito de haber introducido en el periodismo literario hispanoamericano el género de la crónica, al que le imprimió un particular sello y llegó a representar un modelo de generaciones. Oriundo de la ciudad de México, nació en el seno de una familia de clase media y culta. La formación educativa del futuro escritor estuvo a cargo de su madre quien, al parecer, deseaba encaminarlo hacia el sacerdocio; leyó obras de Fray Luis de León, Santa Teresa, San Juan de la Cruz y otros místicos españoles. Posteriormente estudió latín y francés; sin embargo, Nájera fue en realidad un autodidacta que logró adquirir una vasta cultura literaria. A los veintinueve años de edad contrajo nupcias con una joven de ascendencia francesa. Precoz, se avocó a la tarea periodística desde muy temprana edad; algunos consideran que su primera contribución data de 1875. Ejerció el periodismo durante veinte años y representó su fuente de sobrevivencia. Armonizó con singular maestría la actividad propiamente periodística con la literaria, de tal suerte que la mayor parte de su producción poética y narrativa apareció en diversas publicaciones periódicas tales como EL FEDERALISTA; LA LIBERTAD; EL CRONISTA MEXICANO; EL UNIVERSAL y la REVISTA NACIONAL DE ARTES Y CIENCIAS, entre otras muchas. Junto con Carlos Díaz Dufóo fundó la conocida REVISTA AZUL, que difundió el Modernismo. A excepción de *Cuentos frági-*

les, libro de narraciones que apareció en 1883, el resto de su obra en verso y prosa ha sido recopilada póstumamente en distintas ediciones. Sus versos fueron por vez primera coleccionados en 1896 bajo el título de *Poesías*, por el insigne escritor Justo Sierra, quien prologó la obra y señaló algunas de las características esenciales de la poesía najeriana. Casi medio siglo después, E. K. Mapes editó una nueva colección aumentada y en 1953 Francisco González Guerrero publicó las *Poesías completas* en dos tomos, en los que añadió nuevos versos. En total, hoy día se conocen unas 200 creaciones. Su obra en prosa fue publicada bajo el título de *Obras de M. Gutiérrez Nájera, Prosa*, en 2 volúmenes que vieron la luz, uno en 1898 con prólogo de Luis G. Urbina, y el otro en 1903 con prólogo de Amado Nervo. En 1912, Carlos Díaz Dufóo publicó un libro que recoge parte de su prosa y que lleva por nombre *Hojas sueltas*. Las investigaciones posteriores han llevado a impresión otras recopilaciones como la de *Cuentos completos y otras narraciones* (1958) y la elaboración de las obras completas. Nájera fue un ávido lector de la literatura francesa parnasiana y simbolista; transportó aquel espíritu francés a tierras americanas y logró desarrollar un particular sentido literario. La poesía najeriana posee una gama de modalidades extraordinariamente diversa; las primeras composiciones, de tema esencialmente amoroso y religioso, revelan un espíritu romántico tradicional cuyos modelos fueron Bécquer y Campoamor. Progresivamente, el poeta evolucionó hacia formas caracterizadas por un nuevo uso de la adjetivación y de las imágenes: uso simbólico de los colores, en especial el blanco y el azul; introducción de la melodía en el discurso poético; giros rebuscados; relaciones asociativas entre diferentes artes y otras más. En los poemas que siguen estas formas coexisten diversas tendencias y se refleja la influencia que la literatura parnasiana ejerció en el poeta; la temática es de índole filosófica, elegíaca o de asunto frívolo. Entre las composiciones que mejor reflejan esa influencia destaca "*De blanco*", inspirada en la *Symphonie en blanc* de Gautier. La armonía que Nájera estableció entre el periodismo y la literatura, lo llevó a combinar en la prosa la realidad y la fantasía; la crónica entretenida de diversos asuntos sociales y culturales de la época se entreteje con cuentos de singular lirismo. Por ello, aunque muchos de los asuntos que trata son de circunstancia, las crónicas han trascendido en la historia de la literatura. Hacia 1880 aparecieron en EL NACIONAL DE MÉXICO sus primeras y más importantes crónicas. Escribió también tres fragmentos de novela: *Un drama en la sombra* (1879); *La mancha de Lady Macbeth* (1889) y *Monólogo de Magda* (1890). Nájera utilizó cerca de 20 pseudónimos a lo largo de su vida; entre los más populares se encuentran: "El Duque Job", "Mr. Can-can", "Junius", "Puck" y "Recamier". Solía trasvasar sus propios textos con modificaciones y firmarlos con pseudónimos diferentes. El escritor murió a los treinta y seis años de edad en la ciudad de México. El estilo de su poesía es elegante y lleno de gracia y melancolía como ha señalado Justo Sierra. En su prosa se destaca un singular humorismo, manejo del color y del ritmo musical; hay abundancia de vocablos y uso frecuente del adjetivo.

"Escribir sin seudónimos es como salir a la calle sin camisa. Para que las ideas de un escritor sean estimadas, es pre-

ciso que nadie lo conozca. Ninguno cree que puede ser un hombre de talento el amigo con quien acaba de jugar al billar".

OBRA REPRESENTATIVA: **Crónica.** *El duelo nacional. La desaparición de la plata* (1988, edición póstuma). **Poesía.** *Poesías* (1896, edición póstuma) // *Poesías completas* (1953, 2 Tomos, edición póstuma). **Prosa.** *Cuentos frágiles* (1883) // *Obras de M. Gutiérrez Nájera, Prosa* (1898 y 1903, 2 Vols, edición póstuma) // *Hojas sueltas* (1912, edición póstuma) // *Cuentos completos y otras narraciones* (1958, edición póstuma).

GUZMÁN, Martín Luis (1887-1976). Escritor mexicano, periodista y militante político. Figura de gran relieve, ha sido considerado como uno de los mejores novelistas en la historia de las letras mexicanas. Cultivador del género denominado Novela de la Revolución Mexicana, iniciado por Mariano Azuela, dejó una singular obra y una de las novelas de ambiente político mejor elaboradas en el Continente: *La sombra del caudillo*. Nació en el estado de Chihuahua; ingresó en la Escuela Nacional de Jurisprudencia de México, pero interrumpió sus estudios a causa de la Revolución. Hacia 1911 se incorporó al Partido Constitucional Progresista y fue miembro del Ateneo de la Juventud (1909-1914), grupo de destacados escritores y pensadores que reaccionó contra la doctrina positivista oficial y que, animado por un espíritu filosófico y crítico, buscó una reorientación de los valores intelectuales hacia el pleno desarrollo de la personalidad del individuo; entre sus miembros más importantes figuraron, además de Guzmán, Pedro Henríquez Ureña, Antonio Caso, Alfonso Reyes, José Vasconcelos, Julio Torri, Jesús T. Acevedo, Alfonso Cravioto, Ricardo Gómez Robelo, Enrique González Martínez y Luis G. Urbina. A partir de 1913 se unió a los revolucionarios en Sinaloa, Sonora y Chihuahua; formó parte de las fuerzas villistas en las que obtuvo el grado de coronel. De 1917 a 1920 se exilió en los Estados Unidos de Norteamérica; dirigió en Nueva York la revista mexicana EL GRÁFICO e impartió clases de español y literatura en la Universidad de Minnesota. Regresó a su país en 1920 y durante los cuatro años siguientes trabajó en el periódico EL HERALDO DE MÉXICO; fundó el diario EL MUNDO y fue Diputado al Congreso de la Unión. De 1925 a 1936 se volvió a expatriar y residió en España, donde colaboró en diversas publicaciones periódicas; dirigió EL SOL y publicó dos de sus obras fundamentales: *El águila y la serpiente* (1928) y *La sombra del caudillo* (1938). Ya en México, continuó su intensa labor periodística y literaria; de 1938 a 1941 vieron la luz sucesivamente las partes que integran su tercera obra fundamental, las *Memorias de Pancho Villa* (1951): *"El hombre y sus armas"* (1938); *"Campos de batalla"* (1939); *"Panoramas políticos"* (1939) *"La causa del pobre"* (1940) y *"Adversidades del bien"* (1941). En 1942 fundó TIEMPO, famoso semanario; desempeñó diversos cargos administrativos y fue miembro de la Academia Mexicana de la Lengua. De sus tres obras fundamentales hay quienes consideran que sólo *La sombra del caudillo* responde íntegramente al concepto de novela, mientras que las dos restantes son singulares narraciones que reúnen con maestría el arte de la crónica, de las memorias y de la novela. Una de las peculiaridades de la narrativa de Guzmán es la de haber interpretado el proceso revolucionario mexicano a través de la historia de sus líderes o caudillos, personas reales que el escritor, con inigualable destreza, proyectó hacia la ficción del personaje novelesco. El escritor murió a los ochenta y nueve años de edad. A más de un lenguaje vigoroso, su narrativa es dinámica y rica en temas, sucesos y personajes. Cabe destacar en ella las descripciones del paisaje, el análisis psicológico de los personajes y el manejo de la anécdota que no se desvanece ante las críticas sociales que aparecen en algunas obras.

"Con el epigrama –cara que una mirada justa enfoca en un poliedro de facetas infinitas– ocurre lo que con el refrán: cuando no es falso por completo [...] sólo es cierto a medias. Y entonces su validez de un instante se hace a expensas de su invalidez para el instante contrario".

OBRA REPRESENTATIVA: **Biografía.** *Mina, el mozo* (1932). **Ensayo.** *La querella de México* (1915) // *A orillas del Hudson* (1920) // *Aventura democrática* (1931). **Novela-Memoria.** *El águila y la serpiente* (1928) // *La sombra del caudillo* (1938) // *Memorias de Pancho Villa* (1951).

H

HENRÍQUEZ UREÑA, Pedro (1884-1946). Célebre humanista dominicano, poeta, cuentista, filólogo, crítico e historiador literario, catedrático y periodista. En México, desde 1906, fue miembro del Ateneo de la Juventud (1909-1914), grupo de destacados escritores y pensadores de ese país que reaccionó contra la doctrina positivista oficial y que, animado por un espíritu filosófico y crítico, buscó una reorientación de los valores intelectuales hacia el pleno desarrollo de la personalidad del individuo; otros miembros importantes fueron: Antonio Caso, Alfonso Reyes, Jesús T. Acevedo, Enrique González Martínez, Luis G. Urbina, Julio Torri, Alfonso Cravioto y Ricardo Gómez Robelo. Aunque refinado poeta, en su labor ensayística y crítica reside su importancia y trascendencia en las letras hispanoamericanas; fue uno de los primeros en aportar una visión de la literatura del Continente como unidad. Oriundo de Santo Domingo, perteneció a una prestigiada familia de intelectuales y artistas; su ambiente familiar favoreció su talento para el estudio; su madre, poetisa, fue una importante figura para él y su hermano Max, otra gran personalidad en Hispanoamérica. Desde pequeño manifestó interés por el periodismo y junto con Max elaboraban sus propias publicaciones. Aún muy jóvenes, los hermanos Henríquez Ureña perdieron a su madre, hecho que influyó profundamente en sus vidas. Su padre ejerció la diplomacia y la familia se vio en la necesidad de cambiar constantemente de residencia. Al paso del tiempo conoció diversos países, se formó, acrecentó sus conocimientos y contribuyó intensamente en la cultura dejando importantes huellas a su paso. Estudios, ensayos, contribuciones periodísticas, cátedras, conferencias y labores editoriales constituyeron sus actividades a lo largo de su trayectoria por Cuba, México, España, Chile, Argentina, Estados Unidos de Norteamérica y otros países. En 1906 llegó por vez primera a México; además de haberse incorporado al Ateneo de la Juventud, siguió la carrera de leyes en la Escuela Nacional de Jurisprudencia de la Universidad Nacional y obtuvo el título de Abogado en 1914. Participó también en la fundación de la Escuela de Altos Estudios de México, convertida años más tarde en la Facultad de Filosofía y Letras de la Universidad Nacional Autónoma de México. En 1918 obtuvo el doctorado en Letras por la Universidad de Minnesota en los Estados Unidos de Norteamérica. En España (1919) se formó como filólogo al lado de Ramón Menéndez Pidal en el Centro de Estudios Históricos de Madrid, lugar donde se encontraba, por esos años, Alfonso Reyes, con quien estableció duradera amistad. En Argentina, país donde decidió establecer su residencia, colaboró con Amado Alonso en el Instituto de Filología de Buenos Aires, realizando labores editoriales, de docencia e investigación filológica y crítica. Dirigió también para la editorial Losada *Las cien obras maestras de la literatura y del pensamiento universal* y la colección de *Las cien de las mejores poesías castellanas*. Ejerció la cátedra en la Universidad de Harvard (1940-1941) y recibió distintos homenajes. Gran parte de la obra ensayística del dominicano apareció en numerosas revistas del Continente y el extranjero; su extensa obra se fue publicando en distintos países. Algunos de sus libros como *Ensayos críticos (*1905), publicado en La Habana, reunieron artículos que ya habían sido publicados y otros aún inéditos. Desde 1960 una esmerada recopilación ha sido realizada en *Obra crítica*, publicada por la editorial Fondo de Cultura Económica de México. Además de la recopilación póstuma de sus ensayos, cabe destacar su *Historia de la cultura en la América Hispánica* (1947) y *Las corrientes literarias en la América Hispánica* (1949), ediciones también póstumas. Sus conferencias dictadas en la Universidad de Harvard en 1945 fueron publicadas por esa institución bajo el título de *Literary currents in Hispanic America* y fueron vertidas al español en 1949 por Joaquín Diez-Canedo. También fueron compiladas sus *Poesias juveniles* en 1949 por Rodríguez Demorizi en Bogotá, y Alfonso Reyes prologó una selección de *Páginas escogidas*, realizada por José Luis Martínez en 1946. Sus cuentos, reunidos bajo el título de *Los cuentos de la nana Lupe*, aparecieron póstumamente en 1966. Riguroso y cultista, los inspirados ensayos del dominicano sobre la literatura hispanoamericana abordaron sus complejidades y aún hoy día se le consulta como autoridad. Creó su propio estilo ensayístico en el que la precisión, la intuición y sensibilidad estéticas ofrecen vastas e interesantes posibilidades interpretativas. El autor murió en Argentina a los sesenta y dos años de edad. En su estilo se conjugan la síntesis y la observación aguda; la sencillez y la erudición.

"Cada grande obra de arte crea medios propios y peculiares de expresión; aprovecha las expresiones anteriores, pero las rehace, porque no es una suma, sino una síntesis, una invención".

OBRA REPRESENTATIVA: **Cuento.** *Los cuentos de la nana Lupe* (1966, edición póstuma). **Ensayo-Estudio.** *Ensayos críticos* (1905) // *Horas de estudio* (1910) // *Tablas cronológicas de la literatura española* (1913) // *Versificación irregular en la poesía castellana* (1920) // *En la orilla: Mi España* (1922) // *Seis ensayos en busca de nuestra expresión* (1928) // *La cultura y las letras coloniales en Santo Domingo* (1936) // *Gramática castellana* (en colaboración con Dámaso Alonso, Tomo I y II, 1938 y 1939) // *Plenitud de España* (1940) // *Literary currents in Hispanic America* (1945) // *Historia de la cultura en la América Hispánica* (1949, edición póstuma) // *Las corrientes literarias en la América Hispánica* (1949, edición póstuma) // *Obra crítica* (1960). **Poesía.** *Poesías juveniles* (1949).

HEREDIA y HEREDIA, José María (1803-1839). Escritor cubano, periodista y político. Gran lírico del Parnaso cubano, Heredia plasmó en su obra, con profunda emoción, los anhelos de libertad de la patria que lo vio nacer. Poeta de molde neoclásico, se anticipó al romanticismo americano. Oriundo de Santiago de Cuba, fue hijo de emigrados de Santo Domingo. Heredia pasó menos de la tercera parte de su corta vida en su país natal; de su nacimiento hasta su muerte residió en cinco países y realizó más de una decena de viajes: Cuba (1803-1806); Estados Unidos de Norteamérica-Pensacola-Florida (1806-1810); Cuba (1810); Santo Domingo (1811-1812); Venezuela (1812-1817); Cuba (1817-1819); México (1819-1821); Cuba (1821-1823); Estados Unidos de Norteamérica-Boston y Nueva York (1823-1825); México (1825-1836); Cuba (1836); México (1836-1839). Esta intrincada trayectoria bio-geográfica de Heredia puede dividirse en tres etapas que señalan cambios significativos en su vida y en su historia literaria personal. 1803-1821: No sin penalidades, los cambios de residencia vividos por el escritor fueron consecuencia de las actividades judiciales que su padre emprendió para la judicatura española, cuando comenzaban las luchas por la independencia de los pueblos hispanoamericanos. La educación del niño Heredia fue clásica y estuvo a cargo de su padre. De precocidad genial, ya sabía francés y latín a los ocho años de edad, traducía a Horacio y escribía versos. Durante el año que residió en Santo Domingo, estudió con su primo Francisco Javier Caro y con el canónigo Dr. Tomás Correa. Su llegada a ese país fue producto del azar; la familia se dirigía a Venezuela, pero la nave en que viajaba tuvo que detenerse en costas dominicanas a causa de la condiciones climatológicas. El padre decidió entonces continuar solo el viaje. Un año más tarde regresó por su esposa e hijos y viajaron a Venezuela. En ese país, a los trece años de edad, Heredia cursó estudios de gramática latina en la Universidad de Caracas y escribió sus primeros poemas. En 1817, regresó a La Habana e inició la carrera de leyes; escribió la obra dramática *Eduardo IV o el usurpador clemente* (1819) y el sainete *El campesino espantado* (1819). Permaneció en Cuba hasta 1819, año en que viajó por primera vez a México, país que fue después de 1825 su patria adoptiva. En México, recursó leyes aunque no obtuvo ningún título; colaboró en el SEMANARIO POLÍTICO Y LITERARIO DE MÉXICO y en otras publicaciones periódicas. En esta etapa, reunió en cuadernos manuscritos sus primeras composiciones poéticas y escribió la famosa oda *"Ante el teocalli de Cholula"*, una de sus mejores creaciones. En este poema se percibe la influencia de los salmantinos Quintana y Cienfuegos, y se traslucen sus lecturas de Chateaubriand, Lamartine y Rousseau, entre otros. Poco después de morir su padre (1820), Heredia regresó a Cuba a la edad de dieciocho años; había vivido ya la mitad de su vida y producido una obra de valor para las letras hispanoamericanas. A pesar de las vicisitudes que sufrió, el joven Heredia experimentó vivencias diversas que enriquecieron su vida y obra. De corte neoclásico, pero anticipando la emoción romántica, la producción poética de esta primera fase abarcó temas civiles, amorosos y filosóficos. 1821-1825: A partir de 1821, los cambios de residencia fueron originados por las actividades del propio escritor, quien conspiró contra la dominación española y fue desterrado. En esta etapa, la concepción liberal española de Heredia, heredada de su padre y mantenida hasta la muerte de este último, se transformó en un anhelo revolucionario por independizar a su patria. A partir de entonces, su obra literaria tomó un cauce romántico que expresó ese ideal y los sentimientos surgidos en torno a la desdicha del exilio. Prosiguió sus estudios interrumpidos por el viaje a México en 1819, y obtuvo el grado de Bachiller en Leyes en la Universidad de La Habana en 1821. En ese mismo año fundó la revista BIBLIOTECA DE DAMAS y dos años más tarde se tituló como Abogado en la Audiencia de Puerto Príncipe. A la par de sus estudios y de la actividad literaria, pasó en 1822 a la Milicia

Nacional en Matanzas, como parte del plan de conspiración de Los Caballeros Racionales, rama de la orden de los Soles y Rayos de Bolívar. Fue denunciado y huyó a Boston para luego residir en Nueva York. Viajó por los Estados Unidos de Norteamérica y conoció las cataratas del Niágara, lugar que evocó otro de sus grandes poemas, la oda *"Al Niágara"* (1824). Trabajó como profesor de español y realizó en 1825 la primera edición de sus *Poesías*. 1825-1839: Heredia llegó por segunda vez a México con la ayuda del entonces primer presidente de ese país, Guadalupe Victoria. Tenía veintidós años, y en sus trece restantes continuó desarrollando una fructífera labor. En esta tercera etapa, su poesía fue menos efusiva aunque más cuidada en el estilo. En 1832 publicó la segunda edición de sus *Poesías* y colaboró en numerosas publicaciones periódicas de México y Cuba. Fue coeditor en 1826 de EL IRIS y en 1829 fundó MISCELÁNEA, ambos periódicos literarios. Políglota culto, Heredia tradujo numerosos poemas del latín, francés, italiano e inglés, y obras diversas como la novela *Waverly; o ahora sesenta años* de Walter Scott (1833); *El epicúreo* de Thomas Moore; *Los elementos de historia* de Tyler que tradujo y refundió bajo el título de *Lecciones de historia universal* (1831-1832); la tragedia *Tiberio* de J. M. B. Chenier, traducción libre del francés y otras más de Jolyot de Crebillon, Ducis, Chenier, Alfieri y Voltaire que fueron publicadas póstumamente. Con su sensibilidad lírica influyó en los poetas de la Academia de Letrán. Ejerció diferentes cargos públicos en una época de intensa agitación política en México. Afligido por la nostalgia de su patria y de los seres queridos, logró una amnistía en 1836 de tres meses para visitar Cuba, cuyo costo fue escribir una carta de abjuración de sus ideas políticas. Regresó a México en 1837 y laboró como redactor del DIARIO DEL GOBIERNO. El poeta del americanismo, como se le ha llamado, tuvo un gran reconocimiento en Europa; sus poemas han sido traducidos a varios idiomas y existen numerosas ediciones de su obra literaria. Aunque no pudo ver liberada a su patria, Heredia dejó una estela refulgente en el camino de sus compatriotas y una lírica cuyas notas aún vibran en la letras de Hispanoamérica. Murió en Toluca, México, a los treinta y cinco años de edad. En la poesía de Heredia el paisaje americano juega un papel fundamental; es impetuosa y grandilocuente; se conjugan los elementos del molde neoclásico, el arrebato de emoción romántica y la imaginación. Su poesía es trascendental.

"Mis ojos se han saciado contemplando la maravilla de la creación..."

OBRA REPRESENTATIVA: **Poesía.** *España libre* (1820, segunda impresión) // *Himno patriótico al restablecimiento de la Constitución* (1820) // (*Ante el teocalli de Cholula*, en *Poesías*, 1825) // *Poesías* (1832, 2 Tomos, segunda edición) // *Obras poéticas* (1875, 2 Tomos, edición póstuma) // *Poesías, discursos y cartas de José María Heredia* (1939, 2 Tomos, edición póstuma) // *Poesías completas* (1940-1941, 2 Tomos, edición póstuma). **Teatro.** *Eduardo IV o el usurpador clemente* (1819) // *El campesino espantado* (1819).

HERNÁNDEZ, Felisberto (1902-1964). Cuentista uruguayo, pianista, intérprete y compositor. Poco a poco la personalidad literaria de Felisberto Hernández ha ido consolidándose como una de las figuras más prominentes de la narrativa uruguaya e hispanoamericana del siglo XX. Inscrita en el ámbito de la ficción literaria, su obra ha sido vinculada a la renovación estética que cristalizó en las obras de Borges, Cortázar, Onetti y García Márquez, entre otros. El actual interés por su literatura se ha reflejado en la publicación de sus *Obras Completas*, en la producción de estudios varios sobre su vida y obra y en la realización de eventos académicos como el Seminario sobre Felisberto Hernández, llevado a cabo por el Centro de Investigaciones Latinoamericanas de la Universidad de Poitiers en Francia (1973-1974), bajo la dirección de Alain Sicard; el interesante material de este seminario fue publicado en español en 1977. Traducida al italiano y al francés, la obra de Felisberto Hernández ha alcanzado proyección internacional. Nació en Montevideo; desde joven conoció la necesidad de ganarse la vida; al piano, acompañaba la proyección de películas mudas. En su peculiar sensibilidad, la música y el cine representaron elementos fundamentales en su obra narrativa. Además de intérprete fue compositor y profesor de música. Realizó giras por el interior del Uruguay y, de 1925 a 1931, con la ayuda material de amigos, fue editando sus primeras obras en imprentas menores; fueron ediciones artesanales de pocos ejemplares y escasa difusión: *Fulano de tal* (1925); *Libro sin tapas* (1929); *La cara de Ana* (1930) y *La envenenada* (1931). Estos libros, junto con algunas contribuciones periodísticas, adquirieron el título de *Primeras invenciones* en las diferentes ediciones de sus obras completas. De la publicación de *La envenenada* hasta el siguiente libro, *Por los tiempos de Clemente Colling* (1942), aparecieron distintas colaboraciones del uruguayo en diarios y revistas como LA ACCIÓN (1932); LA ACTUALIDAD (1934); EL PAÍS (1939) y la revista HIPERIÓN (1938). La publicación de *Por los tiempos de Clemente Colling* y de *El caballo perdido* (1943) señalan los primeros pasos hacia una mayor proyección de Felisberto Hernández en el Uruguay. Estas obras salieron a la luz con el reconocimiento de una prestigiada casa editorial cuyos propietarios, los hermanos González Panniza, eran parientes de la familia de Venus González Olaza, bienhechor y amigo del escritor. La edición de *Por los tiempos de Clemente Colling* se logró con el generoso apoyo de un grupo de amigos de Felisberto Hernández. De 1943 a 1946 colaboró en el diario EL PLATA y la REVISTA NACIONAL de Montevideo, y en las revistas bonaerenses SUR, CONTRAPUNTO, LOS ANALES DE BUENOS AIRES —dirigida por Borges— en la cual apareció su famoso cuento *"El acomodador"*, y en el diario LA NACIÓN, donde vio la luz uno de sus cuentos más celebrados: *"El balcón"*. Durante el periodo de 1946 a 1948 Felisberto Hernández residió en París y fue presentado en el PEN Club de París (1947) y en el Anfiteatro Richelieu de La Sorbona (1948) por uno de sus más grandes entusiastas: el uruguayo francés Jules Supervielle, admirado a su vez por Hernández. Su cuento *"El balcón"* fue traducido al francés y publicado en la revista LA LICORNE dirigida por la uruguaya Susana Soca. Con la publicación de *Nadie encendía las lámparas* en 1946, en Montevideo, y luego la edición de 1947 por la editorial Sudamericana en Buenos Aires, Felisberto Hernández alcanzó gran difusión en Argentina y el Uruguay. En 1949 apareció en la revista ESCRITURA de Montevideo uno de sus relatos más importantes: *"Las hortensias"*, que fue publicado en volumen, junto con otros relatos, en 1966, dos años después de su muerte. A *"Las hortensias"* de 1949, siguieron numerosas contribuciones en diarios y revistas. Luego, se publicaron póstumamente textos inéditos y los libros *La casa inundada* (1960) y *Tierras de la memoria* (1965) –del que ya había aparecido un fragmento en 1944 en el diario EL PLATA–; se elaboraron diversas antologías y se confeccionaron sus *Obras completas* de las cuales existen dos ediciones, una en seis tomos (1969-1974) elaborada por la editorial Arca de Montevideo y prologada por Norah Giraldi de Dei-Cas, una de las mejores especialistas de la obra felisbertiana, y otra en tres volúmenes realizada por Siglo XXI Editores (1983) y prologada por el poeta David Huerta. En los cuentos de Felisberto Hernández se destaca la naturalidad de una escritura en apariencia improvisada. En la mayor parte de sus textos utiliza la primera persona como narrador; a través de la escritura el autor se busca a sí mismo. Para el uruguayo, las cosas y seres de la vida guardan siempre un misterio; la escritura hace surgir los misterios de la realidad que no sólo están en lo obscuro, sino también en lo claro, como en la *"falsa claridad de la pantalla de cine donde tan falsamente viven otros"*. El misterio representa el resorte fundamental de la fuerza vivencial y de la creatividad artística. Sus cuentos son como fragmentos de un interior (su interior) que la imaginación selecciona, la emoción rescata y la escritura libera sin restricciones morales. Esa realidad interior se revela sin explicar su causalidad porque para Felisberto Hernández también son misteriosos los pasos del pensamiento. La conciencia no debe deformar el desarrollo de los cuentos que deben guardar su *"poesía natural"*; toda explicación resulta falsa. Sus cuentos fluyen como los sueños, el recuerdo y también la locura; expresan la realidad de la mente que actúa sin lógica y muchas veces en el absurdo. Las cosas del mundo felisbertiano adquieren vida autónoma y en lugar de que los protagonistas establezcan con ellas una relación de uso, se crea una especie de diálogo entre la conciencia del hombre y los objetos; esto produce un efecto de irrealidad y sorpresa bañado de ansiedad. Como la música, la influencia de los recursos del cine en la obra de Felisberto Hernández es un interesante tema de estudio. El autor murió en Montevideo. Su narrativa conjuga lo inesperado y lo ambiguo; produce sensación de extrañeza y desconcierto. Se destaca el uso de la ironía y de un particular humorismo.

"Hay obras que pretendiendo ser naturales son completamente horribles. Hay obras en parte naturales y en parte artificiales que son en parte buenas y en parte malas, que no coinciden, constantemente, en que lo bueno sea natural y viceversa".

OBRA REPRESENTATIVA: **Cuento.** *Fulano de tal* (1925) // *Libro sin tapas* (1929) // *La cara de Ana* (1930) // *La envenenada* (1931) // *Por los tiempos de Clemente Colling* (1942) // *El caballo perdido* (1943) // *Nadie encendía las lámparas* (1946) // *La casa inundada* (1960) // *Tierras de la memoria* (1960) // *Las hortensias y otros relatos* (1966) // *El cocodrilo y otros cuentos* (1968) // *Obras completas* (1969-1974) // *Obras completas* (1983).

HERNÁNDEZ, José (1834-1886). Escritor argentino, militar, político y periodista. Creador del extenso poema *El gaucho Martín Fierro*, Hernández se sitúa como el mayor exponente de la poesía gauchesca. Obra de múltiples aspectos, *Martín Fierro* ha sido profusamente estudiada a partir del Modernismo. Entre los numerosos y variados comentarios de críticos y escritores, hispanoamericanos y extranjeros, se ha llegado a considerar el poema de Hernández como precursor de la literatura de protesta civil en Hispanoamérica, así como el primer poema épico-lírico-didáctico de la nación Argentina. Por su valor artístico y humano, la obra rebasó las fronteras geográficas y temporales. Hijo del federal Rafael Hernández, de origen gaucho, y de Isabel Pueyrredón, cuya noble familia era partidaria de los unitarios, José Hernández nació en la alquería de Perdriel, cerca de Buenos Aires. Por motivo de negocios, el padre decidió llevar al campo a su esposa y dejar a sus hijos Magdalena y José al cuidado de sus tíos Victoria ("Mamá Totó") y Mariano Pueyrredón. La infancia de José se desarrolló en aquel ambiente hasta 1840, año en que se trasladó a vivir con su abuelo materno en Barracas, debido a que sus tíos se vieron obligados a emigrar a Brasil por razones de índole política. Hernández estudió en el Liceo Argentino de San Telmo y en 1846, muerta la madre, su padre decidió llevárselo a las pampas. Las experiencias en el campo y el contacto con la vida gaucha durante parte de su niñez y juventud, dejaron importante huella en el futuro poeta. Desde 1853 hasta 1886, Hernández participó activamente en las luchas civiles de su país. A diferencia de otros románticos de entonces, se hizo federal y se alistó en el ejército rosista, hecho que desencadenó la enemistad entre él y Sarmiento. En 1858 emigró a Paraná en donde realizó actividades políticas, periodísticas y laboró como contador de una casa comercial. De regreso a Buenos Aires, fundó el periódico EL RÍO DE LA PLATA (1869-1870), en el que asumió la protesta contra las injusticias de las que consideró era objeto el gaucho, después del triunfo liberal y en especial durante el gobierno de Sarmiento. Relegado ante la avanzada de la civilización, el gaucho estaba destinado a desaparecer. Las formulaciones políticas de Hernández contra el reclutamiento forzoso, el abuso de autoridad y el envío de gauchos a la frontera para contener las incursiones de indios, se vieron después reflejadas en su *Martín Fierro*. El poeta captó y describió en su momento histórico el trágico destino del gaucho. En 1870, tras la derrota del levantamiento de López Jordán, Hernández se refugió en Brasil. En 1872 viajó a Buenos Aires y publicó la primera parte del *Martín Fierro*, conocido como la *Ida*; en 1873, perseguido por Sarmiento, salió a Montevideo y dos años más tarde regresó a la capital argentina; continuó participando en la política y en 1879 publicó la segunda parte del poema conocida como la *Vuelta*. En su totalidad, el *Martín Fierro* está compuesto por XXXIII cantos que rebasan los 7 000 versos en su mayor parte octasílabos, dispuestos en más de 1 000 sextinas, algunas redondillas, cuartetas, romances y una décima. Hernández tomó de la tradición de la poesía gauchesca, realizada por hombres cultos, temas-tópico y formas de composición y estilo; se presume que también pudo haber absorbido elementos de la poesía de los gauchos payadores del siglo XVIII, utilizada todavía, entre otras clases de poesía, por cantores errantes de tipo gauchesco de mediados del siguiente siglo. Dentro de la tradición gauchesca, Hernández representa el punto más álgido de evolución. En sus propósitos de expresar, a través de su protagonista Fierro, el modo de ser, sentir, pensar y expresarse del gaucho, convirtió la poesía gauchesca, cuyos antecesores fueron Hidalgo, Ascasubi y Estanislao del Campo, en la expresión de la esencia vital de un tipo social menospreciado y perseguido. La obra de su coetáneo Lussich significó un antecedente inmediato de esta intención en la recreación poética. Hernández no intentó copiar ningún modelo extranjero; leyó a sus antecesores y conoció la poesía romántica decimonónica del mundo hispano. *Martín Fierro* gozó de gran popularidad entre los hombres del campo que constituyeron su público; el poema era recitado, oído y enormemente gustado. La crítica culta no valorizó en su tiempo la obra de Hernández, hasta que Leopoldo Lugones la rescató y la entregó a una historia diferente, la de las letras hispanoamericanas. Borges dijo de él: *Expresar hombres que las futuras generaciones no querrán olvidar es uno de los fines del arte; José Hernández lo ha logrado con plenitud*. Murió siendo senador en Buenos Aires. El poema de estilo sencillo, conjuga la épica y la lírica; lo pintoresco realista, lo patético y el carácter dramático; la protesta y el didactismo. No hay descripción física ni moral del protagonista pues encarna un tipo social. Hay pasajes costumbristas y riqueza en personajes. El sentido oral es fundamental e incluye el género de la payada.

"Solo vivo... solo muero".

OBRA REPRESENTATIVA: **Poesía.** *El gaucho Martín Fierro* (1872) // *La vuelta de Martín Fierro* (1879). **Prosa.** *La vida del Chaco* (1863) // *Instrucción del estanciero* (1881).

HERNÁNDEZ FRANCO, Tomás (1904-1952). Singular poeta dominicano; enriqueció la lírica de ese país con su canto de aliento mítico que evoca los orígenes de lo mulato. Nació en Santiago de los Caballeros. Se inició en la poesía a los diecisiete años con *Rezos bohemios* (1921), poemario que lo ubica como un heredero del Modernismo y Postumismo dominicanos. Su mejor logro poético, además de *Canción del litoral alegre* (1936), cuyas imágenes descubren el escenario marítimo, es sin duda *Yelidá*, poema épico que se sitúa en el norte de Haití, en un lugar apartado que se presta al mito. En él tiene lugar el mágico encuentro de la raza antillana y de la nórdica. Yelidá, símbolo de la mulata, es hija de Erick, *"pigmento rubio y fermentoso del nórdico"* y de Suquí *"tuego de ajíes y prietas especies"*. El poema evoca magistralmente la santería y los ritos haitianos. El poema vio la luz en 1942 y desde su aparición provocó los más elogiosos comentarios. En 1968, Incháustegui Cabral, uno de sus entusiastas lectores, ofreció conferencias en universidades dominicanas y puertorriqueñas. El autor murió a los cuarenta y ocho años, en plena madurez. En su estilo se ha señalado el uso de la técnica cinematográfica para ubicar a los personajes. Las imágenes son precisas y evocadoras del colorido del trópico.

"[Yelidá]... empezó a crecer con lentitud de espiga / negra un día sí y un día no / blanca los otros / nombre de vudú y apellido de Kaes / lengua de zetas / corazón de iceberg / vientre de llama / hoja de alga flotando en el instinto / nórdico viento preso en el subsuelo de la noche / con fogatas y lejana llamada sorda para el rito".

OBRA REPRESENTATIVA: **Poesía.** *Rezos bohemios* (1921) // *De amor, inquie-*

tud, cansancio (1923) // *Canciones del litoral alegre* (1936) // *Yelidá* (1942).

HERRERA, Flavio (1895-1962). Poeta, novelista, ensayista y cuentista guatemalteco de la primera mitad del siglo XX. Nació en la ciudad de Guatemala. Hizo sus primeros estudios en el Instituto Nacional del Centro; siguió la carrera de abogado, profesión que ejerció junto con la de notario. En la Universidad de su país tuvo a su cargo la cátedra de derecho romano. Como cuentista se destacó por el manejo del tema amoroso que desarrolló sobre un fondo de retratos femeninos. Fue un poeta que al igual que el mexicano José Juan Tablada, encontró en el haikai japonés una exitosa forma de expresión. También escribió novelas en cuya trama el hombre civilizado lucha con la naturaleza indómita. Murió en su ciudad de origen. Su estilo modernista tiene la influencia de la prosa francesa; posee originalidad y profundidad psicológica.

"Cerca del tul que el céfiro enmaraña / hunde su red un pescador. Es una / colosal y nerviosa telaraña / donde truncan los peces su fortuna".

OBRA REPRESENTATIVA: **Cuento.** *La lente opaca* (1921) // *El hilo del sol* (1921) // *Cenizas* (1923) // *Siete mujeres y un niño* (1927). **Ensayo.** *Hacia el milagro hispanoamericano* (1934). **Novela.** *El tigre* (1934) // *La tempestad* (1935) // *Siete pájaros del iris* (1936) // *Mujeres* (1936) // *Poniente de sirenas* (1937) // *20 fábulas en flux* (1946) // *Caos* (1949). **Poesía.** *El ala de la montaña* (1921) // *Trópico* (1931) // *Sinfonía del trópico* (1932) // *Bulbuxyá* (1933) // *Cosmos indio* (1938) // *Palo verde* (1946) // *Oros de otoño* (1962) // *Solera* (1962) // *Rescate* (1963) // *Patio y nube* (1964).

HERRERA y REISSIG, Julio (1875-1910). Poeta uruguayo y periodista. Poco valorada en su época, la figura literaria de Herrera y Reissig ha ido cobrando con el tiempo gran dimensión. Hoy día, la crítica lo sitúa entre los mayores representantes del Modernismo en el Continente, al lado de Rubén Darío y Leopoldo Lugones. Algunos lo han considerado el precursor de las diferentes vertientes de la poesía contemporánea en Hispanoamérica. Personalidad extraña, poco se sabe de su corta vida; nació en Montevideo, en el seno de una familia aristocrática e ilustre que destacó en la vida política de su país; fue sobrino del doctor Julio Herrera y Obes que llegó a la presidencia de la República (1890-1894). Sin embargo, el futuro poeta no logró disfrutar por mucho tiempo de los privilegios de la situación familiar que se vino a menos desde 1882, y tuvo que luchar contra la pobreza a lo largo de su vida. Nació con una afección cardiaca que lo llevó al uso frecuente de la morfina. Fue autodidacta y dedicó su vida a la creación literaria. En 1898 fundó LA REVISTA, órgano de difusión del Modernismo. Hacia 1900, en una buhardilla que miraba desde un lado la bahía de Montevideo, y desde otro un cementerio, creó el famoso cenáculo de la Torre de los Panoramas, en el que se reunían alrededor de él otros poetas como Vidal Belo, César Miranda y J.J. Ylla-Moreno. Discusión de autores como Baudelaire y Nietzche y creación poética constituyeron las actividades del minoritario e introvertido grupo que se mantuvo hasta 1906. La Torre de los Panoramas, unida a la pobreza y la morfina, dio lugar a la mitificación. El cenáculo coexistió con otros grupos literarios de la época, organizados en forma de peñas o asociaciones que seguían distintas tendencias estéticas, como el Consistorio del Gay Saber del destacado escritor Horacio Quiroga. A diferencia de la mayoría de los modernistas, Herrera y Reissig no viajó a París; sólo visitó Buenos Aires en 1905 y 1908. Entre 1900 y 1910 el poeta produjo lo fundamental de su obra; aún hoy día no se han podido establecer con precisión ni la cronología ni las fechas de publicación de sus creaciones. La producción poética de Herrera y Reissig persigue un fin esteticista y en ella se distinguen fundamentalmente dos modalidades: la pastoril-idílica y la del mundo onírico y del inconsciente. Creó un universo poético propio caracterizado por nuevas y extrañas metáforas y una expresión barroca y hermética. Imprimió de *"elasticidad armónica"* sus versos y pretendió *"la interpretación orquestal de todo lo que se insinúa en la soledad con todos sus juegos de correspondencias"*; buscó *"la compenetración sobrehumana de la Naturaleza"* y *"la pirotecnia crepuscular de las palabras"*. Sus principales influencias fueron: Baudelaire, Rimbaud, Laforgue, Lautréamont, Samain, Poe y Darío. Entre sus obras más importantes se encuentran: *Los maitines de la noche* (1902); *Los éxtasis de la montaña* (1904-1907); *La torre de las esfinges* (1909) y *Las clepsidras* (1910). También escribió cuentos y ensayos. El autor murió víctima de un ataque cardiaco a los treinta y cinco años de edad. En su estilo la musicalidad es esencial; en ocasiones los sonidos adquieren valores simbólicos y, al igual que las imágenes, construyen el universo poético.

*"Anoche vino a mí, [*su alma*] de terciopelo, / Sangraba fuego de su herida abierta; / Era su palidez de pobre muerta, / Y sus náufragos ojos sin consuelo..."*

OBRA REPRESENTATIVA: **Ensayo.** *Conceptos de crítica* (1899) // *Psicología literaria* (1908). **Poesía.** *Las pascuas del tiempo* (1900) // *Los maitines de la noche* (1902) // *Los éxtasis de la montaña* (1904-1907) // *Sonetos vascos* (1906) // *Los parques abandonados* (1908) // *La torre de las esfinges* (1909) // *Los peregrinos de piedra* (1909) // *Las clepsidras* (1910) // *Poesías completas* (1913, 5 Vols, edición póstuma).

HIDALGO, Bartolomé (1778-1823). Poeta popular uruguayo, abrió el camino de la poesía gauchesca y con ella comenzó la expresión de una literatura que, brotando en alternancia con las guerras de independencia, buscaba un fundamento de autenticidad americana y nacional. De padres argentinos de modesta condición, nació en Montevideo. Existen pocas noticias acerca de su formación; se presume que fue educado por sacerdotes franciscanos. Vivió en Uruguay hasta 1818, año en que viajó a Argentina, país donde murió cuatro años después, a consecuencia de una afección pulmonar. En Uruguay laboró en una tienda, propiedad del padre del libertador José Artigas, cuya amistad cultivó. Luchó contra los portugueses y ocupó diversos cargos administrativos en Correos y en Hacienda. Es autor del *Himno oriental* por el que el Triunvirato de Larrea, Chiclana y Paso lo declaró "Benemérito de la Patria". Poeta cultivado en los moldes de la poesía neoclásica, se le atribuye la invención del género gauchesco, cuyos antecedentes se encuentran en la poesía tradicional de índole hispánica; en la de los gauchos payadores contemporáneos suyos y probablemente la de los anteriores a él. Los payadores recitaban en las pulperías poemas tradicionales y también improvisaban otros en los que narraban aspectos de la vida rural como en *El amor de la estanciera* de 1787. Inspirado en romanceros populares y en la música y canciones tradicionales, como el género del cielito de tema elegíaco y amoroso, caracterizado por el estribillo "cielito, cielo que sí", Hidalgo compuso cielitos y tres diálogos de tema patriótico que con el tiempo se desarrollaron en poemas de vena satírica. Los diálogos suceden entre dos gauchos que discuten, en forma de verso y en su dialecto, acontecimientos de su época. En estos dos géneros se ha clasificado su trascendental obra; hay quienes la dividen en dos periodos: 1811-1816 y 1821-1822, siendo este último el más productivo. Se le ha atribuido la composición del cielito *Un gaucho de la guardia del monte contesta el manifiesto de Fernando VII y saluda al conde de Casa Flores*. Hidalgo fue el primero en convertir al gaucho mismo en tema, así como en recrear los comentarios gauchos sobre sucesos políticos de la época y el asombro de ese personaje ante el esplendor de la ciudad, motivo este último de tipo costumbrista. Estos temas y la transposición literaria del habla campesina fueron el inicio de una tradición de poesía gauchesca continuada en Ascasubi, Estanislao del Campo, Lussich y José Hernández, cuyas obras reflejan una interesante evolución. La poesía gauchesca se difundía principalmente a través de hojas sueltas y folletos; por su popularidad, algunos poemas llegaron a folklorizarse y a conservarse así en la memoria de recitadores. Ésta es literatura hecha por hombres cultos que en su relación con el pueblo lograron una expresión artística singular. La corta pero fructífera obra de Hidalgo, representó una importante contribución a las letras no sólo de su país sino también del Continente. La primera recopilación completa de sus trabajos la hizo Martiniano Leguizamón, junto con un estudio, en el libro *El primer poeta criollo del Río de la Plata* (1917). En su poesía se reproducen con fidelidad el lenguaje y tono gauchos. Sus composiciones son para ser oídas, más que leídas. En los diálogos, los episodios relatados tienen por base el caballo, los encuentros de los amigos que sin importar la distancia se visitan y otras costumbres que relaciona con la exaltación patriótica.

"Ando triste y sin reposo, / cantando con ronca voz / de mi Patria los trabajos, / de mi destino el rigor".

OBRA REPRESENTATIVA: *Cielitos y diálogos patrióticos* (1963).

HOJEDA, Diego de (1571-1615). Hombre de letras sevillano, poeta religioso, profesor y guía de los estudios de su orden en Lima. Llegó al Perú a los diecisiete años; en Lima ingresó en la orden de los dominicos (1591), fundó un convento en una ciudad y muy pronto su iniciativa lo llevó a desempeñar cargos importantes. Fue maestro de teología y director de estudios religiosos en Lima en 1606; ocupó el cargo de Prior, primero en el Cuzco y luego en Lima en 1610. Víctima de la antipatía de sus superiores, Hojeda fue privado de los cargos en la orden; reducido a simple monje, en 1612 fue enviado al convento del Cuzco y en 1615 al de Huánuco, donde murió sin haber sido reivindicado como Prior. La vida del poeta se caracterizó por la serenidad, sencillez, religiosidad y sosiego. Al morir, sus compañeros frailes convirtieron la memoria de Hojeda en la de un asceta edificante y poco después, cuando sus restos fueron llevados a Lima, intentaron convertirlos en reliquias. La obra de Hojeda forma parte importante del movimiento poético del virreinato peruano. Su poema épico *La cristiada* es el fruto del trabajo paciente, logrado a lo largo de los años; está escrito en octavas reales; en él son visibles las huellas de Virgilio, Tasso y en particular de Jerónimo Vida con su obra *Cristias* (1535). El poema fue editado en Lima y aunque se conoció durante los siglos XVII y XVIII, la segunda edición completa apareció hasta 1851. Las fuentes directas de inspiración fueron los Evangelios, vidas de santos y textos apócrifos del *Nuevo Testamento*. En la versificación del relato bíblico, Hojeda alcanzó notas de insuperable belleza; narra la Pasión de Jesús desde la Última Cena hasta su Crucifixión y Muerte, intercalando elementos líricos de gran sensibilidad poética. El estilo barroco del poema se patentiza en los pasajes de profusos adornos, en el brillo y los contrastes de sus octavas.

"...a grande amor, ingrata recompensa".

OBRA REPRESENTATIVA: *La cristiada* (1611).

HOSTOS, Eugenio María de (1839-1903). Destacado pensador y crítico puertorriqueño; autor polémico que ha sido considerado por algunos como una figura tangencial en la literatura hispanoamericana. Eugenio María de Hostos y Bonilla nació en el barrio de Río Cañas de Mayagüez, situado al oeste de Puerto Rico; ahí transcurrieron sus primeros años. Hacia 1852 pasó a Bilbao donde estudió el bachillerato. Su vida fue un incesante peregrinar por las tierras de América y de Europa; estuvo impulsada por el deseo de renovación educativa y de libertad para su pueblo. Durante su estancia en España (1857-1868), donde estudió la carrera de derecho, luchó tenazmente por la independencia de las Antillas, que en su opinión era el primer paso hacia la creación de una confederación antillana. Regresó a América en 1869 sin lograr su propósito. En 1870 llegó al Perú después de haber estado en Nueva York combatiendo con ardor el proyecto de anexionar Cuba a Estados Unidos de Norteamérica. Viajó a Chile en 1871; de ahí se trasladó a Argentina (1872), donde recibió grandes honores y en nombre de la acción y la persecución de sus ideales rechazó la cátedra de filosofía en la Universidad de Buenos Aires. En su incansable itinerario, el periodo que comprende los años de 1879 a 1889 fue de intensa actividad. Se trasladó a Santo Domingo y desarrolló una fecunda labor en la enseñanza. En 1880 fundó la primera Escuela Normal de Maestros desde cuyas aulas proyectó su ambiciosa reforma educativa: erradicó de la enseñanza el sistema de memorización y puso énfasis en las ciencias positivas sin relegar los estudios históricos. En gran medida su esfuerzo estuvo encaminado a la educación de la mujer hispanoamericana.Las lecciones que dictaba están contenidas en *Derecho constitucional* (1887) y en *Moral social* (1888), libros publicados en Santo Domingo. Colaboró también en distintos periódicos y revistas, entre otros, en la REVISTA CIENTÍFICA LITERARIA Y DE CONOCIMIENTOS ÚTILES, el ECO DE LA OPINIÓN y el TELÉGRAFO, en cuyas páginas defendió la libertad y quiso crear conciencia entre los ciudadanos. Por razones políticas —el gobierno de Heureaux no veía con buenos ojos su labor— dejó Santo Domingo y se trasladó a Chile, aprovechando la petición del gobierno de ese país para iniciar ahí reformas en la enseñanza.

En 1898 hizo un nuevo viaje a Nueva York con la intención de reafirmar su cooperación con el Partido Revolucionario Cubano, iniciada años antes. Tras la invasión norteamericana a Puerto Rico, Hostos fundó la Liga de los Patriotas, instrumento dedicado a crear conciencia y educar al pueblo puertorriqueño. Regresó a Santo Domingo en 1900; dedicó los últimos años de su vida al proyecto de Ley General de Educación Pública, mismo que no alcanzó a ver ejecutado debido a los violentos enfrentamientos que promovieron sus adversarios. Escribió *La peregrinación de Bayoán*, obra discutida en la que combatió el poder español en las Antillas. Los tres personajes simbolizan la unión de las tres grandes Antillas: Bayoán representa a Puerto Rico; Darién, su amada, lleva el nombre de una comarca cubana y Guarionex, su padre, el de un cacique de Haití. El texto ha provocado opiniones encontradas. Para algunos se trata de una obra ejecutada con maestría e imaginación; para otros, el excesivo peso didáctico la convierte en algo ajeno a la literatura. Se ha señalado que Hostos empobreció su pluma con las intensiones morales y políticas. Esta postura quizás se ha visto influida por el hecho de que el autor dedicó en *Moral social* tres capítulos en contra de la literatura. Si bien el valor literario de esa obra se ha puesto en duda, no ha sucedido lo mismo con su trabajo en la crítica; ésta incluye temas de música, teatro, pintura, novela y lírica. Hay consenso en afirmar que su estudio sobre *Hamlet* es el mejor en la lengua española. La totalidad de su producción, que llena veinte volúmenes, fue editada por el gobierno de su país en 1939, año del primer centenario de su nacimiento. El pensamiento de Hostos, guiado por el compromiso social y moral con su tiempo, ha quedado en Hispanoamérica como la luz refulgente que dejan los grandes maestros.

"El que abjura de un deber no puede cumplir con otro deber más compulsivo".

OBRA REPRESENTATIVA: **Novela.** (*La peregrinación de Bayoán*, en *Obras completas*, 1939). **Prosa.** (*Lecciones de derecho constitucional* // *Moral social* // *Tratado de sociología* // *Meditando*, en *Obras completas*, 1939).

HUIDOBRO, Vicente (1893-1948). Nombre con el que pasó a las letras hispanoamericanas el célebre polígrafo chileno Vicente García Huidobro Fernández. Su obra poética fue una de las primeras en trascender el ámbito nacional y alcanzar renombre universal. Si bien no hay consenso en llamarlo el padre del Creacionismo, título que también reclama el francés Pierre Reverdy, la obra de Huidobro está alimentada por el deseo de liberar a la poesía del peso y de la necesidad de ser copia de la realidad. Para Huidobro el poeta o *"pequeño Dios"* como lo llama, se sirve de la palabra para anular la realidad y erigir otra. Oriundo de Santiago, el poeta nació y creció en el seno de una familia de las más pudientes en Chile. Cursó los estudios de humanidades en el Colegio de San Ignacio. Su vocación literaria se manifestó a temprana edad; en 1912, junto con algunos poetas como Jorge Hüber Bezanilla y el novelista Mariano Latorre, fundó MUSA JOVEN, revista literaria que promovió a algunos jóvenes de la pluma nacional, entre ellos al poeta Carlos Díaz, conocido más tarde como Pablo de Rokha y al mismo Huidobro. En 1916 emprendió su primer viaje a Europa; durante su estancia en París formó parte del grupo encabezado por Apollinaire y colaboró en la revista NORD-SUD; conoció a Tristan Tzara, Pierre Reverdy, Paul Dermèe, Max Jacob y a Hans Arp, con quien escribió *Tres inmensas novelas* (1935). En Madrid se incorporó al grupo de la revista ULTRA; entabló amistad con Juan Larrea y Gerardo Diego. Después de su regreso a Chile fundó en 1925 el diario político LA ACCIÓN y se lanzó como candidato a la Presidencia de la República, episodio que terminó de manera deplorable con las agresiones físicas de que fue víctima. Viajó a Europa por segunda vez en 1926; en Madrid publicó *Mio Cid Campeador* (1929), uno de sus mejores textos en prosa e intervino en la Guerra Civil Española. Al término de la Segunda Guerra Mundial (1945) regresó a Chile. Hombre de una vasta cultura, Huidobro cultivó el ensayo, la novela y la poesía; incursionó también en el teatro con *En la luna* (1934) en la que sirviéndose de la farsa política, lleva a los personajes a la insurrección popular anhelada por los intelectuales hacia los años treinta. Leído en Chile el año de su publicación, *Non servian* (1914) es un manifiesto que se inscribe en la línea trazada por Apollinaire en *Meditaciones estilísticas* (1912). En él están contenidos los principios poéticos que hacen del artista un creador de realidades propias, liberándolo del yugo impuesto por la Naturaleza: *"No he de ser tu esclavo, madre Natura; seré tu amo... Yo tendré mis árboles, que no serán como los tuyos, tendré mis montañas, tendré mis ríos y mis mares, tendré mi cielo y mis estrellas"*. Huidobro recibió el nombre de creacionista en la conferencia que dio en Buenos Aires (1916) donde se reafirmó como un hacedor de realidades: *"...la primera condición de un poeta es crear, la segunda crear y la tercera crear"*. Entre sus mejores novelas se ha señalado *Sátiro o El poder de las palabras* (1939), título alusivo al poder que la palabra tiene para hacer de Bernardo Saguen, el protagonista, un sátiro quien se debate entre la lascivia y su vocación literaria. En esta novela Huidobro innova en la forma con la utilización del monólogo interior directo. Como poeta, el chileno tuvo una progresión que se inició con los versos de corte tradicional contenidos en *Ecos del alma* (1911), en los cuales mantuvo un respeto por la rima, y culminó con los poemarios *El espejo de agua* (1916), donde se encuentra el poema *"Arte poética"*; *Altazor o El viaje en paracaídas* (1931) considerada como su obra mejor lograda y *Últimos poemas* publicado póstumamente (1948), en cuyos versos el poeta emprende el vuelo para encontrarse con la muerte. Durante su viaje a Francia escribió algunos poemas en francés: *Horizon carrée* (1917) y *Tour Eiffel* (1918) que muestran su dominio del francés y su capacidad creadora. El poeta murió en Cartagena, balneario de la provincia de Santiago donde tenía una hacienda. Forjó un estilo personal con innovadora pluma; utilizó el verso libre y distintas tipografías; eliminó los signos de puntuación y logró, mediante la metáfora, construir nuevas realidades.

"Por qué cantáis la rosa ¡oh Poetas! / hacedla florecer en el poema".

OBRA REPRESENTATIVA: **Ensayo.** *Non serviam* (1914) // *Manifiestos* (1917). **Novela.** *Mio Cid Campeador* (1929) // *Cagliostro* (1934) // *Sátiro o El poder de las palabras* (1934) // *Papá o El diario de Alicia Mir* (1934) // *La próxima* (1934) // *Sátiro o el poder de las palabras* (1939). **Poesía.** (En francés)

Horizon carrée (1917) // *Tour Eiffel* (1918) // *Hallaili, poème de guerre* (1918) // *Saisons choisies* (1921) // *Automne régulier* (1925) // *Tout à coup* (1925). (En español) *Canciones en la noche* (1913) // *La gruta del silencio* (1913) // *Las pagodas ocultas* (1914) // "Arte poética" en *Espejo del agua* (1916) // *Poemas árticos* (1918) // *Ecuatorial* (1918) // *Altazor o El viaje en paracaídas* (1931) // *Temblor del cielo* (1931) // *Ver y palpar, poemas 1923-1933* (1941) // *El ciudadano del olvido* (1941) // *Últimos poemas* (1948, edición póstuma). **Teatro.** *En la luna* (1934).

I

ICAZA, Jorge (1906-1978). Destacado cuentista y novelista ecuatoriano, dramaturgo y diplomático. Ha sido considerado como una figura central en la literatura indianista de su país y uno de los mayores exponentes del Continente. Escritor prolífero, descolló en la narrativa y alcanzó celebridad internacional. Originario de Quito, nació en el seno de una familia de medianos recursos. Ingresó a la carrera de medicina en la Universidad Nacional pero interrumpió sus estudios para dedicarse al teatro como actor, director y dramaturgo. A lo largo de su vida viajó por diferentes países como China, la Unión Soviética, Cuba, Estados Unidos de Norteamérica y otros de Europa e Hispanoamérica. Desempeñó el cargo diplomático de agregado cultural en la Embajada de su país en Argentina y perteneció a la Casa de la Cultura Ecuatoriana. Cercano ideológicamente al marxismo, Icaza trató en sus obras aspectos raciales y políticos. Su producción está caracterizada por el realismo que imprimió a sus temas. Su primer libro, *Barro de la sierra* (1933), forma una colección de cuentos que preludia su novela más celebrada: *Huasipungo* (1934), en la que se narra la tragedia del indio al verse despojado de sus huasipungos (parcelas de tierra). Las narraciones del ecuatoriano describen con patetismo la explotación de la que es objeto el indio por los latifundistas y autoridades civiles y religiosas. En general, sus personajes carecen de individualidad y de hondura psicológica; la impotencia y el desamparo se proyectan en un mundo sórdido donde el indio es un ser que actúa ciegamente. En su novela *Cholos* (1938) intenta profundizar en el perfil psicológico de sus personajes; reivindica al indio, y el cholo (mitad indio, mitad español) aparece como una posibilidad de progreso. También se interesó por las vidas citadinas en *En las calles* (1935). Icaza buscó el sentido de lo universal y, aunque hay discusión en torno al valor estético de sus creaciones, la crítica coincide en que su obra posee trascendente fuerza y valor documental. El escritor murió a los setenta y dos años de edad. El estilo encierra aspectos de carácter propagandístico y panfletario; la prosa es vigorosa y plástica en la expresión. Se han señalado la constante repetición de temas y cierta inconsistencia en la unidad estructural.

"En el vértigo de aquella marcha hacia una meta en realidad poco segura, entre caídas y tropezones, con la fatiga golpeando en la respiración a través de los maizales, salvando los baches, brincando las zarzas, cruzando los chaparros, las gentes iban como hipnotizadas. Hubieran herido o se hubieran dejado matar si alguien se atrevía a detenerles".

OBRA REPRESENTATIVA: **Cuento.** *Barro de la sierra* (1933) // *Seis relatos* (1952) // *Viejos cuentos* (1960). **Novela.** *Huasipungo* (1934) // *En las calles* (1935) // *Cholos* (1938) // *Media vida deslumbrados* (1942) // *Huairapamushcas* (1948) // *El chulla Romero y Flores* (1958) // *Atrapados* (1972). **Teatro.** *El intruso* (1929) // *La comedia sin nombre* (1930) // *Por el viejo* (1931) // *Como ellos quieren* (1931)

// *Cuál es* (1931) // *Sin sentido* (1932) // *Flagelo* (1936).

INCLÁN, Luis G. (1816-1875). Novelista mexicano, continuador de la novela romántica iniciada en su país por Manuel Payno. Narrador popular que utilizó la forma folletinesca; se destacó por introducir el tema rural dentro de la tradición costumbrista. La fama de Inclán se debe esencialmente a su novela *Astucia, el jefe de los hermanos de la hoja o los charros contrabandistas de la rama* que narra las aventuras rurales de un grupo de rancheros o *charros* mexicanos. Nació en el ambiente rural del rancho de Carrasco ubicado en el antiguo municipio de Tlalpan. Estudió en el Seminario Conciliar y después dedicó gran parte de su vida a las labores del campo; con esfuerzo y dedicación llegó a administrar algunas haciendas. Hacia los treinta años de edad decidió residir en la capital y trabajar como impresor en un taller litográfico y luego en una imprenta, ambos de su propiedad. De natural talento narrativo y profundo conocedor de la vida campesina, Inclán trazó en *Astucia* (1865-1866) el perfil psicológico y moral de sus personajes rurales; logró con ello un arquetipo del charro mexicano en el que se reúnen su virilidad, laboriosidad, lealtad, estoicismo y su sentido de justicia, deber y honor. A través de la narración de la vida de cada uno de los personajes que forman un grupo, Inclán describió las costumbres del mundo rural mexicano de mediados del siglo XIX. Los componentes de ese grupo, dedicados al contrabando, están unidos a la manera de *Los tres mosqueteros* de Dumas, influencia que se desvanece a lo largo de la obra señalando una intención hacia lo regional-nacional. La novela mereció los elogios del escritor mexicano Mariano Azuela. La obra de Inclán incluye otras narraciones que se consideran como menores y cuyos temas son también rurales; algunas de ellas fueron escritas en verso como *Recuerdos de Chamberín*. *Astucia* se editó por primera vez en la imprenta del autor quien estuvo al cuidado de la composición e ilustración. Inclán murió en la ciudad de México. La principal obra del autor está caracterizada por la espontaneidad del lenguaje y la abundancia de modismos que la convierten en un preciado acervo de mexicanismos. La novela adquiere forma autobiográfica por la narración en primera persona de algunos de sus personajes, cuya caracterización refleja la aguda observación de su creador. Para algunos, la escasez de recursos literarios de importancia constituye un defecto, mientras que para otros esto no desmerece su valor.

"Con astucia y reflexión, se aprovecha la ocasión".

OBRA REPRESENTATIVA: **Novela.** *Astucia, el jefe de los hermanos de la hoja o los charros contrabandistas de la rama* (1865, Tomo I; 1866, Tomo II).

INCHÁUSTEGUI CABRAL, Héctor (1912-1979). Poeta, diplomático y catedrático que dentro de la lírica dominicana del siglo XX elevó un canto de insatisfacción y de protesta social. Miembro de una familia de origen vasco por parte del padre y gallego por la madre, el poeta nació en la provincia de Baní. Su vida transcurrió, en su mayor parte, fuera de su país debido a los cargos diplomáticos a los que fue designado. En 1944, cuatro años después de la publicación de su primer libro, viajó a Bogotá; después a Quito (1945-1947). En La Habana vivió desde 1947 a 1951; ahí trabó amistad con los escritores e intelectuales de renombre como el célebre Nicolás Guillén. Ese año se trasladó a México; posteriormente viajó al Ecuador (1956) y hacia 1957 fue designado Embajador de su país en México; ahí también tuvo amigos escritores; conoció a Carlos Pellicer y asistió al entierro de Xavier Villaurrutia. Al término del gobierno de Trujillo fue nombrado Embajador en Río de Janeiro (1964). Dos años más tarde volvió a su patria. En la Universidad Católica Madre y Maestra, de la que llegó a ser Vice-Rector (1970), impartió la cátedra de literatura e historia dominicana. En 1974 se encontraba en Costa Rica con motivo del Seminario Latinoamericano: "La acción del libro en los procesos de cambio en América Latina". De ahí emprendió un viaje a Europa: recorrió Madrid, Roma, Florencia y París entre otros. La obra de Incháustegui enriqueció la lírica dominicana del siglo XX, tanto por los temas como por su estilo que en ocasiones recuerda al de T. S. Eliot. *Poemas de una sola angustia* es el libro que le dio renombre nacional; contiene el poema "*Canto triste a la Patria bien amada*" cuyos versos comunican el sufrimiento, la angustia, la miseria y la desolación que el poeta adivinaba en cada gesto de la vida cotidiana. Publicada en 1940, algunos críticos no se explican cómo una obra, de la que emana un profundo sentido social, haya visto la luz bajo la dictadura del general Trujillo. Aunque también cultivó el teatro, fue ante todo un poeta. Su fecunda obra quedó inscrita bajo el signo postumista. A su primer poemario se sumaron, entre otros títulos: *Rumbo a la otra vigilia* (1942); *En soledad de amor herido* (1943); *De vida temporal* (1944); *Canciones para matar un recuerdo* (1944) y *Memorias del olvido* (1950), todos ellos recopilados en *Versos 1940-1950* y publicados en México en 1950. El estilo de Incháustegui se personalizó en la búsqueda de la sencillez, lograda mediante el epíteto justo, claro y directo.

"Un poeta escribe y sólo sabrá lo que vale, o lo que no vale, cuando se oye en la voz ajena".

OBRA REPRESENTATIVA: **Ensayo.** *De literatura dominicana siglo veinte* (1973). **Memorias.** *El pozo muerto* (1960). **Poesía.** (*Canto triste a la Patria bien amada*, en *Poemas de una sola angustia*, 1940) // *Rumbo a la otra vigilia* (1942) // *En soledad de amor herido* (1943) // *De vida temporal* (1944) // *Canciones para matar un recuerdo* (1944) // *Soplo que se va y no vuelve* (1946) // *Memorias del olvido* (1950) // *Versos 1940-1950* (1950) // *Muerte en el Edén* (1951) // *Casi de ayer* (1952) // *Las ínsulas extrañas* (1952) // *Rebelión vegetal* (1956) // *Por Copacabana buscando* (1964). **Teatro.** *Miedo en un puñado de polvo* (1964).

IRISARRI, Antonio José de (1786-1868). Escritor guatemalteco, político, periodista y diplomático. Considerado como uno de los más grandes polemistas de América Latina, dejó importante huella en la historia política y cultural no sólo de su país natal, Guatemala, sino también de varios países del Continente. Su actividad literaria está ligada a la génesis de la novela en Centroamérica. Nacido en el seno de una familia adinerada y distinguida, tuvo una esmerada educación. Obtuvo el grado de Bachiller en Filosofía y se instruyó en música y dibujo. Talentoso y dedicado, cultivó desde muy joven la lectura y pronto adquirió madurez intelectual. Aunque en su extensa obra se incluyen composiciones poéticas como canciones, odas eróticas, letrillas satíricas, sonetos y fábulas entre otras, su arte descansa sobre todo en la prosa polémica de extraordinaria agudeza satírica y concisión en el lenguaje. Defensor de la libertad política, de la soberanía popular, de la tolerancia y crítico del fanatismo político o religioso, Irisarri desarrolló una actividad política y diplomática intensa y eficaz en favor de la independencia de los pueblos latinoamericanos, tanto en América Latina como en Europa y los Estados Unidos de Norteamérica. Llegó a ser presidente de Chile por una semana (1814) y tuvo a su cargo los Ministerios del Interior y de Relaciones Exteriores de ese país. Desarrolló también importantes actividades políticas en Guatemala. En 1829 fue encarcelado por Morazán y condenado a la pena máxima; empero, logró fugarse de la cárcel de Santo Domingo (1830) y huyó hacia Guayaquil para luego dirigirse a La Paz, Bolivia. Durante el periodo en que estuvo preso, protestó y redactó *Las belemíticas*, texto de contenido irónico que firmó con el pseudónimo de "Fray Adrián de San José". Irisarri utilizó otros pseudónimos como "Dionisio Terraza y Rejón" y "Dionisio Israeta Rejón". Su personalidad fue también polémica y dejó, en numerosos escritos, sus respuestas claras, directas e inteligentes a múltiples acusaciones. Desarrollada bajo el signo neoclásico, la obra novelística de Irisarri fue medio de denuncia y de expresión didáctica y moralizadora; en ella, se dejan entrever sus lecturas de Cervantes, Quevedo y los clásicos latinos. En una interesante mezcla de elementos autobiográficos, picarescos y costumbristas, surgió *El cristiano errante*, novela publicada en 1847 en Santiago y reeditada en 1929. En la novela están reflejados los ambientes físico y social de su patria natal. Panfletista y articulista sagaz, realizó una continuada labor periodística; colaboró en muchos periódicos y fundó otros. Entre los más importantes se encuentran: en Chile, LA AURORA DE CHILE (1812); SEMANARIO REPUBLICANO (1813); LA GACETA MINISTERIAL (1818); EL DUENDE DE SANTIAGO (1818). En Londres, EL CORREO AMERICANO (1819); EL CENSOR AMERICANO (1820). En Guatemala, EL GUATEMALTECO (1827). En Guayaquil, LA VERDAD DESNUDA (1839); LA BALANZA (1839); EL CORREO SEMANAL DE GUAYAQUIL (1841). En Quito, LA BALANZA (1841); LA CONCORDIA (1844). En Bogotá, CRISTIANO ERRANTE (1846, el mismo nombre de su novela autobiográfica); HOMBRE ERRANTE (1847). En Curazao, EL REVISOR DE LA POLÍTICA Y LITERATURA (1849). Irisarri fue gran conocedor del idioma, tanto en su nivel culto como popular; creyó que la lengua se forma y nutre por el común de los hombres. Murió pobre y lleno de deudas en Brooklyn, Estados Unidos de Norteamérica. En la obra de Irisarri se destaca la capacidad de agudo observador, en un estilo directo y claro, divertido e inquietante, donde la sátira y el sarcasmo tallan con filo la realidad.

"La libertad se ha de comprar a cualquier precio, y los obstáculos se hicieron para que los venzan los grandes corazones".

OBRA REPRESENTATIVA: **Ensayo.** *Carta al observador de Londres, o impugnación a las falsedades que se divulgan en contra de América* (1819) // *Historia crítica del asesinato cometido en la persona del gran mariscal de Ayacucho* (1846). **Filología.** *Cuestiones filológicas* (1861). **Novela.** *El cristiano errante* (1847) // *El perínclito Epaminondas del Cauca* (1863) // *Amar has-*

ta fracasar (sf). **Poesía.** *Poesías satíricas y burlescas* (1867).

ISAACS, Jorge (1837-1895). Ilustre escritor colombiano en el que se reúnen el poeta y el novelista; el luchador revolucionario y el funcionario público; el agricultor y el pastor; el explorador científico y el hacedor de caminos. El valor y trascendencia históricos de la obra literaria de Isaacs, se debe sustancialmente a *María*, llegada a considerar por muchos como la novela maestra del romanticismo hispanoamericano. Su nítida frescura aún acaricia la inmortal pasión amorosa de los seres cuyos sueños sobreviven al embate de un trágico designio. *María* se lee de la adolescencia a la adultez emocional; diferentes edades que hacen a una misma persona varias a la vez, en las que los sueños apenas se tejen o ya se deshilan para seguir viviendo. *María* cantó un amor y una trágica esperanza enraizados en la savia prodigiosa de la indómita naturaleza americana. Elogiada por escritores de la talla de Rubén Darío y Unamuno, *María* fue una de las novelas más leídas y gustadas en el siglo XIX hispanoamericano; ha sido traducida a varios idiomas y cuenta con numerosas ediciones. Aun cuando se puede considerar a la novela de Isaacs como un verdadero poema en prosa, la gloria de *María* elevó al novelista y opacó al prestigiado poeta que fue primero. En numerosos ensayos se habla de la vida de Isaacs en función de su *María*; menos son las obras que ofrecen un panorama biográfico elaborado. Nació en Cali, en el Valle del Cauca. Su padre fue Jorge Henrique Isaacs, un judío converso proveniente de la isla británica de Jamaica, que emigró a la provincia colombiana de Chocó con el fin de hacer fortuna; su madre, Manuelita Ferrer, fue hija de un capitán de origen español. En íntima relación con la naturaleza, Isaacs pasó una infancia feliz al lado de sus padres, propietarios de las haciendas La Manuelita y El Paraíso. El paisaje del Cauca quedó impreso en su corazón y constituyó el entorno del idilio de *María* (1867). Aunque representó para Isaacs el reflejo de una divina armonía idealizada, el paisaje de *María* es más una poderosa descripción realista, cuyo origen es la vivencia auténtica, que una pura reacción lírica, propia del romántico. En la vida de Isaacs siempre hubo un río que lo acompañó. La pintura local, la realidad social del hombre que armoniza con la naturaleza y los elementos autobiográficos contenidos en la historia, dieron a *María* singularidad frente a las fuentes literarias de su inspiración, cristalizadas en Chateaubriand y sobre todo en Saint Pierre con su maravillosa obra *Paul et Virginie*. En la obra de Isaacs se percibe además su conocimiento de la literatura bíblica. Para algunos, este hecho permitió al autor fundir armónicamente el misticismo y el realismo de *María*, lo mismo que diferenciarla de su época, penetrada de virgilianismo. Isaacs gozó de una cuidada educación en los colegios del Espíritu Santo y de San Buenaventura en Bogotá. Quiso ser médico, pero la prosperidad de su padre se vino a menos y tuvo que regresar aún joven al Valle para trabajar. Contrajo nupcias con Felisa González Umaña (1859) a quien amó profundamente; le dedicó varios poemas amorosos en los que utiliza el anagrama poético "Selfia" para nombrarla. A raíz de los problemas económicos de la familia y de la muerte de su padre, su vida se convirtió en una lucha constante para recuperar aquel bienestar perdido, pero sin resultados. Una frustración tras otra embargaron la afanosa existencia de Isaacs que nunca dio tregua a sus múltiples empeños. La pérdida del hogar lo llevó al exilio emocional y al andar errante en su misma patria. Ni el éxito de *María* le ofreció la fortuna que tanto anheló y necesitó. Nacido en una época de agitación política, Isaacs participó desde muy joven y con fervor patrio en las guerras civiles de 1860 y 1877. En 1880 se rebeló contra el gobierno de Antioquía, mismo año en que escribió *La revolución radical en Antioquía*, donde narra los sucesos del levantamiento y la derrota. Combinó las armas y las letras. En 1864, gracias a la amistad que estableció con José María Vergara y Vergara, se integró al heterogéneo grupo de Mosaico, el cual editaba una revista del mismo nombre. En esa tertulia literaria se pretendió impulsar la cultura nacional en una época de hondas diferencias políticas; participaron J. M. Samper, Teodoro Valenzuela, Diego Fallón, Salvador Camacho Roldán, Manuel Pombo y J. Manuel Marroquín, entre otros. Isaacs se dio a conocer como poeta en Mosaico y logró reconocimiento y admiración. El grupo editó sus *Poesías* en 1864. En la producción poética de Isaacs existen dos etapas: la de juventud (1860-1864) y la de madurez (1873-1895). En la primera, más productiva, se destaca su frescura y amor a la naturaleza; en la segunda, más restringida, una apreciación melancólica de la realidad. Escribió poesías de carácter autobiográfico, narrativo, descriptivo, lírico y filosófico. Menos estudiada, la obra poética de Isaacs es reveladora de aspectos interesantes de su contrastada y apasionante vida. En su poesía se destaca la influencia de la Biblia como en *Río moro*; en 1881 escribió *Saulo*, vasto poema considerado como uno de sus mejores logros. Isaacs fue también escritor de dramas; la crítica ha supuesto que *María* fue en un principio concebida como un melodrama y que por un amigo (José María Vergara y Vergara) optó por convertirla en novela. Sin embargo, hay estudios que al parecer demuestran que esto fue un error de interpretación que acabó por esparcirse y mitificarse. Se tiene noticia de que Isaacs escribió algunos apuntes para dos novelas que no realizó: *Alma negra* y *Tania*. Entre los diversos trabajos que realizó fue Cónsul de su país en Chile de 1870 a 1873; secretario de una comisión científica para la exploración de las regiones del Litoral Atlántico; de 1881 a 1891 vivió en inhóspitas regiones en las que localizó, a fuerza de espíritu indoblegable, hulleras para explotación industrial; poco beneficio personal logró de tan ardua labor. Murió pobre y víctima del paludismo en Ibagué. En *María*, se destacan la sencillez y claridad, la trama está bien elaborada así como la realización de los personajes. Emplea localismos y formas sintácticas populares. Maneja el presentimiento y la evocación.

"No pongáis los emblemas de la muerte / de mi vida futura en los umbrales. / Ni polvo fue, ni en polvo se convierte / la esencia de los seres inmortales".

OBRA REPRESENTATIVA: **Novela.** *María* (1867). **Poesía.** *Poesías* (1864) // *Saulo* (1881).

J

JAIMES FREYRE, Ricardo (1868-1933). Poeta, periodista, historiador y diplomático boliviano perteneciente al grupo de las grandes personalidades del Modernismo hispanoamericano. Miembro de una familia de renombre intelectual —fue hijo de Julio Lucas Freyre, escritor y diplomático— el poeta nació en Tacna, durante el periodo en que su padre desempeñaba el cargo de Cónsul en Bolivia. La vida de Jaimes Freyre, consagrada a la cultura y a las letras, transcurrió en su mayor parte en Argentina; allí fundó con Rubén Darío la REVISTA DE AMÉRICA, en cuyo primer número de 1894 aparecieron enunciados los principios de la poética modernista. En 1901 fue catedrático de literatura y de filosofía en el Colegio Nacional, luego en la Escuela Normal y posteriormente en la Universidad de Tucumán, provincia argentina que sirvió de sede a sus actividades literarias. Fundó LA REVISTA LATINA (1902) y la REVISTA DE LETRAS Y CIENCIAS SOCIALES (1904); colaboró en LA QUINCENA (1897), LA ATLÁNTIDA (1898-1900) y el MERCURIO DE AMÉRICA entre otras publicaciones periódicas. En 1921 fue llamado a Bolivia por el presidente Bautista Saavedra para tomar a su cargo el Ministerio de Instrucción Pública; en representación de su país natal ante la Sociedad de las Naciones, viajó a Ginebra. A su regreso a Bolivia en 1922 ocupó el cargo de Ministro de Relaciones Exteriores; recorrió Chile, Estados Unidos de Norteamérica y Brasil como representante diplomático. En desacuerdo con la política del presidente Siles, Jaimes Freyre renunció a su cargo en 1927 y se regresó a Argentina, cuya ciudadanía había tomado en 1917 durante su larga estancia en Tucumán. Autor poco prolífero, su obra es empero muy variada. Su primer libro *Castalia bárbara* apareció en Buenos Aires (1899) con prólogo de Leopoldo Lugones. Es un poemario en el que paisajes, mitos y símbolos del mundo nórdico son evocados con asombrosas armonías y ritmos que recuerdan los *Poèmes barbares* de Leconte de L'isle, las *Odi barbare* de Giosué Carducci y los dramas líricos de Ricardo Wagner. A esta publicación, que consagró el nombre de Jaimes Freyre, siguió *Los sueños son vida* (1917), reunión de poemas que si bien continúan con algunos temas tratados en la *Castalia*, hay en ellos una mayor libertad métrica y se evidencia la presencia del escenario americano y de los temas sociales. Parte de sus *Leyes de versificación* apareció en la REVISTA DE LETRAS Y CIENCIAS SOCIALES en 1906. Se publicó como libro en 1912. Representa la labor asidua y prolongada durante sus años en Tucumán; significó para el poeta la cristalización de sus preocupaciones en la métrica; trabajó en ella animado por Unamuno en cuya carta de 1906 alienta al poeta boliviano en su novedosa empresa. Verdadero tratado de versificación, la obra expone y explica las leyes rítmicas del verso; en su desarrollo valoriza y fundamenta la existencia del verso libre. Jaimes Freyre también incursionó en el teatro. En 1899 dio a conocer *La hija de Jefté*, drama en prosa de inspiración bíblica. *Los conquistadores* (1928) es un drama en verso de carácter histórico. *El Tucumán del siglo XVI* (1914), *El Tucumán colonial*

(1915) e *Historia del descubrimiento de Tucumán* (1916) son algunos títulos de una serie de trabajos sobre la provincia argentina; todos ellos poseen una importancia histórica innegable. Jaimes Freyre murió en Argentina; sus restos, trasladados a Bolivia, se encuentran en la Catedral de Potosí. Considerado como una de las mayores figuras del Modernismo, el poeta dejó correr sus versos cristalinos; en su estilo pulido las metáforas, los paralelismos y las simetrías producen una armonía musical con relieves plásticos. Fue un gran innovador del ritmo y de la métrica inaugurando el verso libre en América.

"...considero definitivamente desterrada la hipótesis de las sílabas largas y breves y [...] atribuyo sólo al acento la virtud de generar el ritmo".

OBRA REPRESENTATIVA: **Cuento.** (*Zoe // Los viajeros // Zaghi // En las montañas // En una hermosa tarde de verano*, en *Thesaúrus*, 1961). **Poesía.** *Castalia bárbara* (1899) // *Los sueños son vida* (1917). **Prosa.** *Leyes de versificación* (1912) // *Tucumán en 1810* (1909) // *Historia de la República de Tucumán* (1911) // *El Tucumán del siglo* XVI (1914) // *El Tucumán colonial* (1915) // *Historia del descubrimiento de Tucumán* (1916). **Teatro.** *La hija de Jefté* (1899) // *Los conquistadores* (1928).

JOTABECHE, véase VALLEJO, José Joaquín.

K

KORSI, Demetrio (1899-1957). Poeta y diplomático panameño de cuño modernista. Iniciador de la poesía negra en ese país, ocupa un lugar de honor en las letras nacionales. Hijo de padre griego, nació en la ciudad de Panamá. Después de cursar el bachillerato en el Instituto Nacional (1914-1916), vivió algunos años en Francia. A su regreso en 1933 fue nombrado director de la Biblioteca Colón. Desempeñó funciones diplomáticas como Cónsul en San Francisco, California, y en Kingston, Jamaica (1953). Iniciado en la poesía desde la adolescencia, Korsi escribió sus primeras obras bajo la influencia de Rubén Darío y Santos Chocano. Sus mejores versos fueron los de la etapa madura. *El viento en la montaña* (1926), poemario que si bien no innovó en la forma, contiene temas propios del Modernismo en los que expresó un pesimismo frente a la vida; recreó temas urbanos y dejó asomar los sentimientos más profundos. El estudio de su obra se ha dificultado en razón del poco cuidado que puso el poeta en sus ediciones: hay en ellas poemas repetidos y las compilaciones no siguen una secuencia temporal ni temática. Empero, Korsi fue reconocido y celebrado por sus composiciones de tema negro. Se trata de pequeñas historias en verso de los jamaiquinos pobres que viven en el barrio de Calidonia. *Cumbia* (1936) dio lugar al baile popular del mismo nombre. El poemario recoge los ritmos de la cumbia, el tamborito y la zambra, bailes integrados al vivir de los negros. Korsi murió en Panamá a los cincuenta y ocho años. Utilizó el octosílabo y el endecasílabo; trasladó al verso el ritmo, la cadencia y el calor de los bailes.

"Música de la Patria, por ti sabemos / que ella nos llena el alma cuando te oímos... / Nos meces en la cuna cuando nacemos / y nos cierras los ojos cuando morimos".

OBRA REPRESENTATIVA: **Poesía.** *Los poemas extraños* (1920) // *Leyenda bárbara* (1921) // *Tierras vírgenes* (1923) // *Los pájaros de la montaña* (1924) // *Bajo el sol de California* (1924) // *El viento en la montaña* (1926) // *El palacio del sol* (1927) // *Block* (1934) // *Cumbia* (1936) // *El grillo que cantó sobre el canal* (1937) // *Cumbia y otros poemas panameñistas* (1941) // *El grillo que cantó sobre las hélices* (1942) // *Yo cantaba a la falda del Ancón* (1943) // *Pequeña antología* (1947) // *Canciones efímeras* (1950) // *Nocturno en gris* (1952) // *Los gringos llegan y la cumbia se va...* (1953) // *El tiempo se perdía y todo era lo mismo* (1955).

L

LABARDÉN, Manuel José de, véase LAVARDÉN, Manuel José de.

LANDÍVAR, Rafael (1731-1793). Sobresaliente humanista guatemalteco, poeta descriptivo de inapreciable valor, figura de enlace entre México y Guatemala. Nació en la ciudad de Santiago de Guatemala, hoy Antigua; perteneció a una familia distinguida y opulenta. Su padre, Pedro Landívar, español proveniente de Navarra, fue alcalde ordinario de Antigua. La holgada posición económica permitió a la familia iniciar la educación de su hijo en la propia casa. Posteriormente asistió al que en ese tiempo fue el Colegio de San Borja. En la Universidad de San Carlos se graduó de Maestro en Artes. En 1749 se trasladó a México e ingresó en la Compañía de Jesús, en Tepotzotlán (1750); permaneció varios años como misionero en ese país. Después de ordenarse sacerdote (1755) inició su labor educativa; tuvo a su cargo la cátedra de filosofía y retórica en el Convento de Tepotzotlán. Durante los años que pasó en México, realizó varios viajes a las distintas ciudades: Puebla, Chiapas, Oaxaca, etc. Hacia 1758 fue destinado al Colegio de Pátzcuaro, donde presenció el agitado nacimiento del volcán Jorullo (1759). Landívar se destacó por su afición al estudio y a los libros. Tuvo una sólida formación humanística en la que se enlazaron e integraron los conocimientos sobre su propio pueblo. Poseyó un carácter bondadoso y reposado; a su regreso a Guatemala (1761) hizo su famosa "renuncia de bienes" en favor de los pobres. En su país prosiguió su labor educativa en el Seminario de San Borja; ocupó la cátedra de filosofía y después fue Rector, cargo que desempeñó hasta 1767, año en que los jesuitas fueron expulsados de América por decreto del rey Carlos III. Se embarcó hacia Italia y después de un año de azarosa navegación llegó a Bolonia, donde se instaló. Así como otros ilustres jesuitas, Landívar escribió su obra en el destierro; la lejanía de su patria y de su familia avivó las evocaciones de la tierra que lo vio nacer. Impulsado por la nostalgia escribió, en latín, *Rusticatio mexicana*, poema de casi cinco mil hexámetros, dividido en quince cantos y un apéndice; el adjetivo *mexicana* recuerda la unidad territorial que existía en la Colonia entre México y Guatemala. Las cuerdas amorosas del poeta vibran en la reminiscencia de los vastos y singulares paisajes americanos. El suelo de Guatemala y México sirvió de motivo para que levantara un vuelo vivificante y cantara a la Naturaleza. Lo mismo canta a la flora, a las aves, a la industria, a la vida cotidiana, como a las fiestas, los mercados y los campos floridos de América. La pluma de Landívar deja oír claros ecos de las *Georgias* de Virgilio, en especial en la descripción de los lagos, volcanes y cataratas. A lo largo de los quince cantos muestra paisajes desde las regiones de California hasta las costas de Nicoyán en Costa Rica. El poema tuvo una primera edición en 1781, en Módena. La versión aumentada apareció en Bolonia en 1782. Conoció traducciones parciales; el canto a Guatemala se ha vertido varias veces al español, italiano, inglés y a tres lenguas indígenas: quiché, cakchiquel y quechua. Las traducciones totales al español, una en verso por el canónigo Federico Escobedo, intitulada *Las georgias mexicanas,* y la otra en prosa, debida al padre Octaviano Valdés, intitulada *Por los campos de México,* datan de 1924 y 1942, respectivamente. Landívar fue el autor de una de las máximas obras de la poesía descriptiva americana. A su muerte fue enterrado en la iglesia de Santa María delle Muratelle; sus restos fueron trasladados a Guatemala en 1949; en 1954 le fue erigido un monumento en Antigua, donde reposan actualmente. Sus versos suaves y aterciopelados alcanzan notas de vivo color al hablar del diminuto colibrí y se yerguen altivos cuando describe la pelea de gallos. El latín se ajustó con neologismos para describir los elementos nuevos y exóticos de América.

"Nada [...] proporciona un espectáculo tan admirable como [...] la multitud de indios cuando se dedica al juego. Recogen previamente el hule espeso que destila un árbol [...] y acumulándolo forman una pelota grande, que rebotando suba por el aire ligero. El equipo forma un circulo, en el cual el primer tiro lanza la pelota a lo alto, sin que a nadie le sea licito, una vez lanzada, tocarla con las manos, sino más bien con el muslo, los codos, los hombros y las rodillas".

OBRA REPRESENTATIVA: *Georgias mexicanas* (1924) // *Por los campos de México* (1942).

LARS, Claudia (1899-1974). Nombre literario de Carmen Brannón Vega, poetisa destacada en la lírica salvadoreña del siglo XX. Nació en Armenia, departamento de Sonsonate. Realizó varios viajes por Centroamérica, estuvo en México y en Cuba. Mujer que llevó una vida apacible y plena, encontró en la expresión poética la reafirmación de su ser en el mundo. Su obra más celebrada es *Donde llegan los pasos* (1952), libro de versos con carácter autobiográfico, en el que corren ágiles las imágenes de la infancia en evocadores recuerdos carcomidos por el tiempo. Cantó al amor; dibujó el paisaje y evocó juegos de infancia. Cultivó el soneto y el romance; bajo su pluma la rosa se convierte en el símbolo del tiempo, la belleza y la fugacidad. Murió a los setenta y cinco años. De su poesía emana un olor a musgos, a líquenes y a humedad; las metáforas captan el sentido justo de las evocaciones y las jitanjáforas tienen el poder de transmitir sentimientos y estados de ánimo.

"Yo presiento la rosa que no pasa / y soy nueva en la rosa todavía".

OBRA REPRESENTATIVA: **Poesía.** *Estrellas en el pozo* (1934) // *Canción redonda* (1937) // *La casa de vidrio* (1942) // *Romances de norte y sur* (1946) // *Sonetos* (1946) // *Donde llegan los pasos* (1952) // *Escuela de pájaros* (1955) // *Tierra de infancia* (1958) // *Fábula de una verdad* (1959) // *Canciones* (1960) // *Sobre el ángel y hombre* (1962) // *Girasol, antología de poesía infantil* (1962) // *Presencia en el tiempo* (1962) // *De fino amanecer* (1965) // *Estancias de una nueva edad* (1969) // *Nuestro pulsante mundo* (1969).

LASTARRÍA, José Victorino (1817-1888). Figura de primer plano en el cuento chileno; político, periodista y catedrático quien, además de fomentar los círculos y sociedades literarias, expresó la necesidad de dotar a la literatura de su país de realidades propias. Miembro de una familia acomodada, nació en la provincia de Rancagua. Después de cursar los estudios básicos, se trasladó a Santiago para estudiar en el Liceo de Chile. Fue alumno del Instituto Nacional y discípulo de Bello. Hacia 1839 recibió el título de Abogado. Siendo estudiante inició una intensa actividad periodística en las páginas de NUNCIO DE LA GUERRA (1837), EL DIABLO POLÍTICO (1839) y EL MILICIANO (1841). Después escribió para EL SEMANARIO DE SANTIAGO (1842), EL CREPÚSCULO (1843), EL SIGLO (1844-1845) y LA REVISTA DE SANTIAGO (1848). En 1844, por orden de Bello, entonces Rector de la Universidad, Lastarría escribió la primera memoria histórica en ocasión del aniversario de la Independencia. Se inició en la vida política en 1843, año en que fue electo diputado por Elqui y Parral; en 1849 estuvo al frente de la enérgica oposición del Parlamento en contra de Manuel Balmes. Obligado por las circunstancias, en 1851 abandonó temporalmente el escenario político; se estableció en Copiapó donde intentó hacer fortuna en la minería. En 1862, llamado por el presidente Pérez, ocupó el Ministerio de Hacienda y un año más tarde viajó a Lima en calidad de Ministro Diplomático, cargo que también desempeñó en Brasil (1865-1867). En plena cima de su carrera política, en 1876 fue nombrado Ministro del Interior y Senador de la provincia de Coquimbo. Al estallar la Guerra del Pacífico (1879), viajó a Brasil en misión diplomática. Partidario de una literatura con raíces nacionales, en 1842 pronunció el discurso inaugural de la Sociedad Literaria, formada por sus alumnos del Instituto Nacional, en el que subrayó la necesidad de que los jóvenes escritores nutrieran su pluma de la realidad chilena. Llevó a la práctica su discurso en *"El mendigo"*, cuento publicado en EL CREPÚSCULO en 1843. De su prolífera obra, el cuento mejor logrado es *"Una hija"*, que apareció en la REVISTA CHILENA en 1881; en él narra el drama de la esclavitud del negro, personaje por quien expresó una gran simpatía. La obra vale por la fuerza y el relieve humano de los personajes. En su mayor parte publicadas en revistas, sus obras fueron recopiladas por el propio Lastarría en *Antaño y hogaño* (1885) que contiene todos sus textos a excepción de su última novela: *Salvad las apariencias*, especie de estudio de caracteres que se publicó en 1884 con un pie de imprenta falso, según se cuenta debido a una superstición del autor. Utilizó el pseudónimo de "Un Oriental", lo que ha vuelto más enigmático este hecho. Lastarría murió en Santiago al poco tiempo de haber sido jubilado en su cargo de la Suprema Corte. Dejó una obra que representa una verdadera galería de tipos humanos y costumbres nacionales. Usó la lengua con esmero amoldándola a las situaciones descritas y a los personajes.

"La nacionalidad de una literatura consiste en que tenga una vida propia, en que sea fielmente la estampa de su carácter, de ese carácter que reproducirá tanto mejor mientras sea más popular [...] debe hacer hablar a todos los sentimientos de la naturaleza humana, y reflejar las afecciones de la multitud, que en definitiva es el mejor juez, no de los procedimientos del arte sino de sus efectos".

OBRA REPRESENTATIVA: **Cuento.** *El mendigo* (1843) // *El alférez Alonso Díaz de Guzmán* (1848) // *Rosa* (1848) // *Mercedes* (1875) // *Una hija* (1881) // *Antaño y hogaño* (1885). **Novela.** *Don Guillermo* (1860) // *Diario de una loca* (1875) // *Salvad las aparien-*

cias (1884). **Prosa.** *Recuerdos literarios* (1885).

LATORRE COURT, Mariano (1886-1955). Novelista y cuentista chileno; autor polémico cuya obra ha sido el centro de acaloradas discusiones y objeto de opiniones encontradas. La crítica favorable no ha dudado en ubicarlo a la cabeza de la escuela criollista. De padre vasco y madre francesa, Latorre nació en la aldea de Cobquecura, situada en el centro de Chile, aunque en algún tiempo se creyó erróneamente que era oriundo de Castro, Isla de Chiloé. Debido al trabajo de su padre, quien era empleado del Registro Civil, su infancia transcurrió en diversos lugares. En 1896 la familia se trasladó a Valparaíso, posteriormente Latorre pasó a vivir con uno de sus tíos en Santiago. Poco duró su estancia en la capital; cuando su padre ascendió en el modesto empleo que tenía pasó a Parral y en Talca continuó los estudios. Al morir el padre, el escritor abandonó la carrera de leyes e inició en Santiago los estudios de pedagogía en español. Una vez graduado de maestro (1915) fue llamado a ocupar la cátedra de literatura chilena y americana –de la que después fue titular (1928)– en el Instituto de Pedagogía de la Universidad de Chile. Impartió clases de español en el Liceo Santiago (1908) y en el Instituto Nacional (1912). Hombre de carácter afable, sencillo y amistoso, Latorre adquirió una vasta cultura. En los años de la adolescencia fue lector de Cervantes y más tarde leyó con avidez a Pereda, a Galdós y a Dickens; asimiló la influencia de Maupassant, Blasco Ibáñez y Daudet. Llegó a poseer una cuantiosa biblioteca que actualmente se encuentra en la Universidad de Chile. Entre los viajes que realizó, conoció el Perú (1936); estuvo en Colombia (1938) con motivo de las fiestas del Centenario de la Fundación de Bogotá; en Buenos Aires fue invitado en 1941 a varias conferencias en las que dio lectura a sus textos sobre *La literatura en Chile* (1941). Latorre cultivó la novela y el cuento; se inició con diversas colaboraciones juveniles en distintos periódicos; algunos de sus cuentos aparecieron en ZIG-ZAG, PACÍFICO MAGAZINE y en la revista ATENEA, entre otros. Con Vicente Huidobro, Pablo de Rokha y Ángel Cruchaga Santa María, fundó en 1912 la revista MUSA JOVEN. A lo largo de su trayectoria Latorre vio reconocido su talento narrativo. En 1912 fue merecedor del primer premio en el concurso organizado por el Consejo Superior de Bellas Artes y Música con el libro *Cuentos de Maule*; dos años más tarde cuando el periódico EL MERCURIO de Valparaíso organizó un concurso, obtuvo el primer lugar con *"Risquera vana"*; en 1922 nuevamente fue el ganador con la novela corta *Ully* que se publicó en el suplemento de dicho diario y en 1944 recibió el Premio Nacional de Literatura. El valor de la obra de Latorre fue haber transportado el escenario chileno a la literatura. Al igual que Balzac, intentó forjar la *"Geografía psicológica de Chile"*. Heredero del regionalismo naturalista, Latorre ha sido considerado como un maestro en la descripción del paisaje. *Cantos de Maule* (1912); *Cuna de cóndores* (1918); *Zurzulita* (1920) y *Ully* (1923) son una muestra del deseo que animó su pródiga pluma: colmar la novela del paisaje chileno. Hay quienes han visto un excesivo peso del paisaje en detrimento de la figura humana; también le han reprochado una ligereza en el estilo, aunque para otros críticos Latorre encarna la chilenidad. Por sus páginas transita el campesino, el arriero, el marino, el minero, el huasco, el indio, el roto, el burócrata y el bandido, lo que ofrece un rico panorama de la vida chilena. Tanto los personajes como la naturaleza están captados de cerca, técnica narrativa que permite escuchar el ruido de las hojas y el canto de las aves. Murió en Santiago, en sus funerales Pablo Neruda despidió sus restos con un hermoso discurso. En su estilo predomina la preocupación del orfebre que trabaja pacientemente, tiende al uso del adjetivo e introduce el habla de los huascos con sus giros regionales y modismos.

"La naturaleza había que observarla para conocerla o buscarla dentro de la reserva de nuestras sensaciones, vivirla finalmente".

OBRA REPRESENTATIVA: **Cuento.** *Cuentos de Maule* (1912) // *Cuna de cóndores* (1918) // *Cuentos del mar* (1929) // *On Panta* (1935) // *Hombres y zorros* (1937) // *Mapu* (1942) // *Viento de Mallines* (1944) // *El caracol* (1952) // *La isla de los pájaros* (1955) // *La paquera* (1958). **Ensayo.** *La literatura en Chile* (1941) // *Chile país de rincones* (1947) // *Autobiografía de una vocación* (1953) // *Algunas preguntas que no me han hecho sobre el criollismo* (1956, edición póstuma). **Novela.** *Zurzulita* (1920) // *Ully* (1923).

LAVARDÉN, Manuel José de (1754-1809?). Poeta argentino exponente del periodo neoclásico en su país. Nació en Buenos Aires en el seno de una familia acomodada; su padre, Manuel de Lavardén, era funcionario español. Cursó los estudios de leyes en la Universidad de Chuquisaca y viajó a España donde se graduó. Al morir su padre, Lavardén regresó a Buenos Aires; ahí gozó de la amistad y el apoyo del virrey Vértiz y de importantes figuras de su tiempo como el canónigo Baltazar Maziel, quien también fue su maestro. Se destacó por su iniciativa en empresas ganaderas, figuró activamente en el mejoramiento de la especie lanar y en el intento de industrialización de la carne salada. Hombre preocupado por la cultura, participó en el TELÉGRAFO MERCANTIL, primer periódico porteño. En política, se ha señalado que se mantuvo al margen respecto a las invasiones inglesas y la reconquista de Buenos Aires. Autor de una obra reducida pero variada, Lavardén escribió una oda, una sátira y una pieza dramática. Se conserva la *"Oda al majestuoso río Paraná"*, río que representa un futuro promisorio tanto cultural como económico para los rioplatenses; también se conoce la *"Sátira"* en defensa de Buenos Aires y en contra de Lima. El *"Siripo"*, tragedia escrita hacia 1787, se estrenó con éxito en el Teatro de la Ranchería (1789) posteriormente llamado Casa de Comedias. El libreto desapareció en el incendio que se produjo tres años más tarde. De ella sólo se conserva el segundo acto, cuya autenticidad se ha puesto en duda; es muy probable que ese fragmento sea una adaptación que hizo de la pieza original el dramaturgo Ambrosio Morante. Gracias a una carta del poeta, se sabe que el *"Siripo"* fue sometido a la censura del oidor José Márquez de la Plata. Se inspiró en el conflicto entre el indígena y el español, tema nacional ya tratado por autores como Ruy Díaz de Guzmán. La tragedia fue precedida de una loa, también perdida, intitulada *"La inclusa"*, debido a que la función se dedicó a recaudar fondos para la Casa de Niños Expósitos. Los niños abandonados y la responsabilidad de los padres son los puntos de la crítica que expone. En su estilo, la naturaleza local palpita en vivas imágenes; conjugó los elementos criollos con los del suelo americano en una amalgama armoniosa.

"Augusto Paraná, sagrado río, / primogénito ilustre del Océano, / que en el carro del nácar refulgente, / tirado de caimanes, recamados / de verde y oro, vas de clima en clima, / de región en región vertiendo franco / suave frescor, y pródiga abundancia, / tan grato al portugués, como al hispano".

OBRA REPRESENTATIVA: **Poesía.** *Sátira* (1786) // *Oda al majestuoso río Paraná* (1801). **Teatro.** (*Siripo*, en *Antología de poetas argentinos*, 1910).

LEZAMA LIMA, José (1910-1976). Célebre poeta cubano, novelista, ensayista, periodista y promotor cultural. Considerado en su país como maestro de varias generaciones de poetas, Lezama Lima se ha consolidado como uno de los mayores exponentes de la poesía del siglo XX en lengua castellana. Original y hermética, su obra es la expresión teórica y práctica de un sistema poético cuyas bases formuló desde temprana edad. El tiempo ha logrado que el arte de sus versos haya sido apreciado con plenitud. El lector de Lezama Lima no encontrará la facilidad de comprensión; se hallará permanentemente, frase por frase, ante el descubrimiento de un aspecto de la vida que para ser captado se requerirá del estímulo de la inteligencia y de la fortaleza que encierra todo acto de descubrimiento. La escritura de Lezama Lima difícilmente admite clasificación genérica; su obra literaria en conjunto, poesía, narrativa y ensayo, representa la expresión y la elucidación de un universo poético que se rige por un sistema que interpreta el mundo y que encarna en la palabra. Su obra es, a la vez, muestra de una desbordante imaginación y el crisol de su lenguaje poético. Cortázar, Vargas Llosa, Cintio Vitier, Goytisolo, Fina García Marruz, Armando Álvarez Bravo y otros importantes escritores y críticos de diversas partes del mundo, le han consagrado páginas importantes, y se han reunido en torno a su obra, como en el Coloquio Internacional sobre la obra de José Lezama Lima de 1982, celebrado en el Centro de Investigaciones Latinoamericanas de la Universidad de Poitiers, bajo la dirección de Alain Sicard. Las actas de este coloquio constituyen un interesante material de estudio y fueron publicadas en España en 1984, en dos volúmenes. La obra del cubano ha sido traducida a diversas lenguas y ha sido merecedora de premios literarios en Italia y España. Nació en el Campamento de Columbia, Marianao, en La Habana; su padre fue militar y su madre, educada en los Estados Unidos de Norteamérica, influyó de manera esencial en la formación del poeta. Realizó estudios en el colegio Mimó y en 1928 obtuvo el grado de Bachiller en el Instituto de Segunda Enseñanza de La Habana. Lezama Lima padeció durante toda su vida de asma, con periodos críticos como a la muerte de su padre en 1919. Una lúcida y férrea voluntad de vida, así como un fino humor, caracterizó al cubano quien, haciendo referencia a su escritura y enfermedad, escribió a Julio Cortázar: *"Tienes razón muchos me reprochan la forma en que pongo las comas, pero es que no se dan cuenta de que soy asmático y que mi respiración en la escritura corresponde a la de mis pulmones"*. En 1938 se doctoró en leyes, profesión que ejerció, junto con actividades burocráticas. A excepción de dos cortos viajes, uno a Jamaica en 1950 y otro a México en 1959, el cubano permaneció en su país. Después de la Revolución Cubana dirigió el Departamento de Literatura y Publicaciones del Consejo Nacional de Cultura; fue Vicepresidente de la Unión de Escritores de Cuba (1962); asesor del Instituto de Literatura y Lingüística de la Academia de Ciencias y también de la Casa de las Américas. Su actividad como promotor cultural no sólo enriqueció la vida cultural cubana, sino la de todo el Continente. Publicó su primer artículo en GRAFOS en 1935; posteriormente emprendió una tenaz labor al fundar, junto con René Villarnovo, —en la Facultad de Derecho— la revista VERBUM (1937) que sólo tuvo tres números; en esta revista publicó el poema *Muerte de Narciso*, escrito hacia 1931; VERBUM abrió con un artículo de Juan Ramón Jiménez, quien visitó Cuba de 1936 a 1939 y cuya influencia en el espíritu juvenil de Lezama Lima y otros fue decisiva. Más tarde fundó ESPUELA DE PLATA (1939-1941) con Guy Pérez Cisneros y Mariano Rodríguez, cuyos colaboradores formaron después el conocido Grupo de Orígenes: Cintio Vitier, Fina García Marruz, Eliseo Diego, Ángel Gaztelu y otros. ESPUELA DE PLATA incorporaba la presencia de pintores y publicaba traducciones de Supervielle, Valéry, Joyce y Eliot, entre otros muchos; sólo tuvo seis números. Después siguió NADIE PARECÍA (1942-1944) que codirigió con el presbítero Gaztelu; la denominaban "Cuadernos de lo Bello". Ahí publicó Lezama Lima un poema clave para entender su estética: *"Rapsodia para un mulo"* (1942). Finalmente fundó junto con José Rodríguez Feo: ORÍGENES (1944-1957), que señaló el camino de la actividad cultural de Cuba en esa época; ORÍGENES ha sido considerada como una de las publicaciones más ricas y consistentes en Hispanoamérica; pretendió, según palabras de Cintio Vitier, la "poesía como fidelidad". La fuerza de la revista creció al punto de crear una editorial del mismo nombre que publicó alrededor de una veintena de libros. Lezama Lima colaboró también en numerosas revistas nacionales y extranjeras de México, España, Venezuela, Francia, Estados Unidos de Norteamérica y Hungría. Lector voraz, adquirió una vasta y sólida cultura en las fuentes de la literatura universal, de la filosofía —en especial la neoplatónica— y en las de otras esferas del conocimiento como la heráldica, la pintura, etc. Su ansia por saber y su saber mismo se reflejan en toda su obra y en especial en su novela *Paradiso* (1966), considerada por muchos como un gran poema, y muestra de un intento totalizador por abarcar la vida. Iniciada en la adolescencia, *Paradiso* fue terminada muchos años después, en la edad madura del cubano. Esta obra, de carácter autobiográfico y cuyo argumento gira en torno a la infancia, juventud e iniciación poética de José Cemí —el personaje principal—, constituye para muchos la coronación de su pensamiento poético y de la expresión concreta de sus ideas. Su producción está transida de imágenes ideales y de misticismo católico; el universo poético lezamiano se construye con base en la idea de que el ser humano conoce por imágenes y que las metáforas expresan la imagen del hombre; detrás de esta imagen, se esconde la imagen original que el hombre tenía antes de pecar; el hombre recuerda de manera oblicua ese pasado ancestral y para recuperarlo utiliza la imagen y la metáfora como su única posibilidad de existir y de lograr la resurrección. Las metáforas atrapan las imágenes que se ocultan en el reverso de lo visible y al hacerlo se recupera aquello esencial que se perdió, ideas estas que hacen pensar en Marcel Proust. Así, el autor, sin pretensiones de carácter objetivo, propone la existencia de "eras imaginarias" que representan las etapas de la historia y que son, a su vez, cadenas de metáforas. Los hechos de la historia se unen entre sí como las metáforas en un poema; para abarcar la totalidad de la vida, el autor construye poemas; busca reconstruir y atrapar la historia, la vida toda. Puesto que se trata de poesía no se pretende objetividad, sino reconstrucción. La contingencia histórica sólo es un disparador de lo que le preocupa a Lezama Lima; detrás de ella está lo esencial y así como la vida es una cadena de metáforas, así su escritura es un océano de metáforas encadenadas que dan vuelo a las sensaciones. Sensaciones, objetos y hechos son encadenados y comparados a través de sus elementos disímiles; el poeta busca la armonía entre ellos y lo hace desde la perspectiva poética, lo que significa un alejamiento de lo racional. De la relación entre seres, sensaciones, hechos históricos y culturales de distintas épocas y países, bañados de simbolismos, se estructura el espacio y tiempo poéticos de Lezama Lima, que conservan un carácter ideal. En su libro póstumo: *Fragmentos a su imán* (1977), si bien conserva la sensibilidad de su pensamiento al considerar la visión poética como un imán que atrae hacia sí sus imágenes dispersas o fragmentos, el poeta desnuda su soledad y sus angustias con deslumbrante sencillez. Realizó una antología monumental de la poesía cubana desde sus orígenes hasta José Martí, y prologó diversos libros. El autor para el que *"sólo lo difícil es estimulante"* murió en La Habana. Se ha señalado el carácter gongorino de sus versos; las relaciones de unidad de forma y contenido resultan un tema interesante de estudio.

"La metáfora y la imagen tienen tanto de carnalidad y pulpa dentro del propio poema como de eficacia filosófica, mundo exterior o razón en sí".

OBRA REPRESENTATIVA: **Cuento.** *Cuentos* (1987, edición póstuma). **Ensayo.** *Arístides Fernández* (1950) // *Analecta del reloj* (1953) // *La expresión americana* (1957) // *Tratados en La Habana* (1958) // *La cantidad hechizada* (1970) // *Las eras imaginarias* (1971) // *Imagen y posibilidad* (1981, edición póstuma). **Novela.** *Paradiso* (1966) // *Oppiano Licario* (1977, edición póstuma). **Poesía.** *Muerte de Narciso* (1937) // *Enemigo rumor* (1941) // *Aventuras sigilosas* (1945) // *La fijeza* (1949) // *Dador* (1960) // *Poesías completas* (1974) // *Fragmentos a su imán* (1977, edición póstuma).

LILLO, Baldomero (1867-1923). Destacada figura de las letras chilenas, célebre cuentista considerado como el precursor del realismo social en ese país. Oriundo de Lota, en la región carbonífera de la provincia de Concepción, Baldomero Lillo creció en un ambiente minero. Su padre, víctima de la fiebre del oro, había llegado hasta California, además de conocer casi todas las minas de Chile. Por un tiempo fue alumno de humanidades en el Liceo de Lebo. Cuando sus hermanos, Samuel y Emilio, ambos con inclinaciones literarias, abandonaron Lota y viajaron a la capital, Baldomero se quedó con su familia. Debido a su frágil salud desempeñó trabajos burocráticos. En 1896, atraído por sus hermanos, pasó a Santiago; se ganó la vida desempeñando un modesto cargo en la Universidad de Chile. Colabo-

en la revista ZIG-ZAG desde su fundación en 1905 y escribió para LAS ÚLTIMAS NOTICIAS, entre otras publicaciones periódicas. Solía asistir a las tertulias literarias de su hermano Samuel, así inició su carrera literaria impulsado por las sugerencias de los asistentes. Tuvo un triunfal comienzo con *"Juan Fariña"* pues el cuento mereció el premio del concurso organizado por la REVISTA CATÓLICA en 1903. A excepción de algunos versos de los años juveniles su producción está compuesta de cuentos. Encontró en el Zola de *Germinal* un modelo a seguir, aunque también fue lector de Maupassant. En *Sub terra* (1904) cobran vida los trabajadores de las minas, agobiados por el dolor, el hambre y la angustia a quienes la necesidad obliga a sofocar la cólera, latente en el mínimo gesto. En el segundo libro de cuentos, *Sub sole* (1907), se manifiesta una mayor variedad en los temas. Entre ellos se encuentran *"El rapto del sol"*, especie de parábola en la que se combate la ambición y la soberbia; *"Irredención"*, cuento infantil cuyo tema es la lucha contra la vanidad y *"El oro"* que transporta al lector a un mundo de hadas. Desgajados del resto, estos cuentos se destacan por la marcada influencia del Modernismo, en particular de Rubén Darío. Baldomero Lillo dejó inconclusa una novela sobre la vida en la pampa salitrera del norte de Chile. Gracias al empeño de José Zamudio se publicaron tres cuentos dispersos en periódicos y revistas; aparecieron póstumamente con el título de *El hallazgo* (1956). Hacia los últimos años de su vida fue jubilado (1917); murió en San Bernardo, cerca de Santiago, atacado de tuberculosis. En sus obras abordó una rica gama de temas; escribió cuentos relacionados con la vida de los mineros; con el ambiente campesino y la caza. En su estilo hay muy pocos diálogos; la frase es sencilla, clara y penetrante con ciertas chispas de humorismo.

"Deslízase la ola sin ruido, / besa la playa y plácida murmura, / cae y exhala lánguido gemido".

OBRA REPRESENTATIVA: **Cuento.** *Sub terra* (1904) // (*El rapto del sol* // *Irredención* // *El oro*, en *Sub sole*, 1907) // *El hallazgo* (1956, edición póstuma). **Poesía.** (*El mar*, en REVISTA CÓMICA, 1898).

LINDO, Hugo (1917-1985). Poeta, cuentista, novelista y ensayista salvadoreño quien enriqueció la tendencia costumbrista, ahondando en la dimensión psicológica. Nació en el puerto de La Unión, situado al oriente de El Salvador. Perteneció a una familia de medianos recursos, lo que le permitió realizar estudios de nivel superior. Se doctoró en Jurisprudencia y Ciencias Sociales con la tesis *El divorcio en El Salvador*, publicada en 1948, que lo hizo merecedor de la medalla de oro. Desempeñó distintos cargos diplomáticos; fue Embajador en Chile y en Colombia; Ministro de Educación de El Salvador y perteneció a la Academia Salvadoreña de la Lengua. Su obra poética gira en torno al hombre, al espacio y al tiempo. *El Libro de horas* (1948), texto que lo consagró, ganó el Premio 15 de Septiembre en el Primer Certamen Nacional Permanente de Ciencias, Letras y Bellas Artes de Guatemala. Contiene poemas que captan al hombre en su temporalidad; entre las dos horas cero, una cuando el hombre aún no ha nacido y la otra cuando muere, se deslizan las horas del amor, del entusiasmo y del hastío. De su obra narrativa se destaca la novela *¡Justicia, Señor Gobernador!*

(1960) en la que Hugo Lindo aborda el tema de la locura, encarnada en un juez quien al redactar una sentencia utiliza los mismos subterfugios que para planear un robo o un asesinato. En ésta, como en las demás novelas, el autor logró cincelar sus personajes con profundo relieve psicológico. *Guaros y champaña* (1955) se compone de una serie de cuentos de carácter realista cuya totalidad marca un contraste entre lo popular y lo elegante. Para Hugo Lindo el hombre está, irremediablemente, limitado por un espacio y un tiempo. Sus novelas tienen pocas descripciones; la prosa, sencilla, armoniza con el tema; los diálogos desencadenan bien la acción y los personajes están caracterizados con trazos muy finos.

"¡Abre, Adán, tu conciencia sorda! / ¡Rompe el muro de tus carnes!"

OBRA REPRESENTATIVA: **Cuento.** *Guaros y champaña* (1947) // *Aquí se cuentan cuentos* (1959) // *Tres cuentos* (1962). **Ensayo.** *El divorcio en El Salvador* (1948) // *Presentación de poetas salvadoreños* (1954) // *Movimiento unionista salvadoreño* (1958) // *Recuento* (1969). **Novela.** *El anzuelo de Dios* (1956) // *¡Justicia, Señor Gobernador!* (1960) // *Cada día tiene su afán* (1965). **Poesía.** *Poema eucarístico y otros* (1943) // *Libro de horas* (1948) // *Sinfonía del límite* (1953) // *Trece instantes* (1959) // *Varia poesía* (1961) // *Navegante río* (1963) // *Sólo la voz* (1968) // *Maneras de llover* (1969) // *Este pequeño siempre* (1971).

LLAMOSAS, Lorenzo de las (¿1665-d. 1705). Autor limeño, Llamosas forma parte de los escritores que durante los siglos XVII y XVIII se caracterizaron por su marcada tendencia adulatoria y cortesana. Nació en Lima; en estrecha relación con la vida del palacio encontró en los virreyes la protección y mecenazgo, hecho que condicionó su obra a no ser sino una manifestación de alabanza permanente. Fue preceptor del primogénito del Virrey Conde de Monclova; para festejar su nacimiento hacia 1690 compuso *También se vengan los dioses*, comedia-zarzuela dedicada a la Virreina Antonieta Jiménez de Urrea y precedida por un prólogo laudatorio al virrey. Es una pieza sustentada en personajes alegóricos y mitológicos que prodigan alabanzas al virrey y al recién nacido. En 1691 Llamosas abandonó la corte limeña y siguió a su nuevo protector, el Virrey Duque de la Palata, quien fue llamado a España. Éste murió en Portobelo y Llamosas continuó su viaje solo. Tuvo reiterados intentos para atraerse la simpatía del monarca español. Bajo la protección de su mecenas, el Marqués de Jódar escribió las comedias *Amor, industria y poder* que se representó en 1695 en el Palacio Real de Madrid y *Destinos vencen finezas*, también representada en Madrid en 1698, con motivo del cumpleaños del rey Carlos II. Esta última contiene una loa en honor al soberano y el baile *"El Bureo"*. Entró al servicio del Marqués de Villena; como soldado de sus tropas estuvo en Cataluña y Hostalrich. Se ignoran las razones de su encarcelamiento en Valladolid hacia 1704, año en que escribió, en la cárcel, *Reflexiones políticas y morales*, texto en prosa que se encuentra inédito en la Biblioteca Nacional de Madrid. Llamosas no regresó a su patria, sus biógrafos suponen que murió en España poco tiempo después de 1705. En su producción dramática Llamosas recurrió al empleo profuso de los cambios y efectos escénicos, así como de la música y el baile.

an *Dioses y cielos / de amor las ...nas, / pues ofensas de Venus / con ...los venga".*

OBRA REPRESENTATIVA: **Teatro.** *También se vengan los dioses* (sf) // *Amor, industria y poder* (sf) // *Destinos vencen finezas* (1689).

LLORÉNS TORRES, Luis (1876-1944). Robusto pilar de la literatura puertorriqueña; abogado, periodista y poeta cuya original inspiración e innovadora pluma lo convierten en la figura principal del Modernismo en su país. Llamado "El cantor de las Antillas", Lloréns nació en Juana Díaz. Provenía de una familia acomodada; su padre, un rico cafetalero, se trasladó a Collores cuando el poeta aún era niño. Ahí transcurrió su infancia y cursó las primeras letras. A los doce años fue enviado a Maricao; prosiguió los estudios en el Colegio Janer. Curioso e inquieto, Lloréns fue un alumno brillante; dominaba el latín y ya por esas fechas componía versos. En 1894 terminó el bachillerato y fue enviado a España; en Barcelona estudió derecho y tres años más tarde se trasladó a Granada, donde se graduó de Doctor en ambos Derechos. Después de un breve viaje a Puerto Rico en 1900, regresó definitivamente en 1901, casado con la granadina Carmen Rivero. El matrimonio se estableció en Ponce y el poeta se dedicó al ejercicio de la abogacía. Partidario de la independencia de su país, se afilió al Partido Liberal (1900) cuya disolución en 1912 dio origen al Partido Unión de Puerto Rico del que fue uno de los fundadores. En 1910 se retiró de la vida política y pasó a vivir a San Juan. Al fundar la REVISTA DE LAS ANTILLAS en 1913, Lloréns intensificó las actividades literarias, interrumpidas a ratos por su profesión y a ratos por la política. Por ese entonces conoció al peruano José Santos Chocano e inició con el poeta venezolano Rufino Blanco Fombona una amistosa relación epistolar. La producción periodística que desarrolló fue tan fecunda como variada; contiene temas políticos y de crítica literaria. Escribió para EL DIARIO DE PUERTO RICO (1900); en el semanario dominical LA CONCIENCIA LIBRE (1909); entre 1913 y 1914 aparecieron algunos de sus poemas en el GRAFITO y LA DEMOCRACIA; en JUAN BOBO, semanario que más tarde se convirtió en IDEARIUM, publicó *Lienzos del Solar* (1915-1916), título que comprende una serie de artículos sobre la historia y la literatura de Puerto Rico; hacia el final de su vida colaboró en EL MUNDO (1942). Su primer libro de versos *Al pie de la Alhambra*, muestra al joven poeta de inspiración romántica. En los temas amorosos que trata, se escuchan los latidos de la alegre ciudad de Granada, lugar donde la obra vio la luz en 1899. La fama del célebre puertorriqueño descansa en *La canción de las Antillas y otros poemas* (1929), poemario que contiene una de sus composiciones mejor logradas: *"La canción de las Antillas"* que le atrajo el nombre de "Poeta de las Antillas"; publicado por primera vez en el HERALDO ESPAÑOL en 1913, es un canto a Haití, Cuba y Santo Domingo que se nutre de la belleza y el colorido de sus exuberantes paisajes. Además de cultivar la poesía, Lloréns incursionó en el teatro. Se basó en los hechos históricos del pueblo de Lares para escribir *El grito de Lares* (1927), drama en tres actos compuesto en prosa y verso. Antes de morir, cuando el poeta sintió minada su salud, viajó a Nueva York para internarse en el hospital Mount Sinai, pero al poco tiempo pidió que se le trasladara a su país.

Murió en la clínica Biascochea. Poeta querido y respetado fue recordado en su patria con motivo del vigésimo aniversario de su muerte. Su poesía refleja una marcada preferencia por la décima, la quintilla y la copla; es rica en vocablos y giros del habla del jíbaro puertorriqueño. Ensayó nuevas armonías y combinaciones métricas; logró la sencillez con el adjetivo justo e hizo que en ella desbordara lo americano.

"Clamar que se debe creer en Dios porque es necesario a la felicidad humana, es convertir la teología en negocio provechoso".

OBRA REPRESENTATIVA: **Poesía.** *Al pie de la Alhambra* (1899) // *Visiones de mi musa* (1913) // *Sonetos sinfónicos* (1914) // (*La canción de las Antillas*, en *La canción de las Antillas y otros poemas*, 1929) // *Voces de la campana mayor* (1935) // *Alturas de América* (1940). **Prosa.** *América* (1898). **Teatro.** *El grito de Lares* (1927).

LÓPEZ de GÓMARA, Francisco (1511-1560?). Humanista destacado, cronista discutido y censurado. Pocas noticias se tienen de su vida; por datos recientes se sabe que no nació en Sevilla, como se creyó por mucho tiempo, sino en Gómara, Castilla la Vieja. Estudió en la Universidad de Alcalá de Henares, en la cual también fue profesor. Se sabe que en 1530 profesó y viajó en seguida a Italia. De 1540 a 1547 fue capellán de Cortés; al morir el conquistador (1547) Gómara siguió al servicio de su hijo, Martín Cortés. En 1541, junto con Cortés, Gómara tomó parte en la expedición de Carlos V contra Argel. Cronista que nunca estuvo en tierras americanas, Gómara escribió la *Historia general de las Indias,* basándose en las *Cartas de relación* de Cortés y en los *Memoriales* de Motolinía. En esta obra, Gómara dedica un libro aparte al relato de la Cor quista de México. La crónica se publicó en 1552 y desde su aparición provocó encendidas polémicas. Bernal Díaz del Castillo, indignado por los elogios a Cortés y el olvido en el que Gómara había dejado a sus soldados, solicitó al Consejo de Indias la supresión de la crónica. En 1553, por Cédula Real, fue prohibida su circulación e impresión, so pena de grandes multas. Hay consenso entre los estudiosos en afirmar que las causas de la censura no sólo se encuentran en lo que Díaz del Castillo señaló, sino en particular en la independencia y la libertad con que Gómara juzga la política de Carlos V. La crónica se editó en 1554, en Amberes y en 1578 apareció en inglés. La pluma de Gómara lo revela como un gran retratista; su estilo conciso y depurado destaca el aspecto heroico de los españoles; resalta los beneficios de la conquista para los indios.

"La mayor cosa después de la creación del mundo, sacando la encarnación y muerte del que lo creó, es el descubrimiento de Indias".

OBRA REPRESENTATIVA: *Crónica de los Barbarrojas* (1545) // *Historia general de las Indias* (1552) // *Anales del Emperador Carlos V* (1556).

LÓPEZ PORTILLO y ROJAS, José (1850-1923). Escritor mexicano, abogado, periodista y político. Destacado novelista del realismo mexicano, su obra ha llegado a considerarse como un antecedente de la Novela de la Revolución Mexicana; entre sus creaciones figura *La parcela,* una de las mejores novelas de tipo rural escritas en su país. Manifestó un vivo interés por elaborar una literatura de expresión nacionalista cuyo estilo debía ser castizo. Oriundo de Guadalajara, Jalisco, fue hijo de una familia distinguida. Siguió la carre-

de derecho y en 1871 se graduó .omo Abogado. Desde muy joven manifestó vocación por las letras y desarrolló una vasta y profunda cultura que proyectó más tarde en su prolífera y diversa obra. Viajó a los Estados Unidos de Norteamérica, Inglaterra, Francia, Italia y al Oriente. Ejerció su profesión, fue catedrático, colaboró en el periodismo y participó en la vida política de su país desempeñando importantes cargos como el de Gobernador de Jalisco (1911-1913) y el de Secretario de Relaciones Exteriores. Llegó a dirigir la Academia de la Lengua y fue miembro de distintas agrupaciones culturales. Escritor multifacético, dejó obras de índole jurídica, histórica, filosófica, religiosa y política; además de la novela, cultivó otros géneros literarios como la poesía, el drama, el cuento, el relato de viajes y abordó la crítica. Su renombre se finca en la obra novelesca constituida por tres obras: *La parcela* (1898); *Los precursores* (1909); *Fuertes y débiles* (1919) y varios libros de relatos breves. Se opuso a la influencia del realismo romántico francés y encontró en los regionalistas españoles como Juan Valera, Pérez Galdós y sobre todo en Pereda, los modelos de su inspiración. De carácter didáctico e intención moralista, vertió en sus novelas ideas políticas y religiosas que corresponden a la tendencia conservadora mexicana de su época. Al valor estético de la creación literaria, buscó imprimir una proyección social. En *La parcela*, su novela más celebrada, recreó la vida del campo jalisciense; elaboró un cuadro detallado donde reflejó su amor por la vida y el progreso. *Los precursores* se sitúa en el periodo de la Reforma y *Fuertes y débiles*, en el de la sociedad porfirista. Algunos de los elementos de su obra fueron posteriormente retomados y reinterpretados en la denominada Novela de la Revolución Mexicana. El novelista falleció en la ciudad de México. Su estilo es castizo y aprovechó los regionalismos; las tramas son fluidas y están bien elaboradas. Los caracteres de los personajes principales, secundarios y episódicos están trazados con detalle y los ambientes son precisos. La descripción de costumbres refleja sus extraordinarias dotes de observación.

"Lo único que necesitamos para explotar los ricos elementos que nos rodean, es recogernos dentro de nosotros mismos y difundirnos menos en cosas extrañas".

OBRA REPRESENTATIVA: **Ensayo.** *Rosario la de Acuña* (1920) // *Elevación y caída de Porfirio Díaz* (1921). **Novela.** *Seis leyendas* (1883) // *La parcela* (1898) // *Novelas cortas* (1900) // *Suceso y novelas cortas* (1903) // *Los precursores* (1909) // *Historias, historietas y cuentecillos* (1918) // *Fuertes y débiles* (1919). **Poesía.** *Armonías fugitivas* (1892).

LÓPEZ VELARDE, Ramón (1888-1921). Ilustre poeta y prosista mexicano cuya obra lo señala como iniciador de la poesía moderna en su país. Después de la decadencia del movimiento modernista, la figura poética de Velarde representó la cristalización de una nueva sensibilidad imaginativa cuya fuerza y valor han trascendido en las letras hispanoamericanas hasta nuestros días. Entre la generación del Ateneo de la Juventud y la llamada de los Contemporáneos, la obra de Velarde aportó además un nuevo sentido de lo patrio basado en el carácter íntimo y personal con el que expresó sus sentimientos y pasiones. Nació en el pueblo de Jerez, Zacatecas; realizó sus primeros estudios en el Seminario Conciliar de aquel estado (1900) y en el de Aguascalientes. Fue un alumno destacado pero sucedió, paradójicamente, que durante la preparatoria un maestro lo reprobó en la materia de literatura. En 1908 inició los estudios de jurisprudencia en San Luis Potosí, los cuales concluyó en 1911 y obtuvo el título de Abogado. En 1914 pasó a la ciudad de México donde permaneció hasta su muerte. Aunque en 1910 conoció a Francisco I. Madero y se unió a su causa, Velarde decidió continuar con sus estudios; hay suposiciones de que el poeta pudo haber participado en la redacción del Plan de San Luis. En la capital trabajó en la burocracia, ejerció la docencia y colaboró en diversas publicaciones periódicas del lugar y de la provincia como EL REGIONAL (1909) de Guadalajara; EL ECO DE SAN LUIS (1913), en el que escribió una sección llamada *Renglones Líricos* bajo el pseudónimo de "Tristán" y la REVISTA DE REVISTAS (1915-1917) de México, entre otras. Junto con Enrique González Martínez y Efrén Rebolledo, dirigió PEGASO (1917). La obra poética de Velarde la componen: *La sangre devota* (1916), *Zozobra* (1919) y *El son del corazón* cuya publicación póstuma apareció en 1932. Si bien ha sido considerado especialmente como el poeta cantor de la provincia —autor del famoso poema *"La suave patria"*—, la trayectoria de su pensamiento y realización poéticos legaron al arte una contribución invaluable más allá de cualquier clasificación. En su obra poética confluyen el erotismo, la muerte y la religiosidad como expresión de una dualidad dramática entre el deseo y la desilusión; dualidad que evoluciona de la pureza hacia la nostalgia, pasando por la conciencia del pecado, la lucha entre la carne y el espíritu y la esperanza más allá de la muerte. Desde lo más profundo de los sentidos de su ser, el poeta expresó el anhelo de expulsar de sí cualquier palabra, cualquier sílaba que no naciera de la combustión de sus huesos. Sus primeros versos fueron inspirados por Josefa de los Ríos, su "Fuensanta", como la llamó Velarde, quien murió en 1917. El libro de Luis Noyola Vázquez, *Fuentes de Fuensanta* (1947), representa una valiosa contribución para conocer las lecturas formativas de Velarde. Su poesía se entrelaza con la de poetas como Baudelaire, Laforgue, los españoles Andrés González Blanco, Eduardo Marquina y los hispanoamericanos Lugones, Darío y Herrera y Reissig. Admiró a Amado Nervo, a Manuel Gutiérrez Nájera y fue lector y crítico de sus contemporáneos, entre los que figuraron: Valle Arizpe, Alfonso Reyes y Julio Torri. Alentó a nuevos escritores que luego formaron la generación de los Contemporáneos. Velarde incursionó también en la prosa y dejó una interesante producción, parte de la cual fue recopilada en *El minutero*, libro publicado póstumamente en 1923. Sus prosas son una importante fuente para el conocimiento de su vida íntima y su doctrina estética; cabe señalar: *"La derrota de la palabra"*, *"El predominio del silabario"* y *"La corona y el cetro de Lugones"*. A partir de 1945 una serie de investigaciones han acrecentado la obra de Velarde con textos dispersos e inéditos. Entre las más importantes contribuciones se encuentran los volúmenes de Elena Molina Ortega intitulados: *Don de febrero y otras crónicas* (1953), *Poesías, cartas, documentos e iconografía* (1953) y *Prosa política* (1953). El libro *Obras* de Ramón López Velarde editado por el Fondo de Cultura Económica reúne toda la producción del escritor conocida hasta la fecha. La obra de Velarde tiene hoy día gran difusión y el estudio de su retórica continúa siendo un venero luminoso de gran interés. El escritor enfermó de pulmonía y murió a los treinta y tres años de edad; se cuenta que su muerte fue predicha por una gitana. En 1963, por decreto presidencial, los restos del escritor fueron trasladados a la Rotonda de los Hombres Ilustres. Su poesía expresa con complejidad verbal los estados de ánimo; hay en ella expresiones que sorprenden y giros singulares que buscan develar el misterio de la palabra. Metáforas novedosas, juegos sensoriales, adjetivación inusual, asociaciones libres y volumen plástico son algunas de las características importantes de sus composiciones poéticas. En general, su prosa posee vigor, claridad, transparencia emocional y en ocasiones fino humorismo.

"Nuestra emoción es una linterna sorda que horada la cúbica negrura de los aposentos, a deshora".

OBRA REPRESENTATIVA: **Poesía.** *La sangre devota* (1916) // *Zozobra* (1919) // *El son del corazón* (1932, edición póstuma). **Prosa.** *El minutero* (1923, edición póstuma) // *Don de febrero y otras crónicas* (1953) // *Poesías, cartas, documentos e iconografía* (1953) // *Prosa política* (1953) // *Obras* (1971).

LÓPEZ y FUENTES, Gregorio (1897-1966). Escritor mexicano, maestro, periodista y revolucionario. Destacado novelista de la literatura contemporánea mexicana que cultivó el género de Novela de la Revolución, iniciado por Mariano Azuela. Dentro de este género, López y Fuentes fue el primero en incorporar el tema del indio; asimismo, hay quienes lo consideran introductor en las letras mexicanas de una técnica narrativa que dio lugar a la novela de masas. Nació en la hacienda El Mamey, en la región de la Huasteca veracruzana. Siguió la carrera de maestro en la Escuela Normal de la ciudad de México. En 1914 luchó contra la invasión norteamericana en el Puerto de Veracruz y posteriormente se unió a los carrancistas. Se estableció en México tras la caída de Carranza; dio clases de literatura en la Escuela Normal para Maestros, participó en el periodismo y continuó su actividad literaria que había iniciado desde muy joven con dos libros de poemas: *La siringa de cristal* (1913) y *Claros de selva* (1922). No obstante, López y Fuentes descolló en la narrativa; abordó en sus novelas distintos aspectos de la Revolución, como el militar, el político, el agrario, etc.; describió el mundo post-revolucionario y trató la cuestión del petróleo y sus efectos sociales. De su producción sobresalen dos novelas de carácter alegórico: *El indio* (1935) —merecedora del Premio Nacional de Literatura de ese año— y *Los peregrinos inmóviles* (1944). En la primera desarrolla el drama del indio en la civilización moderna; en la segunda, el peregrinar de un pueblo indígena liberado que no llega a establecerse. A través de la alegoría, buscó los móviles profundos del proceso histórico mexicano desde sus orígenes. *El indio* ha sido traducida al inglés y alemán, entre otras lenguas. El autor falleció en la ciudad de México. Su estilo es enérgico y vivaz; el uso del tiempo indeterminado sugiere interesantes analogías de hechos y acciones en distintos momentos del proceso histórico. En *El indio* sobresale la ausencia de nombres propios; en *Los peregrinos inmóviles* utiliza el análisis psicológico.

"Los nombres, al menos en la revolución, no hacen falta para nada, sería lo mismo que intentar poner nombres a las olas de un río..."

OBRA REPRESENTATIVA: **Novela.** *El vagabundo* (1922) // *El alma del poblacho* (1924) // *Campamento* (1931) // *Tierra* (1932) // *Mi general* (1934) // *El indio* (1935) // *Arrieros* (1937) // *Huasteca* (1939) // *Acomodaticio* (1943) // *Los peregrinos inmóviles* (1944). **Poesía.** *La siringa de cristal* (1913) // *Claros de selva* (1922).

LUCA, Esteban de (1786-1824). Poeta de la Revolución Argentina, periodista, militar y armero. Autor de la primera marcha patriótica compuesta en su nación. Oriundo de Buenos Aires, estudió en el Colegio de San Carlos que formó a personalidades ilustres de su época. Al igual que Vicente López y Planes, participó en la defensa de Buenos Aires durante las invasiones inglesas (1806-1807); se interesó por la fabricación de armas y logró dirigir la fábrica estatal que las hacía. Aún joven, perdió la vida en un naufragio en el Río de la Plata, después de haber realizado una misión diplomática en Río de Janeiro. El suceso fue recordado tiempo después por el romántico Olegario Víctor Andrade en su poema *"El arpa perdida"*. De gran sensibilidad poética, de Luca compuso la primera *"Canción patriótica"* que inició en Argentina el canto hímnico a la libertad; fue publicada en LA GACETA en 1810, tres años antes de que Vicente López y Planes compusiera, por encargo de la Asamblea General Constituyente, la *Marcha Nacional*, aprobada oficialmente por esa instancia y luego convertida en Himno Nacional. De Luca participó activamente en el naciente mundo cultural de su país. Colaboró en diversos periódicos con poemas que luego fueron recogidos, junto con los de sus coetáneos, en la *Lira argentina* (1824). La ausencia de firma en algunos de sus poemas ha llevado a identificar su paternidad por medio del análisis de estilo. De Luca gustó en especial de la canción heroica y tuvo como principal fuente de imitación al español Quintana; su poesía absorbió también características virgilianas y la filosofía iluminista del siglo. Entre sus mejores composiciones están: *"Montevideo rendido"* (1814); *"A la victoria de Chacabuco"* (1817); *"Al triunfo del vicealmirante Lord Cochrane sobre el Callao el 6 de diciembre de 1820"*; *"Canto lírico a la libertad de Lima"* (1821) y *"Al pueblo de Buenos Aires"* (1822). Entre éstos sobresale el *"Canto lírico"*, compuesto en 519 versos que subliman las hazañas del libertador San Martín; el poema fue escrito en sólo quince días a petición del entonces ministro Rivadavia. Al igual que su amigo Juan Cruz Varela, de Luca formó parte del círculo rivadaviano. La poesía de Esteban de Luca canta las acciones emancipadoras en Buenos Aires, el alto Perú y Chile. Sus imágenes poseen el lirismo, el brío y la fuerza de los versos que cantan una esperanza libertaria.

"No es dado a los tiranos / eterno hacer su tenebroso imperio / sobre el globo infeliz..."

OBRA REPRESENTATIVA: **Poesía.** (*Canción patriótica*, 1810 // *Montevideo rendido*, 1814 // *A la victoria de Chacabuco*, 1817 // *Al triunfo del vicealmirante Lord Cochrane sobre el Callao el 6 de diciembre de 1820*, 1821 // *Canto lírico a la libertad de Lima*, 1821 // *Al pueblo de Buenos Aires*, 1822, en *Lira argentina*, 1824).

LUGONES, Leopoldo (1874-1938). Personalidad desbordante de las letras hispanoamericanas; periodista, político, prosista y poeta cuya singular fuerza creadora se manifestó en una diversidad de temas. Nació en Río, pequeño pueblo de la provincia argentina de Córdoba. Recibió una rígida educación católica por parte de su madre, quien también le enseñó las primeras letras. Asistió a la escuela de Ojo de Agua; más tarde estudió el bachillerato en el Colegio Nacional de Córdoba. En política, su pensamiento conoció varias fases. Bajo el espíritu socialista, junto con Roberto Payró y José Ingenieros, fundó en Córdoba (1898) el primer Centro Socialista. Durante esa época que se prolongó hasta 1903, Lugones combatió con vehemencia el orden impuesto; llegó incluso a usar los nombres del calendario de la Revolución Francesa para fechar, en Buenos Aires, los números de una publicación periódica. En 1898 se trasladó a Buenos Aires; allí conoció al nicaragüense Rubén Darío quien no se equivocó al considerarlo una gran promesa para las letras. Al igual que muchos otros modernistas, el poeta argentino fue periodista; colaboró, entre otras publicaciones, en LA MONTAÑA con una sección de crónicas y, en Córdoba, dirigió EL PENSAMIENTO LIBERAL (1893). Poco después de iniciar sus labores en el Ministerio de Instrucción Pública, fue nombrado Inspector de Enseñanza Media (1903). Por esas fechas, Lugones abandonó el ideario socialista y tomó una posición democrática. En 1903 se mostró partidario del conservador Quintana, apoyándolo en su campaña presidencial. Como corresponsal de LA NACIÓN, hizo varios viajes a Europa: en 1906, 1911 y 1921. Mientras tanto, en él se iba operando un nuevo cambio que iba dejando atrás al joven socialista y al demócrata, para dar paso al hombre partidario del militarismo y la dictadura, como lo reveló en 1923, frente al auditorio del Teatro Coliseo de Buenos Aires, en su discurso "*Ante la doble amenaza*", cuyas mordaces palabras le atrajeron el recelo de demócratas y socialistas. Esta actitud cambiante ha sido interpretada como el resultado de su decepción frente a la hipocresía y la escasa visión de ambos partidos. La variedad de géneros caracterizó la producción literaria del argentino; su fama se inició en 1897 con la publicación de *Las montañas de oro*, poemario que por su tono representa al primer Lugones, partidario del porvenir socialista. En los versos libres de *Las montañas* se refleja la influencia de Victor Hugo, Walt Whitman, Dante, Homero y de los argentinos Olegario Andrade y Almafuerte. Su poesía se tornó parnasiana en *Los crepúsculos del jardín* (1905); en ella predominan Samain y Verlaine. A su primer regreso de Europa publicó *Lunario sentimental* (1909) que lo colocó entre los poetas de trascendencia no sólo en el Continente Americano, sino en España. Libro consagrado a la Luna, su aparición causó extrañeza tanto por el rebuscamiento de la rima como por la diversidad métrica. Con motivo del primer centenario de la Independencia argentina, Lugones publicó *Odas seculares* (1910), en el que entona un canto heroico volviendo los ojos al escenario americano; exaltó la vida rústica en versos descriptivos y bucólicos que están anclados en la tradición de Andrés Bello, Gregorio Gutiérrez González y el Rubén Darío de *Canto a la Argentina*. Dentro de esta vena patriótica se encuentran *Poemas solariegos* (1927), *El libro de los paisajes* (1917) cuyos trazos para describir la naturaleza local se acercan a las pinceladas del Impresionismo y *Romances del Río Seco,* publicados póstumamente. Basado en sus conocimientos de las ciencias ocultas y el espiritismo escribió *Las fuerzas extrañas* (1906) y *Cuentos fatales* (1924) que reúnen una serie de ficciones correspondientes a la literatura fantástica y conjugan además la física, la astronomía, la biología y las matemáticas, ciencias que cultivó Lugones con asombrosa dedicación. Los artículos periodísticos, así como los discursos y conferencias fueron recopilados por el propio autor en varios tomos: *Mi beligerancia* (1917); *La torre de Casandra* (1919); *Acción* (1923) y *La patria fuerte* (1930). Su versátil pluma dejó varios ensayos de crítica literaria, entre los cuales se señala *El payador* (1916) donde revalora el *Martín Fierro* de José Hernández. También escribió una novela, *El ángel de la sombra* (1926), de poco interés literario, basada en el tema de un amor imposible. Lugones fue merecedor del Premio Nacional de Literatura en 1926. Puso fin a sus días con una mezcla de arsénico y whisky en el cuarto de un hotel cercano a Buenos Aires. A su muerte Borges le consagró el artículo: *"Lugones"* (1938), afirmando el alcance de su genio creador. E afán de renovación en la métrica recorre la totalidad de su obra. Iniciados en el Modernismo más recalcitrante, sus versos tendieron hacia la sencillez y el color local. En la forma utilizó el soneto, la quintilla, el alejandrino y el verso libre.

"Maestro de su vida, el hombre lo es también de su muerte".

OBRA REPRESENTATIVA: **Cuento.** *Las fuerzas extrañas* (1906) // *Cuentos fatales* (1924). **Ensayo.** *Historia de Sarmiento* (1911) // *El payador* (1916) // *Estudios helénicos* (1924 y 1928) // *Elogio de Ameghino* (1915) // *El tamaño del espacio* (1921) // *Filosofícula* (1924). **Novela.** *El ángel de la sombra* (1926). **Poesía.** *Las montañas de oro* (1897) // *Los crepúsculos del jardín* (1905) // *Lunario sentimental* (1909) // *Odas seculares* (1910) // *El libro fiel* (1912) // *El libro de los paisajes* (1917) // *Las horas doradas* (1922) // *Romancero* (1924) // *Poemas solariegos* (1927) // *Romances del Río Seco* (1938). **Relato.** *La guerra gaucha* (1905).

LUNAREJO, El, véase ESPINOZA MEDRANO, Juan.

M

MACHADO de ASSIS, Joaquín María (1839-1908). Figura señera del Realismo brasileño cuya pluma develó las fuerzas psíquicas que gobiernan la vida de los hombres; planteó realidades intrincadas y expresó en un lenguaje propio la relación del hombre consigo mismo y con el otro. Cultivó el teatro, la poesía, la crítica literaria, el cuento y sobresalió en la novela. Nació en el Morro de Livramento, en Río de Janeiro. Creció entre gente humilde; su padre era un pintor mulato y su madre, a quien perdió a edad temprana, era una azoriana que se ganaba la vida como lavandera. Huérfano de padre posteriormente, Machado de Assis fue criado por su madrastra. De frágil constitución nerviosa, desde la infancia se manifestó en él la tartamudez y la epilepsia, afecciones que lo acecharon toda su vida e hicieron de él un hombre de apariencia tímida y retraída. Cursó las primeras letras en la escuela pública y, gracias al sacerdote Silveira Sarmento, aprendió francés y latín. En 1855 abandonó el hogar en busca de trabajo. Se inició como tipógrafo aprendiz en la Imprenta Nacional; dos años más tarde pasó a la editorial de Paula Brito y posteriormente escribió para el CORREIO MERCANTIL y el DIARIO DE RÍO. Fue un autodidacta ejemplar; con empeño se labró una vasta cultura filosófica, artística y literaria. Leyó, entre otros, a Swift, Sterne, Leopardi, Schopenhauer, cuya influencia es visible en su obra poética; Flaubert, Maupassant y Zola. Relacionado con los intelectuales de su época, promovió a los poetas del grupo parnasiano; trabó amistad con los escritores románticos y participó en la fundación de la Academia Brasileña de Letras, de la cual fue su primer presidente. Casado con una dama portuguesa en 1871, Machado de Assis se entregó a la creación literaria, actividad que alternó con su trabajo burocrático en el DIARIO OFICIAL (1867-1873) y en la Secretaría de Agricultura. Apartado de los temas de carácter autobiográfico —aspecto criticado por algunos estudiosos— el brasileño no se inspiró en la miseria, ni en los problemas del mulato, ni en la naturaleza. Su obra se ubica en el marco de la sociedad burguesa magistralmente descrita en *Quincas Borba* (1892), considerada como una de sus mejores obras. Es una novela que toma los hilos de lo cotidiano para tejer un fino lienzo con la historia de un provinciano ingenuo que termina loco y relegado de un medio cuyos hombres actúan impulsados por la codicia. En la obra novelística de Machado de Assis se aprecia una evolución que va de las formas románticas al realismo de hondura psicológica y moral. Como dramaturgo escribió comedias y dramas que aunque tuvieron una difusión restringida a los salones donde se representaron, revelan su genio creador. *Quasi ministro* (1866) exhibe una galería de parásitos sociales, hombres y mujeres aduladores que así como se vuelcan en halagos al futuro ministro, ofreciéndole los más disparatados obsequios, de la misma forma lo desconocen cuando se enteran de que no será elegido. Fue un crítico atento al valor del proceso creativo. Su *Crítica literária* (1936) ofrece interesantes juicios sobre distintos escritores brasileños. Hombre de pluma fértil, su obra dejó huella en las letras nacionales. Murió atacado de cáncer poco después de la muerte de su esposa. Como poeta fue uno de los primeros en utilizar el alejandrino; sus versos traspasan la desesperanza y la condición humana. Alcanzó un equilibrio en la prosa; penetró en el alma humana y logró el distanciamiento con sus personajes, poniendo al desnudo sus conciencias.

"Si la misión del novelista fuese copiar los hechos tal como se dan en la vida, el arte sería una cosa inútil; la memoria sustituiría a la imaginación".

OBRA REPRESENTATIVA: **Cuento.** *Contos fluminenses* (1870) // *Resurreição* (1872) // *História da meia noite* (1873) // *Helena* (1876). **Ensayo.** *Crítica teatral* (1936) // *Crítica literária* (1936). **Novela.** *Memórias póstumas de Brás Cubas* (1881) // *História sem data* (1884) // *Quincas Borba* (1892) // *Varias histórias* (1896) // *Páginas recolhidas* (1899) // *Dom Casmurro* (1900) // *Esaú e Jacó* (1904) // *Relíquias da casa velha* (1906) // *Memorial de Aires* (1908). **Poesía.** *Crisálidas* (1864) // *Poesías completas* (1900). **Teatro.** *Desencantos* (1863) // *Quasi ministro* (1866) // *Falenas* (1870).

MAGALLANES MOURE, Manuel (1878-1924). Célebre y original poeta del modernismo chileno. Nació en La Serena; su padre, Valentín Magallanes, había cultivado la poesía. Muy joven pasó a Santiago con la intención de estudiar; interrumpió su formación y se ganó la vida con el periodismo, actividad que alternó con sus dos pasiones mayores: la pintura y la poesía. Dirigió el CHILE ILUSTRADO; colaboró en LA REVISTA CÓMICA y en ZIG-ZAG en cuyas páginas publicó la mayor parte de sus poemas. Perteneció al Grupo de Los Diez. Fue amigo de Pedro Prado; con él participó en la creación de la Colonia Tolstoyana promovida por D'Halmar. Vivió algunos años en San Bernardo, cuando fue alcalde de ese pequeño pueblo donde actualmente hay un busto en su memoria. Magallanes ha sido considerado como uno de los primeros poetas que dejaron oír en Chile los ecos modernistas. Su estética progresó de las formas de la poesía decimonónica hacia una personalización en la cual no hay rasgos de influencia alguna. Amó la naturaleza tanto en sus versos como en las pinceladas sobre la tela. Murió en Santiago. Su obra aún está en espera de una recopilación que saque del olvido la infinidad de poemas dispersos en los diarios de la época. Magallanes expresó los sentimientos más delicados en finos y sugerentes versos; su estilo posee el don de la sencillez.

"De la oquedad sombría en que la ruda / raigambre de los árboles se anuda, / mana el agua tan límpida, tan clara, / que invisible sería en su reposo / si a veces por la onda no pasara / un estremecimiento luminoso".

OBRA REPRESENTATIVA: **Poesía.** *Facetas* (1902) // *Matices* (1904) // *La jornada* (1910) // *La casa junto al mar* (1919).

MAGÓN, véase GONZÁLEZ ZELEDÓN, Manuel.

MALLEA, Eduardo (1903-1982). Célebre novelista argentino, cuentista, ensayista y diplomático. Figura de primer plano en la literatura del siglo XX en su país y en Hispanoamérica, su fecunda obra novelística buscó penetrar en la psicología colectiva de su pueblo; en el alma invisible de una Argentina que palpita bajo otra Argentina, visible y materialista, artificio de falsos valores. Su pluma, intelectual y emotiva, viaja entre secretos del pensamiento para encontrar los auténticos valores del argentino que se esconden tras su conciencia de soledad. En el hombre moderno, su búsqueda alcanza un simbolismo universal. Nació en Bahía Blanca; su padre ejerció en ese lugar la medicina. Realizó sus primeros estudios junto con hijos de inmigrados ingleses, experiencia que le dejó importantes huellas. A los once años pasó a Buenos Aires; con el tiempo ingresó a la carrera de leyes en la Universidad Nacional y participó en diversas actividades culturales y literarias; colaboró en la revista SUR, en la REVISTA AMÉRICA y dirigió el suplemento literario de LA NACIÓN desde 1931. En 1934 viajó a Europa donde entró en contacto con las corrientes vanguardistas. Desempeñó funciones en la UNESCO y ejerció otros cargos diplomáticos. Narrativa y ensayo forman la vasta y fecunda producción de Mallea; en su obra, el hilo de las narraciones se deja unir a la meditación ensayística de carácter filosófico. Comenzó su carrera literaria con el libro *Cuentos para una inglesa desesperada* (1926) de corte preciosista. Después, su obra se puede leer y estudiar como la trayectoria de una reiteración que se enriquece en el tiempo, en cada libro. La personalidad literaria de Mallea se va conformando a lo largo de su angustiosa inquietud por expresar un conflicto de valores y desentrañar esencias que devuelvan la integridad acallada de su pueblo. En general, pocos argumentos narrativos y sí muchos personajes que en ocasiones son sólo abstracciones de ellos mismos. La condición humana de sus personajes hacen el camino de las inquietudes de su creador; buscan encontrarse a sí mismos en un mundo desordenado. Mallea utiliza el narrador omnisciente que interviene en la narración con meditaciones y juicios. Entre sus obras más celebradas están: *Fiesta en noviembre* (1938); *La bahía del silencio* (1940); *Todo verdor perecerá* (1941) y *Las águilas* (1943). Mallea fue merecedor de diversas distinciones como el Primer Premio Nacional de Literatura en 1945 y el Gran Premio de Honor de la Sociedad Argentina de Escritores en 1946. El autor murió a los setenta y nueve años de edad. Hasta *Fiesta en noviembre*, el escritor utilizó el monólogo; después, el diálogo en contrapunto. El lenguaje goza de nitidez, serenidad y valor intelectual.

"Todo el mundo admira al escritor que ha producido esa obra maestra con la que sólo él sabe que ya no tiene nada que ver y seguramente no podrá repetir".

OBRA REPRESENTATIVA: **Ensayo.** *Historia de una pasión argentina* (1937) // *Meditación en la costa* (1937) // *El sayal y la púrpura* (1941) // *El poderío de la novela* (1965). **Narrativa.** *Cuentos para una inglesa desesperada* (1926) // *Nocturno europeo* (1935) // *La ciudad junto al río inmóvil* (1936) // *Fiesta en noviembre* (1938) // *La bahía del silencio* (1940) // *Todo verdor perecerá* (1941) // *Las águilas* (1943) // *Rodeada está de sueño* (1944) // *El retorno* (1946) // *Los enemigos del alma* (1950) // *La torre* (1951) // *Chaves* (1953) // *La sala de espera* (1953) // *Simbad* (1957) // *Posesión* (1958) // *Las travesías* (1961) // *La guerra interior* (1963) // *El resentimiento* (1966) // *La barca de hielo* (1967) // *La red* (1968) // *La penúltima puerta* (1969) // *Gabriel Andaral* (1971) // *Triste piel del universo* (1971) // *En la creciente oscuridad* (1973). **Teatro.** *El gajo de enero* (1957).

MÁRMOL, José (1817-1871). Escritor argentino, dramaturgo, periodista, político y diplomático. Poeta combativo de la tiranía y autor de una de las novelas de mayor valía en las letras hispanoamericanas, Mármol comenzó su brillante trayectoria literaria escribiendo versos en los muros del calabozo donde fue hecho prisionero (1839) por órdenes del tirano Rosas, so pretexto de haber recibido y hecho circular material de prensa proveniente de Montevideo. El periodo en prisión duró, según dice en su novela *Amalia*, 17 días; aunque breve, la experiencia fue determinante en su vida. En aquellos versos expresó la fortaleza en el dolor que lo caracterizó en los años de proscripción: "*Muestra a mis ojos espantosa muerte. / Mis miembros todos en cadenas pon. / Bárbaro, nunca matarás el alma / Ni pondrás grillos a mi mente, ¡no!*" Mármol representó durante más de diez años de exilio la voz de los intelectuales desterrados, y luchó por preservar el espíritu combativo frente a la tiranía. Natural de Buenos Aires, tuvo una educación irregular hasta 1837, año en que ingresó a la Escuela de Derecho de Buenos Aires; tuvo como maestro a Diego Alcorta. Hacia 1840 huyó a Montevideo para unirse a otros intelectuales exiliados que seguían una intensa actividad literaria. Fue en Montevideo donde Mármol inició su vida literaria y desarrolló la mayor parte de su obra como poeta, dramaturgo, novelista y articulista. En 1841, con motivo del aniversario de la Revolución de Mayo, escribió un poema intitulado *Al 25 de mayo de 1841*; en 1842 se presentaron en la escena del Coliseo sus dramas en verso *El poeta* y *El cruzado*, y en 1843, año en que viajó a Río de Janeiro, compuso un poema contra Rosas intitulado *A Rosas, el 25 de mayo de 1843*. En 1844 se embarc rumbo a Valparaíso, pero la nave *Rumena* sufrió un percance y tuvo que regresar a Río. En 1846 volvió a Montevideo y comenzó a publicar un extenso poema iniciado en la desafortunada travesía a Valparaíso: *Cantos del peregrino*. Según se afirma, el poema constaba de 12 cantos; no obstante, sólo se conocen ocho: I, II, III, IV, V, VI, XI, XII, que fueron publicados en forma fragmentaria y desordenada entre 1846-47 y 1857. Considerado como un romántico típico, su poesía sigue los cauces de los valores patrióticos y de los sentimientos íntimos. No sólo exalta la actividad cívica, sino hace emerger la sensibilidad que alrededor de la patria o el amor expresa el proscrito. Sus modelos principales fueron Espronceda y Zorrilla, aunque encontró fuentes de inspiración en Byron y Lamartine. En el exilio, Mármol participó en la actividad periodística; muchos de sus poemas vieron la luz por este medio. En 1851, fundó EL CONSERVADOR y una revista, LA SEMANA, en la que aparecieron poemas reunidos bajo el título de *Armonías* y una parte de la novela política y sentimental *Amalia*, que tuvo su edición definitiva en 1855 en Buenos Aires. Fue escrita casi totalmente en Montevideo. *Amalia* fue una de las novelas más populares en las letras hispanoamericanas del siglo XIX; en ella, se describe con intensidad dramática la atmósfera de terror producida en la tiranía rosista. La novela conjuga hechos históricos y una intriga amorosa. En la edición de dos volúmenes de 1851, *Amalia* apareció con el subtítulo de *Novela histórica americana*; no obstante, hay consenso en el sentido de que la novela, aunque escrita con esa intención, carece de la perspectiva del tiempo para clasificarla como históri-

... Mármol pensó agregar a *Amalia* dos partes de las que se conocen sólo los títulos: *La Agustina* y *Noches de Palermo*. Como Sarmiento y Echeverría, Mármol expresó la contraposición entre civilización y barbarie. En *Amalia* se deja ver la influencia de Walter Scott, Chateaubriand y Dumas. En 1852, Mármol regresó a Buenos Aires y se dedicó fundamentalmente a la vida pública. Ese mismo año fundó el periódico EL PARANÁ; en 1858 fue director de la Biblioteca Pública, cargo que tuvo hasta su muerte. Fue senador provincial en dos ocasiones (1854 y 1860). En 1860, Bartolomé Mitre, presidente entonces de Argentina, lo envío a Brasil como Ministro Plenipotenciario. Murió con honores en Buenos Aires. Bien estructurada y amena, la narrativa de Mármol posee vivacidad e intensidad en la acción dramática; conjuga el diálogo ágil, la escena pintoresca o patética y en ocasiones la comicidad de rasgos caricaturescos. Aunque circunscrito dentro de los lugares comunes del Romanticismo, hay elementos de singularidad americana, como en Sarmiento y Echeverría. Su poesía, en la que se manifiestan matices neoclásicos, tiene diversidad de metros. Alude en sus temas al pasado de Argentina y sus hazañas épicas, así como a la esperanza en el futuro. En *Cantos del peregrino* se le reconocen deficiencias literarias que no sofocan, sin embargo, la fuerza de sus imágenes.

"Para ver lo que valen los pueblos / no se cuentan jamás sus esclavos; / son sus hijos virtuosos y bravos / los que dan a la historia el crisol".

OBRA REPRESENTATIVA: **Novela.** *Amalia* (1851-1855). **Poesía.** *Armonías* (1851) // *Poesías* (1854-1855). **Teatro.** *El poeta* (1842) // *El cruzado* (1851).

MARTÍ, José (1853-1895). Insigne escritor cubano considerado como uno de los iniciadores que sentó las bases del movimiento modernista en Hispanoamérica. Por encima de cualquier escuela, su original escritura influyó profundamente en la literatura hispanoamericana renovando la poesía y la prosa en lengua castellana. Su eterno amor por la Patria se vio cristalizado en una ardorosa lucha por la independencia cubana del dominio español; su ansia de libertad lo convirtió en símbolo y mártir de su pueblo y del Continente. En la personalidad de Martí se funden el luchador y el pensador, al artista y el crítico, el periodista y el orador. Nació José Julián Martí y Pérez el mismo día, mes y año en que murió el notable escritor José Eusebio Caro. Oriundo de La Habana, perteneció a una familia de modestos recursos; fue su padre el valenciano Mariano Martí y su madre Leonor Pérez, natural de las Islas Canarias. Realizó sus estudios primarios y parte de los secundarios gracias al poeta, educador y patriota Rafael María de Mendive, quien llegó a representar un verdadero preceptor y amigo para el joven Martí. Precoz y de carácter firme, pronto se inició en las letras y en la política de su país; actividades que relacionó profundamente a lo largo de su vida y obra. Siendo apenas un adolescente, estalló la revolución de 1868; en esa época colaboró en la creación y redacción de varias publicaciones estudiantiles efímeras como la hoja clandestina EL SIGLO, donde publicó el soneto al "*10 de octubre*"; el periódico de un solo número LA PATRIA LIBRE, en el que apareció un drama suyo sobre el heroísmo y la liberación de la patria intitulado *Abdala* (1869), y la hoja volante EL DIABLO COJUELO (1869) de comentario político que elaboró con su amigo Fermín Valdés Domínguez. En 1869, poco después de haber sido arrestado Mendive y desterrado a España, el adolescente Martí fue detenido y enjuiciado al descubrirse de manera azarosa una carta en la que Martí y Valdés Domínguez reprochaban a un compañero haber abandonado la lucha revolucionaria. Los dos aceptaron la autoría del escrito pero Martí incluso lo defendió con insistencia y fue condenado a seis años de prisión. Alrededor de un año, tuvo que realizar trabajos forzados en una cantera de piedra caliza, experiencia dolorosa que hubo de influir hondamente en el sentido de su vida y obra. Gracias a diversas intercesiones, se le cambió la pena impuesta por el destierro a España, después de haber estado confinado durante varios meses en la Isla de Pinos. De 1871 a 1874 vivió en aquel país, donde logró realizar estudios superiores en Zaragoza y obtener los títulos en Derecho y Filosofía y Letras. Comprometido con la causa cubana se dio a conocer como prosista con el folleto *El presidio político en Cuba* (1871) donde recuerda la crueldad e injusticias vividas por él y otros cubanos en la prisión, y con el memorial *La República Española ante la Revolución Cubana* (1873) en el que expone un alegato sobre los derechos de Cuba a la independencia y a la conformación de una república. Leía entonces a Victor Hugo y en su prosa se dejan oír los ecos de aquel escritor genial. En 1875 llegó a México, vía París-Nueva York, donde se reunió con su familia. Intensa y variada fue su actividad como escritor en ese país, donde poco después de su llegada estableció relación con importantes personalidades; participó en las polémicas del Liceo Hidalgo y entabló amistad con otro iniciador del Modernismo: Manuel Gutiérrez Nájera. E cribió poesía y prosa; colaboró con múltiples artículos y comentarios sobre literatura, arte, crítica, filosofía, política y sucesos de la vida cotidiana de México, en diferentes publicaciones periódicas como la REVISTA UNIVERSAL. Su interés teatral lo llevó a escribir el proverbio en un acto *Amor con amor se paga* estrenado en 1875. Con Porfirio Díaz en el poder, Martí decidió inmigrar a Guatemala donde ejerció la cátedra; regresó a México por breve periodo para casarse con la cubana Carmen Zayas Bazán a quien le había empeñado su palabra de amor durante su estancia en ese país. Después de otros cortos viajes regresó a Cuba y ejerció la abogacía y la enseñanza; pronunció varios discursos en los que se manifestó su extraordinaria vocación oratoria y un singular valor artístico de su prosa. Volvió a conspirar contra la autoridad colonial y fue nuevamente deportado a España (1879). Pronto pasó a Nueva York donde continuó sus actividades políticas en favor de la insurrección cubana y vivió de sus colaboraciones en distintas publicaciones periódicas de habla inglesa. Tras un intento fallido de insurrección que dirigió desde Nueva York, Martí viajó a Venezuela en 1881, país en el que fue bien acogido; ahí creó la REVISTA VENEZOLANA (1881) que tuvo sólo dos números y en la que publicó dos ensayos, uno sobre Miguel Peña y otro sobre Cecilio Acosta, personalidades venezolanas. Colaboró en LA OPINIÓN NACIONAL, ejerció la cátedra y escribió los poemas reunidos en *Ismaelillo* (1882); ese mismo año se vio forzado a dejar Venezuela y se trasladó de nuevo a Nueva York desde donde continuó enviando colaboraciones de índole diversa a LA OPINIÓN NACIONAL hasta mediados de 1882.

Nueva York escribió para numerosos diarios del Continente Americano y fundó en 1892 PATRIA, órgano de difusión del Partido Revolucionario Cubano que formó para independizar a Cuba. De 1882 a 1892 la producción literaria de Martí fue intensa, rica y variada; escribió crónicas y ensayos de temas diversos, poesía, narrativa y realizó traducciones. Publicó la revista LA EDAD DE ORO (1889) destinada al público infantil y fue escrita totalmente por él. Hacia 1893 conoció a Rubén Darío quien años más tarde reconoció a Martí como maestro. Tuvo algunos puestos diplomáticos como el de representante de Argentina y Uruguay, pero renunció a ellos para emprender los preparativos hacia la independencia de Cuba, actividad a la que se consagró con pasión. En el pensamiento martiano, la política y la literatura forman una compleja amalgama. Martí relacionó su profunda y sincera búsqueda de una identidad cultural hispanoamericana, en un mundo moderno con la creación literaria. Buscó y estudió en el pasado para valorizar el presente, reivindicó la época precolombina y consideró la condición de mestizo la base de esa identidad cultural; se compenetró en la literatura clásica del Siglo de Oro español, en las diversas formas coevales de la literatura francesa, en la literatura norteamericana de su época y en la literatura del Continente y transformó sus influencias en una visión propia, original y castiza: *"Hay que leer para aplicar, pero no para copiar"*, dijo Martí. En lo artístico y en lo político expresó un idealismo basado en el conocimiento de la realidad y en una necesidad creadora surgida de lo natural, lo sencillo y lo espontáneo. La búsqueda para la conformación de un continente unido la ligó a la creación de una nueva literatura que estuviera acorde con la propia historia: *"No hay letras, que son expresión, hasta que no hay esencia que expresar en ellas [...] Estamos en tiempos de ebullición, no de condensación..."* Persiguió un fin esteticista y a la vez utilitario; aunque en muchos de sus textos poéticos y ensayísticos el deslinde de lo propio literario y lo propio político es difícil, Martí distinguía los dos planos y pensaba que: *"el escritor ha de pintar como el pintor"*; que la poesía *"...ha de resistir como el bronce, y vibrar como la porcelana"* y que *"El arte no puede [...] ser realista. Pierde lo más bello; lo personal. Queda obligado a lo imitativo: lo reflejo"*. La mayor parte de su obra escrita apareció en el medio periodístico y existen diversas ediciones de sus obras completas; fue a Gonzalo de Quesada, su albacea, a quien se debe gran parte de la recopilación. Martí se destacó en la prosa y en la poesía; enlazado con la tradición que inició Montalvo, supo imprimir de valor poético la prosa en castellano. Para algunos las innovaciones que Martí introdujo en la prosa corresponden a las que Rubén Darío, después, realizó en la poesía. La pluma martiana abordó el ensayo sociopolítico como en *Nuestra América* (1891); la crítica literaria y de artes como en sus trabajos sobre Wilde (1882), Whitman (1887) —a quien admiró— y sobre los pintores impresionistas (1886); el artículo de fondo; la crónica como *El terremoto de Charleston* (1886), *Fiestas de la Estatua de la Libertad* (1887) y *Un drama terrible* (1887); las cartas, el diario, la traducción y, en menor medida, el cuento infantil y la novelística. Sus relatos, reunidos en *La edad de oro*, son en su mayor parte recreaciones de cuentos famosos. Su novela *Amistad funesta*, escrita en el curso de una semana y publicada en Nueva York (1885) en el periódico EL LATINO AMERICANO bajo el pseudónimo de "Adelaida Ral", ha sido considerada como una de las obras que más influyeron en el Modernismo; fue publicada en Madrid en 1969 con el título de *Lucía Jerez*. Para algunos, es en la literatura testimonial donde realizó plenamente su sentido de naturalidad. Su poesía está constituida fundamentalmente por *Ismaelillo* (1882); *Versos sencillos* (1891) y dos libros publicados póstumamente: *Versos libres* (1913) y *Flores del destierro* (1933). La edición de los versos martianos aún presenta un problema a dilucidar. En cuanto al origen del Modernismo, hay quienes proponen el *Ismaelillo* como el libro iniciador; otros el *Azul* (1888) de Rubén Darío, y otros el de *Cuentos frágiles* (1883) de Gutiérrez Nájera. El amor y la patria son los temas fundamentales que atraviesan la obra poética del cubano. Fue novedoso en el tema familiar de *Ismaelillo*, en el uso del monorrimo y el verso blanco entre otros elementos de la métrica. Dio valor a la estructura formal del verso, y aunque gustó de las *"sonoridades difíciles"* y en ocasiones de las formas preciosistas, buscó el ideal de la sencillez, la sinceridad y la profundidad en la emoción. Hay consenso en el sentido de que la poesía martiana posee un estilo tan propio que su clasificación resulta complicada. Según Quesada, fue a partir de *Ismaelillo* que Martí dio valor a sus versos. Parte de su poesía entronca con la tradición popular; muchos de sus versos se hicieron canciones. Martí fue un hombre crítico de su realidad, de su propia vida y obra que vivió para que su verso creciera, junto con él, bajo la yerba. Murió en combate en Dos Ríos a la edad de cuarenta y dos años, en plena madurez. La prosa martiana utiliza frases cortas a modo de sentencias o aforismos que invitan a pensar en los versículos bíblicos. Conjuga la densidad de pensamiento con palabras claras y llenas de expresión. Su escritura es plástica, musical e imaginativa; resalta en ella la sutileza, la agilidad, la concisión y la naturalidad del lenguaje. Hay en sus palabras sentimientos atormentados, de fe y de esperanza. La frase busca el adorno y en ocasiones es rebuscada y a la vez precisa. Sus crónicas poseen el valor del ensayo. En su novela es interesante para su estudio los símiles y las metáforas relacionadas con las emociones. En la poesía va desde la suntuosidad verbal y el gusto por el arcaísmo hasta la más brillante sencillez; utilizó preferentemente el octasílabo distribuido en romances o cuartetas. Dio una nueva flexibilidad al lenguaje; manifiesta profunda emoción, nostalgia por la Patria que está en su corazón y a la vez lejos; conjuga la candidez y la fuerza del sentimiento y la imagen.

"Las palabras deshonran cuando no hay detrás de ellas un corazón puro y sincero".

OBRA REPRESENTATIVA: **Crónica.** *El terremoto de Charleston* (1886) // *Fiestas de la Estatua de la Libertad* (1887) // *Un drama terrible* (1887). **Cuento-Poesía.** *La edad de oro* (1885). **Ensayo-Memorial.** *El presidio político en Cuba* (1871) // *La República Española ante la revolución cubana* (1873) // *Nuestra América* (1891). **Novela.** *Amistad funesta* (1885). **Poesía.** *Ismaelillo* (1882) // *Versos sencillos* (1891) // *Versos libres* (1913, edición póstuma) // *Flores del destierro* (1933, edición póstuma). **Teatro.** *Abdala* (1869) // *Amor con amor se paga* (1875).

RTÍNEZ, Luis Alfredo (1869-1909). Autor ecuatoriano, hombre de vida contrastada que alternó las letras con el trabajo del campo y las actividades públicas. Con Martínez se inició la novela de contenido social en ese país. Sus padres eran propietarios de una hacienda en Ambato, donde nació el novelista. Fue un niño inquieto, de gran fortaleza física y poco tolerante a la disciplina escolar. En Quito cursó parte de sus estudios; después de estar algún tiempo en el colegio jesuita de San Gabriel decidió regresar a Ambato para trabajar en la hacienda El Cangahual. Su afición por la pintura lo llevó de nuevo a Quito donde tomó clases con Rafael Salas. Tenaz en el deseo de encauzar sus opiniones políticas y alcanzar logros importantes, en 1895 luchó por la causa liberal de su país. Los años de 1898 y 1899 fueron para Martínez de intensa actividad. Fue elegido Diputado de su provincia ante el Congreso; junto con su amigo Manuel J. Calle fundó la REVISTA DE QUITO, en la cual, bajo el pseudónimo de "Fray Calás", publicó *El doctor* y *Las delicias del campo*, verdaderos cuadros de costumbres en los que se perfila el talentoso novelista. De regreso al trabajo en el campo, luego de un periodo en Ambato, Martínez dejó la sierra y se trasladó a la costa como administrador del ingenio Valdés, en el Guayas. Ahí inició una labor de alfabetización con los peones. En 1902 cayó gravemente enfermo; contagiado de polineuritis malárica sufrió una parálisis total durante cinco meses. Una vez que estuvo fuera de peligro, volvió a su querido Ambato y prosiguió con firmeza sus actividades políticas. Ocupó el cargo de Secretario de Educación Pública, el de Ministro y la Dirección de Obras Públicas; fundó la Quinta Normal de Agricultura en Ambato; inauguró la Escuela de Bellas Artes (1904) y elaboró el proyecto del ferrocarril al Curaray. Martínez no conoció el abatimiento, ni se dejó vencer por las adversidades. Durante su prolongada convalecencia en la costa, dejó correr la irrefrenable capacidad creadora que entre las duras fiebres afloró en él. Dictó a su esposa los *Disparates y caricaturas*, texto que constituye un álbum de costumbres, y cristalizó su obra *A la costa*, novela de profundo contenido y proyección social. Poblada de pasajes autobiográficos, *A la costa* describe el ambiente de desigualdades sociales en que vive el hombre de la clase media. Salvador, uno de los personajes principales, tiene una trayectoria parecida a la del autor. La denuncia social, presente en los diálogos, en las descripciones y recuerdos de los personajes, gira en torno a la vida de aquellos hombres a quienes la realidad aniquila los deseos e ilusiones día a día. En ese fino retrato de la sociedad, la herencia y el medio son factores que desencadenan situaciones. Hasta su muerte, Martínez manifestó ese temple que caracterizó su existencia; enfermo acudía, en 1909, a las sesiones del Congreso en representación de su provincia. El valor y trascendencia de su obra dieron a la novelística ecuatoriana una base sólida. Su estilo es claro y fluido, los personajes se expresan en un lenguaje tomado de la realidad palpitante.

"La pobreza y las contrariedades no me asustaron nunca; la prosperidad y los honores no me enorgullecieron jamás. Cuerpo de acero y ánimos bien templados fueron el secreto de mis éxitos".

OBRA REPRESENTATIVA: **Novela.** *A la costa* (1904). **Relato.** *Disparates y carica-*

turas (1903) // *El doctor* (sf) // *Las delicias del campo* (sf).

MARTÍNEZ de NAVARRETE, José Manuel, véase NAVARRETE, Fray Manuel de.

MATEOS, Juan Antonio (1831-1913). Escritor mexicano, periodista, abogado y político. Prolífero autor romántico, cultivó la novela, el teatro, la oratoria y el periodismo; su reconocimiento se debe principalmente a sus novelas, inscritas dentro de la tradición novelística de asunto histórico que iniciaron en México Justo Sierra O'Reilly y Juan Díaz Covarrubias. Como dramaturgo tuvo el propósito de crear un teatro de carácter nacional. Originario de la ciudad de México, su formación comenzó en el Colegio de San Gregorio y continuó en el Instituto Científico y Literario de Toluca y en el Colegio de Letrán, donde estudió jurisprudencia. Perteneció a la juventud letrada de entonces y recibió la influencia de las ideas liberales de Ignacio Ramírez "El Nigromante". Como otros escritores de la Reforma, se interesó en la vida política de su país y desarrolló una labor periodística por la que fue objeto de encarcelamiento y destierro; colaboró en EL SIGLO XIX y EL IMPARCIAL entre otras publicaciones. Participó activamente en la revolución de Ayutla y en la intervención francesa. Su hermano, Manuel Mateos, importante figura de la rebelión reformista, murió fusilado junto con el novelista Juan Díaz Covarrubias en 1859. Durante la presidencia de Benito Juárez, Mateos desempeñó el cargo de Secretario de la Suprema Corte de Justicia y el de diputado. Tanto en su producción novelesca como teatral, Mateos se interesó por narrar o dramatizar sucesos pasados y actuales de la historia de México, así como costumbres o problemas concernientes a las diversas clases sociales. La elección y orientación de los temas y personajes de sus novelas, dramas y comedias lograron aciertos por el interés nacional que en ellos subyace. Testigo y actor de los acontecimientos históricos de la intervención francesa y de la Reforma, vertió sus experiencias en *El cerro de las Campanas* (1868) y *El sol de mayo* (1868), sus novelas que fueron acogidas con mayor entusiasmo. Junto con el destacado escritor Vicente Riva Palacio escribió diversos dramas y comedias. Se ha estimado que su producción teatral estuvo constituida por cerca de 50 obras, de las cuales sólo se han conservado algunas que fueron editadas en 1877 por J. M. Sandoval en *Almacén Literario*, colección de obras de teatro mexicano. Mateos realizó una adaptación de *Los miserables* de Victor Hugo y compuso libretos de zarzuelas. El novelista murió en la ciudad de México y fue honrado al ser enterrado en la Rotonda de los Hombres Ilustres. En su obra novelesca lo histórico está disociado de lo imaginativo. Se han señalado como defectos la prolijidad de los sucesos, la falta de proporción y los excesos de lo folletinesco. Tanto en las novelas como en las piezas teatrales, la pluma del autor domina el elemento dramático.

"Hay seres cuya existencia pasa desconocida, y cuyos sufrimientos sólo los sabe Aquél que traza en su eterno libro los crímenes y las virtudes de los hombres".

OBRA REPRESENTATIVA: **Novela.** *El cerro de las Campanas* (1868) // *El sol de mayo* (1868) // *Sacerdote y caudillo* (1869) // *Los insurgentes* (1869) // *Sor Angélica* (1875).

...TTO de TURNER, Clorinda (1852-...909). Escritora peruana, periodista, conferencista y militante en política. Su nombre fue Grimanesa Martina Matto Usandivares antes de casarse con el médico inglés José Turner quien la llamaba Clorinda. Considerada como precursora de la novela indigenista, tuvo como propósito llevar a las letras, con realismo documental, sentido crítico y didáctico, los conflictos sociales de su nación. Figura controvertida, luchó por la reivindicación del indio peruano y del rico potencial de creatividad de la mujer en los designios sociales. La autora de *Aves sin nido*, nació en el Cuzco; desde niña estuvo en contacto con los indios de la región y aprendió su lengua (quechua) y sus tradiciones. Esa experiencia, grata para la escritora, fue el origen del enorme interés que demostró por lo indígena. Casada a los diecinueve años de edad, vivió junto con su esposo en una finca en Tinta. Durante ese periodo, comenzó su intensa trayectoria literaria publicando, en diversos periódicos cuzqueños, poemas y tradiciones de molde romántico a imitación de Ricardo Palma, escritor que prologó, años más tarde, su libro intitulado *Tradiciones cuzqueñas* (1884). Emprendedora y tenaz, su prestigio y popularidad los adquirió gradualmente. El valor de su obra reside fundamentalmente en sus novelas. En una combinación de elementos románticos, cuadros de costumbres, detalles realistas que buscan "fotografiar" la realidad y tesis naturalistas como la del poder de la herencia y la de la "buena índole siempre triunfa", Clorinda recreó el espacio rural y urbano de la sociedad peruana de su tiempo. En sus novelas protestó contra la explotación del indio y analizó su situación desde una perspectiva ética y pedagógica; describió el clima de corrupción de las figuras provincianas en el poder; criticó al clero; planteó la situación social de la mujer; confrontó el funcionamiento de los diversos estratos sociales y abordó el tema de la vida que se desarrolla bajo las apariencias en el ámbito urbano. Sus novelas reflejan un desarrollo de perfeccionamiento literario y muestran cambios en ciertas conceptualizaciones como el paso de la idealización a la decepción en torno a la ciudad como símbolo de civilización. Clorinda se preocupó por la necesidad de educación de la mujer. Participó en la política y por sus pronunciamientos anticlericales fue perseguida y excomulgada. Se exilió en Argentina voluntariamente desde 1895 hasta su muerte. Su obra novelística recibió la influencia de autores como Manuel González Prada, Stendhal y Zola. Aunque existían ya antecedentes de la novela indigenista en los peruanos Narciso Aréstegui y José de Itolarres, la crítica ha visto en *Aves sin nido* (1889) la repercusión que abrió el camino a la tradición narrativa de tema indígena. Su participación periodística fue relevante; fundó el semanario EL RECREO DEL CUZCO (1876), revista que abordó temas literarios, científicos, artísticos y educativos. Dirigió, en Arequipa, LA BOLSA (1884); en Lima, estuvo al frente de EL PERÚ ILUSTRADO (1889), importante revista en la que escribió sobre la necesidad de producir una auténtica literatura peruana. Colaboró también en diversos periódicos argentinos. En Perú llegó a tener una imprenta propia en la que editó un diario y publicó varias de sus novelas. Su casa e imprenta sufrieron el pillaje poco antes de su exilio en Argentina. Las diversas actividades de Clorinda incluyeron la participación en veladas literarias, propias de la época. Por el valor de su trabajo, fue laureada en 1877 en el salón de Juana Manuela Gorriti; a partir de 1886, año en que se trasladó a Lima, reunió a importantes personalidades como Palma, Mercedes de Carbonera, Lavalle y otras. Algunos frutos de esas veladas literarias los canalizó a través del periodismo. Utilizó diversos pseudónimos como el de "Carlota Dumont". En 1908 realizó un viaje por varios países europeos. Murió en Buenos Aires. En sus novelas se destacan la observación detallada y la intención moralizante. En general, las tesis que presenta poseen un valor esencial en la estructura narrativa. Las tramas no son siempre fluidas; en ocasiones los diálogos son muy extensos y las intrigas resultan interesantes.

"Nadie sino el novelista observador que llevando el correctivo en los puntos de su pluma penetra los misterios de la vida".

OBRA REPRESENTATIVA: **Ensayo.** *Bocetos al lápiz de americanos célebres* (1890). **Novela.** *Aves sin nido* (1889) // *Índole* (1891) // *Herencia* (1893). **Teatro.** *Hima Sumac* (1892). **Tradición.** *Tradiciones cuzqueñas* (1886). **Otros.** *Boreales, miniaturas y porcelanas* (1902).

MENDIETA, Fray Jerónimo de (1525-1604). Distinguido cronista español vinculado con la Nueva España, franciscano y defensor de los indios cuya obra constituye un precioso manantial de noticias sobre hechos y misioneros de Indias. Su padre tuvo tres matrimonios de los cuales Mendieta fue el cuarentavo y último hijo. En el convento de Bilbao vistió el hábito franciscano. Al llegar a México en 1554 fue enviado al convento de Xochimilco. Su vivo interés por el náhuatl lo llevó a estudiarlo con ahínco; lo dominó con tal perfección que, según afirman sus biógrafos, al usarlo para predicar a los naturales, olvidaba su peculiar tartamudeo y se tornaba ágil y rápido en el hablar. Hizo varios viajes por el territorio mexicano; visitó las costas, estuvo en Tlaxcala y Toluca. Regresó a España en 1570; en esa época Juan de Ovando era magistrado del Consejo de la Inquisición y, sabedor del amplio conocimiento que Mendieta tenía de las Indias, le pidió la información sobre la vida social de la Colonia; así se inició entre ellos una productiva relación epistolar. Sus opiniones respecto a la empresa española están contenidas en las *Cartas.* Mostró simpatía por los naturales considerando injusto el trato que recibían. En 1573 regresó a México y continuó su labor en la orden. Fue Definidor en dos ocasiones, cargo que desempeñó con celo y eficacia. Tuvo bajo su cuidado los conventos de Xochimilco, Huexotzingo y Tlaxcala. En 1596 terminó de escribir la *Historia eclesiástica indiana*, crónica de variado e interesante contenido dividida en cinco libros. Narra la introducción del Evangelio en las primeras tierras descubiertas; señala los violentos tratos que recibían los indios. Inspirado en los escritos de Motolinía y Sahagún, relata costumbres y ritos de la Nueva España; la llegada de los frailes dominicos y agustinos. Contiene valiosos datos sobre la educación que se impartía en los primeros colegios, los religiosos que escribieron su lengua indígena e incluye un excepcional conjunto de biografías de los primeros misioneros. El manuscrito permaneció inédito por más de dos siglos; gracias al empeño del erudito mexicano Joaquín García Icazbalceta, a quien también se le debe la publicación de las *Cartas*, la *Historia* apareció en 1870.

Mendieta murió en México. La narración, aunque sencilla, tiene el mérito de la claridad y el toque original; las biografías destacan por los trazos justos.

"...lo que se ve, oye y habla en la niñez, adelante se toma en costumbre de lo usar".

OBRA REPRESENTATIVA: **Crónica.** *Historia eclesiástica indiana* (1870). **Epistolario.** (*Cartas*, en *Nueva colección de documentos para la historia de México*, 1868, Tomo I).

MENÉN DESLEAL, Álvaro (1931-2000). Pseudónimo de Álvaro Menéndez Leal, escritor salvadoreño; su obra le ha dado un lugar especial en las letras de ese país por la vena grotesca y absurda que la sustenta. Nació en Santa Ana. Se ha distinguido por defender sus ideas políticas, que lo han llevado al exilio en dos ocasiones. Durante los años que vivió en México, se ganó la vida como periodista. Cuando regresó a El Salvador fundó el TELEPERIÓDICO. Ha sido catedrático en la Escuela Normal Superior; ha cultivado el teatro, la poesía y la narrativa. Desde su primer libro: *Cuentos breves y maravillosos* (1962), Menén Desleal se ubicó en el grupo de autores que transpusieron al cuento las características del teatro del absurdo, cuyos maestros son Ionesco y Samuel Beckett. Como dramaturgo se ha destacado con *Luz negra*, pieza con la que ganó el Primer Premio Hispanoamericano de Teatro de 1965. En ella, es clara la influencia de Beckett, tanto en el tema como en la manera de abordarlo. Desde hace varios años Menén vive en Alemania Occidental y continúa escribiendo. En un lenguaje sencillo ha sabido transmitir el sentido trágico del ser humano; en su narrativa el sentido del absurdo se manifiesta ya sea mediante la repetición de una frase ingenua dentro de una situación dramática, o bien gracias al tono poco dramático que utiliza en las descripciones de horror.

"En cierto pueblo había un hombre que hacía llover a voluntad. Un día, borracho, desató una tormenta y murió ahogado".

OBRA REPRESENTATIVA: **Cuento.** *Cuentos breves y maravillosos* (1962) // *Una cuerda de nylon y de oro y otros cuentos maravillosos* (1970) // *Revolución en el país que edificó un castillo de hadas y otros cuentos maravillosos* (1971) // *Hacer el amor en el refugio atómico* (1972) // *La ilustre familia androide* (1972). **Poesía.** *El extraño habitante* (1955) // *Los júbilos sencillos* (sf) // *Banderola de señales* (sf) // *Silva de varia música* (sf). **Teatro.** *Luz negra* (1965) // *El circo y otras piezas falsas* (1965).

MENÉNDEZ LEAL, Álvaro, véase MENÉN DESLEAL, Álvaro.

MERA, Juan León de (1832-1894). En la historia de las letras ecuatorianas Mera aparece como el precursor del Realismo, de la crítica literaria y de la novela indianista. Natural de Ambato, Mera es ejemplo del escritor autodidacta. A pesar de su escasa formación, su producción fue abundante; cultivó la poesía y la prosa. Ocupó varios cargos públicos, entre ellos el de Gobernador de la provincia de Tungurahua; fue presidente del Senado y participó en varias sociedades literarias. Aunque su acción política fue conservadora, en el plano literario representa uno de los grandes momentos de la escuela romántica. La variada y fecunda pluma de Mera innovó en varios campos. Dentro del Romanticismo marcó las pautas del realismo ecuatoriano con los relatos:

"Los novios de una aldea", *"Un matrimonio inconveniente"* y *"Entre dos tías y un tío"*. Dejó expresadas sus opiniones sobre la creación literaria en *Ojeada histórico-crítica sobre la poesía ecuatoriana*, texto considerado como el punto de partida de la crítica. El interés del novelista por la situación social de los indios se manifestó desde sus obras más tempranas. En el prólogo de las *Melodías indígenas* expresó su deseo de hacerse indio para cantarle al pasado indígena. Basado en los hechos históricos del aniquilamiento del Imperio Inca frente al embate español, compuso en 1856 *La Virgen del sol*, en cuyos versos narra aventuras de amor y venganzas, elementos que imprimen al poema un aire novelesco. El lugar que ocupa Mera y que trasciende al ámbito de su país, se debe a *Cumandá*, obra que lo ubica como el precursor de la novela indianista. Conjugó la influencia del estadounidense Fenimore Cooper con la manera de poetizar la naturaleza de Chateaubriand. Así, Mera es romántico en la descripción del vasto paisaje de la sierra oriental del Ecuador, escenario virgen que mostró a los ojos de los europeos. Su tendencia indianista se revela en la elección del tema: la protesta de los indios frente a las injusticias de los blancos. La figura de Orozco, latifundista arbitrario, reaparecerá en las novelas indianistas posteriores. Uno de los elementos de la trama es la reivindicación de los indios, quienes después de la expulsión de los jesuitas regresaron a un estado de *"salvajismo indómito"* debido al maltrato y explotación de los latifundistas. El incesto que amenaza al personaje femenino Cumandá y a Carlos es evitado con la muerte de los dos hermanos. La fuerza de *Cumandá* se propagó, cual radiante influjo, a los demás países latinoamericanos. Su estilo es terso, la frase sonora. Mera captó el lenguaje de los jíbaros y záparos en todo su esplendor regionalista; en las descripciones despierta los sentidos del lector; luz, color y sonidos se reúnen para hacer de las regiones ecuatorianas un canto majestuoso.

"Sin la creencia... el individuo se convierte en el salvaje indómito y la sociedad en una tribu de bárbaros".

OBRA REPRESENTATIVA: **Novela.** *Cumandá* (1879). **Poesía.** *Melodías indígenas* (sf) // *La Virgen del sol* (1861). **Relato.** (*Entre dos tías y un tío* // *Un matrimonio inconveniente* // *Un recuerdo y unos versos*// *Los novios de una aldea*, en *Novelitas ecuatorianas*, 1909).

MEXÍA de FERNANGIL, Diego (¿1550-d.1617). Poeta sevillano vinculado con las tierras americanas del Perú y México; traductor de notable talento, autor de una obra *sui generis* cuya vida en el Nuevo Mundo estuvo marcada por innumerables viajes y penosas travesías. Llegó como buhonero a América entre 1581 y 1584; residió en Lima después de haber viajado por el Perú. Curioso y aventurero, hacia 1596 Mexía se embarcó para la Nueva España; la nave fue azotada por una violenta tormenta obligando al poeta a desembarcar en El Salvador. Desde ahí recorrió en mula 300 leguas hasta llegar a la capital del virreinato. Entre las fatigas del viaje y durante el año que pasó en México, tradujo en magistrales tercetos *Las Heroidas* de Ovidio. En su versión al español la impecable pluma, la fluidez y el natural acierto hacen de él uno de los maestros de la versificación. A su regreso al Perú (1598), dio los últimos toques al texto; lo envió a España (1603) y se publicó en Sevilla. Intituló su obra *Primera parte del Parnaso Antártico de obras amatorias*. La figura de Mexía cobró importancia no sólo por la influencia que como traductor tuvo al difundir a Ovidio, sino porque en esa primera parte incluyó el "*Discurso en loor de la poesía, dirigido al autor y compuesto por una señora principal deste Reino, muy versada en lengua thoscana y portuguesa*". La inclusión de este discurso ha hecho que los estudiosos se enfrenten al problema, casi irresoluble, de la existencia de una poetisa desconocida. Al respecto ha habido opiniones encontradas: entre aquellos para quienes no existió la autora, en cuyo caso adjudican el texto a Mexía, se encuentra Ricardo Palma; para otros como Menéndez y Pelayo esa poetisa anónima tuvo una existencia real. En 1617 Mexía era funcionario de la Inquisición, encargado de inspeccionar y censurar los libros. A su *Primera parte del Parnaso Antártico* siguió otra segunda parte, escrita durante su vida retirada en el Potosí. En ella, el tema es religioso; contiene cerca de 200 sonetos sobre la vida de Cristo, inspirados en la colección de pinturas del jesuita Jerónimo Natal. Se conocen algunos fragmentos del manuscrito inédito que se encuentra en la Biblioteca Nacional de París, en particular aquellos que han llegado hasta nosotros gracias al trabajo de Rubén Vargas Ugarte. En esta *Segunda parte* figura la égloga "*El Dios Pan*" que para algunos es una pieza teatral y en opiniones de otros no se inscribe en el género dramático. Tema este de interés para su estudio. Mexía tuvo la intención de escribir una *Tercera parte*, pero no llegó a realizarla; murió probablemente en el Potosí aunque no se ha fijado la fecha. En los endecasílabos de "*El Dios Pan*", se aprecia la religiosidad que inspiró al poeta maduro y dueño de sus recursos; el brío barroco que recorre sus versos da movimiento a las descripciones de iglesias y altares.

"*...antes la flauta y cítara se quiebre / a quien cantare verso torpe y feo*".

OBRA REPRESENTATIVA: **Poesía.** *Primera parte del Parnaso Antártico de obras amatorias* (1608) // (*El Dios Pan*, en *De nuestro antiguo teatro,* 1943) // (*El buen pastor*, en *Manuscritos peruanos*, 1914, Tomo I).

MICRÓS, véase CAMPO, Ángel de.

MIER, Fray Servando Teresa de (1763-1827). Fraile mexicano, orador combativo, político e historiador. Singular figura precursora de la Independencia en su país en cuya novelesca biografía abundan las persecuciones, los viajes, encarcelamientos y las fugas inusitadas. Nació en Monterrey; provenía de una de las familias más opulentas de la región. Muy joven pasó a la ciudad de México para tomar el hábito de la orden de Santo Domingo. En 1792 obtuvo el título de Doctor en Teología. Impartió clases de filosofía en el convento de su orden. Su excepcional fama como orador marcó el inicio de sus penalidades; a raíz del memorable sermón que pronunció el 12 de diciembre de 1794 en el Santuario de la Virgen de Guadalupe, en el que expuso su punto de vista respecto a la aparición de la guadalupana, la autoridad eclesiástica, representada por el arzobispo Alonso Núñez de Haro, calificó de impía la prédica y lo condenó a diez años de reclusión en el monasterio de Caldas, en Santander, amén de privarlo del título de doctor y prohibirle la predicación y el ejercicio de la cátedra. Luego de haber escapado de su prisión en Caldas, fue aprehendido y recluido en el Convento de San

Pablo en Burgos; ahí permaneció hasta 1796. Audaz e inquieto, pidió se le trasladara a Madrid para que se le hiciera justicia ante el Consejo de Indias. Fue enviado a Salamanca, tomó un camino distinto y fue nuevamente aprehendido en Burgos de donde también logró escaparse. Refugiado en Bayona (1801) emprendió el camino hacia Burdeos con la intención de llegar a París. Durante su estancia en ese país, fundó una academia para la enseñanza del español. Se ganó la confianza y el aprecio del Vicario de París quien le confió la parroquia de Santo Tomás. En 1802 viajó a Roma y logró la secularización por parte del Papa. Al volver a España fue otra vez encarcelado (1804) por una sátira en contra de México. Luego de haberse fugado, de haber sido reaprehendido y vuelto a escapar, Fray Servando se dirigió a Portugal, donde permaneció cerca de tres años. Regresó a España junto con el general Blac para luchar en el ejército de voluntarios en contra de los franceses; después de la batalla de Belchite, éstos lo hicieron prisionero y el intrépido fraile volvió a huir. Enterado del levantamiento de Hidalgo en 1811, se dirigió a Londres para poner su pluma al servicio de la Independencia. Escribió y publicó la *Historia de la revolución de Nueva España, antiguamente Anáhuac*, considerada como la primera historia de la insurgencia. Bajo el nombre del "Doctor José Guerra", Fray Servando escribió bellas páginas palpitantes de amor por la libertad de su pueblo, producto de sus lecturas asiduas de los enciclopedistas franceses. El intrincado recorrido biográfico del fraile mexicano no terminó con la publicación de la *Historia* en Londres; ahí conoció a Francisco Javier Mina con quien planeó la expedición de 1817, malograda con la caída del fuerte Soto la Marina en manos del ejército realista. Considerado como reo peligroso, Fray Servando fue llevado a México y encarcelado en los calabozos del Santo Oficio hasta 1821. Deportado a España, el hábil fraile escapó en La Habana hacia los Estados Unidos de Norteamérica; residió en Filadelfia y una vez consumada la Independencia (1822) regresó a su patria. Participó en la política del nuevo orden social como diputado por Monterrey en el Congreso Constituyente. Perseverante en su sentido de justicia y libertad, Fray Servando manifestó su desacuerdo con la política del Imperio; fue encarcelado por Iturbide, estuvo preso hasta 1823. Con el gobierno del general Guadalupe Victoria, mantuvo su antiguo cargo en el Congreso. En la obra de Fray Servando, el interés literario reside en la *Apología y relaciones de mi vida*, publicada con el título de *Memorias*. Es la narración de su excitante y apasionada existencia; expone el contenido de su célebre sermón; los sucesos que vivió a partir de su llegada a España y su estancia en Portugal. Hacia el final de su vida, el escritor recibió una pensión y vivió en Palacio hasta su muerte. El estilo llano de su prosa, en la que se insertan aquí y allá anécdotas, es ameno. En las descripciones de España, Italia y Francia hay trazos muy bien logrados; la frase es justa como lo son sus observaciones.

"Entonces conocí cuán bien hicieron los padres en dar a sus hijos, aunque fuesen nobilísimos, algún oficio en su niñez [...] Esto sería proveerlos de pan en todos los accidentes de la vida".

OBRA REPRESENTATIVA: **Ensayo.** *Historia de la revolución en Nueva España, an-*

tiguamente *Anáhuac* (1813). **Memorias.** *Memorias* (1876).

MIESES BURGOS, Franklin (1907-1976). Poeta dominicano que ocupa un lugar de primer plano en las letras de su país. Nació en la ciudad de Santo Domingo; fue miembro de una familia burguesa. De temperamento inquieto y poco propenso al estudio, durante su infancia solía pasear por las márgenes del río Ozama, en cuyos recorridos quedaron impresos en su alma de poeta paisajes que evocaría más tarde. Impulsado por su madre, quien poseía una cultura estimable, Mieses Burgos ya escribía versos a la edad de doce años. Fue un lector asiduo de los clásicos y de los modernos; leyó a Paul Fort y a Rilke quienes dejaron huella en su obra. Interesado por la vida literaria de su país, formó parte del grupo de La Cueva al que concurrían poetas que como él pertenecieron a la generación de 1930. Junto con Alberto Baeza Flores y Mariano Lebrón, lanzó en 1943 el primer número de LA POESÍA SORPRENDIDA, revista que creó importantes lazos entre la poesía dominicana y el resto de Hispanoamérica. Parte de su obra se dio a conocer en varias publicaciones periódicas como BLANCO Y NEGRO, donde hacia 1924 publicó algunos versos. En el universo poético de Mieses Burgos está presente el paisaje dominicano; hay lamento social y suave música. Mediante la metáfora y el símil dejó correr las impresiones más suaves; tanto en los versos libres como en los sonetos se percibe el color palpitante de las imágenes.

"La vida es sólo un ancho cementerio sembrado de vocablos / extintos, / de oscuras osamentas, de prehistóricas voces y de gritos difuntos".

OBRA REPRESENTATIVA: **Poesía.** *Sin rumbo ya y herido por el cielo* (1944) // *Clima de eternidad* (1947) // *Presencia de los días* (1948) // *Siete cantos para una sola muerte* (1948) // *El héroe* (1954).

MILANÉS y FUENTES, José Jacinto (1814-1863). Poeta lírico representante del romanticismo cubano en su primera etapa. Nació en Matanzas; fue miembro de una familia de escasos recursos, hecho este que le impidió seguir estudios superiores. Su formación literaria, adquirida de manera autodidacta, provenía de las lecturas de autores españoles, franceses e italianos a los que leyó en la lengua de origen. Se ganó la vida como dependiente en comercios de Matanzas y de La Habana; posteriormente tuvo un cargo administrativo en su ciudad natal. Ahí trabó amistad con Domingo del Monte quien tuvo una marcada influencia en su personalidad poética. Hombre de trágica vida, Milanés tuvo un periodo breve de producción literaria. Se inició en 1837 con la publicación del poema *"La madrugada"*, en el periódico EL AGUINALDO HABANERO y concluyó en 1843 cuando el poeta sintió los estragos de una enfermedad mental. Si bien recobró la razón entre 1848 y 1851, su producción fue escasa durante esa breve temporada de lucidez. En las primeras composiciones, Milanés fue un poeta de sentimiento romántico; cantó a la naturaleza cubana con tono elegíaco, en la íntima emoción de sus versos habló de sus amores frustrados. También supo tocar las cuerdas del erotismo con delicado sentimiento; así lo encontramos en poesías como *"La fuga de la tórtola"*, *"El nido vacío"* y *"La madrugada"*. Siguiendo la orientación y los consejos de Del Monte, Milanés cambió la tónica lírico-sentimental por una tendencia moralizadora. De esta época son: *"El mendigo"*, *"El niño expósito"*, *"El bandolero"* y otras más que constituyen su fase prosaica. También incursionó en el teatro; es autor de *El Conde Alarcón* (1838), drama en verso inspirado en un tema de los romances del siglo XVI, que había sido tratado por Lope de Vega, Antonio Mira de Amescua y Guillén de Castro. Suya es la *Epístola*, escrita en respuesta a la que el poeta mexicano Ignacio Rodríguez Galván, le dedicó cuando éste estuvo en La Habana (1842). En ella Milanés expresó sus sentimientos patrióticos más profundos. Poeta esencialmente lírico, dejó versos suaves y melodiosos, salpicados de notas patrióticas y antiesclavistas. En las piezas de teatro, los elementos románticos se enlazan con el clasicismo en una suave y discreta conjunción.

"Aunque abomino al mandarín malvado / que a remachar mis grillos coadyuva, / nunca comiendo el pan del emigrado / pensé cumplir con mi adorada Cuba".

OBRA REPRESENTATIVA: **Poesía.** (*La madrugada // El nido vacío // La fuga de la tórtola // El mendigo // La ramera // A una madre impura // El niño expósito // El hijo de un rico // El alba y la tarde // Bajo el mango // El beso // El bandolero // De codos en el puente*, en *Poesías*, 1920). **Teatro.** *El Conde Alarcón* (1838) // *Un poeta en la corte* (sf).

MILLA y VIDAURRE, José (1822-1882). Figura señera de la literatura guatemalteca; representante de la novela histórica de corte romántico y creador de personajes literarios que simbolizan el carácter nacional. Conocido con el pseudónimo de "Salomé Jil", Milla nació en la ciudad de Guatemala. Perdió a su madre a los seis años y a su padre poco tiempo después. Se educó bajo la tutela de sus tíos maternos y la protección del rector del Colegio Seminario, el canónigo José María Castilla. Fue becario del Colegio Tridentino, donde adquirió una sólida formación humanística. Desde sus años de estudiante Milla se sintió atraído por las letras. Fue un alumno inquieto, vivaz y aficionado a las lecturas de los clásicos latinos, griegos y españoles. En 1848, con motivo del viaje a Los Altos y La Costa Grande del presidente Carrera, Milla sirvió de amanuense. En 1850 se inició en los asuntos diplomáticos; primero fue oficial de la Secretaría de Relaciones Exteriores, después Subsecretario General del Gobierno y en 1858 viajó por primera vez a los Estados Unidos de Norteamérica con misión especial, en la Legación de Guatemala. A su regreso impartió la cátedra de literatura en la Escuela de Derecho. Con el cambio de gobierno de 1871, Milla emprendió un viaje que duró tres años; estuvo en los Estados Unidos de Norteamérica, en Inglaterra y París. En su país fue delegado del Congreso de Americanistas de Bruselas. Era estudiante cuando inició su vida literaria. Fue redactor de LA REVISTA (1846); tuvo a su cargo la publicación de la GACETA OFICIAL y la HOJA DE AVISOS (1861-1863); fundó LA SEMANA, periódico de corta vida (1864-1871), donde publicó gran parte de su obra. Hacia 1880 fue invitado a colaborar en el DIARIO DE CENTRO AMÉRICA, ahí vio la luz *El canto del sastre* (1880), título que reúne sus últimos cuadros de costumbres. En su producción literaria confluyen dos vetas: la histórica y la de carácter realista. En la primera se destacan, entre otros: *La hija del Adelantado*, publicada en LA SEMANA (1866), para la cual se inspiró en algunos episodios de la vida del conquistador Pedro de Alvarado; *Los Nazarenos*, publicada en el mismo diario (1867), recrea la conspiración de los nazarenos contra el presidente. La vena realista incluye la serie de *Cuadros de costumbres* que aparecieron en la HOJA DE AVISOS (1861) y LA SEMANA (1864). El recorrido por Europa le sirvió de base para el libro de viajes *Un viaje al otro mundo pasando por otras partes* (1875) en el que apareció la figura de Juan Chapén, personaje que representa el sentir guatemalteco cuyo recuerdo aún está vivo entre sus compatriotas. La narración abunda en elementos provenientes del *Quijote*. Milla murió a los sesenta años de edad. Sus obras han tenido varias reediciones. En la prosa se aprecia la justa mesura de las frases; Milla pintó las costumbres, la vida y el espíritu del pueblo guatemalteco de su época en bellos cuadros que provocan la risa en el lector por las flaquezas humanas que describe.

"Cumpla, pues, en buena hora, cada cual su destino: a ti cítara de oro, pluma acerada a mí".

OBRA REPRESENTATIVA: **Novela.** *La hija del Adelantado* (1866) // *Los Nazarenos* (1867) // *El visitador* (1868) // *Un viaje al otro mundo pasando por otras partes* (1875) // *Historia de un Pepe* (1880) // *El canasto del sastre* (1880). **Poesía.** *Don Bonifacio* (1862).

MIRÓ, Ricardo (1883-1940). Escritor y diplomático panameño, figura principal de la poesía en su país, Miró ocupa un primer plano entre los escritores de los inicios de la República. Nació en la ciudad de Panamá; muy joven abandonó la capital para estudiar pintura en Bogotá. Desempeñó varios cargos públicos importantes: residió en Barcelona de 1908 a 1911 en calidad de Cónsul de Panamá. A su regreso de Europa fue nombrado director de los Archivos Nacionales y posteriormente secretario perpetuo de la Academia de la Lengua. Su sensibilidad artística, ya patente en la pintura, se orientó hacia el quehacer literario; en 1907 fundó NUEVOS RITOS, una de las revistas de difusión modernista de mayor alcance. Autor de versátil pluma, Miró escribió cuentos y dos ensayos de novela: *Las noches de Babel* y *Flor de María* (1922). La primera, publicada por entregas en los números de EL DIARIO DE PANAMÁ durante 1913, es un relato de la vida panameña que combina la novela policiaca y el reportaje. El relato ha sido considerado como el antecesor de un conjunto posterior de novelas con tema urbano, entre las que se encuentran *Canal Zone* del ecuatoriano Demetrio Aguilera Malta y *Luna verde* del panameño Joaquín Beleño. *Flor de María,* en cambio, está ubicada en un ambiente provinciano. Sin ánimo de exaltar al hombre y su paisaje, Miró ofrece una serie de historias sencillas que muestran su simpatía por la vida rural. Como poeta, su obra le asegura una estancia en las letras nacionales; en ella confluyen el tema del amor, la soledad y el amor a la patria. Con versos delicados transformó el sentimiento patriótico y la intención cívica en vivencia personal. En el firme sustrato modernista de su poesía afloran los sentimientos personales y profundos de su inspiración poética. Pilar de las letras panameñas, Miró goza de un merecido reconocimiento; en 1945 se institucionalizó en ese país un concurso literario que lleva su nombre. La mayor parte de su producción en prosa fue recopilada póstumamente por Mario Augusto Rodríguez. La poesía de Miró refleja un marcado gusto por el soneto y el endecasílabo; las imágenes logran una sonoridad melodiosa y suave.

"La Patria son los viejos senderos retorcidos / que el pie, desde la infancia, sin tregua recorrió".

OBRA REPRESENTATIVA: **Poesía.** *Preludios* (1908) // *Los segundos preludios* (1916) // *La leyenda del Pacífico* (1919) // *Versos patrióticos y recitaciones escolares* (1925) // *Caminos silenciosos* (1929). **Relato.** *Las noches de Babel* (1913) // *Flor de María* (1922).

MISTRAL, Gabriela (1889-1957). Ilustre poetisa chilena, maestra y diplomática cuyo verdadero nombre fue Lucila Godoy Alcayaga. Su poesía representa una de las obras más significativas de la literatura chilena y de Hispanoamérica de la primera mitad del siglo XX. Su genial escritura la convirtió en el primer escritor hispanoamericano ganador del Premio Nobel de Literatura (1945). Dejó a las letras universales un testimonio de profundas vivencias y enriqueció con sus tres grandes amores: *"la fe, la tierra, la poesía"* a todo un continente. Por la trascendencia de su obra literaria, Mistral no sólo representa un valor internacional sino también el reconocimiento de la inteligencia creadora de la mujer más allá de su fortaleza vital. Nació en Vicuña, en la provincia de Coquimbo; perteneció a una familia humilde. Desde pequeña manifestó un vivo interés por la docencia. A lo largo de su vida alternó el ejercicio magisterial, el literario y el diplomático. Inició su trabajo docente en una aldea llamada La Compañía; dirigió el Liceo de Niñas de los Ángeles (1912-1918) y trabajó en los liceos femeninos de Punta Arenas (1918-1920), Temuco (1920) y Santiago (1921). En 1914, en Santiago, fue premiada en Los Juegos Florales por sus *Sonetos de la muerte*. Fue coetánea de Pablo Neruda, otro de los grandes escritores chilenos, quien recibió sus consejos literarios. En 1922 se trasladó a México por invitación de José Vasconcelos para estudiar las reformas educativas que iniciaban en ese país; comenzó lo que sería una vida de intensa actividad y de continuos viajes. En 1924 pasó a los Estados Unidos de Norteamérica y posteriormente viajó a Europa; en París desempeñó el cargo de representante de su país ante el Instituto de Cooperación Intelectual. En 1929 se encontraba de nuevo en los Estados Unidos de Norteamérica donde ejerció la cátedra y dictó conferencias; realizó algunos viajes a Centroamérica y de 1932 a 1938 desempeñó cargos consulares en Nápoles, Madrid y Lisboa. Después de un corto viaje a Chile, pasó al servicio consular en Niza y luego en Brasil (1940); de ese país viajó a Estocolmo en 1945 para recibir el Premio Nobel. Regresó a los Estados Unidos de Norteamérica como Cónsul en la ciudad de Los Ángeles. En 1955 se trasladó a su patria donde fue galardonada y posteriormente volvió a los Estados Unidos de Norteamérica. Su vida encierra una amarga y triste experiencia en torno al amor de su juventud, que siendo promesa de unión convirtióse en angustia del alma cuando éste decidió, por honor, arrancarse la vida; hecho del cual no hay más referencias. Su obra poética está constituida por *Desolación* (1922), *Tala* (1938) y *Lagar* (1954). En 1924 se publicó el libro intitulado *Ternura* que se desprende de *Desolación* y el cual tuvo otra edición aumentada en 1945. *Desolación*, considerada como su obra maestra, señaló el camino de su trayectoria poética; los versos recopilados en este libro fueron escritos, en su mayor parte, entre los años de 1912 a 1918. El tema del amor que manifiesta desde su fondo trágico y doloroso hasta el sentimiento de fraternidad, atraviesa toda la poesía de Mistral; su palabra musical y su experiencia vivencial en el tiempo van unidos. Expresó el dolor íntimo, la soledad y la desolación; vertió su conciencia sufriente en la piedad por el suicida; cantó a las labores del maestro rural, a la infancia, a la madre soltera y a la naturaleza americana. Al nombrar la naturaleza, la palabra transparente de Mistral adquirió una nueva dimensión poética, cuyo efecto es creer haber vivido, experimentalmente, aquello que se lee. Escribió también cartas, ensayos y recados que son artículos periodísticos en los que elogia libros, paisajes, vidas, etc. La inmortal escritora murió en Long Island, Estados Unidos de Norteamérica. Mistral leyó a los modernistas y profundizó en las fuentes bíblicas. Su poesía está caracterizada por la intensidad emotiva, la elocuencia, el vigor y la transparencia. En cuanto al estilo hay opiniones encontradas respecto a la idea de sencillez.

"Infiel es el aire al hombre que habla, y no quiere guardarle ni siquiera el hálito".

OBRA REPRESENTATIVA: **Ensayo.** *Recado sobre Pablo Neruda* (1936). **Poesía.** *Desolación* (1922) // *Ternura* (1924 y 1945) // *Tala* (1938) // *Lagar* (1954).

MOLINA, Cristóbal de, "El Cuzqueño" (¿1529-1585?). Clérigo y cronista español, célebre quechuista cuya vida y obra se lograron esclarecer hasta 1916. Durante mucho tiempo se le confundió con el otro clérigo del mismo nombre. En la historia se registra la existencia de dos cronistas homónimos; llegaron a América por las mismas fechas; vivieron en el Cuzco y ambos estudiaron el pasado incaico. Los datos que permitieron establecer la biografía de Molina provienen de su propia obra como cronista; en ella consta que fue cura de la Parroquia de los Remedios. Se afirma que fue predicador en lengua quechua; que en 1572 y 1575 el virrey Toledo lo nombró visitador del Cuzco y sus parroquias; de ahí que se le conozca como "El Cuzqueño". También se creyó que era mestizo, nacido quizás en el Cuzco; nuevas fuentes disiparon esa suposición. En un texto que arroja luz sobre el origen del cronista, se atestigua que nació en Baeza, Andalucía. Se cree que llegó al Cuzco hacia 1556 y en 1565 debió ser nombrado cura de la parroquia. Aprendió el quechua con dedicación, y en 1583 ayudó a traducir al quechua la primera doctrina cristiana; fue apoderado de los indios en las ocho parroquias del Cuzco; en 1582 abogó por ellos con el fin de que se les eximiera del pago de tributos. En su trato con los indios mostró una gran dedicación; se dice que estuvo al lado de Túpac Amaru el día de su ejecución. De su obra también se tienen datos indirectos; en su crónica principal, *Los ritos y fábulas de los incas*, se hace mención repetidas veces de la *Historia de los ingas*, aunque no se cuenta con suficientes datos sobre esta última. La primera representa un documento invaluable de la cultura inca. El cronista narra de manera ágil y detallada las tres fiestas religiosas principales: la fiesta del Sol o *Inti Raymi*; la *Situa*, o día de buenos augurios, y el *Cápac Raymi*, o fiesta iniciadora en la que se les confería la nobleza y el valor a los jóvenes. La prosa de Molina es transparente y objetiva, está lejos de ser apologética o de enjuiciar los hechos que narra.

"Y a los veintiún días del dicho mes, todos los que se habían armado caballeros se iban a bañar a una fuente llamada Calixpuquio, que está detrás

de la fortaleza del Cuzco [...] Quemaban también unos pájaros llamados pilco pichio [...] para los que se habían armado caballeros, rogando al Hacedor y Sol siempre fuesen aquellos venturosos en las cosas de la guerra".

OBRA REPRESENTATIVA: *Historia de los ingas* (sf) // *Los ritos y fábulas de los incas* (s. XVII).

MOLINA, Cristóbal de, "El Chileno" (1494-1580). Cronista y clérigo español. Durante mucho tiempo, su vida fue confundida con la de otro cronista. Se pensó que la vida de "El Chileno" y la de "El Cuzqueño", los dos cronistas, eran la misma. En la actualidad, gran parte de las dudas y las confusiones se han aclarado. Gracias a fuentes indirectas se sabe que, después de haber llegado al Perú, Molina acompañó a Almagro en su viaje de descubrimiento de Chile (1535-1536). Conforme a los datos reunidos, es posible que el cronista haya nacido en Legamiel, cerca de Huete. Después de su viaje con Almagro la pista de Molina se pierde hasta el año de 1551, en que aparece como sochantre en la Catedral de Lima. Los críticos señalan que en 1578, trastornado y de edad avanzada, ya no oficiaba. Murió en Santiago de Chile, aunque no se ha podido determinar la fecha de su fallecimiento. Si la biografía de Molina se ha reconstruido entresacando datos de fuentes indirectas, para los críticos ha sido aún más difícil determinar su obra. El manuscrito de la crónica que se le atribuye se conserva en el Archivo de Indias; se trata de *Conquista y población del Perú*, no tiene fecha, ni firma. El padre Las Casas lo leyó y lo citó como anónimo y durante mucho tiempo la crítica lo consideró de igual manera; incluso en la publicación chilena de 1873, el nombre de Molina no aparece. Aunado al anonimato, el hecho de que se le haya atribuido la crónica a otros clérigos ha venido a aumentar la confusión. En 1842, apareció una traducción al francés la que, erróneamente, se le atribuyó a Fray Marcos de Niza; éste no viajó a Chile ni conoció el Cuzco. Estudiosos como Jiménez de la Espada, recientemente han adjudicado la paternidad de la crónica al padre Molina, debido a que en ella su autor declara ser clérigo y haber estado con Almagro en el descubrimiento de Chile. La crónica es de poca extensión; en ella se narran hechos de la conquista del Perú comprendidos entre los años 1534-1537; en estilo fluido, transmite su preocupación por la vida de los indios, sus costumbres, ritos y creencias religiosas.

"Y así estaban éstos cantando desde que salía el Sol hasta que se encubría del todo, y como hasta el mediodía el Sol iba saliendo, ellos iban acrecentando las voces, y de medio día abajo las iban menguando, teniendo gran cuenta con lo que el Sol caminaba".

OBRA REPRESENTATIVA: *Conquista y población del Perú* (1873).

MONTALVO, Juan (1832-1889). Ilustre ensayista y polemista ecuatoriano. Gran maestro del idioma cuya prosa ha sido estimada como una de las más ricas en Hispanoamérica del siglo XIX. Para algunos, fue el creador del *ensayo* en el mundo hispánico y uno de los precursores del Modernismo debido al estilo y valor estético que imprimió en su prosa. Figura de contrastes, en la personalidad de Montalvo se reúnen el espíritu combativo, impetuoso, arrebatado y la inteligencia atemperada e impasible. En el plano literario fue de tendencia conservadora; en el político, liberal. Nació en la ciudad de

Ambato, en los Andes ecuatorianos. Realizó estudios en el Convictorio de San Fernando y en el Seminario de San Luis de Quito; interrumpió sus estudios universitarios. Hacia 1856 viajó por vez primera a Europa con funciones diplomáticas, entre las cuales fungió como secretario de la Legación de su país en París. En su juventud fue gran admirador de Lamartine a quien conoció durante su residencia en Francia. Hacia 1860, Montalvo regresó a Ecuador; su participación en la agitada vida política de su nación la desarrolló mediante su perspicaz y penetrante escritura, heredera de la tradición polémica hispanoamericana. A través de una carta (1860) y tiempo después con la publicación del periódico político y literario EL COSMOPOLITA (1866-1869), se opuso al régimen teocrático de García Moreno. A raíz de los efectos de su pluma, se vio obligado al destierro en la pequeña Ipiales, conocida también como la "Ciudad de los Tres Volcanes" en Colombia, cercana a la frontera con Ecuador. Poco después de su destierro realizó un corto viaje a Francia, esta vez como proscrito; regresó a Ipiales en 1870. Los diferentes sentimientos vividos por el ensayista en su primer y segundo viaje a Francia ofrecen elementos interesantes para configurar su perfil biográfico y su desarrollo como escritor. De 1871 a 1875 produjo las obras que constituyen su fama y valor en las letras del Continente: *Siete tratados*; *Capítulos que se le olvidaron a Cervantes, ensayo de imitación de un libro inimitable* y *Geometría moral*, considerada por algunos estudiosos como un octavo tratado. La primera fue publicada en Besanzón en 1882; la segunda y tercera obras tuvieron ediciones póstumas en Besanzón (1895) y en Madrid (1902) respectivamente. La *Geometría* fue prologada por Juan Valera. El trabajo literario del destierro lo llevó a cabo sin libros; sólo pudo confiar en su memoria, la cual demostró sus prodigios en la elaboración, sobre todo, de los *Capítulos*. Sus *Tratados* giraron en torno a una gran variedad de temas, llevan por títulos: "*De la nobleza*"; "*De la belleza en el género humano*"; "*Réplica a un sofista seudo-católico*"; "*Del genio*"; "*Los héroes de la Emancipación sudamericana*"; "*Los banquetes de los filósofos*" y "*El buscapié*", incluido en los *Capítulos* a manera de prólogo. Las tradiciones literarias en la obra de Montalvo son tan vastas como su cultura. La elaboración de sus *Tratados* que asumen más las propiedades de un ensayo, encontraron su principal fuente de influencia en Bacon, Montaigne y Addison. Le dio a la prosa fuerza artística; dentro de los cauces de un estilo caracterizado por cierto retorcimiento barroco de la frase y lleno de digresiones que fluyen libremente sin las exigencias formales de la lógica, hizo del accidente materia esencial para descubrirse a sí mismo y afirmar con autenticidad vivencial e imaginación sus certidumbres. Hay quienes ven en Montalvo a un pensador; otros, a un prosista con extraordinarias aptitudes filosóficas. Fue en la prosa clásica española y no en la tradición de los gramáticos donde Montalvo buscó y halló una fuente de inspiración creativa, que lo llevó a reinterpretar su americanismo a partir de sus orígenes. Prestigió el casticismo a pesar de su admiración por el genio francés e inglés. En sus *Capítulos*, obra de moral, actualizó al Quijote ejercitando un estilo propio a imitación del de Cervantes; captó con maestría inigualable la esencia contrastada del inmortal Quijote.

Su *Geometría,* ensayo que trata del amor, guarda estrecha relación temática y formal con el tratado *"De la belleza"*; refiriéndose a la *Geometría,* Juan Valera destacó la figura de Montalvo como *el más complicado, el más raro, el más originalmente enrevesado e inaudito de todos los prosistas del siglo* XIX. Amó la virtud y transmitió valores basados en los principios de la moderación y el sufrimiento. Por sus críticas religiosas se le acusó de heterodoxia, a pesar de que conservó y manifestó un profundo sentido religioso. En 1875, cuando murió asesinado García Moreno, Montalvo regresó a Quito y continuó prestando su apoyo a la causa liberal. Se opuso al general Veintimilla a través del periodismo y de sus *Catilinarias,* famosa obra satírica, publicada en Panamá entre 1880 y 1882. En este último año, regresó a Francia donde residió hasta su muerte. Durante ese periodo visitó Madrid y estableció contacto con Castelar, Núñez de Arce y otros. En Francia, además de sus *Tratados* publicó otros trabajos. Murió vestido de gala a la altura de lo que él consideraba el valor de la dignidad, la decencia y la solemnidad. Dejó escuela; Rodó escribió uno de los mejores ensayos sobre Montalvo. Aunque parte de su obra pierda actualidad debido al carácter circunstancial, su valor histórico permanece por la vital fuerza del estilo. Su prosa es rica en metáforas, aforismos, vocabulario, imaginación, pensamientos, giros y formas sintácticas. Reutiliza construcciones del español del siglo XVII; su lengua busca el artificio. Tiene su estilo el don de la evocación, de la descripción y del retratista; del humor y la sátira, del lirismo profundo y de la reflexión filosófica.

"El que no tiene algo de don Quijote, no merece el aprecio ni el cariño de sus semejantes".

OBRA REPRESENTATIVA: **Prosa.** *Catilinarias* (1880 y 1882) // *Siete tratados* (1882, 2 Vols) // *El espectador* (1886-1892, 3 Vols) // *Capítulos que se le olvidaron a Cervantes* (1895) // *Geometría moral* (1902).

MONTERROSO, Augusto (1921-). Diplomático y cuentista guatemalteco; célebre figura de las letras hispanoamericanas quien con original pluma renovó el género de la fábula. La vida de Augusto "Tito" Monterroso Bonilla ha transcurrido en su país y en México. El origen modesto de su familia y el *"miedo a los exámenes"*, como él dice, lo hicieron abandonar los estudios. Hacia los quince años inició su formación autodidacta; alternaba sus visitas a la Biblioteca Nacional de Guatemala con el trabajo que tenía en una carnicería. Leyó a Lord Chesterfield y Victor Hugo; entre sus autores preferidos están Proust, Thomas Mann, Tolstoi y en particular Borges y Thurber a quienes considera sus maestros. En su país, tomó parte en la manifestación popular en contra del gobierno de Ubico; fue uno de los 311 que firmaron el manifiesto pidiendo su renuncia. Junto con sus compañeros revolucionarios fundó el diario EL ESPECTADOR. Hostigado por la política de Ponce, en 1944 abandonó Guatemala y llegó a México. Durante el gobierno de Arbenz, desempeñó el cargo de Vice-cónsul de Guatemala en México y fue Cónsul en Bolivia. Al caer Arbenz (1954) renunció a sus cargos diplomáticos y se exilió en Chile, ahí trabajó como secretario de Pablo Neruda y residió hasta 1956, año en que regresó a México. En ese país se incorporó a la vida cultural y publicó la mayor parte de su obra. Durante 1957-1960 fue becario de El Colegio de México; en la Facultad de Filosofía y Letras de la Universidad Nacional Autónoma de México fue profesor y jefe de redacción de la revista UNIVERSIDAD DE MÉXICO; dirigió en varias ocasiones los talleres de cuento y narrativa. Su labor como traductor incluye obras de J. M. Cohen, Jonathan Swift y Ved Mehta. Comentada y traducida a varias lenguas, la singular obra de Monterroso combina el humor y la sátira para hablar del hombre y su tiempo. Se dio a conocer con el sugestivo título de *Obras completas y otros cuentos*, publicado en México en 1959, en el que el autor recoge cuentos escritos desde 1946. Autor de lo breve, sus textos van de una a media página, e incluso son de dos líneas o de una sola como es el caso de *"El dinosaurio"*. Diez años más tarde, cuando se le creía casi olvidado publicó *La oveja negra y demás fábulas* (1969) libro que admiró a la crítica por el eficaz tratamiento de un género que parecía desusado. En sus fábulas, bajo la máscara de los animales subyace el hombre contemporáneo con sus ambiciones y debilidades. Mediante el humor sutil, sus páginas traspasan la realidad del hombre para descubrir la vanidad de sus empresas. Uno de los recursos es la ironía, de la cual no sólo el otro es objeto sino el propio autor, como cuando habla de su situación de escritor en la fábula del mono. A estos dos títulos siguió *Movimiento perpetuo* (1972) obra *sui generis* que contiene cuentos breves, aforismos, notas de diario, poemas en prosa y ensayos, algunos de ellos dedicados a Jorge Luis Borges. En la actualidad, Monterroso reside en México, país que ha considerado como su segunda patria y donde recibió en 1996 el Premio Juan Rulfo. Laconismo, brevedad y humorismo son las notas que caracterizan su peculiar estilo. Su admirable capacidad para fabular se muestra en un lenguaje sencillo y conciso; sus fábulas carecen del sentido aleccionador y del final moralizante.

"La vida no es un ensayo, aunque tratemos muchas cosas; no es un cuento, aunque inventemos muchas cosas; no es un poema, aunque soñemos muchas cosas. El ensayo del cuento del poema de la vida es un movimiento perpetuo".

OBRA REPRESENTATIVA: **Cuento-fábula-relato.** *El concierto y el eclipse* (1952) // *Uno de cada tres y el centenario* (1954) // *Obras completas y otros cuentos* (1959) // *La oveja negra y demás fábulas* (1969) // *Animales y hombres* (1971) // *Movimiento perpetuo* (1972) // *Lo demás es silencio* (1978) // *Antología del cuento triste* (1992) // *Esta fauna* (1992) // *Cuentos, fábulas y lo demás es silencio* (1996). **Otros.** *La palabra mágica* (1983) // *La letra e [fragmentos de un diario]* (1987) // *Los buscadores de oro* (1993) // *La vaca* (1998).

N

NAVARRETE, Fray Manuel de (1768-1809). Figura de relieve en la lírica mexicana en cuya obra transita la inspiración neoclásica y se perfilan los rasgos del movimiento romántico. Hijo de una familia ilustre, aunque de escasos recursos, Navarrete nació en Zamora, Michoacán; estudió latín en su ciudad natal. A los diecinueve años de edad, inclinado a la vida monástica, entró en el convento franciscano de San Pedro y San Pablo, en Querétaro. Hombre sencillo y de carácter afable, la vida religiosa de Navarrete transcurrió tranquilamente; pasado su noviciado estuvo tres años en Celaya estudiando filosofía; regresó a Querétaro para terminar sus estudios de teología. Tuvo a su cargo la cátedra de latinidad en San Pedro y San Pablo y ya ordenado sacerdote, hacia 1805, fue predicador en Silao. El poeta michoacano gozó de fama en su tiempo; en 1806 empezó a publicar sus versos en las páginas del DIARIO DE MÉXICO, periódico recién fundado (1805). El renombre que alcanzó lo hizo merecedor del cargo de Mayoral en la Arcadia, academia que agrupaba a los poetas de inclinación neoclásica. Su producción revela dos facetas: los poemas de juventud en los que se reconoce la influencia del español Meléndez Valdés, visible en particular en los temas amorosos, y la etapa de madurez en la cual, alejado de la poesía pastoril, adopta el tono elegíaco. Autor de la *"Noche"* y *"Ratos tristes"*, Navarrete dejó sentir la melancolía y el desencanto que preludian el sentimiento romántico. Era guardián del Convento de Tlalpujahua cuando murió. Poeta armonioso en el que la espontaneidad, la frescura y la delicadeza sensitiva se conjugan en un lenguaje que mana sin esfuerzos, sin ostentación.

"...yo no soy enemigo de los hombres, / y sólo por mis penas / antepongo el retiro a las ciudades".

OBRA REPRESENTATIVA: **Poesía.** (*Noche // Ratos tristes,* en *Entretenimientos poéticos*, 1823, 2 Vols).

NERUDA, Pablo (1904-1973). Ilustre poeta chileno, traductor y diplomático cuyo verdadero nombre fue Neftalí Ricardo Reyes Basoalto. Ganador del Premio Nacional de Literatura en 1945; del Premio Internacional de la Paz en 1950; del Premio Stalin en 1954 y del máximo galardón internacional, el Premio Nobel de Literatura 1971, su pluma influyó poderosamente en las letras contemporáneas de Hispanoamérica y adquirió valor universal. Produjo una de las obras más vastas, variadas y ricas de Chile y del Continente. El dinamismo y la fuerza de su creatividad transparentan la historia de un hombre en permanente e intensa búsqueda de sí mismo y del mundo; de los interiores, de los exteriores y de su equilibrio. La atracción que ha ejercido su poesía a nivel mundial se refleja en las numerosas ediciones de sus libros y la traducción de algunos volúmenes a más de 20 lenguas. El poeta nació en Parral; siendo niño su familia se trasladó a Temuco y ahí realizó sus primeros estudios. Su vocación para las letras se manifestó desde su niñez; en su adolescencia temprana ya participaba en un periódico del lugar y en la revista CORRE VUELA de

Santiago. En ese entonces conoció a Gabriela Mistral quien fue el primer escritor de Hispanoamérica en recibir el Premio Nobel de Literatura (1945). En 1921 se trasladó a la capital; en el Instituto Pedagógico cambió la carrera de profesor de estado por los estudios de francés que no concluyó. Fue un viajero incansable y ocupó desde 1927 distintos cargos diplomáticos en Birmania, Madrid, México y Francia, entre otros países. A su paso conoció importantes personalidades y dejó huella en la cultura de diversas naciones. Se interesó por la problemática política del ser humano y luchó incorporándose al Partido Comunista de su país. Sufrió la persecución del gobierno de González Videla y encontró refugio en Argentina (1949). Alternó sus actividades diplomáticas y políticas con un arduo ejercicio literario que para su estudio se ha dividido en etapas o épocas literarias; éstas, responden tanto a los cambios temáticos y conceptuales como al dinámico proceso emocional de su vida. Su trayectoria poética puede dividirse en cinco etapas fundamentales: la primera está señalada por *La canción de fiesta* (1921) y *Crepusculario* (1923). Para algunos, el tono de estas obras es aún modernista, y para otros postmodernista de acento romántico; es poesía amorosa en la que se dejan oír las influencias de Sabat Ercasty, Maurice Maeterlinck y Marceline Desbordes Valmore. Hay quienes opinan que en *Crepusculario* se dejan entrever algunos rasgos de su futura personalidad poética como su rebeldía y sensibilidad respecto a la naturaleza. La segunda etapa está señalada por *Veinte poemas de amor y una canción desesperada* (1924) y *Tentativa del hombre infinito* (1926). Ciertos críticos opinan que *Veinte poemas*, uno de sus libros más acogidos, cierra su primera etapa; sin embargo hay consenso en el sentido de que representa un libro cuyas elaboradas imágenes y su sencilla, natural, sincera y libre expresión lo hacen más personal. El elemento erótico en *Veinte poemas* se conservó en gran parte de su producción posterior. *Tentativa del hombre infinito* revela la influencia del movimiento surrealista y está caracterizado por un libre impulso de la inspiración poética que se proyecta en el flujo de imágenes y sintaxis. La tercera etapa está señalada por *Residencia en la tierra* (Tomos I y II, 1934 y 1935); algunos ven estos libros como una segunda etapa. *Residencia* explora el mundo del inconsciente al estilo surrealista; la vida se le presenta como en parcelas y a la manera de un sueño en el que se deforma la realidad; así, expresa sentimientos en los que priva la angustia, el absurdo, la soledad y el camino de la muerte fragmentada. En la poesía de *Residencia* es posible captar la manera en cómo crea el poeta. Se ha señalado la relación que Neruda establecía entre aquel mundo devastador y la ciudad agobiante. En 1939 apareció *Tercera residencia* que para algunos pertenece a una cuarta etapa que está representada por *España en el corazón* (1937), *Canto general* (1950) y *Los versos del capitán* (1952). Otros sitúan *España en el corazón* y *Canto general* como las obras más representativas de una tercera etapa. En este periodo, el poeta va alejándose gradualmente del desolado mundo interno y comienza a incorporarse al mundo exterior; despierta en él una conciencia política que lo lleva a transformar su visión del mundo y a luchar por la causa de los oprimidos; *España en el corazón* canta con sinceridad la guerra civil española. La esperanza renace y el sentimiento americano aflora en el pasado, en el presente y en la naturaleza de América, vertido en los miles de versos que componen el *Canto general*. Se ha señalado el aliento épico del gran poema que recuerda la tradición de Bello, Gutiérrez y Lugones. Se ha llegado a considerar el *Canto general* como la obra maestra de Neruda. En *Los versos del capitán*, el poeta retomó el amor como tema en la perspectiva de producir una obra de madurez, en torno a ese sentimiento que lo inundaba. Por último, la quinta etapa está señalada por *Odas elementales* (1954), *Estravagario* (1958), *Memorial de Isla Negra* (1964), *La barcarola* (1967) y otros libros que publicó antes y después de recibir el Premio Nobel. En esta etapa el poeta buscó la sencillez y con arte vivaz y jubiloso, lo mismo le cantó a una alcachofa que a la pobreza, al tomate que a la pereza. Continuó su vena romántica y abordó el paisaje marino. Realizó su biografía poética en *Memorial de Isla Negra* en cinco volúmenes y se fue despidiendo con resignación, sin haber permitido que sus versos perdieran nunca la fuerza del arte y de su pasión. Escribió también prosa y fue traductor de escritores como James Joyce, Rilke y Marcel Schowb. Su obra ha sido recopilada en *Obras completas*. Murió en Santiago de Chile, después de haber sido embajador de su país en Francia. La gama de recursos estilísticos de su poesía es muy variada; supo conjugar con maestría expresiones coloquiales e imágenes elaboradas; hizo uso de la reiteración, de la repetición y del ritmo asociado a la capacidad respiratoria.

"Es tarde ya. Tal vez / sólo fue un largo día color de miel y azul, / tal vez sólo una noche, como el párpado / de una grave mirada que abarcó / la medida del mar que nos rodeaba, / y en este territorio fundamos sólo un beso, / sólo inasible amor que aquí se quedará / vagando entre la espuma del mar y las raíces".

Obra representativa: **Novela.** *El habitante y su esperanza* (1926). **Memorias.** *Confieso que he vivido* (1974). **Poesía.** *La canción de fiesta* (1921) // *Crepusculario* (1923) // *Veinte poemas de amor y una canción desesperada* (1924) // *Tentativa del hombre infinito* (1926) // *Residencia en la tierra* (1934 y 1935, Tomos I y II) // *España en el corazón* (1937) // *Tercera residencia* (1939) // *Canto general* (1950) // *Los versos del capitán* (1952) // *Odas elementales* (1954) // *Estravagario* (1958) // *Memorial de Isla Negra* (1964, 5 Vols) // *La barcarola* (1967) // *La espada encendida* (1970) // *El mar y las campanas* (1973) // *Libro de las preguntas* (1974). **Teatro.** *Fulgor y muerte de Joaquín Murrieta* (1967).

NERVO, Amado (1870-1919). Escritor mexicano, periodista y diplomático. Considerado como una de las figuras más destacadas del modernismo en su país y del Continente, produjo una extensa obra en verso y prosa que ha sido fuente inagotable de estudio y objeto de numerosas ediciones. Oriundo de Tepic, capital del actual estado de Nayarit, Nervo manifestó desde temprana edad su vocación para las letras. Quedó huérfano de padre aún siendo niño; en 1884 su madre lo envió al pueblito de Jacona, en el estado de Michoacán, para que realizara en el colegio de aquel lugar su primera instrucción. Posteriormente pasó al Seminario de ciudad Zamora donde cursó ciencias, filosofía y sólo el primer año de la carrera de leyes (1886-1889), pues la facultad, anexa al seminario, fue suprimida. En 1891 reingresó al Seminario, pero esta vez para seguir los estudios de teología; al parecer por problemas económicos de su familia, se vio obligado a abandonarlos y, tras una corta estancia en Tepic, se trasladó a Mazatlán donde inició su carrera como periodista colaborando en El Correo de la Tarde. Hacia 1894 pasó a la ciudad de México y comenzó lo que fue una intensa y productiva vida literaria y periodística; artículos, crónicas diversas, poesía y narrativa brotaron de su pluma que ganó gran popularidad. Colaboró en la Revista Azul, importante órgano de difusión del Modernismo, fundada por su contemporáneo Manuel Gutiérrez Nájera. Estableció relación con destacados escritores de su época como José Juan Tablada y Luis G. Urbina. Sus horizontes se extendieron aún más cuando en 1900 el periódico El Imparcial lo envió a París como corresponsal; en esa ciudad conoció a varios escritores franceses y a Rubén Darío, con el que cultivó una profunda amistad. París fue también el escenario donde se unió la vida del escritor con la de Ana Cecilia Luisa Dailliez, el amor de su vida y musa de muchos de sus poemas. Fecundo trabajo literario, bohemia y lucha por la sobrevivencia —cuando el diario suspendió su corresponsalía— caracterizaron su estancia en Europa. Ya había alcanzado prestigio cuando regresó a su país hacia 1903. En 1905 ingresó en la diplomacia y pasó a Madrid como parte de la Legación mexicana; su labor literaria y periodística de entonces rindió frutos; crítica literaria, crónicas, poesía y narrativa lo consagraron. Alcanzó gran popularidad en España e Hispanoamérica y entabló amistad con Miguel de Unamuno y otros escritores. En 1912 murió su bienamada Ana Cecilia y sufrió una fuerte crisis; seis años después regresó a su patria llamado por el gobierno y fue designado Ministro Plenipotenciario en Argentina y Uruguay. Como periodista llegó a dirigir la Revista Moderna, otro importante órgano de difusión del modernismo hispanoamericano y de obras europeas; en ella colaboraron destacados escritores latinoamericanos y españoles. El espíritu que animó la obra poética de Nervo fue su sinceridad; la meditación lo llevó a transmitir en líricas armonías las más profundas confidencias de su alma en torno al amor y a la religión; confidencias cuyos contenidos evolucionaron en el tiempo de acuerdo a nuevas experiencias e inquietudes. Sus composiciones reflejan esos cambios y los diversos caminos que ensayó para describirlos y encontrar respuestas a las nuevas interrogantes que surgen de todo cambio vivido. Así, podemos encontrar en algunos de sus versos la desesperación ante el enigma de la muerte y, en otros, la reconciliación serena y melancólica con la vida, nacida del amor y la ternura; el trazo romántico, simbolista, parnasiano o la intención de diafanidad, sencillez formal y simplificación. Nervo ha sido considerado como un poeta místico de singular factura. La realidad fugitiva y los deseos insatisfechos; el dolor de la muerte y la búsqueda de la serenidad, la plenitud y la belleza eterna que viven en su obra lo llevaron a incursionar en la espiritualidad oriental. Entre sus principales obras se encuentran: *Mañana del poeta*, versos escritos entre 1886 y 1891 que fueron recopilados por Alfonso Méndez Plancarte en 1938; *Perlas negras* (1898); *Místicas* (1898); *Poemas* (1901); *El éxodo y las flores del camino* (verso y prosa, 1902); *Lira heroica* (1902); *Los jardines interiores* (1905); *En voz baja* (1909); *Serenidad* (1914); *Elevación*

(1917); *Plenitud* (1918); *El estanque de los lotos* (1919); *La amada inmóvil*, escrita en 1912 y publicada póstumamente en 1920, y *El arquero divino*, escrita entre 1915 y 1918 y publicado después de su muerte en 1922. Ejercieron importante influencia en el poeta Verlaine y Darío. La obra en prosa de Nervo es muy variada, y al igual que su poesía refleja dinamismo y evolución. Cabe destacar el ensayo *Juana de Asbaje*, publicado en Madrid en 1910; la novela de corte naturalista *El Bachiller* (1895) que le dio fama y que suscitó grandes polémicas, y los cuentos *Almas que pasan*, publicados en Madrid en 1906. Las obras completas de Nervo se reunieron en 29 volúmenes; estuvieron a cargo del insigne escritor Alfonso Reyes y fueron publicadas en Madrid (1920-1928). Su prestigio y popularidad no han decaído. El poeta murió en Montevideo en ejercicio de sus funciones diplomáticas. Sus restos fueron trasladados a su país y depositados con honores en la Rotonda de los Hombres Ilustres. En su poesía hay elegancia, sutileza y ritmos nuevos y raros; emotividad y sinceridad. Con el tiempo, Nervo buscó y encontró la extrema simplicidad rehuyendo de todo artificio. En sus crónicas destacan la sobriedad, la gracia y el fino humorismo. En sus novelas mostró gran capacidad para la observación y delicadeza para describir paisajes. En sus cuentos es relevante la ironía, la crítica social, el humor y la fantasía; en algunos se refleja la búsqueda de su ideal maduro de la simplicidad.

"Yo no sé nada de literatura, / ni de vocales átonas o tónicas, / ni de ritmos, medidas o cesura / ni de escuelas..."

OBRA REPRESENTATIVA: **Cuento.** *Almas que pasan* (1906). **Novela.** *El bachiller* (1895) // *El donador de almas* (1899) // *El diablo desinteresado* (1916) // *El diamante de la inquietud* (1917) // *Una mentira* (1917) // *Un sueño* (1917) // *Amnesia* (1918). **Poesía.** *Místicas* (1898) // *Perlas negras* (1898) // *Poemas* (1901) // *El éxodo y las flores del camino* (verso y prosa, 1902) // *Lira heroica* (1902) // *Los jardines interiores* (1905) // *En voz baja* (1909) // *Serenidad* (1914) // *Elevación* (1917) // *Plenitud* (1918) // *El estanque de los lotos* (1919) // *La amada inmóvil* (1920, edición póstuma) // *El arquero divino* (1922, edición póstuma) // *Mañana del poeta* (1938, edición póstuma). **Prosa.** *Ellos* (1912) // *Mis filosofías* (1912) // *Fuegos fatuos y pimientos dulces* (1951, edición póstuma).

NIGROMANTE, El, véase RAMÍREZ, Ignacio.

NOVO, Salvador (1904-1974). Destacado escritor mexicano, comediógrafo, director y actor de teatro, traductor, cronista, periodista, ensayista, crítico de arte y catedrático. Hombre dedicado plenamente al ejercicio literario, produjo una vasta y diversa obra cuyo valor artístico lo sitúa entre los autores más significativos de la literatura contemporánea mexicana. Nombrado Cronista de la Ciudad de México en 1965, dejó páginas inolvidables acerca de su ciudad capital. Formó parte de los Contemporáneos, prestigiado grupo de poetas que recibió el mismo nombre de la revista que sus miembros crearon en 1928. Considerados como una auténtica generación, los Contemporáneos se preocuparon por el valor de la literatura y se caracterizaron por una sensibilidad afín, una formación intelectual rigurosa, un interés por el arte nuevo y una necesidad de participar en lo universal. Fueron herederos de la literatura modernista, de la filosofía y obra del Ateneo de la Juventud, de la obra de

Ramón López Velarde y participaron de las corrientes vanguardistas. Manifestaron especial predilección por la literatura de la NOUVELLE REVUE FRANÇAISE. En grado diferente penetraron en obras de autores españoles, norteamericanos, ingleses, italianos e hispanoamericanos. Entre algunos de sus modelos más significativos están: Marcel Proust, Jean Cocteau, André Gide, Guillaume Apollinaire, T. S. Eliot y Juan Ramón Jiménez. Además de Novo, la generación estuvo formada por Bernardo Ortiz de Montellano, Carlos Pellicer, José Gorostiza, Enrique González Rojo, Xavier Villaurrutia y Gilberto Owen. Su obra individual y colectiva renovó la poesía mexicana. Novo nació en la ciudad de México; de 1910 a 1916 residió en Torreón, Coahuila. Desde su infancia manifestó vocación para las letras. Luego, pasó de nuevo a la capital. En la Escuela Nacional Preparatoria conoció a otros futuros Contemporáneos como Xavier Villaurrutia y Jaime Torres Bodet. Inició la carrera de leyes pero la interrumpió. Colaboró y fundó diversas revistas literarias y como otros miembros de los Contemporáneos, dedicó parte de su tiempo a la enseñanza de la literatura. Enseñó historia del teatro en el Conservatorio Nacional y técnica de actuación en la Escuela de Arte Dramático del Instituto Nacional de Bellas Artes; en ese mismo Instituto dirigió el Departamento de Teatro (1946-1952) y en 1953 inauguró en Coyoacán su propio teatro al que llamó La Capilla, empresa que contribuyó al desarrollo del teatro nacional. Perteneció a la Academia Mexicana de la Lengua y recibió en 1967 el Premio Nacional de Literatura. La poesía de Novo canta la soledad, la desolación y el amor. Si bien las composiciones del poeta expresan profundas emociones, la confesión lírica queda a menudo atrapada en una singular ironía y en el humor coloquial. Tradujo a diversos poetas franceses y norteamericanos. Como hombre de teatro, participó como actor en el Teatro de Ulises que fundó en 1928 junto con Xavier Villaurrutia; tradujo a O'Neill, Synge, Cantini, Viola, Lord Dunsany y Roussin; adaptó diversas obras entre las que figuran *Don Quijote* (1947) y *Astucia* (1948) de Luis G. Inclán, y escribió piezas originales. El autor gozó de enorme prestigio y murió en la ciudad de México a los setenta años de edad. Aunque no todas sus obras tienen la misma fuerza en su estructura general, logró elaborar personajes bien dibujados y diálogos ágiles en los que sobresale la ironía y la sátira. En su prosa destaca la originalidad y la concisión.

"Cuando resurrezcamos / —yo tengo pensado hacerlo— / entre nosotros y este siglo / habrá una asociación de ideas / a pesar de nuestro formato".

OBRA REPRESENTATIVA: **Crónica-Ensayo.** *Ensayos* (1925) // *Return ticket* (1928) // *Continente vacío* (1935) // *En defensa de lo usado* (1938) // *Nueva grandeza mexicana* (1946) // *Letras vencidas* (1962) // *Toda la prosa* (1964) // *La vida en México en el periodo presidencial de Lázaro Cárdenas* (1964) // *La vida en México en el periodo presidencial de Manuel Ávila Camacho* (1965) // *La vida en México en el periodo presidencial de Miguel Alemán* (1966) // *Las locas, el sexo y los burdeles* (1972). **Poesía.** *XX poemas* (1925) // *Espejo* (1933) // *Nuevo amor* (1933) // *Poemas proletarios* (1934) // *Frida Kahlo* (1934) // *Florido laude* (1945) // *Sátira* (1955). **Teatro.** *El tercer Fausto* (1934) // *La culta dama* (1951) // *Diálogos* (1966) // *Yocasta o casi* (1961) // *La guerra de las gordas* (1963).

O

OJEDA, Diego de, véase HOJEDA, Diego de.

OLMEDO, José Joaquín (1780-1847). Escritor ecuatoriano, poeta, político, jurista y diplomático. Gran humanista comprometido con la causa independentista, la figura de Olmedo se levanta como una de las más trascendentales en la poesía neoclásica hispanoamericana. Aunque reducida, su obra poética traspasó la descripción emotiva de las contingencias históricas y biográficas que la inspiraron y se insertó en la intangible atemporalidad del arte perdurable. Oriundo de Guayaquil, se inició en el estudio de los clásicos latinos y de la gramática castellana en Quito; prosiguió sus estudios en Lima en el Colegio de San Carlos y se dedicó al arte, las leyes y las matemáticas. Obtuvo diversos títulos académicos y fue notable catedrático. Desde su infancia cultivó la lectura y manifestó su vocación literaria. Con gran talento para la versificación, Olmedo leyó con pasión las obras de Virgilio, Horacio, Ovidio y Plutarco entre otros clásicos latinos; siguió a los ingleses Pope y Richardson y en especial al *"tierno amigo de las musas"* como escribió del español Meléndez Valdés. En su ansia de conocimiento aprendió además del latín, el inglés, el francés y el italiano. Humanista, Olmedo abrazó la causa independentista y desarrolló una importante carrera política y diplomática a la par de su empresa literaria. Fue representante de Guayaquil en las Cortes de Cádiz (1811), periodo durante el cual pronunció el importante *Discurso sobre las mitas de América*, en el que habla contra el tributo que los indios estaban obligados a pagar; Jefe Político y Triunviro una vez lograda la independencia de Guayaquil (1820); participante en el Congreso de Lima (1822); Ministro Plenipotenciario del Perú en Londres y París (1825), cuya designación fue hecha por el propio Bolívar; Prefecto de Guayas y miembro del Congreso Constituyente de Ecuador (1830) entre otros cargos. Trabajó con denuedo en los proyectos de las Constituciones del Ecuador y Perú. Llegó incluso a renunciar a la vicepresidencia de su país y en 1845 fue candidato a la presidencia, pero fue derrotado por Vicente Rocafuerte por un ínfimo margen; se afirma que por un solo voto. Durante los tres años que duró su estancia diplomática en Londres y París, conoció e hizo amistad con Andrés Bello, quien lo invitó a participar en el REPERTORIO AMERICANO. Tradujo la *Oda XIV* de Horacio, un fragmento del *Anti-Lucretius* de Polignac y tres famosas epístolas del *Ensayo sobre el hombre* de Pope. De entre su obra poética, compilada en diferentes ediciones póstumas, dejó dos extensos poemas de extraordinario valor para la historia de las letras hispanoamericanas: *La victoria de Junín* o "Canto a Bolívar" (1826) y la oda *Al general Flores, vencedor de Miñarica* u "Oda a Miñarica" (1835), que lo colocan en un sitial privilegiado y señalan un proceso de desarrollo dentro de su repertorio poético. Olmedo murió en Guayaquil y se le rindió gran homenaje. De espíritu didáctico, su pulida obra poética es rica en figuras literarias; resalta el manejo magistral de la metáfora y de la descripción. Los ejemplos clásicos que en ella están vertidos buscan el peso de la universalidad y trascendencia. De estructura pindárica, las imágenes logradas y cautivadoras llevan consigo sonoridad y cadencia. El paisaje americano juega un importante papel en la acción.

"Junto a mí, pocos libros, / muy pocos, pero buenos..."

OBRA REPRESENTATIVA: **Ensayo-Discurso.** *Discurso sobre las mitas de América* (1812). **Poesía.** *Canción indiana* (1822) // *La victoria de Junín* (1826) // *Al general Flores, vencedor de Miñarica* (1835).

OLMOS, Fray Andrés de (1500-1571). Franciscano ilustre que dedicó su vida al estudio de las lenguas indígenas de México y a la evangelización de los indios. Se tienen noticias de que realizó estudios en Valladolid; llegó como misionero a la Nueva España en 1528; fue maestro de Sahagún, quien continuó su obra con los indígenas; formó parte de los maestros en el Colegio de Santa Cruz de Tlaltelolco. En su contacto estrecho con los indígenas aprendió huasteco, totonaca y náhuatl de los cuales escribió vocabularios y gramáticas. Gran parte de su trabajo se perdió, a excepción de la *Gramática mexicana*, escrita en 1547 y publicada en París en el año de 1875. En su descripción del náhuatl es marcada la influencia de Nebrija. Sus profundos conocimientos de esta lengua y el empeño que puso en recoger las tradiciones del pueblo náhuatl le permitieron reunir las *Huehuetlatolli* o disertaciones de los indígenas más viejos que se utilizaban para instruir a los más jóvenes. Como parte de su tarea de catequesis escribió en náhuatl *Alegoría del juicio final*, drama que se estrenó en 1553 en el Colegio de Tlaltelolco. Con su gramática, Olmos nos ha dejado un documento de gran valía para el estudio del náhuatl.

"La doctrina santa que sale del corazón ha de ser tenida en mucho y no menospreciada".

OBRA REPRESENTATIVA: *Gramática mexicana* (1875).

ONETTI, Juan Carlos (1909-1994). Célebre cuentista, novelista y periodista uruguayo. Su figura literaria se ha cristalizado como uno de los precursores y realizadores del arte narrativo hispanoamericano en el siglo XX. La trascendencia de su obra y la posición que ocupa en las letras del Continente le fueron otorgadas sólo con el tiempo. *Tierra de nadie*, novela de tema urbano, señala antecedentes fundamentales del mundo novelesco de escritores de primera línea como Fuentes, Cortázar y Vargas Llosa. En el universo literario de Onetti, la expresión y búsqueda metafísica se traduce en un acto volitivo de creatividad estética con proyección universal. Ha sido merecedor de reconocimientos nacionales y extranjeros: en 1942 su novela *Tierra de nadie* (1941) recibió el Premio a la Novela en cuyo jurado estuvo presente Jorge Luis Borges. En 1961, obtuvo el Premio Nacional de Literatura del Uruguay; en 1976, el Premio del Instituto Italo Latinoamericano; en 1980, el Premio de la Crítica y ese mismo año el Premio Cervantes de Literatura. Nació en Montevideo; inició sus estudios secundarios en esa ciudad pero no los concluyó. Tuvo oficios diversos como el de vendedor de boletos en un estadio y el de camarero. Vivió en su ciudad natal y en Buenos Aires; desarrolló una intensa labor periodística en esas dos ciudades; en Montevideo fue redactor del semanario MARCHA (1939-1941) y colaboró en el periódico LA ACCIÓN. En

Buenos Aires fue también redactor de las revistas VEA Y LEA e ÍMPETU; participó en el suplemento literario de LA NACIÓN y tuvo la gerencia en la agencia de noticias Reuter. En sus colaboraciones de MARCHA firmaba con los pseudónimos de "Periquito el Aguador" y "Groucho Marx". En la escritura de Onetti hay un afán por crear realidades literarias autónomas que no dependan de la realidad exterior; tanto en sus novelas como en sus cuentos y relatos se desarrollan dramas interiores que son como una proyección de la angustia del hombre en las ciudades modernas. Su obra posee una dimensión existencialista teñida por un sentimiento de frustración, impotencia, desamparo, abandono, disgregación y desintegración. Sus personajes son seres que viven una fractura con la realidad de un mundo ahogado en la prostitución, el crimen, el dinero y la locura. Un mismo personaje puede tener varios nombres; otro, varias personalidades sin cambiar de nombre; sus identidades llegan a desvanecerse. Algunos de ellos aparecen en distintas obras como sucede en *El astillero* (1961) —considerada por algunos como su obra maestra— y *Juntacadáveres* (1964), novela que aunque su estructura formal no es del todo exitosa, revela la singularidad y riqueza del mundo onettiano. Incomunicados, los seres se autodestruyen lentamente en la pasividad o en la idealización; se aíslan o suicidan como formas de salvación ante la sinrazón de la existencia. No hay en su narrativa redención, ésta se ve siempre imposibilitada, truncada; toda tentativa redentora, aun el amor, es una ficción creada en la acción del lenguaje. En el universo onettiano se transita por los recodos de lo onírico; en regiones recreadas donde el tiempo pierde su valor, su fluidez. Las técnicas de los relatos rompen la continuidad narrativa y hacen coexistir el presente con la evocación del pasado y la imaginación; éstas, van paralelas con la realidad interior de los personajes que asumen un carácter mítico, fuera del tiempo histórico real. Otras novelas importantes son: *El pozo* (1939); *Tierra de nadie* (1941); *La vida breve* (1950); *Una tumba sin nombre* (1959), que a partir de su segunda edición realizada en Montevideo en 1967 cambió el título por *Para una tumba sin nombre*, y *Tan triste como ella* (1963), considerada por algunos como relato. Entre los principales autores que leyó Onetti se encuentran: Faulkner, Kafka, Musil, Sartre y Beckett. Sus libros de cuentos como *Un sueño realizado y otros cuentos* (1951), *El infierno tan temido* (1962) y otros posteriores han tenido distintas compilaciones como *Cuentos completos* en 1967, 1968 y 1974, siendo la última la más completa. La narrativa de Onetti goza de hondura lírica y revela gran capacidad artística e imaginativa. En su estilo hay densidad y utiliza la forma indirecta de narración. Resulta tema interesante para su estudio la unidad de forma y contenido.

"...la literatura es un arte. Cosa sagrada, en consecuencia: jamás un medio, sino un fin".

OBRA REPRESENTATIVA: **Cuento.** *Cuentos completos* (1967, 1968, 1974). **Ensayo.** *Requiem por Faulkner y otros artículos* (1975) // *Confesiones de un lector* (1995). **Novela.** *El pozo* (1939) // *Tierra de nadie* (1941) // *La vida breve* (1950) // *Los adioses* (1954) // *Una tumba sin nombre* (1959) // *La cara de la desgracia* (1960) // *El astillero* (1961) // *Tan triste como ella* (1963) // *Juntacadáveres* (1964) // *La muerte* *y la niña* (1973) // *Tiempo de abrazar* (1974) // *Dejemos hablar al viento* (1978) // *Cuando entonces* (1987) // *Cuando ya no importe* (1993).

OÑA, Pedro de (1570-1643). Poeta chileno de excepcional lirismo, continuador de Ercilla en Hispanoamérica. Nació en Angol, región que por esos años era el escenario de la fragorosa lucha entre españoles y araucanos. Su padre, Gregorio de Oña, fue capitán del ejército conquistador y murió el mismo año de su nacimiento. Años más tarde, su madre se casó con Cristóbal de la Cueva, encomendero de Angol y vinculado con el virrey García Hurtado de Mendoza. Esta unión dio un giro a la vida del poeta; se trasladó a Lima, donde estudió artes y teología en la Universidad de San Marcos y recibió el título de Licenciado en Leyes. Oña gozó de una situación estable que le permitió alcanzar una sólida formación literaria. Favorecido por sus amistades en la corte virreinal, fue nombrado corregidor de Jaén de Bracamoros; en 1604 recibió el título de Gentil Hombre de la Compañía de Lanzas de la escolta del virrey Velasco y en 1609 el Marqués de Montesclaros (virrey del Perú de 1607 a 1615) lo designó Corregidor de la provincia de los Yauyos. El poeta no volvió a su tierra natal, se encontraba en Lima en 1609, año en que se produjo el devastador terremoto y permaneció en el Perú hasta su muerte. En *El Arauco domado*, inspirado en *La Araucana* de Ercilla, Oña retomó el motivo heroico de la guerra araucana, logrando apartarse de su modelo con personal estilo. Excelente muestra del barroco, la singular pluma del poeta vivifica la naturaleza, establece una armoniosa correspondencia de sensaciones, formas y colores. La obra se publicó en Lima y muy pronto fue conocida y elogiada en los medios cultos. Oña también escribió motivado por temas de actualidad. En estas obras de circunstancia exaltó a mandatarios e instituciones de su tiempo. Con motivo de la catástrofe telúrica escribió el poema *Temblor de Lima en 1609,* en el que engrandece la generosidad e iniciativa del virrey Marqués de Montesclaros para socorrer a la población afectada. Compuso una silva, *Canción real*, en torno a la declaración oficial del santo patrón de Santiago, San Francisco Solano, y las fiestas que lo veneran en Perú y Chile.

"Por su cristal bruñido y transparente, / Las guijas y pizarras de la arena, / Sin recibir la vista mucha pena. / Se pueden numerar distintamente; / Los árboles se ven tan claramente / En la materia líquida y serena; / Que no sabréis cuál es la rama viva, / Si la que está debajo o la de arriba".

OBRA REPRESENTATIVA: *El Arauco domado* (1596) // *El vasauro* (1635) // *Ignacio de Cantabria* (1639) // *El temblor de Lima de 1609* (sf) // *Canción real* (sf).

OREAMUNO, Yolanda (1916-1956). Escritora costarricense cuya obra, aunque breve, se destacó por la vena imaginaria que la nutre. Nació en San José. Cursó sus estudios en el Colegio Superior de Señoritas. Gracias a la lectura que cultivó desde la adolescencia, Oreamuno logró una sólida formación literaria. Comenzó a escribir en las páginas de REPERTORIO AMERICANO cuando aún era estudiante. Residió varios años en Chile, Guatemala, Estados Unidos de Norteamérica y en México, donde murió. Encontró sus modelos en Marcel Proust, Thomas Mann y Joyce. *La ruta de su evasión*, novela que recibió un premio en Guatemala donde fue publicada en 1949, representa un valioso intento narrativo en el cual, tomando un tema sencillo, logró entrelazar con audacia recuerdos, sensaciones y vivencias. A su muerte, la prensa nacional le rindió un homenaje con varios artículos de crítica favorable. Se ha señalado una visión pesimista, sombría y cruel en su mundo literario. En el estilo predomina el monólogo interior cuyas imágenes rompen la secuencia temporal creando un armonioso juego entre lo real y lo imaginario.

"[Las chicharras] *Cantan histéricas, enfermas, hasta que revientan de necias, de tontas, de cantarinas... Una estalla, dilatada hasta el imposible de su obsesión musical [...] ahogan su quejido de agonía [...] hasta que revientan [...] agotadas cumpliendo su deber, con rabia, con locura, con delirio*".

OBRA REPRESENTATIVA: **Novela.** *Tierra firme* (1946) // *La ruta de su evasión* (1949).

OROZCO y BERRA, Fernando (1822-1851). Escritor mexicano, médico y periodista. Su importancia reside en haber escrito la primera novela romántica de carácter sentimental en la historia de las letras mexicanas. Nació en San Felipe del Obraje (Estado de México). Se formó en el Seminario Conciliar, donde estudió filosofía y latinidad; posteriormente siguió la carrera de medicina y en 1845 obtuvo en Puebla el título de Médico. Aunque ejerció su profesión durante algún tiempo, prefirió dedicar su vida a las letras y al periodismo. Escribió comedias y versos, muchos de los cuales quedaron inéditos, y una sola novela que gozó de popularidad en su tiempo: *La guerra de treinta años*, publicada en 1850; participó en EL SIGLO XIX y EL MONITOR REPUBLICANO. En política fue de ideas liberales. Corta y desdichada fue la vida del novelista que no tuvo quizás el tiempo para lograr un trabajo maduro de méritos literarios sobresalientes; su novela tiene, empero, el valor del esfuerzo que siente precedentes y señala posibilidades. La novela de Orozco trata de los episodios amorosos del protagonista; amor a la moda de su siglo *"Escéptico, ideal"*, según palabras del propio autor. La obra posee carácter autobiográfico aunque el autor quiso encubrir la autenticidad de los hechos. Se dice que el libro se convirtió en una rareza bibliográfica debido a ciertas mujeres que sabiéndose aludidas por él, recogieron todos los ejemplares que pudieron.

"El placer más inocente y más puro ha de comprarse con dinero o con lágrimas..."

OBRA REPRESENTATIVA: **Novela.** *La guerra de treinta años* (1850).

ORREGO LUCO, Luis (1866-1949). Escritor y diplomático chileno; considerado como una figura de transición por la crítica contemporánea, Orrego Luco constituye un enlace entre el realismo decimonónico y el criollismo del siglo XX. Su obra, alimentada en la tradición que inauguró Blest Gana, reflejó los estratos altos de la sociedad enriqueciendo así el panorama de la novelística nacional. Oriundo de Santiago, Orrego Luco descendía de una familia de la aristocracia chilena. Estudió humanidades en su lugar de origen y en Suiza. A su regreso de Europa se matriculó en la Escuela de Leyes y obtuvo el título de Abogado en 1887. En esa época ingresó a la administración pública como archivista en el Ministerio Interior. Alternó esas actividades con las de jefe de las crónicas en LA ÉPOCA, periódico de Santiago donde colaboró el nicaragüense Rubén Darío. Durante la revolución de 1891 fue un entusiasta partidario de la lucha contra Balmaceda; como oficial de las fuerzas del Congreso combatió con las armas y fue herido. Entre los numerosos cargos diplomáticos que desempeñó estuvo en Madrid, Río de Janeiro y Montevideo; volvió a Chile en 1894 para ocupar la Intendencia de Colchagua. En el gobierno de Juan Luis Sanfuentes ocupó algún tiempo el Ministerio de Justicia y el de Instrucción Pública (1918). Aunque escribió algunos cuentos, la importancia de Orrego Luco reside en sus novelas. A la manera de Balzac incluyó algunas de sus producciones en el título general de *Escenas de la vida en Chile* que comprende, entre otras, *Un idilio nuevo* (1900) y *Casa grande* (1908). Por su trama, la primera de ellas recuerda los ambientes de principios del siglo XIX, tratados por Blest Gana. La novela se desarrolla en la ciudad de Santiago; los personajes, sacados de la alta sociedad, promueven una lucha en la cual el dinero vence al amor y a la honestidad. *Casa grande*, su obra de mayor aliento, plantea el problema de un divorcio mostrando las pasiones y los vicios que se esconden tras la engañosa apariencia de lujos y opulencia económica. Obra que conoció un éxito editorial, fue leída como una denuncia en clave en la que muchos lectores se sintieron aludidos. Esto convirtió al autor en el centro de los más duros ataques. En la actualidad su lectura proporciona un verdadero goce a aquellos que gustan de las novelas de costumbres, con escenas típicas, salpicadas de alusiones a la política del momento. Además de estos títulos, Orrego Luco escribió sobre temas históricos. *Al través de la tempestad* (1914) evoca la efervescencia política de la revolución de 1891. El novelista chileno murió en Santiago. A pesar de las ligerezas en el estilo y los frecuentes galicismos, fue un agudo observador de la sociedad de su tiempo; dio un profundo relieve a sus personajes exhibiendo en ellos los desenfrenos, las pasiones y las ansias de poder económico.

"La sociedad entera se sentía arrastrada por el vértigo del dinero [...] Las preocupaciones sentimentales, el amor, el ensueño, el deseo, desaparecían barridos por el viento frío de la voracidad y del sensualismo".

OBRA REPRESENTATIVA: **Cuento.** *Páginas americanas* (1892) // *La vida que pasa* (1918). **Novela.** *Un idilio nuevo* (1900) // *Memorias de un voluntario de la patria vieja* (1905) // *Casa grande* (1908) // *En familia* (1912) // *Al través de la tempestad* (1914) // *Tronco herido* (1929) // *Playa negra* (1947).

ORTEGA, Francisco (1793-1849). Poeta de la independencia mexicana y político. Considerado como uno de los precursores del Romanticismo en su país, fue figura de renombre entre los poetas mexicanos de su tiempo. Nació en México, en el seno de una familia distinguida. El destino lo hizo quedar huérfano desde muy niño y recibió la protección de un canónigo. Se formó en el Seminario Palafoxiano de Puebla, donde realizó estudios de latín, filosofía e inició los de ambos derechos; en México concluyó los de derecho canónico aunque no se recibió de abogado. Durante su vida estudiantil tuvo que trabajar para mantenerse. Manifestó vocación para las letras; participó con éxito en varios certámenes literarios como el organizado por Beristáin en 1816. Se interesó por la actividad periodística a través de la cual manifestó sus ideas políticas republicanas; colaboró en diferentes publicaciones periódicas como EL FE-

DERALISTA. Su participación en la vida política lo llevó a ser elegido diputado al Primer Congreso Nacional en 1822; perteneció a la Junta Legisladora encargada de redactar la Constitución de 1843. Ortega cultivó la poesía sagrada, la patriótica y, en menor grado, la amatoria de tono pastoril; sus poemas más celebrados han sido *"La venida del Espíritu Santo"*, de asunto teológico; *"A Iturbide en su coronación"*, diatriba contra Iturbide y *"A los ojos de Delia"*, casta pasión amorosa. Se ha comparado la poesía sagrada de Ortega con la de la escuela sevillana de finales del siglo XVIII. Sus versos amorosos dejan escuchar los ecos de Navarrete y Meléndez. Ortega fue también autor del melodrama patriótico *"México libre"* que fue estrenado en 1821 y apareció publicado en sus *Poesías líricas* (1839); compuso el drama *Cacamatzin* que representa uno de los primeros esfuerzos en recrear el tema indígena. El poeta murió en México. Se han destacado la mesura y corrección académica de sus versos; la sonoridad y el equilibrio entre la fantasía, la emoción y la elevación formal.

"¡Oh, cuánto de pesares y desgracias, / cuánto tiene de sustos e inquietudes, / de dolor y de llanto; / cuánto tiene de mengua y de mancilla, / de horror y luto cuánto / esa diadema que a tus ojos brilla! [A Maximiliano]".

OBRA REPRESENTATIVA: **Poesía.** (*La venida del Espíritu Santo // A Iturbide en su coronación // A los ojos de Delia*, en *Poesías líricas*, 1839). **Teatro.** (*México libre*, en *Poesías líricas*, 1839) // *Cacamatzin* (sf).

ORTIZ de MONTELLANO, Bernardo (1899-1949). Destacado escritor mexicano que formó parte de los Contemporáneos, prestigiado grupo de poetas que recibió el mismo nombre de la revista que sus miembros crearon en 1928. Considerados como una auténtica generación, los Contemporáneos se preocuparon por el valor de la literatura y se caracterizaron por una sensibilidad afín, una formación intelectual rigurosa, un interés por el arte nuevo y una necesidad de participar en lo universal. Además de Ortiz de Montellano, la generación estuvo formada principalmente por Carlos Pellicer, Enrique González Rojo, José Gorostiza, Jaime Torres Bodet, Xavier Villaurrutia, Jorge Cuesta, Gilberto Owen y Salvador Novo. Fueron herederos de la filosofía y obra del Ateneo de la Juventud, de la literatura modernista, de la obra de Ramón López Velarde y participaron de las corrientes vanguardistas. Manifestaron especial predilección por la literatura de la NOUVELLE REVUE FRANÇAISE. En grado diferente penetraron en obras de autores españoles, norteamericanos, ingleses, italianos e hispanoamericanos. Entre algunos de los modelos más significativos están: Marcel Proust, Jean Cocteau, André Gide, Guillaume Apollinaire, T. S. Eliot y Juan Ramón Jiménez. Su obra individual y colectiva renovó la poesía mexicana. Ortiz de Montellano nació en la ciudad de México y realizó estudios en la Escuela Nacional Preparatoria. En su juventud, junto con otros futuros Contemporáneos, colaboró en la revista SAN-EV-ANK (1918) y hacia 1919 formó parte de un nuevo Ateneo de la Juventud, asociación literaria de vida efímera que recordaba al antiguo Ateneo creado por Vasconcelos, Alfonso Reyes y otras destacadas personalidades. Desarrolló una intensa labor periodística y fue, además de fundador, director de la revista CONTEMPORÁNEOS de 1929 a 1931. Fue catedrático de historia y literatura y trabajó en la Secretaría de Educación Pública. Sus primeras composiciones poéticas recibieron la influencia de Nervo y González Martínez; luego, continuó su trayectoria hacia formas más innovadoras que se cristalizaron a partir de su libro *Red* (1928) y en las que se advierte la estética de las corrientes vanguardistas. Dos temas en lo fundamental caracterizan la obra de Ortiz de Montellano: la vida y la muerte, y la vivencia onírica; la experiencia que tuvo alguna vez con la anestesia contribuyó en el desarrollo de estos temas. De su producción sobresale: *Sueños* (1933) y *Muerte de cielo azul* (1937). Su incursión en el universo del sueño recuerda la sensibilidad de Rilke y T. S. Eliot. En 1952 la poesía completa del autor fue publicada bajo el título de *Sueño y poesía*. Su producción literaria también abarcó el relato, el drama y el estudio biográfico. El escritor murió en la ciudad de México. Su poesía es expresión de una sensibilidad depurada; en ella se conjugan la fantasía, la profunda melancolía y la espiritualidad. Ensayó el poeta nuevos recursos tipográficos y en algunos poemas recurrió a formas clásicas de la poesía española.

"Y si ese labio calla y otro miente / y es el cuerpo la letra y la medida / y el arte de morir es inconsciente / Color el agua sangre y no deserte / que al fuego de la sombra de la vida / no se escape mi sombra de la muerte".

OBRA REPRESENTATIVA: **Ensayo.** *Figura, amor y muerte de Amado Nervo* (1943). **Poesía.** *Avidez* (1921) // *El trompo de siete colores* (1925) // *Red* (1928) // *Primer sueño* (1931) // *Sueños* (1933) // *Muerte de cielo azul* (1937). **Relato.** *Cinco horas sin corazón* (1940). **Teatro.** *El sombrerón* (1946).

OTHÓN, Manuel José (1858-1906). Autor de singular relieve en las letras mexicanas; magistrado, dramaturgo, prosista y poeta cuya sensibilidad se plasmó con ecos románticos y notas modernistas. Nació en San Luis Potosí; salvo breves visitas a la capital, la existencia del poeta mexicano transcurrió en el apacible retiro del campo. Cursó los primeros estudios en el Seminario Conciliar de su ciudad natal y a pesar de su marcada inclinación por las letras, en 1876 inició la carrera de jurisprudencia en el Instituto Científico y Literario de San Luis. Graduado en 1881, Othón desempeñó el cargo de juez de paz en distintos lugares de la República. Residió un tiempo en la capital cuando en sustitución de Antonio Rivas Echeverría fue diputado en el Congreso de la Unión (1900). Iniciado en las letras desde muy joven, colaboró en numerosas publicaciones de la época; en la provincia participó en EL CORREO DE SAN LUIS y LA REPÚBLICA LITERARIA de Guadalajara; en la capital escribió para la REVISTA AZUL, la REVISTA MODERNA y EL MUNDO ILUSTRADO, entre otros. Escritor versátil, Othón inició su carrera de escritor como dramaturgo: *Después de la muerte* y *Lo que hay detrás de la dicha*, estrenadas con éxito en el teatro Alarcón de San Luis, en 1883 y 1886 respectivamente, dieron al autor un gran renombre. También escribió el monólogo *Viniendo de picos pardos*, estrenada en 1892. En 1903 apareció en EL MUNDO ILUSTRADO los *Cuentos de espanto*, serie de narraciones cortas que incluye el "*Encuentro pavoroso*", "*Coro de brujas*" y "*El nahual*", en las que retoma tradiciones y leyendas populares y muestra su vigencia en el sentir del pueblo. En su extensa producción sobresalen sus composiciones poéticas; éstas lo han hecho merecedor del elogio de escritores de la talla de Alfonso Reyes, quien ha visto en él al poeta ensimismado y armonioso en su unión con la naturaleza. En el "*Himno de los bosques*" eleva su canto y alcanza una comunión con el paisaje que describe. Poeta que gustaba del campo y de la soledad, el tema campestre nutrió su sensibilidad creadora; el *Idilio salvaje*, publicado póstumamente (1906), se ha considerado como una de las joyas escritas en lengua española; en ella la naturaleza ilumina la descripción de la pasión amorosa. Su personal pluma evolucionó del romanticismo perceptible en sus primeras obras, al modernismo, logrado especialmente en el *Idilio salvaje*. Cultivó un estilo en el que las influencias se fueron desvaneciendo hasta lograr una conjunción de la forma y el sentimiento, en una amalgama inspirada en la esencia misma de lo mexicano.

"No debemos expresar [...] nada sentido o pensado a través de ajenos temperamentos, pues si tal hacemos ya no será nuestro espíritu quien hable y mentimos a los demás, engañándonos a nosotros mismos".

OBRA REPRESENTATIVA: **Cuento.** (*Encuentro pavoroso // Coro de brujas // El nahual*, en *Cuentos de espanto*, 1903). **Poesía.** *Poemas* (1880) // (*Himno de los bosques*, en *Poemas rústicos*, 1890-1902) // *Idilio salvaje* (1906, edición póstuma) // *Noche rústica de Walpurgis* (1907). **Teatro.** *Después de la muerte* (1883) // *Lo que hay detrás de la dicha* (1886) // *Herida en el corazón* (1906) // *El último capítulo* (1906) // *Viniendo de picos pardos* (sf).

OVALLE, Alonso de (1601-1651). Jesuita y escritor chileno de los tiempos coloniales, iniciador de la prosa literaria en su país, Ovalle descubrió la Naturaleza, paisajes y costumbres ante los ojos de Europa. Nació en Santiago, en una familia cuyo padre era un encomendero rico y respetado. Su vida estuvo marcada por una decidida e inquebrantable inclinación religiosa. Mostró grandes dotes para el estudio; su primera formación transcurrió en el Colegio de los Jesuitas. En contra de los deseos de su familia ingresó a la Orden. Con tenacidad y empeño logró darle un cauce a su vocación: permaneció oculto en el Colegio de Santiago, se libró de los intentos de secuestro planeados por sus familiares hasta que, ayudado por los mismos jesuitas, salió de Chile y pasó al Colegio de la Orden en Córdoba de Tucumán. En alternancia con sus estudios, Ovalle pasó mucho tiempo de su vida en las bibliotecas jesuitas. Cuando concluyó en Córdoba su preparación religiosa, ocupó cargos importantes. Enseñó filosofía y posteriormente fue rector del Colegio de Santiago y del Convictorio de San Francisco Javier. Fue nombrado procurador de la Orden, título que lo convirtió en figura de enlace con Europa, encargado de atraer a América nuevos misioneros. Viajó a España e Italia donde, en razón del poco conocimiento que había en el Viejo Continente sobre las cosas de su país, escribió la *Histórica relación del Reyno de Chile*, obra compuesta de ocho libros cuyo valor literario reside, especialmente, en los tres primeros. En ellos, Ovalle transporta al lector a la América austral; describió sus ríos, fuentes, montañas, animales, paisaje y habitantes. En su elaboración, Ovalle no dispuso de muchas fuentes, se basó en cronistas y poetas entre los que se encuentran Gómara, Cieza de León y Ercilla. Los cinco libros restantes narran la historia de la Compañía en Chile. Conocedor a fondo de la lengua, quizás por su dominio del latín y sus abundantes lecturas de autores españoles, Ovalle cultivó una escritura pulida. Llegó a manejar la lengua con tal soltura y propiedad que su nombre aparece en el *Diccionario de Autoridades*. Excelente paisajista, su prosa transmite sentimientos e impresiones de gran calidad poética. Ovalle no pudo volver a su patria; tras un difícil viaje de regreso murió en Lima. La *Histórica relación* se editó en Roma en 1646 y ese mismo año se conoció la traducción al italiano. A través de la Naturaleza, Ovalle expresó sensaciones luminosas, táctiles y fragancias. Su prosa es clara, fluida y notable en el retrato de los personajes.

"[La muerte] *Nadie la dé a otro por asegurar su vida, porque no hay camino más breve ni más cierto de perderla*".

OBRA REPRESENTATIVA: *Histórica relación del Reyno de Chile* (1646).

OWEN, Gilberto (1904-1952). Destacado escritor mexicano y diplomático cuya obra literaria ha sido revalorada por la crítica contemporánea. Formó parte de los Contemporáneos, prestigiado grupo de poetas que recibió el mismo nombre de la revista que sus miembros crearon en 1928. Considerados como una auténtica generación, los Contemporáneos se preocuparon por el valor de la literatura y se caracterizaron por una sensibilidad afín, una formación intelectual rigurosa, un interés por el arte nuevo y una necesidad de participar en lo universal. Además de Owen, la generación estuvo formada principalmente por Bernardo Ortiz de Montellano, Carlos Pellicer, Enrique González Rojo, Jaime Torres Bodet, Xavier Villaurrutia, Jorge Cuesta y Salvador Novo. Fueron herederos de la literatura modernista, de la filosofía y obra del Ateneo de la Juventud, de la obra de Ramón López Velarde y participaron de las corrientes vanguardistas. Manifestaron especial predilección por la literatura de la NOUVELLE REVUE FRANÇAISE; en grado diferente penetraron en obras de autores españoles, norteamericanos, ingleses, italianos e hispanoamericanos. Entre algunos de los modelos más significativos están: Marcel Proust, Jean Cocteau, André Gide, Guillaume Apollinaire, T. S. Eliot y Juan Ramón Jiménez. Su obra individual y colectiva renovó la poesía mexicana. Poco se conoce de la vida del poeta que nació en El Rosario, en el estado de Sinaloa; estudió en la Escuela Nacional Preparatoria y participó en diferentes publicaciones periódicas como la REVISTA ULISES, antecedente importante de CONTEMPORÁNEOS, y EL HIJO PRÓDIGO, entre otras. Ejerció funciones diplomáticas a partir de 1929 en los Estados Unidos de Norteamérica y en Sudamérica. De entre los Contemporáneos, estableció estrecha relación con Jorge Cuesta. Su obra fue recopilada, no sin dificultad, en dos ediciones póstumas: la primera llevó el título de *Poesía y prosa* (1953) y la segunda, aumentada, *Obras* (1979), con prólogo de Alí Chumacero. Escritor laborioso, mediante un juego de la inteligencia, esconde en el verso la confesión profunda de su ser y se rebela ante el aparente orden universal entre la existencia y el mundo. Sus composiciones expresan sentimientos de satisfacción y de delirio. Se interesó también por la narración; en su *Novela como nube* (1928) —en la que ensaya recursos técnicos— el autor (Owen) interviene en la historia y se dirige al lector; el protagonista, a su vez, se encuentra leyendo una novela del autor. El autor expone en la narración sus ideas teóricas acerca de la novela. Entre sus influencias está la de James Joyce. En su plena madurez, Owen murió de cirrosis en Filadelfia, Estados Unidos de Norteamérica. En su poesía se destaca la creatividad en la elaboración de imágenes extrañas y poderosas; en su narrativa, la intensidad poética y el ingenio.

"Ya no va a dolerme el viento, / porque conocí la brisa".

OBRA REPRESENTATIVA: **Novela.** *La llama fría* (1925) // *Novela como nube* (1928). **Poesía.** *Desvelo* (1925) // *Línea* (1930) // *Libro de Ruth* (1944) // *Perseo vencido* (1949) // *Poesía y prosa* (1953, edición póstuma) // *Primeros versos* (1957, edición póstuma) // *Obras completas* (1979, edición póstuma).

P

PALAFOX y MENDOZA, Juan de (1600-1659). Prolífero autor español, ocupa un lugar distinguido por su destacada participación tanto en la vida eclesiástica de la Nueva España, como en las letras del siglo XVII. Su intensa y laboriosa vida ha dado origen a innumerables estudios biográficos; en ella el dato nebuloso y casi digno de leyenda corresponde a su origen. Nació en Navarra fuera del matrimonio; su madre, cuyo nombre al parecer se desconoce, lo dio en adopción a una sencilla familia de Fitero. Pasó su primera infancia al lado de su padre adoptivo, Juan Francés; a los diez años fue legitimado por Pedro Jaime Palafox y Rebolledo, segundo marqués de Ariza. La sólida formación que adquirió incluye el griego, italiano y francés. Se doctoró en Cánones en la Universidad de Sigüenza, y en 1629 recibió las órdenes sacerdotales. Su labor en México tuvo como sede la ciudad de Puebla. Llegó en 1640 en calidad de obispo, ahí fundó varios centros de enseñanza como el Seminario de San Pedro y San Pablo; promovió el estudio de las lenguas indígenas con el fin de facilitar la educación cristiana de los naturales; construyó la famosa catedral de Puebla y varios conventos. En 1642 fue nombrado Virrey de la Nueva España, cargo que ocupaba el Duque de Escalona. Llegó a poseer una espléndida biblioteca que lleva su nombre y que legó a uno de los colegios por él fundado. Durante su virreinato en la Nueva España tuvieron lugar las violentas polémicas con los jesuitas, quienes se opusieron a que las misiones o *doctrinas* que habían estado a cargo de los frailes, pasaran a manos de los obispos; la oposición de los jesuitas mexicanos se recrudeció con la sujeción de las órdenes al pago de diezmos (1642) y la obligación de pedir licencia para confesar y predicar dentro de una diócesis. La controversia tuvo repercusiones públicas, obligando a Palafox a huir de Puebla. Por orden del rey Felipe IV, regresó a España en 1649. Prosiguió en la Península su tarea literaria, ya fecunda en América. La vasta y variada producción de Palafox ocupa catorce volúmenes editados en *Obras,* por las religiosas carmelitas de España, en 1772; comprende poesía, prosa, temas históricos y místicos. En ella se destaca, por su valor, *De la naturaleza del indio*, texto escrito en España en el que resalta las virtudes de los naturales con quien tuvo trato constante en América. A lo largo de los 21 tratados que la componen, se encuentran anécdotas interesantes, fragmentos amenos en los que intervienen los propios indios. *El pastor de Nochebuena*, terminada en 1644, es su obra de mayor importancia literaria por la cercana relación que tiene con el género novelístico. De manera alegórica, expone las aventuras de un pastor en su viaje por las regiones del bien y del mal. Bajo su pluma cobran vida las virtudes, los vicios y los personajes de la literatura sagrada. Infatigable en su labor eclesiástica, Palafox murió siendo obispo de Osuma. Fue un poeta nítido en sus versos; el tono lírico y en ocasiones ingenuo lo apartan de la tendencia culterana de la época.

"...no rehuso abrir la puerta en la vida a la muerte, pues esa muerte viene enviada de tal vida".

OBRA REPRESENTATIVA: **Biografía.** *Vida interior* (1659). **Epístola.** *Epístolas pastorales* (1640) // *De la naturaleza del indio* (sf). **Relato.** *El pastor de Nochebuena* (1644).

PALÉS MATOS, Luis (1898-1959). Célebre poeta puertorriqueño considerado como uno de los maestros de la poesía negra en Hispanoamérica; su obra, impregnada de acento antillano, rebasó las fronteras nacionales para dejar oír su nombre en las letras universales. De padres y hermanos poetas, Palés Matos nació en Guayama, al sur de la isla. Tuvo una infancia difícil debido a la muerte de su padre. Se enfrentó a la pobreza desde temprana edad desempeñando los trabajos más variados: fue escribiente, empleado de correos y maestro rural. En medio de un ambiente hostil, tanto a las empresas de trabajo como al cultivo de las letras, Palés Matos se forjó una sólida cultura de manera autodidacta. Su capacidad poética se manifestó a los diecisiete años con la publicación del primer libro de versos: *Azaleas* (1915), en el que predomina el tono modernista y la influencia de Lugones, de Herrera y Reissig y de Baudelaire. Junto con De Diego Padró se propuso crear un lenguaje poético a base de expresiones onomatopéyicas, deseo que alentó la creación del movimiento local llamado Diepalismo, *ismo* formado con los nombres de sus fundadores. Iniciada en 1916, su poesía de tema negro lo puso a la cabeza del vanguardismo hispanoamericano. La mayor parte de sus versos habían sido publicados en la prensa y ya gozaban de popularidad en 1934, cuando el poeta los reunió en *Tuntún de pasa y grifería.* En esta obra magistral, celebrada por la crítica nacional y extranjera, Palés Matos plasmó su visión del negro antillano. Lejos de la propaganda, la queja social o la mera transposición de la realidad, su acercamiento al negro es estético y adquiere una dimensión mítica. Al incorporar a la poesía los ritos y las ceremonias religiosas, sus versos traducen el ritmo de las danzas; se iluminan con la música y el folklore. También escribió poesía de tema íntimo y personal; habló de la tristeza, de la mujer y tiñó sus versos de fino erotismo. Utilizó el soneto, la décima y el romance; alternó con armonía versos cortos y largos. Entre los distintos homenajes que recibió, se encuentra el del Instituto de la Universidad de Columbia, en Nueva York. Antes de morir, la Universidad de Puerto Rico editó su obra en *Poesías 1915-1956* (1957). A su muerte fue recordado en su país, en Hispanoamérica, en Nueva York y en España. Plasmó su honda intuición lírica en la magia verbal de las repeticiones, las aliteraciones, las jitanjáforas y las onomatopeyas. El léxico tiene origen en voces africanas, en el habla popular antillana e incluso proviene de su propia imaginación creadora.

"Asia sueña su nirvana / América baila el jazz, / Europa juega y teoriza, / África gruñe: ñam-ñam".

OBRA REPRESENTATIVA: **Poesía.** *Azaleas* (1915) // *El palacio en sombras* (1920) // *Canciones de la vida media* (1925) // *Tuntún de pasa y grifería* (1937) // *Poesías 1915-1956* (1957).

PALMA, Ricardo (1833-1919). Gran prosista peruano. Creador del género literario *tradición.* Encontró en la anécdota histórica un fructuoso camino para contar las costumbres de su nación. Con gracia, amenidad y casticismo, la obra de Palma recuperó para su pueblo las tradiciones formadoras de su particular manera de ser. Imprimió de actualidad el pasado histórico y ofreció una visión integradora de la realidad peruana. *Tradiciones peruanas* se ha llegado a considerar como la obra maestra del romanticismo histórico en Hispanoamérica. Oriundo de Lima, perteneció a una modesta familia. Realizó estudios de humanidades en el Convictorio de San Carlos. Desde muy joven se interesó por la literatura y la política. Su carrera de escritor la inició en la poesía y la dramaturgia; se desarrolló bajo la influencia del Romanticismo que en Perú había llegado tardíamente respecto a otros países del Continente. Formó parte de la Generación Bohemia, nombre dado por Palma al grupo de jóvenes poetas románticos del Perú, imitadores de los modelos europeos. Años más tarde, en *La bohemia de mi tiempo* (1877) describió con ironía aquel ambiente juvenil que sitúa entre los años de 1848 a 1860. A partir de 1852 estuvo varios años en la Marina; durante ese tiempo publicó su primer libro de poemas intitulado *Poesías* (1855) y leyó la *Biblioteca de los Clásicos de Rivadeneira*, fuente de su devoción, como apuntó el propio Palma, por los grandes prosistas españoles. Como poeta, publicó otros títulos a lo largo de su vida. En 1865 apareció *Armonías*; en 1870, *Pasionarias*; en 1877, *Verbos y gerundios* y en 1887 recogió todo su trabajo en *Poesías*. Llegó a publicar una edición completa de sus poemas. Su obra poética conoció un proceso que fue del tono romántico sentimental al realista de carácter satírico. De sus obras teatrales sólo publicó el drama histórico *Rodil*, puesto en escena en 1852. Inició su participación en la vida periodística desde la adolescencia. A partir de 1859 contribuyó en diversas publicaciones de su país como LA REVISTA DE LIMA que difundió una variada gama de escritos nacionales, y en LA REVISTA PERUANA que reunió en su primer tomo cerca de treinta de sus tradiciones. De 1860 a 1863 estuvo exiliado en Chile, como resultado de sus actividades políticas contra el entonces presidente Ramón Castilla. En ese país se integró a la élite intelectual y desarrolló una fructífera labor literaria. Participó en la REVISTA DEL PACÍFICO y en la REVISTA SUDAMERICANA con versos y tradiciones; trabajó afanosamente en su libro *Anales de la Inquisición de Lima*, publicado a su regreso en Lima en 1863, y en sus tradiciones. Palma demostró un vivo interés por la historia. Ese gusto, heredado del Romanticismo, no sólo se reflejó en sus *Anales* y en su polémico texto de 1878 sobre *Monteagudo y Sánchez Carrión*, sino también en la esencia misma de las *Tradiciones* que representan, en un sentido amplio, un reencuentro retrospectivo con las hondas raíces de una tradición nacional. Si el romanticismo europeo buscó el pasado nacional en el creativo manantial del Medioevo, Palma lo halló en las fructíferas fuentes de la Conquista y, en especial, de la Colonia. Redujo con originalidad a relatos breves lo que la novela histórica de Walter Scott y otros desarrollaban en forma muy amplia y les imprimió, como a aquéllas, la imaginación. Para Palma no había que buscar ni veracidad ni raciocinio históricos en las tradiciones, puesto que las consideraba como relatos populares en los que la fantasía y otros elementos asociados al saber y creencias populares tenían cabida. Las tradiciones tomaban una base de realidad para contar las costumbres como si fueran leyendas en prosa. Insertaba en ellas, con amenidad, opiniones y reflexiones personales que constituían una filosofía agregada y eran muestra de su liberalismo y anticlericalismo. Las fuentes de Palma fueron vastas y variadas; con capacidad y gusto hurgó en las Crónicas de Indias, en las actas del Cabildo de Lima, en diferentes manuscritos de las bibliotecas conventuales, en documentos militares y eclesiásticos y en memorias de virreyes entre otros textos. Escribió tradiciones que evocan la época precolombina, la conquista, la colonia, la emancipación y la época republicana. Gran parte de ellas refieren a la Lima virreinal de los siglos XVII y XVIII. En 1864 viajó a Europa y Brasil; visitó, en Francia, la tumba de Musset. De 1866 a 1872 desarrolló actividades políticas; luchó contra la intervención española, fue secretario del presidente José Balta y tuvo el cargo de senador. A raíz del asesinato de su jefe se retiró definitivamente de la política en 1872. Ese mismo año publicó en Lima la primera serie de sus *Tradiciones*; en total aparecieron a intervalos diez tomos hasta 1910. El uso del lenguaje popular y la narración de las costumbres fueron las características que la tradición heredó del costumbrismo; sin embargo, el tono festivo, la ironía y el humor la singularizan respecto al carácter idealista y serio del romanticismo hispanoamericano. Palma absorbió la vena costumbrista de los peruanos Pardo y Segura, y la satírica de autores desenterrados por él mismo como Caviedes. Entre los escritores que más gustó de joven se encontraron Larra y Fray Gerundio. Las tradiciones tuvieron un desarrollo; sus primeras composiciones Palma las denominó romances históricos y nacionales, así como leyendas. Durante la Guerra del Pacífico (1879-1883) no sólo fue testigo de la destrucción de la Biblioteca de Lima, sino que perdió su propia biblioteca y algunos manuscritos. En 1883 fue propuesto para rehacer la biblioteca limeña; la monumental empresa se prolongó por cerca de tres décadas. En 1892 viajó a España; durante su estancia discutió y propuso la inclusión de americanismos en el Diccionario de la Academia Española, pero no tuvo éxito. En 1896 publicó un trabajo filológico e histórico: *Neologismos y americanismos*. Palma se interesó también por el estilo. En sus *Tradiciones* prestigió el casticismo; conjugó los usos americanos y peninsulares. Detrás de la espontaneidad y del carácter coloquial en el estilo de las tradiciones, había esmero y pulimento en la escritura. La tradición era para Palma una obra de arte. A través de su estética se oyen los decires de épocas pasadas. La tradición se resume así en una conjunción de tres elementos sustanciales: leyenda romántica, costumbrismo y casticismo. En 1912 dejó el cargo en la Biblioteca de Lima y dos años más tarde lo nombraron director honorario de la misma. Los estudiosos hacen hincapié en las críticas que Manuel González Prada dirigió contra el exitoso tradicionalista y reconstructor limeño. Murió en Lima. La obra de Palma combina el satirismo criollo y el casticismo; es rico en refranes y dichos populares. Las tradiciones son flexibles; dan la impresión de ser *oídas* más que leídas.

"...así como no hay cielo sin nubes, no hay belleza tan perfecta que no tenga su defectillo".

OBRA REPRESENTATIVA: **Ensayo.** *Anales de la Inquisición de Lima* (1863) // *Monteagudo y Sánchez Carrión* (1878).

Poesía. *Poesías* (1887). **Tradición.** *Tradiciones Peruanas* (1872-1910, en 10 Tomos).

PAREJA DÍEZ-CANSECO, Alfredo (1908-1993). Novelista, ensayista, biógrafo e historiador, representante de la narrativa ecuatoriana del siglo XX. Nació en Guayaquil en el seno de una familia cuya posición económica decayó cuando aún era niño. Obligado a ganarse la vida desempeñó todo tipo de trabajo: importó productos farmacéuticos, fue corredor de tierras, vendió perfumes; en México y en Buenos Aires vendió objetos de plata. Asociado con Benjamín Carrión fundó el periódico EL SOL, empresa que lo llevó a la ruina. A la par de estos trabajos, Pareja desarrolló una fecunda labor literaria. Además del periodismo, impartió cursos para especialistas en asuntos internacionales y política latinoamericana en algunas universidades de los Estados Unidos de Norteamérica, y fue profesor de historia en la Universidad de Quito. Junto con Joaquín Gallegos Lara, Enrique Gil Gilbert, Demetrio Aguilera Malta y José de la Cuadra formó parte del Grupo Guayaquil que ha dado a las letras ecuatorianas obras de significativo valor. Participó en la vida política de su país. En 1944 tomó parte en la Revolución de Mayo; de 1956 a 1960 fue dirigente del Frente Democrático Nacional y de 1976 a 1980 desempeñó el cargo de Ministro de Relaciones Exteriores. La obra de Pareja es prolífera. Publicó su primera novela en 1929, *La casa de los locos*, a la que siguieron varios títulos entre los que cabe destacar *Río arriba* (1931), *El muelle* (1933), *La beldaca* (1935), *Hombres sin tiempo* (1941) y *Las tres ratas* (1944). En opinión de la crítica, *El muelle* y *Las tres ratas* son sus mejores textos. En la primera el autor aborda el tema de la crisis económica de los años 30 y sus respectivas calamidades: desempleo, desesperanza de los que nada tienen, abuso de aquellos que despilfarran. Confluye también el amor de una pareja cuya relación se ve azotada por la situación social. A pesar de ser una novela realista, con una fuerte dosis de contenido social, no hay en ella prédica doctrinaria; el autor sólo denuncia y deja al lector las conjeturas. En *Las tres ratas*, Pareja ofrece un retrato de la vida y costumbres del Guayaquil de su tiempo, utilizando para ello el tono picaresco. Entre sus obras de ensayo se destacan la biografía de Eloy Alfaro que ocupa las páginas de *La hoguera bárbara* (1944) y la *Vida y leyenda de Miguel de Santiago* (1952). Posteriormente salieron a la luz tres novelas del ciclo *Los nuevos años*, que abarca la vida ecuatoriana durante los años de 1925 a 1950: *La advertencia* (1956), *El aire y los recuerdos* (1959) y *Los poderes omnímodos* (1964). Pareja fue un maestro para delinear personajes con profundidad, dando mayor relieve a las mujeres. Su destreza narrativa se manifiesta en los diálogos; su prosa es ágil y logra penetrar en la atmósfera que describe.

"...el que mucho se apura por salvarse se ahoga. La mar no se traga al que sabe mantenerse sobre la ola".

OBRA REPRESENTATIVA: **Ensayo.** *La hoguera bárbara* (1944) // *Breve historia del Ecuador* (1946) // *Vida y leyenda de Miguel de Santiago* (1952) // *Thomas Mann y el nuevo humanismo* (1956) // *Lucha por la democracia en el Ecuador* (1956). **Novela.** *La casa de los locos* (1929) // *La señorita Ecuador* (1930) // *Río arriba* (1931) // *El muelle* (1933) // *La beldaca* (1935) // *Novela del trópico* (1935) // *Baldomera* (1938)

// *La tragedia del cholo americano* (1938) // *Hechos y hazañas de don Balón de Baba y de su amigo Inocente Cruz* (1939) // *Hombres sin tiempo* (1941) // *Las tres ratas* (1944) // *La advertencia* (1956) // *El aire y los recuerdos* (1959) // *Los poderes omnímodos* (1964) // *Las pequeñas estatuas* (1970).

PARRA, Nicanor (1914-). Singular poeta de las letras chilenas, perteneciente a la generación del 38. Su obra perturba las raíces de la poesía tradicional y se manifiesta plenamente en el *antipoema*, definido por el propio autor como un *"poema tradicional enriquecido con la savia surrealista..."* que deja oír la angustia existencial del hombre. Nació en Chillán, donde cursó los primeros estudios; su padre, llamado Nicanor, fue una figura decisiva en su vena antipoética: era un hombre propenso a la bohemia, alegre, amigo del alcohol y con una gran capacidad humorística. Después de la muerte de su padre, las desavenencias con su madre se agudizaron. En 1932 sobrevino la ruptura familiar y el poeta se fue a Santiago, sin dinero ni trabajo; gracias a una beca de la Liga de Estudiantes Pobres, entró al Internado Barros Arana para estudiar humanidades. Durante esos años incrementó sus lecturas —Huidobro, Neruda y Paul Éluard—; trabó amistad con Jorge Millas y Carlos Pedraza, con quienes publicó la REVISTA NUEVA (1935), destinada a profesores y alumnos del Internado. En ella colaboró con el cuento *"Gato en el camino"*, con claras reminiscencias de Huidobro por el recurso a la broma poética y la presencia de lo onírico. En 1943 recibió una segunda beca para estudiar matemáticas en la Universidad de Brown, en Estados Unidos de Norteamérica. Seis años más tarde (1949), y nuevamente becado, Nicanor Parra se trasladó a Oxford para asistir al curso del famoso cosmólogo Milne. Ese viaje le sirvió para entrar en contacto con la obra de T. S. Eliot, Ezra Pound y William Blake, así como para adquirir la plena conciencia de su trabajo poético. Escéptico en cuestiones políticas, Parra expresó en repetidas ocasiones su incredulidad respecto a las doctrinas ideológicas. Para él la poesía representa el arma que desenmascara la realidad aparente del hombre. Su producción literaria se ha estudiado siguiendo tres etapas. A la primera de ellas corresponde el *Cancionero sin nombre* (1937), poemario ganador del Premio Municipal de Poesía (1938), que ofrece romances de tema urbano y rural a la manera de García Lorca. En la segunda etapa se encuentra *Ejercicio retórico*, publicado en la revista EXTREMO SUR en 1954, en el que hay una clara influencia de Whitman, aunque con la diferencia de que en Parra los héroes son antihéroes que más bien recuerdan a los personajes kafkianos. Por el uso del verso libre y la desaparición del octosílabo, se ha señalado como una obra de transición que culmina en *Poemas y antipoemas* (1954), libro que encierra su expresión literaria más auténtica. Los poemas parecen guiados por el deseo subversivo de desestabilizar la ilusión estética, por el afán de desplazar al lector de su lugar contemplativo y por remover los estratos profundos del lenguaje poético, ejercicio que deja al descubierto la fatalidad, la desesperación y la angustia del hombre. Con una fuerte carga del elemento narrativo, los poemas toman a los personajes de la vida cotidiana, de ahí que tengan un lenguaje hablado y de carácter informativo. La obra del chileno ha sido reconocida con el Premio Nacional de Literatura en 1969, el Premio Juan Rulfo 1991 y el Premio Reina Sofía 2001. Actualmente reside en Chile y es miembro de la Academia de la Lengua. Su estilo conjuga el humor negro, la ironía y el erotismo; hay en sus versos un cierto prosaísmo; al inicio de los poemas recurre a versos de llamado al lector y al final de ellos suele utilizar una síntesis que constituye una especie de moraleja.

"...el poeta no es un alquimista / El poeta es un hombre como todos / Un albañil que construye su muro: / Un constructor de puertas y ventanas".

OBRA REPRESENTATIVA: **Cuento.** *Sinfonía de cuna* (1992). **Poesía.** *Cancionero sin nombre* (1937) // *Ejercicios retóricos* (1954) // *Poemas y antipoemas* (1954) // *La cueca larga* (1958) // *Canciones rusas* (1967) // *Versos de salón* (1968) // *Camisa de fuerza* (1968) // *Obra gruesa* (1969) // *Artefactos* (1972) // *Sermones y prédicas del Cristo de Elqui* (1977) // *Nuevos sermones y prédicas del Cristo de Elqui* (1979) // *Fiesta de amanecida* (1991) // *Poemas para combatir la calvicie* (1993).

PARRA, Teresa de la (1891-1936). Reconocida escritora venezolana cuya prosa, nacida en lo más íntimo de su ser, dio origen a una novelística femenina en Hispanoamérica. De padres venezolanos, Teresa de la Parra nació en París; cuando tenía dos años de edad, la familia se trasladó a Caracas y se instaló en la hacienda que poseía en las afueras de la ciudad, donde la futura escritora vivió durante seis años y estudió las primeras letras. Al cumplir los ocho años (1899) viajó de nuevo a Europa. Continuó sus estudios en España; al salir del colegio (1908) residió en París por algunos años. Volvió a su querida Venezuela y en medio del ambiente campirano enriqueció su caudal de lecturas tanto de escritores europeos como hispanoamericanos. Mujer de fino espíritu feminista, en 1927 fue invitada a Cuba y Colombia para hablar sobre la mujer en Hispanoamérica. En 1929 regresó a Venezuela y tres años más tarde (1932) fijó su residencia en París. Hacia 1910 empezó a manifestarse en ella la vocación literaria; de esa época datan sus colaboraciones para EL UNIVERSAL de Caracas y la publicación del cuento *"Flor de loto"* firmado con el pseudónimo de "Fru-fru". Ganadora del certamen para autores americanos, celebrado en París (1924), la obra *Diario de una señorita que escribió porque se fastidiaba* le abrió a la venezolana el camino del éxito; se publicó con el título de *Ifigenia* por el Instituto Hispanoamericano de la Cultura Francesa. Está escrita en forma de diario; su valor reside en la fina exposición que hace del alma femenina; exhibe la vieja sociedad caraqueña, hermética e injusta para la mujer criolla. Sus páginas sembraron la semilla del espíritu reivindicador que años después floreció en Hispanoamérica. Su segunda novela, *Las memorias de Mamá Blanca* (1929), tiene un carácter autobiográfico más acentuado. Se editó también en París y muy pronto fue traducida al francés, publicación que estuvo acompañada de elogiosas observaciones. En ella ofrece el contraste de su infancia en el campo con la vida de la ciudad. Asimiló la influencia de autores franceses, en especial la de Proust, en el arte de hilvanar los recuerdos en una sucesión temporal. La escritora venezolana murió en Madrid; en 1947, por orden gubernamental, sus restos fueron trasladados a Venezuela. El estilo de su prosa, aunque trabajado, está lejos del artificio; es ágil y espontáneo; los personajes son vistos casi exclusivamente con el prisma de lo espiritual e íntimo.

"...La inteligencia está hecha para corregir y perfeccionar la obra de la naturaleza".

OBRA REPRESENTATIVA: **Novela.** *Ifigenia, diario de una señorita que escribió porque se fastidiaba* (1924) // *Las memorias de Mamá Blanca* (1929). **Epístola.** *Cartas* (1951, edición póstuma) // *Epistolario íntimo* (1953, edición póstuma). **Prosa.** *Tres conferencias* (1961, edición póstuma).

PASO, Fernando del (1935-). Novelista mexicano, dibujante y poeta considerado como una de las figuras más destacadas del arte narrativo hispanoamericano del siglo XX. Oriundo de la ciudad de México, realizó estudios de economía y se dedicó por cerca de quince años al diseño publicitario, actividad que alternó con su labor literaria; en 1958 vio la luz su primera obra: *Sonetos de lo diario*. De 1964 a 1965 fue becario del Centro Mexicano de Escritores y en 1966 publicó su primera novela: *José Trigo*, a la que dedicó aproximadamente siete años de preparación; la novela recibió el Premio Xavier Villaurrutia 1966. Al cabo de un tiempo, viajó a los Estados Unidos de Norteamérica y permaneció dos años en la Universidad de Iowa como escritor visitante. Luego, se trasladó a Londres donde residió cerca de una década; en el decurso londinense realizó su primera exposición de dibujos (1974), colaboró en la BBC de Londres y elaboró su segunda gran novela: *Palinuro de México* (1975) que recibió el Premio Ciudad de México 1975, el Premio Internacional de Novela Rómulo Gallegos (1982) y la distinción de la mejor novela extranjera de 1986, otorgada en Francia. En España, del Paso realizó una nueva exposición de dibujos (1980) y fue merecedor del Premio Internacional España de radiodifusión por el programa "Carta a Juan Rulfo", cuya emisión fue realizada por Radio Francia Internacional. En 1987 vio la luz su tercera novela: *Noticias del Imperio*, ganadora del Premio Mazatlán de Literatura del mismo año. Dentro de una compleja y original elaboración artística, las novelas de del Paso tratan sobre episodios de la historia y vida cotidiana del México de ayer y de hoy. Cada obra ambiciona ser una totalidad a la manera de un fresco que sintetiza la filosofía, la medicina, el arte y otras manifestaciones de la cultura. La imaginación y la fantasía se entremezclan con el desarrollo de los episodios que, a su vez, involucran mitos. Su ambición por alcanzar la novela total se expresa también en el uso de diversos estilos y técnicas de la narrativa del siglo XX; el lenguaje comparte con las historias narradas la materia novelística. A la erudita búsqueda de información histórica se suman vastos conocimientos de orden técnico; sus novelas poseen un auténtico sentido arquitectónico como se manifiesta en *José Trigo*, novela dispuesta en dos partes unidas por un "puente" y cuyos capítulos se corresponden en forma simétrica, de tal suerte que el principio y el fin se tocan. En su interpretación de la realidad histórica se trasluce la proyección del tiempo mítico. La articulación de sus narraciones se elabora en diversos planos narrativos que se combinan. Una de las principales influencias del novelista ha sido James Joyce. El autor vive actualmente en Francia. La lengua constituye un valor esencial en su novelística; entre los numerosos recursos técnicos que su obra despliega están los juegos de palabras, las asociaciones repetitivas y enumeraciones de índole diversa. Al uso de diversos planos narrativos se suma la técnica de simultaneidad. Se destacan el sentido lúdico y el carácter avasallador de su lenguaje.

"...algunas personas de la vida real parecen personajes de novela".

OBRA REPRESENTATIVA: **Memorias.** *Memoria y olvido* (1994). **Novela.** *José Trigo* (1966) // *Palinuro de México* (1975) // *Noticias del Imperio* (1987) // *Palinuro en la escalera* (1992) // *Linda 67* (1995). **Poesía.** *Sonetos de lo diario* (1958) // *Paleta de diez colores* (1992).

PAYNO, Manuel (1810-1894). Escritor mexicano, periodista, político y diplomático. Su obra literaria, dentro de la tradición costumbrista iniciada por Fernández de Lizardi, abrió el camino de la novela romántica mexicana, en el siglo XIX. Payno fue uno de los primeros escritores mexicanos en realizar novelas por entregas. Oriundo de la ciudad de México, nació en el año de la Independencia de su país. Desarrolló una larga y agitada vida política y diplomática. Llegó a ocupar importantes cargos: fue Secretario de la Legación Mexicana en Sudamérica (1842); Cónsul en Santander (1886) y luego en Barcelona; Ministro de Hacienda en dos ocasiones (1850 y 1855) y, restaurada la República, diputado y senador. Viajó a los Estados Unidos de Norteamérica y estudió el sistema penitenciario de ese país. Luchó contra la invasión norteamericana (1847); fue objeto de procesos, destierro y encarcelamiento en el penal de San Juan de Ulúa durante la intervención francesa. En alternancia con su actividad política, escribió artículos periodísticos sobre temas de historia, política y finanzas. Junto con Guillermo Prieto fundó la revista EL MUSEO MEXICANO (1843-1845) y LA REVISTA CIENTÍFICA Y LITERARIA DE MÉXICO (1845-1847), y con Ignacio Manuel Altamirano, la revista EL FEDERALISTA (1871-1877). Su producción novelística fue realizada entre 1845 y 1891. *El fistol del diablo*, su primera novela, apareció en LA REVISTA CIENTÍFICA Y LITERARIA DE MÉXICO, entre 1845 y 1846; fue reimpresa en dos ocasiones, una versión aumentada en 1859 y otra con distinto final en 1887. Le siguieron *El hombre de la situación* (1861), novela que no terminó; *Tardes nubladas* (1871) colección de cuentos y narraciones de viaje escritos entre 1839 y 1845, y su más importante obra, *Los bandidos de Río Frío* (1891), extensa novela escrita en España que apareció con el pseudónimo de "Un Ingenio de la Corte". La novelística de Payno entremezcla el efectismo romántico y folletinesco, la descripción costumbrista, la crítica social y un marcado interés por la historia. A pesar de la influencia de la literatura europea, buscó el sentido nacional en la recreación narrativa de diversos aspectos de la vida mexicana de finales del siglo XVIII y sobre todo de la primera mitad del XIX. En la pluma del autor, la cual no pretendió crear obras de arte, se aprecia una evolución hacia formas más acabadas que consolidó en *Los bandidos de Río Frío*, obra de madurez que constituye una amplia pintura del mundo decimonónico y en la cual incluyó la descripción de las capas sociales de la época. Por la conjunción de sus elementos y su mexicanidad posee un gran valor histórico-documental y aún hoy día se lee con gusto. El novelista murió en la ciudad de México. Se ha señalado la falta de unidad y proporción en *El fistol del diablo* y la exagerada amplitud de *Los bandidos de Río Frío* en función de una lectura llana y amena. Las dotes de curioso observador se reflejan en la fidelidad de las descripciones, de las figuras típicas y ambientes mexicanos. La crítica social está impregnada de humor; los argumentos son complicados y las tramas, trabajadas con elementos folletinescos, logran ciertos momentos de emoción. A diferencia de Lizardi, Payno buscó más la amenidad que la moralización. Introdujo el elemento fantástico.

"Escribo escenas de la vida real y positiva de mi país, cuadros más o menos bien trazados de costumbres que van desapareciendo, de retratos de personas que ya murieron, [...] que se ligan más o menos con lo que pasa al presente. Si así sale una novela, tanto mejor..."

OBRA REPRESENTATIVA: **Cuento.** *Tardes nubladas* (1871). **Novela.** *El fistol del diablo* (1845-1846) // *El hombre de la situación* (1861) // *Los bandidos de Río Frío* (1891).

PAZ, Octavio (1914-1998). Célebre poeta y ensayista mexicano. Maestro de generaciones, Octavio Paz se ha consolidado como una de las mayores figuras del arte poético hispanoamericano del siglo XX, y como una de las voces más brillantes de la poesía en lengua castellana de todos los tiempos. Raíz de la cultura nacional y flor de la cultura universal, su obra es una expresión vital de la "*condición desgarrada*" del hombre y una tentativa por conciliar los opuestos que subyacen en esa condición. En la personalidad literaria de Paz convive el poeta y el esteta cuyas formulaciones teóricas y críticas han influido sensiblemente en el nacimiento de una tradición. Su poderoso impulso de vida creadora y su capacidad comunicativa lo llevaron a establecer relación con grandes personalidades de su tiempo como Pablo Neruda, André Breton, Louis Aragon, Roland Barthes, Víctor Serge, Benjamin Péret, Juan Ramón Jiménez, Cernuda y John Cage, entre otros muchos. Paz ha sido uno de los poetas hispanoamericanos más leídos y estudiados a nivel internacional y sus obras han sido traducidas a las principales lenguas del mundo. Nació en Mixcoac, en la ciudad de México; realizó sus primeros estudios en un colegio de maristas y en escuelas públicas. Su inquietud por la literatura se manifestó desde temprana edad con la lectura de escritores españoles de diversas épocas. Al paso del tiempo, adquirió una cultura literaria y filosófica poco común; el Surrealismo, las culturas orientales y la filosofía existencialista, entre otras fuentes, han enriquecido su original obra poética, ensayística y crítica. El inicio de su vida literaria, así como la de su generación, está asociada a la vida periodística, actividad que el mexicano ha continuado hasta nuestros días: colaboró en la fundación de la revista BARANDAL (1931-1932); participó en CUADERNOS DEL VALLE DE MÉXICO (1933-1934) y en la revista TALLER POÉTICO (1936-1938); con Efraín Huerta, Neftalí Beltrán y Alberto Quintero Álvarez, entre otros, formó parte de TALLER (1938-1941), famosa revista fundada por Rafael Solana, que en México representó un nuevo camino del emprendido por la llamada Generación de los Contemporáneos; fue redactor de EL HIJO PRÓDIGO (1943-1946), revista que publicó versiones en español de poemas de autores como Rimbaud y Lautréamont. Además de haber colaborado en otras publicaciones nacionales y extranjeras, fundó y dirigió la revista PLURAL y encabezó hasta 1998 VUELTA, una de las mejores revistas literarias en América Latina. En 1944 recibió la beca Guggenheim y ha sido profesor invitado en universidades de Estados Unidos de Norteamérica y Europa. Ha recorrido gran parte del mundo y ha desempeñado importantes cargos diplomáticos en Francia, India, Japón y en otros países. Ha sido merecedor de reconocimientos y distinciones académicas en su país y en el extranjero como: el Gran Premio Internacional de Poesía en el Concurso del Congreso Internacional de Poesía de Knokke, Bélgica (1963); el Premio Jerusalén de la Paz 1977; el Premio Nacional de Literatura 1978; el Premio Águila de Oro 1979 en Francia; el Premio Ollin Yoliztli 1980 en México; el Premio Cervantes de Literatura 1981 en España, y finalmente, el máximo galardón internacional: el Premio Nobel 1990. Fue miembro de El Colegio Nacional. Su producción poética ha sido reunida por épocas y en diferentes libros: *Libertad bajo palabra* [1935-1957], (1958); *Salamandra* [1948-1961], (1962); *Ladera Este* [1962-1968], (1969) y *Vuelta* [1969-1975], (1976) y *Árbol adentro* (1987). Su poesía completa está recogida en *Poemas* [1935-1975] (1979) y *Obra poética* [1935-1988] (1990). Bajo el título de *El fuego de cada día* (1989) el autor realizó una amplia y valiosa selección de sus composiciones poéticas. La obra ensayística de Paz es diversa e igualmente vasta que su poesía; entre sus libros más celebrados están: *El laberinto de la soledad* (1950), profundo y original análisis del carácter del mexicano y su historia; *El arco y la lira* (1956), estudio sobre la naturaleza poética que constituye una pieza esencial para comprender la estética y poética del autor; *Cuadrivio* (1965), en el que estudia a Darío, López Velarde, Pessoa y Cernuda; *Corriente alterna* (1967); *Conjunciones y disyunciones* (1969) y *El mono gramático* (1972), en el que combina el ensayo y la poesía. Ha escrito también en torno a Claude Lévy-Strauss y Marcel Duchamp. Su prosa de juventud ha sido reunida en *Primeras letras* (1988); sus conversaciones con diversas personalidades en *Pasión crítica* (1985) y sus traducciones de poetas norteamericanos, suecos y japoneses, entre otros, en *Versiones y diversiones* (1973). Por su diversidad temática y por su valor espiritual, la escritura de Paz es un universo de conocimiento y una fuente inagotable de profundas vivencias. Para el mexicano, la poesía es un auténtico *"ejercicio espiritual"* que revela al ser, concilia los opuestos de su esencia, lo libera y lo transforma. La palabra poética de Paz ha buscado liberarse de lo establecido para poder así liberar el interior en un intento de comunicación con la naturaleza y la otredad. El acto poético es un acto que re-crea al ser permanentemente; la experiencia poética unifica los fragmentos del devenir interior. El poeta de la soledad —como se le ha llamado— es también el poeta de la comunicación y del *ahora*; su experiencia poética no sólo es una forma descriptiva de íntima expresión, sino a la vez una forma de universal entrega y comunión. Por las correspondencias del instante y el tiempo, el deseo y la imaginación, y por los sensibles caminos de la imagen poética y de la experiencia amorosa, Paz se libera y libera, se hace poeta y hace poetas a los demás. Su poema *"Piedra de sol"*, composición de 584 endecasílabos perfectos, número *"igual al de la revolución sinódica del planeta Venus"*, se ha considerado como uno de sus mayores logros y obra capital de la poesía hispanoamericana del siglo XX. La poesía de Paz se distingue también por la búsqueda permanente de nuevas formas poéticas; ha realizado trabajos en colaboración como el poema colectivo *Renga* (1971), en el que participaron Edoardo Sanguinetti, Jacques Roubaud y Charles Tomlinson; con este último publicó en 1989 el libro de poemas *Hijos del aire*. La obra de Paz guarda una inigualable unidad estética.

"Creo que los poetas de todos los tiempos han afirmado lo mismo: el deseo es un testimonio de nuestra condición desgarrada; asimismo, es una tentativa por recobrar nuestra mitad perdida".

OBRA REPRESENTATIVA: **Ensayo.** *El laberinto de la soledad* (1950) // *El arco y la lira* (1956) // *Las peras del olmo* (1957) // *Cuadrivio* (1965) // *Los signos en rotación* (1965) // *Puertas al campo* (1966) // *Corriente alterna* (1967) // *Claude Lévy-Strauss o el nuevo festín de Esopo* (1967) // *Marcel Duchamp o el castillo de la pureza* (1968) // *Conjunciones y disyunciones* (1969) // *Posdata* (1970) // *El signo y el garabato* (1973) // *Los hijos del limo* (1974) // *El ogro filantrópico* (1974) // *In/mediaciones* (1979) // *Tiempo nublado* (1983) *Sombras de obras* (1983) // *Hombres en su siglo* (1984) // *La otra voz* (1990) // *Los privilegios de la vista* (1990) // *Traducción, literatura y literalidad* (1990) // *Pequeña crónica de grandes días* (1990) // *Convergencias* (1992) // *Un más allá erótico* (1993) // *La llama doble* (1993) // *Itinerario* (1993) // *Obras completas* (1994) // *Estrella de tres puntas* (1996). **Poesía.** *Libertad bajo palabra* (1958) // *Salamandra* (1962) // *Blanco* (1966) // *Ladera Este* (1969) // *El mono gramático* (1972) // *Pasado en claro* (1974) // *Vuelta* (1976) // *Poemas* (1979) // *Árbol adentro* (1987) *Obra poética 1935-1988* (1990) // *Claridad errante* (1996). **Prosa.** *Primeras letras* (1988). **Teatro.** *La hija de Rappacini* (1956). **Otros.** *Sendas de Oku*, de Matsuo Basho (1957) // *Versiones y diversiones* (1973) // *Pasión crítica* (1985). En colaboración con Jacques Rubaud, Edoardo Sanguinetti y Charles Tomlinson, *Renga* (1971). En colaboración Charles Tomlinson, *Hijos del aire* (1989).

PELLICER, Carlos (1899-1977). Destacado poeta mexicano y museógrafo que formó parte de los Contemporáneos, prestigiado grupo de poetas que recibió el mismo nombre de la revista que sus miembros crearon en 1928. Considerados como una auténtica generación, los Contemporáneos se preocuparon por el valor de la literatura y se caracterizaron por una sensibilidad afín, una formación intelectual rigurosa, un interés por el arte nuevo y una necesidad de participar en lo universal. Fueron herederos de la filosofía y obra del Ateneo de la Juventud, de la literatura modernista, de la obra de Ramón López Velarde y participaron de las corrientes vanguardistas. Manifestaron especial predilección por la literatura de la NOUVELLE REVUE FRANÇAISE. En grado diferente penetraron en obras de autores españoles, norteamericanos, ingleses, italianos e hispanoamericanos. Entre algunos de los modelos más significativos están: Marcel Proust, Jean Cocteau, André Gide, Guillaume Apollinaire, T. S. Eliot y Juan Ramón Jiménez. Su obra individual y colectiva renovó la poesía mexicana. Además de Pellicer, la generación estuvo formada principalmente por Bernardo Ortiz de Montellano, Enrique González Rojo, José Gorostiza, Jaime Torres Bodet, Xavier

Villaurrutia, Jorge Cuesta, Gilberto Owen y Salvador Novo. Pellicer nació en Villahermosa, Tabasco; realizó estudios en la ciudad de México y en Bogotá. Fue catedrático de literatura e historia en varias escuelas y en la Universidad Nacional Autónoma de México. Se interesó por la vida política de su nación y fue senador en Tabasco. Realizó distintos viajes a Sudamérica (1922), Europa y el Cercano Oriente (1926-1929). Dirigió el Departamento de Bellas Artes de la Secretaría de Educación Pública y en 1944 fue galardonado con el Premio Nacional de Literatura. Se interesó por la museografía y destacó en esta actividad; entre sus obras principales se encuentra el Anahuacalli y el Museo de Tepoztlán. Fue miembro de la Academia Mexicana de la Lengua. Pellicer es el más antiguo de los Contemporáneos; su formación fue diferente al resto del grupo; antes de que su camino poético lo llevara a establecer un lazo con la estética de los Contemporáneos, sus poemas siguieron las huellas de Darío y el Modernismo. Prolífica y variada, su obra poética comenzó a aparecer en diferentes revistas literarias desde 1914. El poeta cantó con magistral pluma al paisaje tropical americano; a los elementos naturales y a la muerte; al amor y también compuso versos de inspiración religiosa. Entre su producción lírica están: *Colores en el mar y otros poemas*; *Piedra de sacrificios*; *Camino*; *Hora de junio*; *Recinto*; *Subordinaciones*; *Práctica de vuelo* y *Reincidencias*. Su obra fue reunida y publicada en 1981. El poeta murió en la ciudad de México a los setenta y ocho años de edad. Su poesía posee valores pictóricos; en ella hay plasticidad y luminosidad; refleja pasión y alegría; es sonora y sensual. *"Vuelvo a ti, soledad, agua vacía, / agua de mis imágenes, tan muerta, / nube de mis palabras, tan desierta, / noche de la indecible poesía"*.

OBRA REPRESENTATIVA: *Colores en el mar y otros poemas* (1921) // *Piedra de sacrificios* (1924) // *6,7 poemas* (1924) // *Oda de junio* (1924) // *Hora y 20* (1927) // *Camino* (1929) // *Esquema para una oda tropical* (1933) // *Hora de junio* (1937) //*Recinto y otras imágenes* (1941) // *Hexágonos* (1941) // *Subordinaciones* (1948) // *Práctica de vuelo* (1956) // *Material poético* [1918-1961] (1962) // *Con palabras y fuego* (1963) // *Reincidencias* (1977) // *Obras. Poesía* (1981) // *Poesía completa* (1997).

PEÓN CONTRERAS, José (1843-1907). Poeta, médico, político y prolífero dramaturgo mexicano cuya obra dio un vigoroso impulso al teatro nacional. Originario de Mérida, en el estado de Yucatán, Peón Contreras nació en el seno de una familia acomodada. Talentoso y precoz, recibió el título de Doctor en Medicina a los diecinueve años. En 1863 se trasladó a la capital donde ocupó el cargo de director del Hospital de San Hipólito para enfermos mentales (1867). Articuló su actividad profesional con la política; en representación de su estado natal figuró en la Cámara de Diputados. Se inició en la vida literaria desde la adolescencia; a los dieciséis años compuso la leyenda dramática *La cruz del paredón* y a los dieciocho escribió *María la loca*, *El castigo de Dios* y *El Conde de Santiesteban*, piezas representadas en el Teatro de San Carlos de Mérida, entre 1861 y 1862. La producción literaria de Peón Contreras, tan vasta como variada, incluye más de 40 títulos. En 1868 salieron a la luz sus *Poesías*, colección que comprende, entre otras, "*El río de Tilapa*" y la "*Meditación dedicada a la memoria de mi madre*", poema este último en el que dejó oír las cuerdas de la melancolía. Es autor de la obra *Romances históricos mexicanos* que, inspirados en los temas de la poesía indígena, continúan la tradición iniciada por Roa Bárcena. Aunque la fama la adquirió por sus composiciones dramáticas, también incursionó en el género novelístico con *Taide* y *Veleidosa*. Su primer triunfo como autor dramático lo obtuvo en 1876, año en que se estrenó *¡Hasta el cielo!*, drama en prosa de tema colonial. En *La hija del rey*, considerada como su obra maestra, Peón Contreras escenificó el drama de la hija natural de Felipe II traída a la Nueva España por el arzobispo Moya Contreras y confinada en un convento. En 1876 la pieza alcanzó un éxito rotundo en el Teatro Nacional de la ciudad de México; ese mismo año el dramaturgo yucateco fue laureado y proclamado como "El restaurador del teatro nacional", título que lo hermana al español Lope de Vega. En su ciudad natal también gozó de fama y popularidad; en 1878 se le rindió un homenaje en el que el Teatro de San Carlos pasó a tomar su nombre. Inscrita en el Romanticismo, su obra ha sido considerada como la más prolífera de entre los dramaturgos de la época; en ella, al tema histórico se suman el honor, la pasión, el remordimiento religioso y el desengaño. Encontró en Zorrilla un modelo a seguir; en sus versos mostró preferencia por el octosílabo. Hasta sus últimos días prosiguió su quehacer literario. Murió en México después del viaje que realizó a Francia y durante el cual fue atacado de una parálisis en la que incluso perdió el habla. Su teatro contiene versos ágiles y sonoros; imprimió en los personajes el apasionamiento para la expresión del amor, la virtud y el honor.

"*Presente siempre miraré el pasado*".

OBRA REPRESENTATIVA: **Novela.** *Taide* (sf) // *Veleidosa* (sf). **Poesía.** *Poesías* (1868) // *Romances históricos mexicanos* (1888). **Teatro.** *La hija del rey* (1876) // *Gil González de Ávila* (1876) // *Un amor de Hernán Cortés* (1876) // *El conde de Peñalva* (1877) // *Entre mi tío y mi tía* (1878) // *Por el joyel del sombrero* (1878) // *El capitán Pedreñales* (1879) // *Muerto o vivo* (1879) // *En el umbral de la dicha* (1885) // *El bardo* (1886) // *Gabriela* (1888) // *Soledad* (1892) // *Una tormenta en el mar* (1893) // *¡Por la Patria!* (1894).

PERALTA BARNUEVO, Pedro de (1663-1743). Escritor peruano, hombre cuya cultura preludia el enciclopedismo del siglo XVIII. Polígrafo que cultivó la prosa y el verso. Peralta vivió toda su vida en Lima, su ciudad natal. Estudió en la Universidad de San Marcos, donde se doctoró en Derecho Civil y Canónico y de la cual fue catedrático de matemáticas. Inclinado particularmente por el estudio de las ciencias físicas, poseyó una cultura insuperable. Fue rector de la Universidad limeña; por sus conocimientos desempeñó el cargo de cosmógrafo del Reino y estuvo a la cabeza en los trabajos de fortificación de Lima. Vinculado con la Corte peruana, cultivó la amistad de virreyes; tuvo renombre en el medio literario de su época. Ávido lector, Peralta se mantuvo al día sobre la situación cultural de Europa. Hacia el final de su vida fue víctima de la implacable censura eclesiástica. El Santo Oficio inició un largo proceso en su contra a causa de su obra *Pasión y triunfo de Cristo* (1738). Acusado de infiel a los preceptos e ideas de la Iglesia y del Estado, buscó la protección del virrey Marqués de Castellforte quien lo ayudó a salir de ese lamentable trance. La mayor parte de sus piezas de teatro se estrenaron en ocasión de algún festejo. "*Afectos vencen finezas*", comedia de enredos presentada en 1720 con motivo del cumpleaños del virrey arzobispo Fray Diego Rubio de Auñón, estuvo acompañada de una loa alegórico-mitológica, un baile sobre el amor y un fin de fiesta satírico contra el lenguaje culterano. Es autor también de la comedia *Rodoguna*, basada en la *Rodegune* de Corneille, pieza que fue escrita hacia 1720 con motivo del cumpleaños de Felipe V. En ella da un giro a la tragedia corneliana, adaptándola a los cánones del teatro barroco español. Sus obras de teatro se recopilaron en *Obras dramáticas* (1937). Peralta escribió el ambicioso poema heroico *Lima fundada o conquista del Perú* en el que narra la historia de Lima desde su fundación, la Conquista, victorias de los españoles y guerras civiles; representa un inconmensurable elogio a los virreyes, las instituciones, los santos y los hombres sabios. Peralta murió en Lima a los ochenta años. En su producción, aunque se distinguen los rasgos barrocos, se aprecia igualmente el afrancesamiento neoclásico transportado a América.

"...es otra cosa el gemido / puesto en traje de gorgeo..."

OBRA REPRESENTATIVA: **Poesía.** *Lima fundada o conquista del Perú* (1732) // *Pasión y triunfo de Cristo* (1738). **Teatro.** (*Triunfos de amor y poder*, 1711 // *Afectos vencen finezas*, 1720, en *Obras dramáticas*, 1937).

PÉREZ BONALDE, Juan Antonio (1846-1892). Personalidad de las letras venezolanas, poeta y traductor en cuya obra se insinúan nuevos rumbos para la poesía. Nació en Caracas; fue un espíritu cosmopolita, recorrió gran parte de América, Europa, Asia y África; dominó el inglés, alemán y francés, entre otras lenguas. Además de las dotes para la poesía tuvo inclinación por la pintura y la música. Era adolescente cuando, al estallar la Guerra Federal (1859), su familia se exilió en Puerto Rico. Después de este primer destierro, volvió a su patria. Ante la avanzada del caudillo Guzmán-Blanco, en 1870 abandonó Venezuela y viajó a Nueva York. Allí realizó distintas actividades en casas comerciales, ya como redactor de propaganda, ya como agente viajero. Cuando Alcántara sucedió a Guzmán-Blanco, el poeta viajó a Venezuela. Su estancia fue breve; el regreso de Guzmán al poder y la muerte de su madre lo hicieron encaminar sus pasos nuevamente hacia Nueva York. Formó un matrimonio mal avenido con Amanda Schoonmaker a quien se unió en 1879. Cinco años más tarde (1883) la muerte de Flor, su única hija, le causó la mayor pena de su vida. Desesperado y adolorido, el poeta no logró sobreponerse a la pérdida; se refugió en el alcohol y los paraísos artificiales. Dedicó a su hija la elegía que lleva su nombre: *Flor*, de tono triste, de dolor y de queja que llega a la injuria contra Dios. Al lado de este título aparecen *Poema del Niágara*, de orientación filosófica que mereció un prólogo de José Martí (1887) y *La vuelta a la patria*, en el que con sentimiento romántico revive recuerdos de su familia; tres de sus mejores poemas que le aseguran una firme permanencia en las letras. Vertió al español a Heine y a Poe, dos de los autores que más tarde serían descubiertos por los poetas modernistas. De Heine tradujo *Intermezzo lírico* y

El cancionero, publicados en Nueva York en 1877 y 1885 respectivamente; de Poe dejó una insuperable versión de *El cuervo* (1887). En estas obras, que lo llevaron a ensayar nuevos ritmos, confirmó su sensibilidad poética. Pérez Bonalde regresó a Venezuela en 1890, murió pobre y solo en Macuto, pequeña aldea de pescadores; sus restos fueron trasladados a Caracas en 1903. Poeta que no logró hacer escuela por la presencia de influencias que se obstinaban en la época, el venezolano dejó una producción que sugiere en el verso un trabajo de orfebre.

"Esta patria [...] es la mayor pasión de mi vida".

OBRA REPRESENTATIVA: **Poesía.** *Estrofas* (1877) // *Ritmos* (1880) // *Poema del Niágara* (1882). **Traducción.** *Intermezzo lírico* (1877) // *El cancionero* (1885) // *El cuervo* (1887).

PÉREZ de ZAMBRANA, Luisa (1835-1922). Poetisa cubana de marcado acento elegíaco. Su nombre era Luisa Pérez y Montes de Oca; pasó a la historia de las letras con el apellido de su esposo. Nació y vivió los primeros años en la finca Melgarejo, cercana a Santiago de Cuba, en la zona del Cobre. A pesar de no haber tenido mayor instrucción que la adquirida en la escuela primaria, su vocación y natural soltura para la poesía se hicieron palpables desde temprana edad. En la adolescencia además de sus labores del hogar leía a los autores españoles y componía versos. Su vida estuvo ensombrecida por acontecimientos luctuosos. En 1852 murió su padre; esta pérdida hizo que la familia se trasladara a Santiago de Cuba. En 1858 contrajo matrimonio con Ramón Zambrana, distinguido crítico literario quien después de conocer sus versos y atraído por su belleza le declaró a la joven Luisa su amor por carta. Poco duró la dicha matrimonial, hacia los ocho años de casada la poetisa quedó viuda. A esta pérdida, siguió la de su hermana Julia (1875), unida a ella por la misma vocación poética. Después sufrió la muerte de sus cinco hijos, que uno tras otro, en plena juventud, se fueron de su vida ahondando la soledad de su alma. Estos dolorosos acontecimientos motivaron su lamento poético. En *"Su sombra"* expresó el dolor causado por la ausencia de su padre; *"La vuelta al bosque"* es la emoción viva y el sufrimiento de la muerte de su esposo; *"Dolor supremo"*, *"Martirio"* y *"¡Mar de tinieblas!"* son composiciones dedicadas a la muerte de sus hijos, cuyos versos trasminan el dolor íntimo de su alma. De temperamento melancólico, Luisa Zambrana fue una poetisa elegíaca desde sus primeras composiciones. Por las fechas en que dejó la finca y pasó a Santiago, ya era conocida en el ambiente intelectual; en las páginas del periódico EL ORDEN publicó algunos de sus versos (1852). Formó parte del grupo de poetas y escritores tanto de Santiago como de La Habana a donde se trasladó una vez unida a Zambrana. En su producción se encuentran temas muy variados. Durante los años de juventud, el ambiente rural sirvió de inspiración en *"El lirio"*, *"La gota de rocío"*, *"Noches de luna"* y otras más; abordó el tema religioso en *"Viernes Santo"*, *"A la Virgen de Dolores"* y *"Dios y la mujer culpable"*, poemas en los que la autora invita a la meditación y el recogimiento del alma. En su obra también hay destellos de poesía social, tal es el caso en *"Carta a Ernestina"*, *"A Julia, en la fuga de su sinsonte"* y *"Reflexiones"*. La escritora cubana pasó los últimos años de su larga vida en el pueblo de Regla, acompañada de su soledad que a ratos se mitigaba con la visita de sus nietos y amigos. En 1918 recibió un homenaje en La Habana y en 1920 salió a la luz una reedición de las *Poesías*. Dejó versos de carácter romántico en los que comunicó la emoción intensa de lo vivido.

"Yo soy la virgen que en el rostro lleva / la sombra de un pesar indefinible; / yo soy la virgen pálida y sensible / que siempre amó el dolor".

OBRA REPRESENTATIVA: **Poesía.** (*El lirio // La gota de rocío // Noches de luna // Al ponerse el sol // Recuerdos de nuestra infancia // A mi amigo // El rapto de mi tortolita // La estrella de la tarde // Al sol // Viernes Santo // A la Virgen de Dolores // Dios y la mujer culpable // Meditación // Su sombra // La vuelta al bosque // Dolor supremo // Martirio // ¡Mar de tinieblas! // Carta a Ernestina // A Julia, en la fuga de su sinsonte // Reflexiones*, en *Poesías*, 1920).

PÉREZ RAMÍREZ, Juan (1545- ?). Primer dramaturgo nacido en América. De su vida sólo se tienen algunas noticias contenidas en el informe del arzobispo Moya de Contreras al Rey. Nació en la Nueva España. Fue hijo de un conquistador asentado en México. Se sabe que llegó a tener un profundo conocimiento de la lengua náhuatl y del latín y que muy joven se ordenó clérigo. El reconocimiento que Ramírez tiene en la literatura se debe a la pieza *Desposorio espiritual entre el pastor Pedro y la Iglesia mexicana*, comedia pastoril-alegórica en verso y considerada como la más antigua que se haya escrito en América. Obra de circunstancias, el *Desposorio* se estrenó en 1574 con motivo de la llegada a México del arzobispo Moya de Contreras; ocasión en la que también se presentó el *Coloquio II* de Fernán González de Eslava. En la comedia del poeta mexicano se conjugan personajes simbólicos, la Iglesia, las Virtudes Teologales, la Gracia y el Amor Divino con los pastores, sin faltar el "bobo" que da el toque cómico. Los diálogos, basados en preguntas y respuestas, están teñidos de un lirismo mesurado. Su versificación es tan nítida que se ha señalado como muy probable que Juan de la Cueva, durante su estancia en México, haya tomado algo de su estilo. Ramírez utiliza una lengua culta sin presunciones de erudición.

"No quede ningún pastor / que no baile con primor / y dé cien mil zapatecas / —¡Yo daré mil castañetas / y saltos en derredor!"

OBRA REPRESENTATIVA: (*Desposorio espiritual entre el pastor Pedro y la Iglesia mexicana*, en *Autos y coloquios del siglo XVI*, 1939).

PÉREZ ROSALES, Vicente (1807-1886). Escritor y diplomático chileno, su obra ha planteado problemas respecto a los géneros literarios. Hombre de espíritu inquieto y aventurero, fue el principal promotor de las emigraciones extranjeras en ese país. Nació en Santiago de Chile; tuvo una esmerada educación en el seno de una familia adinerada. Perdió a su padre siendo aún niño; no había cumplido catorce años cuando, debido a su rebeldía y desobediencia, su madre lo puso en manos de un capitán de barco inglés quien después de un corto tiempo se desatendió de él dejándolo en Río de Janeiro. Más tarde (1825) su familia lo envió a Europa para que continuara su educación. Residió en París, y en España fue alumno de maestros eminentes como el célebre Leandro

Fernández de Moratín, a quien tuvo en gran estima. A finales de 1830 regresó a Chile. Entre las actividades que realizó —fue campesino, tendero, destilador de licores y contrabandista de ganado— la que mejor colmó su tendencia andariega fue la de minero. En 1846 emprendió el viaje a Copiapó cuyas prometedoras minas de plata atraían por ese entonces a ingleses, franceses, chilenos y alemanes. El fracaso que tuvo en esa empresa no le impidió lanzarse muy pronto a la búsqueda de oro en California (1848). Después de dos años de trabajo en esas tierras volvió con una nueva desilusión; a su regreso a Chile (1850) fue nombrado agente de la colonización, cargo que le permitió llevar a cabo la inmigración de alemanes para poblar las tierras del sur; así fundó, en 1853, el Puerto Montt, en la bahía de Melipulli. En reconocimiento a su labor fue enviado a Hamburgo (1855) en calidad de agente de colonización y Cónsul de Chile, allí permaneció cinco años fomentando y organizando los grupos de alemanes inmigrantes. De vuelta nuevamente en Chile, se desempeñó como intendente en Concepción (1859). Casado con una viuda adinerada, se alejó de la diplomacia; en esos años de feliz vejez inició la escritura de *Recuerdos del pasado*, su obra de mayor interés. Apareció publicada en el periódico LA ÉPOCA, en los sucesivos números de 1882; la edición definitiva vio la luz en 1886. En ella recogió los recuerdos de lo vivido en 1814 y 1860; este carácter autobiográfico, ha llevado a clasificarla dentro del género de memorias, en el que el autor intercala reflexiones, hechos históricos, descripción de costumbres y de tipos humanos. La existencia en el texto de personajes populares y de los diálogos entre los mineros ha hecho pensar que se trata de un cuadro de costumbres. Considerada como una obra significativa en las letras chilenas, se ha destacado la amenidad de su estilo; la soltura con la que Pérez Rosales describe los defectos y virtudes del sentir chileno, captado con relieves burlones y picarescos.

"...mi obra no es literatura sino vida".

OBRA REPRESENTATIVA: **Memorias.** *Memorias sobre la colonización de la provincia de Valdivia* (1852) // *Memorias sobre la emigración, inmigración y colonización* (1854) // *Recuerdos del pasado* (1886).

PESADO, José Joaquín (1801-1861). Escritor mexicano, traductor, periodista y político. Prominente poeta de filiación clásica en los albores del romanticismo mexicano, produjo una vasta y proporcionada obra poética. Por sus intentos de revivir cantares del mundo prehispánico, algunos lo han llegado a considerar como introductor del género indígena en la poesía mexicana. Aunque clásico, deja el poeta traslucir matices de clara factura romántica. Oriundo de San Agustín del Palmar, Puebla, nació en el seno de una familia adinerada. Cuando aún era pequeño quedó huérfano de padre; junto con su madre se trasladaron a Orizaba, ciudad donde recibió una cuidada educación, supervisada por su progenitora. Manifestó extraordinarias dotes para el estudio; llegó a adquirir una rica y profunda cultura que lo convirtió en un erudito. Se dedicó al estudio del latín, italiano, francés, inglés y, en menor grado, del griego; de las literaturas clásica y española; de la teología, política, de las ciencias naturales y exactas, y conoció de contabilidad mercantil. Profundo creyente, leyó la *Summa* de Santo Tomás y cultivó la lectura de la Biblia. Se interesó por la vida política de su país; de creencias liberales al comienzo, se convirtió con el tiempo en conservador. Desempeñó importantes cargos; fue Ministro del Interior (1838) y de Relaciones Exteriores (1845-1846). A partir de 1851 se estableció en México; impartió la cátedra de literatura en la Universidad y tuvo el grado de Doctor en Filosofía. Fue miembro de la Real Academia Española. Durante la Reforma, participó en la actividad periodística con artículos de carácter religioso, aparecidos en LA CRUZ. Figura polémica, fue respetado y discutido en su época; su autoridad intelectual lo convirtió en un apoyo de escritores jóvenes. Se le debe la publicación póstuma de la mermada obra poética de su amigo Francisco M. Sánchez de Tagle, y la edición prologada de los poemas de su coetáneo Manuel Carpio. La producción de Pesado está constituida por poemas originales de género amoroso, religioso, moral, descriptivo y épico; traducciones; imitaciones y paráfrasis. De sus creaciones amorosas destacan: "*Mi amada en la misa de alba*" y "*Al ángel de la guarda de Elisa*"; de las religiosas, "*Jerusalén*" y "*Alabanzas a la Santísima Virgen*"; de las morales, "*El hombre*" y "*El sepulcro*"; de las descriptivas, "*Escenas del campo y de la aldea de México*" y "*Sitios y escenas de Orizaba y Córdoba*"; de las épicas, "*Moisés*" y "*La Revelación*". La recreación de poemas indígenas, denominados por el autor como "*traducciones y glosas*" cuyo título es "*Los aztecas*", tuvieron como fuentes las crónicas y las interpretaciones que del náhuatl realizó un amigo suyo de origen indígena, Faustino Chimalpopoca, de los cantos atribuidos a Netzahualcóyotl. Pesado dio a sus recreaciones un sentido cristiano. Imitó a Horacio, Virgilio, Garcilaso y Chenier; tradujo a Lamartine, Manzoni, Teócrito y Sinesio; pero las traducciones que merecen destacarse son las de Horacio, Tasso y las versiones de los "Salmos" y de "El cantar de los cantares". Pesado fue un poeta que evolucionó al superar ciertos defectos, sobre todo prosódicos, de su poesía juvenil. Para muchos, lo más notable de sus poemas originales fue la parte descriptiva. El poeta bebió en las fuentes de la poesía italo-española del siglo XVI. Su obra se reunió en *Poesías originales y traducidas* que fue publicada en tres ocasiones: 1839, 1840 y la última, edición completa y póstuma, en 1886. Pesado falleció en México. Pulido y transparente es su estilo; no fue ajeno a la emoción y efusión líricas. Las descripciones manifiestan con originalidad su mexicanismo. Las recreaciones de cantos indígenas representan una búsqueda y aceptación de un pasado nacional. Las poesías morales son en ocasiones monótonas y menos inspiradas; las sagradas, elevadas y sublimes.

"*Concebir belleza, bondad y verdadero amor sin Religión, es crear figuras sin movimiento o más bien cadáveres sin alma. El mundo moral sería un árido desierto, si el soplo divino no lo vivificase de continuo*".

OBRA REPRESENTATIVA: **Poesía.** *Poesías originales y traducidas* (1839, 1840 y 1886).

PEZOA VÉLIZ, Carlos (1879-1908). Autor polémico, la figura de Pezoa Véliz quedó troquelada en las letras con el sello del Modernismo; sin embargo, los recientes acercamientos a su obra sugieren que su pertenencia a ese movimiento es sólo en apariencia. Fue un lírico que penetró en los estratos más humildes de la vida chilena. Nació en Santiago; tuvo una escasa formación debido a su origen modesto. Asistió a las aulas del Liceo de San Agustín (1893) y del Instituto Superior de Comercio, donde adquirió algunos conocimientos de francés. Dejó los estudios en 1898 y se enroló en la Guardia Nacional, formada frente a la amenaza de guerra con Argentina. Posteriormente trabajó como civil en el ejército. En sus andanzas, conoció a fondo la vida bohemia de Santiago. En 1902 se trasladó a Valparaíso donde inició la labor periodística: colaboró en LA VOZ DEL PUEBLO y durante su residencia en Viña del Mar, escribió para LA COMEDIA HUMANA (1905). Nombrado secretario de la Alcaldía y de la Municipalidad lo sorprendió el terremoto que azotó a Viña del Mar en 1906. Quedó gravemente herido, llegó incluso a usar muletas. Sometido a varias intervenciones quirúrgicas, estuvo hospitalizado en Valparaíso y en el hospital de San Vicente de Paul de Santiago, donde le descubrieron una tuberculosis avanzada que le causó la muerte. Su obra poética tuvo una buena acogida en INSTANTÁNEAS, LA LIRA CHILENA y CHILE ILUSTRADO, entre otras publicaciones periódicas. Uno de sus modelos fue el mexicano Gutiérrez Nájera cuya huella es visible en "*Contra avaricia, largueza*"; "*Contra gula, templanza*"; "*Contra lujuria, castidad*" y "*Contra soberbia, humildad*". Lo que en algunas de sus composiciones se ha visto como influencia modernista, en particular de Rubén Darío, en opinión del célebre crítico Fernando Alegría es simple *aderezo retórico*. El verdadero universo poético de Pezoa Véliz se construyó con temas de la vida popular chilena: vagabundos, obreros, pícaros, rotos, borrachos, hambrientos y desharrapados poblaron sus versos. Escribió también algunas páginas en prosa que en esencia giran en torno a los mismos temas. La muerte prematura del poeta truncó una promesa lírica para las letras chilenas. Dejó una obra de la que emergen gritos de protesta teñidos de sarcasmo.

"Un día de invierno lo encontraron muerto / dentro de un arroyo próximo a mi huerto / [...] Entre sus papeles / no encontraron nada... Los jueces de turno / hicieron preguntas al guardián nocturno: / él no sabía nada del extinto / [...] Una paletada le echó el panteonero; / luego lió un cigarro, se caló el sombrero / y emprendió la vuelta... Tras la paletada, / nadie dijo nada, nadie dijo nada..."

OBRA REPRESENTATIVA: **Narración.** (*Marusina // El niño diablo*, en *Poesías y prosas completas de Carlos Pezoa Véliz*, 1927). **Poesía**. (*Romanza de amor // Al amor de la lumbre // Pergamino clásico // Contra avaricia, largueza // Contra gula, templanza // Contra lujuria, castidad // Contra soberbia, humildad // Noctámbula // Capricho de artista // La pena de azotes // Nada*, en *Poesías y prosas completas de Carlos Pezoa Véliz*, 1927).

PITA, Santiago de (¿ - 1755). Poeta cubano de las postrimerías del barroco, autor de *El príncipe jardinero y fingido Cloridano*, considerada como la primera obra teatral en su país. Lo que actualmente se conoce, tanto de su vida como de su obra, es el resultado de una investigación proseguida por los estudiosos durante largos años y basada en fuentes indirectas. Pita fue hijo de una de las más viejas y respetables familias de La Habana. La fecha de su nacimiento se calcula entre 1693 y 1694. Fue capitán del Batallón de Milicias de La Habana. Entre mayo y agosto de 1742 tomó parte en la expedición que, según los críticos, pudo haber sido aquella que salió de San Agustín de la Florida para contener los ataques ingleses de Georgia. En ese año, Pita ya estaba casado con Caterina María de Osés. En 1743 desempeñó el cargo de alcalde ordinario de La Habana y a su muerte fue enterrado en el Convento de Santo Domingo. *El príncipe jardinero y fingido Cloridano* se le atribuyó al fraile cubano José Rodríguez, llamado el "Padre Capacho", de quien se conocen algunas composiciones satíricas. En 1930 el erudito dominicano Max Henríquez Ureña, apoyado en consideraciones estilísticas, restituyó a Pita la paternidad de la obra. Las dificultades se fueron superando poco a poco. El año de 1951, las investigaciones de José Juan Arrom revelaron la existencia de otras ediciones además de la cubana de 1820; de ellas, la más antigua apareció en Sevilla, entre 1730 y 1733. Para su comedia, escrita en verso, Pita tomó el título y el tema de la ópera escénica *Il principe giardiniero* —escrita en prosa— de Giacinto Andrea Gicognini (1606-1660). A diferencia de la obra del florentino, quien ubica la acción en Valencia, Pita la transpone a la Tracia utópica que concibe con imaginación y creatividad. La crítica ha señalado una clara influencia de figuras españolas como Lope, Calderón y Cervantes en la obra del cubano. Esto ha hecho suponer que el autor viajó a España, ya que en esa época es muy poco probable que tales escritores fueran leídos en Cuba. No obstante, la duda aún no se disipa. En su obra, Pita logró imprimir el sello de lo americano en los motivos, sentimientos y temperamento de los personajes. En ella, no falta el *gracioso* y su amo, el príncipe Fadrique quien, fingiendo ser el jardinero Cloridano, vence algunas dificultades para casarse con la princesa Aurora. Recurrió a una amplia gama métrica en la versificación, romances, endecasílabos, espinelas y ovillejos.

"Cuando un bien es pretendido / de tres que lo solicitan, / serán dos los infelices, / y uno logrará la dicha".

OBRA REPRESENTATIVA: *El príncipe jardinero y fingido Cloridano* (1730-1733).

POMBO, Rafael (1833-1912). Escritor colombiano, crítico, diplomático, político y periodista. La destacada figura de Pombo lo colocó en un sitial privilegiado en la historia de las letras en su país. Coronado en Colombia como el mejor poeta de esa nación y estimado como uno de los más completos y fecundos del romanticismo hispanoamericano, su original obra constituye una herencia de inapreciable valor. Impulsó la vida artística y cultural de su país y la enriqueció a través de una intensa y fructífera labor periodística y de traducción. Como otros escritores de la época, combinó las letras y la participación en la agitada vida política de su nación; desarrolló asimismo una exitosa carrera diplomática. Oriundo de Bogotá, en Pombo converge ascendencia gallega, vasca, andaluza, germana y holandesa. Nació en el seno de una destacada familia payanesa. Su madre cuidó de su primera instrucción y aprendió a leer, según el propio Pombo, en las obras de Iriarte e Isla. Realizó estudios de humanidades en el Seminario Conciliar (1844) y en el Colegio del Rosario (1846). Por interés de su padre, Pombo ingresó en 1847 al Colegio Militar donde se graduó como Doctor en Ingeniería (1851); sin embargo, no ejerció la profesión. Precoz e inquieto, manifestó desde niño su vocación para las letras y su facilidad en elaprendizaje de las lenguas clásicas y modernas. A los diez años de edad compuso algunos versos a imitación de Lope de Vega y Jáuregui; a los doce, comenzó a reunir una serie de versos en un cuaderno manuscrito que intituló *Panteón Literario, la araña o poesías de José Rafael Pombo y Rebolledo y sus traducciones del latín, francés e inglés más curiosas*. Tales poemas fueron escritos entre 1845, año considerado como el de su iniciación en las letras, y 1849. Desde entonces, gustó de la diversidad temática, formal, métrica, estrófica y rítmica en la composición poética, aunque mostró preferencia por el soneto. Algo que se manifestó en su precocidad y que a la vez caracterizó la vida y obra de Pombo fue un interés acusado y mantenido en anotar impresiones, sentimientos, vivencias, preferencias literarias y reflexiones diversas en diarios y cuadernos de notas que compilaba. Esos materiales revelan una personalidad autocrítica, pero sobre todo representan un curioso y valioso archivo para reconstruir su historia y perfil como persona y escritor. De los diarios, el más importante es el de 1855. Pasó su infancia entre libros y los utilizó como fundamentación de lo que su reflexión e instinto le proponían. Ávido lector, fueron numerosas y variadas las obras que leyó a lo largo de su vida. Las influencias de Pombo fueron tan abundantes y diversas como los autores que le deleitaban, pues le complacía imitar su estilo después de una lectura gozosa. Desarrolló una vasta cultura que inició con la lectura de los escritores españoles del Siglo de Oro y de épocas posteriores tales como Quevedo, Lope de Vega, Fray Luis de León, Moratín, Meléndez, Zorrilla y Hartzenbusch, entre otros. La excelencia poética latinoamericana para Pombo la representaron Caro, Arboleda, Olmedo, Bello, Mármol y Heredia. Se compenetró de la literatura inglesa y recibió su influencia, en especial la de Byron, a quien admiró. Fue receptivo a los ecos de Lamartine, Dumas, Montesquieu. Se interesó por la obra del norteamericano Henry Wodsworth Longfellow, con el que estableció una gran comunicación epistolar. Pombo contribuyó a difundir su obra en América Hispana; Longfellow mejoró la traducción anónima de un poema de Pombo intitulado "*Cadena*" y fue publicado en un periódico estadounidense en 1871. Políglota y excelente traductor vertió al español unas 200 poesías de Homero, Virgilio, Horacio, Shakespeare, Tennyson, Byron, Longfellow, Blanco White, Corneille, Victor Hugo, Lamartine, Heredia, Goethe y Schiller entre otros. También le inspiró interés la poesía italiana y portuguesa. Los temas poéticos de Pombo giraron alrededor de tres vertientes fundamentales: el amor, la patria y la religión. En 1853, en Popayán, compuso el poema *Mi amor* que firmó con el pseudónimo de "Edda" y fue publicado, por vez primera, en el periódico LA GUIRNALDA (1855). Pombo pudo ocultar durante algún tiempo la mistificación que logró con Edda: hizo creer al público que se trataba de una poetisa colombiana llena de pasión que cantaba el amor imposible y sublimado; se le llamó "Safo Cristiana" y tuvo una inmensa difusión y popularidad en toda Hispanoamérica. Edda se convirtió en un personaje y en un tópico. El nombre se extendió al título general de una serie de fragmentos con títulos distintos que fueron escritos en épocas diferentes y publicados, en su mayor parte, póstumamente. Así, hay Edda 1: *Mi amor*; Edda 2: *Despecho*, etc. Pombo fue un hombre apasionado y sensible; en su vida hubo muchas mujeres, algunas de ellas producto de su idealización. Defendió a la mujer y le cantó. A pesar de su apariencia un tanto desagradable, era de modales finos y cortés; tenía además la capacidad de parodiarse a sí mismo. Pasó por etapas de terrible angustia existencial y su pluma fue por momentos fuente lírica de abierta confesión que cautiva. Momentos esos cuyos frutos franquearon la barrera del tiempo y nos llegan hoy en el dolor y escepticismo de *Hora de tinieblas* (1864), iniciado en Popayán y terminado durante su estancia en Estados Unidos de Norteamérica, que va de 1855 a 1872. En 1904 se retractó de la ausencia de fe de aquel poema que formó, empero, parte de su biografía espiritual. Con el tiempo, Pombo afianzó sus creencias religiosas y produjo sonetos religiosos; en 1877 publicó el opúsculo *El ocho de diciembre tributo católico a María*, versos a imitación de Soares de Silva. En esta obrita incluyó la traducción en prosa de su poema "*Our Madonna at Home*". El repertorio poético de Pombo fue muy variado, la mayor parte de su obra apareció en antologías, revistas y periódicos; no publicó en vida ningún libro que reuniera su producción, aunque siempre llevó un registro detallado. Muchos de sus versos tuvieron una edición póstuma. Fue merecedor de una edición oficial de su obra literaria que fue realizada por Antonio Gómez Restrepo (1916). Está dividida en 4 volúmenes: 1 y 2 *Poesías originales*; 3 *Traducciones*; 4 *Fábulas y verdades*. Otra faceta de Pombo fue su interés por la niñez. En Estados Unidos de Norteamérica escribió *Cuentos pintados para niños* (1867) y *Cuentos morales para niños formales* (1869) que le dieron una enorme popularidad. Actualmente se consideran rarezas bibliográficas de apreciable valor. Además, adaptó al español cuentos y fábulas para la casa Appleton de Nueva York. "*El niño y la mariposa*" (1852) se convirtió en una fábula clásica de la literatura de su país. Pombo se propuso conjuntar la belleza y la bondad, la ética y la estética; había que imitar la belleza de la naturaleza en un afán por lo universal y verdadero. No sólo se destacó como traductor, poeta y fabulista; su obra en prosa es abundante. Colaboró en numerosas publicaciones periódicas de su país y el extranjero, en español e inglés. Produjo estudios de crítica literaria, monografías, cuadros de costumbres, reseñas de países latinoamericanos y artículos de índole diversa. Escribió prólogos y participó en la elaboración de antologías. Algunas de sus colaboraciones en Colombia fueron para EL FILOTÉMICO (1850); EL DÍA (1850); LA SIESTA, periódico semanal de vida efímera que fundó junto con su amigo José María Vergara y Vergara (1852) y fue redactor en 1833 del periódico LA HOMEOPATÍA. En Estados Unidos de Norteamérica contribuyó en el NEW YORK HERALD (1855); en la APPLETON'S AMERICAN CYCLOPEDIA (1859) y en la revista EL MUNDO NUEVO (1871-72). Pombo se interesó por la vida política de su nación; en Bogotá formó parte de la Sociedad Filotémica (1850), grupo de jóvenes conservadores. En 1854 luchó por la defensa del gobierno legitimista de José María Obando a raíz de la sublevación del general Melo. Por su exitoso desempeño en la guerra y con apoyo del general Pedro Alcántara Herrán consiguió el puesto de secretario de la Legación colombiana en Estados Unidos de Norteamérica. En 1856 viajó a Centroamérica por motivos diplomáticos. En 1857, con el fin de lograr un acercamiento entre países de America Latina con representación diplomática en E.U.A., organizó con Herrán algunas conferencias. En E.U.A. conoció a importantes personalidades como a Cullen Bryant y Ralph Waldo Emerson. Fue miembro de la Academia Colombiana de la Lengua a partir de 1873 y luego secretario perpetuo de la misma. Participó intensamente en la creación de la Academia Vázquez para impulsar las bellas artes (1873). Fue miembro honorario de la Academia de Historia (1902) y ganador del concurso del Tricentenario del Quijote (1905). Utilizó numerosos pseudónimos como "Faraelio" y "Florencio". Murió en Bogotá. Su estilo está lleno de variados y ricos ritmos; las imágenes evocan ideas y sentimientos profundos; utiliza formas breves pero con densidad en los contenidos. El paisaje americano tiene un lugar importante.

"Dios lo hizo así. Las quejas, el reproche / son ceguedad. ¡Feliz el que consulta oráculos / más altos que su duelo!"

OBRA REPRESENTATIVA: **Fábula.** (*Fábulas y verdades*, en *Obras*, 1916; Vol 4). **Poesía.** (*Poesías originales*, en *Obras*, 1916; Vols 1 y 2). **Traducción.** (*Traducciones*, en *Obras*, 1916; Vol 3).

PRADO, Pedro (1886-1951). Figura prominente del postmodernismo en las letras chilenas; arquitecto, pintor, poeta y novelista de fantasía desbordante. Nació y creció en el barrio de la Estación de Yungay, en Santiago, fue alumno de humanidades en el Instituto Nacional y aunque no concluyó los estudios de arquitectura en la Escuela de Ingeniería, ejerció la profesión de manera esporádica. Desde los años mozos se inclinó por la literatura y las artes; era estudiante cuando en 1905 publicó el periódico LA UNIVERSIDAD; en 1906 contribuyó con algunas creaciones en prosa en ZIG-ZAG y en 1910 publicó la REVISTA CONTEMPORÁNEA, que a pesar de ser efímera sirvió de medio para dar a conocer a escritores extranjeros. A lo largo de su vida, Prado realizó distintos viajes: como delegado de la juventud universitaria estuvo en Lima en el Congreso Estudiantil de 1912; de 1927 a 1928 representó a la Legación de Chile en Colombia. Fue un hombre de espíritu sensible; cultivó con dedicación la pintura y el dibujo. Durante el viaje que hizo por Europa (1935-1936) acrecentó su biblioteca y su galería personal llegando a convertir su casa en sitio de visita obligada para los escritores de la época. Gracias al entusiasmo de Prado por reunir vocaciones artísticas se constituyó el grupo de los Diez, cenáculo de poetas, músicos y pintores cuyo espíritu común era *"...cultivar el arte con libertad natural"*. Prado se inició como poeta en prosa y en verso. Algunas de las composiciones que encierran su pensamiento filosófico están en *La casa abandonada* (1912), *Los pájaros errantes* (1915) y *Las copas* (1919); el tema amoroso predomina en *No más que una rosa* (1946) y *Las estancias del amor* (1949). En 1914 apareció su primera novela *La reina de Rapa Nui*. Se trata de una espléndida historia imaginada sobre la vida y las costumbres de la Isla de Pascua, lugar en el que Prado nunca estuvo. En ella teje sueños y símbolos con admirable dominio creador. Seis años más tarde vio la luz la obra que lo ha consagrado: *Alsino*, considerada como un poema por su vuelo lírico. Inspirado en el mito de Ícaro, Prado imaginó la historia de un niño que deseoso de volar cae de un árbol y queda jorobado; al poco tiempo de la joroba le nacen unas hermosas alas y emprende el vuelo. Alsino viaja en las alturas y al final cae por los aires, desintegrado por un sol que en vano se esfuerza por alcanzar. Esta prodigiosa novela ha dado origen a varias interpretaciones: se ha visto a Alsino como el símbolo del poeta que al librarse de sus ataduras de la tierra se eleva para entonar su canto. Para los estudiosos contemporáneos, en *Alsino* subyace una crítica a la organización social que trasciende el contexto histórico en el que fue escrita. La obra de Prado se vio coronada con el premio de la Academia de Roma (1935) y el Premio Nacional de Literatura (1949). Murió en Viña del Mar. Como poeta, permaneció alejado del Modernismo; en su búsqueda de nuevas formas cultivó el verso libre. Su prosa abunda en símbolos e imágenes que se engarzan para producir el goce de lo poético.

"Jamás a nada pude entregarme por completo; una de mis alas llevábame a la derecha; la otra, a la izquierda; mi peso a la tierra; y mis ojos hacia todos ámbitos".

OBRA REPRESENTATIVA: **Novela.** *La reina de Rapa Nui* (1914) // *Alsino* (1920) // *Un juez rural* (1920). **Poesía.** *Flores de cardo* (1908) // *La casa abandonada* (1912) // *El llamado del mundo* (1913) // *Los pájaros errantes* (1915) // *Las copas* (1919) // *Camino de las horas* (1934) // *No más que una rosa* (1946) // *Las estancias del amor* (1949).

PRIETO, Guillermo (1818-1897). Escritor mexicano, periodista y político. Poeta y prosista que encontró en el universo de la vida popular la fuente de su inspiración, contribuyó a la formación y desarrollo de una literatura de expresión nacional mexicana. Por sus versos, Ignacio Manuel Altamirano lo llamó *poeta nacional*; por su arte narrativo, se le ha considerado como una figura precursora del relato breve en su país. Nacido en la ciudad de México, tuvo que trabajar desde temprana edad debido a la precaria situación familiar. Con el apoyo del político y poeta Andrés Quintana Roo y del escritor Fernando Calderón, obtuvo un trabajo que le permitió estudiar en el Colegio de Letrán (1832). Ahí estableció relación con el docto humanista José María Lacunza, maestro del Colegio, y otros jóvenes escritores que juntos fundaron la Academia de Letrán en 1836. Dirigido por Lacunza, el grupo discutía y criticaba los escritos de cada participante y se realizaban estudios de diversas literaturas como la española, la francesa y la clásica. Con el tiempo, la Academia albergó a ilustres escritores que contribuyeron al estudio y continuidad de las letras mexicanas. Aunque Prieto no tuvo una formación ordenada y sólida, se desarrolló en un medio culto y propicio a la creatividad. Liberal de la Reforma, emprendió una larga carrera política a la par de la literaria; llegó a ser diputado al Congreso Constituyente y Ministro de Hacienda de Juárez en diversas ocasiones. Por su oposición al general Santa Anna fue perseguido y desterrado a Querétaro. Logró vivir de los frutos de su participación en la vida política. En 1837 fue nombrado redactor del DIARIO OFICIAL por el presidente Bustamante, cargo con el que inició una trayectoria periodística de más de medio siglo. Entre los numerosos periódicos y revistas en que colaboró se pueden mencionar: MUSEO MEXICANO; EL RENACIMIENTO; DON SIMPLICIO; EL CORREO DE MÉXICO; EL SEMANARIO ILUSTRADO —que recogió su correspondencia con Ignacio Ramírez, "El Nigromante"— y dos publicaciones en las que gran parte de su obra escrita quedó impresa: EL MONITOR REPUBLICANO y EL SIGLO XIX. Escritor romántico, su producción poética abarcó temas de índole diversa: compuso poemas inspirados en la naturaleza, como *"Fuentes Poéticas"* (1844); de homenaje a hombres ilustres como a Altamirano (1889); amorosos, como *"Trova a María"* (1843); religiosos; patrióticos y de carácter satírico que le sirvieron de medio de expresión política. En 1883 y 1885 publicó respectivamente sus obras poéticas principales: *Musa callejera,* una edición posterior de *Versos inéditos* (1879) en la que una de sus partes llevaba aquel título, y *Romancero nacional.* Las dos obras alcanzaron gran popularidad; en ellas se describen las costumbres y los tipos populares de México. En su *Musa,* Prieto describió con agudeza el barrio mexicano, y en el *Romancero* se sumergió en la historia de México al describir, entre otros episodios, la Independencia y la Guerra de Reforma a través de sus protagonistas principales. Compuso también canciones como *"Los cangrejos"* que gozaron de mucha popularidad. En sus descripciones de lo popular siguió la tradición de Lizardi y en su poesía, los moldes españoles. Admiró al cubano José María Heredia y Heredia. La prosa, otra de las facetas importantes de Prieto, incluyó artículos costumbristas, ensayos, memorias, relatos y piezas teatrales. En la línea de Larra y Mesonero Romanos, publicó en EL SIGLO XIX una serie llamada "Los San lunes de Fidel" (1878) en los que narró diversos sucesos de su tiempo. "Fidel" fue el pseudónimo que utilizó desde 1842. El mismo espíritu costumbrista lo llevó a escribir *Memorias de mis tiempos* publicada en 1906. Esta obra representa un interesante documento para conocer la historia de México durante los años de 1828 a 1833. De carácter didáctico y crítico, los artículos costumbristas de Prieto recorren la vida de su nación. Sus relatos breves, a veces insertados en sus cuadros de costumbres, poseen una amplia gama temática y un interés apasionado por la historia. Esto lo muestran, entre otros, sus romances históricos y relatos breves de la época virreinal. Escribió relatos en verso como *La leyenda de Quetzalcóatl* (1884) y *El callejón del muerto* (1842); en prosa, como *El marqués de Valero* y *El Duque de Albuquerque* (sf). A través de su amplia obra, se puede encontrar una intención de reconstruir la historia e imprimirle nuevos valores. Prieto dedicó parte de su vida a la enseñanza y ocupó hasta edad avanzada las cátedras de literatura e historia de México en la Escuela Nacional Preparatoria. Murió en Tacubaya, ciudad de México, a los setenta y nueve años. En la escritura de Prieto se destacan sus dotes de agudo observador y cronista. Hay intención didáctica y crítica; pasión por la política y la historia. Combina lo pintoresco, lo festivo e irónico con la amenidad. Reproduce el lenguaje coloquial. Los hilos narrativos están bien entretejidos y tienen por marco el contexto situacional; en ocasiones lo narrativo queda supeditado al cuadro de costumbres.

"Si se quiere moralidad y progreso, debe comenzarse por corregir las costumbres. ¿Y cuál es el paso previo? Conocerlas. ¿Y de qué manera mejor que describiéndolas con exactitud?"

OBRA REPRESENTATIVA: **Ensayo.** *Memorias de mis tiempos* (1906). **Poesía.** *Veladas literarias* (1867) // *Musa callejera* (1883) // *Romancero nacional* (1885). **Relato.** *La leyenda de Quetzal-*

cóatl (1884) // *El callejón del muerto* (1842) // *El Marqués de Valero* (sf) // *El Duque de Albuquerque* (sf). **Teatro.** *El susto de Pinganillas* (1843).

PUIG, Manuel (1932-1990). Destacado novelista argentino. Cultivador de singulares novelas de folletín dentro de un tono coloquial, ha contribuido al desarrollo de la narrativa hispanoamericana del siglo XX. Sus novelas han ganado el reconocimiento internacional y han sido traducidas a diversas lenguas; existen ya numerosos estudios sobre su obra, en especial de críticos estadounidenses. Oriundo de General Villegas, provincia de Buenos Aires, se abocó a los estudios de cine antes de dedicarse plenamente a la tarea de escritor; entre otros, siguió los cursos de Cesare Zavattini en Roma y fue ayudante de dirección de diversas producciones cinematográficas. Residió en los Estados Unidos de Norteamérica. Su primera novela se intituló *La traición de Rita Hayworth* (1968) que tuvo otra edición definitiva en 1976; a ésta, le siguieron otras de las cuales destacan: *Boquitas pintadas* (1969); *The Buenos Aires Affair* (1973) y *El beso de la mujer araña* (1976), que ha sido llevada a la pantalla cinematográfica con gran éxito. Los títulos de sus novelas tienen el sabor cinematográfico y juegan con la sonrisa; detrás de ellos se abren secuencias narrativas que proyectan, con fina ironía, los gustos, la cursilería y los diversos mitos de la clase media de provincia y de ciudad. Sus folletines expresan lo sórdido de una sociedad cuyas vidas están despersonalizadas y viven tensadas por la violencia y el sexo. Algunos de sus temas son el dominio sexual que el hombre ejerce sobre la mujer, el policial, el político y el de la homosexualidad. Puig murió a los 58 años de edad en la ciudad de Cuernavaca (México), y sus restos fueron trasladados a su país natal. Entre sus variados procedimientos narrativos es muy importante el uso del diálogo y la parodia; elabora *collages* con cartas, recortes de periódicos y documentos administrativos, entre otros. Utiliza diversos tipos de epígrafes y retoma el habla coloquial de la provincia argentina.

"Cuando se sueña se está completamente solo".

OBRA REPRESENTATIVA: **Novela.** *La traición de Rita Hayworth* (1968) // *Boquitas pintadas* (1969) // *The Buenos Aires Affair* (1973) // *El beso de la mujer araña* (1976) // *Pubis angelical* (1979) // *Maldición eterna a quien lea estas páginas* (1981).

Q

QUIROGA, Horacio (1878-1937). Escritor, periodista y catedrático uruguayo; figura descollante en el cuento hispanoamericano cuya vida se despliega en un transcurrir de trágicos acontecimientos. Oriundo de la ciudad del Salto, Quiroga provenía de una familia acomodada. La madre, Pastora Forteza era uruguaya y el padre, Prudencio Quiroga, era un comerciante argentino que desempeñaba el cargo de Cónsul en Uruguay desde hacía más de quince años. El escritor contaba con seis meses de nacido cuando sucedió el primer suceso trágico: su padre murió de un disparo accidental al volver de cacería. La familia se trasladó entonces a la ciudad argentina de Córdoba donde permaneció hasta 1883. De regreso al Salto, Quiroga inició los primeros estudios en el colegio masónico Hiram. Con las segundas nupcias de su madre en 1891, pasó a Montevideo y ahí prosiguió los estudios en el Instituto Politécnico. Dos años más tarde, se encontraba de nuevo en el Salto. De carácter inquieto y rebelde, el joven Quiroga manifestó interés por la fotografía, el ciclismo, la química, la cerámica y la actividad literaria. Con un grupo de amigos fundó el círculo de Los Tres Mosqueteros. Su vida se vio sacudida en 1896 con el suicidio de su padrastro a quien estaba unido afectivamente. Tras esa violenta muerte, Quiroga se dirigió a Montevideo (1897) y vivió con unos familiares hasta 1900, año en que emprendió un viaje a París. En esa ciudad visitó la Exposición Universal, asistió a una prueba de ciclismo y entró en contacto con escritores del movimiento modernista, entre ellos, conoció al nicaragüense Rubén Darío y al español Manuel Machado. A su regreso, pasó una corta temporada en el Salto y posteriormente se estableció en Montevideo. Su nombre figuró, al lado del de Leopoldo Lugones, entre los fundadores del Consistorio del Gay Saber (1900), primer cenáculo modernista del Uruguay. Los años de 1900 a 1902 fueron para Quiroga de intensa actividad; etapa que tuvo un trágico final. En 1902 ocurrió otro de los funestos acontecimientos que dejaron honda huella en su vida: Quiroga dio muerte accidental a Federico Ferrando, su amigo entrañable, mientras revisaba el arma con que éste se batiría en un duelo al día siguiente. Ante el embate de la fatalidad, abandonó Montevideo y viajó a Buenos Aires. Ahí ocupó la cátedra de español en el Colegio Británico (1903). Gracias a la amistad que cultivó con Leopoldo Lugones, por quien además sentía una gran admiración, Quiroga participó como fotógrafo en la expedición a San Ignacio que organizó el argentino (1903). Durante el recorrido por las antiguas misiones religiosas, Quiroga descubrió las regiones selváticas que fueron el escenario de muchos de sus cuentos. Fracasó en la empresa que realizó como algodonero en el territorio del Chaco, al norte de Argentina (1904). Concluido este episodio, regresó a Buenos Aires (1905) para dictar cursos de español y literatura en la Escuela Normal Nº 8. En 1909 contrajo matrimonio con una de sus alumnas: Ana María Cires. El matrimonio se trasladó a San Ignacio, a una modesta vivienda en plena selva rodeada de plataneros. Desempeñó el cargo de juez de paz y el de oficial de Registro Civil de San Ignacio (1911). Luego de pasar por una crisis económica, Quiroga intentó rehacer su patrimonio durante 1912 y 1915. Inició el negocio de la fabricación de carbón y la destilación de jugo de naranja para la elaboración de licores. No sólo el fracaso acompañó estas dos empresas, ese mismo año de 1915, tras una prolongada agonía, su esposa murió debido a una fuerte dosis de cianuro. Quiroga volvió a Buenos Aires en 1916 y gracias al apoyo de sus amigos obtuvo el puesto de secretario-contador en el Consulado General de su país en Argentina, lo que le permitió traer a sus dos hijos que se habían quedado al cuidado de su abuela materna. Su vida sentimental se restableció en apariencia hacia 1927 cuando se casó con María Elena Bravo, una de las amigas de su hija Eglé; al año siguiente nació su hija Pitoca y la familia se instaló de nuevo en San Ignacio en 1932. En 1934 fue dado de baja en su cargo de Cónsul de Distrito y empezó para Quiroga una nueva crisis económica. Dos años más tarde se le otorgó una pensión como Cónsul honorario. Sin embargo, el descontento de su esposa por tener que vivir en San Ignacio provocó las desavenencias que culminaron con la separación en 1936. Su fecunda labor periodística se inició en 1898 con las colaboraciones en el semanario del Salto GIL BLAS, en cuyas páginas publicó varios artículos con el pseudónimo de "Guillermo Eynhardt"; fundó además la REVISTA DEL SALTO (1899) y escribió para CARAS Y CARETAS (1906), y para el semanario FRAY MOCHO, donde aparecieron varios de sus cuentos entre 1912 y 1917. En Argentina, escribió para LA NACIÓN (1920); EL HOGAR (1920); LA PRENSA (1920) y LA ATLÁNTIDA (1922). En el semanario LA ALBORADA apareció *"Cuento sin razón, pero cansado"*, ganador del segundo lugar en un concurso celebrado en Montevideo (1900), cuyo jurado estuvo integrado, entre otros, por José Enrique Rodó. Autor prolífero, Quiroga incursionó en la novela y el teatro. En 1908 apareció *Historia de un amor turbio*, novela inspirada en las lecturas de Dostoievsky. Sólo tuvo un intento teatral: *Las sacrificadas*, drama estrenado en 1921 en el Teatro Apolo. Sin duda la trascendencia de Quiroga descansa en el cuento. Su primer libro en prosa y verso, *Los arrecifes de coral* (1901), le atrajo la admiración y el aplauso de otro de los grandes escritores hispanoamericanos: Leopoldo Lugones, a quien el uruguayo dedicó el texto. A este título, en el que la influencia del Modernismo es visible, se agregan: *El crimen del otro* (1904) y *Los perseguidos* (1905), que tienen una marcada influencia de Poe. A partir de 1910 sus cuentos se nutrieron del ambiente del trópico de San Ignacio. La selva se convirtió en el escenario donde el hombre se enfrenta a los peligros de la naturaleza; lucha esta en la que en ocasiones la razón resulta derrotada. La atracción que sentía por los temas de amor, locura, muerte y su particular preferencia por lo extraño, se materializaron en la serie *Cuentos de amor, de locura y de muerte,* que apareció en diversas publicaciones periódicas y cuyos textos fueron reunidos en 1917. Entre ellos se encuentra *"El almohadón de plumas"*, publicado en CARAS Y CARETAS (1907), que narra la lenta muerte de una joven casada, consumida poco a poco por un insecto escondido en su almohada. También escribió *Cuentos de la selva* (1918), libro en el que a la manera de los grandes fabulistas, Quiroga transmite valores humanos a los niños. Su último libro de cuentos, *Más allá*, apareció publicado en 1935. Quiroga empezó a sentir molestias físicas después del abandono de su esposa; viajó a Buenos Aires para internarse en el Hospital de Clínicas. Cuando supo que su padecimiento era cáncer tomó una elevada dosis de cianuro. Maestro del cuento como se le ha llamado, Quiroga manifestó siempre la preocupación por perfeccionar el estilo; con ello logró una prosa concisa, desprovista de cualquier adorno. Sus cuentos poseen un vigor descriptivo magistral; en su mayor parte, ubican al lector en plena acción desde las primeras líneas.

"[quisiera] que se viera en el arte una tarea seria y no vana, dura y no al alcance del primer desocupado..."

OBRA REPRESENTATIVA: **Cuento.** *El crimen del otro* (1904) // (*El almohadón de plumas*, en *Cuentos de amor, de locura y de muerte*, 1917) // *Cuentos de la selva* (1918) // *El salvaje* (1920) // *Anaconda* (1921) // *El desierto* (1924) // *La gallina degollada y otros cuentos* (1925) // *Los desterrados* (1926) // *Más allá* (1935) // *Todos los cuentos* (1993). **Diario.** *Diario de viaje de París* (1950, edición póstuma). **Novela.** *Historia de un amor turbio* (1908) // *Pasado amor* (1929). **Poesía-Prosa.** *Los arrecifes de coral* (1901). **Relato.** *Los perseguidos* (1905). **Teatro.** *Las sacrificadas* (1920).

R

RABASA, Emilio (1856-1930). Insigne jurista del Derecho Constitucional Mexicano, su breve pero fructífero paso por las letras marcó el inicio de la novela realista mexicana. Imprimió a su obra novelística, de reconocido valor literario, un sentido de trascendencia política y social. Oriundo del estado de Chiapas, realizó sus estudios de derecho en Oaxaca y en 1878 obtuvo el título de Abogado. Rabasa combinó con brillantez la actividad jurídica, docente, periodística, política y literaria, aunque el interés que mostró en esta última no predominó sobre su vocación eminentemente científica. Dejó importantes obras jurídicas y sociológicas, y como catedrático formó dos generaciones de abogados. Dentro de su dedicada participación en el periodismo nacional, colaboró en revistas de su especialidad. En el área política, fue de ideas liberales avanzadas y llegó a ocupar importantes cargos como el de Gobernador de Chiapas (1891) y luego senador de la República. Su obra novelesca, producida en la juventud, está formada por una serie conocida con el título genérico de *Novelas Mexicanas* que agrupa: *La bola* y *La gran ciencia*, publicadas en 1887; *El cuarto poder* y *Moneda falsa*, publicadas en 1888. En 1891 apareció en EL UNIVERSAL otra novela intitulada *La guerra de tres años* que fue impresa en volumen póstumamente, en el año de 1931. El escritor utilizó el pseudónimo de "Sancho Polo". Agudo observador, se interesó por el cuadro de costumbres pero sobre todo por el estudio de caracteres; en torno a la vida provinciana y en menor grado a la citadina, retrató con fidelidad tipos característicos, en especial, de la clase media mexicana y reflejó aspectos interesantes en sus ambientes y valores. Con vena satírica y sin intención moralizadora abordó temas políticos y sociales. El estilo y la composición de sus novelas están inspirados en el modelo de Galdós. Hoy día, se ha llegado a considerar la obra novelesca de Rabasa como una de las mejores y más singulares en las letras mexicanas de finales de siglo. El novelista falleció en la ciudad de México. Su estilo es vivaz y llano; los diálogos se desarrollan con soltura; hay lucidez en la estructuración de los problemas que trata; posee un gran sentido del humor y es ameno. Logra captar la atención del lector y lo motiva a reflexionar.

"...la revolución es hija del progreso del mundo, y ley ineludible de la humanidad; la bola es hija de la ignorancia y castigo inevitable de los pueblos atrasados".

OBRA REPRESENTATIVA: **Novela.** *La bola* (1887) // *La gran ciencia* (1887) // *El cuarto poder* (1888) // *Moneda falsa* (1888) // *La guerra de tres años* (1931, publicada póstumamente).

RAMÍREZ, Ignacio (1818-1879). Escritor mexicano, abogado, periodista, orador y político. Figura singular en los albores del Romanticismo; fue en las letras un poeta clásico y en política, un ardiente liberal. Ideólogo de la revolución de Reforma y admirable catedrático, dejó huella en importantes escritores de su época como Ignacio Manuel Altamirano y Manuel Acuña. Conocido por el pseudónimo de "El Nigromante", nació en San Miguel Allende, Guanajuato. Comenzó su formación en Querétaro y la continuó en México, en el Colegio de San Gregorio, donde se recibió como Abogado. Fue miembro destacado de la Academia de San Juan de Letrán, lugar donde pronunció un discurso de carácter ateísta. Fue maestro de literatura y derecho en el Instituto Literario de Toluca. Desarrolló con talento una vasta cultura en distintas áreas del conocimiento humanístico y se interesó por las ciencias naturales. Consagró gran parte de sus esfuerzos a las actividades política y periodística que conjugó en su afán crítico y reformador. Polemista mordaz, colaboró en diversas publicaciones periódicas; junto con Guillermo Prieto y Vicente Segura redactó DON SIMPLICIO (1855), su primer periódico. Tuvo una intensa y agitada vida política; combatió en la intervención francesa y desempeñó distintos cargos públicos: diputado al Congreso Constituyente; Ministro de Justicia y Fomento en el gobierno de Juárez; magistrado en la Suprema Corte de Justicia una vez restablecida la República y, por breve tiempo, Ministro de Justicia con Porfirio Díaz. Sufrió persecuciones, encarcelamientos y destierro. La obra poética del Nigromante refleja su profunda formación humanista; inspirado en los modelos de los clásicos grecolatinos, sus cuerdas, más pulidas que sentimentales, son la mujer y el amor; escribió versos de carácter filosófico y algunos de tema político. En *Obras de Ignacio Ramírez*, publicadas en 1889, aparecen sus poemas y lo que se ha reunido de sus discursos, artículos y otros trabajos de su prosa. El escritor murió en México. Su poesía, trabajada con esmero, es vigorosa; aunque fría, refleja estados pasionales. Hay transparencia y profusión de ideas que invitan a la reflexión.

"Cárceles y no vida la que encierra / privaciones, lamentos y dolores; / ido el placer, la muerte, ¿a quién aterra?"

OBRA REPRESENTATIVA: **Poesía-prosa.** *Obras de Ignacio Ramírez* (1889, Tomos I y II).

REYES, Alfonso (1889-1959). Ilustre humanista mexicano; poeta, cuentista, ensayista, crítico, prologuista, dramaturgo, educador, catedrático, periodista y diplomático. Conocido como "El Mexicano Universal", la poderosa figura literaria de Reyes lo coloca como uno de los más distinguidos escritores en las letras mexicanas del siglo XX. Considerado por Jorge Luis Borges como el mejor prosista de habla hispana, legó a las letras universales una obra monumental de invaluable trascendencia humana y cultural. Polígrafo genial, descolló en distintos campos de la literatura con fecundidad tal que su obra completa ha alcanzado los 22 tomos, y aún siguen en imprenta numerosos escritos inéditos. Su empresa cultural no se limitó sólo a la creación literaria sino también a la labor del humanista; divulgó obras y estudios valiosos y formó parte sustancial del Ateneo de la Juventud (1909-1914), grupo de destacados escritores y pensadores que, animados por un espíritu filosófico y crítico, buscó una reorientación de los valores intelectuales hacia el pleno desarrollo del individuo. Además de Reyes, entre sus miembros más destacados figuraron: Antonio Caso, Pedro Henríquez Ureña, Julio Torri —amigos entrañables—, José Vasconcelos, Jesús T. Acevedo, Alfonso Cravioto, Ricardo Gómez Robelo, Enrique González Martínez y Luis G. Urbina.A través de la vida y obra de Reyes se conoce no sólo una, sino varias épocas. Oriundo de Monterrey, en el estado de Nuevo León, nació en el seno de una familia distinguida; su padre, el general Bernardo Reyes, fue escritor y político; llegó a ocupar la gubernatura de Nuevo León y fue candidato a la presidencia de la República. Su madre, Doña Aurelia Ochoa de Reyes, fue una mujer inteligente y virtuosa. Tuvo diez hermanos, algunos de los cuales murieron antes y después de su nacimiento. Amó su ciudad que se encuentra al pie del Cerro de la Silla, la cual evocó en muchos de sus escritos y poemas. En 1920 pasó a la ciudad de México y completó sus primeros estudios en el Lycèe Français du Mexique; luego ingresó a la Escuela Preparatoria Nacional y finalmente cursó la carrera de leyes, cuyo título obtuvo en 1913. La naturaleza que rodeó la infancia de Reyes influyó en su sensibilidad poética y el ambiente familiar resultó motivante. Se le describe como un niño inquieto, travieso y a la vez serio que cultivó muy pronto el gusto por la lectura, ejercicio que lo llevó a adquirir una cultura poco común; además de las lecturas obligadas de cuentos clásicos como *Las mil y una noches*, leyó el *Quijote*, *La divina comedia* e incursionó en obras de Samaniego, La Fontaine, Iriarte, Espronceda, Pérez Galdós, Victor Hugo y Heine entre otros autores; también aprendió a gozar con la literatura de la antigüedad clásica. Hacia 1900 comenzó a escribir, actividad que sólo la muerte le impidió continuar. Aún siendo estudiante universitario contrajo nupcias con Manuela Mota y escribió su primer libro: *Cuestiones estéticas*, publicado en París en 1911, cuando el gobierno de Porfirio Díaz se desmoronaba. El libro, compilación de ensayos sobre autores tan diversos como Esquilo y Góngora, señaló un interesante camino hacia un nuevo sentido estético basado en la idea de un equilibrio natural entre el arte y la vida; el libro tuvo una muy alentadora acogida en París. Al término de sus estudios universitarios, viajó a Europa y desplegó sus inquietudes y capacidades: inició su carrera diplomática en Francia (1913-1914) y la continuó en España (1920-1927); entró en contacto con la literatura de la NOUVELLE REVUE FRANÇAISE y de la llamada generación de 1898; conoció, entabló amistad y trabajó con eminentes figuras tales como Azorín, Juan Ramón Jiménez, Ramón Menéndez Pidal —entonces Director del Centro de Estudios Históricos de Madrid—, Tomás Navarro, Américo Castro, Antonio G. Solalinde, Valle Inclán, Unamuno, Ortega y Gasset, Raymond Foulchè-Delbose, entre otros; colaboró en distintos diarios de Europa y América, entre los que destacan EL SOL y el SEMANARIO DE ESPAÑA, donde publicó novedosas crónicas cinematográficas con Martín Luis Guzmán; se relacionó con pintores y artistas de su país y del lugar; junto con Américo Castro, José Moreno Villa y Antonio G. Solalinde participó en la creación de El Ventanillo de Toledo, un sitio de reposo que alcanzó fama internacional, y escribió importantes obras. Prosiguió su carrera diplomática en Argentina (1927; 1936-1937) y finalmente en Brasil (1930-1936; 1938-1939) como Embajador; representó también a su país en distintas reuniones internacionales. En 1939 regresó a su país y entre sus múltiples actividades, presidió el Patronato de la Casa de España en México, convertida después en El Colegio de México (1940). Fue Presidente de la Academia Mexicana de la Lengua y miembro fundador de El Colegio Nacional. Entre las numerosas condecoraciones y los grados honoríficos que recibió de su país y el extranjero, fue merecedor del Premio Nacional de Literatura en 1945. La obra alfonsina es creación y recreación; su gama temática es amplísima pues aborda no sólo la literatura de muchos países, sino también historia, geografía, artes plásticas, filosofía, costumbres, arte culinario, etc. Sus medios de expresión son igualmente vastos: poesía, ensayo, cuento, memorias, artículos periodísticos, cartas, prólogos, traducción, etc. Admirador de la belleza, su prosa y su poesía gozan de síntesis, claridad de juicio, precisión y hondura. En el trasfondo del universo estético de Reyes vibran con intensidad su profundo interés por la cultura helénica, la literatura mexicana y la obra de tres figuras inmortales: Góngora, Goethe y Mallarmé. De entre su producción en prosa cabe destacar su libro intitulado *Visión de Anáhuac*, publicado en Costa Rica en 1917 y que alcanzó cinco ediciones más en diferentes países. Considerado por Valéry Larbaud como *un verdadero poema nacional mexicano*, vive entre sus letras un sincero sentir mexicano que busca descubrir la esencia patria y ennoblecer el espíritu de las letras nacionales. Como crítico y ensayista, sus trabajos se proyectan en el tiempo y adquieren un sentido clásico; relaciona la obra con el autor e intenta una crítica integral como reluce en *Simpatías y diferencias* (1921), serie de estudios de figuras trascendentales de la literatura española. Escribió relatos, cuentos cortos y viñetas de la vida familiar en los que entreteje sentencias que motivan a la reflexión; en su narrativa destaca: *El plano oblicuo* (1920) y *Verdad y mentira* (1950). Se interesó también por el arte culinario en *Memorias de cocina y bodega* (1953). En 1929 publicó, en la revista LIBRA de Buenos Aires, su ensayo *"Las jitanjáforas"*, término que se refiere a la poesía creada por el cubano Mariano Brull y Caballero que Reyes difundió y la definió como la poesía que se construye con palabras carentes de sentido, elegidas por sus efectos sonoros. Prologó también numerosas obras y entre sus traducciones figura *La Ilíada*. En su producción poética las influencias son múltiples, tema interesante para su estudio. Hay huellas autobiográficas, anécdotas, viajes e historias. No palabras sino intenciones guían la poética de Reyes; cabe destacar su *Ifigenia cruel*, poema dramático publicado en 1924. Como teórico, legó a los estudiosos dos obras fundamentales: *La experiencia literaria* (1942) y *El deslinde: Prolegómenos a la teoría literaria* (1944), obra que constituye su mayor reto; en ella, se presenta el investigador que busca la teoría literaria; el artista piensa en la creación e intenta deslindar lo propio literario de otros saberes, incluso del lenguaje matemático y el teológico. Su biblioteca, La Capilla Alfonsina, es hoy recinto de estudio para todo inquieto y apasionado estudioso. Murió en México a los setenta años de edad. La escritura de Reyes es amena, deliciosa y goza de fino humor. Su prosa posee lucidez, imaginación y fuerza plástica; su poesía, sentido poético, ritmo, armonía y elocuencia.

"Un pueblo se salva cuando logra vislumbrar el mensaje que ha traído al mundo: cuando logra electrizarse hacia un polo, bien sea real o imaginario, porque de lo real y lo imaginario está formada la vida. La creación no es un juego ocioso: todo hecho esconde una secreta elocuencia, y hay que

apretarlo con pasión para que suelte su jugo jeroglífico".

Obra representativa: **Crítica-Ensayo-Memorias.** *Cuestiones estéticas* (1911) // *El suicida* (1917) // *Visión de Anáhuac* (1917) // *Cartones de Madrid* (1917) // *Retratos reales e imaginarios* (1920) // *Simpatías y diferencias* (1921-1926, 5 Vols) // *El cazador* (1921) // (*L'évolution du Mexique* en *Révue de l'Amerique Latine*, 1923) // *Simples rémarques sur le Mexique* (1926) // *Cuestiones gongorinas* (1927) // *Tránsito de Amado Nervo* (1937) // *Idea política de Goethe* (1937) // *Las vísperas de España* (1937) // *Mallarmé entre nosotros* (1938) // *Capítulos de literatura española* (1939, Primera serie) // *La crítica en la edad ateniense* (1941) // *La experiencia literaria* (1942) // *El deslinde: Prolegómenos a la teoría literaria* (1944) // *Tentativas y orientaciones* (1944) // (*Tres puntos de exegética literaria*, en *Jornada*, 1945) // *Las letras patrias* (1946) // *Los trabajos y los días* (1946) // *Burlas literarias* (1947, prosa y verso) // *En torno al estudio de la religión griega* (1951) // *Memorias de cocina y bodega* (1953). **Novela-Cuento.** *El plano oblicuo* (1920) // *El testimonio de Juan Peña* (1930) // *La casa del grillo* (1945) // *Verdad y mentira* (1950). **Poesía.** *Huellas* (1922) // *Ifigenia cruel* (1924) // *Pausa* (1926) // *A la memoria de Ricardo Güiraldes* (1934) // *Yerbas del Tarahumara* (1934) // *Infancia* (1935) // *Cantata en la tumba de Federico García Lorca* (1937) // *Algunos poemas* (1941) // *Homero en Cuernavaca* (1949) // *La Ilíada* de Homero (1951). **Prólogos-Ediciones comentadas.** *Páginas escogidas* de Quevedo (1917) // *Libro del buen amor* de Juan Ruiz Arcipreste de Hita (1917) // *Poema del Mio Cid* (1919) // *Obras completas* de Amado Nervo (1920-1928, 29 Vols) // *Fábula de Polifemo y Galatea* de Góngora (1923) // *Evolución política del pueblo mexicano* de Justo Sierra (1940) // *Cancionero de la noche serena* de L. G. Urbina (1941) // *Reflexiones sobre la Historia Universal* de J. Burckhardt (1943).

REYES BASOALTO, Neftalí Ricardo, **véase NERUDA, Pablo.**

REYNOLDS, Gregorio (1882-1948). Destacado poeta boliviano perteneciente a la generación modernista, su obra expresa una gran variedad de temas. Nació en Chuquisaca; ahí vivió hasta 1913, año en que se trasladó a la ciudad de La Paz. Desempeñó distintos cargos en la diplomacia; estuvo en Brasil como primer secretario y agregado de negocios. A su regreso fue jefe del Fomento y Ministro de Gobierno; también ocupó la Rectoría de la Universidad de San Francisco. Aunque formó parte de las tertulias literarias de la época, Reynolds se dio a conocer como poeta en 1913 con *El mendigo*, poemario que ganó el Primer Premio en los Juegos Florales de La Paz. Estos versos reflejan la madurez del artista y su pleno dominio de la métrica. Reynolds también cantó al pasado de su pueblo en *Redención* (1925), vasto poema épico que evoca las leyendas y los orígenes de América; comprende el periodo incaico y llega hasta la conquista y dominación españolas. El tema erótico de su poesía vibra y desborda en sensaciones en los sonetos de *El cofre de Psiquis* (1918), comentado y elogiado por la crítica como uno de los libros más íntimos del poeta. Hacia el final de sus días (1940) Reynolds recibió una pensión del gobierno que le permitió vivir con decoro. Murió a los sesenta y seis años. Su estilo es rico en imágenes; sorprende por la agilidad y la cadencia rítmica; los versos son audaces, de vivo color y están llenos de luz.

"No analices, Poeta... Vive, aspira, / deja al alma su equívoca ventura, / si estar enamorada se figura / de una mujer que finge que suspira".

OBRA REPRESENTATIVA: **Poesía.** *El mendigo* (1913) // *Quimeras* (1915) // *El cofre de Psiquis* (1918) // *Horas turbias* (1922) // *Edipo Rey* (1924) // *Redención* (1925) // *Prismas* (1937).

RIVA PALACIO, Vicente (1832-1896). Escritor mexicano, abogado, militar, periodista, político y diplomático. Figura polifacética, gozó de popularidad como hombre y escritor en la sociedad mexicana de su época. La fama de Riva Palacio en las letras se debió a sus novelas románticas que se inscriben dentro de la tradición novelística de asunto histórico iniciada en su país por Justo Sierra O'Reilly y Juan Díaz Covarrubias. Nació en la ciudad de México; descendía por el lado materno del prócer Vicente Guerrero. Realizó sus estudios en San Gregorio y a los veintidós años obtuvo el título de Abogado. Liberal, participó en la revolución de Ayutla y difundió sus ideas combativas a través de EL AHUIZOTE, periódico que fundó, y otras publicaciones; sufrió persecución y encarcelamientos. Desempeñó importantes cargos durante el gobierno de la República y en 1886, con Porfirio Díaz en el poder, fue nombrado Ministro de México en España. En la obra novelística de Riva Palacio se muestra un acusado interés por la época de la Inquisición en la Nueva España del siglo XVII; sucesos históricos y procesos inquisitoriales son narrados en *Monja y casada, virgen y mártir* (1868); *Martín Garatuza* (1868), una de sus novelas más leídas, y *Memorias de un impostor, Don Guillén de Lampart, rey de México* (1872). Para su elaboración, utilizó como fuente documental archivos de la Inquisición. También escribió una novela de cuyo fondo histórico fue testigo: *Calvario y Tabor* (1868) que refiere a la lucha contra la invasión francesa. El efectismo folletinesco de sus novelas refleja la influencia de Walter Scott, Dumas y Sue, entre otros. En algunas de sus obras que exploran el pasado, la compleja estructura folletinesca, desplegada por una imaginación inagotable, hace desvanecer la fidelidad con la que el autor quiso recrear los hechos históricos. Buscó la amenidad y la reafirmación de los valores nacionales. Además de novelista, Riva Palacio fue cuentista, dramaturgo, poeta, historiador y crítico. Como cuentista su talento se vio reflejado en *Cuentos del general* (1896), obra que ha sido considerada como lo mejor de su producción narrativa; en estos relatos breves, de tendencia romántica y modernista, el autor introduce leyendas enmarcadas en diversos lugares y épocas. Como dramaturgo escribió, en colaboración con Juan A. Mateos, dramas y comedias. Como poeta es poco conocido, siguió las pautas de Altamirano. Como historiador contribuyó con la escritura parcial y la dirección de la monumental obra *México a través de los siglos* (1884-1899) que abarca desde el periodo prehispánico hasta la República en sus aspectos social, político, religioso, militar, artístico, científico y literario. Como crítico publicó en 1882 su libro *Los ceros*, "galería de contemporáneos". Estableció relación con importantes personalidades de su época y fue amigo epistolar del ilustre escritor peruano Ricardo Palma. Algunos lo han llamado el "Dumas" mexicano; murió en Madrid, donde desempeñaba labores diplomáticas.

En sus novelas utiliza los efectos de la sorpresa y el misterio; en sus cuentos introduce sucesos sobrenaturales; en sus obras teatrales buscó actualizar la historia; su poesía es descriptiva y evocadora del pasado; su crítica es satírica y penetrante.

"Los desgraciados, y sobre todo los desgraciados por el amor, en la cosa más insignificante creen encontrar relación con la causa de su tormento".

OBRA REPRESENTATIVA: **Cuento.** *Cuentos del general* (1896). **Crítica-Ensayo.** *Los ceros* (1882). **Novela.** *Calvario y Tabor* (1868) // *Monja y casada, virgen y mártir* (1868) // *Martín Garatuza* (1868) // *Los piratas del Golfo* (1869) // *Memorias de un impostor, Don Guillén de Lampart, rey de México* (1872).

RIVERA, José Eustasio (1889-1928). Destacado novelista, poeta y diplomático colombiano cuya obra literaria se inscribe dentro de las corrientes regionalistas de índole social en los primeros decenios del siglo XX. Su única novela, *La vorágine* (1924), ha sido considerada por la crítica actual como una obra significativa en el desarrollo de la narrativa hispanoamericana contemporánea. A partir de esta obra, comenzaron a aparecer en Colombia novelas con temas nacionales. Corta vida fue la de José Eustasio Rivera quien nació en la ciudad de Neiva. En Bogotá siguió las carreras de maestro y abogado en la Escuela Normal Superior y en la Universidad Nacional respectivamente. Se interesó por la política y la diplomacia; desempeñó cargos en Perú y México y fue inspector de yacimientos petrolíferos, trabajo que le permitió conocer a fondo distintas regiones como la del Orinoco, descrita en su novela. En el año de su muerte viajó a La Habana y posteriormente a la ciudad de Nueva York. Anterior a la publicación de su novela, escribió un libro de poemas intitulado *Tierra de promisión* (1921), cuyos sonetos cantan a la naturaleza colombiana con singular sensibilidad modernista; con nitidez, color y elegancia formal, los versos del poeta transforman las entidades naturales en armoniosas pinturas. Si bien orientó sus perspectivas literarias hacia la novela, no por ello dejó de filtrar su sensibilidad poética, animada por una profunda emoción lírica que constituye uno de los valores de *La vorágine*. Si en su poesía se refleja el signo del movimiento modernista bajo el cual se formó literariamente, su novela entraña un nuevo sentir en el que, sin intención teórica, impera la necesidad de describir la realidad social de las regiones del Orinoco y del Amazonas. A través de una trama complicada, cuyos entrelazados personajes derraman sus emociones hasta el sentimentalismo, Rivera tejió una historia de aliento épico en la que describe un violento proceso de desintegración física y moral, provocado por la naturaleza y el hombre. La selva devora y el cauchero es explotado; el hombre se engulle a sí mismo al participar en el conflicto que lo destruye. *La vorágine* protesta socialmente y caracteriza a sus personajes; en ella, la tragedia no desfavorece la intención estética que el autor persigue en su expresión. La obra posee elementos de tipo autobiográfico, algunos de los cuales se convierten en recursos literarios. Se ha señalado que la obra adolece de la falta de organización en la trama y que reflexiones morales y escenas de costumbres, entre otros elementos, desvían el relato. No obstante, prevalece en ella el significado histórico. El autor murió en Nueva York a los treinta y nueve años de edad. En su estilo, el lenguaje es frondoso y la tragedia alcanza gran dimensión. Se ha destacado la fuerza de la descripción y el vigor realista de ciertos momentos fundamentales del relato.

"La visión frenética del naufragio me sacudió con una ráfaga de belleza".

OBRA REPRESENTATIVA: **Novela.** *La vorágine* (1924). **Poesía.** *Tierra de promisión* (1921).

ROA BÁRCENA, José María (1827-1908). Escritor mexicano, periodista e historiador. Distinguida figura de tradición clásica en los inicios del Romanticismo en su país. Con sus cuentos contribuyó al desarrollo de la narrativa nacional. Nació en Jalapa. En su juventud alternó las actividades comerciales con las letras. En 1853 pasó a México y emprendió lo que fue una intensa y prolongada vida literaria y periodística. Perteneció al grupo de escritores conservadores, entre cuyos miembros admiró al poeta José Joaquín Pesado. Fue miembro de la Academia Imperial de Ciencias y Literatura cuyo fundador fue Maximiliano. Luchó por sus ideas políticas a través de la prensa conservadora y, aunque fue partidario del Imperio, lanzó fuertes críticas a Maximiliano considerando que su gobierno no respondía a los ideales del partido. Al término del Imperio fue encarcelado por varios meses, a pesar de que la prensa liberal lo apoyó debido a la honradez de sus convicciones. Posteriormente, reencontró su vida privada y volvió a alternar el comercio con el cultivo de las letras. En 1875 tuvo el cargo de tesorero de la recién establecida Academia de la Lengua, correspondiente de la española. Aprendió latín hacia los sesenta años de edad. Su extensa obra comprende poesía, narrativa, crítica literaria, historia, biografías y traducciones. Entre la producción lírica de Roa Bárcena sobresalen sus *Leyendas mexicanas* (1862), poemas de tema indígena que siguen las técnicas de Zorrilla y El Duque de Rivas. Abarcó la poesía de carácter amoroso, cívico, religioso, descriptivo y filosófico. Tradujo con maestría poemas de Horacio, Virgilio, Byron, Tennyson y Schiller. Su producción narrativa incluye novelas y cuentos originales y traducciones de Hoffman y Dickens. Como cuentista orientó el género hacia un sentido más acabado desde el punto de vista estético. Con base en la observación objetiva de la vida diaria, desplegó su natural habilidad narrativa para recrear personajes típicos, ambientes, costumbres y leyendas. Entre sus mejores cuentos se hallan: *"Lanchitas"*, *"Noche al raso"*, *"El rey bufón"* y *"Combates en el aire"*. Escribió las biografías de Pesado y Gorostiza, consideradas como una valiosa aportación para la historia literaria de su país. Apasionado por la historia, dejó interesantes trabajos de los cuales sobresale la crónica *Recuerdos de la invasión norteamericana* (1883). El escritor falleció en la ciudad de México. Su poesía es castiza y pulida; en algunos de sus versos se realza el colorido americano local. El estilo de sus cuentos conjuga el casticismo del lenguaje y la gracia.

"...la mala suerte [...] por lo regular acompaña a los buenos".

OBRA REPRESENTATIVA: **Cuento.** (*Lanchitas // Noche al raso // El rey bufón // Combates en el aire, en Obras de don José María Roa Bárcena. Cuentos originales y traducidos*, 1897). **Historia.** *Recuerdos de la invasión norteamericana* (1883). **Poesía.** *Poesías líricas* (1859) // *Leyendas mexicanas*

(1862) // *Últimas poesías líricas* (1888) // *Diana* (1892).

ROA BASTOS, Augusto (1917-). Destacado escritor paraguayo, guionista cinematográfico, dramaturgo, periodista y catedrático. Figura trascendental de las letras nacionales contemporáneas, formó parte del grupo del 40. Su sentido patriótico lo llevó a sobresalir en la lucha por los derechos de su pueblo. Hoy día, Roa Bastos es un escritor consagrado internacionalmente y ha sido merecedor de importantes distinciones, entre las que se encuentran el Premio Internacional de Novela de la editorial Losada (1959) y, recientemente, el Premio Cervantes de Literatura 1989. Nació en el pueblo de Iturbe, en contacto con la naturaleza y la vida campesina; sólo realizó la instrucción primaria y hacia 1934 participó en la Guerra del Chaco, experiencia que influyó en su lucha por la democracia y que expresó en su actividad periodística y literaria. Durante la Segunda Guerra Mundial fue corresponsal en Europa y África. A partir de 1947 vivió exiliado en Argentina. Ha ejercido la cátedra de literatura y guión cinematográfico en Argentina y en Toulouse, Francia. Su obra abarca poesía, cuento, novela, teatro y cine; su celebridad reside sobre todo en la narrativa representada por sus dos novelas: *Hijo de hombre* (1960) y *Yo el Supremo* (1974). En la primera, a manera de un mural, se describe la historia del Paraguay, desde la mitad del siglo XIX hasta la Guerra del Chaco y, en particular, la historia de Itapé. A través de una intrincada trama cuyos hechos no siguen un orden cronológico y en la que se entremezcla el narrador, se desarrolla el drama nacional: la dictadura que engendra un mundo de injusticia, explotación, racismo, sed, persecución y muerte, y la rebelión y perseverancia de un pueblo que se simbolizan en un Cristo tallado por un leproso y en un tren respectivamente. La acción del hombre se entrelaza con la de la naturaleza. La protesta social en *Hijo de hombre* se convierte en una búsqueda de los valores ancestrales de un pueblo con el fin de lograr su dignidad. En *Yo el Supremo*, *"cuya materia es lo real imaginario"*, el autor ha combinado la novela con otras formas discursivas como la biografía, la teoría literaria y el ensayo sociológico *"en una tentativa autocrítica sobre el poder de la escritura como mito ideologizado de la escritura del Poder Absoluto"*. Ha sobresalido también como guionista de cine; caben destacar: *Shunko*, premiado como el mejor guión del cine argentino en 1960, y *Alias Gardelito*, guión ganador del Festival de Santa Margarita en Italia (1961). Su novela *Hijo de hombre* llegó al cine en 1960 bajo el título de *La sed*. En el estilo de Roa Bastos hay sencillez y profundidad, fuerza lírica y manejo del símbolo; los personajes están bien caracterizados y las situaciones conmueven. Sobresale su capacidad de observación y utiliza con singular maestría palabras y expresiones guaraníes.

"Leer es una tarea difícil y comprometedora; 'Leer a menudo equivale a ser embaucado'".

OBRA REPRESENTATIVA: **Cuento.** *El trueno entre las hojas* (1953) // *El baldío* (1966) // *Los pies sobre el agua* (1967) // *Madera quemada* (1968) // *Moriencia* (1969) // *El pollito de fuego* (1974) // *Lucha hasta el alba* (1979). **Guión cinematográfico.** *Shunko* (1960) // *Alias Gardelito* (1961) // *Don Segundo Sombra* (1970). **Novela.** *Hijo de hombre* (1960) // *Yo el Supremo*

(1974) // *Vigilia del almirante* (1993) // *El fiscal* (1993) // *Contravida* (1994) // *Madama Sui* (1995). **Poesía.** *El naranjal ardiente* (1960) // *El génesis de los Apapokuva* (1970). **Teatro.** *Mientras llega el día* (1946).

RODÓ, José Enrique (1871-1917). Ilustre ensayista, periodista y político uruguayo; figura de primer plano en el grupo de los modernistas cuya obra, saludada por la crítica universal, transmite un pródigo amor hacia los países hispanoamericanos y lo convierte en el maestro y pensador de América. Oriundo de Montevideo, Rodó fue el sexto hijo de una familia de comerciantes; el padre era catalán y la madre criolla. Estudió en el Liceo Elbio Fernández; hasta los catorce años vivió en un ambiente económico desahogado. Debido a las dificultades pecuniarias que sufrió la familia a raíz de la muerte de su padre, Rodó se vio obligado a suspender sus estudios en 1885. Tuvo varios empleos mediocres, trabajó como ayudante de escribano y luego en un banco local. Se inició en el periodismo desde temprana edad; de 1882 data LOS PRIMEROS ALBORES, periódico estudiantil en el que, a los once años, publicó sus primeros escritos. En 1885 fundó la REVISTA NACIONAL DE LITERATURA Y CIENCIAS SOCIALES, publicación que dio a conocer en España el nombre de Rodó y el de otros muchos escritores hispanoamericanos —Rubén Darío, Leopoldo Lugones, Blanco Fombona...— permitiéndole establecer una vasta correspondencia con Miguel de Unamuno, Salvador Rueda y Leopoldo Alas "Clarín". De 1898 a 1901 ocupó el cargo de catedrático interino de literatura. Su participación en la política uruguaya tendió siempre hacia la unidad y al fortalecimiento del Partido Colorado, al que representó ante el Parlamento de 1902 a 1905. Hombre que rechazó cualquier dogmatismo, cuando los liberales resolvieron quitar los crucifijos de los hospitales y escuelas, Rodó inició una acalorada polémica para expresar su tolerancia religiosa; esas opiniones fueron reunidas en *Liberalismo y jacobinismo* (1906). Luego de un breve paréntesis reanudó su vida política. Desempeñó el cargo de senador de 1908 a 1914; representó a su país en Chile en 1910 con motivo del primer centenario de la independencia de este país. En 1916 Rodó realizó uno de sus más caros anhelos: como corresponsal de la revista argentina CARAS Y CARETAS viajó a Europa. Estuvo en España donde conoció a José Ortega y Gasset y a Juan Ramón Jiménez. La obra de Rodó se inició con tres opúsculos, aparecidos bajo el título de *Vida nueva* I, II y III, respectivamente. El primero de ellos comprende "*El que vendrá*", que vio la luz en 1896 en la REVISTA NACIONAL, y "*La novela nueva*". A ellos siguió el ensayo "*Rubén Darío*" (1899) con el que alcanzó resonada fama en el Continente. En esas páginas expone sus opiniones sobre la renovación modernista, señalando el valor y la trascendencia del poeta nicaragüense, no sin dejar de observar su poco apego a los temas americanos. En esta crítica se ha visto el germen de *Cantos de vida y esperanza* (1905), libro que Darío dedicó al célebre uruguayo. Después vino "*Ariel*" (1900), que le atrajo el reconocimiento universal. Prologada por Clarín, la obra fue considerada por el mexicano Alfonso Reyes como el libro ... *del despertar de la conciencia*. Nacida a partir del avance estadounidense en la isla de Cuba (1898), la obra invita a los pueblos de América a buscar su unidad frente a los peligros del expansionismo. Se dirige a la juventud americana porque en ella ve la esperanza y el motor del cambio. Su pensamiento está nutrido en las ideas de Comte, Spencer, Renan y Guyau. Se ha considerado que su mayor obra, a pesar del éxito de *Ariel*, es los *Motivos de Proteo* (1909) para la cual parece no haber consenso respecto a sus años de gestación. Hay quienes afirman que fue el resultado del paciente trabajo iniciado en 1905; para otros críticos, la génesis tuvo lugar en 1897 pasando por varias etapas; también existe la afirmación de que se inició inmediatamente después de la publicación de *Ariel*. Se trata de un ensayo que gira en torno al encuentro individual de la vocación del hombre, subrayando la voluntad personal como fuente de realización. Autor celebrado, Rodó ha dado lugar a innumerables estudios críticos. Murió en Italia, en el hospital de Palermo. Uruguay recibió con gloria sus restos en 1920. La prosa de Rodó es serena y clara; busca transmitir sus pensamientos apelando a la razón, no al sentimiento; está desnuda de imágenes, utiliza en cambio el apólogo y la exégesis como medios para instruir.

"Dame la ocasión y te haré grande, no porque vierta en ti lo que allí no hay, sino porque haré surgir y manifestarse lo que vive en secreto en tu alma".

Obra representativa: **Ensayo.** (*El que vendrá // La novela nueva*, en *La vida nueva* I, 1897) // (*Rubén Darío. Su personalidad literaria, su última obra*, en *La vida nueva* II, 1899) // (*Ariel*, en *La vida nueva* III, 1900) // *Motivos de Proteo* (1909). **Prosa.** *Liberalismo y jacobinismo* (1906) // *El mirador de Próspero* (1913).

RODRÍGUEZ FREYLE, Juan (1566- d. 1638). Notable escritor colombiano; cronista que creó una original obra revelando la vida privada de la gente en los tiempos coloniales y renunciando al tono épico y fragoroso de las narraciones de conquistas o fundaciones de ciudades. Hijo de una familia española proveniente de Alcalá de Henares, Freyle nació en Santa Fe de Bogotá. Con la clara conciencia de que su vocación no era la eclesiástica, concluyó sus primeros estudios religiosos; llegó a recibir las órdenes menores y entró a la milicia afirmando *"que más vale ser razonable soldado que caer en fama de mal sacerdote, y serlo"*. Luchó en los enfrentamientos para someter a los indios pijaos. En 1585 hizo un viaje a España; cuando Francis Drake atacó las costas de Cádiz en 1587, Freyle se unió a los sevillanos que salieron en apoyo a las ciudades abatidas. Permaneció en la Península hasta 1591; al volver residió en su ciudad de origen. Freyle es autor de una crónica cuyo título parece interminable: *Conquista y descubrimiento del Nuevo Reino de Granada, de las Indias Occidentales del Mar Océano y fundación de la ciudad de Santa Fe de Bogotá...* En ella reúne la historia indígena y los primeros cien años de la Colonia. Su importancia e interés no reside en el hilo de los acontecimientos, éstos sólo sirven de fondo para el copioso relato de episodios de amor y crimen; celos y adulterios; venganzas, brujerías y aventuras de una serie de personajes pertenecientes a la clase media y alta de la Colonia. La crónica tiene una intención moralizante; Freyle recurre a los casos que conoce de la vida para ilustrar su historia; a manera de ejemplo, esos casos hablan de lo que pueden ser las consecuencias de las pasiones humanas. La crónica se conoce como *El carnero*, nombre que se ha explicado aludiendo a la piel del animal, material con que se encuadernaban los libros en esa época; también se ha dicho que quizás tenga que ver con el *carnero* o fosa común a donde iban a parar, de la misma manera que las pasiones y escándalos privados que narra, los muertos víctimas de epidemias. El carácter del texto hizo proliferar las copias del manuscrito; después de que apareció en 1859, las ediciones se han multiplicado. La maestría con que Freyle explora y pone de relieve las fuerzas como el amor clandestino, la codicia y los celos —que subyacen a las intrigas, venganzas y crímenes— imprime a *El carnero* su innegable valor literario. La crónica recoge los sucesos de la vida bogotana que tienen un interés personal y humano. Hay leyendas, historias picarescas y hasta de humor negro. En ella se ha visto el germen del cuento y la fuente de la literatura costumbrista e histórica que floreció en el siglo XIX. Freyle utilizó sus lecturas de autores españoles, en particular de la *Celestina*. Escribió *El carnero* entre 1636 y 1638, cuando tenía setenta años. Quizás murió en Bogotá en fecha desconocida. En su prosa se aprecian momentos de marcado barroquismo; utilizó el diálogo en el desarrollo de la intriga y aunque a primera vista aparece desordenada, la narración no pierde la secuencia de la trama, ni el dinamismo.

"...con razón llamamos a la hermosura 'callado engaño', porque muchas hablando engañan, y ella aunque calle, ciega, ceba y engaña".

OBRA REPRESENTATIVA: *El carnero* (1859).

RODRÍGUEZ GALVÁN, Ignacio (1816-1842). Poeta, dramaturgo y novelista mexicano. Destacado poeta lírico que señala, junto con Fernando Calderón, los principios del Romanticismo en la historia de las letras mexicanas. Tuvo el mérito de haber llevado a escena el primer drama histórico de tema nacional: *Muñoz, visitador de México.* Oriundo de Tizayuca, del actual Estado de México, fue hijo de padres humildes dedicados a la agricultura. Desde su infancia, la fugaz vida del poeta conoció la miseria. Apenas un adolescente se vio en la necesidad de trasladarse a la capital y trabajar para mantenerse. A partir de 1827 y durante cerca de trece años, laboró en una librería, propiedad de su tío Mariano Galván Rivera. Ahí cultivó la lectura y conoció a importantes escritores de su época como José Joaquín Pesado y Manuel Carpio. Dotado autodidacta, llegó a adquirir una amplia cultura literaria y a aprender el francés, italiano y, con la ayuda del poeta Francisco Ortega, el latín. Al parecer, la desdicha también lo persiguió en el amor. Fue un poeta apasionado que con dolorosa y sombría vehemencia cantó a la negrura de la miseria; la desesperanza de la orfandad y la inconstancia, el engaño y el desengaño del amor y la amistad. Sus cuerdas también resonaron en el amor por el suelo de su patria cuyo pasado evoca y cuyo futuro profetiza; en el anhelo de libertad y gloria, y en las luces de la fe que aclaran por momentos el obscuro pesimismo que envuelve al poeta. Manifestó un gran interés por el tema indígena que reflejó en su obra poética y dramática. Alcanzó su mayor nivel de expresión lírica en el canto patriótico la *"Profecía de Guatimoc"*, considerada por Menéndez y Pelayo como la *obra maestra del romanticismo mexicano*. El teatro de Rodríguez Galván lo conforman tres obras: *"La capilla"* (1837), boceto dramático; el drama en verso *"Muñoz, visitador de*

México", su primera pieza teatral representada (1838) y *"El privado del virrey"* (1842), dramatización de la leyenda de Don Juan Manuel. Al parecer escribió otro drama *El precito* del que no hay claras referencias y una comedia *El ángel de la guarda* que no terminó ni editó. En su teatro, de asuntos truculentos, el poeta recurrió a tradiciones y leyendas de la época colonial; mezcló la fantasía romántica con los hechos históricos e imprimió en las situaciones dramáticas el sentimiento de melancolía. Aunque se le reconocen aciertos, hay consenso en el sentido de que el poeta superó al dramaturgo. Leyó, imitó y tradujo, entre otros, a Manzoni, Monti, Delavigne y Lamartine; también vertió al español fragmentos de varios clásicos grecolatinos. Recibió la influencia de Heredia y Espronceda. Cultivó la lectura de la Biblia. Sus composiciones poéticas y dramáticas fueron reunidas por su hermano Antonio quien las editó juntamente en 1851. Dentro de su vasta producción, se incluyen cuatro novelas: *La hija del Oidor* (1836); *Manolito el Pisaverde* (1837); *La procesión* (1838) y *Tras un mal nos vienen ciento* (1840), que también fueron publicadas por Victoriano Agüeros en la *Biblioteca de Autores Mexicanos*, en el tomo XXXIII. Fue víctima de la fiebre amarilla cuando viajaba rumbo a Sudamérica para desempeñar un puesto diplomático. Murió en La Habana, sin alcanzar la plena madurez y cuando comenzaba a ganar renombre. Corta vida fue la de Rodríguez Galván pero muy fructífera. Se han señalado diversas imperfecciones en su estilo que no opacan, sin embargo, la fuerza emotiva de los sentimientos que llegan a la imprecación.

"¡Oh soledad, mi bien, yo te saludo! / ¡Cómo se eleva el corazón del triste / cuando en tu seno bienhechor su llanto / consigue derramar!"

OBRA REPRESENTATIVA: **Novela.** *La hija del Oidor* (1836) // *Manolito el Pisaverde* (1837) // *La procesión* (1838) // *Tras un mal nos vienen ciento* (1840). **Poesía.** (*Profecía de Guatimoc*, en *Poesías de Don Ignacio Galván*, 1851, Tomo I). **Teatro.** (*La capilla* // *Muñoz, visitador de México* // *El privado del virrey*, en *Composiciones dramáticas originales*, 1851, Tomo II).

ROJAS, Manuel (1896-1972). Profesor, ensayista, poeta y narrador chileno, su obra marcó la ruptura con el criollismo inaugurando en las letras de su país una nueva época. Hijo de padres chilenos, nació en Buenos Aires; en el barrio bonaerense de Boedo transcurrió su infancia. El origen humilde de su familia lo llevó a desempeñar los más variados oficios. Cuando pasó a Chile en 1924, se ganó la vida como peón en la cordillera; fue jornalero del puerto; trabajó en el ferrocarril transandino; se hizo linotipista y entró a EL MERCURIO de Santiago; después fue apuntador de teatro con lo que recorrió el país de frontera a frontera. A la par de estos oficios tan disímiles Rojas se forjó, de manera autodidacta, una vasta y sólida cultura literaria que le permitió realizar una brillante actividad en la enseñanza. Durante 1955-1956 fue profesor de la Escuela de Periodismo en la Universidad de Chile; en Buenos Aires impartió cátedra en la Escuela de Invierno (1958); estuvo en el Middlebury College, en Vermont (1959); dirigió el Taller Literario del Departamento de Difusión Cultural de la Universidad de Chile (1960); en 1961 volvió a los Estados Unidos de Norteamérica, pero esta vez a la Universidad de Washington; de ahí se trasladó en 1962 a la Universidad de California. Entre las lecturas que le dejaron huella se encuentran las de Gorki, Horacio Quiroga, Hemingway y en particular Faulkner y Joyce. Rojas comenzó escribiendo poesía; de 1917 son sus primeros versos publicados en la revista LOS DIEZ. Su obra poética, resultado de la dedicación que tuvo a las letras, dio sus frutos en 1924 con *Tonada del transeúnte*, poemario que muestra una rica gama de sensaciones, con el toque sugestivo de la reflexión filosófica. Sin abandonar la poesía, Rojas se sintió muy pronto atraído por el género narrativo. En 1926 apareció *Hombres del sur*, que recoge la primera serie de cuentos, en los cuales se adivina ya al futuro novelista. Después vino *El delincuente* (1929) obra que lo hizo merecedor de dos premios: el Atenea de la Universidad de Concepción y el Premio Marcial Martínez, de la Universidad de Chile. A este premio le siguió el que le otorgó el diario LA NACIÓN por la novela *Lanchas en la bahía* (1932) y el Premio Nacional de Literatura (1957). En su camino literario Rojas alcanzó la cima con tres novelas: *Hijo de ladrón* (1951); *Sombras contra el muro* (1954) y *Mejor que el vino* (1958). La primera, considerada como una de las mejores novelas de Hispanoamérica, fue ganadora del Premio Municipal de Novela el mismo año de su publicación y ha conocido traducción al inglés, alemán, sueco, italiano, portugués y yugoslavo. Toma como materia narrativa la historia de un muchacho quien hasta los diecisiete años no ha vivido sino el hambre, la orfandad, la pobreza extrema y la cárcel injusta. Aunque sigue las pautas de la novela picaresca española, su valor reside en la manera de novelar: mediante los recuerdos que fluyen en el personaje, Rojas rompe la linealidad de los acontecimientos. Tal dislocamiento, presente en Joyce y Faulkner, se apoya en los monólogos interiores, los recuerdos, y el estilo indirecto libre. *Mejor que el vino*, novela que cierra la trilogía, recibió el Premio Mauricio Fabri en 1958. Como ensayista cabe destacar *De la poesía a la revolución* (1938), verdadera miscelánea de estudios literarios donde se incluye a Gorki y a Horacio Quiroga, entre otros. Respetado y celebrado, su muerte se sintió como irreparable pérdida. Su producción narrativa, en la que se ha señalado la abundancia de elementos autobiográficos, recorre con maestría el escenario del campo, el mar y la ciudad; la admirable pluma de Rojas logró asir con maestría el fluir de la vida psíquica de los personajes, tomados éstos en su mayor parte de los bajos fondos. Su prosa está despojada del accesorio, es justa y penetrante; la frase corta, los monólogos interiores y el recurso al llamado *flash-back* develan la incesante vida interior del hombre.

"El novelista ha abandonado aquel camino del sol, de risas, de carreras, de juego y de guerra, propio de la epopeya y, descendido a otro, silencioso, como tapizado, por donde la vida interior transcurre como la sangre, sin ruidos, y donde la raíz del hombre se baña en obscuros líquidos y en extrañas mixturas".

OBRA REPRESENTATIVA: **Cuento.** *Hombres del sur* (1926) // *El delincuente* (1929) // *Travesía* (1931). **Ensayo.** *Divagaciones alrededor de la poesía* (1930) // *De la poesía a la revolución* (1938) // *Los costumbristas chilenos* (1957) // *Antología autobiográfica* (1962) // *Manual de literatura chilena* (1964). **Novela.** *Lanchas en la bahía* (1932) // *La ciudad de los césares*

(1936) // *Hijo de ladrón* (1951) // *Sombras contra el muro* (1954) // *Mejor que el vino* (1958) // *Punta de rieles* (1960). **Poesía.** *Tonada del transeúnte* (1927) // *Deshecha rosa* (1954).

ROKHA, Pablo de (1894-1968). Nombre literario de Carlos Díaz Loyola, poeta de relieve en las letras chilenas cuya obra dejó en la poesía nacional el sello de la desmesura. Dentro del grupo que marcó la pauta innovadora, entre ellos Vicente Huidobro, Rokha irrumpió con su canto exaltado, efervescente y tempestuoso. Nació en Licantén y se educó en Santiago. Permaneció toda su vida en Chile; cuando abandonó la carrera de ingeniería se dedicó a la poesía. Se dio a conocer en las páginas de MUSA JOVEN (1912), revista literaria fundada, entre otros, por Mariano Latorre y Vicente Huidobro, que promovió a los jóvenes talentos de la época. Cultivó la poesía de tono cívico y político. *Oda a la memoria de Máximo Gorki* (1936) y *Canto al Ejército Rojo* (1944) son algunos de los títulos en los que Rokha vertió su simpatía por la doctrina marxista. Ponderó la acción de los héroes soviéticos en una serie de artículos publicados en MULTITUD, revista que dirigió durante muchos años. También mostró inclinación por los temas folklóricos. En *Morfología del espanto* (1942) elogia las costumbres de Chile. Autor poco conforme con la actitud indiferente que la crítica mostró en su momento, Rokha reunió un conjunto de textos en *Neruda y yo* (1956) escritos con rabia y desesperación en contra del célebre poeta cuya devastadora figura se erguía de manera amenazante. Pocos años antes de morir, Rokha recibió el Premio Nacional de Literatura (1965). Su producción se caracteriza por la tendencia a lo exagerado; el tono virulento, desproporcionado y en ocasiones prosaico ha llevado a la crítica a ver en él al poeta atropellado que deja oír su voz explosiva y volcánica. En su obra hay sonetos aunque predomina el verso libre.

"...el mundo no es lo que dicen los libros".

OBRA REPRESENTATIVA: **Poesía.** *Versos de infancia* (1916) // *Sátira* (1918) // *Los gemidos* (1922) // *Cosmogonía* (1927) // *Satanás* (1927) // *El canto de hoy* (1929) // *Canto de trinchera* (1933) // *Jesucristo* (1933) // *Los trece* (1935) // *Oda a la memoria de Máximo Gorki* (1936) // *Moisés* (1937) // *Gran temperatura* (1937) // *Cinco cantos rojos* (1938) // *Morfología del espanto* (1942) // *Canto al Ejército Rojo* (1944) // *Los poemas continentales* (1945) // *Acero de invierno* (1961) // *Epopeya de las comidas y bebidas de Chile* (1965) // *Canto del Macho Anciano* (1965). **Prosa.** *Heroísmo sin alegría* (1926) // *Interpretación dialéctica de América* (1948) // *Arenga sobre el arte* (1949) // *Neruda y yo* (1956).

ROMERO, José Rubén (1890-1952). Escritor mexicano, político y diplomático. Destacado novelista de la literatura contemporánea que cultivó el género denominado Novela de la Revolución Mexicana, iniciado por Mariano Azuela. Su narrativa, una autobiografía novelada, intenta reflejar la época posrevolucionaria de su nación. Nació en Cotija de la Paz, Michoacán; perteneció a una familia modesta. Sus años de infancia y juventud transcurrieron en la atmósfera provinciana. Se adhirió a la causa maderista y tuvo importantes cargos oficiales y diplomáticos como Cónsul General de México en Barcelona (1930), Embajador en Brasil (1936) y Cuba (1939-1945). Fue también comerciante, poeta y periodista. Perteneció a la Academia Mexicana de la Lengua y gozó en su madurez de gran prestigio literario. Algunas de sus obras fueron traducidas a diversas lenguas. La producción narrativa de Romero está formada por recuerdos provincianos y cuadros de costumbres y novelas. Del primer tipo son: *Apuntes de un lugareño* (1932), *El pueblo inocente* (1934) y *Desbandada* (1934); del segundo, *Mi caballo, mi perro y mi rifle* (1936), *La vida inútil de Pito Pérez* (1938) —su novela más famosa— y *Anticipación a la muerte* (1939), entre otras. En una singular fusión de la vida y la ficción, el novelista logró crear un amplio panorama de un momento histórico de la vida nacional. Su obra trasluce pesimismo y amargura por los efectos de la Revolución; interpreta y combate con la sátira las circunstancias sociales y políticas que transforman las cualidades humanitarias de los individuos y los victiman. La amargura que acaba con el goce es enfrentada con el humorismo y la parodia, haciendo gala de vastos recursos técnicos. Junto al humor amargo, hay en Romero un gran amor por su tierra y por su pueblo; *Rosenda* —su última novela— es la expresión depurada y plena de ese amor que está simbolizado en la tierna figura femenina. Para algunos, *Rosenda* se acerca a la poética ternura de López Velarde. En la filosofía social que se proyecta en toda la obra de Romero, el refrán provinciano constituye una fuente inapreciable de conocimiento. El novelista heredó la tradición de Mariano Azuela y Martín Luis Guzmán, así como la de la picaresca española y mexicana. Hay quienes consideran la narrativa de Romero como la más criollista de su época. Hay en su lenguaje sensibilidad poética y sencillez; sensiblería y desvergüenza. Los argumentos son interesantes y amenos; las tramas están bien elaboradas y hay unidad temática.

"Hoy más que ayer me siento revolucionario, porque de un golpe volví a ser pobre. La revolución, como Dios, destruye y crea y, como a Él, buscámosla tan sólo cuando el dolor nos hiere".

Obra representativa: **Novela-Recuerdo.** *Apuntes de un lugareño* (1932) // *El pueblo inocente* (1934) // *Desbandada* (1934) // *Mi caballo, mi perro y mi rifle* (1936) // *La vida inútil de Pito Pérez* (1938) // *Anticipación a la muerte* (1939) // *Una vez fui rico* (1942) // *Algunas cosillas de Pito Pérez que se me quedaron en el tintero* (1945).

ROSA GUIMARÃES, João, véase GUIMARÃES ROSA, João.

ROSAS de OQUENDO, Mateo (¿1559-1612?). Poeta satírico y aventurero español, viajero incansable quien a su paso por Perú y México pintó con ironía la vida colonial. Autor de valía para su estudio, numerosas han sido y siguen siendo las dificultades para elaborar su biografía y esclarecer la totalidad de su obra. Se piensa que nació en Sevilla. Gracias a sus versos se tienen noticias de que ingresó en la milicia y participó en varias campañas europeas; viajó a Italia, conoció Génova y Marsella. Se trasladó a las Indias en 1585; en 1591 se instaló en Tucumán, tierra que por esos años resultaba de gran interés para los descubridores. La vida despreocupada que llevaba y su tendencia a la aventura lo hicieron renunciar a la encomienda que tenía en Curichango; abandonó Tucumán en 1593 y pasó a Lima; ahí tuvo, por un tiempo, la protección del Virrey García Hurtado de Mendoza. De su estancia en el Perú, Oquendo escribió la sátira de la sociedad colonial. En la *Sátira de las cosas que suceden en el Perú, año de 1589* no escapan a la crítica los españoles; en sus versos se burla de los peninsulares y de sus supuestas hazañas durante la Conquista. Destaca los deseos de grandeza de aquellos que al llegar a América pretendían títulos nobiliarios; habla con desenfado de los tahúres, libertinos y rufianes. Hábil en el arte de versificar, Oquendo lanzó sus críticas al Virrey Hurtado de Mendoza; en *"La victoria naval peruntina"* es irónico y burlón respecto a la victoria de la empresa peruana contra los ingleses en el Mar del Sur. Inquieto y andariego, Oquendo pasó a México hacia 1598. Sin abandonar la vena satírica que caracteriza su obra, el tono de sus versos se vio un tanto mitigado y matizado por la melancolía con que describe el paisaje mexicano. En sus poemas, Oquendo se nombra a sí mismo Juan Sánchez; los estudiosos apuntan que quizás la existencia de algún suceso lo obligó a viajar a América y a cambiar de nombre. Su obra estuvo inédita hasta 1906 y 1907, años en que Paz y Melia sacó a la luz sus versos que habían quedado en la Biblioteca Nacional de Madrid dentro del "Cartapacio de diferentes versos a diversos asuntos compuestos o recogidos por Rosas de Oquendo". Es autor de un poema perdido; se tienen noticias de que escribió *El famatina*, que incluso hizo gestiones para publicarlo, pero hasta ahora el poema no se ha encontrado. También se desconocen el lugar y la fecha de su muerte; el erudito mexicano Alfonso Reyes supone que, después de pasar algunos años en México, regresó a España y murió en Sevilla. Oquendo imprimió en sus versos el color local, con facilidad inventó vocablos; su lectura amena refresca la memoria sobre los bailes de la época: la valona y la chacona que hacia 1590 se bailaban en Lima.

"...chico el santo para tanta fiesta".

OBRA REPRESENTATIVA: **Poesía.** *Sátira que hizo un galán a una dama criolla que le alababa mucho a México* (sf) // *Sátira de las cosas que pasan en el Perú, año de 1589* (sf) // (*La victoria naval peruntina*, en "Cartapacio de diferentes versos a diversos asuntos compuestos o recogidos por Rosas de Oquendo", en *Bulletin Hispanique* VIII y IX, Burdeos-París, 1906 y 1907).

ROSAS MORENO, José (1838-1883). Poeta, dramaturgo, fabulista, periodista y político. Figura singular del segundo periodo romántico mexicano, Rosas Moreno ha sido considerado como uno de los mayores exponentes de la fábula en su país. Son escasos los datos biográficos del "Poeta de la Niñez", así llamado por haber dedicado gran parte de su obra al público infantil. Nació en Lagos, Jalisco; realizó estudios de leyes en México. Desde muy joven manifestó vocación para las letras y la enseñanza, actividades a las que se entregó con dedicación y esmero. Fue miembro de diversas sociedades literarias y científicas. Su vida conoció dificultades y penurias que afrontó trabajando en la realización de textos escolares. Participó en la agitada vida política de su época y sufrió persecución y encarcelamiento por la defensa de sus ideas liberales avanzadas. Una vez restaurada la República, fue diputado al Congreso de la Unión en distintas ocasiones. Su interés y preocupación por la educación lo llevó a fundar diversos periódicos como LA EDUCACIÓN, LOS CHIQUITINES y LA EDAD INFANTIL. Rosas Moreno descolló en la fábula y el teatro; en 1872 apareció su libro *Fá-*

bulas que contiene 112 apólogos divididos en cinco partes y un apéndice. En 1891 se editó la que se considera como la mejor colección de sus composiciones bajo el título de *Ramo de violetas*. Con sentido didáctico e imaginación el poeta recreó situaciones cuyos protagonistas y ambientes pertenecen a la fauna y flora americanas. Entre otros animales, utilizó el "cuí". La idea del progreso atraviesa sus composiciones que algunos escritores como Monterde han reutilizado. Su actividad como dramaturgo fue notoria y precursora del teatro infantil en México; entre las obras que preparan el terreno para este género se encuentran: *El año nuevo; Fl amor filial* y *Una lección de geografía*, publicadas en 1874. Escribió también dos dramas románticos: *Sor Juana Inés de la Cruz*, editada en 1882, y *Netzahualcóyotl, bardo de Acolhuacán* (sf) cuyo texto está extraviado. Se interesó por el boceto costumbrista y la comedia como *Un proyecto de divorcio* publicada en 1883. Los niños de las escuelas recitaban sus fábulas. Murió en la ciudad que lo vio nacer. Su poesía está llena de ternura y melancolía. Su teatro es sólido y maneja con facilidad la fina sátira. *"La fábula, lector, parece historia, / pues hay muchos autores / que siendo detestables escritores / en rebuznar sin fin cifran su gloria"*.

OBRA REPRESENTATIVA: **Poesía.** *Poesías* (1864) // *Fábulas* (1872) // *Ramo de violetas* (1891). **Teatro.** *Los parientes* (1872) // *El año nuevo* (1874) // *El amor filial* (1874) // *Una lección de geografía* (1874) // *Sor Juana Inés de la Cruz* (1882) // *Netzahualcóyotl, bardo de Acolhuacán* (sf) // *El pan de cada día* (sf) // *Un proyecto de divorcio* (1883).

RUBALCABA, Manuel Justo (1769-1805). Poeta y soldado cubano que marcó el inicio de la lírica en su país. Nació en Santiago de Cuba. El presbítero José Ángel Rubalcaba, hermano del poeta, dirigió sus estudios en el Colegio de San Basilio el Magno, donde se inició en los estudios clásicos. Dedicó algunos años de su vida a la carrera militar; era cadete en 1793 cuando fue enviado a Santo Domingo para luchar contra las fuerzas francesas. En 1796 abandonó la milicia; ese mismo año conoció a Zequeira con quien tuvo una larga amistad. Su vida conoció situaciones de penuria económica. Entre sus dotes se destaca la singular facilidad que tenía para la escultura y la pintura. Gran parte de su producción se considera perdida; en la recopilación de su obra, realizada cuarenta años después de su muerte, Barat le adjudicó a Rubalcaba los sonetos *"La ilusión"* y *"El avariento"* que pertenecen a Zequeira. Inspirado en un tema bíblico, el lírico cubano escribió *"La muerte de Judas"*, poema de 91 octavas reales, y la extensa elegía *"A la noche"* en los que las notas de acierto poético se aprecian en algunos fragmentos. Retomó algunos temas de la poesía española en los cuales se reconoce la influencia de Jorge Manrique. Se ha señalado que el aliento poético mayor lo alcanzó en sus composiciones cortas como en el conocido soneto *"A Nise bordando un ramillete"*, cuyos versos captan la fugacidad cuando las primorosas manos de Nise bordan en la tela un ramillete que nunca se marchitará.

"Todos los seres que fueron, / los que son y después serán, / sin duda perecerán / lo mismo que perecieron / los viejos hijos de Adán".

OBRA REPRESENTATIVA: (*La muerte de Judas* // *A la noche* // *A Nise bordando un ramillete*, en *Evolución de la cultura cubana*, 1928, Tomo I).

RUIZ de ALARCÓN y MENDOZA, Juan (1580-1639). Ilustre y fecundo dramaturgo mexicano, ponderado escritor que con su talento consiguió renombre universal. Nació en la ciudad de México, en el seno de una familia de abolengo. Cursó sus estudios en la Universidad Real y Pontificia de México, en la cual se graduó de Bachiller en Artes y Cánones. Viajó a España en 1600, donde permaneció hasta 1608. Ingresó en la Universidad de Salamanca y obtuvo el título de Bachiller en Cánones e inició estudios en derecho civil; se trasladó a Sevilla y se dedicó a la abogacía. La crítica señala que esos años en la Península fueron de gran penuria; Alarcón pudo estudiar gracias al apoyo de un pariente suyo, Gaspar Ruiz de Montoya, quien le otorgó una pensión. De regreso a su patria, Alarcón concluyó los estudios iniciados en Salamanca, en 1609 la Universidad de México le dio el título de Licenciado en Leyes. Sus deseos de encontrar acomodo en la vida universitaria fracasaron; en 1613 lo nombraron asesor del Corregidor. Su aspiración por mejorar su situación lo llevó de nuevo a España en 1613; se instaló en Madrid, donde pasó sus últimos días dedicado a la tarea de escribir. Frente al ambiente hostil en el que se desenvolvió mostró una gran fortaleza de espíritu; ni su figura —era corcovado, bajo de estatura y barbirrojo—, ni su condición de indiano menguaron o ahogaron sus capacidades creadoras. En el luminoso panorama del teatro español del Siglo de Oro, en el que resplandecían las figuras de Tirso de Molina, Lope de Vega y Calderón de la Barca, Alarcón era el único dramaturgo proveniente de las Indias. Fue objeto de punzantes burlas que aludían a su figura y a su carácter marcadamente cortés. En España, después de varios años de paciente espera, fue nombrado relator interino del Consejo de Indias (1526), cargo del que fue titular en 1633. De prolífera producción —escribió unas 26 obras— muestra una línea de evolución que va de la cercanía con Lope de Vega en sus primeras piezas al logro de una individualización, producto de su genio creador. De la época anterior a su primer viaje a España datan *La cueva de Salamanca, El desdichado en fingir* y *La culpa busca la pena*, caracterizadas como comedias de enredo. Durante su segundo viaje (1613-1618), el teatro de Alarcón encuentra su propio cauce, consolidando la estructura dramática que lo caracteriza; de ese tiempo data *La verdad sospechosa*, obra que sirvió de base e inspiración para que otra de las plumas maestras, Corneille, la vertiera en alejandrinos franceses en *Le Menteur*. El genio alarconiano traspasó las fronteras, rompió los confines del México colonial para adquirir un relieve universal; en él, los valores humanos son exaltados y magistralmente expuestos en situaciones de la vida cotidiana. Su obra vio la luz en vida del autor; el mismo Alarcón la revisó y editó en dos volúmenes.

"No contéis por caudal propio / el que está en poder ajeno".

OBRA REPRESENTATIVA: **Teatro.** *Primera parte de las comedias de Don Juan Ruiz de Alarcón y Mendoza* (1628) // *Segunda parte de las Comedias del Licenciado Don Juan Ruiz de Alarcón y Mendoza* (1634).

RUIZ de NERVO, Amado, véase NERVO, Amado.

RULFO, Juan (1918-1986). Célebre cuentista y novelista mexicano. Al igual que Agustín Yáñez y Juan José Arreola, Rulfo señaló nuevos rumbos en la narrativa mexicana del siglo XX. Escritor de producción breve pero genial, legó dos obras maestras que le confirieron prestigio mundial. Creador de escuela, su obra ha sido imitada, traducida a diversas lenguas y estudiada en escuelas y universidades. En el corazón del pueblo mexicano vive una profunda y singular admiración por el autor de *El llano en llamas* (1953) y *Pedro Páramo* (1955). Originario del estado de Jalisco, pasó su infancia en una hacienda propiedad de sus abuelos. No fueron pocas las adversidades que enfrentó en su niñez: bajo la atmósfera de la Guerra Cristera, su padre fue asesinado en 1924; años más tarde falleció su madre y fue internado en un orfelinato. Realizó estudios de contabilidad y tuvo empleos en diversos sitios como el Archivo de la Secretaría de Gobernación, la Oficina de Migración, la compañía llantera Goodrich, la Comisión del Papaloapan y el Instituto Nacional Indigenista. Su amistad con el escritor Efrén Hernández significó una importante motivación y respaldo. Obtuvo la Beca Rockefeller en 1953 y fue miembro de la Academia Mexicana de la Lengua. En 1970 obtuvo el Premio Nacional de Letras de su país y en 1983 el Premio Príncipe de Asturias. El mundo narrativo de Rulfo es el medio rural que vive en la desolación tras la Revolución y la Guerra Cristera. Más allá del interés regionalista y político que caracterizan en general las novelas de la Revolución Mexicana, la obra de Rulfo persiguió crear un mundo imaginativo donde la realidad particular y nacional de seres y cosas se convierten en un símbolo de vibrante proyección universal. En sus narraciones, los límites entre la realidad y lo imaginario se desvanecen; el tiempo se eterniza haciendo desaparecer el aquí y el ahora. La atmósfera de sus historias adquiere un carácter sobrenatural que envuelve la violencia, el desconsuelo y la muerte. Los lugares que forman escenarios, como Comala y Luvina, son ficciones donde *"anida la tristeza"* y el viento puede mirarse como la tierra; puertas hacia el infierno que recuerdan el Hades y cuya realidad exterior sólo puede ser comprendida desde el interior de las prolongadas almas de los muertos que hablan y dialogan como en un sueño sin horizontes, sin tiempo, sin esperanza, y presas de sus culpas y confesiones de soledad desesperada. La obra de Rulfo hace interactuar al lector; éste es el escucha de las confesiones de los muertos que viven y la conciencia que resuelve el aparente desorden, la incertidumbre y la ambigüedad de los instantes y sucesos de las narraciones. Entre los modelos que más influyeron en Rulfo se destacan Faulkner, Kafka y Miró. Rulfo también fue guionista de cine y participó como actor en la película *En este pueblo no hay ladrones* de Alberto Isaac, al lado de afamadas personalidades como Luis Buñuel, García Márquez y Carlos Monsiváis. Su novela *Pedro Páramo* llegó a la pantalla cinematográfica. El insigne escritor murió en la ciudad de México a los sesenta y ocho años de edad. En su complicada técnica narrativa el testigo evoca los sucesos desde múltiples enfoques y la secuencia temporal se disloca; utiliza la asociación de recuerdos y el monólogo interior. Recreó literariamente el lenguaje regional e imprimió de fuerza lírica las imágenes.

"Es difícil creer sabiendo que la cosa de donde podemos agarrarnos para enraizar está muerta".

OBRA REPRESENTATIVA: **Cuento.** *El llano en llamas* (1953). **Novela.** *Pedro Páramo* (1955). **Cartas**. *Aire de las colinas* (2000).

S

SÁBATO, Ernesto (1911-). Célebre novelista argentino, científico, ensayista y periodista. Breve pero vasta, su obra narrativa representa una valiosa aportación a la novela hispanoamericana del siglo XX. Por su hondo sentido filosófico y sus virtudes artísticas, la novelística de Sábato ha trascendido las fronteras continentales al haber sido traducida a más de diez lenguas. Ha sido elogiada tanto por grandes personalidades como Albert Camus y Graham Greene, como por la prensa literaria internacional. Nació en la provincia de Buenos Aires; interesado por la física, estudió en la Universidad de La Plata, donde tuvo como maestro al escritor y humanista dominicano Pedro Henríquez Ureña. Se especializó en física y en 1938 obtuvo el grado de Doctor; realizó estudios en París y Cambridge (Massachusets). A pesar de su aplicación a la ciencia, desde 1940 se avocó al ejercicio literario. Fino ensayista, colaboró, entre otras publicaciones periódicas, en la revista SUR y en el diario LA NACIÓN. Dio cátedra en la Universidad de La Plata y llegó a desempeñar funciones diplomáticas en la UNESCO. La producción novelística de Sábato consta de tres obras: *El túnel* (1948), *Sobre héroes y tumbas* (1961) y *Abaddón, el exterminador* (1974). Tanto la primera como la segunda novela han sido consideradas obras maestras de la literatura argentina contemporánea; *El túnel* se ha visto también como el "prólogo" de *Sobre héroes y tumbas*. En la original personalidad literaria de Sábato confluyen el ensayista de preocupaciones intelectuales y el artista pasional; el rigor y la lógica, y el sentimiento cálido y palpitante. En sus novelas la inteligencia y la angustia fluyen por el interior de un ser encerrado en su soledad, incapaz de comunicación y ansioso por el encuentro metafísico de lo absoluto. Este drama individual que vive en la ficción de *El túnel* a través del personaje Castel, autor de un crimen pasional, trasciende a lo social en *Sobre héroes y tumbas*. Con magistrales descripciones de sitios y personas, y entre visiones dantescas, en esta novela se proyectan los aspectos más agudos de la realidad argentina, lográndose un conmovedor análisis de psicología colectiva. En *Sobre héroes y tumbas* la atormentada pasión de Martín y Alejandra se mezcla con un suceso histórico ocurrido en el siglo XIX –la retirada, muerte y traslado del cuerpo de Lavalle, héroe de la Independencia– que adquiere un valor simbólico, y una interesante parte llamada *"Informe sobre ciegos"* que plantea un motivo de estudio en torno a la unidad de la obra y a la estética del escritor. La identificación que toda persona de hoy puede establecer con diversas situaciones de sus novelas, confieren a la obra del argentino un carácter universal. La novelística de Sábato tiene influencias del Surrealismo, y en algunos de sus aspectos se relaciona con la novela rusa pre-revolucionaria y con el neo-romanticismo alemán. Entre sus escritos como ensayista se encuentran: *Uno y el universo* (1945); *Hombres y engranajes* (1951) y *El escritor y sus fantasmas* (1963). Con singular don, Sábato confiere profundidad y armonía a sus personajes; conjuga la ternura con la sátira y el humor negro. Algunas de sus descripciones poseen gran fuerza poética. Sus imágenes son ágiles y logra transmitir la angustia que palpita en las palabras. Recibió el Premio Cervantes de Literatura de 1984.

"...tengo sentido autocrítico y pienso que un hombre no puede escribir sino muy pocas novelas en su vida. Pienso que cada escritor tiene una reserva de oro, como dicen los banqueros, y no deben emitir papel moneda. Yo creo que hay que escribir cuando no damos más, cuando nos desespera eso que tenemos adentro y no sabemos lo que es, cuando la existencia se nos hace insoportable".

OBRA REPRESENTATIVA: **Ensayo.** *Uno y el universo* (1945) // *Hombres y engranajes* (1951) // *Heterodoxia* (1953) // *El otro rostro del peronismo* (1956) // *El escritor y sus fantasmas* (1963) // *Tango, discusión y clave* (1963) // *Tres aproximaciones a la literatura (Robbe-Grillet, Borges, Sartre)* (1968) // *La cultura en la encrucijada nacional* (1976) // *Apologías y rechazos* (1979) // *El pintor Ernesto Sábato* (1991) // *La resistencia* (2000). **Novela.** *El túnel* (1948) // *Sobre héroes y tumbas* (1961) // *Abaddón, el exterminador* (1974). **Memorias.** *Antes del fin* (1999).

SAHAGÚN, Fray Bernardino de (1500?-1590). Cronista y misionero español, tenaz estudioso de la lengua y el pasado indígena mexicano; organizador y guía de la enseñanza de los indios. Es considerado por la crítica como el fundador del registro de la literatura náhuatl. Natural de Sahagún de León, estudió en la Universidad de Salamanca y en esa misma ciudad tomó el hábito de los franciscanos. Llegó a México en 1529, junto con otros 19 religiosos, en la expedición encabezada por Fray Antonio de Ciudad Rodrigo. Como misionero, su tarea fue incansable; emprendió con tesón el estudio del náhuatl y, en su contacto directo con los indios, aprendió su historia, costumbres y tradiciones. Con la ayuda de Fray Juan de Zumárraga y del Virrey Antonio de Mendoza, fundó el Colegio de Santa Cruz de Tlaltelolco (1536). El Colegio, concebido como medio para la formación latina y humanística, instruía y albergaba a los indios a la manera de los *calmécac* antiguos. Gran conocedor del náhuatl, fue intérprete en el proceso, que por idolatría, se hizo a Chichimecatécotl, nieto del poeta Netzahualcóyotl (1539). Entre sus viajes, visitó Tula y Michoacán. En 1540 se trasladó al Convento de Huexotzingo, en Puebla, donde prosiguió su labor de predicación en náhuatl. De regreso en Tlaltelolco, en 1546, Fray Bernardino fue atacado por la mortífera peste, que por esas fechas menguaba y azotaba a la población indígena. En 1552 fue elegido Defensor Provincial de su orden. Se trasladó a México en 1565 y residió en el Convento de San Francisco, donde murió y fue sepultado. En opinión de Sahagún, el éxito de la empresa evangelizadora se basaba, por un lado, en el conocimiento exacto de la lengua y la cultura y, por el otro, en la traducción y elaboración de textos, en náhuatl, para uso de los indios. Su obra atestigua esa preocupación: en 1583 publicó *Psalmodia cristiana y sermonario de los santos del año en lengua mexicana*, único texto publicado en vida del autor que contiene cantos destinados a sustituir los que cantaban los indios en sus fiestas. Sus escritos, casi todos publicados póstumamente, circulaban entre los frailes y se utilizaban en la predicación. De la extensa obra de Sahagún se destaca la *Historia general de las* *cosas de la Nueva España*, crónica compuesta por doce libros, en los cuales el cronista reconstruye la teogonía azteca, narra la vida social y organización de la cultura prehispánica. Representa la primera obra cuyo contenido ha sido fuente de interés histórico, etnológico y literario. Fue escrita en tres lenguas, náhuatl, latín y español; en su elaboración contribuyeron informantes indígenas y alumnos del Colegio de Tlaltelolco, quienes redactaban en náhuatl. Sahagún empezó a escribir su crónica en 1560; sin embargo, las vicisitudes por las que pasó impidieron su publicación: en 1577 Felipe II ordenó que se recogiera y prohibió que se escribiera sobre las creencias de los indios en lenguas americanas. Se temía que la palabra escrita, en vez de desterrar las creencias indígenas, las perpetuara. El manuscrito pasó por muchas manos, fue citado como fuente y hasta 1829-1830 apareció la publicación, en México, de los libros: XII; I y IV; V y IX; X y XI. Despojado de sus textos, Sahagún intentó rehacer, con apuntes y borradores que tenía, partes de su crónica; los resultados de este trabajo de reconstrucción fueron tres obras: *Calendario mexicano latino y castellano*; *Arte adivinatoria* y *El libro de la conquista*. Su obra fue revisada y depurada lentamente; en estilo sobrio y pausado, su prosa rescató y preservó un material valioso para la posteridad.

"...parece que esta diosa [Tonantzin] *es nuestra madre Eva, la cual fue engañada de culebra y que ellos* [los mexicanos] *tenían noticia del negocio que pasó entre nuestra madre Eva y la culebra".*

OBRA REPRESENTATIVA: *Sermonario de dominicos y de santos en lengua mexicana* (1540) // *Postillas sobre las epístolas y evangelios de los domingos de todo el año* (1579) // *Psalmodia cristiana y sermonario de los santos del año en lengua mexicana* (1583) // *Calendario mexicano latino y castellano* (1583-1584) // *Libro de la conquista* (1584) // *Arte adivinatoria* (1585) // *Arte de la lengua mexicana con un vocabulario apéndiz* (1585) // *Historia general de las cosas de la Nueva España* (1829-1830; Libros I, IV, V, IX, X, XI y XII).

SALARRUÉ (1899-1975). Pseudónimo de Salvador Salazar Arrué, célebre cuentista salvadoreño de imaginación desbordante; su obra ha atraído las miradas de la crítica que lo considera como un iniciador de la novelística moderna en ese país. Salarrué nació en el seno de una familia acomodada de Sonsonate; creció en un medio propicio al cultivo de las artes: su padre era catedrático de la Universidad; su madre componía versos y traducía cuentos del francés. Desde muy joven se inclinó hacia la pintura y la literatura; inició la carrera de arte en El Salvador y la continuó en Estados Unidos de Norteamérica. En su país dirigió PATRIA de 1925 a 1935 y la revista AMATL de 1939 a 1940, entre otras publicaciones periódicas, y fue director de ARTES. Viajó a Washington como Agregado Cultural de El Salvador, cargo que desempeñó varios años. Autor de *Cuentos de barro* (1927), Salarrué es conocido sobre todo como cuentista. Su arte narrativo, aunque participa del realismo, expresa tonalidades oníricas que lo ubican entre los autores de relieve psicológico. En sus cuentos, Salarrué combinó el regionalismo con el estilo vanguardista, dando como resultado "cuenteretes" como solía llamarlos, de singular valor estético. Hoy día su fama se ha visto aumentada por dos novelas cortas de magistral factura: *El Cristo negro* (1927) e *Íngrimo* escrito probablemente hacia 1960 y publicado una década después. En la primera se señala una posible influencia del escritor portugués Eça de Queiroz y del francés Gustave Flaubert. La novela se inscribe en la tradición que recrea temas religiosos y que en Salarrué es sólo un pretexto para plantear, desde un ángulo poco ortodoxo, aspectos filosóficos. El personaje, San Uraco de la Selva es un alma paradójica y contradictoria en la que conviven lo demoniaco y lo celestial. Su vida es un continuo pecar; por amor a Dios ha matado, robado y ha cometido los peores sacrilegios. Ese ser extraño manifiesta su amor al prójimo haciendo el mal y así evita que los otros lo hagan y pequen; novela esta de innegable valor que rebasa el ámbito nacional y se convierte en una original aportación a la narrativa hispanoamericana. En *Íngrimo*, Salarrué aborda el conflicto de un niño en su etapa de transición a la madurez. La acción que contiene es mínima; lo que cuenta es el mundo imaginario que se despliega desde el interior del personaje, en el que la palabra tiene el don primitivo de crear realidades, llegando incluso a darle una existencia al propio Íngrimo. En esta novela los neologismos; los juegos verbales basados ya en el sonido, ya en el sentido; las onomatopeyas; las rimas y aliteraciones dan a la actividad verbal un aspecto lúdico. Salarrué murió a los setenta y seis años de edad. Si como cuentista su valor reside en tomar a los personajes del entorno natural y en dotarlos de la expresión justa para expresar supersticiones, tristezas y alegrías, en sus novelas hizo gala de gran imaginación y dominio narrativo. El tono ligero y en ocasiones irónico da a su prosa amenidad y soltura; el uso de la síntesis hace que el relato esboce ideas o sugiera impresiones.

"Nunca gané tanto como cuando advertí que no me parecía a los demás, porque yo era más egoísta y me entraba en el goce de las perfecciones olvidando a los otros".

OBRA REPRESENTATIVA: **Cuento.** *Cuentos de barro* (1927) // *Eso y más* (1940) // *Trasmallo* (1954) // *Cuentos de chipotes* (1958). **Narrativa.** *El Cristo negro* (1926) // *El señor de la burbuja* (1927) // *O'Yarkandal* (1929) // *Remontando el Uluán* (1932) // (*Íngrimo*, en *Obras escogidas*, 1970).

SALAZAR ARRUÉ, Salvador, véase SALARRUÉ.

SALOMÉ, Jil, véase MILLA y VIDAURRE, José.

SÁNCHEZ de TAGLE, Manuel (1782-1849). Poeta de la Independencia mexicana, catedrático y político. Considerado por algunos como el primer poeta romántico de México, su vida abarcó diferentes épocas literarias cuyas tendencias se reflejaron en su vasta obra poética. Oriundo de Valladolid, hoy Morelia, Michoacán, fue hijo de una familia distinguida. Desde muy joven manifestó su vocación para el estudio; se formó en el Colegio de San Juan de Letrán de México y a los diecinueve años de edad fue catedrático de esa institución. Se graduó en la Universidad como Bachiller en Filosofía y Teología. Hombre de vasta cultura, dominó lenguas clásicas y modernas; se interesó por las artes plásticas y el periodismo. Fue Mayoral de la Arcadia de México (1809). Participó en la vida política de su país y llegó a ocupar importantes cargos; fue miembro de la Junta Provisional Gubernativa al consumarse la Independencia y fue redactor del Acta de la Independencia (1821). El poeta destruyó parte de su obra; la restante fue recogida por José Joaquín Pesado, quien la publicó con el título de *Obras poéticas* (1852). La primera poesía de Sánchez de Tagle que corresponde a las postrimerías del siglo XVIII, es neoclásica con vagos ecos gongorinos; el poeta fue discípulo de Navarrete a quien imitó y recibió la influencia de Meléndez Valdés. Su segunda etapa que se circunscribe en el periodo de la Independencia, está influida principalmente por Quintana y Cienfuegos. Los poemas posteriores que remiten a la consumación de la Independencia hasta mediados del siglo XIX reflejan sus lecturas de Rousseau, Boileau, La Harpe y Lamartine; produjo versos en torno al amor, la patria y la religión. El poeta murió en México, poco después de la invasión norteamericana. Su poesía canta al amor con emoción; refleja gran sensibilidad al dolor. Hay interesantes rasgos de pesimismo que se equilibran con la fuerza de la resignación.

"*¡Oh lira, que hasta aquí locos amores / en tus vibrantes cuerdas suspiraste, / y dócil a mis voces me ayudaste / a comprar por un goce mil dolores!*"

OBRA REPRESENTATIVA: **Poesía.** *Obras poéticas* (1852, edición póstuma).

SÁNCHEZ, Florencio (1875-1910). Figura señera en el desarrollo del teatro hispanoamericano. Si bien nació en Montevideo, gran parte de su existencia transcurrió en Argentina. Hombre de corta pero agitada vida, Sánchez es un ejemplo de escritor autodidacta; conoció la estrechez económica; fue un bohemio despilfarrador, amigo de la francachela y de reuniones de café a las que asistían escritores y notables pensadores. Manifestó la vocación periodística desde la adolescencia; a los dieciséis años escribió para el diario de Minas LA VOZ DEL PUEBLO, donde aparecieron algunas escenas de su pieza teatral *Los soplados* (1891). En 1892 se trasladó a Buenos Aires donde desempeñó un mediocre trabajo de oficinista. Un año más tarde, estaba en Montevideo dedicado al periodismo. Escribió para EL SIGLO, LA RAZÓN y EL NACIONAL. Tomó parte activa en la insurrección de Aparicio Saravia. En Montevideo fue uno de los miembros del Centro Internacional de Estudios Sociales, agrupación de tendencia anarquista. De temperamento inestable, pasó a Rosario en 1898; allí tuvo a su cargo la secretaría de la redacción de LA REPÚBLICA, periódico del que siendo director fue expulsado por su tendencia revolucionaria. Posteriormente, colaboró en EL PAÍS, EL SOL y CARAS Y CARETAS, entre otros. Por disposición del presidente uruguayo Claudio William, Sánchez emprendió un viaje a Italia con el fin de entrar en contacto con las nuevas tendencias del teatro. Su primer éxito lo obtuvo con *M'hijo el dotor*, estrenada en 1903 en el teatro argentino de La Comedia. Determinista en la estructura, la obra expone el conflicto entre la organización del pasado frente a la sociedad "progresista y civilizada" del presente. Ubicada también en el escenario rural, siguió *La gringa* (1904). La oposición entre el nuevo y el viejo orden está encarnada en la familia de italianos inmigrantes que viven para acumular dinero, frente al tradicional criollo Don Cantalicio. Sánchez completó la trilogía rural con *Barranca abajo* (1905) considerada como una de las mejores piezas del teatro hispanoamericano. El personaje Zoilo, un viejo granjero criollo, lucha en vano frente a fuerzas deterministas que acaban por vencerlo; solo, arruinado y sin familia termina suicidándose. Del ambiente rural, Sánchez pasó al citadino; dos de sus dramas más conocidos son *En familia* (1905) y *Los muertos* (1906), cuyos temas son la decadencia moral y económica, la hipocresía y el libertinaje de la clase baja y media con aspiraciones burguesas. También escribió una pieza en lunfardo que muestra al espectador lo que pasa en los bajos fondos: *Moneda falsa* (1907). Dejó alrededor de veinte piezas teatrales entre las cuales se incluyen algunos sainetes. Fecunda obra para un autor que vivió sólo treinta y cinco años. Murió en Milán, víctima de la tuberculosis. Dominó con maestría el arte escénico; los tipos humanos están caracterizados con finas pinceladas costumbristas. Hay en los diálogos una economía verbal que desencadena la acción.

"Hombre sin carácter es un muerto que camina".

OBRA REPRESENTATIVA: **Teatro.** *Puertas adentro* (1902) // *La gente honesta* (1902) // *Canillita* (1902) // *M'hijo el dotor* (1903) // *Cédulas de San Juan* (1904) // *La pobre gente* (1904) // *La gringa* (1904) // *Barranca abajo* (1905) // *Mano Santa* (1905) // *En familia* (1905) // *Los muertos* (1906) // *El desalojo* (1906) // *El pasado* (1907) // *Los curdas* (1907) // *La tigra* (1907) // *Moneda falsa* (1907) // *La de anoche* (1907) // *Nuestros hijos* (1907) // *Los derechos de la salud* (1908) // *Marta Gruni* (1909) // *Un buen negocio* (1909).

SANOJO PARRA, María Teresa, véase PARRA, Teresa de la.

SANTA CRUZ y ESPEJO, Francisco Eugenio de (1747-1795). Figura señera de la ilustración, autor ecuatoriano cuya biografía aparece recortada por un siglo de transición en el que se vislumbraron nuevos tiempos. Al igual que el mexicano Fernández de Lizardi, Espejo marcó el término del periodo colonial en su país. Nació en Quito, fue hijo de la mulata María Catalina Aldaz y del indio Chuzhing, médico proveniente de Cajamarca. Alumno sobresaliente, Espejo alcanzó títulos en letras, filosofía y derecho. Siguió la carrera de su padre; los logros que obtuvo en sus estudios de microbiología lo perfilan como el fundador de la medicina ecuatoriana. Fomentó la cultura con la primera biblioteca nacional, creada con los libros de los jesuitas expulsados. Nutrido en las lecturas de los enciclopedistas franceses, Rousseau y Voltaire entre otros, el espíritu crítico de Espejo impugnó el estado social y cultural de su tiempo. En 1787, acusado de escribir panfletos subversivos fue encarcelado; demostrada su inocencia salió de prisión y viajó a Bogotá; desde ahí, escribió su famoso discurso *"Escuela de concordia"* en el que sentó las bases para el establecimiento de una sociedad que, animada por el patriotismo y la solidaridad, promoviera los cambios sociales. Volvió a Quito en 1790; un año después de su regreso creó la Sociedad Patriótica de Amigos del País Quito (1791). Impulsado por el deseo de que su país conociera una mayor libertad tanto política como educativa, fundó, en 1792, el primer periódico quiteño: PRIMICIAS DE LA CULTURA EN QUITO, en cuyas páginas desplegó una intensa actividad revolucionaria. Inculpado de conspirar contra la Corona Española fue encarcelado por segunda vez en 1795. En los textos combativos de Espejo palpita un nuevo espíritu. Su obra literaria, representada por el *Nuevo Luciano o despertador de inge-*

nios, conserva el mismo cariz impugnador. Consta de nueve diálogos sostenidos entre los personajes de Murillo y Mera, este último encarna los ideales de Espejo. En él examina la cultura del siglo XVIII; critica la educación y métodos de enseñanza de la filosofía, teología, retórica y latín. En los diálogos tercero y cuarto ridiculiza a los poetas coloniales; señaló en ellos el vocabulario ampuloso, rimbombante y el estilo basado en imágenes rebuscadas. Fiel representante de la ilustración, Espejo también escribió textos científicos, entre los que se encuentran *Reflexiones sobre la viruela* y *Memorias sobre el corte de quina*. Su acción política quedó como estela refulgente para los revolucionarios quiteños. Murió en Quito antes de ser procesado. Dejó una prosa viva y amena, llena de anécdotas y humor chispeante.

"...la necesidad os debe volver inevitablemente industriosos..."

OBRA REPRESENTATIVA: *Nuevo Luciano o despertador de ingenios* (sf).

SANTOS CHOCANO, José, véase CHOCANO SANTOS, José.

SARMIENTO de GAMBOA, Pedro (¿1532-1592?). Cronista español, hombre de inusitada vida cuyas aventuras son materia para las páginas de una novela. Cayó en manos de la Inquisición, fue prisionero de los hugonotes; ilusionista; experto en el arte de la navegación, pero sobre todo fue un hombre soñador a quien la exuberancia del escenario americano llevó a descubrir las islas Salomé y a colonizar el Estrecho de Magallanes. En 1555 se embarcó hacia México; residió tanto en ese país como en Guatemala hasta 1557, año en que, obligado por las circunstancias, se trasladó al Perú. Salió de México por haber tomado parte en un suceso arriesgado. Bromista como era, había escrito una sentencia inquisitorial contra un amigo, broma que le costó una azotaina en la plaza pública de Puebla de los Ángeles. Ser misterioso, se dice que en el Perú fue acusado de poseer una tinta para cartas de amor, tinta maravillosa que tenía el poder de embelesar a sus lectoras. También lo acusaron de tener anillos con signos caldeanos que le aseguraban suerte con los poderosos, éxito en la guerra y fama con las mujeres, amén de los conocimientos que tenía para leer el futuro en un espejo. Sus conocimientos en el arte taumatúrgico lo convirtieron en una figura sospechosa. El poder eclesiástico lo citó y en 1565 el arzobispo de Lima lo condenó a destierro perpetuo de las Indias. En su defensa, Sarmiento alegó que eran bromas. Gracias a sus conocimientos en la navegación, los virreyes solicitaron al fuero inquisitorial se anulase la pena para que pudiera guiar la expedición en la cual se descubrió el Mar del Sur y las Islas Salomón. De regreso de su aventura y por orden del virrey Toledo, Sarmiento empezó a escribir la crónica: *Historia del imperio incaico*, que terminó en 1572. Su espíritu aventurero lo llevó a tomar parte en los sucesos más inauditos. En 1579, el virrey lo puso a la cabeza de una expedición para dar alcance a Drake, el pirata temerario, quien había atacado y saqueado intempestivamente algunos buques en el sur del Perú. Aunque el intento fracasó, el ataque de Drake influyó para que Sarmiento presentara a consideración su proyecto de poblar el Estrecho de Magallanes, impidiendo así sucesivos ataques del enemigo implacable de España. En 1579 se embarcó hacia España; el rey Felipe II aceptó su propuesta, lo nombró gobernador del Estrecho y lo proveyó con 23 naves y 3 000 personas. De regreso en el Estrecho (1581), Sarmiento fundó las poblaciones Rey don Felipe y Nombre de Jesús. Poco tiempo después, se vio obligado a volver a España para pedir más recursos; se embarcó hacia la Península y su insólito destino hizo el resto: en las proximidades de la isla Azores fue capturado por Sir Walter Raleigh. Luego de haber sido llevado ante la reina Isabel, salió de Inglaterra rumbo a España; de camino pasó por Francia donde lo aprehendieron los hugonotes (1587). Lo confinaron en las mazmorras de un castillo, en espera de un rescate; tres años más tarde (1590) llegó la suma esperada, pero Sarmiento ya estaba viejo y acabado por el hambre. Regresó a España y no se volvió a saber más de él. Al igual que su vida, la obra de Sarmiento conoció ciertas vicisitudes. En España y América se creyó perdida; en 1772 la Universidad de Gottinga compró el manuscrito y en 1893 se supo de su paradero en el catálogo de la Real Sociedad de Ciencias de Gottinga; en 1906 apareció la crónica con prólogo y notas en alemán, en 1907 se publicó una traducción al inglés y hasta 1942 salió a la luz la edición argentina. Representa un documento valioso para el pasado cultural peruano. En ella, el autor recogió la esencia épica de la historia de los incas; por sus páginas desfilan personajes heroicos del pasado glorioso.

"...Inga Yupanqui otro día ordenó su gente y acercóse a Chuchi Cápac, que esperándole estaba con la suya a punto de pelear. Y luego que se dieron vista arremetieron los unos a los otros y porfiaron la batalla gran rato sin que de ningún cabo se reconociese ventaja".

OBRA REPRESENTATIVA: *Historia del imperio incaico* (1942).

SARMIENTO, Domingo Faustino (1811-1888). Escritor argentino, educador, ensayista, periodista y político. Gran humanista cuya motivación esencial fue la de edificar una nación libre, auténtica y próspera; dejó una importante obra social para su país y una producción ensayística de proyección para las letras hispanoamericanas. Proveniente de una familia modesta, nació en la provincia de San Juan en una época en la que su nación atravesaba por un periodo de anarquía política. Aunque su formación fue esencialmente autodidacta, Sarmiento adquirió una vasta y rica cultura. En su inmenso afán de conocimiento aprendió latín, francés e inglés; se compenetró en temas de historia, filosofía, religión, política, ciencias naturales y en especial de pedagogía. Leyó a los escritores franceses de su época y a los clásicos españoles; gustaba en especial de Chateaubriand y Cervantes. Desde muy joven manifestó vocación para la enseñanza e interés por la política. Persiguió siempre el interés cívico y sus obras reflejan su carácter empírico. Su genio estuvo avocado a la acción y de ella nació su producción. La escritura fue para Sarmiento un instrumento permanente de combate y un medio de trascendencia. Personalidad compleja y llena de contrastes, el autor del *Facundo* no pretendió ser artista y, sin embargo, enriqueció las letras de América Latina. Intelectual de ideas liberales, luchó por la democracia y el progreso. A raíz de sus actividades políticas de oposición al régimen dictatorial de Rosas, fue exiliado a Chile en 1840. Sarmiento permaneció en ese país hasta 1852. Durante ese largo periodo realizó múltiples empresas: continuó sus actividades políticas; desarrolló una importante y singular labor periodística; organizó en 1842 la fundación de la primera escuela normal de Hispanoamérica; en 1845 fue enviado a Europa y los Estados Unidos de Norteamérica por el gobierno chileno para estudiar los nuevos métodos de enseñanza; participó en la famosa polémica a favor del movimiento romántico y produjo, entre otras, la obra que le dio celebridad, el ensayo intitulado *Civilización y barbarie. Vida de Juan Facundo Quiroga, y aspecto físico, costumbres y hábitos de la República Argentina* (1845). De carácter sociológico y biográfico, el *Facundo* se ha llegado a considerar literariamente como una novela romántica, en la que algunos elementos de composición la hacen singular respecto a las consideraciones del romanticismo europeo. Esta compleja obra representa una denuncia contra Rosas que se realiza a través de la biografía del caudillo gaucho Juan Facundo Quiroga, símbolo de la barbarie. Constituye además una historia de las guerras civiles y un examen de las costumbres. En el *Facundo*, Sarmiento interpretó el conflicto entre civilización y barbarie, tema que fue recreado por otros escritores hispanoamericanos y que inició, en Argentina, la tradición de la literatura gauchesca. Aunque Sarmiento combatió la pampa, supo ponderar el hecho de que pertenecía por igual a la realidad de su país. En esta obra, que tuvo traducción al inglés en 1868, se trasluce la influencia de las ideas de Tocqueville, Montesquieu y Herder. Después del exilio, Sarmiento regresó a su patria y se reincorporó a la vida política. En 1868 se convirtió en el primer presidente civil de Argentina y realizó una encomiable labor en importantes áreas de desarrollo como la educación pública, las ciencias, el comercio, la agricultura, los transportes y las comunicaciones, entre otras. Su gran labor educativa se reflejó no sólo en la obra social que impulsó, sino también en múltiples artículos, libros de texto y traducciones que forman parte importante de su extensa obra escrita, compilada en más de 50 volúmenes. El padre de la Argentina moderna murió en Asunción, Paraguay. En su obra confluyen múltiples sentidos; su magnífica prosa, aunque poco trabajada, tiene vigor y pureza. Ricardo Rojas expresó que *Sus palabras parecen salidas de una boca, no de una pluma... Y como tal debemos juzgarlo para sentir su genio y su originalidad.*

"En el camino de la civilización las naciones corren, se cansan, se sientan a la sombra a dormitar o se lanzan con ganas de llegar antes que otras. Son como personas".

Obra representativa: **Ensayo.** *Mi defensa* (1843) // *Civilización y barbarie. Vida de Juan Facundo Quiroga, y aspecto físico, costumbres y hábitos de la República Argentina* (1845) // *Viajes* (1845) // *De la educación popular* (1849) // *Conflictos y armonías de las razas en América* (1883).

SARTORIO, José Manuel Mariano (1746-1829). Poeta mexicano, presbítero, predicador y simpatizante del movimiento de Independencia en ese país. Sartorio provenía de una modesta familia; su padre era mexicano y su madre italiana. Nació en la ciudad de México; la situación precaria que vivió no impidió que realizara estudios superiores. Fue becario del Colegio de San Ildefonso hasta 1767; aprendió latín y varias lenguas vivas. Abrazó la vida monástica; por su soltura y facilidad de palabra se destacó en el arte de la predicación. A lo largo de su prolongada vida desempeñó numerosos cargos: catedrático y Rector de San Ildefonso, sinodal del Arzobispado mexicano y censor de obras literarias. La figura del poeta adquirió renombre político a raíz de su posición en la revolución de Independencia. En desacuerdo con las órdenes de los virreyes, se opuso a que el púlpito fuera usado en contra de la libertad, actitud que le atrajo la sospecha de las autoridades inquisitoriales quienes lo mandaron aprehender. Gracias a la Condesa de Regla, el poeta quedó librado de tan embarazoso asunto. Consumada la Independencia, Sartorio fue Vocal de la Junta Provisional Gubernativa, encargada de firmar el acta de emancipación en 1821. En amistad estrecha con Iturbide, de quien recibió la Cruz de Guadalupe, al caer el Imperio estuvo en peligro de ser expulsado. De la abundante obra que dejó aún quedan inéditas algunas traducciones y los no menos considerables sermones que llenan 20 tomos. Su obra poética, contenida en siete tomos, fue editada póstumamente. En ella se revela el poeta prosaico, característico del siglo XVIII. Contiene poesías místicas y profanas; entre los temas de inspiración, su mayor logro poético lo alcanzó en los versos dedicados a la Virgen María. Al cantar a la Madre de Cristo se torna apasionado y expresivo. El poeta murió en la ciudad de México. Su lectura evoca el tono místico de los poetas marianos.

"Mas nunca ha predicado / mejor que ahora callado. / La muerte, en fin, su asunto fue postrero; / oye el sermón, y vete, pasajero".

OBRA REPRESENTATIVA: *Poesías sagradas y profanas* (1832).

SIERRA, Justo (1848-1912). Figura insigne de la historia cultural mexicana de la segunda mitad del siglo XIX y principios del XX. La personalidad de Sierra refleja la vida intelectual de una época. Hombre de grandes horizontes, fueron sus empresas diversas y fructíferas; su pluma brilló en la poesía, el cuento y la novela; destacó como historiador, educador, periodista, ensayista, catedrático y orador. En las letras de su país se le considera como uno de los precursores del Modernismo. Recogió la obra en verso de Manuel Gutiérrez Nájera, salvándola de la dispersión y la publicó con un prólogo en 1896. Oriundo de Campeche, nació en el seno de una distinguida familia; fue hijo del ilustre jurisconsulto y escritor Justo Sierra O'Reilly, primer novelista romántico mexicano de corte histórico y uno de los introductores de la novela llamada de folletín. Realizó los primeros estudios en Mérida; en 1861 viajó a México e ingresó en el Colegio de San Ildefonso. Siguió la carrera de leyes y hacia 1871 obtuvo el título de Licenciado en Derecho. Desde muy temprana edad manifestó su vocación para las letras; en el Colegio de San Ildefonso se dio a conocer como poeta con una composición intitulada *Playeras* que había realizado en su tierra natal. A partir de 1867 comenzaron a aparecer en distintas publicaciones periódicas poemas, cuentos, novelas y artículos del joven escritor. Aunque siempre cultivó la poesía, su periodo más fructífero fue el de la edad juvenil. No es extensa la obra poética de Sierra, pero sí de reconocido valor e interés para la lírica mexicana; en ella se aprecia un desarrollo que va de la entonación cívica hacia la pureza lírica, y de las formas románticas hacia las parnasianas. Sus composiciones reflejan la influencia de Victor Hugo y anuncian el Modernismo en las letras mexicanas. Entre sus mejores versos están: *"A Cristóbal Colón"*; *"En la apoteosis de los héroes de la Independencia"*; *"Al autor de los Murmurios de la selva"*; *"Matinal"*; *"Otoñal"*; *"El funeral bucólico"* y *"El beato Calasanz"*. Tradujo con maestría algunos sonetos de *Los trofeos* de Heredia, que aparecieron publicados en la REVISTA AZUL. También escribió numerosas poesías de circunstancia. Su obra en prosa, compuesta por narraciones de índole diversa, a las que el autor llamaba *"Poemillas en prosa impregnados de lirismo sentimental y delirante"*, fue reunida en 1896 bajo el título de *Cuentos románticos*. Por su valor literario y artístico, los *Cuentos*, junto con las novelas de Altamirano, representan un momento importante en la evolución de la novela romántica mexicana. La participación de Sierra en la vida periodística de su país fue intensa y abundante; colaboró con artículos y ensayos sobre pedagogía, crítica literaria, viajes, etc., en diversas publicaciones periódicas como la REVISTA AZUL; EL MUNDO ILUSTRADO; LA REVISTA MODERNA; EL RENACIMIENTO y EL MONITOR REPUBLICANO donde aparecieron sus famosas *Conversaciones del Domingo*. A través del periodismo expresó también su pensamiento político; fue primero influido por el jacobinismo de los escritores Ignacio Manuel Altamirano e Ignacio Ramírez "El Nigromante" y luego por el positivismo de Comte y Spencer. Luchó por establecer un equilibrio entre liberales y conservadores con el fin de lograr un estado de paz propicio al progreso y basado en la legalidad del derecho. Concibió la ciencia como el fundamento de la renovación social, del orden y la disciplina. Se opuso con certera crítica a aquellos que hacían de la ciencia un dogma absoluto y sagrado. Con intención objetiva y dentro del marco positivista, interpretó la historia de México. Junto con el doctor Gabino Barreda contribuyó en la creación de un nuevo sistema educativo. Su abundante obra histórica es de gran importancia en la historiografía mexicana y posee indiscutible valor artístico; para algunos, este hecho lo convierte en el primer prosista mexicano de su tiempo. Entre sus obras más relevantes se encuentran: *Juárez, su obra y su tiempo* (1905) y *Evolución política del pueblo mexicano* (1948). Relevante también se considera su producción oratoria. Enseñó historia general en la Escuela Nacional Preparatoria y tuvo importantes cargos públicos: fue diputado al Congreso de la Unión en distintas ocasiones; Ministro de la Suprema Corte de Justicia; Ministro de Instrucción Pública y Bellas Artes (1905-1911). La noble y apasionada labor cultural que emprendió durante largos años vio su máximo fruto cuando en 1910 fundó la Universidad Nacional. En 1912 fue enviado por el gobierno del presidente Madero a España como Ministro Plenipotenciario; pero al poco tiempo de llegar a ese país, falleció y sus restos fueron trasladados a su patria. Su obra ha sido recopilada en *Obras completas* (1948-1949 y 1977) editadas por la Universidad Nacional Autónoma de México. En la poesía de Sierra se destacan el ritmo y la sensibilidad; el uso de la antítesis y la metáfora en un universo de gran imaginación.

"El amor a la Patria comprende todos los amores humanos; amor que se siente primero y se explica luego".

OBRA REPRESENTATIVA: **Historia.** *Juárez, su obra y su tiempo* (1905) // *Evolu-*

ción política del pueblo mexicano (1948). **Narrativa.** *Cuentos románticos* (1896). **Poesía.** (*A Cristóbal Colón // En la apoteosis de los héroes de la Independencia // Al autor de los "Murmurios de la selva" // Matinal // Otoñal // El funeral bucólico // El beato Calasanz*, en *Obras completas*, 1948-1949 y 1977).

SIGÜENZA y GÓNGORA, Carlos de (1645-1700). Renombrado talento de las letras mexicanas, polígrafo, científico, célebre bibliófilo e iniciador del periodismo en su país. Nació en la ciudad de México. Inició sus estudios en Tepotzotlán; en 1660 ingresó en la Compañía de Jesús, misma que abandonó en 1667 para pasar a la Universidad Pontificia donde obtuvo el grado de Licenciado en Filosofía. Recibió las órdenes sacerdotales en 1672 y a partir de 1676 ocupó la cátedra de matemáticas y astrología en la Universidad, de la que también fue contador. Sacerdote secular, desempeñó un sinnúmero de cargos cuya importancia acredita la autoridad intelectual que tenía. Fue nombrado cosmógrafo real y experto en fortificaciones y desagües. Poseyó una cultura admirable; versado en matemáticas, física, astronomía e historia, entre otras disciplinas, ha sido considerado como el primer hombre de ciencia en la Nueva España. En su biografía abundan los episodios en los que, incluso poniendo en peligro su vida, manifestó con firmeza su apego por la verdad y el conocimiento; tal fue el caso en 1692, año en que salvó de la destrucción libros, códices y pinturas del Ayuntamiento abrasado por las llamas en el motín de los indios. El sabio criollo poseyó una de las bibliotecas más importantes de su época; fruto de más de treinta años de trabajo en los cuales con dedicación y esmero reunió un valioso acervo de documentos: códices y crónicas indígenas, documentos históricos como los de Alva Ixtlixóchitl, que posteriormente el P. Clavijero utilizó para su *Historia antigua de México*. A su muerte, Sigüenza y Góngora legó al Colegio de San Pedro y San Pablo su cuantiosa biblioteca, así como sus instrumentos matemáticos, relojes y demás objetos. En su testamento dispuso que su cadáver se utilizara para estudios médicos. El espíritu curioso y el amor por el conocimiento que caracterizó su vida se manifestaron en su obra; en 1680 publicó el *Manifiesto filosófico contra los cometas*, destinado a combatir las supersticiones; en *Libra astronómica y filosófica*, rebate la opinión del P. Kino según la cual los cometas eran presagios del mal. Hombre de singular talento, compuso obras en torno a sucesos locales, celebraciones religiosas e instituciones. Escribió *Glorias de Querétaro* para celebrar la construcción del templo, en esa ciudad, en honor a la Virgen de Guadalupe; a la llegada oficial a México del virrey Conde de Paredes compuso *Teatro de virtudes políticas*; narró la vida de las religiosas del Convento de Jesús María en el *Paraíso occidental*. Participó activamente en los eventos literarios de su época. En 1682 y 1683 fue secretario de los concursos de poesía organizados por la Universidad, en honor de la Inmaculada Concepción; reunió los poemas de los dos certámenes en la obra *Triunfo parthénico*. En ella figuran, entre otros, poemas del propio Sigüenza, Juan de Guevara y Juan Sáenz del Cauri, pseudónimo de Sor Juana. Entre sus diversas aportaciones, fundó el MERCURIO VOLANTE, diario que inauguró el periodismo mexicano. La obra de Sigüenza y Góngora es tan numerosa como vasta su erudición. Se inició en las letras con *Primavera indiana*, obra en verso compuesta a los quince años; en ella refleja la influencia culterana y se perfila el poeta de las postrimerías del barroco en el cual persiste el estilo adornado y el gusto por los contrastes. Su narración *Los infortunios de Alonso Ramírez* señala el advenimiento del género que se desarrolló en el siglo XVIII: la novela.

"Las autoridades no tienen sitio en las ciencias sino las pruebas y demostraciones solamente".

OBRA REPRESENTATIVA: **Poesía.** *Primavera indiana* (1668) // *Oriental planeta evangélico* (sf) // *Glorias de Querétaro* (1680) // *Triunfo parthénico* (1683). **Prosa.** *Manifiesto filosófico contra los cometas* (1680) // *Teatro de virtudes políticas* (1680) // *Belerofonte matemático contra la quimera astrológica* (sf) // *Paraíso occidental* (sf) // *Piedad heroica del D. Fernando Cortés* (sf) // *Libra astronómica y filosófica* (1690) // *Los infortunios de Alonso Ramírez* (1690).

SILVA, José Asunción (1865-1896). Escritor colombiano, poeta de singular valor quien con audaces armonías contribuyó a forjar el modernismo hispanoamericano. Nació en Bogotá donde transcurrió parte de su breve y desventurada existencia. Educado en el seno de una familia de la aristocracia criolla, el poeta vivió aislado del medio social; su propensión a la soledad lo llevó a abandonar los estudios y a continuar solo su formación. Desde temprana edad manifestó una sorprendente sensibilidad y un gusto acentuado por el refinamiento. A los dieciocho años vivió en París y Londres, donde descubrió a los poetas afines a su sensibilidad: Verlaine, Baudelaire, Mallarmé y Edgar Allan Poe a quien probablemente conoció por las traducciones francesas. Regresó a Colombia después de dos años; su estancia en Europa no hizo sino agudizar el conflicto con el medio colombiano que en él se había gestado desde la infancia. La situación económica de la familia, ya crítica por el mal manejo de los negocios, se agravó con el fallecimiento de su padre. Silva intentó superar las adversidades con valor, pero los infortunios se sucedieron en su vida uno tras otro. Después de la muerte de su padre, que trajo consigo juicios y demandas legales por deudas comerciales, el poeta fue sacudido por la muerte de su hermana Elvira a quien, según parece, estaba unido tan profundamente como Chateaubriand lo había estado a Lucila. En 1895, a su regreso de Venezuela donde desempeñó un cargo diplomático, gran parte de su obra se perdió en el naufragio que sufrió la nave en que viajaba. La obra que se conoce corresponde a los años de juventud; aunque escasa, es de una sorprendente originalidad. Publicada póstumamente, consta de *El libro de versos*, en el que el poeta reunió sus poemas escritos desde 1883 y fechó en 1891-1896; *Gotas amargas*, texto que contiene poemas reunidos por sus amigos y la novela *De sobremesa*. Todos ellos compilados en *Obras completas*. *El libro de versos* contiene las composiciones mejor logradas de Asunción Silva. Entre los temas principales está el de la infancia, la noche y la muerte. La niñez, evocada en *"Los maderos de San Juan"* se yergue ante sus ojos como el paraíso perdido, inalcanzable y esplendoroso en el que, sobre las rodillas de la abuela al canto de *"Aserrín /Aserrán"*, se ciernen los inevitables desengaños futuros. El *"Día de difuntos"*, poema en el que Asunción Silva se mantiene cercano a Poe, las campanas doblan a muertos acompasando el tiempo humano –veloz, huidizo y pasajero– con el tiempo eterno, cargado de horror y frialdad. La pérdida de su hermana inspiró el soneto de magistral realización *"Una noche"*, el cual señaló la ruptura con los moldes pasados e inauguró el Modernismo. En su novela *De sobremesa* expone, a través del personaje José Fernández, el choque de una existencia enfrentada a la vacuidad de la vida moderna. La desolación, la muerte y el desconsuelo recorren la obra de Asunción Silva. A los treinta y un años, después de informarse con un médico sobre el lugar exacto del corazón, el poeta se arrancó la vida de un certero tiro. Corta pero trascendental existencia del hombre que en opinión de Rubén Darío figura, junto con Lugones y Jaimes Freyre, en un lugar de honor dentro de *Los primeros que han iniciado la innovación métrica a la manera de los "modernos" ingleses, franceses, alemanes e italianos*. De sus composiciones emana un ritmo poético nuevo; se escucha una musicalidad diferente y desconocida para la poesía. En su poesía hay versos largos que armonizan con versos cortos, versos asonantados y encabalgamientos.

"El verso es vaso santo; poned en él tan sólo / un pensamiento puro, / en cuyo fondo bullan hirvientes las imágenes / como burbujas de oro de un viejo vino obscuro".

OBRA REPRESENTATIVA: **Novela.** (*De sobremesa*, en *Obras completas*, 1965). **Poesía.** (*Infancia // Los maderos de San Juan // Crepúsculos // Un poema // Día de difuntos*, en *Obras completas*,1965).

SILVA MEDARDO, Ángel (1898-1919). Escritor ecuatoriano, poeta modernista de cantos dulces, melancólicos y patéticos. Gracias a los apuntes de su madre, encontrados en un cuadernillo escolar, se conocen los datos de la breve y trágica vida de Silva Medardo. Nació en Guayaquil y fue hijo único. Después de la muerte de su padre, ocurrida cuando tenía cuatro años, se trasladó con su madre a una pequeña y humilde casa; desde ahí presenciaba, día a día, el desfile de carrozas hacia el cementerio general de la ciudad. Cursó la primaria en La Filantrópica, escuela que acogía a los niños de escasos recursos. No concluyó los estudios de humanidades que inició en 1909 en el Colegio Nacional Vicente Rocafuerte debido, en parte, a la estrechez económica y al poco éxito que tuvo en las materias de retórica y poética. Al abandonar los estudios empezó a trabajar en las imprentas. Al igual que su padre y su abuelo, Silva Medardo cultivó la música; era un asiduo concurrente del Centro Musical Sucre, lugar de reunión de los músicos de la época. Llegó a componer algunas partituras que desaparecieron a su trágica muerte. Inició su vida literaria en periódicos y revistas. En 1914 publicó en las páginas de JUAN MONTALVO el poema *"Paisaje de leyenda"*; un año más tarde vio la luz el soneto *"La ninfa"*, textos en los que hay influencias del argentino Leopoldo Lugones y del uruguayo Herrera y Reissig. A su publicación, recibieron una favorable acogida por la crítica. 1917 se señala como el año de plena producción para el poeta: dirigió las revistas ATENEA (1916) y ESPAÑA (1917); fue redactor de PATRIA y director de RENACIMIENTO, revistas en las que apareció gran parte de su obra. En EL TELÉGRAFO publicó la novela corta *María Jesús* (1918). Su primer poemario, intitulado *El árbol del Bien y* *del Mal*, apareció en 1918. La vida del poeta tuvo un trágico desenlace; a los veintiún años, en plena efervescencia, puso fin a sus días con un revólver, en presencia de su amada. La obra de Silva Medardo marcó una época de esplendor en la literatura ecuatoriana. Sus versos transmiten el mundo de los sentidos, este aspecto sensorial predomina en sus poesías de corte modernista, en las que asoman sentimientos fugaces, aflora el dolor y se produce una atracción vertiginosa de la muerte.

"No dicen los inviernos que no haya primaveras; / en la noche más negra palpita el alba pura".

OBRA REPRESENTATIVA: **Novela.** *María Jesús* (1918). **Poesía.** *Añoranzas* (1914) // *La ninfa* (1914) // *Cuando se es aún joven* (1915) // *Con ese traje azul* (1915) // (*Estancias*, en *El árbol del Bien y del Mal*, 1918) // *Cabalgata heroica* (1918) // *Bolívar y el tiempo* (1919), en *Trompetas de oro* (sf) // (*Fuente triste* (sf) // *Lamentación del melancólico* (sf) // *El encuentro* (sf), en *Poesías escogidas*, 1926).

SINÁN, Rogelio (1904-1994). Nombre literario de Bernardo Domínguez Alba, escritor y diplomático panameño representante del movimiento vanguardista en ese país. Se destacó tanto en la poesía como en el cuento y la novela. Originario de la bella isla de Taboga, se formó en el Instituto Pedagógico de Chile y en la Universidad de Roma. Ha recorrido gran parte del mundo en misiones diplomáticas. En 1938 se encontraba en Calcuta desempeñando el cargo de Cónsul de su país. Ha viajado por distintos lugares de Asia; en representación de su país vivió en México algunos años. Hacia 1985, Sinán se encontraba en Panamá impartiendo la cátedra de literatura dramática en la Universidad. Su poesía marcó el inicio del Vanguardismo: *Ondas* (1929) es el primer poemario cuyos versos penetran en la realidad inconsciente del hombre. Su fama descansa en los cuentos y novelas. En *La boina roja* (1954) muestra la técnica surrealista y cubista en la cual la realidad es vista y descrita desde cuatro ángulos distintos. Se trata de un interrogatorio judicial a un científico quien expresa un erotismo desviado y narra el proceso de transformación de una mujer en sirena. La imaginación desbordante de Sinán ha sido reconocida en dos ocasiones con el Premio Ricardo Miró: en 1943 con la novela *Plenilunio* y en 1977 con *La isla mágica*. En su universo narrativo el tema del inconsciente y del sexo son recurrentes. En 1971, bajo el título de *Cuentos de Rogelio Sinán*, se publicaron catorce de sus cuentos. La lectura de su obra invita al lector a que participe en el proceso creativo; la belleza no se crea mediante el discurso, sino a través de las relaciones que se establecen entre la realidad y la posibilidad.

"...a veces, creamos síntomas jamás imaginados por el paciente... Con gran razón se ha dicho que las enfermedades las hemos inventado los médicos".

OBRA REPRESENTATIVA: **Cuento.** *Los pájaros del sueño* (1957) // *La boina roja y cinco cuentos* (1961) // *Cuna común* (1963) // *Saloma sin salomar* (1969) // *Cuentos de Rogelio Sinán* (1971). **Ensayo.** *Freud y el Moisés de Miguel Ángel* (1963). **Novela.** *Plenilunio* (1947) // *La isla mágica* (1979). **Poesía.** *Ondas* (1929) // *Incendio* (1944) // *Semana Santa en la niebla* (1949) // *La cucarachita Mandinga* (1951).

SOR JUANA MARÍA, véase AZAÑA y LLANO, Josefa de.

SOTELA, Rogelio (1894-1943). Notable pluma de las letras costarricenses de la primera mitad del siglo XX. Su obra poética se inscribe en el movimiento modernista y su prosa representa un esfuerzo tenaz por difundir la literatura en ese país. La vida de Sotela es un ejemplo de entereza por vencer las adversidades; a pesar de su origen humilde llegó a ocupar cargos de importancia en la política de su país. Oriundo de San José, a los catorce años se vio obligado a cambiar los estudios por el trabajo para sostener a su madre que había quedado viuda. Aunque sufrió la pérdida de un ojo, Sotela no cejó en su empeño por cultivar la lectura y el estudio. Hacia 1918 se graduó de profesor de Estado; estudió leyes en la Escuela de Derecho y obtuvo el título de Abogado en 1924. Ocupó la cátedra de español y literatura en el Liceo de Costa Rica. Desempeñó el cargo de diputado ante el Congreso, así como el de gobernador de San José; también fue miembro de la Academia Costarricense de la Lengua; secretario del Ateneo de Costa Rica y director, por muchos años, de la revista ATENEA. Dedicó gran parte de su obra a dar a conocer las letras costarricenses. En *Escritores y poetas de Costa Rica* (1942), Sotela ofrece una interesante recopilación de sus ensayos en los que figuran Roberto Brenes Mesén, Manuel Argüello Mora y Manuel González Zeledón, entre otros. Se dio a conocer como poeta en 1914, en ocasión de los Juegos Florales, con *"El triunfo del ideal"* que contiene versos serenos, claros y optimistas. En su poesía late la influencia del costarricense Brenes Mesén y del mexicano Amado Nervo por quien sentía una honda admiración. El poeta murió en San José a los cuarenta y nueve años. De sus versos emana un panteísmo, aunado a un sentido parabólico; se sirvió de las imágenes para construir símbolos y sublimó el dolor para hablar de la condición del hombre en la Tierra.

"La muerte es la razón de ser de la existencia".

OBRA REPRESENTATIVA: **Poesía.** (*El triunfo del ideal*, en *La senda de Damasco*, 1918) // *Cuadros vivos* (1919) // *El libro de la hermana* (1926) // *Reinas serenas* (1934) // *Sin literatura* (1949). **Prosa.** *Valores literarios de Costa Rica* (1920) // *Recogimiento* (1922) // *Escritores y poetas de Costa Rica* (1923) // *La doctrina de Monroe* (1925) // *Literatura costarricense* (1927) // *Crónica del centenario de Ayacucho* (1927) // *Apología del dolor* (1929) // *Escritores de Costa Rica* (1942).

SOTO HALL, Máximo (1871-1944). Poeta y novelista guatemalteco heredero del Modernismo; su obra poética dejó huella en las letras nacionales. Nació en la ciudad de Guatemala; fue alumno del Instituto Nacional Central donde sobresalió por su facilidad en el estudio de la filosofía. Realizó distintas misiones diplomáticas tanto en Europa como en América. Formó parte del Ateneo de Madrid, de la Sociedad Histórica de Luisiana, del Ateneo de Chile y durante algún tiempo vivió en Buenos Aires. Como novelista ha sido poco estudiado. En sus versos habló del desengaño amoroso, del anhelo de estar cerca del ser amado y de la vida que pasa sin consuelo amoroso. Aunque tuvo un apego por la rima, su poesía deja oír los ecos del modernismo hispanoamericano. Murió a los setenta y tres años. Con sensibilidad poética Soto Hall captó momentos de la vida cotidiana que evocan escenas campestres de gran colorido, sin faltar en ellas la invitación a la reflexión filosófica.

"Conozco vuestro engaño y no lo siento: / fue un engaño tan fino y de buen tono / que me causó placer y no tormento".

OBRA REPRESENTATIVA: **Novela.** *El problema* (1899) // *Catalina* (1900) // *Don Diego Portales* (1935) // *La divina reclusa* (1938). **Poesía.** *De las coquetas* (sf) // *Ave de paso* (sf) // *Para ella* (sf) // *Catalina* (sf) // *De México a Honduras* (sf) // *Poemas y rimas* (sf).

SUÁREZ de PERALTA, Juan (¿- d. 1590). Destacado cronista mexicano perteneciente al grupo de los primeros escritores criollos; autor poco estudiado en cuya obra expone con sencillez los trágicos momentos del virreinato novohispano en sus inicios. De su vida no se tienen noticias precisas. Nació en la capital de la Nueva España; la fecha de su nacimiento fluctúa entre 1535 y 1545. Es indudable que descendía de algún conquistador; se presume que su padre fue Juan Suárez, quien había sido amigo de Hernán Cortés y hermano de doña Catalina, su primera esposa. Esta opinión se ha puesto en duda debido a que en su crónica Peralta los menciona varias veces sin señalar el supuesto parentesco. Joven de existencia despreocupada, cultivó el arte hípico y todo aquello relacionado con el cuidado de caballos. En 1563 participó en las suntuosas y variadas fiestas que se hicieron para recibir a Martín Cortés, segundo Marqués del Valle. Respecto a su formación, Peralta manifestó que sólo tenía *"una poca de gramática, aunque mucha afición de leer historias y tratar con personas doctas"*. Su vida y su obra principal están relacionadas con los episodios cruentos que vivió el virreinato. En su crónica *Noticias históricas de la Nueva España*, narra el sofocamiento y los motines que presenció, originados en torno a la conjuración de Martín Cortés. En 1579 se trasladó a España donde publicó el *Tractado de la cavallería de la gineta y brida*, considerada como el primer libro de tema profano escrito por un autor americano; escribió el *Libro de alveiteria* que aún permanece inédito en la Biblioteca Nacional de Madrid, y terminó su crónica. Su relato se centra en los hechos que le tocó vivir; de los 44 capítulos que la componen, 27 abarcan desde el periodo del Virrey Antonio de Mendoza, época en la que Peralta aún era niño, hasta la administración de Martín Enríquez, cuando el autor se trasladó a España. Los primeros capítulos aluden el pasado indígena. En el relato de la conspiración, Peralta es prolijo en detalles sobre las intrigas y castigos de los condenados, como el ajusticiamiento de los hermanos Ávila. Su crónica termina con los ataques del pirata John Hawkins a San Juan de Ulúa, en Veracruz, y la prisión de los corsarios ingleses. El manuscrito quedó inédito en la Biblioteca Provincial de Toledo hasta 1878, año en que el bibliófilo español Justo Zaragoza lo publicó. No se sabe dónde murió; se sospecha que regresó a su patria en 1589 pues ese año Luis de Velasco, gran amigo suyo, fue nombrado virrey de la Nueva España. Apegado a la verdad de los hechos que vio y vivió, Peralta tuvo el don de la observación aguda; en sus páginas transpuso la lengua hablada de los criollos del siglo XVI; los elementos pintorescos alternan con los momentos de intenso palpitar.

"Tomóse una ave parda, del tamaño de una grúa, que después, según parecía, era el demonio, la cual tenía un espejo en la cabeza muy claro, más

que de cristal, por el cual se veía el cielo y tres estrellas, que se llaman los Astillejos, la cual llevaron los cazadores a Moctezuma, y vió el espejo, las estrellas y el cielo, y volvió a mirar y vió en él gentes armadas y a caballo; y llamando a sus agoreros, para que la viesen, se desapareció el ave".

OBRA REPRESENTATIVA: **Crónica.** *Noticias históricas de la Nueva España* (1878). **Tratado.** *Tractado de la cavallería de la gineta y brida* (1580).

T

TABLADA, José Juan (1871-1945). Escritor mexicano, periodista, crítico de arte y literatura, viajero y diplomático. Figura singular y destacada del modernismo mexicano, su espíritu inquieto lo llevó a explorar constantemente distintas concepciones estéticas; algunos lo han considerado como precursor de la corriente estridentista. Fue el introductor en la lírica castellana de la estrofa japonesa *Hok-ku* o *Hai-ku*. Nació en la ciudad de México; estudió en una escuela privada, en el Colegio Militar y siguió cursos de pintura en una academia. Desde su juventud temprana, participó en la vida periodística. Viajó a Japón en 1900 y durante la Revolución se vio obligado a salir de México, por ser jefe de redacción del periódico EL IMPARCIAL que dirigía Salvador Díaz Mirón. Residió en París y luego en Nueva York. En 1918 regresó a su país e ingresó al cuerpo diplomático; desempeñó funciones en Colombia, Venezuela y Estados Unidos de Norteamérica. Como periodista colaboró en EL UNIVERSAL; EL MUNDO ILUSTRADO; la REVISTA DE REVISTAS; la REVISTA AZUL y fue uno de los más brillantes escritores de la REVISTA MODERNA, importante órgano de difusión del modernismo hispanoamericano y de obras europeas. Publicó numerosos artículos sobre arte mexicano en distintas revistas prestigiadas de los Estados Unidos de Norteamérica. En 1899 apareció, bajo el título de *Florilegio*, su primer libro de poemas, considerado por algunos como el mejor de su abundante producción; en 1904 tuvo una nueva edición aumentada. A éste le siguieron *Al sol y bajo la luna* (1918); *Un día, poemas sintéticos*, publicado en Caracas en 1919; *Li-po, versos ideográficos* (1920); *El jarro de flores, disociaciones líricas*, publicado en Nueva York en 1922 y *La feria* "poemas mexicanos", aparecido en Nueva York en 1928. Fue en la literatura francesa donde Tablada encontró su inspiración modernista y oriental. A más de haber introducido la estrofa *Hai-ku*, tradujo a varios poetas japoneses. Sus obras dejan oír los ecos de autores como Gérard de Nerval, Téophile Gautier, Baudelaire, Apollinaire y Max Jacob. Cosmopolita, su inquietud por encontrar nuevos caminos fue enriquecedora para la juventud de su época. Su prosa, no menos abundante, incluye crónicas, monografías, memorias, historia y crítica literaria de brillante inteligencia. El poeta murió en Nueva York y sus restos fueron trasladados a su país y depositados en la Rotonda de los Hombres Ilustres. Su poesía, de refinada técnica, pinta imágenes que logran sorprender.

"Del verano, roja y fría / carcajada / rebanada / de sandía".

OBRA REPRESENTATIVA: **Crónica.** *Los días y las noches de París* (1918). **Historia.** *Historia del arte en México* (1927). **Memorias.** *La feria de la vida* (1937). **Monografía.** *Hiroshigué, pintor de la lluvia, de la noche y de la luna* (1914). **Novela.** *La resurrección de los ídolos* (1924). **Poesía.** *Florilegio* (1899) // *Al sol y bajo la luna* (1918) // *Un día* (1919) // *Li-po* (1920) // *El jarro de flores* (1922) // *La feria* (1928).

TEJEDA y GUZMÁN, Luis José de (1604-1680). Lírico argentino que ofrece una muestra notable de la poesía culta de los tiempos coloniales. Hombre de vida contrastada, Tejeda vivió una juventud de intensos amoríos arrebatados y pasó los últimos años de su vida retirado en el convento de los dominicos. Provenía de una familia opulenta de conquistadores y fundadores de Córdoba, su ciudad natal. Se educó con los jesuitas y obtuvo el grado de Bachiller en el Colegio Máximo. Pasó a la Universidad donde se tituló de Licenciado y Maestro en Artes. Entró a la milicia y combatió a los piratas holandeses en Buenos Aires (1625). A su regreso, ocupó varios cargos de importancia; fue Alférez Real del Cabildo en 1634 y Alcalde Ordinario y Regidor en 1657. Se casó con Francisca Vera y Aragón, unión que promovió su padre para poner fin a su entusiasta inclinación por las mujeres. En 1662, al quedar viudo, ingresó como lego al convento dominico de Córdoba. La obra que se conoce de Tejeda corresponde a ese periodo de recogimiento en el que vivió los últimos dieciséis años. Se han destacado dos aspectos: el biográfico desarrollado en el extenso romance *"El peregrino de Babilonia"* en el cual evoca su vida mundana, las decepciones y su conversión espiritual, y el aspecto místico que gira en torno a la Virgen María contenido en *"Coronas líricas"*. Dispuso sus composiciones siguiendo la estructura del rosario; los versos representan coronas dedicadas a la Virgen. Tanto su producción en prosa, cuyo valor es escaso, como la escrita en verso, están contenidas en el *Libro de varios tratados y noticias* (ms fechado en 1663). Entre las mejores ediciones se encuentra la de Jorge M. Furt de 1947. Las influencias de Tejeda provienen del barroco, en especial de Góngora; de autores como Lope de Vega y de sus lecturas bíblicas. Tuvo éxito en el manejo del octasílabo y el endecasílabo; aunque por momentos es monótono, logra notas de acierto poético.

"Eran linces los deseos, / los afectos eran armas, / escalas los pensamientos / y llaves las esperanzas".

OBRA REPRESENTATIVA: **Poesía.** (*El peregrino de Babilonia // Coronas líricas*, en *Libro de varios tratados y noticias*, 1947).

TERRAZAS, Francisco de (¿1525-1600?). Poeta novohispano, figura elogiada por plumas insignes; primer lírico nacido en tierras mexicanas. De su vida pocos son los datos que se tienen; fue hijo de Francisco Terrazas, uno de los conquistadores que estuvo al servicio de Cortés como mayordomo; ocupó el cargo de Alcalde Ordinario de México y murió en 1549. Se tienen noticias de que el poeta vivía en Puebla en 1570; hacia 1574 lo acusaron de haber sido el autor de un panfleto en contra del Virrey Enríquez, causa por la que fue perseguido y encarcelado algunos días. El arzobispo Pedro Moya alegó en su defensa y gracias a su intervención quedó en libertad. Después de este incidente hay un silencio en la vida de Terrazas. Años más tarde (1583) su nombre aparece entre los que la ilustre pluma de Cervantes elogia en su *"Canto de Calíope"*, incluido en la *Galatea*. En su tiempo, Terrazas gozó de fama y reconocimiento; en México fue ponderado como un ilustre *poeta toscano, latino y castellano*. Esta afirmación ha servido de apoyo a la crítica para suponer que viajó a España, donde por esa época predominaba la lengua italiana; hipótesis plausible pues era frecuente que los descendientes de los conquistadores visitaran la Península.

Si bien Terrazas no fue un autor muy prolífico, en su obra se aprecian dos vertientes: la lírica y la épica. Sus primeras obras conocidas fueron cinco sonetos publicados en la compilación *Flores de baria poesía* (1577), verdadera miscelánea que consignó 359 composiciones de 31 poetas españoles, criollos y españoles que vivieron en América. En ella figuran, entre otros, González de Eslava y Juan de la Cueva, quien pudo haber sido uno de los compiladores. En estos sonetos, Terrazas se muestra como el poeta lírico dueño de sus recursos; refleja el modelo petrarquista al cantar al amor lejano y a la belleza femenina. En 1918 el célebre estudioso Pedro Henríquez Ureña descubrió cuatro sonetos más en un cancionero toledano. Terrazas fue autor de una decena de décimas dirigidas a Eslava de quien fue amigo y con el cual tuvo un debate poético. Su obra épica quedó inconclusa; se conocen sólo los fragmentos que Bartolomé Dorantes de Carranza intercaló en su obra *Sumaria relación de las cosas de la Nueva España* (1602-1604). Se trata de la narración versificada de la Conquista de México, intitulada *Nuevo Mundo y conquista*, obra en la cual el poeta trabajó a lo largo de toda su vida. Está escrita en octavas reales, se inicia con la expedición de Cortés desde Cuba y concluye con la toma de Tenochtitlan. Contiene pasajes de gran interés dramático, como aquel que narra los lances amorosos de Huitzel, hijo del rey de Campeche y Quetzal, princesa de Tabasco; episodio este en el cual los versos de Terrazas se tornan patéticos y se impregnan de frescura y suave lirismo.

"El que es de algún peligro escarmentado, / suele temerle más que quien lo ignora".

Obra representativa: **Poesía.** *Nuevo Mundo y conquista* (1602-1604).

TORRES BODET, Jaime (1902-1974). Destacado escritor mexicano, catedrático, periodista, servidor público y diplomático. Contribuyó al desarrollo de la literatura y educación en su país. Formó parte de los Contemporáneos, prestigiado grupo de poetas que recibió el mismo nombre de la revista que sus miembros crearon en 1928. Considerados como una auténtica generación, los Contemporáneos se preocuparon por el valor de la literatura y se caracterizaron por una sensibilidad afín, una formación intelectual rigurosa, un interés por arte nuevo y una necesidad de participar en lo universal. Además de Torres Bodet, la generación estuvo formada principalmente por Bernardo Ortiz de Montellano, Carlos Pellicer, José Gorostiza, Enrique González Rojo, Xavier Villaurrutia, Gilberto Owen y Salvador Novo. Fueron herederos de la literatura modernista, de la filosofía y obra del Ateneo de la Juventud, de la obra de Ramón López Velarde y participaron de las corrientes vanguardistas. Manifestaron especial predilección por la literatura de la Nouvelle Revue Française; en grado diferente penetraron en obras de autores españoles, norteamericanos, ingleses, italianos e hispanoamericanos. Entre algunos de sus modelos más significativos están: Marcel Proust, Jean Cocteau, André Gide, Guillaume Apollinaire, T. S. Eliot y Juan Ramón Jiménez. Su obra individual y colectiva renovó la poesía mexicana. Torres Bodet nació en la ciudad de México. Realizó estudios en la Escuela Normal y en la Escuela Nacional Preparatoria donde conoció a Xavier Villaurrutia y otros futuros Contemporáneos. Posteriormente ingresó a la Escuela de Jurisprudencia y a la Universidad Nacional de México. Desde joven manifestó interés por las letras y se relacionó con importantes personalidades de su época. Alternó la actividad literaria con el desempeño de diversos cargos públicos y diplomáticos. Fue secretario de José Vasconcelos y director del Departamento de Bibliotecas de la Secretaría de Educación Pública (1922). A partir de 1929 ejerció distintas funciones diplomáticas en Europa y América Latina. En dos ocasiones fue nombrado Secretario de Relaciones Exteriores (1940; 1946-1948) y Secretario de Educación Pública (1943-1946; 1958-1964). Fue director general de la UNESCO en París (1948-1952) y Embajador en esa misma ciudad de 1952 a 1958. Colaboró en diversas publicaciones periódicas y fue codirector de la revista LA FALANGE (1922-1923). Al igual que otros Contemporáneos fue catedrático de literatura en distintas instituciones. Recibió en 1966 el Premio Nacional de Letras. Vasta y variada fue su producción que abarcó poesía, novela, relato, ensayos y estudios de crítica literaria, discursos y memorias. Su poesía atiende al sentimiento y a la emoción de los dramas humanos; en ella se distingue un desarrollo hacia el encuentro de un canto propio matizado por cierta melancolía y una actitud estoica en lo moral. En sus composiciones se advierte su predilección por la literatura francesa, la influencia del Modernismo y los ecos de Francisco de Quevedo. Su prosa narrativa siguió los cauces de los modelos franceses propuestos por Proust, Valéry, Larbaud y de los españoles como Jarnés. De su producción, el libro autobiográfico *Tiempo de arena* (1955) se ha considerado como uno de sus mejores logros. Como ensayista, contribuyó al desarrollo de la educación literaria de la juventud; publicó diversos trabajos en la revista CONTEMPORÁNEOS, parte de los cuales fueron reunidos en volumen bajo el título de *Contemporáneos*, en 1928. A raíz de una enfermedad incurable, el poeta se quitó la vida en 1974 y fue sepultado en la ciudad de México. A la emoción lírica de su poesía se suma la transparencia musical y la plasticidad de las imágenes.

"[poesía] Secreto codicilo / de un testamento falso, / verdad entre pudores, / confesión entre líneas..."

OBRA REPRESENTATIVA: **Ensayo.** *Contemporáneos* (1928) // *Tres inventores de realidad* (1955). **Memorias.** *Tiempo de arena* (1955). **Novela.** *Margarita de niebla* (1927) // *La educación sentimental* (1930) // *Prosperina rescatada* (1931) // *Primero de enero* (1934) // *Sombras* (1937). **Relato.** *Nacimiento de Venus y otros relatos* (1941). **Poesía.** *Fervor* (1918) // *El corazón delirante* (1922) // *Canciones* (1922) // *La casa* (1923) // *Los días* (1923) // *Destierro* (1930) // *Cripta* (1937) // *Sonetos* (1949) // *Fronteras* (1954) // *Sin tregua* (1957) // *Poesía* (1963).

TORRI, Julio (1889-1970). Escritor y catedrático mexicano que formó parte de la generación del Ateneo de la Juventud (1909-1914), grupo de destacados escritores y pensadores que, animados por un espíritu filosófico y crítico, buscó una reorientación de los valores intelectuales hacia el pleno desarrollo del individuo. Además de Torri, entre sus miembros más destacados figuraron: Alfonso Reyes, Antonio Caso, Pedro Henríquez Ureña, José Vasconcelos, Jesús T. Acevedo, Alfonso Cravioto, Ricardo Gómez Robelo, Enrique González Martínez y Luis G. Urbina. La singular obra ensayística de Torri, lo señala como una de las personalidades literarias más originales, tanto de las letras mexicanas modernas como de las hispanoamericanas. Autor de elogiosa aceptación, no ha sido, empero, estudiado de acuerdo al valor que críticos y talentosos hombres de letras reconocen en sus escritos. Torri buscó una nueva expresión literaria e introdujo en las letras nacionales una visión moderna de lo fantástico que luego retomaron otros escritores del Continente. Nació en Saltillo, Coahuila; a los diecinueve años de edad se trasladó a la ciudad de México con el fin de cursar la carrera de leyes. Su inquietud por las letras se manifestó desde temprana edad; en 1904 publicó un escrito bajo el título de *Werther*. Obtuvo el grado de Doctor en Literatura, en la Universidad Nacional Autónoma de México y ejerció la cátedra de literatura en esa misma institución por cerca de medio siglo. Colaboró junto con Vasconcelos en importantes trabajos editoriales y llegó a ser miembro de la Academia Mexicana de la Lengua en 1954. Estableció una íntima amistad con Alfonso Reyes y mantuvo con él comunicación epistolar durante el periodo en que Reyes se encontraba en Europa; el epistolario constituye una fuente interesante de conocimiento sobre su vida. La obra de Torri la conforman cuatro libros: *Ensayos y poemas* (1917), textos escritos entre 1911 y 1917; *De fusilamientos* (1940) que recoge trabajos del periodo comprendido entre 1915 y 1940; *Tres libros* (1964) que reúne los dos libros anteriores y uno tercero intitulado *Prosas dispersas*, dividido a su vez en fantasías y artículos y, finalmente, el volumen póstumo *Diálogo de los libros* (1980), compilación de ensayos, cuentos y comentarios inéditos realizada por Serge I. Zaitzeff. Además de los textos reunidos en este volumen, escritos antes de 1917 y durante el periodo de 1920-1965, está incluido el epistolario entre el escritor y Alfonso Reyes; el título del libro recoge el nombre de un texto que Torri publicó en 1910 en la revista EL MUNDO ILUSTRADO. Hombre de vasta cultura, la fecundidad de su obra reside en la moderación con la que trata sus ideas, experiencias y sentimientos. En ocasiones resulta compleja la clasificación de algunos de sus escritos pues su pluma relaciona los valores del ensayo breve y del cuento. Sus consideraciones teóricas acerca de la literatura y del escritor las dejó bellamente expuestas en dos interesantes ensayos: "*El ensayo corto*" y "*El descubridor*", que pertenecen a *Ensayos y poemas* y *De fusilamientos* respectivamente. El autor concibe el ensayo corto como "*la expresión cabal, aunque ligera, de una idea*", surgida de la evocación. El desarrollo lógico, sistemático y exhaustivo de una idea, lo consideró como antagónico a las "*formas puras del arte*", de tal suerte que impide la evolución de las facultades imaginativas. Torri buscó captar la esencia de algo y no elaborar su desarrollo, prefirió "*el enfatismo de las quinta esencias al aserrín insustancial con que se empaquetan usualmente los delicados vasos y las ánforas*". El afán por la esencia es el afán por lo sintético y profundo expresado en forma poética y no analítica. El escritor es semejante al minero que descubre la veta (la belleza) pero no la explota; el artista esteriliza su verdad si intenta llegar hasta su última conclusión. La sinceridad constituye uno de los valores fundamentales del artista que se enfrenta a un mundo adverso. Aunque la sinceridad se torne en soledad, el artista es capaz de crear y de regir su mundo creado con leyes propias.

Así, Torri conjugó lo real y lo imaginario haciendo gala de vastos recursos narrativos. Conceptualizó el arte desde una perspectiva aristocrática. Evoca un mundo semejante al kafkiano; el absurdo, la paradoja, el fino humor, lo insólito, lo fantástico y hasta el horror están presentes en su delicada escritura. Fue lector de Lamb, Schowb, Renard, Laforgue, Mallarmé y, en especial, de Oscar Wilde, entre otros. Además de sus ensayos breves, cuentos y poemas, abordó la traducción y prologó distintas obras. Legó interesantes ensayos y comentarios sobre autores diversos como Proust, Esquilo, Tolstoi, Huxley, Maeterlinch, Reyes, Tablada y Urbina. Su idea sobre la enseñanza quedó plasmada en su texto *"El maestro"* de *Ensayos y poemas,* en el cual relaciona la docencia con la actividad creativa. Formó generaciones de estudiantes y escritores y contribuyó con su singular obra en el nacimiento de una nueva literatura. Murió a los ochenta y un años de edad. Su estilo busca la palabra exacta y esencial, clara y castiza. Utiliza con maestría el recurso del epígrafe.

"El horror por las explicaciones y amplificaciones me parece la más preciosa de las virtudes literarias".

OBRA REPRESENTATIVA: **Prosa.** *Ensayos y poemas* (1917) // *De fusilamientos* (1940) // *Tres libros* (1964) // *Diálogo de los libros* (1980, compilación póstuma).

U

URBANEJA ACHELPOHL, Luis Manuel (1874-1937). Escritor y periodista venezolano, perteneciente a la época del Modernismo. Su obra, con profundas raíces criollas, marcó el inicio del cuento en ese país. Nació en Caracas y a pesar de que su vida coincidió con una de las épocas de mayor efervescencia social, Urbaneja se mantuvo aislado de todo círculo político o literario. No figuró en ningún puesto importante, ni encabezó partido político alguno, vivió retirado en medio de la naturaleza en una vaquería de los alrededores de Caracas, donde aprendió a observar con lente agudo el paisaje venezolano. Se inició en el periodismo en 1894; junto con otros jóvenes escritores fundó COSMÓPOLIS (1894-1895), revista en la que confluían las diversas tendencias literarias y en cuyo primer número Urbaneja declaró con firmeza su deseo de promover una literatura criolla que fuera al encuentro de los valores regionales. Fue colaborador asiduo de EL COJO ILUSTRADO (1892-1915), otra de las revistas importantes del Modernismo. Autor de cuentos y novelas, Urbaneja ha sido considerado el creador de la literatura criolla en Venezuela. En sus primeros relatos como el *"Botón de algodonero"* se adivina ya su deseo de enmarcar a los personajes sencillos del campo en un ambiente propio. Con el cuento *"Ovejón"* inauguró el cuento propiamente dicho. Bajo el título de *El criollismo en Venezuela* (1944) se han publicado, gracias a su viuda, los cuentos que habían quedado diseminados en varias revistas. En sus novelas también está presente la vida del campo y el paisaje venezolano. *En este país* (1916) fue ganadora del segundo premio en 1910 en un concurso literario efectuado en Argentina. Novela de indiscutible valor en la cual expone el proceso de ascenso social de las clases populares y la caída consiguiente de los privilegiados, en una época de luchas intestinas. Paulo Guaramba es el muchacho campesino quien, por ser humilde, no es aceptado en su relación con Josefina, la hija de un rico propietario de tierras, pero cuando llega a ser ministro, gracias a su participación en las revueltas civiles, recibe la aprobación generosa de los padres de la novia. Urbaneja murió en El Valle, población situada en las afueras de Caracas; dejó inédita *A la sombra de la negra Juana*. Su prosa es sencilla, en ocasiones abunda en giros criollos de la localidad y en cuadros típicos de los campos venezolanos, a la manera de los naturalistas.

"Literatura nacional que brote fecunda del vientre virgen de la patria; vaciada en el molde de la estilística moderna, pero con resplandores de sol, de sol del trópico [...] con perfumes de lirios salvajes y de rosetones de montaña, con revolotear de cóndor y cabrileo de pupilas de hembra americana".

OBRA REPRESENTATIVA: **Cuento.** (*Ojo de vaca* (sf) // *Ovejón* (sf) // *Los abuelos* (sf) // *Flor de mayo* (sf) // *Botón de algodonero* (sf) // *Flor de las selvas* (sf), en *El criollismo en Venezuela*, 1944). **Novela.** *En este país* (1916) // *La casa de las cuatro pencas* (1937).

URBINA, Luis G. (1864-1934). Poeta mexicano, periodista, crítico, catedrático, historiador literario y diplomático. Figura singular y de gran relieve en la época del movimiento modernista mexicano, dejó una obra prolífera de reconocido valor artístico. Estudioso y crítico, contribuyó de manera esencial al enriquecimiento de la historiografía literaria de su país. Continuó con maestría el género de la crónica, iniciado en México por su amigo Manuel Gutiérrez Nájera. El poeta perteneció al Ateneo de la Juventud (1909-1914), grupo de destacados escritores y pensadores que reaccionó en contra de la doctrina positivista oficial. Animados por un espíritu filosófico y crítico, buscaron una reorientación de los valores intelectuales hacia el pleno desarrollo de la personalidad del individuo. Entre sus miembros más importantes figuraron: Antonio Caso, Pedro Henríquez Ureña, José Vasconcelos, Alfonso Reyes, Julio Torri, Jesús T. Acevedo, Alfonso Cravioto, Ricardo Gómez Robelo y, como Urbina, otro poeta de la generación anterior, Enrique González Martínez. Urbina nació en la ciudad de México, fue criado por su abuela paterna debido a que su madre murió cuando él nació. Por la precaria situación económica que vivió durante su infancia y adolescencia, apenas logró concluir los estudios de preparatoria. No obstante, Urbina logró formarse por sí mismo y alcanzar una solidez intelectual poco común. Precoz e inquieto, la dedicación lo llevó a diversificar su pluma y a participar con productividad en el desarrollo cultural de su país. A más de una intensa labor periodística, literaria y crítica, trabajó como secretario particular del insigne escritor y pedagogo Justo Sierra, a la sazón Ministro de Instrucción Pública y Bellas Artes. Llegó a dirigir la Biblioteca Nacional y enseñó literatura en la Escuela Nacional Preparatoria durante muchos años. En 1915 pasó a La Habana y trabajó en la docencia y el periodismo; en 1916 el periódico cubano EL HERALDO DE CUBA lo envió como corresponsal a España y un año más tarde se encontraba en Buenos Aires, donde dictó varias conferencias sobre la literatura mexicana. De Argentina regresó a España y desempeñó el cargo de Primer Secretario de la Legación Mexicana en ese país. Se ha señalado la uniformidad estética de la obra poética de Urbina como uno de sus valores esenciales. Su particular sello lo encontró desde el principio y lo depuró con el tiempo; aunque sus sentimientos varían con la experiencia, su estética permanece inalterada. Por su poesía de carácter sentimental y su sencillez, algunos lo consideran como un romántico. Sin embargo, hay quienes ven en él a un modernista, sobre todo por su musicalidad y elegancia. Se ha dicho que era un modernista que hizo perdurar el Romanticismo. A excepción de *El cancionero de la noche serena*, publicado póstumamente en 1941, el resto de su producción poética apareció en vida del autor. Por lo que respecta a sus contribuciones en prosa, las numerosas y cautivadoras crónicas literarias, teatrales y musicales hicieron época en el periodismo mexicano. La circunstancia de la crónica traspasó el tiempo por el valor literario que reviste; como en Gutiérrez Nájera, realidad y fantasía se conjugan; ya desde los títulos se indica esta idea: *Cuentos vividos y crónicas soñadas* (1915). Aún falta por recopilar parte de su extensa prosa. Entre las numerosas publicaciones periódicas en las que colaboró están: EL SIGLO XIX; la REVISTA AZUL; EL MUNDO ILUSTRADO y EL IMPARCIAL. Urbina se dedicó también al estudio de la historia y de la crítica literarias; participó con una brillante introducción en la *Antología del Centenario* (1910), en la que participaron Pedro Henríquez Ureña y Nicolás Rangel. Escribió también el libro *La vida literaria en México* (1917), que abarca desde la literatura mexicana del siglo XVI hasta el insigne poeta Enrique González Martínez. La obra fue realizada a partir de las conferencias que dictó durante su estancia en Buenos Aires. El escritor murió en Madrid, sus restos fueron trasladados a la ciudad de México y depositados en la Rotonda de los Hombres Ilustres. Su poesía es elegante, llena de musicalidad y emotividad; sobresale el tono triste, la nota dolorosa y la descripción delicada del paisaje. Su prosa, singular, conjuga un agudo sentido de la observación, ligereza, gracia, fino humorismo y emoción.

"Yo crucé por la vida; pero no indiferente / sino llevando al límite los últimos despojos / de un pensamiento agudo que me horadó la frente / y una visión magnífica que me llenó los ojos".

OBRA REPRESENTATIVA: **Crítica-Historia.** (*Introducción*, a la *Antología del Centenario*, 1910) // *La vida literaria de México* (1917). **Poesía.** *Versos* (1890) // *Ingenuas* (1902) // *Puestas de sol* (1910) // *El poema del lago* (1914) // *Lámparas en agonía* (1914) // *El glosario de la vida vulgar* (1916) // *El corazón juglar* (1920) // *Los últimos pájaros* (1924) // *El cancionero de la noche serena* (1941, edición póstuma). **Prosa.** *Cuentos vividos y crónicas soñadas* (1915) // *Bajo el sol y frente al mar* (1916) // *Estampas de viaje* (1919) // *Psiquis enferma* (1922) // *Hombres y libros* (1923) // *Luces de España* (1924).

USLAR PIETRI, Arturo (1906-2001). Escritor prolífero, diplomático, político y periodista venezolano; su figura ocupa un lugar de primer plano en las letras hispanoamericanas. Ha cultivado el ensayo, el teatro, el cuento y la novela histórica, captando la realidad americana con un lenguaje impresionista. Nació en Caracas; se doctoró en Ciencias Políticas en la Universidad Central (1929), de la que posteriormente fue profesor. Desde muy joven alcanzó renombre en la cultura y en la política de su país. Fue Ministro de Educación (1939-1941), de Hacienda (1943) y de Relaciones Interiores (1945). En 1963 ocupó el segundo lugar entre los candidatos a la presidencia de la república venezolana. Al subir al poder Isaías Medina Angarita se desterró a los Estados Unidos de Norteamérica, ahí impartió el curso de literatura hispanoamericana en la Universidad de Columbia. En su país dirigió la revista VÁLVULA y el periódico EL NACIONAL. Colaboró asiduamente en CULTURA VENEZOLANA (1927); REVISTA NACIONAL DE CULTURA (1939); REVISTA DE AMÉRICA (1946); REVISTA HISPÁNICA MODERNA (1947); CUADERNOS AMERICANOS (1947) y SUPLEMENTO (1963), entre otras publicaciones periódicas. Hombre de vastos horizontes y sólida cultura, Uslar Pietri ha representado uno de los motores de cambio en las letras venezolanas. Hacia 1928 organizó e impulsó a un grupo de jóvenes escritores descontentos con los patrones del criollismo literario, grupo movido por el afán de dar cabida a las nuevas corrientes literarias, dando lugar a una nueva forma de concebir el arte narrativo, denominado por el venezolano como "realismo mágico", término que apareció por primera vez en su ensayo *Letras y hombres de Venezuela* (1948). De sus ensayos, es de vital actualidad el texto *"Lo criollo en la literatura"* pues logra caracterizar esta tendencia estableciendo nítidas siluetas en la literatura hispanoamericana. *"Lluvia"*, uno de los cuentos de *Red* (1936), ha sido el más celebrado; contiene una riqueza poética insuperable; es una armoniosa melodía cargada de notas provenientes del terruño. Como novelista, merecen destacarse *Las lanzas coloradas* (1931), *El camino de El Dorado* (1947) y *Oficio de difuntos* (1974). La primera mereció el Premio Arístides Rojas en 1950, en ella capta el momento histórico de la guerra de independencia venezolana; es casi una épica novelada, protagonizada por todo un pueblo en un escenario de confusión y barbarie. La segunda novela se centra en la vida del conquistador Lope de Aguirre y sus atrocidades. Si bien en estas dos novelas hay consenso sobre la magistral visión que transmite de la conquista y de la independencia, poco se ha dicho sobre *Oficio de difuntos*, revalorada en la actualidad como la novela que encierra la materia prima de la figura del dictador latinoamericano, encarnada en el personaje de Aparicio Peláez. Maestro de generaciones, Uslar Pietri plasmó su visión histórica lejos de lo pintoresco, imprimiendo relieves plásticos a su pluma. Es miembro de la Academia Venezolana de la Lengua; ha sido Embajador de la UNESCO en París y miembro del Consejo Superior del Instituto de Cooperación Iberoamericana. Además del Premio Nacional de Literatura 1953, ha sido merecedor del Premio Príncipe de Asturias 1990. En su expresión literaria hay agilidad en las descripciones y los diálogos; las imágenes se transmiten en metáforas sobrecogedoras; el marco regional no sólo sirve de escenario, es dinámico.

"...la muerte es un viaje y al que se va no hay modo de detenerlo, porque se va quedándose".

OBRA REPRESENTATIVA: **Crónica.** *Las visiones del camino* (1945) // *Tierra venezolana* (1953) // *El otoño en Europa* (1954) // *La vuelta al mundo en diez trancos* (1971) // *El globo de colores* (1975). **Cuento.** *Barrabás y otros relatos* (1928) // (*Lluvia*, en *Red*, 1936) // *Treinta hombres y sus sombras* (1949) // *Tiempo de contar* (1956) // *Pasos y pasajeros* (1966) // *Los ganadores* (1980). **Ensayo.** *Letras y hombres de Venezuela* (1948) // (*Lo criollo en la literatura*, en *Breve historia de la novela hispanoamericana*, 1954) // *Las nubes* (1956) // *Pizarrón* (1956) // *Un retrato en la geografía* (1962) // *Del hacer y deshacer de Venezuela* (1962) // *En busca del Nuevo Mundo* (1969) // *Vista desde un punto* (1971) // *Fantasmas de dos mundos* (1979) // *Perfiles de América Latina* (1992) // *Páginas* (1992) // *La invención de América mestiza* (1996). **Novela.** *Las lanzas coloradas* (1931) // *El camino de El Dorado* (1947) // *Estación de máscaras* (1964) // *Oficio de difuntos* (1974) // *La isla de Robinson* (1981). **Poesía.** *El hombre que voy siendo* (1986). **Otros.** *Valores humanos* (1993).

V

VALENCIA, Guillermo (1873-1943). Poeta colombiano, traductor y político. Aunque breve, su obra poética original lo sitúa entre los grandes innovadores del modernismo colombiano y de Hispanoamérica. Nació en Popayán y participó, a diferencia de otros modernistas, en la vida política de su nación. Fue senador y dos veces candidato a la presidencia de la República; representó a su país en distintos congresos internacionales y en la Conferencia de Río. Tanto en lo político como en lo literario manifestó un espíritu original caracterizado por un sentido crítico de oposición y al mismo tiempo de revaloración de lo tradicional y establecido. En la política, ese espíritu se proyectó en su conciencia de la evolución histórica de Colombia y en su manifestación contra las desigualdades sociales; en la literatura, esa proyección se cristalizó en el conocimiento y aprovechamiento de la tradición filológica colombiana, de literaturas de diversos países y épocas, así como en su desafío a las escuelas literarias. En Valencia, se conjugan elementos del escritor clásico, romántico, parnasiano y simbolista. Publicó un solo volumen de versos originales bajo el título de *Ritos*, que tuvo una edición en Bogotá (1897) y otra en Londres (1914). En *Ritos*, el poeta se enfrenta a la palabra sobria y exacta, al sentido plástico y a la metáfora atrevida que busca develar un misterio. La crítica ha hecho notar que *Ritos* ya había aparecido antes de que Valencia hubiera conocido a Darío en París. Entre su poemas sobresalen *"Cigüeñas blancas"* y *"Los camellos"*. Extraordinario traductor, vertió al español poemas de Hofmannsthal, Stefan George, D'Annunzio, Verlaine y Goethe, entre otros; muchos de ellos se han considerado como verdaderos modelos de traducción. Dejó un libro de poemas orientales traducidos intitulado *Catay* (1929). En 1915 se publicaron en volumen algunos de sus discursos. El autor murió a los setenta años de edad. En su estilo se destaca la pureza formal del lenguaje en armonía con innovadoras imágenes.

"Los estudios clásicos me sirvieron para amar la mesura, la claridad, la síntesis y hasta para esforzarme a ser diáfano".

OBRA REPRESENTATIVA: **Discurso.** *Discursos* (1915). **Poesía.** *Ritos* (1897 y 1914). **Traducción.** *Catay, poemas orientales* (1929).

VALERA, P. Blas (1551-1597). Cronista y clérigo peruano, importante renovador de la historiografía incaica. De su biografía poco es lo que se sabe. Se ha discutido si fue criollo o mestizo. La crítica se inclina a pensar que se trata de un criollo en razón del nombre de sus padres; fue hijo del conquistador Luis Valera y de Francisca Pérez. A los diecisiete años (1568) ingresó en la Compañía de Jesús, recién fundada en Lima. Hizo el noviciado en Lima, en el Colegio de San Pablo; en 1571 fue enviado al Cuzco a participar en la labor de adoctrinamiento de los indios. Como predicador y defensor de los naturales, pudo acercarse a ellos y conocer su lengua y sus creencias. Conocedor profundo del quechua, por encargo del Concilio Limeño de 1583 trabajó al lado del padre Acosta en la elaboración de textos en español, quechua y aimará, para instrucción de los indios. Se sabe también que escribió un vocabulario quechua. Los acontecimientos históricos que vivía España por esas fechas provocaron que su obra no se publicara y quedara trunca. Por el año de 1545 lo enviaron a España para que imprimiera su *Historia de los incas*, escrita en latín; en 1546 se encontraba en Cádiz cuando la ciudad y el convento fueron saqueados por los ingleses. Se sabe que poco tiempo después murió dejando interrumpida su empresa. Años más tarde (1600) el jesuita Pedro Maldonado entregó al Inca Garcilaso lo que quedaba de los textos. Es así como el padre Valera viene a ser casi un cronista sin obra a quien sólo se conoce por lo que otros cronistas copiaron. Aunque reconstruida, la crónica posee un gran valor; en ella, el autor expone la tesis de que el imperio inca tuvo entre 96 y 102 reyes y dominó la escritura. En la actualidad los estudiosos han reconsiderado esta tesis.

"El P. Valera, en la denominación del nombre Perú, dice en su galano latín, que yo [Garcilaso] como indio traduje en mi tosco romance. El reino del Perú, *ilustre y famoso y muy grande [...] de cuya abundancia nació el refrán, que para decir que un hombre es rico, dicen posee el Perú".*

VALLE y CAVIEDES, Juan del (¿1651-1697?). Escritor español vinculado a América por su vida y su obra. Representante de la tradición satírica peruana, poeta cuya agudeza de espíritu supo captar y verter en ingeniosos y punzantes versos la vida limeña del siglo XVII. Revalorado por la crítica actual, Caviedes ha sido un autor poco estudiado. Su biografía se ha visto obscurecida debido a lo escaso de los datos. Durante mucho tiempo se le consideró limeño, actualmente se sabe que nació en Porcuna, en Andalucía, aunque no se ha podido establecer la fecha exacta. Entre las fuentes valiosas que han permitido agregar nuevos trazos al perfil del poeta, se encuentra el romance que Caviedes envió a Sor Juana. En esos versos de carácter autobiográfico explica haber pasado al Perú cuando era muy joven. Si bien se desconocen las razones de su viaje a América, se tienen datos sobre su tío, Don Tomás Berjón de Caviedes, quien ocupó el cargo de fiscal y oidor de la Audiencia en el Perú de 1658 a 1678. Sin más formación que la adquirida en el cotidiano trato con las gentes y algunas lecturas de autores españoles como Góngora y Quevedo, Caviedes vivió una vida de permanente intranquilidad económica. En 1671 se casó con una modesta joven del pueblo de Maquegua. Se dedicó a la venta de baratijas en un *cajón* de la calle de la Ribera, cerca del palacio virreinal, de ahí que lo llamaron "El Poeta de la Ribera". Se le conoce también como "El Quevedo Peruano" y "El azote de los Médicos", apelativos estos que se justifican, el uno por la vena satírica que cultivó y el otro por haber hecho de los médicos el blanco de sus sátiras. El origen de sus burlas contra ellos se presume en la enfermedad que tuvo hacia 1683, después de la muerte de su tío. Por muchos años se le consideró el autor de *"Lamentaciones sobre la vida en pecado"*, estudios recientes han probado que se debió a la pluma de Juan Martínez de Cuéllar. La vasta y multifacética obra de Caviedes, publicada póstumamente, incluye unos 250 poemas y tres obras dramáticas pequeñas. En 1873 Odriozola editó cerca de 140 poemas en *Documentos literarios del Perú V*, obra prologada por Ricardo Palma; posteriormente, en 1899, el propio Palma preparó una edición con el título de *Flor de academias y Diente del Parnaso*. Gracias al descubrimiento de nuevos textos, Vargas Ugarte preparó, en 1947, una edición más completa en la que se incluyen las piezas dramáticas: *Obras de Don Juan del Valle y Caviedes*. La jocosa y amena pluma del poeta tuvo el sano propósito de hacer reír al lector. El blanco de sus burlas fueron, en particular, los médicos de su tiempo; para referirse a ellos emplea un sinfín de sinónimos alusivos: "Verdugo en latín", "Graduado en calaveras", "Lacayo de la muerte"... Sus poesías van de la burla hacia las prácticas, las costumbres, los tratamientos y las situaciones, a la crítica de los defectos físicos y morales que los acompañan. Los médicos más renombrados de la sociedad limeña no escaparon a sus críticas. Fue satírico con el doctor Bermejo, rector de la Universidad de San Marcos y médico del Virreinato, a quien atacó en una docena de poemas con finas y mordaces pinceladas, como en *"Los efectos del protomedicato Bermejo"*. En los personajes destacó las características físicas. Al médico zambo Pedro de Utrilla dedica el romance *"Vejamen a Pedro de Utrilla"* en el que para aludir a su color negro lo llama "licenciado Morcilla", "Bachiller de Chimenea", "Catedrático de Hollín", etc. Caviedes también es autor de poesía amorosa y religiosa, escribió cerca de dieciocho romances en los que canta al amor con nitidez, frescura y delicadeza; habla de la amada y es prolífero en imágenes bucólicas. En sus poesías religiosas trata el tema de la Crucifixión y la Inmaculada Concepción, entre otros. La diversidad en los temas y la aguda percepción de la sociedad virreinal, hacen de Caviedes un poeta original. Hay huellas claras de Quevedo; su estilo se inscribe en el marco del Barroco que sin pertenecer a la poesía culta, gusta del contraste y el ornato en sus versos; su espíritu barroco se manifestó en la especial inclinación por lo grotesco y los defectos físicos.

"En cada hombre tengo un libro / en quien reparo enseñanza, / estudiando la hoja buena / que en el más malo señalan".

OBRA REPRESENTATIVA: *Obras de Don Juan del Valle y Caviedes* (1947).

VALLEJO, César (1892-1938). Célebre poeta peruano y prosista, reconocido como una de las figuras poéticas de mayor relieve en las letras del siglo XX en su país y en el Continente. Formado literariamente bajo la influencia de la poesía modernista hispanoamericana, logró crear un lenguaje propio que abrió sendas de libertades en la composición poética posterior a él. En su personal estilo, supo conjugar los valores estéticos de las corrientes de vanguardia y los valores americanos. Su personalidad proyecta una doble imagen: el poeta intimista y el poeta social. De sangre española e india, Vallejo nació en la provincia de Santiago de Chuco; creció en el seno de una numerosa, modesta y tradicional familia. Realizó sus estudios secundarios en el Colegio Nacional de San Nicolás en Huamachuco; posteriormente ingresó a la Universidad de la Libertad en Trujillo, donde estudió filosofía y letras y cuyo título obtuvo en 1915. Hacia 1918 pasó a Lima donde vivió el ambiente de lo que había sido la "Rebelión estética de 1915" con Abraham Valdelomar a la cabeza. Invitado por Valdelomar, Vallejo colaboró en el Mundo Limeño. Para entonces, el peruano ya había publicado el relato *"Más allá de la vida y de la muerte"*, que obtuvo el Premio del Cuento Nacional de Perú, y su primer libro de poemas *Los heraldos negros* (1918) que lo consagraría. La vida de Vallejo estuvo llena de penalidades: durante el tiempo que residió en Lima, enfermó de tuberculosis, mal que le cortó la vida en plena madurez, a los cuarenta y seis años; murió su madre, hecho que ahondó el sentir desolado que su obra poética transmite, y sufrió prisión durante cuatro meses por sus ideas políticas. En 1923 se desterró definitivamente de su patria y, hasta su muerte, vivió en París; por breves temporadas estuvo en Rusia y España. Por sus actividades políticas, hacia 1930 el gobierno francés le impidió regresar a Francia y tuvo que permanecer durante algún tiempo en España, donde estableció relación con Neruda, Juan Larrea y Alberti, entre otros; colaboró para la prensa de ese país con artículos sobre Rusia (1931), en los que muestra su adhesión al marxismo. Durante la Guerra Civil Española (1936-1939), compuso el poema *España, aparta este cáliz de mí* que apareció publicado póstumamente en 1939, así como dentro del libro póstumo *Poemas humanos* (1939), versos escritos entre 1923 y 1938. Interesado por los problemas de su región y bajo la influencia de los modelos modernistas de Darío, Lugones y Herrera y Reissig, Vallejo escribió *Los heraldos negros*. En el libro se asoman ya la sensibilidad y las imágenes de *Trilce* (1922), considerada como su obra maestra y con la cual se apartó de la tradición modernista; *Trilce* es un anagrama formado por triste y dulce. En esta obra el lenguaje se disloca y la convención se rompe; es un canto desolado y anhelante de libertad que expresa la fractura entre el sinsentido del desarrollo biológico del ser y su espiritualidad; el drama es vivido en el interior del poeta pero trasmina un sentido de solidaridad con el dolor humano. La figura femenina se torna la fuente de la vida. El uso simbólico de los números y el manejo del espacio y del tiempo en *Trilce*, son un interesante motivo de estudio. En *Poemas humanos*, lo íntimo se transforma en lo social, el drama está entre el individuo y la sociedad; entre el progreso y la deshumanización. Vallejo protesta contra la injusticia social; piensa en el hombre con sus capacidades reales y busca un proceso de humanización; deja ver una luz de optimismo. Entre sus obras en prosa, publicó en 1931 la novela *Tungsteno* sobre el trabajo de los indios en las minas. Murió en París en la pobreza. Su lenguaje posee gran fuerza lírica; hay versos y estrofas elaborados sólo con sustantivos, verbos y adjetivos; utiliza la onomatopeya, juegos de sonidos, palabras que carecen de sentido y metáforas de muy diversa índole. Hay libertad en la sintaxis, la métrica y la lógica.

"Oh las cuatro paredes de la celda / Ah las cuatro paredes albicantes / que sin remedio dan al mismo número / Criadero de nervios, / mala brecha, / por sus cuatro rincones cómo arranca / las diarias aherrojadas extremidades".

Obra representativa: **Crónica.** *Rusia* (1931). **Cuento.** *Escalas melografiadas* (1922). **Novela.** *Fabla salvaje* (1923) // *Tungsteno* (1931). **Poesía.** *Los heraldos negros* (1918) // *Trilce* (1922) // *Poemas humanos* (1939, edición póstuma) // *España, aparta este cáliz de mí* (1939, edición póstuma).

VALLEJO, José Joaquín (1811-1858). Escritor chileno, abogado, periodista, negociante, político y diplomático. Conocido por el pseudónimo de "Jotabeche", formado con las iniciales del humorista argentino Juan Bautista Chaigneau, dejó una notable obra costumbrista en la primera mitad del siglo XIX. Nació en Copiapó; estudió leyes en Santiago y ejerció la profesión en su ciudad natal. La actividad literaria de Jotabeche estuvo relacionada directamente con el periodismo; escribió numerosos artículos de costumbres que aparecieron en las diferentes publicaciones periódicas en que colaboró: LA GUERRA A LA TIRANÍA (1840); EL MERCURIO DE VALPARAÍSO (1841-1851); el SEMANARIO DE SANTIAGO (1842-1843) y EL COPIAPINO, diario que fundó en su ciudad natal (1845-1847). Como negociante tuvo éxito en la rama minera y ferrocarrilera. En la esfera política fue conservador y desempeñó los cargos de diputado y Regidor de Copiapó. Desempeñó funciones diplomáticas de su país en Bolivia. De carácter ético-didáctico, la obra literaria de Jotabeche describe tipos, costumbres, hábitos, creencias y espacios de la agitada sociedad de su tiempo. A través de sus artículos se despliega un vasto mundo temático que abarca la política, la cultura, el trabajo y la vida cotidiana. Con singular humor irónico, denunció los vicios y antivalores de la sociedad y del poder; al igual que el Movimiento Literario de 1842, buscó la expresión de lo nacional e imprimió a su obra de un sentido ético-utilitario que fundamentó en los principios de la razón, la justicia y el progreso. Por la estructura narrativa, algunos de sus artículos se han considerado como antecedentes del cuento chileno. Uno de sus autores preferidos fue Mariano José de Larra. En su obra, sobresale el uso de la primera persona; el escritor queda integrado en sus textos como parte del ámbito que describe. A través de variados recursos humorístico-satíricos, logra canalizar su intención didáctica.

"Corregir al hombre es alcanzar el cielo con las manos, es pedirle lana al burro o sermones a un caballo. Y ¿me ocuparé yo de una empresa tan necia? No en mis días. Sólo hago lo que la mitad del mundo hace de la otra mitad, lo que hace un dentista del infeliz que le encarga la refacción de su boca, o el peluquero de la calva que va a vestir con los despojos de un difunto".

OBRA REPRESENTATIVA: *Obras de don José Joaquín Vallejo (Jotabeche)* (1911).

VARELA, Juan Cruz (1794-1839). Poeta de la Revolución Argentina, dramaturgo, periodista y político. Nació en Buenos Aires. Al igual que otras figuras destacadas de su época, comenzó su formación con estudios de latinidad en el Colegio de San Carlos. Posteriormente ingresó, en Córdoba, al Seminario Conciliar y al Colegio de Monserrat, pero no recibió las órdenes e interrumpió sus estudios de jurisprudencia. Durante esta época juvenil compuso diversas poesías que giran en torno al amor como *"La Elvira"* (1817), poema erótico cuyos modelos fueron, entre otros, los españoles Cadalso y Meléndez Valdés. También escribió dos epístolas que hicieron eco al carácter filosófico de la poesía del siglo XVIII: *"A un amigo, en su larga enfermedad"* (1818) y *"A un amigo, en la muerte de su padre"* (1820). A partir de 1818, año de su regreso a Buenos Aires, se interesó por la vida política de su nación y participó activamente en el gobierno de Rivadavia; portavoz de su política, emprendió una intensa labor periodística con la redacción de EL CENTINELA, EL MENSAJERO ARGENTINO y EL GRANIZO. Su producción poética en esta segunda etapa estuvo asociada a diversos acontecimientos de la época y a exaltar las reformas del gobierno rivadaviano, por lo que gran parte de ella son composiciones de circunstancia. Entre sus poemas más importantes, escritos entre 1822 y 1823 están *"Sobre la invención y la libertad de imprenta"*; *"Profecía de la grandeza de Buenos Aires"* y *"Triunfo de Ituzaingó"* que mereció el elogio de Bello en EL REPERTORIO AMERICANO. Con la caída de Rivadavia, Varela emigró, como otros opositores a Rosas, a Montevideo. En este periodo (1829-1839) tradujo fragmentos de la *Eneida* y compuso dos tragedias cuyo valor las sitúa como representativas del teatro neoclásico rioplatense: *Dido* (1823), basada en un episodio de la *Eneida*, y *Argia* (1824) inspirada en Alfieri. Murió en Montevideo. De corte neoclásico, en su poesía las imágenes están impregnadas de vivacidad y en su teatro hay una cuidada unidad de acción.

"Sólo es dado a los versos y a los dioses / sobrevivir al tiempo".

OBRA REPRESENTATIVA: **Poesía-Teatro.** (*La Elvira // A un amigo, en su larga enfermedad // A un amigo, en la muerte de su padre // Sobre la invención y la libertad de imprenta // Profecía de la grandeza de Buenos Aires // Triunfo de Ituzaingó*, en *Poesías de Juan Cruz Varela y las tragedias Dido y Argia del mismo autor*, 1879).

VARGAS LLOSA, Mario (1936-). Célebre novelista peruano, cuentista, ensayista, periodista, dramaturgo y político. Considerado como una de las figuras centrales de la narrativa hispanoamericana del siglo XX, Mario Vargas Llosa es autor de una vasta y original producción que renovó substancialmente el concepto de la novela realista sujeta a la forma documental o testimonial. Artesano literario, su obra expresa una experiencia vital y una búsqueda de la novela total. En su personalidad literaria confluyen el creador y el crítico que analiza con agudeza su propia creación. Como ensayista ha realizado importantes trabajos en torno a la obra de escritores diversos como Gustave Flaubert, Gabriel García Márquez, José María Arguedas y José Lezama Lima, entre otros. Se encuentra entre los autores hispanoamericanos más leídos y estudiados; ha sido merecedor de importantes reconocimientos. Nació en Arequipa; al año de nacido su madre se trasladó con él a la ciudad de Cochabamba, en Bolivia, donde pasó su niñez y realizó una parte de sus primeros estudios; en 1945 regresaron al Perú y se instalaron en el pueblo de Piura. En el Colegio La Salle de Piura continuó sus estudios y en 1947 llegó a Lima. En 1950 ingresó en el colegio Leoncio Prado, especie de escuela militar; la dura experiencia vivida en ese colegio constituyó el material de su primera novela: *La ciudad y los perros* (1963), que llevó primero el título de *La morada del héroe* y que fue traducida a más de diez lenguas. En 1951 inició lo que ha sido una intensa y fructífera vida periodística; en 1952 regresó a Piura y estudió en el colegio de San Miguel. Poco después volvió a Lima e ingresó en la Universidad de San Marcos donde, además de seguir cursos de derecho, obtuvo la licenciatura en letras. Durante sus estudios universitarios tuvo simultáneamente varios empleos y en 1955, aún siendo muy joven, contrajo matrimonio. Entre sus múltiples actividades fue secretario del historiador Raúl Porras Barrenechea, a la sazón senador de la República. En 1957 publicó, en la revista el MERCURIO PERUANO, el cuento *"Los jefes"*, mismo título de su libro de cuentos que en 1959 apareció en Barcelona y que incluye, además de *"Los jefes"*: *"Arreglo de cuentas"*, *"El abuelo"*, *"Día domingo"* y *"Hermanos"*, interesantes trabajos que preludian sus obras mayores. Este libro obtuvo el Premio Leopoldo Alas 1959. En 1958, la NOUVELLE REVUE FRANÇAISE le otorgó un viaje a Francia como premio de su certamen por el cuento *"El desafío"*, y luego obtuvo una beca de la Universidad de Madrid para realizar estudios de doctorado. Sin embargo, se dedicó más a actividades teatrales y a viajar por el interior de España; durante esa estancia española fue cuando reunió sus cuentos adolescentes de *Los jefes*. En 1962 se trasladó a Francia con el borrador de *La ciudad y los perros*, ganadora del Premio Biblioteca Breve de la editorial Seix Barral 1962 y el Premio de la Crítica 1963. En París participó en las emisiones de la Radio-Televisión Francesa para América Latina, gracias a lo cual entró en contacto con Borges, Fuentes, Cortázar y otras personalidades hispanoamericanas. En 1964 regresó al Perú y recorrió la selva peruana con el fin de obtener información para la elaboración de su siguiente novela: *La casa verde* (1966), ganadora, entre otros, del Premio Internacional de Literatura Rómulo Gallegos 1967. Esta obra, traducida a varias lenguas, consagró al peruano. Posteriormente viajó a Cuba, una vez más a París, Londres y Barcelona, donde residió hasta 1974. En el curso de estos años dictó conferencias, dio un curso en la Universidad de Washington en los Estados Unidos de Norteamérica, participó en concursos literarios como jurado y agregó a su producción varias obras, entre las cuales destacan: *Conversación en La Catedral* (1969), extensa novela de dos tomos que trata del "ochenio" o los ocho años de la dictadura del general Odria (1948-1956) y para la cual realizó una profunda investigación documental; el amplio estudio *García Márquez: historia de un deicidio* (1972), que fue su tesis doctoral presentada en la Universidad de Barcelona en 1971, e *Historia secreta de una novela* (1972), en la que explica el proceso de elaboración de su famosa novela *La casa verde*. En 1975 fue profesor visitante en la Universidad de Columbia en Nueva York, ese mismo año vio la luz: *La orgía perpetua*, un valioso estudio de Gustave Flaubert, autor francés que ha nutrido la concepción literaria de Vargas Llosa. A *Conversación en La Catedral* le han sucedido otras dos grandes novelas: *La tía Julia y el escribidor* (1977) y *La guerra del fin del mundo* (1981), cuyo núcleo es la insurrección popular que tuvo lugar en el siglo XIX, en las tierras del Nordeste en el Brasil. En general, la narrativa de Vargas Llosa muestra procesos y antivalores sociales como la hipocresía, la corrupción moral, la mitificación de la adolescencia, el rito machista, la violencia, el determinismo social, la frustración y la derrota que puede ser de un individuo o de una nación. Sin buscar el juicio moral, describe situaciones cuyas conclusiones pertenecen al lector. Para él, la literatura debe *"fundarse en una realidad concreta"*; toda la experiencia es materia literaria. Algunos aspectos de la realidad, como el político o el sexual, son más complejos de tratar literariamente, pues para el peruano en este tipo de temas *"se tiende a tomar partido por o contra algo, a demostrar en vez de mostrar"*. Hay infinitos puntos de vista para enfocar la realidad y aunque las novelas no pueden agotarlos todos, Vargas Llosa intenta "*abrazar una realidad en todas sus fases, en todas sus manifestaciones"*. La novela surge de experiencias vitales y personales válidas para el autor; la vocación literaria se origina "*del desacuerdo de un hombre con el mundo, de la intuición de deficiencias, vacíos y escorias a su alrededor"*. A través de la novela, el escritor se descubre ante los demás, por lo que toda novela es esencialmente autobiográfica. Entre sus principales lecturas se encuentran Flaubert, Balzac, Dickens, Tolstoi, Joyce, Faulkner, Joanot Martorell, Virginia Woolf, Dos Passos, Walter Scott, Hemingway y Borges. Vargas Llosa fue candidato presidencial y desarrolló una intensa actividad en la política de su país. Desde 1993 se nacionalizó español. Recibió el Premio Cervantes de Literatura en 1994 y es miembro de la Academia Española desde 1996. Su narrativa posee vastos recursos técnicos; entre otros, la diversidad de planos temporales y enfoques y el monólogo interior. El interior de los personajes es captado con fino relieve. Un tema interesante para su estudio es la relación entre los seres y su entorno, que incluye edificios y otras construcciones.

"La originalidad no sólo consiste en inventar procedimientos, también en dar un uso propio, enriquecer a los ya inventados".

OBRA REPRESENTATIVA: **Cuento.** *Los jefes* (1959). **Ensayo.** *Gabriel García Márquez: historia de un deicidio* (1972) // *Historia secreta de una novela* (1972) // *La novela y el problema de la expresión literaria en el Perú* (1974) // *La orgía perpetua. Flaubert y Mme. Bovary* (1975) // *José María Arguedas, entre sapos y halcones* (1978) // *Políticos peruanos* (1989) // *Contra viento y marea* (1994) // *Desafíos a la libertad* (1994). **Memorias.** *El pez en el agua* (1993). **Novela.** *La ciudad y los perros* (1963) // *La casa verde* (1966) // *Conversación en La Catedral* (1969, 2 Vols) // *Pantaleón y las visitadoras* (1973) // *La tía Julia y el escribidor* (1977) // *La guerra del fin del mundo* (1981) // *Historia de Mayta* (1984) // *¿Quién mató a Palomino Molero?* (1986) // *El hablador* (1987) // *Elogio de la madrastra* (1988) // *Lituma en los Andes* (1993) // *Los cuadernos de don Rigoberto* (1997) // *La fiesta del chivo* (2000). **Relato.** *Los cachorros* (1967). **Teatro.** *La señorita de Tacna* (1981) // *El loco de los balcones* (1993). **Otros.** *Carta de batalla por Tirant lo Blanc* (1992).

VARONA, Enrique José (1849-1933). Escritor cubano, crítico, periodista, orador y hombre público en cuya personalidad confluyen generosamente el artista y el pensador preocupado por los ideales de su pueblo. La biografía de Varona, dibujada en el agitado telón de la historia, se presenta enlazada con los acontecimientos de la independencia de Cuba. Provenía de una familia adinerada; nació en Camagüey, antiguamente llamado Puerto Príncipe. Cursó el bachillerato en su ciudad natal; se caracterizó por una sólida cultura humanista, lograda de manera autodidacta y enriquecida a lo largo de su vida. En Camagüey tomó parte activa en el movimiento emancipador (1869). Durante el Pacto Zanjón, que puso fin a la primera guerra de independencia, residió en La Habana, ahí desplegó una intensa actividad tanto periodística como oratoria en las principales tribunas. Fue fundador de LA REVISTA CUBANA, en la que publicó *"El bandolerismo"*, ensayo que levantó polémica por su agudo análisis de la realidad colonial. El pensamiento filosófico de Varona, aunque provenía del positivismo francés, tuvo más afinidades con los ingleses John Stuart Mill y Herbert Spencer. Impartió la cátedra libre sobre lógica, psicología y moral en la Academia de Ciencias; sus lecciones aparecieron reunidas en 1880-1883 bajo el título de *Conferencias filosóficas*. Inscrito en las filas del Partido Liberal Autonomista, fue electo diputado en 1884. En representación de Puerto Príncipe viajó a España con la intención de lograr reformas políticas para la Isla. Desilusionado ante el fracaso, regresó a Cuba y en 1886 se retiró del Partido; ante la realidad que lo rodeaba, Varona optó por la solución independentista. Al estallar la lucha armada de 1895 emigró a los Estados Unidos de Norteamérica. Establecido en Nueva York, sustituyó a Martí en el cargo de director de PATRIA, órgano del Partido Revolucionario Cubano que había sido fundado por José Martí (1853-1895). Inició una fecunda labor en favor de la causa cubana; la conferencia *"Cuba contra España"*, constituye un manifiesto que analiza y expone las causas de la lucha cubana. De regreso a Cuba en 1899, año que marcó el fin de la administración española, Varona ocupó el cargo de Secretario de Hacienda y posteriormente el de Instrucción Pública. Fue entonces cuando puso en marcha su plan de reformas educativas, con el cual intentó poner fin a los métodos mnemotécnicos y proporcionar bases experimentales y científicas a la enseñanza. Fundó escuelas y facultades en la Universidad de La Habana. Durante la segunda intervención norteamericana (1906) su figura volvió a aparecer en el escenario con una serie de artículos en EL FÍGARO señalando los riesgos que veía de la Enmienda Platt. En 1917, a los sesenta y siete años de edad se retiró de la actividad política y, jubilado como profesor universitario, inició la publicación de sus obras. En sus primeras manifestaciones literarias, Varona cultivó el género poético. De 1868 son las *Odas anacreónticas*, fruto de sus lecturas como estudiante de griego y latín que contiene traducciones de Anacreonte y algunas versiones de Horacio y Catulo. La vena nacionalista quedó expresada en la colección de *Paisajes cubanos* (1879). Las páginas más admirables están en *Desde mi belvedere* (1907) y en *Violetas y ortigas* (1917), espléndidas recopilaciones de sus artículos periodísticos sobre crítica literaria que combinan la alegoría, a veces con tono satírico y humor discreto, con el atinado juicio del crítico que supo captar la esencia de la obra literaria. El valor literario de su obra se destaca, en particular, en *Con el eslabón* (1918), reunión de aforismos que combinan magistralmente la idea expresada con la forma. Hasta el final de su vida Varona representó una autoridad moral para los cubanos. Murió en su retiro del Vedado poco después del derrocamiento de Gerardo Machado. En la pluma del pensador cubano se ha señalado una progresión que va del tono oratorio hacia formas más condensadas: la prosa es transparente y ágil con momentos de exaltación. En los versos alcanzó notas radiantes y sonoras que se acercan a los parnasianos.

"En los juicios de cada hombre se resume su vida".

OBRA REPRESENTATIVA: **Ensayo.** *Conferencias filosóficas: Lógica* (1880) // *Estudios literarios y filosóficos* (1883)

// *Seis conferencias* (1887) // *Conferencias filosóficas: Psicología* (1888) // *Conferencias filosóficas: Moral* (1888) // *Artículos y discursos* (1891) // *Nociones de lógica* (1902) // *Conferencias sobre el fundamento de la moral* (1903) // *Desde mi belvedere* (1907) // *Violetas y ortigas* (1917) // *De mis recuerdos* (1917) // *Con el eslabón* (1918). **Poesía.** *Odas anacreónticas* (1868) // *Poesías* (1878) // *Paisajes cubanos* (1879).

VASCONCELOS, José (1882-1959). Escritor mexicano, pensador, periodista y político. Figura de gran relieve en la historia cultural de su país, dejó una interesante autobiografía novelada, parte de la cual lo hace un cultivador del género denominado Novela de la Revolución Mexicana, iniciado por Mariano Azuela. Nació en el estado de Oaxaca y estudió la carrera de derecho en la Universidad de México. Fue miembro del Ateneo de la Juventud (1909-1914), grupo de destacados escritores y pensadores que reaccionó contra la doctrina positivista oficial y que, animado por un espíritu filosófico y crítico, buscó una reorientación de los valores intelectuales hacia el pleno desarrollo de la personalidad del individuo; otros miembros importantes fueron: Antonio Caso, Alfonso Reyes, Pedro Henríquez Ureña, Enrique González Martínez, Luis G. Urbina, Julio Torri, Jesús T. Acevedo, Ricardo Gómez Robelo y Alfonso Cravioto. Testigo y actor de la Revolución, sufrió persecuciones y realizó viajes a Estados Unidos de Norteamérica, Europa y Sudamérica. Ideólogo de la Revolución y maestro de la juventud, impulsó el desarrollo de la cultura nacional a través de programas de enseñanza, alfabetización y difusión del arte y la literatura en ediciones económicas. Desempeñó importantes cargos a lo largo de su vida: director de la Escuela Nacional Preparatoria (1911-1913); Secretario de Instrucción Pública y Bellas Artes (1914-1915); Rector de la Universidad de México (1920-1921) y Secretario de Educación Pública, organismo restablecido por él, después de haber sido suprimido por la Constitución de 1917. Pensador, ensayista y periodista, escribió libros y ensayos sobre diversas áreas del conocimiento como la filosofía, la estética, la historia, la sociología y el arte; en el plano literario, su pluma incursionó en el cuento, el relato, la poesía, el artículo periodístico y la autobiografía novelada que representa la contribución de mayor interés para las letras mexicanas. Pasión y sinceridad caracterizan los cuatro libros que encierran su vida: *Ulises criollo* (1935), *La tormenta* (1936), *El desastre* (1938) y *El proconsulado* (1939). Las dos primeras se han considerado las de mayor relieve. El autor murió en la ciudad de México. En su narrativa se destacan la amenidad, el manejo vivo de las imágenes y la colorida descripción de los paisajes.

"...el saber y el arte sirven para mejorar la condición de todos los hombres".

OBRA REPRESENTATIVA: **Cuento-Relato.** *La sonata mágica* (1933). **Ensayo.** *El monismo estético* (1918) // *Divagaciones literarias* (1919) // *Estudios indostánicos* (1922) // *La raza cósmica* (1925) // *Indología* (1926) // *Todología* (1952). **Historia.** *Breve historia de México* (1937). **Memoria novelada.** *Ulises criollo* (1935) // *La tormenta* (1936) // *El desastre* (1938) // *El proconsulado* (1939). **Tratado.** *Tratado de metafísica* (1929) // *Ética* (1932) // *Estética* (1936) // *Historia del pensamiento filosófico* (1937).

VEGA, Garcilaso de la, "El Inca" (1539-1616). Cronista peruano, primer escritor mestizo de América. Por sus orígenes, Garcilaso es la expresión del encuentro de dos mundos. Fue hijo del conquistador Sebastián Garcilaso de la Vega, quien a su vez provenía, por el lado materno, de una familia que dio a España hombres notables en las letras: Jorge Manrique, el Marqués de Santillana y Garcilaso de la Vega, el poeta renacentista. Su madre fue Isabel Chimpu Ocllo, princesa inca, nieta de Tupac Yupanqui. El cronista nació en el Cuzco y llevó el nombre de un renombrado tatarabuelo: Gómez Suárez de Figueroa. Pasó a la historia con el nombre de "El Inca". Los primeros años de su vida trascurrieron en el incompatible ambiente español e indígena. El lado paterno lo mantuvo en contacto con los hombres de la conquista, sus opiniones, proyectos y deseos; con su madre, Garcilaso escuchó la voz de los incas, sus pesares presentes y glorias pasadas. El Inca era un adolescente cuando su padre, por prescripción real, dejó a Isabel y se casó con una española, unión que le permitió conservar su encomienda; el cronista pasó a vivir con su padre donde se españolizó hasta convertirse en bilingüe. A la muerte de su padre (1560), Garcilaso viajó a España en busca de mercedes reales, pero la lealtad de su padre a la corona fue puesta en entredicho y se le negaron sus demandas. Decidió ingresar en la armada española; combatió a los moros en la guerra de las Alpujarras, iniciada en 1568. Se trasladó después a Montilla, en Andalucía, donde la muerte de su tío Alonso Vargas convirtió a Garcilaso en heredero. Esta nueva situación económica le permitió darle un nuevo cauce a su vida: se trasladó a Córdoba en 1589, ahí continuó con el estudio del latín, iniciado en el Cuzco e intensificó su gusto por la lectura. Dedicado a la vida espiritual, en 1600 se hizo clérigo. A su muerte fue enterrado en la capilla de las ánimas, en la mezquita de Córdoba. Dominaba el francés y el italiano; su primera obra, *Diálogos de amor*, fue una traducción del toscano de León Hebreo. Garcilaso prosiguió su actividad de escritor sin prisa, lentamente corregía, ampliaba y mejoraba sus manuscritos; así llegó a escribir su obra máxima, *Comentarios reales*, en la que alcanzó la madurez de su capacidad creadora. Está compuesta por dos partes; en la primera narra la historia de los incas hasta la llegada de los españoles; la segunda, publicada póstumamente con el título de *Historia general del Perú*, contiene el relato de las campañas españolas y las guerras civiles. El tema que trató ya había sido abordado; sin embargo, su obra presenta la novedad de ser la narración del primer peruano que escribe sobre el pasado de las tierras que lo vieron nacer. En ella evoca el esplendor de la civilización peruana, sus ritos, cantos, fiestas y costumbres. La crítica lo reconoce como el iniciador del tema del buen salvaje. Inspiró a Jean François Marmotel quien se basó en gran medida en los textos de Garcilaso para escribir su novela *Les Incas* (1777). Las crónicas de El Inca fueron traducidas al francés, inglés y holandés; a finales del siglo XVIII, la Corona Española recogió los ejemplares de los *Comentarios reales* que circulaban en el virreinato.

"También componían en versos las hazañas de sus reyes, y de otros famosos Incas y curacas principales [...] los versos eran pocos porque la memoria los guardase; empero muy compendiosos, como cifras".

OBRA REPRESENTATIVA: *Diálogos de amor* (1590) // *La Florida del Inca* (1605) // *Comentarios reales* (1609).

VELA, Eusebio (1688-1737). Comediógrafo y comediante español continuador de la escuela calderoniana en la Nueva España. No nació en México como se había creído, sino en Toledo. Provenía de una familia de comediantes, junto con su hermano José, también actor, Eusebio viajó a América e ingresó en la Compañía del Coliseo de México en 1713. Como empresario teatral, su vida en esa ciudad estuvo llena de turbaciones judiciales y enredos económicos. En 1718 los dos hermanos contrajeron una deuda para tomar en traspaso el Coliseo, tras no poder solventar los gastos ni pagar el préstamo vinieron los juicios y embargos. En 1720 el teatro pasó a manos de Juan Apelo Corbulacho, su antiguo arrendatario. José y Eusebio recibían dos pesos, sueldo que les quedaba después de pagar las deudas. Volvió a tener a su cargo el Coliseo; nuevamente la falta de pago originó demandas y pleitos judiciales. A pesar de los repetidos incidentes legales, Eusebio nunca perdió su libertad. Como comediante se distinguió por su fecunda participación; en varias temporadas figuró como "primer galán". De su producción sólo se conocen tres comedias. *El apostolado en las Indias y martirio de un cacique* es una pieza interesante por su tema americano. Inspirado en los textos de cronistas como Motolinía y Mendieta, Vela escenificó pasajes de la Conquista, enalteciendo la tarea evangelizadora de los misioneros franciscanos. En *La pérdida de España por una mujer* retomó la leyenda del rey Rodrigo y su lucha contra los moros. La tercer comedia, *Si el amor excede al arte, ni amor ni arte a la prudencia*, nos remite a las aventuras de Telémaco en la isla de Calipso. Se tienen noticias de otros catorce títulos publicados en la GAZETA DE MÉXICO de 1733. En su tiempo, Vela gozó de gran popularidad. Murió en Veracruz, víctima de la epidemia de viruela. Como dramaturgo se caracteriza por la abundancia de recursos escenográficos; es espectacular en los efectos de tramoya y el uso de elementos sobrenaturales. El estilo llano tiene el toque barroco, no faltan las notas de humorismo, en particular en el personaje del "gracioso".

"*...en aquellos que se aplican / con el hambre de saber, / que digan pan o semita / poco importa, porque en fin, / como el texto especifica, /* **bonam hambrem, non pan malum**".

OBRA REPRESENTATIVA: (*Apostolado en las Indias y martirio de un cacique // Si el amor excede al arte, ni amor ni arte a la prudencia // La pérdida de España*, en *Tres comedias de Eusebio Vela*, 1948).

VELASCO, Juan de (1727-1792). Notable humanista e historiador ecuatoriano, jesuita y misionero en las tierras de la Audiencia de Quito. Nació en Riobamba; provenía de una familia descendiente de españoles. En el Seminario de San Luis inició los estudios de humanidades. Siguió su inclinación religiosa en el seminario jesuita de Latacunga, en el que ingresó en 1744. Al recibir las órdenes sacerdotales fue destinado a la evangelización de los naturales. Ocupó la cátedra de filosofía en Ibarra y la de física en Popayán. En su recorrido por las provincias quiteñas, el padre Velasco estableció un trato amable con los indios; conoció la historia, costumbres y leyendas de las distintas regiones en las que predicaba. Su obra evangelizadora fue suspendida en

1767 con la expulsión de los jesuitas. Al igual que los demás miembros de su orden, se embarcó hacia Italia y tras un penoso viaje llegó a Faenza, donde se instaló. En el destierro, compuso la *Historia del reino de Quito*, que representa el fruto de veinte años de trabajo asiduo. De innegable valor histórico, la crónica posee interés por los elementos imaginativos que bordan el relato histórico, la convierten en una preciosa fuente de la que emanan seres fantásticos; gigantes y amazonas son los personajes fabulosos de las espléndidas leyendas americanas. El padre Velasco fue el compilador de una obra inestimable. La *Colección de poesías varias, hecha por un ocioso en la ciudad de Faenza*, figura como la primera antología de poetas ecuatorianos. Contiene poesías de vena satírica, heroica y elegíaca; aunque poco difundida, es indispensable en el estudio de las tendencias poéticas de los siglos XVI al XVIII. Se conocen dos manuscritos (1790 y 1791) que se encuentran en la Biblioteca Nacional de Quito. Velasco murió en Faenza. El mérito de su prosa es la sencillez; con trazos firmes y claros pintó el desmoronamiento de un poderoso reino y la formación de un nuevo orden.

"Un historiador debe ser filósofo y crítico verdadero, para conocer las causas y los efectos naturales de los objetos que describe, y para discernir en el confuso caos de las remotas antigüedades lo fabuloso, lo cierto, lo dudoso y lo probable".

OBRA REPRESENTATIVA: **Crónica.** *Historia del reino de Quito* (1789) // *Historia moderna del reino de Quito y crónica de la Compañía de Jesús* (sf). **Poesía.** *Colección de poesías varias, hecha por un ocioso en la ciudad de Faenza* (sf).

VILLARROEL, Fray Gaspar de (¿1587-1665). Cronista de relieve para las letras ecuatorianas, orador y narrador de singular habilidad. Aunque nació en Quito su trayectoria biográfica se extiende a Lima, España, Chile y Arequipa. Provenía de madre venezolana y padre guatemalteco; su infancia conoció las penalidades económicas debido a que su padre abandonó el hogar y viajó a España. En su ciudad natal fue alumno de humanidades en el Colegio Seminario. Después de concluir los primeros estudios se trasladó a Lima para tomar el hábito de la orden agustina. De carácter amable y amistoso, Villarroel era aficionado al teatro; gustaba en particular de las comedias. Adquirió una sólida formación en los claustros de su orden y fama en el arte de la predicación; durante su estancia en España fue orador del monarca Felipe IV. Regresó a América en calidad de obispo, cargo que ocupó en Santiago de Chile, luego en Arequipa y finalmente en Chuquisaca, donde murió. La importancia literaria del cronista descansa en el *Gobierno eclesiástico pacífico y unión de los dos cuchillos, pontificio y regio*, obra en cuyo sugestivo título Villarroel expresó su deseo de armonizar la Iglesia y el Estado, dos poderes contrapuestos como *cuchillos*. En medio de la narración seria de problemas de Estado se descubre el valor de su pluma; el relato se anima con anécdotas de la vida cotidiana, recuerdos y situaciones de lo vivido. La prosa fluida tiene el tono del discurso contado, está salpicada de humor, sin faltar el toque costumbrista.

"...aunque estudié mucho, supe menos de lo que de mí juzgaban otros".

OBRA REPRESENTATIVA: **Crónica.** *Gobierno eclesiástico pacífico y unión de los* *dos cuchillos, pontificio y regio* (1656-1657, 2 Vols). **Otros.** *Comentarios y discursos sobre la cuaresma* (sf) // *Historias sagradas y eclesiásticas morales* (sf).

VILLAURRUTIA, Xavier (1903-1950). Poeta mexicano, dramaturgo, crítico de arte y catedrático. Figura de trascendencia en las letras mexicanas y del Continente; perteneció a los Contemporáneos, prestigiado grupo de poetas que recibió el mismo nombre de la revista que sus miembros crearon en 1928. Considerados como una auténtica generación, los Contemporáneos se preocuparon por el valor de la literatura y se caracterizaron por una sensibilidad afín, una formación intelectual rigurosa, un interés por el arte nuevo y una necesidad de participar en lo universal. Además de Villaurrutia, la generación estuvo formada principalmente por Carlos Pellicer, Bernardo Ortíz de Montellano, Enrique González Rojo, José Gorostiza, Jaime Torres Bodet, Gilberto Owen, Jorge Cuesta y Salvador Novo. Fueron herederos de la literatura modernista, de la filosofía y obra del Ateneo de la Juventud, de la obra de Ramón López Velarde, y participaron de las corrientes vanguardistas. Manifestaron especial predilección por la literatura de la NOUVELLE REVUE FRANÇAISE; en grado diferente penetraron en obras de autores norteamericanos, ingleses, italianos, españoles e hispanoamericanos. Entre algunos de los modelos más significativos están: Marcel Proust, Jean Cocteau, André Gide, T. S. Eliot, Guillaume Apollinaire y Juan Ramón Jiménez. Su obra individual y colectiva renovó la poesía mexicana. Villaurrutia nació en la ciudad de México. Realizó estudios en el Colegio Francés y en la Escuela Nacional Preparatoria donde conoció a otros futuros Contemporáneos; inició la carrera de jurisprudencia pero la interrumpió. En 1936 estudió, con Rodolfo Usigli, técnica de la escena y composición dramática en la Universidad de Yale, gracias a una beca que recibió de la Fundación Rockefeller. Interesado por la difusión de la literatura francesa e inglesa de su época, participó como codirector de la revista ULISES (1927-1928) y redactor de CONTEMPORÁNEOS (1928-1931). Fue colaborador de LETRAS DE MÉXICO y EL HIJO PRÓDIGO, revistas fundadas por Octavio G. Barreda. Al igual que otros de su generación, fue catedrático universitario y su interés por el teatro lo llevó a dirigir la sección teatral del Departamento de Bellas Artes, hoy Instituto Nacional de las Bellas Artes. Hombre de vastos horizontes, no sólo incursionó en la poesía sino también en la creación teatral, el ensayo, el relato y la crítica de libros, teatro, cine y artes plásticas. De excepcional rigor e inteligencia, la producción literaria de Villaurrutia aspiró a la perfección. Poeta de obra breve pero intensa, sus composiciones giran en torno al amor, la noche y la muerte; palabras precisas y juego de palabras conforman un mundo de sentidos develados por los recursos de la inteligencia. Los antecedentes de los nocturnos de Villaurrutia se encuentran en los del modernismo de Darío y José Asunción Silva, y su poesía en general está profundamente influida por la corriente surrealista. Como dramaturgo, impulsó el desarrollo del teatro nacional y compuso obras de diverso tema en las que refleja la precisión y el juego del lenguaje característicos de su poesía. Escribió obras de un solo acto en las que se desarrollan los tres tiempos clásicos. Su producción ensayística y crítica fue reunida en el libro *Textos y* *pretextos* (1940); realizó importantes aportaciones entre las que destaca su estudio sobre Ramón López Velarde. El gran poeta murió en la ciudad de México. En su teatro confluyen el humor y la sutileza del diálogo, la línea de acción es uniforme e interesantes las tramas. Profundiza en los perfiles psicológicos de los personajes y en los conflictos morales. Sus ensayos son lúcidos, claros, precisos e inteligentes.

"Y en el juego angustioso de un espejo frente a otro / cae mi voz / y mi voz que madura / y mi voz quemadura / y mi bosque madura / y mi voz quema dura / como el hielo de vidrio / como el grito de hielo..."

OBRA REPRESENTATIVA: **Crítica-Ensayo.** *Textos y pretextos* (1940). **Poesía.** *Reflejos* (1926) // *Nostalgia de la muerte* (1939) // *Canto a la primavera y otros poemas* (1948). **Relato.** *Dama de corazones* (1928). **Teatro.** *Parece mentira* (1933) // *¿En qué piensas?* (1934) // *Sea usted breve* (1934) // *Ha llegado el momento* (1934) // *El ausente* (1937) // *La hiedra* (1941) // *La mujer legítima* (1942) // *El yerro candente* (1944) // *El pobre Barba Azul* (1946) // *Invitación a la muerte* (1947) // *Juego peligroso* (1949).

VILLAVERDE, Cirilo (1812-1894). Escritor y periodista cubano, hombre cuya notable pluma se destaca en el escenario novelístico de ese país. Su vida, perfilada en una época de agitados momentos, estuvo penetrada por el hondo deseo de independencia para su patria. Nació en la provincia de Pinar del Río; a los once años (1823) se trasladó a La Habana; fue alumno en el Seminario de San Carlos, estudió filosofía al mismo tiempo que se ejercitaba en el dibujo en la Academia de San Alejandro. Recibió el título de Bachiller en Leyes en 1834; trabajó como abogado un tiempo. Abandonó la profesión para consagrarse al magisterio y al quehacer literario. En La Habana, enseñó en el Colegio Real Cubano así como en el de Buenavista. Hacia 1846 Villaverde inició sus actividades políticas en favor de la independencia de Cuba. Tomó parte en la conspiración de la Mina de la Rosa Cubana, dirigida por el general Narciso López, y fue encarcelado en 1848. Después de varios meses en prisión, logró escapar y se dirigió a Nueva York (1849), donde colaboró en LA VERDAD, periódico separatista del que posteriormente fue director. En Filadelfia vivió como profesor de español; en 1855 se casó con la activa conspiradora Emilia Casanova, quien se unió a sus planes revolucionarios. De regreso a Nueva York a finales de 1855 siguió impartiendo clases de español hasta 1858, año en que pudo regresar a Cuba, gracias a una amnistía del gobierno español. Fundó, junto con Francisco Calcagno, la revista LA HABANA (1858-1860); colaboró también en CUBA LITERARIA. En 1860 regresó a Nueva York, ahí continuó su labor periodística en LA AMÉRICA (1861-1862) y en las páginas del FRANK LESLIE'S MAGAZINE; con la participación de su esposa fundó un colegio en Weehawken (1864). Al estallar la guerra de independencia cubana en 1868, Villaverde no dudó en unirse a la junta revolucionaria establecida en Nueva York. Tras un breve viaje a Cuba, regresó a Nueva York, donde pasó el resto de su vida. Se inició en la letras bajo el signo del Romanticismo; sus primeros esbozos novelísticos vieron la luz en 1837 en la revista cubana MISCELÁNEA DE ÚTIL Y AGRADABLE RECREO, allí publicó *La cueva de Taganana*, *La peña blanca* y *El perjurio*. Todos ellos son relatos breves que se caracterizan por la trama basada en relaciones incestuosas, horrendos crímenes y fatalidad del destino. Después vinieron otros de mayor extensión como *El penitente* (1844), relato histórico que expone la vida habanera de la segunda mitad del siglo XVIII. Entre las obras de madurez literaria se encuentra *Dos amores* (1858), relato costumbrista, cuyo tema —un enredo amoroso— sirve de pretexto para que el novelista cubano ejecute trazos magistrales de la clase media habanera de mediados del siglo XIX. Su fama como novelista descansa en *Cecilia Valdés o La Loma del Ángel*, obra cuya redacción se vio interrumpida por las contingencias históricas que enmarcaron su vida. En 1839 apareció un bosquejo en la revista cubana LA SIEMPREVIVA; años más tarde (1879), cuando concluyó el periodo revolucionario con la Paz del Zanjón (1879), el autor logró concluir la novela. El valor de *Cecilia Valdés* no reside tanto en el argumento, resumido en el incesto de Cecilia y Leonardo, su hermano, sino en la lograda descripción de todo un periodo histórico (1812-1831). En las páginas del cubano, el vasto escenario del mundo real y viviente se mueve y se agita; en él desfila una gran cantidad de personajes humanos siguiendo un ordenamiento de tipo piramidal; desde el esclavo, captado en el ambiente rural y urbano, hasta la aristocracia oficial española, pasando por la minoría criolla. Se ha señalado la existencia de elementos románticos, pero éstos parecen diluirse ante el vigoroso realismo del relato. Sus modelos fueron Walter Scott, Manzoni y Dickens. La novela se publicó íntegra en 1882; ha recibido el merecido interés de la crítica, que ha destacado la naturalidad y soltura para engarzar los acontecimientos; también ha señalado los desaciertos estilísticos, pero ha reconocido el valor que Villaverde tiene como narrador.

"...hubiese escrito un idilio, un romance pastoril, siquiera un cuento por el estilo de Pablo y Virginia [...] pero esto, aunque más entretenido y moral, no hubiera sido el retrato de ningún personaje viviente, ni la descripción de las costumbres y pasiones de un pueblo de carne y hueso".

OBRA REPRESENTATIVA: **Novela.** *El penitente* (1844) // *Dos amores* (1858) // *Cecilia Valdés o La Loma del Ángel* (1882). **Relato.** *La cueva de Taganana* (1837) // *La peña blanca* (1837) // *El ave muerta* (1837) // *El espetón de oro* (1838) // *Cruz negra* (1838) // *Teresa* (1839) // *La joven de la flecha de oro* (1840) // *El ciego y su perro* (1842) // *La tejedora de sombreros de yarey* (1843) // *La peineta calada* (1845) // *Generosidad fraternal* (1846).

Y

YÁÑEZ, Agustín (1904-1980). Destacado novelista mexicano, abogado, filósofo, político y catedrático. Su obra señala, junto con la de José Revueltas y Juan Rulfo, entre otros, una nueva orientación en la novela mexicana contemporánea. Para algunos, Yáñez pertenece al grupo de escritores del llamado género Novela de la Revolución Mexicana, iniciado por Mariano Azuela; sin embargo su novelística buscó la experimentación abandonando el realismo que como pinturas murales desplegó aquel grupo. Actualmente, la crítica considera a Yáñez como uno de los más sobresalientes novelistas mexicanos de su época y su obra adquiere día con día mayor difusión y alcance. Su niñez, adolescencia y parte de su juventud transcurrieron en Guadalajara, en el estado de Jalisco, donde siguió la carrera de leyes y cuyo título obtuvo en 1929. Posteriormente, obtuvo los grados de Maestro y Doctor en Filosofía por la Universidad Nacional Autónoma de México. Se interesó por la política de su país y ocupó importantes cargos como el de Gobernador de su estado natal (1953-1959), Subsecretario de la Presidencia de la República (1962-1964) y Secretario de Educación Pública entre 1964 y 1970. Hombre de vasta cultura, ejerció con profesionalismo la cátedra en la Universidad Nacional Autónoma de México y en El Colegio de México. Perteneció y llegó a presidir la Academia Mexicana de la Lengua y fue miembro de El Colegio Nacional. La principal aportación de Yáñez a la literatura nacional ha sido su producción novelística; en ella destaca la trilogía provinciana compuesta por: *Al filo del agua* (1947), *La tierra pródiga* (1960) y *Las tierras flacas* (1962), que contrasta con la anterior. *Al filo del agua*, su novela más famosa, recoge el título de una expresión que alude al acontecer próximo de una situación o suceso; en este caso se refiere a la Revolución Mexicana. La novedosa narración sitúa su espacio en un pueblo provinciano cuyo mundo está aislado y restringido por el acontecer rutinario. Sin embargo, el novelista dejó que la conciencia fluyera y se sumergió en un mundo invisible y subjetivo: en la atmósfera emocional de los personajes cuyos temores, resentimientos, deseos, pasiones, pecados y religiosidad protagonizan aquel mundo de conflictos y fracasos, donde la muerte está presente. La narración fluye en forma libre y dispersa al igual que esa vida provinciana oculta tras el exterior. En sus narraciones se entrelazan aspectos autobiográficos y sin emitir juicios o plantear tesis, el novelista simplemente evoca aquella realidad provinciana, y la traduce en una impresión de honda proyección. La experiencia literaria de Yáñez, en búsqueda de técnicas novedosas inició propiamente con *Archipiélago de mujeres* (1947) que tuvo una edición en 1946 en Argentina bajo el título de *Melibea, Isolda y Alda*. Los modelos literarios que influyeron en la novelística de Yáñez fueron principalmente James Joyce y Faulkner. El autor murió a los setenta y seis años de edad. En su narrativa se destaca la frecuencia de introspecciones y el manejo del monólogo interior. Hace uso de sentencias y refranes populares.

"Como los afectos, como los deseos, como los instintos, el miedo, los miedos asoman, agitan sus manos invisibles, como de cadáveres, en ventanas y puertas herméticas, en los ojos de las mujeres enlutadas y en sus pasos precipitados por la calle y en sus bocas contraídas, en la gravedad masculina y en el silencio de los niños".

OBRA REPRESENTATIVA: **Novela.** *Flor de juegos antiguos* (1942) // *Pasión y convalescencia* (1943) // *Archipiélago de mujeres* (1943) // *Al filo del agua* (1947) // *La creación* (1959) // *Ojerosa y pintada* (1960) // *La tierra pródiga* (1960) // *Las tierras flacas* (1962).

Z

ZALDUMBIDE GANGOTENA, Julio (1833-1887). Político y poeta ecuatoriano de cuño romántico. Fue llamado "El Poeta Filosófico" por el hondo sentido de reflexión en sus versos. Nació en Quito; estudió derecho en la Universidad Central de Ecuador, aunque no ejerció la carrera. Dedicó su vida a las letras y a las actividades públicas. Nombrado diputado ante el Congreso, ocupó el cargo de 1867 a 1868. Durante el gobierno de Borrero fue Ministro Plenipotenciario de su país ante Colombia. Al término de la dictadura de Veintimilla su nombre apareció entre los candidatos a la Presidencia. Colaboró en distintos periódicos, entre otros escribió para EL IRIS, LA DEMOCRACIA y EL IMPARCIAL. Escribió el folleto *El congreso, don Gabriel García Moreno y la República*, en el que enjuició severamente la tiranía del gobierno de Moreno; el texto figura en *Antología de poetas hispanoamericanos*, publicado en Madrid en 1828. Participó activamente en la fundación de la Academia Ecuatoriana de la Lengua. Entre sus autores predilectos se encuentran Fray Luis de León, Fóscolo y Byron; cultivó la amistad de sus contemporáneos: Juan Montalvo y Juan León Mera. Solía reunir a sus amigos convirtiendo su casa en lugar de tertulias literarias. En 1851 fue laureado por el poema *Canto a la música*. Zaldumbide aún no cuenta con un volumen que contenga la totalidad de su obra; sólo aquella que el poeta fechó entre 1852 y 1856 ha sido reunida en la *Lira ecuatoriana* (1886). En los versos de *"La Tarde"*, la naturaleza es el objeto de la contemplación apacible; captó la tarde que al morir propicia el diálogo, la comunión con el paisaje y la interiorización del alma. Con las voces del diálogo sentimental, en una síntesis emotiva, logró verter el lento transcurrir de las horas. Su poesía invita a la reflexión filosófica; hay versos afortunados que discurren sobre la vida, el dolor y la eternidad del alma.

"*¡Melancólica tarde, tarde umbría! / desde que pude amar me unió contigo / irresistible y dulce simpatía*".

OBRA REPRESENTATIVA: **Poesía.** *Canto a la música* (1851) // (*A las flores* // *Al dolor* // *La eternidad de la vida* // *Al sueño* // *A la soledad del campo* // *La noche* // *La tarde*, en *Lira ecuatoriana*, 1886).

ZAMUDIO, Adela (1854-1926). Singular poetisa y narradora boliviana quien dedicó su vida a la educación de la mujer en su país y quien, sin más recursos que la educación básica, expresó en la poesía su espíritu de mujer rebelde y hondas preocupaciones filosóficas. Oriunda de Cochabamba, Adela Zamudio fue una autodidacta; después de terminar los estudios primarios se inició como maestra, labor que realizó tenazmente en pro de la educación femenina. Fundadora y directora de la Escuela Fiscal de Señoritas (1905), orientó la cátedra hacia la concientización del papel que tenía la mujer en la sociedad de su tiempo. Su poesía como su prosa, denuncian los problemas que impiden a la mujer desarrollarse como individuo. Escribió *Íntimas* (1913), novela epistolar que ha permanecido en el olvido pese a sus aciertos temáticos y literarios. Ubicada en el ambiente de Cochabamba, la novela revela el talento y la agudeza de la autora para develar la hipocresía, la traición y el fanatismo de hombres y mujeres. El problema amoroso de tres muchachas jóvenes es planteado y resuelto de forma aleccionadora. Mejor conocida como poetisa, Adela Zamudio escribió versos desde la infancia; se dio a conocer con el seudónimo de "Soledad" en los distintos diarios locales. En 1887 publicó el volumen *Ensayos poéticos*; en él se encuentra "*Quo Vadis*", texto que se ha popularizado en distintas antologías. En estos versos, la boliviana invita a la reflexión filosófica. De franco tono feminista son los versos de "*Nacer hombre*", en los que con soltura deja oír la voz de protesta contra el papel secundario que la mujer tiene en la sociedad. Murió en su ciudad de origen. Dejó versos sencillos que en ocasiones encierran desconsuelo, angustia y desesperanza; plasmó vivos paisajes y expresó su conocimiento del alma humana.

*"Si **alguna** versos escribe, / De **alguno** esos versos son, / Que ella sólo suscribe (Permitidme que me asombre). / Si ese alguno no es poeta, / ¿Por qué tal suposición? / —Porque es hombre".*

OBRA REPRESENTATIVA: **Cuento.** *La reunión de ayer* (sf). **Novela.** *Íntimas* (1913). **Poesía.** (*Quo vadis* // *Nacer hombre*, en *Ensayos poéticos*, 1887).

ZENO GANDÍA, Manuel (1855-1930). Escritor y médico puertorriqueño; iniciador de la novela naturalista en ese país, quien con penetrante prosa captó en profundidad los conflictos sociales y humanos. Nació en Arecibo; realizó los primeros estudios en Puerto Rico. La situación holgada de la familia le permitió viajar a Europa para cursar la carrera de medicina, que al parecer inició en la Universidad de San Carlos de Madrid y terminó en Francia. En España, Zeno Gandía defendió con ardor la liberación del régimen colonial. A su regreso a Puerto Rico, ejerció la medicina en Ponce; ocupó varios cargos legislativos en el Parlamento de su país, alternando con las actividades profesionales y las de escritor. Se inició en la literatura con dos esbozos narrativos: *Rosa de mármol* (1889) y *Piccola* (1890), publicados en LA REVISTA PUERTORRIQUEÑA; textos que si bien carecen de valor, en ellos se perfila ya el observador profundo y sutil que con maestría crea los conflictos a los que se enfrentan sus personajes. La cercanía que tuvo con las técnicas narrativas de los naturalistas durante su estancia en Francia, en especial de Zola, y las experiencias como médico le permitieron adentrarse en el conocimiento de las "enfermedades" que padecía la sociedad puertorriqueña, tanto en el ambiente rural como urbano. Bajo el título de *Crónicas de un mundo enfermo* (1955) se reunieron cuatro novelas: *La Charca* (1894), *Garduña* (1896), *El negocio* (1922) y *Redentores* (1925). Las dos primeras se desarrollan en un escenario rural, mientras que las otras tienen un telón urbano. *La Charca* figura entre las más importantes, según el juicio del novelista peruano Ciro Alegría, quien desde su cátedra en la Universidad de Puerto Rico señaló la maestría de Zeno Gandía para urdir la trama de su obra. En ella muestra los móviles sociales que determinan la transgresión de las normas morales; analiza y expone las causas que arrastran a los personajes al alcoholismo y la degradación moral. Las leyes de la herencia subyacen en el comportamiento de sus personajes; éstos son movidos por fuerzas deterministas y aplastantes. Zeno

Gandía no sólo expone, también propone soluciones para aliviar la miseria social. Su vigoroso estilo, basado en la multiplicidad de puntos de vista, logra intensidades multiformes de las percepciones; en el léxico abundan términos provenientes de la medicina y las ciencias naturales.

"...lo mismo los fenómenos físicos que morales se encadenan y gravitan entre sí, como los astros".

OBRA REPRESENTATIVA: **Novela.** *Rosa de mármol* (1889) // *Piccola* (1890) // *La Charca* (1894) // *Garduña* (1896) // *El negocio* (1922) // *Redentores* (1925) // *Crónicas de un mundo enfermo* (1955, edición póstuma). **Poesía.** (*La palmada* // *Abismos* // *Señora duquesa*, en *Antología de poetas puertorriqueños*, 1879).

ZEQUEIRA ARANGO, Manuel de (1764-1846). Escritor cubano, poeta y soldado. Natural de La Habana, Zequeira desarrolló su inclinación por los clásicos latinos en sus años de estudiante en el Seminario de San Carlos. Tuvo una exitosa carrera en la milicia, iniciada en 1793 durante la lucha que libró el ejército español contra los franceses en la isla de Santo Domingo. Tenía el grado de subteniente cuando regresó a La Habana en 1796. Se casó con María de Belén Caro Oviedo, descendiente del cronista Fernández de Oviedo. Fue amigo del poeta Rubalcaba. En 1810 fue enviado a América del Sur donde, al frente de los soldados de independencia, tuvo a su cargo el mando de Río Hacha, de Santa Martha y de Cartagena, en los años de 1814, 1815 y 1816 respectivamente. En alternancia con sus actividades militares, Zequeira cultivó la poesía y participó intensamente en los diarios de su época. Colaboró en el MENSAJERO POLÍTICO ECONÓMICO LITERARIO DE LA HABANA (1809) y en EL HABLADOR (1811), entre otros. Es autor de romances, églogas, sonetos y odas. En 1792, bajo el pseudónimo-anagrama de "Izmael Raquenue" publicó la égloga *"Albano y Galatea"* en el PAPEL PERIÓDICO, diario recién fundado del que fue redactor oficial (1800-1805); ahí mismo apareció en 1798 el soneto *"La ilusión"* que firmó con el nombre de "Ezequiel Armura". Desempeñaba el cargo de Coronel de Milicias Provinciales en Matanzas cuando en 1821 perdió la razón; cuentan sus biógrafos que en su delirio creía que su sombrero tenía el poder de hacerlo invisible. Su composición mejor lograda es la oda *"A la piña"*; en ella conjugó elementos de la mitología para engrandecer la aromática fruta cuyo néctar es festejado por los dioses del Olimpo. Este procedimiento inscribe a Zequeira en el marco del Neoclasicismo. Su nota original reside en el tratamiento del tema: transmite el carácter criollo y americano. En sus versos hay soltura y gracia.

"Del seno fértil de la madre Vesta / en actitud, erguida se levanta / la airosa piña de esplendor vestida. / llena de ricas galas".

OBRA REPRESENTATIVA: **Poesía.** (*La ilusión* // *El avariento*, en *Poesías*, 1852) // (*Albano y Galatea*, en *La evolución de la cultura cubana*, 1928) // *A la piña* (sf).

ZORRILLA de SAN MARTÍN, Juan (1855-1931). Escritor uruguayo, abogado, orador y ensayista. Perteneciente al romanticismo hispanoamericano de la segunda mitad del siglo XIX, Zorrilla de San Martín ha sido considerado, por su poema épico *Tabaré*, como el último y mayor exponente de la tradición indianista en el Continente.

Gozó de la fama de poeta nacional. Oriundo de Montevideo, perteneció a una familia de tradición conservadora y católica; quedó huérfano de madre antes de cumplir los dos años de edad. En 1864 fue enviado a Argentina para educarse en el colegio jesuita de la ciudad de Santa Fe. Luego, pasó a Chile donde estudió la carrera de derecho. En 1878 regresó a Uruguay donde fundó el periódico conservador EL BIEN PÚBLICO, plataforma de sus polémicas sobre temas políticos. En 1879, con motivo de la inauguración en Montevideo de un monumento levantado a la Independencia, compuso y dio lectura pública a un extenso poema titulado *La leyenda patria* (1879) que le dio la celebridad de poeta nacional. Por su oposición al régimen de Máximo Santos, se vio obligado a exiliarse en Argentina de 1885 a 1887. Durante este corto periodo, sufrió la muerte de su esposa y terminó *Tabaré,* la obra maestra que lo inmortalizó. El poema fue publicado en Montevideo en 1888 y tuvo reediciones en 1892 y 1918 con modificaciones; la edición definitiva y corregida por su autor salió a la luz en 1923, también en Montevideo. *Tabaré* es el canto elegíaco de una raza indígena —la charrúa— que desapareció en Uruguay después de la conquista española. El poema idealiza los orígenes de una cultura extinta, convertida en sombras y sin salvación, y se convierte en la expresión artística de una memoria histórica que los rescata. Zorrilla de San Martín vio en la conquista un sentido positivo y reafirmó en su obra los valores de compasión y esperanza de la fe católica establecida con la nueva empresa civilizadora. En *Tabaré* hay una reflexión lírica y teológica sobre el destino de una raza. Es un poema interesante para su estudio; desde su apreciación como género, hay quienes lo ven como una leyenda poética, una epopeya lírica, una novela versificada o un poema épico con características trascendentales. Algunos destacan elementos realistas o simbólicos en su romanticismo; otros la han analizado bajo una perspectiva naturalista, a pesar de su sentido profundamente católico. La poesía de Zorrilla de San Martín estuvo influida por los autores de la escuela romántica española, en especial por Bécquer. Después de su exilio, tuvo cargos políticos en su país y diplomáticos en España y Francia. En 1910, ya en pleno Modernismo, publicó *La epopeya de Artigas*, de gran valor literario, y en la cual demostró un profundo interés por la historia de su país; la obra abarca el periodo de 1764 a 1850. Fue catedrático universitario y gozó de admiración. Sus *Obras completas* aparecieron en dieciséis volúmenes en 1930, casi un año antes de su muerte en Montevideo. Su poesía privilegia la metáfora como el medio poético para captar y transmitir los misterios que viven fuera y dentro de los hombres. Sus descripciones son de gran lucidez y sencillez; hay inserción de palabras indígenas que conforman un ambiente. Algunos de sus versos anuncian el Modernismo.

"...seguidme juntos, a escuchar las notas / de una elegía que en la patria nuestra / el bosque entona cuando queda solo, / y todo duerme entre sus ramas quietas".

OBRA REPRESENTATIVA: **Historia.** *La epopeya de Artigas* (1910). **Poesía.** *Notas de un himno* (1876) // *Leyenda patria* (1879) // *Tabaré* (1888, 1892 y 1918).

ZUMÁRRAGA, Fray Juan de (1468-1548). Humanista español, primer obispo y arzobispo de México; figura notable en el desarrollo y orientación de la educación y la cultura del México colonial. Natural de Vizcaya, desde muy joven Zumárraga estuvo en contacto con los miembros de la orden franciscana que solían hospedarse en su casa paterna. Se ordenó sacerdote y muy pronto su actividad lo hizo destacar en la orden de San Francisco. En Concepción, provincia de Valladolid, desempeñó el cargo de Provincial de su orden y en 1528 fue nombrado Primer Obispo de la Nueva España. En México, impulsó la educación con la fundación, en 1536, del Colegio de Santa Cruz de Tlaltelolco, institución en la que se formaron los traductores, historiadores y estudiosos que rescataron las fuentes culturales prehispánicas. Intervino intensamente ante el rey y con su esfuerzo cimentó el proyecto de educación que años más tarde se materializó en la creación de la universidad mexicana (1553). Gracias a su empeño por difundir la cultura, México fue el primer país de América que tuvo la imprenta (1536) con lo cual las posibilidades de difusión se multiplicaron; se editaron obras del pensamiento clásico, se publicaron doctrinas, vocabularios y gramáticas de las lenguas indígenas, textos estos de extraordinario valor para los estudios lingüísticos posteriores. Al igual que en la obra de los frailes evangelizadores, en el proyecto de Zumárraga se refleja la influencia de Tomás Moro y Erasmo de Rotterdam: en 1544 mandó imprimir una *Doctrina breve* que contiene pasajes de este último; editó en 1545 la *Doctrina* de Fray Pedro de Córdova; con su labor en México, Zumárraga sembró el germen para el desarrollo posterior de las letras.

"Es igualmente injusta la ley que pone en estado de condenación a los autores de ella y a sus ejecutores".

ÍNDICE CRONOLÓGICO

SIGLO XVI

FERNÁNDEZ, Diego, ¿-?, España, cronista.

BENAVENTE, Fray Toribio de, ?-1568, España, cronista.

SUÁREZ de PERALTA, Juan, ?-d. 1590, México, cronista.

BRAMÓN, Francisco, ?-d. 1654, México, poeta.

ZUMÁRRAGA, Fray Juan de, 1468-1548, España, promotor cultural.

CASAS, Fray Bartolomé de las, 1474-1566, España, cronista.

FERNÁNDEZ de OVIEDO, Gonzalo, 1478-1557, España, cronista.

CÓRDOVA, Fray Pedro de, 1482-1521?, España, cronista.

CORTÉS, Hernán, 1485-1547, España, cronista.

MOLINA, Cristóbal de, "El Chileno", 1494-1580, España, cronista.

DÍAZ del CASTILLO, Bernal, 1495-1582, España, cronista.

CARVAJAL, Fray Gaspar de, 1500?-1574?, España, cronista.

OLMOS, Fray Andrés de, 1500-1571, España, gramático.

BETANZOS, Juan de, 1510-1576, España, cronista.

LÓPEZ de GÓMARA, Francisco, 1511-1560?, España, cronista.

CERVANTES de SALAZAR, Francisco, 1514?-1575, España, historiador.

CIEZA de LEÓN, Pedro, 1518?-1560?, España, cronista.

ALVARADO TEZOZÓMOC, Hernando de, 1520?-1610?, México, cronista.

CASTELLANOS, Juan de, 1522?-1607, España, cronista.

TERRAZAS, Francisco de, 1525?-1600?, México, poeta.

MENDIETA, Fray Jerónimo de, 1525-1604, España, cronista.

MOLINA, Cristóbal de, "El Cuzqueño", 1529?-1585?, España, cronista.

SARMIENTO de GAMBOA, Pedro, 1532?-1592?, España, cronista.

ERCILLA y ZÚÑIGA, Alonso de, 1533-1594, España, poeta.

GONZÁLEZ de ESLAVA, Fernán, 1534?-1601, España, dramaturgo.

ACOSTA, José de, 1539-1600, España, cronista.

VEGA, Garcilaso de la, "El Inca", 1539-1616, Perú, cronista.

PÉREZ RAMÍREZ, Juan, 1545-?, México, dramaturgo.

MEXÍA de FERNANGIL, Diego, 1550?-d. 1617, España, poeta.

SAHAGÚN, Fray Bernardino de, 1500-1590, España, cronista.

VALERA, P. Blas, 1551-1597, Perú, historiador.

DÍAZ de GUZMÁN, Ruy, 1554-1629, Paraguay, cronista.

ROSAS de OQUENDO, Mateo, 1559?-1612?, España, poeta.

BALBUENA, Bernardo de, 1561?-1627, España, poeta.

HOJEDA, Diego de, 1571-1615, España, poeta.

SIGLO XVII

BALBOA TROYA, Silvestre de, 1563-d. 1624, España, poeta.

RODRÍGUEZ FREYLE, Juan, 1566-d. 1638, Colombia, cronista.

OÑA, Pedro de, 1570-1643, Chile, poeta.

RUIZ de ALARCÓN y MENDOZA, Juan, 1580-1639, México, dramaturgo.

CALANCHA, Fray Antonio de la, 1584-1654, Bolivia, cronista.

VILLARROEL, Fray Gaspar de, 1587?-1665, Ecuador, cronista.

PALAFOX y MENDOZA, Juan de, 1600-1659, España, prosista.

OVALLE, Alonso de, 1601-1651, Chile, historiador.

TEJEDA y GUZMÁN, Luis José de, 1604-1680, Argentina, poeta.

DOMÍNGUEZ CAMARGO, Hernando, 1606-1659, Colombia, poeta.

BOCANEGRA, Matías de, 1612-1668, México, dramaturgo.

FERNÁNDEZ de VALENZUELA, Fernando, 1616-1677, Colombia, dramaturgo.

FERNÁNDEZ de PIEDRAHITA, Lucas, 1624-1688, Colombia, cronista.

ESPINOZA y MEDRANO, Juan, 1630?-1688, Perú, prosista y dramaturgo.

SIGÜENZA y GÓNGORA, Carlos de, 1645-1700, México, escritor.

VALLE y CAVIEDES, Juan del, 1651?-1697?, España, poeta.

CRUZ, Sor Juana Inés de la, 1651-1695, México, poetisa.

LLAMOSAS, Lorenzo de las, 1665?-d. 1705, Perú, comediógrafo.

SIGLO XVIII

PITA, Santiago de, ?-1755, Cuba, poeta.

CABRERA y QUINTERO, Cayetano, ?-1778?, México, dramaturgo.

BERMÚDEZ de la TORRE, Pedro José, 1661-1746, Perú, poeta.

PERALTA BARNUEVO, Pedro de, 1663-1743, Perú, escritor.

CASTILLO y GUEVARA, Francisca Josefa, 1671-1742, Colombia, prosista.

VELA, Eusebio, 1688-1737, España, comediógrafo.

AZAÑA y LLANO, Josefa de, 1696-1748, Perú, dramaturga.

CARRIÓ de la VANDERA, Alonso, 1715?-1783, España, prosista.

CASTILLO, Fray Francisco de, 1716-1770, Perú, cronista, dramaturgo y poeta.

AGUIRRE, Juan Bautista, 1725-1786, Ecuador, poeta.

ABAD, Diego José de, 1727-1779, México, poeta.

VELASCO, Juan de, 1727-1792, Ecuador, cronista y poeta.

AlEGRE, Francisco Javier, 1729-1788, México, historiador.

CLAVIJERO, Francisco Javier, 1731-1787, México, historiador.

LANDÍVAR, Rafael, 1731-1793, Guatemala, poeta.

SARTORIO, José Manuel Mariano, 1746-1829, México, poeta.

SANTA CRUZ y ESPEJO, Francisco Eugenio de, 1747-1795, Ecuador, escritor.

LAVARDÉN, Manuel José de, 1754-1809?, Argentina, poeta.

MIER, Fray Servando Teresa de, 1763-1827, México, prosista.

GARCÍA GOYENA, Rafael, 1766-1823, Ecuador, fabulista.

NAVARRETE, Fray Manuel de, 1768-1809, México, poeta.

CÓRDOVA, Fray Matías de, 1768-1828, Guatemala, fabulista y periodista.

RUBALCABA, Manuel Justo, 1769-1805, Cuba, poeta.

SIGLO XIX

ZEQUEIRA ARANGO, Manuel de, 1764-1846, Cuba, poeta.

FERNÁNDEZ de LIZARDI, José Joaquín, 1776-1827, México, novelista y periodista.

HIDALGO, Bartolomé, 1778-1823, Uruguay, poeta.

OLMEDO, José Joaquín, 1780-1847, Ecuador, poeta.

BELLO, Andrés, 1781-1865, Venezuela, escritor.

SÁNCHEZ de TAGLE, Manuel, 1782-1849, México, poeta.

BOLÍVAR, Simón, 1783-1830, Venezuela, prosista.

LUCA, Esteban de, 1786-1824, Argentina, poeta.

IRISARRI, Antonio José de, 1786-1868, Guatemala, escritor y periodista.

FERNÁNDEZ MADRID, José, 1789-1830, Colombia, dramaturgo.

GOROSTIZA, Manuel Eduardo, 1789-1851, México, dramaturgo.

CARPIO, Manuel, 1791-1860, México, poeta.

ORTEGA, Francisco, 1793-1849, México, poeta.

VARELA, Juan Cruz, 1794-1839, Argentina, poeta, dramaturgo y periodista.

PESADO, José Joaquín, 1801-1861, México, poeta y periodista.

HEREDIA y HEREDIA, José María, 1803-1839, Cuba, poeta y periodista.

ECHEVERRÍA, Esteban, 1805-1851, Argentina, narrador, poeta y periodista.

ASCASUBI, Hilario, 1807-1875, Argentina, poeta.

PÉREZ ROSALES, Vicente, 1807-1886, Chile, prosista.

BATRES MONTÚFAR, José, 1809-1844, Guatemala, poeta.

CALDERÓN, Fernando, 1809-1845, México, dramaturgo y poeta.

PAYNO, Manuel, 1810-1894, México, novelista y periodista.

VALLEJO, José Joaquín, 1811-1858, Chile, periodista.

GONZÁLEZ, Juan Vicente, 1811-1866, Venezuela, prosista.

SARMIENTO, Domingo Faustino, 1811-1888, Argentina, ensayista y periodista.

VILLAVERDE, Cirilo, 1812-1894, Cuba, novelista y periodista.

MILANÉS y FUENTES, José Jacinto, 1814-1863, Cuba, poeta.

GÓMEZ de AVELLANEDA, Gertrudis, 1814-1873, Cuba, novelista, poetisa y dramaturga.

RODRÍGUEZ GALVÁN, Ignacio, 1816-1842, México, poeta, narrador y dramaturgo.

INCLÁN, Luis G., 1816-1875, México, novelista.

CARO, José Eusebio, 1817-1853, Colombia, escritor y periodista.

ARBOLEDA, Julio, 1817-1861, Colombia, poeta.

MÁRMOL, José, 1817-1871, Argentina, novelista, dramaturgo y periodista.

LASTARRÍA, José Victorino, 1817-1888, Chile, cuentista.

RAMÍREZ, Ignacio, 1818-1879, México, escritor y periodista.

PRIETO, Guillermo, 1818-1897, México, escritor y periodista.

OROZCO y BERRA, Fernando, 1822-1851, México, novelista y periodista.

MILLA y VIDAURRE, José, 1822-1882, Guatemala, novelista.

GUTIÉRREZ GONZÁLEZ, Gregorio, 1826-1872, Colombia, poeta.

ROA BÁRCENA, José María, 1827-1908, México, narrador, poeta y periodista.

ALENCAR, José de, 1829-1879, Brasil, novelista y dramaturgo.

CUÉLLAR, José Tomás de, 1830-1894, México, novelista y periodista.

BLEST GANA, Alberto, 1830-1920, Chile, novelista.

MATEOS, Juan Antonio, 1831-1913, México, novelista y periodista.

FEUILLET, Tomás Martín, 1832-1862, Panamá, poeta.

MONTALVO, Juan, 1832-1889, Ecuador, ensayista.

MERA, Juan León de, 1832-1894, Ecuador, narrador.

RIVA PALACIO, Vicente, 1832-1896, México, narrador.

ZALDUMBIDE GANGOTENA, Julio, 1833-1887, Ecuador, poeta.

POMBO, Rafael, 1833-1912, Colombia, poeta y periodista.

PALMA, Ricardo, 1833-1919, Perú, prosista.

CAMPO, Estanislao del, 1834-1880, Argentina, poeta.

HERNÁNDEZ, José, 1834-1886, Argentina, poeta.

ALTAMIRANO, Ignacio Manuel, 1834-1893, México, escritor y periodista.

ARGÜELLO MORA, Manuel, 1834-1902, Costa Rica, novelista.

FALLÓN, Diego, 1834-1905, Colombia, poeta.

GALVÁN, Manuel de Jesús, 1834-1910, República Dominicana, novelista y periodista.

PÉREZ de ZAMBRANA, Luisa, 1835-1922, Cuba, poetisa.

DENIS, Amelia, 1836-1911, Panamá, poeta.

DÍAZ COVARRUBIAS, Juan, 1837-1859, México, novelista y periodista.

ISAACS, Jorge, 1837-1895, Colombia, novelista y poeta.

ROSAS MORENO, José, 1838-1883, México, poeta, dramaturgo, fabulista y periodista.

HOSTOS, Eugenio María de, 1839-1903, Puerto Rico, ensayista.

MACHADO de ASSIS, Joaquín María, 1839-1908, Brasil, narrador, dramaturgo, poeta y ensayista.

FLORES, Manuel María, 1840-1885, México, poeta.

AGUIRRE, Nataniel, 1843-1888, Bolivia, novelista y dramaturgo.

CAMBACÉRÈS, Eugenio, 1843-1888, Argentina, novelista.

PEÓN CONTRERAS, José, 1843-1907, México, dramaturgo y poeta.

GONZÁLEZ PRADA, Manuel, 1844-1918, Perú, poeta y ensayista.

PÉREZ BONALDE, Juan Antonio, 1846-1892, Venezuela, poeta.

SIERRA, Justo, 1848-1912, México, prosista y poeta.

ACUÑA, Manuel, 1849-1873, México, poeta.

LÓPEZ PORTILLO y ROJAS, José, 1850-1923, México, novelista y periodista.

ACEVEDO DÍAZ, Eduardo, 1851-1921, Uruguay, prosista y periodista.

MATTO de TURNER, Clorinda, 1852-1909, Perú, novelista y periodista.

MARTÍ, José, 1853-1895, Cuba, poeta, prosista y periodista.

DELGADO, Rafael, 1853-1914, México, novelista.

DÍAZ MIRÓN, Salvador, 1853-1928, México, poeta y periodista.

ZAMUDIO, Adela, 1854-1926, Bolivia, poetisa y narradora.

ZENO GANDÍA, Manuel, 1855-1930, Puerto Rico, novelista.

ZORRILLA de SAN MARTÍN, Juan, 1855-1931, Uruguay, poeta y ensayista.

RABASA, Emilio, 1856-1930, México, novelista.

ÁLVAREZ, José Sixto, 1858-1903, Argentina, prosista y periodista.

OTHÓN, Manuel José, 1858-1906, México, poeta, prosista y dramaturgo.

CARRASQUILLA, Tomás, 1858-1940, Colombia, narrador.

GUTIÉRREZ NÁJERA, Manuel, 1859-1895, México, poeta, prosista y periodista.

CASAL, Julián del, 1863-1893, Cuba, poeta.

URBINA, Luis G., 1864-1934, México, poeta, prosista y periodista.

GAMBOA, Federico, 1864-1939, México, novelista y dramaturgo.

SILVA, José Asunción, 1865-1896, Colombia, poeta.

ARCINIEGAS, Ismael Enrique, 1865-1937, Colombia, poeta y periodista.

ECHEVERRÍA, Aquileo J., 1866-1909, Costa Rica, poeta.

DARÍO, Rubén, 1867-1916, Nicaragua, poeta.

LILLO, Baldomero, 1867-1923, Chile, cuentista.

FLORES, Julio, 1867-1923, Colombia, poeta y periodista.

CAMPO, Ángel de, 1868-1908, México, prosista.

JAIMES FREYRE, Ricardo, 1868-1933, Bolivia, poeta, prosista y periodista.

MARTÍNEZ, Luis Alfredo, 1869-1909, Ecuador, narrador.

NERVO, Amado, 1870-1919, México, poeta, prosista y periodista.

RODÓ, José Enrique, 1871-1917, Uruguay, ensayista.

DÍAZ RODRÍGUEZ, Manuel, 1871-1927, Venezuela, narrador.

EGUREN, José María, 1874-1942, Perú, poeta, prosista y periodista.

HERRERA y REISSIG, Julio, 1875-1910, Uruguay, poeta y periodista.

SÁNCHEZ, Florencio, 1875-1910, Uruguay, dramaturgo.

MAGALLANES MOURE, Manuel, 1878-1924, Chile, poeta.

PEZOA VÉLIZ, Carlos, 1879-1908, Chile, poeta, prosista y periodista.

AGUSTINI, Delmira, 1886-1914, Uruguay, poetisa.

BORJA PÉREZ, Arturo, 1892-1912, Ecuador, poeta.

SIGLO XX

VARONA, Enrique José, 1849-1933, Cuba, ensayista, poeta y periodista.

CRESPO TORAL, Remigio, 1860-1939, Ecuador, poeta y periodista.

GAVIDIA, Francisco, 1863-1955, El Salvador, cuentista, poeta, dramaturgo y periodista.

GONZÁLEZ ZELEDÓN, Manuel, 1864-1936, Costa Rica, cuentista.

ORREGO LUCO, Luis, 1866-1949, Chile, narrador.

SOTO HALL, Máximo, 1871-1944, Guatemala, poeta y novelista.

TABLADA, José Juan, 1871-1945, México, poeta, prosista y periodista.

GONZÁLEZ MARTÍNEZ, Enrique, 1871-1952, México, poeta y periodista.

VALENCIA, Guillermo, 1873-1943, Colombia, poeta.

AZUELA, Mariano, 1873-1952, México, novelista.

URBANEJA ACHELPOHL, Luis Manuel, 1874-1937, Venezuela, narrador.

LUGONES, Leopoldo, 1874-1938, Argentina, poeta, prosista y periodista.

BLANCO FOMBONA, Rufino, 1874-1944, Venezuela, prosista.

BRENES MESEN, Roberto, 1874-1947, Costa Rica, poeta.

CHOCANO SANTOS, José, 1875-1934, Perú, poeta.

LLORÉNS TORRES, Luis, 1876-1944, Puerto Rico, poeta y periodista.

QUIROGA, Horacio, 1878-1937, Uruguay, cuentista y periodista.

BOTI E., Regino, 1878-1958, Cuba, poeta y ensayista.

ARGUEDAS, Alcides, 1879-1946, Bolivia, novelista y periodista.

GARCÍA MONGE, Joaquín, 1881-1958, Costa Rica, novelista.

REYNOLDS, Gregorio, 1882-1948, Bolivia, poeta.

D'HALMAR, Augusto, 1882-1950, Chile, novelista.

VASCONCELOS, José, 1882-1959, México, prosista.

MIRÓ, Ricardo, 1883-1940, Panamá, poeta.

HENRÍQUEZ UREÑA, Pedro, 1884-1946, República Dominicana, prosista, poeta y periodista.

GARNIER, José Fabio, 1884-1956, Costa Rica, novelista, ensayista y dramaturgo.

BARRIOS, Eduardo, 1884-1963, Chile, narrador.

GALLEGOS, Rómulo, 1884-1969, Venezuela, novelista.

ARÉVALO MARTÍNEZ, Rafael, 1884-1975, Guatemala, poeta y prosista.

GÜIRALDES, Ricardo, 1886-1927, Argentina, poeta y narrador.

PRADO, Pedro, 1886-1951, Chile, novelista.

LATORRE COURT, Mariano, 1886-1955, Chile, narrador.

EDWARDS BELLO, Joaquín, 1887-1968, Chile, novelista.

GUZMÁN, Martín Luis, 1887-1976, México, prosista y periodista.

LÓPEZ VELARDE, Ramón, 1888-1921, México, poeta, prosista y periodista.

RIVERA, José Eustasio, 1889-1928, Colombia, novelista y poeta.

MISTRAL, Gabriela, 1889-1957, Chile, poetisa.

REYES, Alfonso, 1889-1959, México, escritor y periodista.

TORRI, Julio, 1889-1970, México, prosista.

ROMERO, José Rubén, 1890-1952, México, novelista.

PARRA, Teresa de la, 1891-1936, Venezuela, novelista.

BRULL y CABALLERO, Mariano, 1891-1956, Cuba, poeta.

VALLEJO, César, 1892-1938, Perú, poeta, prosista y periodista.

CARDONA, Rafael, 1892-1973, Costa Rica, poeta.

ANDRADE, Mario, 1893-1945, Brasil, poeta y narrador.

HUIDOBRO, Vicente, 1893-1948, Chile, poeta y prosista.

SOTELA, Rogelio, 1894-1943, Costa Rica, poeta.

ROKHA, Pablo de, 1894-1968, Chile, poeta.

HERRERA, Flavio, 1895-1962, Guatemala, narrador, poeta y ensayista.

ROJAS, Manuel, 1896-1972, Chile, novelista y ensayista.

LÓPEZ y FUENTES, Gregorio, 1897-1966, México, novelista y periodista.

SILVA MEDARDO, Ángel, 1898-1919, Ecuador, poeta.

PALÉS MATOS, Luis, 1898-1959, Puerto Rico, poeta.

ORTIZ de MONTELLANO, Bernardo, 1899-1949, México, ensayista y poeta.

KORSI, Demetrio, 1899-1957, Panamá, poeta.

ASTURIAS, Miguel Ángel, 1899-1974, Guatemala, poeta, narrador y periodista.

LARS, Claudia, 1899-1974, El Salvador, poeta.

SALARRUÉ, 1899-1975, El Salvador, cuentista.

PELLICER, Carlos, 1899-1977, México, poeta.

BORGES, Jorge Luis, 1899-1985, Argentina, prosista, poeta y periodista.

ARLT, Roberto, 1900-1942, Argentina, narrador, dramaturgo y periodista.

GOROSTIZA, José, 1901-1973, México, poeta.

HERNÁNDEZ, Felisberto, 1902-1964, Uruguay, cuentista.

TORRES BODET, Jaime, 1902-1974, México, poeta, prosista y periodista.

GUILLÉN, Nicolás, 1902-1989, Cuba, poeta y periodista.

CUESTA, Jorge, 1903-1942, México, poeta y ensayista.

VILLAURRUTIA, Xavier, 1903-1950, México, poeta, ensayista y dramaturgo.

MALLEA, Eduardo, 1903-1982, Argentina, narrador y ensayista.

CÉSPEDES, Augusto, 1904-1997, Bolivia, cuentista y periodista.

SINÁN, Rogelio, 1904-1994, Panamá, narrador y poeta.

HERNÁNDEZ FRANCO, Tomás, 1904-1952, República Dominicana, poeta.

OWEN, Gilberto, 1904-1952, México, poeta y prosista.

NERUDA, Pablo, 1904-1973, Chile, poeta.

NOVO, Salvador, 1904-1974, México, poeta y prosista.

YÁÑEZ, Agustín, 1904-1980, México, novelista.

CARPENTIER, Alejo, 1904-1980, Cuba, narrador y ensayista.

ICAZA, Jorge, 1906-1978, Ecuador, narrador.

USLAR PIETRI, Arturo, 1906-2001, Venezuela, prosista, dramaturgo y periodista.

CABRAL, Manuel del, 1907-1999, República Dominicana, poeta.

MIESES BURGOS, Franklin, 1907-1976, República Dominicana, poeta.

PAREJA DÍEZ-CANSECO, Alfredo, 1908-1993, Ecuador, novelista y ensayista.

GUIMARÃES ROSA, João, 1908-1967, Brasil, narrador.

ONETTI, Juan Carlos, 1909-1994, Uruguay, narrador y periodista.

ALEGRÍA, Ciro, 1909-1967, Perú, novelista.

DÍAZ J., Héctor, 1910-1952, República Dominicana, poeta.

LEZAMA LIMA, José, 1910-1976, Cuba, poeta, ensayista, novelista y periodista.

BOMBAL, María Luisa, 1910-1983, Chile, narradora.

SÁBATO, Ernesto, 1911- , Argentina, novelista y ensayista.

GALLEGOS LARA, Joaquín, 1911-1947, Ecuador, narrador.

ARGUEDAS, José María, 1911-1969, Perú, narrador.

AMADO, Jorge, 1912-2001, Brasil, novelista y periodista.

FALLAS, Carlos Luis, 1912-1966, Costa Rica, narrador.

GIL GILBERT, Enrique, 1912-1973, Ecuador, cuentista y novelista.

INCHÁUSTEGUI CABRAL, Héctor, 1912-1979, República Dominicana, poeta.

CASTRO, Alejandro, 1914- , Honduras, cuentista y periodista.

PARRA, Nicanor, 1914- , Chile, poeta.

PAZ, Octavio, 1914-1998, México, poeta, ensayista, dramaturgo y periodista.

BIOY CASARES, Adolfo, 1914-1999, Argentina, narrador y ensayista.

CORTÁZAR, Julio, 1914-1984, Argentina, narrador y ensayista.

CÁCERES LARA, Víctor, 1915- , Honduras, cuentista y periodista.

OREAMUNO, Yolanda, 1916-1956, Costa Rica, novelista.

BONILLA NAAR, Alfonso, 1916-1978, Colombia, poeta y narrador.

ROA BASTOS, Augusto, 1917- , Paraguay, novelista.

LINDO, Hugo, 1917-1985, El Salvador, poeta, cuentista, novelista y ensayista.

ARREOLA, Juan José, 1918- , México, cuentista.

RULFO, Juan, 1918-1986, México, narrador.

BENEDETTI, Mario, 1920- , Uruguay, poeta, narrador, dramaturgo, ensayista y periodista.

GARRO, Elena, 1920-1998, México, narradora, dramaturga y periodista.

MONTERROSO, Augusto, 1921- , Guatemala, cuentista y fabulista.

BELEÑO, Joaquín, 1922-1988, Panamá, novelista y periodista.

DONOSO, José, 1924-1996, Chile, novelista y periodista.

CARDENAL, Ernesto, 1925- , Nicaragua, poeta.

CASTELLANOS, Rosario, 1925-1974, México, novelista, ensayista y periodista.

GARCÍA MÁRQUEZ, Gabriel, 1928- , Colombia, narrador y periodista.

FUENTES, Carlos, 1929- , México, narrador.

CABRERA INFANTE, Guillermo, 1929- , Cuba, narrador, ensayista y periodista.

MENÉN DESLEAL, Álvaro, 1931-2000, El Salvador, cuentista, poeta, dramaturgo y periodista.

PUIG, Manuel, 1932-1990, Argentina, novelista.

ELIZONDO, Salvador, 1932- , México, narrador, poeta y periodista.

ACOSTA, Óscar, 1933- , Honduras, cuentista, poeta, ensayista y periodista.

PASO, Fernando del, 1935- , México, novelista y poeta.

BRYCE ECHENIQUE, Alfredo, 1935- , Perú, narrador.

DALTON, Roque, 1935-1975, El Salvador, poeta, novelista y periodista.

VARGAS LLOSA, Mario, 1936- , Perú, narrador, ensayista, dramaturgo y periodista.

COLLAZOS, Óscar, 1942- , Colombia, narrador y dramaturgo.

ÍNDICE TEMÁTICO DE CITAS

ACTITUD ANTE LA VIDA

FERNÁNDEZ, Diego, XVI, España
BENAVENTE, Fray Toribio de, XVI, España
FERNÁNDEZ de OVIEDO, Gonzalo, XVI, España
CORTÉS, Hernán, XVI, España
DÍAZ del CASTILLO, Bernal, XVI, España
CASTELLANOS, Juan de, XVI, España
ACOSTA, José de, XVI, España
RUIZ de ALARCÓN y MENDOZA, Juan, XVII, México
PALAFOX y MENDOZA, Juan de, XVII, España
OVALLE, Alonso de, XVII, Chile
AGUIRRE, Juan Bautista, XVIII, Ecuador
NAVARRETE, Fray Manuel de, XVIII, México
RAMÍREZ, Ignacio, XIX, México
OROZCO y BERRA, Fernando, XIX, México
HERNÁNDEZ, José, XIX, Argentina
PEÓN CONTRERAS, José, XIX, México
BORJA PÉREZ, Arturo, XIX, Ecuador
AZUELA, Mariano, XX, México
BOMBAL, María Luisa, XX, Chile

ALEGRÍA

PÉREZ RAMÍREZ, Juan, XVI, México
AZAÑA y LLANO, José de, XVIII, Perú

AMOR

HOJEDA, Diego de, XVI, España
TEJEDA y GUZMÁN, Luis José de, XVII, Argentina
LLAMOSAS, Lorenzo de las, XVII, Perú
SÁNCHEZ de TAGLE, Manuel, XIX, México
GOROSTIZA, Manuel Eduardo, XIX, México
RIVA PALACIO, Vicente, XIX, México
ZALDUMBIDE GANGOTENA, Julio, XIX, Ecuador
CASAL, Julián del, XIX, Cuba
ECHEVERRÍA, Aquileo J., XIX, Costa Rica
FLORES, Julio, XIX, Colombia
CARDENAL, Ernesto, XX, Nicaragua

APARIENCIAS

RODRÍGUEZ FREYLE, Juan, XVII, Colombia
PERALTA BARNUEVO, Pedro de, XVIII, Perú
SOTO HALL, Máximo, XX, Guatemala
GONZÁLEZ MARTÍNEZ, Enrique, XX, México
REYNOLDS, Gregorio, XX, Bolivia

APUNTES Y SABERES

TERRAZAS, Francisco de, XVI, México
ROSAS de OQUENDO, Mateo, XVI, España
ESPINOZA y MEDRANO, Juan, XVII, Perú
VELA, Eusebio, XVIII, España
CARRIÓ de la VANDERA, Alonso, XVIII, España
SANTA CRUZ y ESPEJO, Francisco Eugenio de, XVIII, Ecuador
GARCÍA GOYENA, Rafael, XVIII, Ecuador
PITA, Santiago de, XVIII, Cuba
CABRERA y QUINTERO, Cayetano, XVIII, México
INCLÁN, Luis G., XIX, México
ARBOLEDA, Julio, XIX, Colombia
MATEOS, Juan Antonio, XIX, México
ARGÜELLO MORA, Manuel, XIX, Costa Rica
GALVÁN, Manuel de Jesús, XIX, República Dominicana
HOSTOS, Eugenio María de, XIX, Puerto Rico
MARTÍ, José, XIX, Cuba
ZENO GANDÍA, Manuel, XIX, Puerto Rico
ÁLVAREZ, José Sixto, XIX, Argentina
OTHÓN, Manuel José, XIX, México
CAMPO, Ángel de, XIX, México
CRESPO TORAL, Remigio, XX, Ecuador
GONZÁLEZ ZELEDÓN, Manuel, XX, Costa Rica
BRENES MESEN, Roberto, XX, Costa Rica
LLORÉNS TORRES, Luis, XX, Puerto Rico

ARÉVALO MARTÍNEZ, Rafael, XX, Guatemala
MISTRAL, Gabriela, XX, Chile
PARRA, Teresa de la, XX, Venezuela
CARDONA, Rafael, XX, Costa Rica
CÉSPEDES, Augusto, XX, Bolivia
ROKHA, Pablo de, XX, Chile
SILVA MEDARDO, Ángel, XX, Ecuador
PAREJA DÍEZ-CANSECO, Alfredo, XX, Ecuador
GUIMARÃES ROSA, João, XX, Brasil
GALLEGOS LARA, Joaquín, XX, Ecuador
AMADO, Jorge, XX, Brasil
CASTRO, Alejandro, XX, Honduras
BONILLA NAAR, Alfonso, XX, Colombia
BENEDETTI, Mario, XX, Uruguay
MONTERROSO, Augusto, XX, Guatemala
PUIG, Manuel, XX, Argentina
PASO, Fernando del, XX, México
SINÁN, Rogelio, XX, Panamá

ARTE

MACHADO de ASSIS, Joaquín María, XIX, Brasil
DARÍO, Rubén, XIX, Nicaragua
QUIROGA, Horacio, XX, Uruguay

AUTORRETRATO

VILLARROEL, Fray Gaspar de, XVII, Ecuador
FERNÁNDEZ de LIZARDI, José Joaquín, XIX, México
HIDALGO, Bartolomé, XIX, Uruguay
URBINA, Luis G., XIX, México
GAMBOA, Federico, XIX, México
MARTÍNEZ, Luis Alfredo, XIX, Ecuador
BOTI E., Regino, XX, Cuba
GARCÍA MONGE, Joaquín, XX, Costa Rica
PRADO, Pedro, XX, Chile
LARS, Claudia, XX, El Salvador
SALARRUÉ, XX, El Salvador
DÍAZ J., Héctor, XX, República Dominicana

BELLEZA

PALMA, Ricardo, XIX, Perú
RIVERA, José Eustasio, XX, Colombia
BORGES, Jorge Luis, XX, Argentina

CIENCIA

SIGÜENZA y GÓNGORA, Carlos de, XVII, México

CONCIENCIA AMERICANA

CALANCHA, Fray Antonio de la, XVII, Bolivia
BOLÍVAR, Simón, XIX, Venezuela
GONZÁLEZ, Juan Vicente, XIX, Venezuela
LÓPEZ PORTILLO y ROJAS, José, XIX, México
URBANEJA ACHELPOHL, Luis Manuel, XX, Venezuela
LATORRE COURT, Mariano, XX, Chile
PALÉS MATOS, Luis, XX, Puerto Rico
HERNÁNDEZ FRANCO, Tomás, XX, República Dominicana

CONDICIÓN HUMANA

MENDIETA, Fray Jerónimo de, XVI, España
GONZÁLEZ de ESLAVA, Fernán, XVI, España
FERNÁNDEZ de PIEDRAHITA, Lucas, XVII, Colombia
RUBALCABA, Manuel Justo, XVIII, Cuba
RODRÍGUEZ GALVÁN, Ignacio, XIX, México
MILLA y VIDAURRE, José, XIX, Guatemala
MERA, Juan León de, XIX, Ecuador
ISAACS, Jorge, XIX, Colombia
ACUÑA, Manuel, XIX, México
GÜIRALDES, Ricardo, XX, Argentina
VALLEJO, César, XX, Perú
CORTÁZAR, Julio, XX, Argentina
LINDO, Hugo, XX, El Salvador
ARREOLA, Juan José, XX, México
RULFO, Juan, XX, México
GARRO, Elena, XX, México
FUENTES, Carlos, XX, México

MENÉN DESLEAL, Álvaro, XX, El Salvador
COLLAZOS, Óscar, XX, Colombia

COSTUMBRES Y TRADICIONES

CASAS, Fray Bartolomé de las, XVI, España
MOLINA, Cristóbal de, "El Chileno", XVI, España
BETANZOS, Juan de, XVI, España
MOLINA, Cristóbal de, "El Cuzqueño", XVI, España
LANDÍVAR, Rafael, XVIII, Guatemala
GUTIÉRREZ GONZÁLEZ, Gregorio, XIX, Colombia
ALENCAR, José de, XIX, Brasil
ARGUEDAS, José María, XX, Perú

CREACIÓN

EGUREN, José María, XIX, Perú
REYES, Alfonso, XX, México
VARGAS LLOSA, Mario, XX, Perú

CREACIÓN LITERARIA

DOMÍNGUEZ CAMARGO, Hernando, XVII, Colombia
BOCANEGRA, Matías de, XVII, México
ECHEVERRÍA, Esteban, XIX, Argentina
PÉREZ ROSALES, Vicente, XIX, Chile
PAYNO, Manuel, XIX, México
VILLAVERDE, Cirilo, XIX, Cuba
LASTARRÍA, José Victorino, XIX, Chile
BLEST GANA, Alberto, XIX, Chile
ALTAMIRANO, Ignacio Manuel, XIX, México
ROSAS MORENO, José, XIX, México
MATTO de TURNER, Clorinda, XIX, Perú
DELGADO, Rafael, XIX, México
DÍAZ MIRÓN, Salvador, XIX, México
GUTIÉRREZ NÁJERA, Manuel, XIX, México
NERVO, Amado, XIX, México
DÍAZ RODRÍGUEZ, Manuel, XIX, Venezuela
VALENCIA, Guillermo, XX, Colombia
HENRÍQUEZ UREÑA, Pedro, XX, República Dominicana
BARRIOS, Eduardo, XX, Chile
EDWARDS BELLO, Joaquín, XX, Chile
GUZMÁN, Martín Luis, XX, México
TORRI, Julio, XX, México
ROJAS, Manuel, XX, Chile
ASTURIAS, Miguel Ángel, XX, Guatemala
ARLT, Roberto, XX, Argentina
HERNÁNDEZ, Felisberto, XX, Uruguay
MALLEA, Eduardo, XX, Argentina
ONETTI, Juan Carlos, XX, Uruguay
LEZAMA LIMA, José, XX, Cuba
SÁBATO, Ernesto, XX, Argentina
INCHÁUSTEGUI CABRAL, Héctor, XX, República Dominicana
PAZ, Octavio, XX, México
DONOSO, José, XX, Chile
CASTELLANOS, Rosario, XX, México

CRÍTICA SOCIAL

ZUMÁRRAGA, Fray Juan de, XVI, España
ALEGRE, Francisco Javier, XVIII, México
VALLEJO, José Joaquín, XIX, Chile
SARMIENTO, Domingo Faustino, XIX, Argentina
PRIETO, Guillermo, XIX, México
CUÉLLAR, José Tomás de, XIX, México
FEUILLET, Tomás Martín, XIX, Panamá
CAMBACÉRÈS, Eugenio, XIX, Argentina
ORREGO LUCO, Luis, XX, Chile

EDUCACIÓN Y ENSEÑANZA

CERVANTES de SALAZAR, Francisco, XVI, España
MIER, Fray Servando Teresa de, XVIII, México
CÓRDOVA, Fray Matías de, XVIII, Guatemala
RODÓ, José Enrique, XIX, Uruguay
VASCONCELOS, José, XX, México

EROTISMO

FLORES, Manuel María, XIX, México

AGUSTINI, Delmira, XIX, Uruguay
GARNIER, José Fabio, XX, Costa Rica

ESTAMPAS Y PAISAJES

OÑA, Pedro de, XVI, Chile
BERMÚDEZ de la TORRE, Pedro José, XVIII, Perú
LAVARDÉN, Manuel José de, XVIII, Argentina
ZEQUEIRA ARANGO, Manuel de, XIX, Cuba
ASCASUBI, Hilario, XIX, Argentina
CAMPO, Estanislao del, XIX, Argentina
FALLÓN, Diego, XIX, Colombia
LILLO, Baldomero, XIX, Chile
MAGALLANES MOURE, Manuel, XIX, Chile
PEZOA VÉLIZ, Carlos, XIX, Chile
ARGUEDAS, Alcides, XX, Bolivia
GALLEGOS, Rómulo, XX, Venezuela
HERRERA, Flavio, XX, Guatemala
YÁÑEZ, Agustín, XX, México
ICAZA, Jorge, XX, Ecuador
FALLAS, Carlos Luis, XX, Costa Rica
CÁCERES LARA, Víctor, XX, Honduras
OREAMUNO, Yolanda, XX, Costa Rica
BELEÑO, Joaquín, XX, Panamá
BRYCE ECHENIQUE, Alfredo, XX, Perú

FANTASÍA AMERICANA

CARVAJAL, Fray Gaspar de, XVI, España
ALVARADO TEZOZÓMOC, Hernando de, XVI, México

HISTORIA

DÍAZ de GUZMÁN, Ruy, XVI, Paraguay
VELASCO, Juan de, XVIII, Ecuador
CLAVIJERO, Francisco Javier, XVIII, México
ACEVEDO DÍAZ, Eduardo, XIX, Uruguay

EL HOMBRE

VALLE y CAVIEDES, Juan del, XVII, España
CASTILLO y GUEVARA, Francisca Josefa, XVIII, Colombia
BATRES MONTÚFAR, José, XIX, Guatemala
MONTALVO, Juan, XIX, Ecuador
SÁNCHEZ, Florencio, XIX, Uruguay
VARONA, Enrique José, XX, Cuba
CARPENTIER, Alejo, XX, Cuba
CABRAL, Manuel del, XX, República Dominicana
GIL GILBERT, Enrique, XX, Ecuador

JUSTICIA

CASTILLO, Fray Francisco de, XVIII, Perú
ALEGRÍA, Ciro, XX, Perú

LECTURA

OLMEDO, José Joaquín, XIX, Ecuador
DÍAZ COVARRUBIAS, Juan, XIX, México
GONZÁLEZ PRADA, Manuel, XIX, Perú
ROA BASTOS, Augusto, XX, Paraguay

LIBERTAD

BALBOA TROYA, Silvestre de, XVII, España
IRISARRI, Antonio José de, XIX, Guatemala
CALDERÓN, Fernando, XIX, México
CARO, José Eusebio, XIX, Colombia

LA MUJER

CRUZ, Sor Juana Inés de la, XVII, México
PÉREZ de ZAMBRANA, Luisa, XIX, Cuba
ZAMUDIO, Adela, XIX, Bolivia

PASADO INDÍGENA

SUÁREZ de PERALTA, Juan, XVI, México
SARMIENTO de GAMBOA, Pedro, XVI, España
VEGA, Garcilaso de la, "El Inca", XVI, Perú
SAHAGÚN, Fray Bernardino de, XVI, España

PATRIOTISMO

CARPIO, Manuel, XIX, México
MILANÉS y FUENTES, José Jacinto, XIX, Cuba
MÁRMOL, José, XIX, Argentina
AGUIRRE, Nataniel, XIX, Bolivia
PÉREZ BONALDE, Juan Antonio, XIX, Venezuela
SIERRA, Justo, XIX, México
CARRASQUILLA, Tomás, XIX, Colombia
MIRÓ, Ricardo, XX, Panamá
KORSI, Demetrio, XX, Panamá

PODER

LUCA, Esteban de, XIX, Argentina
ORTEGA, Francisco, XIX, México
GARCÍA MÁRQUEZ, Gabriel, XX, Colombia

POESÍA

MEXÍA de FERNANGIL, Diego, XVI, España
BALBUENA, Bernardo de, XVI, España
ABAD, Diego José de, XVIII, México
BELLO, Andrés, XIX, Venezuela
VARELA, Juan Cruz, XIX, Argentina
SILVA, José Asunción, XIX, Colombia
JAIMES FREYRE, Ricardo, XIX, Bolivia
CHOCANO SANTOS, José, XX, Perú
ANDRADE, Mario, XX, Brasil
HUIDOBRO, Vicente, XX, Chile
PELLICER, Carlos, XX, México
GAVIDIA, Francisco, XX, El Salvador
TORRES BODET, Jaime, XX, México
PARRA, Nicanor, XX, Chile
DALTON, Roque, XX, El Salvador

RELIGIÓN

BRAMÓN, Francisco, XVI, México
OLMOS, Fray Andrés de, XVI, España
PESADO, José Joaquín, XIX, México

REVOLUCIÓN

RABASA, Emilio, XIX, México
ROMERO, José Rubén, XX, México
LÓPEZ y FUENTES, Gregorio, XX, México

SUERTE

ROA BÁRCENA, José María, XIX, México
CABRERA INFANTE, Guillermo, XX, Cuba

VIDA Y MUERTE

SARTORIO, José Manuel Mariano, XVIII, México
FERNÁNDEZ MADRID, José, XIX, Colombia
ARCINIEGAS, Ismael Enrique, XIX, Colombia
HERRERA y REISSIG, Julio, XIX, Uruguay
LUGONES, Leopoldo, XX, Argentina
BLANCO FOMBONA, Rufino, XX, Venezuela
D'HALMAR, Augusto, XX, Chile
SOTELA, Rogelio, XX, Costa Rica
ORTIZ de MONTELLANO, Bernardo, XX, México
GOROSTIZA, José, XX, México
USLAR PIETRI, Arturo, XX, Venezuela
MIESES BURGOS, Franklin, XX, República Dominicana
ACOSTA, Óscar, XX, Honduras

VISIÓN DE AMÉRICA

CÓRDOVA, Fray Pedro de, XVI, España
LÓPEZ de GÓMARA, Francisco, XVI, España
CIEZA de LEÓN, Pedro, XVI, España
ERCILLA y ZÚÑIGA, Alonso de, XVI, España
VALERA, P. Blas, XVI, Perú
ZORRILLA de SAN MARTÍN, Juan, XIX, Uruguay

VISIÓN DEL MUNDO

HEREDIA y HEREDIA, José María, XIX, Cuba
POMBO, Rafael, XIX, Colombia
BIOY CASARES, Adolfo, XX, Argentina

VOLUNTAD HUMANA

GÓMEZ de AVELLANEDA, Gertrudis, XIX, Cuba
DENIS, Amelia, XIX, Panamá
NERUDA, Pablo, XX, Chile

VUELO DE PALABRAS

FERNÁNDEZ de VALENZUELA, Fernando, XVII, Colombia
TABLADA, José Juan, XX, México
LÓPEZ VELARDE, Ramón, XX, México
BRULL y CABALLERO, Mariano, XX, Cuba
GUILLÉN, Nicolás, XX, Cuba
CUESTA, Jorge, XX, México
VILLAURRUTIA, Xavier, XX, México
OWEN, Gilberto, XX, México
NOVO, Salvador, XX, México
ELIZONDO, Salvador, XX, México

Esta obra se terminó de imprimir y encuadernar en junio
de 2002 en Programas Educativos, S.A. de C.V.
Calz. Chabacano No. 65 México 06850, D.F.

La edición consta de 5 000 ejemplares

Empresa Certificada por el Instituto Mexicano de Normalización
y Certificación A. C. Bajo las Normas ISO-9002:1994/
NMX-CC-004:1995 con el Núm. de Registro RSC-048
e ISO-14001:1996/NMX-SAA-001:1998 IMNC/
con el Núm. de Registro RSAA–003